THEODORET OF CYRUS

ERANISTES

THEODORET OF CYRUS
ERANISTES

CRITICAL TEXT
AND PROLEGOMENA

BY

GERARD H. ETTLINGER

Fordham University
New York

CLARENDON PRESS · OXFORD
1975

Oxford University Press, Ely House, London W.1

GLASGOW   NEW YORK   TORONTO   MELBOURNE   WELLINGTON
CAPE TOWN   IBADAN   NAIROBI   DAR ES SALAAM   LUSAKA   ADDIS ABABA
DELHI   BOMBAY   CALCUTTA   MADRAS   KARACHI   LAHORE   DACCA
KUALA LUMPUR   SINGAPORE   HONG KONG   TOKYO

ISBN 0 19 826639 1

© *Oxford University Press 1975*

*Printed in Great Britain by
William Clowes & Sons, Limited
London, Beccles and Colchester*

Preface

No single individual can, in total isolation, edit a work of the magnitude and complexity of the *Eranistes*. Thus the role played by the many librarians, colleagues, and friends who must remain unnamed is hereby gratefully acknowledged.

Personal thanks are due to many others, but to no one more than to Nigel G. Wilson, of Lincoln College, Oxford, for his patient and painstaking guidance in directing the thesis on which this volume is based. Abbé Marcel Richard played an influential part in choosing the *Eranistes* as a subject, as well as by his encouragement and the generosity with which he shared his vast knowledge of manuscripts, florilegia, and Theodoret.

A year of residence in Frankfurt provided access to the kind and scholarly advice of the Revd. Alois Grillmeier, S.J. The Revd. Edward J. Yarnold, S.J., the Master of Campion Hall during my stay at Oxford, provided much needed support throughout those years. This past year I have benefited from the excellent library facilities of the Pontifical Oriental Institute in Rome, and from the encouragement of its Rector, the Revd. Ivan Žužek, S.J. The Revd. Stanisław Świerkosz, S.J., graciously translated from the Russian material which would otherwise have remained inaccessible to me.

Finally I wish to acknowledge in a special way the gracious assistance, from my earliest days in Oxford up to the present, of the Very Revd. Dr. Henry Chadwick, Dean of Christ Church, Oxford.

I wish to dedicate this work in gratitude to my parents.

Rome
December, 1973

G.H.E.

Contents

Abbreviations

Dictionaries, periodicals, and series

ABAM   *Abhandlungen der Bayerischen Akademie der Wissenschaften, Philos.-(philol.) und hist. Klasse*, München.

ACO   *Acta Conciliorum Oecumenicorum*, ed. E. Schwartz, I–IV, Berlin und Leipzig, 1914 ff.

BZ   *Byzantinische Zeitschrift*, Leipzig, 1892 ff.

CC   Corpus Christianorum. Series Latina, Turnhout et Paris.

CSEL   Corpus Scriptorum Ecclesiasticorum Latinorum, Vienna.

DOP   *Dumbarton Oaks Papers*, Harvard University, Cambridge, Mass., 1941 ff.

DTC   *Dictionnaire de Théologie Catholique*, ed. A. Vacant, E. Mangenot, and E. Amann, fifteen vols., 1903–50.

GCS   Die Griechischen Christlichen Schriftsteller der ersten drei Jahrhunderte, Leipzig, 1897 ff., Berlin und Leipzig, 1953, Berlin, 1954 ff.

JTS   *Journal of Theological Studies*, London—Oxford, 1899 ff.; New Series, 1950 ff.

MSR   *Mélanges de Science Religieuse*, Lille.

PG   *Patrologia Graeca*, ed. J. P. Migne.

PL   *Patrologia Latina*, ed. J. P. Migne.

PWK   Realencyklopädie der klassischen Altertumswissenschaft, ed. A. Pauly, neu bearb. von G. Wissowa und W. Kroll, Stuttgart.

RechSR   *Recherches de Science Religieuse*, Paris.

RevSR   *Revue des Sciences Religieuses*, Strasbourg.

RHE   *Revue d'Histoire Écclésiastique*, Louvain.

RSPT   *Revue des Sciences Philosophiques et Théologiques*, Paris.

SBAM   *Sitzungsberichte der Bayerischen Akademie der Wissenschaften, Philos.-philol. und hist. Klasse*, München.

SC   Sources Chrétiennes, Paris.

ST   Studi e Testi, Roma, Città del Vaticano.

TU   Texte und Untersuchungen zur Geschichte der altchristlichen Literatur, Leipzig.

Titles of books and articles

Chalkedon, I: Grillmeier, A. and Bacht, H. (editors), *Das Konzil von Chalkedon*, I, Würzburg, 1962.

Lietzmann, *Apollinarius*: Lietzmann, H., *Apollinarius von Laodicea und seine Schule, Texte und Untersuchungen*, I, Tübingen, 1904.

Nautin, *Dossier*: Nautin, P., *Le dossier d'Hippolyte et de Meliton*, Paris, 1953.

Richard, 'Bulletin': Richard, M., 'Bulletin de Patrologie', *MSR*, V (1948), 273–308.

Richard, *Chalkedon*, I: Richard, M., 'Les florilèges diphysites du Ve et VIe siècle', *Chalkedon*, I, 721–48.

Richard, 'Notes sur l'évolution': Richard, M., 'Notes sur l'évolution doctrinale de Théodoret', *RSPT*, XXV (1936), 459–81.

Schwartz, 'Publizistische Sammlungen': Schwartz, E., 'Publizistische Sammlungen zum Acacianischen Schisma', *ABAM*, Neue Folge, Heft 10, 1934.

Schwartz, '*Sermo maior*': Schwartz, E., 'Der s.g. *Sermo maior de fide* des Athanasius', *SBAM*, 1924, 6. Abhandlung, 1925.

Schwartz, 'Vaticanus gr. 1431': Schwartz, E., 'Codex Vaticanus gr. 1431, eine antichalkedonische Sammlung aus der Zeit Kaiser Zenos', *ABAM*, 1926, XXXII Band, 6. Abhandlung, 1927.

Spanneut, *Eustathe*: Spanneut, M., *Recherches sur les écrits d'Eustathe d'Antioche avec une édition nouvelle des fragments dogmatiques et exégétiques*, Lille, 1948.

Bibliography

THIS bibliography does not include the manuscript catalogues cited on pp. 36–8, 44, or the early editions and translations of the *Eranistes* listed on pp. 39–40.

I. GENERAL WORKS

Abramowski, L. and Van Roey, A.: 'Das Florileg mit den Gregor-Scholien aus Vatic. Borg. Syr. 82', *Orientalia Lovaniensia Periodica*, I (1970), 131–80.

Anastos, M. V.: 'Nestorius was Orthodox', *DOP*, XVI (1962), 119–40.

Bardenhewer, O.: *Geschichte der altkirchlichen Literatur*, IV, Freiburg im Breisgau, 1924.

Bardy, G.: 'L'énigme d'Hippolyte', *MSR*, V (1948), 63–88.

———: 'L'*Expositio fidei* attribuée à saint Ambroise', *Miscellanea Giovanni Mercati*, t. I, ST, 121, 1946, pp. 199–218.

———: 'Sur une citation de saint Ambroise dans les controverses christologiques', *RHE*, XL (1944–5), 171–6.

Bertram, A.: *Theodoreti episcopi Cyrensis doctrina Christologica*, Hildesheim, 1883.

Bolotov, V.: 'Theodoretiana', *Christjanskoje Tschtenie*, 1892, II, 58–164 (in Russian).

Brok, M. F. A.: 'Touchant la date du commentaire sur le psautier de Théodoret de Cyr', *RHE*, XLIV (1949), 552–6.

Camelot, T.: 'De Nestorius à Eutyches', *Chalkedon*, I, 232–42.

Canivet, P.: *Histoire d'une entreprise apologétique au V*^e *siècle*, Paris, 1957.

Diekamp, F.: *Doctrina Patrum de Incarnatione Verbi*, Münster, 1907.

DuManoir, H.: 'L'argumentation patristique dans la controverse nestorienne', *RechSR*, XXV (1935), 441–61, 531–59.

Ehrhard, A.: *Die Cyrill von Alexandrien zugeschriebene Schrift περὶ τῆς τοῦ κυρίου ἐνανθρωπήσεως, ein Werk des Theodoret von Cyrus*, Tübingen, 1888.

Emonds, H.: *Zweite Auflage im Altertum*, Leipzig, 1941.

Fabricius, J. A.: See Harles, G. C.

Fives, D. C.: *The Use of the Optative Mood in the Works of Theodoret, Bishop of Cyrus*, Catholic Univ. of America Patristic Studies, vol. L, Washington, D.C., 1937.

Gardthausen, V.: See Vogel, M.

Glubokowskij, N. N.: *The Blessed Theodoret. His Life and Works*, two vols., Moscow, 1890 (in Russian).

Grant, R. M., 'The Appeal to the Early Fathers', *JTS*, N.S., 11 (1960), 13–24.

Grillmeier, A.: *Christ in Christian Tradition*, London, 1965.

Harles, G. C.: *J.A. Fabricii Bibliotheca*, vol. 8, Hamburg, 1802.

Hespel, R.: *Le florilège cyrillien réfuté par Sévère d'Antioche*, Louvain, 1955.

Holl, K.: *Die handschriftliche Überlieferung des Epiphanius*, TU, XXXVI.2, Leipzig, 1910.

Honigmann, E.: 'Theodoret of Cyrrhus and Basil of Seleucia. The Time of their Death', *Patristic Studies*, ST, 173, 1953, pp. 174–84.

Lampe, G. W. H.: *A Patristic Greek Lexicon*, five vols., Oxford, Clarendon Press, 1961–8.

McNamara, K.: 'Theodoret of Cyrus and the Unity of Person in Christ', *Irish Theological Quarterly*, XXII (1955), 313–28.

Mandac, M.: 'L'union christologique dans les oeuvres de Théodoret antérieures au Concile d'Éphèse', *Ephemerides Theologicae Lovanienses*, XLVII (1971), 64–96.

da Mazzarino, P. C.: *La dottrina di Teodoreto di Ciro sull'unione ipostatica delle due nature in Cristo*, Roma, 1941.

Montalverne, J.: *Theodoreti Cyrensis Doctrina Antiquior de 'Verbo Inhumanato'*, Roma, 1948.

Nautin, P.: 'La valeur des lemmes dans l'*Eranistes* de Théodore', *RHE*, XLVI (1951), 681–3.

————: *Le dossier d'Hippolyte et de Meliton*, Paris, 1953.

————: 'Notes sur le catalogue des oeuvres d'Hippolyte', *RechSR*, XXXIV (1947), 99–107, 347–59.

Richard, M.: 'Bulletin de Patrologie', *MSR*, V (1948), 273–308.

————: 'L'activité littéraire de Théodoret avant le Concile d'Éphèse', *RSPT*, XXIV (1935), 83–106.

————: 'Les citations de Théodoret conservées dans la chaîne de Nicétas sur l'Évangile selon saint Luc', *Revue Biblique*, XLIII (1934), 88–96.

————: 'Les florilèges diphysites du Vᵉ et VIᵉ siècle', *Chalkedon*, I, 721–48.

————: 'L'introduction du mot "hypostase" dans la théologie de l'Incarnation', *MSR*, II (1945), 243–70.

————: 'Notes sur les florilèges dogmatiques du Vᵉ et VIᵉ siècle', *Actes du Congrès International d'Études Byzantines*, Paris, 1948, t. I, 307–18.

————: 'Notes sur l'évolution doctrinale de Théodoret', *RSPT*, XXV (1936), 459–81.

————: 'Proclus de Constantinople et le théopaschisme', *RHE*, XXXVIII (1942), 303–31.

————: 'Un écrit de Théodoret sur l'unité du Christ après l'Incarnation', *RevSR*, XIV (1934), 34–61.

Sagi-Bunić, T.: *Deus Perfectus et Homo Perfectus a concilio Ephesino (a. 431) ad Chalcedonense (a. 451)*, Roma, 1965.

Saltet, L.: 'Les sources de l'Ερανιστής de Théodoret', *RHE*, VI (1905), 289–303, 513–36, 741–54.

Scheidweiler, F.: 'Wer ist der Verfasser des sog. *Sermo maior de fide*?', *BZ*, 47 (1954), 333–57.

Schermann, T.: *Die Geschichte der dogmatischen Florilegien vom V–VIII Jahrhundert*, TU, N.F., XIII, Leipzig, 1905.

Schulte, J.: *Theodoret von Cyrus als Apologet*, Vienna, 1904.

Schwartz, E.: 'Codex Vaticanus gr. 1431, eine antichalkedonische Sammlung aus der Zeit Kaiser Zenos', *ABAM*, 1926, XXXII. Band, 6. Abhandlung, 1927.

————: 'Publizistische Sammlungen zum Acacianischen Schisma', *ABAM*, N.F., Heft 10, 1934.

————: 'Zur Schriftstellerei Theodorets', *SBAM*, 1922, I, 30–40.

Sellers, R. V.: *The Council of Chalcedon. A Historical and Doctrinal Survey*, London, 1961.

————: *Two Ancient Christologies*, London, 1940.

Spanneut, M.: *Le Stoïcisme des Pères de l'Église*, Paris, 1957.

Van Roey, A.: See Abramowski, L.

Vogel, M. and Gardthausen, V.: *Die griechischen Schreiber des Mittelalters und der Renaissance*, Leipzig, 1909.

Wagner, M.: *A Chapter in Byzantine Epistolography. The Letters of Theodoret*, *DOP*, IV (1948), pp. 119–81.

Wilson, N. G.: 'Indications of Speaker in Greek Dialogue Texts', *The Classical Quarterly*, XX (1970), 305.

Zellinger, G.: *Studien zu Severian von Gabala*, Münster, 1926.

II. EDITIONS OF THEODORET'S WRITINGS

Azéma, Y.: *Correspondance*, I (SC, 40), 1955; II (SC, 98), 1964; III (SC, 111), 1965.

Canivet, P.: *Thérapeutique des Maladies Helléniques*, SC, 57 (two vols.), 1958.

Parmentier, L.: See the following entry.

Scheidweiler, F.: *Theodoret. Kirchengeschichte*, 2nd edit. (1st edit. by L. Parmentier), GCS, 44 (19), 1954.

III. EDITIONS OF OTHER ANCIENT AUTHORS

Ambrose:

Faller, O.: *Sancti Ambrosii Opera*, pars octava, CSEL, LXXVIII, 1962; pars nona, CSEL, LXXIX, 1964.

Amphilochius:

Holl, K.: *Amphilochius von Ikonium in seinem Verhältnis zu den grossen Kappadoziern*, Tübingen u. Leipzig, 1904.

Antiochus:

Martin, C.: 'Un florilège grec d'homélies christologiques des IV⁰ et V⁰ siècles sur la nativité (Paris. gr. 149)', *Le Muséon*, LIV (1941), 17–57.

Apollinarius:

Lietzmann, H.: *Apollinarius von Laodicea und seine Schule, Texte und Untersuchungen*, I, Tübingen, 1904.

de Riedmatten, H.: 'Les Fragments d'Apollinaire à l'*Eranistes*', *Chalkedon*, I, 203–12.

Athanasius:

Opitz, H.-G.: *Athanasius Werke*, Zweiter Band, Erster Teil, Berlin u. Leipzig, 1936.

Schwartz, E.: 'Der s.g. *Sermo maior de fide* des Athanasius', *SBAM*, 1924, 6. Abhandlung, 1925.

Thomson, R. W.: *Athanasius, Contra Gentes and De Incarnatione*, Oxford, 1971.

Atticus:

Brière, M.: 'Une lettre inédite d'Atticus', *Revue de l'Orient Chrétien*, third series, 9, XXIX (1934), 378–424.

Augustine:

Goldbacher, A.: *S. Aureli Augustini Hipponensis Episcopi Epistulae*, CSEL, XLIV, 1904.

Hahn, A.: *Bibliothek der Symbole*, Breslau, 1897.

Editor not listed: *Sancti Aurelii Augustini. In Iohannis Evangelium Tractatus CXXIV*, CC, XXXVI, 1954.

Basil:

Pruche, B.: *Basile de Césarée. Sur le Saint-Esprit*, SC, 17 (bis), 1968.

Damasus:

Turner, C. H.: *Ecclesiae Occidentalis Monumenta Iuris Antiquae*, tom. I, fasc. 2, pars 1, Oxford, 1913: Appendix VIII, *Tomus Damasi Papae*.

Eusebius of Emesa:

Buytaert, E. M.: *Eusèbe d'Émèse. Discours conservés en latin. Textes en partie inédits*. I. La collection de Troyes (Discours I à XVII), Louvain, 1953.

————: *L'héritage littéraire d'Eusèbe d'Émèse*, Bibliothèque du Muséon, 24, Louvain, 1949.

Eustathius:

Cavallera, F.: *S. Eustathii, episcopi Antiocheni, in Lazarum, Mariam et Martham homilia Christologica.* Nunc primum e codice Geonoviano edita cum commentario de fragmentis eustathianis. Accesserunt fragmenta Flaviani I Antiocheni. Thesim (Paris) ... proposuit Ferdinandus Cavallera, Paris, 1905.

Spanneut, M.: *Recherches sur les écrits d'Eustathe d'Antioche avec une édition nouvelle des fragments dogmatiques et exégétiques*, Lille, 1948.

Flavian of Antioch:

Cavallera, F.: See above under *Eustathius*.

Gelasius of Caesarea:

Diekamp, F.: 'Gelasius von Caesarea in Palaestina', *Analecta Patristica*, Orientalia Christiana Analecta, 117, Rome, 1938, pp. 16–49.

Gregory of Nyssa:

Jaeger, W.: *Gregorii Nysseni Opera*, II: *Contra Eunomium Libri*, Pars altera, ed. W. Jaeger, Leiden, 1960.

———— and Langerbeck, H.: *Gregorii Nysseni Opera*, VII.1: *Gregorii Nysseni De Vita Moysis*, ed. H. Musurillo, Leiden, 1964.

Hippolytus:

Achelis, H.: *Hippolyt's kleinere exegetische und homiletische Schriften*, GCS, 1, Hippolytus, Erster Band, Zweite Hälfte, Leipzig, 1897.

Nautin, P.: *Hippolyte Contre les Hérésies (fragment)*, *Études et Édition Critique*, Paris, 1949.

Ignatius:

Funk, F. X.: *Opera Patrum Apostolicorum*, vol. I, editio secunda, Tübingen, 1901.

Irenaeus:

Rousseau, A. (general editor): *Irénée de Lyon. Contre les hérésies*, Livre IV, t. I, SC, 100.1, 1965; Livre IV, t. II, SC, 100.2, 1965; Livre V, t. I, SC, 152, 1969; Livre V, t. II, SC, 153, 1969.

Sagnard, F.: *Irénée de Lyon. Contre les hérésies*, Livre III, SC, 34, 1952.

Methodius:

Bonwetsch, G. N.: *Methodius*, GCS, 27, 1917.

Origen:

Koetschau, P.: *Origenes*, 5, GCS, 22, 1913.

Theophilus of Alexandria:

Hilberg, I.: *Sancti Eusebii Hieronymi Epistolae*, CSEL, LV, 1912.

PROLEGOMENA

I. Historical and theological background

THEODORET, bishop of Cyrus, played a highly influential role in the history of the Christian Church and of its theology in the second quarter of the fifth century. The dominant figure during this period was unquestionably Cyril of Alexandria, but his opponents found an eloquent spokesman in Theodoret, the leading Antiochene theologian after the death of Theodore of Mopsuestia. The *Eranistes* represents the high point in Theodoret's opposition to Cyril, and is perhaps the most original work to stem from Syria in the fifth century. Since the details of Theodoret's life and works are well known and documented, a brief summary here will serve to situate the *Eranistes* in its historical context.[1] Born at Antioch in Syria about 393, Theodoret was educated in the monastery schools there; in 423 he was ordained bishop of Cyrus and was active on behalf of Nestorius at the General Council of Ephesus in 431. After the council it was only with reluctance that he joined John of Antioch and his fellow bishops in renewing communion with Cyril and the churches allied to Alexandria, refusing in fact to condemn Nestorius formally until necessity compelled him to do so at the Council of Chalcedon in 451. The date of his death, which apparently occurred in 466, is perhaps the only truly disputed date in his biography.[2]

It is generally agreed today that the *Eranistes* was composed in 447 or 448.[3] Cyril had died in 444, while Nestorius had been definitively exiled in 436; the turmoil surrounding the Council

---

[1] For details of Theodoret's life and works see O. Bardenhewer, *Geschichte der altkirchlichen Literatur*, IV (Freiburg im Breisgau, 1924), pp. 219–47.

[2] The year 457 (or 458) was traditionally accepted as the date of Theodoret's death. E. Honigmann argues for 466 as the probable date in 'Theodoret of Cyrrhus and Basil of Seleucia. The Time of their Death', in *Patristic Studies*, ST, 173, pp. 174–84.

[3] In *DTC*, XV, 306, G. Bardy states that the *Eranistes* was composed in 448; the following all accept 447: L. Saltet, 'Les sources de l'Ἐρανιστής de Théodoret', *RHE*, VI (1905), 290; Bardenhewer, op. cit., IV, 229–30; M. Richard, 'L'activité littéraire de Théodoret avant le Concile d'Éphèse', *RSPT*, XXIV (1935), 86; M. Brok, 'Touchant la date du Commentaire sur le Psautier de Théodoret de Cyr', *RHE*, XLIV (1949), 553.

of Ephesus had therefore subsided, although subsequent events
showed that the relative calm which prevailed was rather a
surface phenomenon. The role of the *Eranistes* in the new
troubles is unclear, since Theodoret does not specifically name
the object of his criticism; but the vehement opposition which
he began to encounter at this period intimates that it must have
been Eutyches, whose seemingly heretical teaching on the
nature of Christ was supported by Dioscorus, Cyril's successor
at Alexandria.[1] Eutyches was condemned by a synod at
Constantinople in 448;[2] Theodoret had been confined to the
city of Cyrus earlier in the same year by an imperial decree, on
the grounds that he was convening synods everywhere and
disturbing the peace.[3] In 449 a synod at Ephesus reinstated
Eutyches, condemned Flavian of Constantinople, and deposed
Theodoret, Ibas of Edessa, and Domnus of Antioch.[4]

Theodoret's appeals to secular and ecclesiastical authorities,
including Leo the bishop of Rome,[5] were of little help, until,
after the death of Theodosius II and the accession of Marcian,
a new council was summoned.[6] At Chalcedon in 451 Theodoret
and his associates were rehabilitated, Eutyches was condemned,
and the two nature Christology epitomized in Leo's writings
prevailed. The final blow to Theodoret was delivered post-
humously, however, when the Council of Constantinople in 553
condemned his writings against Cyril and the Council of
Ephesus.[7] He has been an object of suspicion to many ever
since, although he died in full communion with all the churches
of his day.

Theodoret's achievements reflect a character which was
pious, scholarly, and at the same time eminently practical and

[1] On the *Eranistes* as a center of conflict between Theodoret and Alexandria, see
T. Camelot, 'De Nestorius à Eutyches', *Chalkedon*, I, 235–6.

[2] Theodoret's Letter 11, addressed to Flavian of Constantinople, contains an
expression of joy, apparently at the news of the condemnation of Eutyches; for the
text of the letters see the reference to Azéma's edition in bibliography, 'II. Editions
of Theodoret's writings'.

[3] Theodoret describes the charges brought against him and the injustice he feels
he has suffered in Letters 79–81.

[4] For Theodoret's reaction to the activity of the so-called 'Latrocinium' of
Ephesus see Letters 113, 119–21, 124.

[5] See Letter 113 to Leo and the other letters mentioned in note 4 above.

[6] Theodoret describes the change in his fortunes at the death of Theodosius in
Letters 139–41.

[7] The condemnation is in the Acts of the council, Canon 13, *ACO*, 4.1, 243–4.

skilled in worldly affairs. The ultimate irony of his life is that one who welcomed the tranquillity of the monastic life should have become the focal point of so much controversy and strife.[1]

The Christology which Theodoret propounds in the *Eranistes* is not strikingly original or significant in itself; it is, however, crucial for an understanding of his personal thought and of the two nature doctrine which the Council of Chalcedon opposed to Eutyches. The primary purpose of this volume is to establish the critical text of the *Eranistes*; discussion will therefore be limited to literary and philological questions, and this study will be prefaced by a brief analysis of the structure of the *Eranistes* and a summary of its contents.

The body of the *Eranistes* consists of three separate discussions, in dialogue form, between two personages called Orthodoxos and Eranistes; the former naturally expresses Theodoret's teaching, while the latter states the various heretical doctrines which Theodoret attributed to his adversaries.[2] The work is introduced by a prologue in which Theodoret outlines the heresies to which he is opposed, and the specific truths he plans to prove. He also explains his use of the dialogue form and his technique for designating the speakers.[3]

Each dialogue is supplemented by a florilegium of citations from the writings of earlier ecclesiastical authors; these are true dogmatic florilegia in that they are used to help prove the doctrine at issue in a dialogue.[4] Seven citations on John 1:14 are inserted in the first dialogue before the formal florilegium;

---

[1] See Letters 124, 134, and 119 for expressions of Theodoret's contentment with the tranquil life of the monk.

[2] The name 'Eranistes' is often translated as 'beggar', but the *Patristic Greek Lexicon*'s translation of it as 'collector' is closer to Theodoret's own explanation. He says that those whom Eranistes represents gather together (ἐρανισάμενοι) various opinions and weave them together into a many-faceted theory, just as one might sew scraps of old cloth together (61.21–62.7). References to the present edition will always be by page and line; thus 62.7 refers to page 62, line 7. The Latin title of the appendix and the Greek names of the dialogues, none of which stem from Theodoret, have been kept to facilitate reference.

[3] See 62.8–19. Theodoret notes that he is using a rather different method than the classical authors of dialogues had employed. Thus he gives a new direction to an ancient literary form; see N. G. Wilson, 'Indications of Speaker in Greek Dialogue Texts', *Classical Quarterly*, XX (1970), 305.

[4] On the importance of Theodoret's quotations for the history of florilegia and for the texts of many of the early fathers, see M. Richard, *Chalkedon*, I, 725, and M. Spanneut, *Eustathe*, p. 26.

these have been listed as part one of the first florilegium and numbered consecutively with the other citations there.

The entire work concludes with an appendix, which is divided into three sections corresponding to the three dialogues. Each part consists of brief statements summarizing the main arguments of Orthodoxos.[1]

A schematic outline of the *Eranistes* follows:

Prologue: 61.1–62.32.
Dialogue I (Ἄτρεπτος): 63.1–111.11.
Florilegium I:
  Part 1 (on John 1:14): 91.22–94.29 (*passim*).
  Part 2 (main section): 95.25–109.4, 109.25–110.25.
Dialogue II (Ἀσύγχυτος): 112.1–188.4.
Florilegium II: 153.12–183.27, 184.9–187.16.
Dialogue III (Ἀπαθής): 189.1–253.14.
Florilegium III: 229.19–246.32, 247.19–248.30,
            249.18–252.26.
Appendix: 254.1–265.4.

Since a full discussion of Theodoret's theology lies beyond the scope of this study, the three dialogues will be summarized briefly in Theodoret's own words, taken from the appendix.

The first dialogue deals with the immutability of Christ's divine nature:[2]

We have admitted that the Father, Son, and Holy Spirit share one essence, and have agreed that this essence is immutable. If the trinity shares one essence which is immutable, then the only-begotten Son is immutable, since he is one person of the trinity. If he is immutable, then he became flesh without changing in any way; rather he assumed flesh, and was therefore said to have become flesh (254.2–7).

In the second dialogue Theodoret attempts to prove that Christ's two natures are united in such a way that each keeps its individual reality:

Those who believe that one nature resulted from the union of the

---

[1] The appendix, entitled *Demonstratio per syllogismos* in Latin, appears in numerous Renaissance manuscripts as an independent entity (see below, pp. 38–9), but Theodoret's description of it in the prologue indicates that it is an organic part of the *Eranistes*.

[2] In this summary and throughout the introduction the following key words will always be translated as indicated: φύσις (nature); οὐσία (essence); μορφή (form); πρόσωπον (person); ὑπόστασις (hypostasis); ἕνωσις (union).

divinity and the humanity destroy by this teaching the individual properties of both natures; and the destruction of these results in a denial of both natures. For mixing the realities that were united prevents us from considering the flesh as flesh, and God as God. But if there was a clear difference between the realities united even after the union, there was no mixture; a union without mixture took place. If one admits this, then Christ the lord is not one nature, but one Son, who shows both natures without mixture (257.10–17).

The third dialogue deals with the impassibility of the divine nature of the incarnate Word of God, and the consequent denial that one may predicate the passion and death on the cross of the Godhead:[1]

If Christ is both God and man, as holy scripture teaches and the blessed fathers always preached, then he suffered as man, but remained impassible as God (264.15–17).

The stress which Theodoret placed on the reality of the two natures of the incarnate Word gave rise ultimately to the charge, which he firmly denied, that he was a Nestorian and taught two Sons.[2] Conversely his understanding of his opponents' doctrine caused him to attribute to them a vast array of heresies, from docetism, gnosticism, and Manichaeanism, to those of Arius, Eunomius, and Apollinarius.[3] A brief summary tends to emphasize the radical differences between two positions, but the facts show that in this case no injustice has been done. It may well be that neither Theodoret nor Eutyches ever actually held the extreme beliefs which were attributed to them.[4] But the disastrous misunderstandings which occurred were rendered almost inevitable by the lack of clarity in theological

[1] On the question of πάθη in man and ἀπάθεια in God, as seen in the Stoic influences on the early fathers, see M. Spanneut, *Le Stoïcisme des Pères de l'Église* (Paris, 1957), pp. 232–5, 291–3.
[2] *See Eranistes*, 143.8–10, 202.24–7, and Letter 83 to Dioscorus of Alexandria.
[3] See the prologue to the *Eranistes* and the references in the index to the names of the heretics mentioned.
[4] For the varying shades of opinion on Theodoret's orthodoxy see J. Montalverne, *Theodoreti Cyrensis Doctrina Antiquior de Verbo 'inhumanato'* (Roma, 1948), pp. xv–xviii. Camelot, art. cit., pp. 234–42, cites several authors who hold that Eutyches did not actually profess the doctrine attributed to him; Camelot feels that Eutyches may have been well-intentioned, but did help actively to develop a truly monophysite christology.

language, and by the failure of both sides to listen to their oppo-
nents with the desire of comprehending the true meaning of
their words.[1]

---

[1] M. Richard, 'L'introduction du mot "hypostase" dans la théologie de l'Incar-
nation', *MSR*, II (1945), 243–70, has shown that theological differences, as well
as verbal misunderstandings lay beneath the controversies of the first half of the
fifth century. For a discussion of the linguistic problems involved see R. V. Sellers,
The Council of Chalcedon (London, 1961), pp. 137–42, 175–81. The words of M. V.
Anastos, 'Nestorius was Orthodox', *DOP*, XVI (1962), 120 are true for the period
of Chalcedon as for the time of Ephesus: 'If Nestorius and Cyril could have been
compelled to discuss their differences calmly and to define their terms with
precision, under the supervision of a strict and impartial arbiter who could have
kept them under control until they had explained themselves clearly, there is little
doubt that they would have found themselves in substantial agreement theo-
logically, though separated *toto caelo* as far as the prestige of their respective
archiepiscopal sees was concerned.'

II. The patristic citations

1. INDEX OF THE CITATIONS

The index which follows lists each citation in the order of appearance in its florilegium. Each item consists of two parts: the first lists the author of the citation, the title Theodoret gives it, and the page and line reference in this edition. The second part gives the standard Latin title of the work from which the citation was excerpted, and a reference to Migne, or to a modern, critical edition, where that is possible. If an editor or series other than *PG* or *PL* is in question, only the editor's name or the series title will be listed; the full title will be found in the section of the bibliography headed 'Editions of other ancient authors' under the name of the author of the citation.

Florilegium I

Part 1: On the interpretation of John 1:14.[1]

1. Athanasius (πρὸς Ἐπίκτητον γεγραφότος). 91.22–30. *Epistula ad Epictetum,* 8 (*PG* 26.1061D–1064A).
2. Gregory of Nazianzus (Ἄκουσον . . . αὐτοῦ λέγοντος). 92.4–9. *Epistula 101 (Ad Cledonium),* PG 37.189C.
3. Ambrose (ἐν τῷ περὶ πίστεως λόγῳ). 92.19–93.2. *De Incarnationis Dominicae Sacramento,* 6.59, 60, 61 (CSEL, LXXIX, 254.122–6, 255.139–44, 256.147–50).
4. Flavian of Antioch (. . . εὐαγγελικὸν ῥητὸν ἑρμηνεύοντος). 93.15–19. *In Ioannem 1:14* (Cavallera, frag. 4, p. 106).
5. Gelasius of Caesarea (εἰς τὴν τῆς δεσποτικῆς ἐπιφανείας πανήγυριν). 93.22–7. *In Epiphaniam* (Diekamp, frag. XI, p. 47).
6. John Chrysostom (. . . τὸ εὐαγγελικὸν ἑρμηνεύων χωρίον). 94.2–17. *In Joannem homilia XI,* 1–2 (*PG* 59.79.26–50).
7. Severian of Gabala (τούτου . . . τὴν ἑρμηνείαν). 94.19–29. *De sigillis* (*PG* 63.542.1–11).

---

[1] In part one the citations are introduced with informal titles, as part of the conversation.

Part 2: The main section of the florilegium.

8. Ignatius (᾿Εκ τῆς πρὸς Σμυρναίους ἐπιστολῆς). 95.26–31. *Ad Smyrnaeos*, I.1–2 (Funk, I, 276.1–6).

9. ——— (ἐκ τῆς αὐτῆς ἐπιστολῆς). 96.1–4. Ibid., V.2 (Funk, I, 280.1–4).

10. ——— (ἐκ τῆς αὐτῆς ἐπιστολῆς). 96.5–11. Ibid., IV.2–V.1 (Funk, I, 278.9–16).

11. ——— (ἐκ τῆς πρὸς ᾿Εφεσίους ἐπιστολῆς). 96.12–15. *Ad Ephesios*, XVIII.2 (Funk, I, 226.19–228.2).

12. ——— (ἐκ τῆς αὐτῆς ἐπιστολῆς). 96.16–19. Ibid., XX.2 (Funk, I, 230.3–5).

13. ——— (ἐκ τῆς αὐτῆς ἐπιστολῆς). 96.20–4. Ibid., VII.2 (Funk, I, 218.7–20).

14. ——— (ἐκ τῆς πρὸς Τραλλιανοὺς ἐπιστολῆς). 96.25–9. *Ad Trallianos*, IX.1 (Funk, I, 248.12–16).

15. Irenaeus (᾿Εκ τοῦ τρίτου λόγου τῶν εἰς τὰς αἱρέσεις). 96.31–97.4. *Adversus Haereses*, III.10.4 (SC, 34, 172).

16. ——— (ἐκ τοῦ αὐτοῦ λόγου). 97.5–8. Ibid., III.21.5 (SC, 34, 362).

17. ——— (ἐκ τοῦ αὐτοῦ λόγου). 97.9–20. Ibid., III.21.10–22.1 (SC, 34, 372).

18. ——— (ἐκ τοῦ αὐτοῦ λόγου). 97.21–98.6. Ibid., III.22.2 (SC, 34, 374–8).

19. ——— (ἐκ τοῦ αὐτοῦ λόγου). 98.7–12. Ibid., III.18.7 (SC, 34, 328).

20. ——— (ἐκ τοῦ αὐτοῦ λόγου). 98.13–21. Ibid., III.19.1 (SC, 34, 330–2).

21. ——— (ἐκ τοῦ αὐτοῦ λόγου). 98.22–30. Ibid., III.17.4 (SC, 34, 308).

22. Hippolytus (᾿Εκ τοῦ λόγου τοῦ εἰς τό, "Κύριος ποιμαίνει με"). 99.2–10. *In illud: 'Dominus pastor meus. . . .' (Ps. 22:1)*; Achelis, pp. 146.20–147.6, frag. XIX.

23. ——— (ἐκ τοῦ λόγου τοῦ εἰς τὸν ᾿Ελκανᾶν καὶ τὴν ῎Ανναν). 99.11–14. *In Helcanam et Annam* (Achelis, p. 121.1–5, frag. I).

24. ——— (ἐκ τοῦ αὐτοῦ λόγου). 99.15–20. Ibid. (Achelis, p. 121.6–12, frag. II).

25. ——— (ἐκ τοῦ αὐτοῦ λόγου). 99.21–5. Ibid. (Achelis, pp. 121.13–122.2, frag. III).

26. ——— (ἐκ τοῦ λόγου τοῦ εἰς τὴν ἀρχὴν τοῦ ᾿Ησαΐου). 99.26–31. *In principium Isaiae* (Achelis, p. 180.1–7, frag. I).

27. Methodius (᾿Εκ τοῦ περὶ μαρτύρων λόγου). 100.1–5. *De martyribus* (GCS, 27, 520.1–5).

28. Eustathius of Antioch (Ἐκ τῆς ἑρμηνείας τοῦ ιε΄ ψαλμοῦ). 100.7–12. *In Psalmum 15* (Cavallera, frag. 8, p. 68; Spanneut, p. 27).[1]

29. —— (ἐκ τοῦ περὶ ψυχῆς λόγου). 100.13–21. *De Anima* (Cavallera, frag. 53, p. 90; Spanneut, frag. 10, p. 99.6–13).

30. —— (ἐκ τοῦ αὐτοῦ λόγου). 100.22–6. Ibid. (Cavallera, frag. 54, p. 90; Spanneut, frag. 11, p. 99.14–18).

31. —— (ἐκ τοῦ αὐτοῦ λόγου). 100.27–9. Ibid. (Cavallera, frag. 57, p. 91; Spanneut, frag. 12, p. 99.19–21).

32. —— (ἐκ τοῦ λόγου τοῦ εἰς τό, "Κύριος ἔκτισέ με ἀρχὴν ὁδῶν αὐτοῦ"). 100.30–101.6. *In illud: 'Dominus creavit me. . . .' (Prov. VIII:22)*, Cavallera, frag. 19, p. 76; Spanneut, frag. 18, p. 101.6–13.

33. —— (ἐκ τοῦ αὐτοῦ λόγου). 101.7–13. Ibid. (Cavallera, frag. 25, p. 76; Spanneut, frag. 19, p. 101.14–20).

34. —— (ἐκ τοῦ αὐτοῦ λόγου). 101.14–18. Ibid. (Cavallera, frag. 26, p. 76; Spanneut, frag. 20, p. 101.21–4).

35. —— (ἐκ τῆς ἑρμηνείας τοῦ Ϟβ΄ ψαλμοῦ). 101.19–23. *In Psalmum 92* (Cavallera, frag. 12, p. 69; Spanneut, frag. 35, p. 107.4–8).

36. Athanasius (Ἐκ τῆς ἀπολογίας τῆς γεγενημένης ὑπὲρ Διονυσίου ἐπισκόπου Ἀλεξανδρείας). 101.25–102.4. *De sententia Dionysii*, 10 (*PG* 25.496AB; Opitz, II.1, 53.20–54.2).

37. —— (ἐκ τῆς αὐτῆς ἀπολογίας), 102.5–7. Ibid., 12 (*PG* 25.497B; Opitz, II.1, 54.28–9).

38. —— (ἐκ τοῦ περὶ πίστεως λόγου τοῦ μείζονος). 102.8–10. *Sermo maior de fide*, Schwartz, p. 5.6–8, no. 2 (3) end.

39. —— (ἐκ τοῦ αὐτοῦ λόγου). 102.11–13. Ibid. (Schwartz, p. 30.18–20, no. 75).

40. —— (ἐκ τοῦ αὐτοῦ λόγου). 102.14–25. Ibid. (Schwartz, p. 52).

41. —— (ἐκ τῆς πρὸς Ἐπίκτητον ἐπιστολῆς). 102.26–103.2. *Epistula ad Epictetum*, 2 (*PG* 26.1052C–1053A).

42. —— (ἐκ τῆς αὐτῆς ἐπιστολῆς). 103.3–13. Ibid., 2 (*PG* 26.1053AB).

43. —— (ἐκ τῆς αὐτῆς ἐπιστολῆς). 103.14–18. Ibid., 7 (*PG* 26.1061B).

44. Basil (Ἐκ τῆς ἑρμηνείας τοῦ νθ΄ ψαλμοῦ). 103.20–3. *In Psalmum 59*, 4 (*PG* 29.468A).

45. —— (ἐκ τῶν πρὸς Ἀμφιλόχιον ἐπίσκοπον περὶ τοῦ ἁγίου πνεύματος). 103.24–104.7. *De Spiritu Sancto*, V.12 (SC, 17 bis, 282–4).

46. Gregory of Nazianzus (Ἐκ τῆς πρὸς Κληδόνιον προτέρας

---

[1] This passage is actually a citation from Didymus the Blind, *In Psalmum 15* (*PG* 39.1233BC); cf. Spanneut, *Eustathe*, pp. 27–9.

ἐκθέσεως). 104.9–18. *Epistula 101* (*Ad Cledonium*) (*PG* 37.181BC).

47. —— (ἐκ τοῦ αὐτοῦ λόγου). 104.19–105.12. Ibid. (*PG* 37.188 ABC).

48. Gregory of Nyssa (᾽Εκ τοῦ λόγου τοῦ εἰς τὸν ᾽Αβραάμ). 105.14–25. *De deitate filii et spiritus sancti* (*PG* 46.564D–565A).

49. —— (ἐκ τοῦ περὶ τελειότητος βίου). 105.26–106.2. *De vita Moysis* (Jaeger, VII.1, 108.21–109.6).

50. —— (ἐκ τοῦ κατὰ Εὐνομίου λόγου). 106.3–8. *Contra Eunomium*, III.1.44 (Jaeger, II, 19.3–8).

51. —— (ἐκ τῆς αὐτῆς πραγματείας). 106.9–12. Ibid., III.3.64 (Jaeger, II, 130.19–22).

52. —— (ἐκ τῆς αὐτῆς πραγματείας). 106.13–16. Ibid., III.1.50 (Jaeger, II, 21.5–7).

53. —— (ἐκ τοῦ εἰς τοὺς μακαρισμοὺς λόγου πρώτου). 106.17–23. *De beatitudinibus* (*PG* 44.1201B).

54. Flavian of Antioch (᾽Εκ τῆς εἰς ᾽Ιωάννην τὸν Βαπτιστὴν ὁμιλίας). 106.25–8. *Homilia in S. Io. Baptistam* (Cavallera, frag. 2, p. 105).

55. —— (ἐκ τοῦ λόγου τοῦ εἰς τό, "Πνεῦμα κυρίου ἐπ᾽ ἐμέ"). 106.29–107.4. *In Lucam IV:18* (Cavallera, frag. 3, pp. 105–6).

56. Amphilochius (᾽Εκ τοῦ λόγου τοῦ εἰς τό, "῾Ο πατήρ μου μείζων μού ἐστιν"). 107.6–20. *In illud: 'Pater maior me est.'* (*PG* 39.109AB, frag. XII).

57. —— (ἐκ τοῦ λόγου τοῦ εἰς τό, "Οὐ δύναται ὁ υἱὸς ποιεῖν ἀφ᾽ ἑαυτοῦ οὐδέν"). 107.21–7. *In illud: 'Non potest filius...'* (*PG* 39.105B, frag. Xa).

58. John Chrysostom (᾽Εκ τοῦ λόγου ὃν εἶπε, Γότθου πρέσβεως πρὸ αὐτοῦ εἰρηκότος). 108.1–5. *Homilia VIII*, 3 (*PG* 63.505.3–8).

59. —— (ἐκ τοῦ γενεθλιακοῦ λόγου). 108.6–20. *In diem natalem D.N.I.C.*, 6 (*PG* 49.359.18–38).

60. —— (Καὶ μετ᾽ ὀλίγα). 108.21–4. Ibid., 6 (*PG* 49.359.52–4).

61. —— (ἀπὸ τοῦ λόγου, ὅτι τὰ ταπεινῶς εἰρημένα καὶ γεγενημένα παρὰ τοῦ Χριστοῦ...). 108.25–109.4. *De consubstantiali c. Anomoeos*, VII, 3 (*PG* 48.759.34–47).

62. Apollinarius (᾽Εκ τοῦ κατὰ κεφάλαιον βιβλίου). 109.26–8. τὸ κατὰ κεφάλαιον βιβλίον (Lietzmann, frag. 121, p. 237.10–12; de Riedmatten, p. 207.2–4).

63. —— (Καὶ πάλιν εὐθὺς ἐπισυνάπτων φησί). 109.29–110.2. Ibid. (Lietzmann, frag. 122, p. 237.13–17; de Riedmatten, p. 207.5–8).

64. —— (Καὶ μετ᾽ ὀλίγα δὲ οὕτω λέγει). 110.3–7. Ibid. (Lietzmann, frag. 123, p. 237.18–23; de Riedmatten, p. 207.9–13).

65. —— (Καὶ αὖθις μετὰ βραχέα καὶ ταῦτα εἴρηκε). 110.8–11.

The Patristic Citations 13

Ibid. (Lietzmann, frag. 124, p. 237.28–32; de Riedmatten, p. 207.14–16).

66. —— (Κἂν τῷ περὶ πίστεως λογιδίῳ οὕτω λέγει). 110.14–18. κατὰ μέρος πίστις, 11 (Lietzmann, p. 171.1–5; de Riedmatten, p. 207, 17–21).

67. —— (Καὶ μετ᾽ ὀλίγα). 110.19–22. Lietzmann, frag. 1, p. 185.2–6; de Riedmatten, p. 207.22–4.[1]

68. —— (Καὶ ἐν ἑτέρᾳ δὲ ἐκθέσει οὕτως ἔφη). 110.23–5. κατὰ μέρος πίστις, 28 (Lietzmann, p. 177.4–6; de Riedmatten, p. 207.25–7).[2]

Florilegium II

1. Ignatius (Ἐκ τῆς πρὸς Σμυρναίους ἐπιστολῆς). 153.13–17. *Ad Smyrnaeos*, III.1–2 (Funk, I, 276.15–18).

2. —— (ἐκ τῆς αὐτῆς ἐπιστολῆς). 153.18–20. Ibid., III.3 (Funk, I, 278.1–3).

3. Irenaeus (Ἐκ τοῦ τρίτου λόγου τῶν εἰς τὰς αἱρέσεις). 153.22–30. *Adversus Haereses*, III.18.7 (SC, 34, 324–6).[3]

4. —— (ἐκ τοῦ τρίτου λόγου τῆς αὐτῆς πραγματείας). 154.1–6. Ibid., III.16.8 (SC, 34, 296–8).

5. —— (ἐκ τοῦ δ᾽ λόγου τῶν εἰς τὰς αἱρέσεις). 154.7–13. Ibid., IV.4.1 (SC, 100.2, 418).

6. —— (ἐκ τοῦ αὐτοῦ λόγου). 154.14–17. Ibid., IV.33.4 (SC, 100.2, 810).

7. —— (ἐκ τοῦ αὐτοῦ λόγου). 154.18–20. Ibid., IV.33.11 (SC, 100.2, 830).

8. —— (ἐκ τῆς αὐτῆς πραγματείας). 154.21–155.2. Ibid., V.1.2 (SC, 153, 22–4).[4]

9. Hippolytus (Ἐκ τοῦ λόγου τοῦ εἰς τὴν τῶν ταλάντων διανομήν). 155.4–13. *De distributione talentorum* (Achelis, p. 209.1–11, frag. I).

[1] Although Theodoret lists this passage as part of the κατὰ μέρος πίστις, it is not, according to Lietzmann, to be found there.

[2] This passage is listed as being from a different work from 67, since it is from the κατὰ μέρος πίστις, while 67, despite its title, is not from that work. It is possible that the titles of these two citations are correct, but that the order of the passages themselves has been reversed; there is, however, no proof in the manuscripts that such an exchange actually occurred.

[3] The title of this passage has been corrected; all the manuscripts list this as being from book two of the *Adversus Haereses*.

[4] Although Theodoret's title indicates that this passage is from book IV, it is actually from book V.

10. —— (ἐκ τῆς πρὸς βασιλίδα τινὰ ἐπιστολῆς). 155.14–19.
Epistula ad reginam (Achelis, p. 253.8–14, frag. VII).

11. —— (ἐκ τοῦ λόγου τοῦ εἰς τὸν Ἐλκανᾶν καὶ τὴν Ἄνναν).
155.20–7. *In Helcanam et Annam* (Achelis, p. 122.3–11, frag. IV).

12. —— (ἐκ τοῦ λόγου τοῦ εἰς τὴν ᾠδὴν τὴν μεγάλην). 155.28–156.9.
In magnum canticum (Achelis, p. 83.1–15, frag. I).

13. —— (ἐκ τοῦ αὐτοῦ λόγου). 156.10–13. Ibid. (Achelis, p. 83.16–
20, frag. II).

14. —— (ἐκ τοῦ αὐτοῦ λόγου). 156.14–17. Ibid. (Achelis, p. 84.1–6,
frag. III).

15. —— (ἐκ τῆς ἑρμηνείας τοῦ β′ ψαλμοῦ). 156.18–157.6. *Contra
Noetum*, 17–18, with many omissions and variants (Nautin,
pp. 263.8–265.19).[1]

16. —— (ἐκ τοῦ λόγου τοῦ εἰς τὸν κγ′ ψαλμόν). 157.7–14. *In
Psalmum 23:7* (Achelis, p. 147.7–13, frag. XX).

17. Eustathius of Antioch (Ἐκ τοῦ λόγου τοῦ εἰς τὰς ἐπιγραφὰς τῆς
στηλογραφίας). 157.16–19. *In inscriptiones titulorum* (Cavallera,
frag. 14, pp. 71–2; Spanneut, frag. 9, p. 98.26–30).

18. —— (ἐκ τοῦ περὶ ψυχῆς λόγου). 157.20–7. *De Anima* (Caval-
lera, frag. 59, p. 91; Spanneut, frag. 13, p. 99.22–9).

19. —— (ἐκ τοῦ λόγου τοῦ εἰς τό, "Κύριος ἔκτισέ με ἀρχὴν ὁδῶν
αὐτοῦ"). 157.28–158.11. *In illud: 'Dominus creavit me. . . .'* (*Prov.
VIII:22*) (Cavallera, frag. 21, p. 76; Spanneut, frag. 21,
pp. 101.25–102.2).

20. —— (ἐκ τοῦ αὐτοῦ λόγου). 158.12–20. Ibid. (Cavallera,
frag. 22, p. 76; Spanneut, frag. 22, p. 102.3–10).

21. —— (ἐκ τοῦ αὐτοῦ λόγου). 158.21–159.9. Ibid. (Cavallera,
frag. 20, p. 76; Spanneut, frag. 23, p. 102.11–27).

22. Athanasius (Ἐκ τοῦ πρὸς τὰς αἱρέσεις λόγου β′). 159.11–21.
Oratio II contra Arianos, 70 (*PG* 26.296B).

23. —— (ἐκ τῆς πρὸς Ἐπίκτητον ἐπιστολῆς). 159.22–31. *Epistula
ad Epictetum*, 9 (*PG* 26.1065AB).

24. —— (ἐκ τῆς αὐτῆς ἐπιστολῆς). 160.1–7. *Epistula ad Adel-
phium*, 8 (*PG* 26.1081C).[2]

25a.—— (ἐκ τοῦ περὶ πίστεως λόγου τοῦ μείζονος). 160.8–13.
Sermo maior de fide (Schwartz, p. 26.7–12, no. 66 (29)).[3]

---

[1] Achelis follows Theodoret's title and lists this passage as *In Psalmum 2*; p. 146.1–
19, frag. XVIII.

[2] Theodoret's title here is incorrect.

[3] Schulze omitted *25b*, and printed *25a* and *25c* as one passage. The manuscript
evidence indicates that *25b* should be printed as part of the *Eranistes*; the number
25 has been kept for all three passages to avoid changing the enumeration of all
the remaining citations in the florilegium.

25b. —— (ἐκ τοῦ αὐτοῦ λόγου). 160.14–16. Ibid. (Schwartz, p. 11.7–8, no. 27 (18), and pp. 17.6–18.2, no. 55 (21)).

25c. —— (ἐκ τοῦ αὐτοῦ λόγου). 160.17–26. Ibid. (Schwartz, p. 26.11–21, no. 66 (29)).

26. —— (ἐκ τοῦ πρὸς Ἀρειανοὺς τόμου). 160.27–161.2. *De incarnatione et contra Arianos,* 2–3 (*PG* 26.988C–989A).

27. —— (ἐκ τοῦ αὐτοῦ λόγου). 161.3–11. Ibid., 3–4 (*PG* 26.989B).

28. —— (ἐκ τοῦ αὐτοῦ λόγου). 161.12–17. Ibid., 22 (*PG* 26.1024BC).

29. Ambrose (᾽Εν ἐκθέσει πίστεως). 161.19–163.12. *Expositio fidei* (*PL* 16.847A–849B).

30. —— (no title listed). 163.13–23. *De Incarnationis Dominicae Sacramento,* 6.57 (CSEL, LXXIX, 253.106–254.121).

31. —— (ἐκ τῆς πρὸς Γρατιανὸν τὸν βασιλέα ἐπιστολῆς). 163.24–164.2. *De fide* (*Ad Gratianum Augustum*), II.9.77 (CSEL, LXXVIII, 84.32–85.38).

32. —— (ἐκ τοῦ αὐτοῦ λόγου). 164.3–11. Ibid., II.7.58 (CSEL, LXXVIII, 76.43–51).

33. —— (no title listed). 164.12–21. Ibid., II.9.77 (CSEL, LXXVIII, 84.30–85.4).

34. —— (ἐκ τοῦ λόγου τοῦ περὶ τῆς ἐνανθρωπήσεως τοῦ κυρίου κατὰ Ἀπολιναριστῶν). 164.22–30. *De Incarnationis Dominicae Sacramento,* 6.49 (CSEL, LXXIX, 249.27–33).

35. —— (no title listed). 165.1–8. Ibid., 6.52 (CSEL, LXXIX, 250.54–61).

36. —— (κατὰ Ἀπολιναρίου). 165.9–18. Ibid., 4.23 (CSEL, LXXIX, 235.1–9).

37. —— (μετ᾽ ὀλίγα). 165.19–28. Ibid., 6.61 (CSEL, LXXIX, 256.147–54).

38. Basil (᾽Εκ τοῦ περὶ εὐχαριστίας λόγου). 166.2–11. *De gratiarum actione homilia,* 5 (*PG* 31.228C–229A).

39. —— (εἰς τὸ κατὰ Εὐνομίου). 166.12–17. *Adversus Eunomium,* I.18 (*PG* 29.552C–553A).

40. Gregory of Nazianzus (᾽Εκ τοῦ λόγου τοῦ εἰς τὴν νέαν κυριακήν). 166.19–23. *Oratio XL. In sanctum baptisma,* 45 (*PG* 36.424C).

41. —— (ἐκ τῆς πρὸς Κληδόνιον ἐπιστολῆς). 166.24–167.5. *Epistula 101* (*Ad Cledonium*) (*PG* 37.180A).

42. —— (ἐκ τῆς πρὸς Κληδόνιον προτέρας ἐκθέσεως). 167.6–15. Ibid. (*PG* 37.181A).

43. —— (ἐκ τοῦ περὶ υἱοῦ λόγου β'). 167.16–22. *Oratio XXX. Theologica quarta. De Filio,* 6 (*PG* 36.109C).

44. —— (ἐκ τοῦ λόγου τοῦ εἰς τὰ θεοφάνια). 167.23–6. *Oratio XXXVIII. In Theophania,* 13 (*PG* 36.325BC).

16 *Prolegomena*

45. —— (μετ' ὀλίγα). 168.1–4. Ibid., 15 (*PG* 36.328C).
46. —— (ἐν τῷ β' λόγῳ τῷ περὶ υἱοῦ). 168.5–19. *Oratio XXX. Theologica quarta. De Filio*, 8–9 (*PG* 36.113A).
47. —— (ἐκ τοῦ αὐτοῦ λόγου). 168.20–6. Ibid., 14 (*PG* 36.121C).
48. —— (ἐκ τοῦ αὐτοῦ λόγου) 169.1–7. Ibid., 15 (*PG* 36.124B).
49. Gregory of Nyssa (᾽Εκ τοῦ κατηχητικοῦ λόγου). 169.9–11. *Oratio catechetica magna*, cap. X (*PG* 45.41B).
50. —— (ἐκ τοῦ αὐτοῦ λόγου). 169.12–15. Ibid., cap. X (*PG* 45.41C).
51. —— (ἐκ τοῦ αὐτοῦ λόγου). 169.16–20. Ibid., cap. X (*PG* 45.41D–44A).
52. —— (ἐκ τοῦ κατὰ Εὐνομίου λόγου). 169.21–30. *Contra Eunomium*, III.10.4 (Jaeger, II, 290.5–14).
53. —— (ἐκ τοῦ αὐτοῦ λόγου). 170.1–15. Ibid., III.3.43–4 (Jaeger, II, 123.1–18).
54. Amphilochius (᾽Εκ τοῦ λόγου τοῦ εἰς τό, "῾Ο πατήρ μου μείζων μού ἐστιν"). 170.17–20. *In illud: 'Pater maior me est.'* (*PG* 39.109A, frag. XII, first part).
55. —— (ἐκ τοῦ λόγου τοῦ εἰς τό, "Οὐ δύναται ὁ υἱὸς ποιεῖν ἀφ' ἑαυτοῦ οὐδέν"). 170.21–171.9. *In illud: 'Non potest filius. . . .'* (*PG* 39.105C–108A, frag. Xb).
56. —— (ἐκ τοῦ αὐτοῦ λόγου). 171.10–22. Ibid. (*PG* 39.108AB, frag. Xc).
57. Theophilus of Alexandria (᾽Εκ τῶν κατὰ ᾽Ωριγένους). 171.24–8. *Epistula paschalis XVI* (Latin trans. in Jerome, *Epistula 96*, CSEL, LV, 162.7–10).
58. —— (ἐκ τῆς αὐτῆς πραγματείας). 171.29–172.31. *Epistula paschalis XVII* (Latin trans. in Jerome, *Epistula 98*, CSEL, LV, 200.4–201.8).[1]
59. John Chrysostom (Ἀπὸ λόγου ἐν τῇ μεγάλῃ ἐκκλησίᾳ ῥηθέντος). 173.2–5. *In Psalmum 48*, 2 (*PG* 55.514.49–53).
60. —— (εἰς τὴν ἀρχὴν τοῦ μα' ψαλμοῦ). 173.6–15. *In Psalmum 41*, 4 (*PG* 55.161.58–162.13).
61. —— (περὶ τῆς γλωσσῶν διαιρέσεως). 173.16–22. *Daemones non gubernare mundum homilia I*, 2–3 (*PG* 49.247.59–248.7).[2]
62. —— (ἀπὸ δογματικοῦ λόγου, ὅτι τὰ ταπεινῶς εἰρημένα καὶ γεγενημένα παρὰ τοῦ Χριστοῦ. . . .). 173.23–174.4. *De consubstantiali c. Anomoeos*, VII, 6 (*PG* 48.765.20–9).

[1] This passage contains two quotations from Origen's *De Principiis*, IV, c. 4.4, ed. P. Koetschau, *Origenes*, 5, GCS, 22 (Leipzig, 1913). *Eranistes*, 172.1–2 is in GCS, 22, 354.15–16, while 172.18–22 is on 353.18–354.3.
[2] Theodoret's title here is incorrect; in *63* he cites the same work of John Chrysostom, but with the correct title.

63. —— (πρὸς τοὺς λέγοντας, ὅτι δαίμονες τὰ τῶν ἀνθρώπων διοικοῦσιν). 174.5–19. *Daemones non gubernare mundum homilia I*, 2 (*PG* 49.246.52–247.13).

64. —— (ἐκ τοῦ αὐτοῦ λόγου). 174.20–4. Ibid., 2 (*PG* 49.247.33–7).

65. —— (εἰς τοὺς τὰ πρῶτα πάσχα νηστεύοντας). 174.25–8. *In eos qui pascha jejunant adv. Judaeos*, III.4 (*PG* 48.867.54–7).

66. —— (ἐκ τοῦ εἰς τὴν ἀνάληψιν λόγου). 174.29–175.3. *In Ascensionem D.N.I.C.*, 3 (*PG* 50.446.53–447.2).

67. —— (ἐκ τῆς ἑρμηνείας τῆς πρὸς Ἐφεσίους ἐπιστολῆς). 175.4–8. *In Epist. ad Ephes. Homilia I*, 4 (*PG* 62.15.12–17).

68. —— (ἐκ τῆς αὐτῆς ἑρμηνείας). 175.9–11. Ibid., *III*, 3 (*PG* 62.27.5–7).

69. —— (ἐκ τῆς αὐτῆς ἑρμηνείας). 175.12–16. Ibid., *IV*, 1–2 (*PG* 62.32.45–50).

70. —— (ἐκ τοῦ κατὰ Ἰωάννην εὐαγγελίου). 175.17–25. *In Joannem Homilia XI*, 2 (*PG* 59.80.8–18).

71. —— (ἐκ τοῦ κατὰ Ματθαῖον εὐαγγελίου). 175.26–30. *In Matthaeum Homilia II*, 2 (*PG* 57.26.22–7).

72. —— (ἐκ τοῦ λόγου τοῦ εἰς τὴν ἀνάληψιν τοῦ Χριστοῦ). 176.1–8. *In Ascensionem D.N.I.C.*, 2 (*PG* 50.445.22–32).

73. —— (ἐκ τοῦ αὐτοῦ λόγου). 176.9–18. Ibid., 3 (*PG* 50.446.32–40).

74. —— (μετ' ὀλίγα). 176.19–26. Ibid., 4 (*PG* 50.448.3–11).

75. Flavian of Antioch (Ἐκ τοῦ κατὰ Λουκᾶν εὐαγγελίου). 176.28–177.4. *In Lucam* (Cavallera, frag. 1, p. 105).

76. —— (εἰς τὰ θεοφάνια). 177.5–9. *In Theophania* (Cavallera, frag. 6, pp. 107–8).

77. Cyril of Jerusalem (Ἐκ τοῦ κατηχητικοῦ δ' λόγου περὶ τῶν δέκα δογμάτων. Περὶ τῆς ἐκ παρθένου γεννήσεως). 177.11–26. *Catechesis IV. De decem dogmatibus* (*PG* 33.465B–468A).

78. Antiochus of Ptolemaïs (no title listed). 177.28. *Frag. in Nativitatem*, 3 (*Le Muséon*, LIV, 56).

79. Hilary (Ἐν τῷ περὶ πίστεως θ' λόγῳ). 178.2–20. *De Trinitate*, IX, 3 (*PL* 10.282B–283A).

80. —— (ἐν τῷ αὐτῷ λόγῳ). 178.21–179.32. Ibid., IX, 5–7 (*PL* 10.284A–286A).

81. —— (ἐν τῷ αὐτῷ λόγῳ). 180.1–10. Ibid., IX, 11, 14 (*PL* 10.290B–291A, 292B).

82. Augustine (Τοῦ αὐτοῦ ἐκ τῆς ἐπιστολῆς τῆς πρὸς Βολουσιανόν). 180.12–16. *Epistula 137* (*Ad Volusianum*), 9 (CSEL, XLIV, 108.13–16).

83. ———— (ἐν τῇ ἐκθέσει τοῦ εὐαγγελίου τοῦ κατὰ τὸν ἅγιον Ἰωάννην). 180.17–21. *In Iohannis Evangelium Tractatus LXXVIII*, 2 (CC, XXXVI, 524.25–7).

84. ———— (ἐν τῷ λόγῳ τῷ περὶ τῆς ἐκθέσεως τῆς πίστεως). 180.22– 181.15. *Libellus emendationis Leporii presb.* (*PL* 31.1224BCD; Hahn, p. 299).

85. Severian of Gabala (Εἰς τὴν γένναν τοῦ Χριστοῦ). 181.17–24. *In natale D.N.I.C.* (*PG* 61.764.13–21).

86. Atticus of Constantinople (Ἐκ τῆς πρὸς Εὐψύχιον ἐπιστολῆς). 181.26–182.6. *Epistula ad Eupsychium*, Brière, pp. 380–2, 389.3–10 (Syriac trans.), 409.32–410.4 (French trans.).

87. Cyril of Alexandria (Ἐκ τῆς πρὸς Νεστόριον ἐπιστολῆς). 182.8–11. *Epistula 4* (*Ad Nestorium*) (*PG* 77.45C).

88. ———— (ἐκ τῆς πρὸς τοὺς Ἀνατολικοὺς ἐπιστολῆς). 182.12–17. *Epistula 39* (*Ad Joannem Antiochenum*) (*PG* 77.177A).

89. ———— (ἐκ τῆς αὐτῆς ἐπιστολῆς). 182.18–20. Ibid. (*PG* 77.180B).

90. ———— (no title listed). 182.21–6. *Epistula 45* (*Ad Succensum*) (*PG* 77.232CD).

91. ———— (ἐκ τῆς ἑρμηνείας τῆς πρὸς Ἑβραίους ἐπιστολῆς). 182.27– 30. *In Epist. ad Hebraeos* (*PG* 74.1005C).

92. ———— (ἐκ τῆς αὐτῆς ἑρμηνείας). 183.1–4. Ibid. (*PG* 74.1004A).

93. ———— (ἐκ τοῦ ἀπὸ τῶν Σχολίων). 183.5–10. *Scholia*, 4 (*PG* 75.1373CD).

94. ———— (ἐκ τοῦ περὶ τῆς ἐνανθρωπήσεως λόγου). 183.11–17. Ibid., 13 (*PG* 75.1385BC).

95. ———— (μετὰ τὰ ἄλλα). 183.18–27. Ibid., 25 (*PG* 75.1397C– 1398A).

96. Apollinarius (Ἐκ τοῦ κατὰ κεφάλαιον βιβλίου). 184.10–17. τὸ κατὰ κεφάλαιον βίβλιον (Lietzmann, frag. 125, pp. 237.38– 238.7; de Riedmatten, pp. 207.29–208.4).

97. ———— (Καὶ αὖθις μετὰ βραχέα). 184.18–21. Ibid. (Lietzmann, frag. 126, p. 238.8–12; de Riedmatten, p. 208.3–8).

98. ———— (Καὶ ἑτέρωθι δὲ οὕτω φησί). 184.22–32. Ibid. (Lietzmann, frag. 127, p. 238.13–24; de Riedmatten, p. 208.9–18).

99. ———— (Καὶ ἐν ἑτέρῳ δὲ χωρίῳ ταῦτά φησιν). 185.1–5. Ibid. (Lietzmann, frag. 128, p. 238.25–30; de Riedmatten, p. 208.19– 23).

100. ———— (Τούτοις εὐθὺς ἐπισυνάπτει). 185.6–9. Ibid. (Lietzmann, frag. 129, p. 239.1–4; de Riedmatten, p. 208.24–7).

101. ———— (Καὶ μετ' ὀλίγα πάλιν). 185.10–14. Ibid. (Lietzmann, frag. 130, p. 239.5–10; de Riedmatten, p. 208.28–32).

102. ———— (Καὶ μετ' ὀλίγα). 185.15–19. Ibid. (Lietzmann, frag. 131, p. 239.11–15; de Riedmatten, p. 209.1–5).

The Patristic Citations 19

103. —— (Εἶτ᾽ αὖθις καὶ ταῦτα τέθεικεν). 185.20–3. Ibid. (Lietz-mann, frag. 132, p. 239.16–19; de Riedmatten, p. 209.6–9).

104. —— (Τούτοις καὶ ταῦτα ἐπισυνάπτει). 185.24–9. Ibid. (Lietzmann, frag. 133, p. 239.20–5; de Riedmatten, p. 209.10–14).

105. —— (Καὶ μετ᾽ ὀλίγα πάλιν οὕτως εἴρηκεν). 185.30–186.5. Ibid. (Lietzmann, frag. 134, pp. 239.26–240.3; de Riedmatten, p. 209.15–21).

106. —— (Καὶ μετὰ πλεῖστα πάλιν ταῦτα τέθεικεν). 186.6–9. Ibid. (Lietzmann, frag. 135, p. 240.4–8; de Riedmatten, p. 209.22–5).

107. —— (Ἄκουσον αὐτοῦ πάλιν διαρρήδην βοῶντος). 186.10–12. Ibid. (Lietzmann, frag. 136, p. 240.9–12; de Riedmatten, p. 209.26–8).

108. —— (Καὶ ἐν τῷ περὶ σαρκώσεως λογιδίῳ). 186.13–21. περὶ σαρκώσεως (Lietzmann, frag. 3, pp. 204.21–205.2; de Ried-matten, pp. 209.29–210.5).

109. —— (Καὶ μετ᾽ ὀλίγα). 186.22–9. Ibid. (Lietzmann, frag. 4, p. 205.3–11; de Riedmatten, p. 210.6–12).

110. —— (Καὶ μετὰ βραχέα). 186.30–187.3. Ibid. (Lietzmann, frag. 5, p. 205.12–16; de Riedmatten, p. 210.13–16).

111. —— (Καὶ αὖθις μετ᾽ ὀλίγα). 187.4–13. Ibid. (Lietzmann, frag. 6, p. 205.17–27; de Riedmatten, p. 210.17–25).

112. —— (Καὶ μετ᾽ ὀλίγα). 187.14–16. Ibid. (Lietzmann, frag. 7, p. 205.28–30; de Riedmatten, p. 210.26–8).

Florilegium III

1. Ignatius (Ἐκ τῆς πρὸς Σμυρναίους ἐπιστολῆς). 229.20–3. *Ad Smyrnaeos*, VII.1 (Funk, I, 280.16–19).

2. Irenaeus (Ἐκ τοῦ τρίτου λόγου τῶν εἰς τὰς αἱρέσεις). 229.25–230.9. *Adversus Haereses*, III.18.3 (SC, 34, 314–16).

3. —— (ἐκ τοῦ αὐτοῦ λόγου). 230.10–14. Ibid., III.19.3 (SC, 34, 334–6).

4. —— (ἐκ τοῦ ε′ λόγου τῆς αὐτῆς πραγματείας). 230.15–18. Ibid., V.1.1 (SC, 153, 20).

5. Hippolytus (Ἐκ τῆς πρὸς βασιλίδα τινὰ ἐπιστολῆς). 230.20–5. *Epistula ad reginam* (Achelis, p. 253.8–14, frag. VII).

6. —— (ἐκ τῆς αὐτῆς ἐπιστολῆς). 230.26–31. Ibid. (Achelis, p. 253.15–20, frag. VIII).

7. —— (ἐκ τοῦ λόγου τοῦ εἰς τοὺς δύο λῃστάς). 231.1–3. *In duo latrones* (Achelis, p. 211.1–4, frag. I).

8. —— (ἐκ τοῦ αὐτοῦ λόγου). 231.4–10. Ibid. (Achelis, p. 211.5–12, frag. II).

9. —— (ἐκ τοῦ αὐτοῦ λόγου). 231.11–14. Ibid. (Achelis, p. 211.13–16, frag. III).

10. Eustathius of Antioch (Ἐκ τοῦ περὶ ψυχῆς λόγου). 231.16–21. *De Anima* (Cavallera, frag. 58, p. 91; Spanneut, frag. 14, p. 99.30–6).

11. —— (ἐκ τοῦ αὐτοῦ λόγου). 231.22–7. Ibid. (Cavallera, frag. 55, p. 90; Spanneut, frag. 15, p. 100.1–6).

12. —— (ἐκ τοῦ λόγου τοῦ εἰς τό, "Κύριος ἔκτισέ με ἀρχὴν ὁδῶν αὐτοῦ"). 231.28–232.10. *In illud: 'Dominus creavit me....'* (*Prov. VIII:22*) (Cavallera, frag. 23, p. 76; Spanneut, frag. 24, pp. 102.28–103.3).

13. —— (ἐκ τοῦ αὐτοῦ λόγου). 232.11–19. Ibid. (Cavallera, frag. 24, p. 76; Spanneut, frag. 25, p. 103.4–12).

14. —— (ἐκ τοῦ αὐτοῦ λόγου). 232.20–4. Ibid. (Cavallera, frag. 29, p. 76; Spanneut, frag. 26, p. 103.13–17).

15. —— (ἐκ τοῦ αὐτοῦ λόγου). 232.25–233.9. Ibid. (Cavallera, frag. 30, p. 76; Spanneut, frag. 27, p. 103.18–32).

16. —— (ἐκ τοῦ αὐτοῦ λόγου). 233.10–14. Ibid. (Cavallera, frag. 31, p. 76; Spanneut, frag. 28, p. 103.33–7).

17. —— (ἐκ τοῦ αὐτοῦ λόγου). 233.15–20. Ibid. (Cavallera, frag. 32, p. 76; Spanneut, frag. 29, p. 104.1–5).

18. —— (ἐκ τοῦ αὐτοῦ λόγου). 233.21–33. Ibid. (Cavallera, frag. 27, p. 76; Spanneut, frag. 30, p. 104.6–17).

19. —— (ἐκ τοῦ αὐτοῦ λόγου). 234.1–8. Ibid. (Cavallera, frag. 28, p. 76; Spanneut, frag. 31, p. 104.18–25).

20. —— (ἐκ τοῦ λόγου τοῦ εἰς τὰς ἐπιγραφὰς τῶν ἀναβαθμῶν). 234.9–16. *In inscriptiones graduum* (Cavallera, frag. 15, p. 72; Spanneut, frag. 33, p. 106.5–11).

21. —— (ἐκ τοῦ αὐτοῦ λόγου). 234.17–20. Ibid. (Cavallera, frag. 16, p. 72; Spanneut, frag. 34, p. 106.12–15).

22. —— (ἐκ τῆς ἑρμηνείας τοῦ ϟβ′ ψαλμοῦ). 234.21–9. *In Psalmum 92* (Cavallera, frag. 10, p. 69; Spanneut, frag. 36, p. 107.9–16).

23. —— (ἐκ τῆς αὐτῆς ἑρμηνείας). 234.30–235.2. Ibid. (Cavallera, frag. 11, p. 69; Spanneut, frag. 37, p. 107.17–21).

24. Athanasius (Ἐκ τῆς πρὸς Ἐπίκτητον ἐπιστολῆς). 235.4–8. *Epistula ad Epictetum*, 2 (*PG* 26.1053A).

25. —— (ἐκ τῆς αὐτῆς ἐπιστολῆς). 235.9–17. Ibid., 6 (*PG* 26.1060C).

26. —— (ἐκ τῆς αὐτῆς ἐπιστολῆς). 235.18–27. Ibid., 10 (*PG* 26.1065C–1068A).

27. —— (ἐκ τοῦ περὶ πίστεως λόγου τοῦ μείζονος). 235.28–236.11. *Sermo maior de fide* (Schwartz, p. 22.6–19, no. 62).

28. —— (ἐκ τοῦ αὐτοῦ λόγου). 236.12–17. Ibid. (Schwartz, p. 24.7–11, no. 64 (27)).

29. —— (ἐκ τοῦ αὐτοῦ λόγου). 236.18–22. Ibid. (Schwartz, p. 5.2–6, no. 2 (3)).

30. —— (ἐκ τοῦ αὐτοῦ λόγου). 236.23–237.2. Ibid. (Schwartz, p. 6.2–7, no. 4 (4), and p. 5.2–5, no. 3 (4)).

31. —— (ἐκ τοῦ πρὸς Ἀρειανοὺς λόγου). 237.3–12. *De incarnatione et contra Arianos*, 2 (*PG* 26.988A).

32. —— (ἐκ τοῦ περὶ ἐνανθρωπήσεως λόγου). 237.13–30. *De incarnatione*, 9 (Thomson, pp. 152–4, ll. 1–17).

33. —— (ἐκ τοῦ αὐτοῦ λόγου). 237.31–238.9. Ibid., 20 (Thomson, pp. 182–4, ll. 13–18, 25–30).

34. —— (ἐκ τοῦ αὐτοῦ λόγου). 238.10–15. Ibid., 20 (Thomson, p. 184, ll. 34–9).

35. —— (ἐκ τοῦ αὐτοῦ λόγου). 238.16–23. Ibid., 25–6 (Thomson, p. 279).[1]

36. Damasus (Ἀπὸ ἐκθέσεως). 238.25–9. *Tomus Damasi Papae* (Latin text) (Turner, I.2.1, 289).[2]

37. Ambrose (Ἐκ τοῦ περὶ τῆς καθόλου πίστεως). 239.2–6. *De Incarnationis Dominicae Sacramento*, 6.50 (CSEL, LXXIX, 249.38–41).

38. —— (ἐκ τοῦ αὐτοῦ λόγου). 239.7–13. *De fide* (*Ad Gratianum Augustum*), II.7.57 (CSEL, LXXVIII, 76.36–41).[3]

39. Basil (no title listed). 239.15–20. *Adversus Eunomium*, II.3 (*PG* 29.577A).

40. Gregory of Nazianzus (Ἐκ τῆς πρὸς Νεκτάριον τὸν Κωνσταντινουπόλεως ἐπίσκοπον ἐπιστολῆς). 239.22–240.2. *Epistula 202* (*Ad Nectarium*) (*PG* 37.332A).

41. —— (Καὶ μετ' ὀλίγα). 240.3–9. Ibid. (*PG* 37.333A).

42. —— (ἐκ τῆς πρὸς Κληδόνιον προτέρας ἐκθέσεως). 240.10–13. *Epistula 101* (*Ad Cledonium*) (*PG* 37.184A).

43. —— (ἐκ τοῦ περὶ υἱοῦ λόγου). 240.14–22. *Oratio XXX. Theologica quarta. De Filio*, 16 (*PG* 36.124C–125A).

44. —— (ἐκ τοῦ εἰς τὸ Πάσχα λόγου). 240.23–8. *Oratio XLV. In sanctum Pascha*, 25 (*PG* 36.657C).

[1] Theodoret's text of this passage corresponds to the text of the short recension of the *De incarnatione*. Since the text of this section varies quite substantially, Thomson has printed it as an appendix to his edition.
[2] Theodoret lists this passage as part of an *Epistula ad Paulinum* in *Hist. Eccl.*, V.11.8, ed. F. Scheidweiler, 2nd edit., *Theodoret. Kirchengeschichte*, GCS, 44 (19), Berlin, 1954, pp. 300.1–4. He quotes the same passage without a title in Letter 145, Azéma, III, 170.5–9.
[3] Theodoret's title here is incorrect.

45. Gregory of Nyssa ('Εκ τοῦ κατηχητικοῦ λόγου). 241.1–5. *Oratio catechetica magna*, cap. XVI (*PG* 45.52D).

46. —— (ἐκ τοῦ αὐτοῦ λόγου). 241.6–15. Ibid., cap. XXXII (*PG* 45.80BC).

47. —— (ἐκ τοῦ αὐτοῦ λόγου). 241.16–19. Ibid., cap. XXXII (*PG* 45.80CD).

48. —— (ἐκ τῆς κατὰ Εὐνομίου πραγματείας). 241.20–8. *Contra Eunomium*, III.65.6 (Jaeger, II, 130.28–131.8).

49. —— (ἐκ τῆς αὐτῆς πραγματείας). 241.29–242.8. Ibid., III.4.4–5 (Jaeger, II, 135.6–19).

50. Amphilochius ('Εκ τοῦ λόγου τοῦ εἰς τό, "Ἀμὴν ἀμὴν λέγω ὑμῖν. . . ."). 242.10–16. *In illud: 'Amen, amen dico vobis. . . .'* (*PG* 39.108D, frag. XI).

51. —— (ἐκ τοῦ λόγου τοῦ εἰς τό, "'Ο πατήρ μου μείζων μού ἐστιν"). 242.17–29. *In illud: 'Pater maior me est.'* (*PG* 39.109AB, frag. XII, second part).

52. —— (ἐκ τοῦ λόγου τοῦ εἰς τό, "Εἰ δυνατόν, παρελθέτω ἀπ' ἐμοῦ τὸ ποτήριον τοῦτο"). 243.1–9. *In illud: 'Si possibile est. . . .'* (*PG* 39.104CD, frag. VII).[1]

53. —— (ἐκ τοῦ κατὰ Ἀρειανῶν λόγου). 243.10–15. *Contra Arianos* (*PG* 39.100B, frag. II).[2]

54. —— (ἐκ τοῦ περὶ υἱοῦ λόγου). 243.16–24. *De Filio* (*PG* 39.97D–100A, frag. I).

55. —— (ἐκ τοῦ λόγου τοῦ εἰς τό, "Οὐ δύναται ὁ υἱὸς ποιεῖν ἀφ' ἑαυτοῦ οὐδέν"). 243.25–244.2. *In illud: 'Non potest filius. . . .'* (*PG* 39.108BC, frag. Xd).

56. Flavian of Antioch ('Επὶ τῇ κυριακῇ τοῦ Πάσχα). 244.4–8. *In Pascha* (Cavallera, frag. 8, p. 108).

57. —— (εἰς 'Ιούδαν τὸν προδότην). 244.9–15. *In Iudam traditorem* (Cavallera, frag. 7, p. 108).

58. Theophilus of Alexandria ('Εξ ἑορταστικοῦ τόμου). 244.17–24. *Epistula paschalis XVII* (Latin trans. in Jerome, *Epistula 98*, CSEL, LV, 191.31–192.6).

59. Gelasius of Caesarea ('Εκ τοῦ εἰς τὰ 'Επιφάνια λόγου). 244.26–245.6. *In Epiphaniam* (Diekamp, frag. XII, pp. 47.21–48.3).

60. John Chrysostom (Ἀπὸ τοῦ λόγου τοῦ εἰς τό, "'Ο πατήρ μου ἕως ἄρτι ἐργάζεται, κἀγὼ ἐργάζομαι"). 245.8–13. *Homilia IX in illud: 'Pater meus usque modo operatur. . . .'*, 2 (*PG* 63.513.53–7).

61. —— (Καὶ μετ' ὀλίγα). 245.14–20. Ibid., 2 (*PG* 63.514.9–17).

---

[1] Cf. also Holl, pp. 100.31–101.5.

[2] Although its title is different, this passage seems to be excerpted from the same work as *51*.

62. —— (ἀπὸ τοῦ λόγου, ὅτι τὰ ταπεινῶς εἰρημένα καὶ γεγενη-
μένα. . . .). 245.21–8. *De consubstantiali c. Anomoeos*, VII, 6
(*PG* 48.765.3–11).

63. —— (ἐκ τοῦ αὐτοῦ λόγου). 246.1–11. Ibid., VII, 6 (*PG*
48.765.46–60).

64. —— (ἐκ τοῦ αὐτοῦ λόγου). 246.12–25. Ibid., VII, 6 (*PG*
48.766.4–21).

65. Severian of Gabala ('Εκ τοῦ εἰς τὰς σφραγίδας λόγου). 246.27–32.
De sigillis (*PG* 63.543.17–544.4).

66. Apollinarius ('Εκ τοῦ κατὰ κεφάλαιον βιβλίον). 247.20–4. τὸ
κατὰ κεφάλαιον βιβλίον (Lietzmann, frag. 137, p. 240.16–21; de
Riedmatten, pp. 210.30–211.4).

67. —— (Καὶ πάλιν). 247.25–31. Ibid. (Lietzmann, frag. 138,
p. 240.22–9; de Riedmatten, p. 211.5–11).

68. —— (Καὶ αὖθις). 248.1–4. Ibid. (Lietzmann, frag. 139,
pp. 240.30–241.2; de Riedmatten, p. 211.12–15).

69. —— (Καὶ ἐν ἑτέρῳ δὲ παραπλησίῳ συγγράμματι). 248.5–14.
ἀνακεφαλαίωσις (Lietzmann, nos. 17, 20, 19, 18, p. 244.6–8,
12–16, 9–12, 8–9; de Riedmatten, p. 211.16–24).

70. —— (Καὶ μετ' ὀλίγα). 248.15–19. Ibid. (Lietzmann, no. 29,
p. 246.2–6; de Riedmatten, p. 211.25–9).

71. —— (Καὶ μετ' ὀλίγα πάλιν). 248.20–4. κατὰ μέρος πίστις, 35
(Lietzmann, p. 181.1–4; de Riedmatten, pp. 211.30–212.2).

72. —— ('Εν δὲ τῷ περὶ πίστεως λογιδίῳ). 248.25–7. Ibid., 11–12
(Lietzmann, p. 171.9–12; de Riedmatten, p. 212.3–5).[1]

73. —— (Καὶ ἐν τῷ περὶ σαρκώσεως λογιδίῳ). 248.28–30. περὶ
σαρκώσεως (Lietzmann, frag. 8, p. 206.7–10; de Riedmatten,
p. 212.6–8).

74. Eusebius of Emesa (no title listed). 249.19–251.15. *De Arbitrio,
Voluntate Pauli et Domini Passione* (Latin text in Buytaert,
Discours, I, 33.5–36.15).[2]

75. —— (ἐκ τοῦ αὐτοῦ λόγου). 251.16–252.26. Ibid. (Latin text
in Buytaert, *Discours*, I, 38.19–41.8).

2. THE SOURCES OF THE FLORILEGIA

The use of quotations from the 'fathers' to confirm a specific
doctrine constituted a major development in theological argu-
mentation during the fifth century.[3] Cyril of Alexandria made

---

[1] Theodoret's titles for *71–2* are incorrect, but the manuscript evidence supports
this order; only the Paris manuscript reverses the order of the two passages. See
below, pp. 32–3.

[2] The Greek of Schulze's edition is collated with this Latin text in Buytaert,
L'héritage, pp. 9*–15*.

[3] See M. Richard, *Chalkedon*, I, 721–48 for the history and development of
patristic florilegia in the context of the disputes over the two natures of Christ.

extensive use of such dogmatic patristic florilegia in the contro-
versy with Nestorius, and his practice influenced later authors
from widely divergent theological traditions.[1] Theodoret too
must be included here, despite their opposition, for in the very
process of attempting to refute Cyril, he was forced to become
intimately familiar with the latter's writings.

The actual sources of Cyril's florilegia are unknown, but the
type of author whom he cites gives an indication of certain
general principles of selection, which Theodoret shares with
him.[2] When viewed in this framework Theodoret's individual
contributions to the florilegium as a literary type become more
evident, and his sources can be studied realistically.

Cyril refers to the 'fathers' when introducing his citations,
but this word in itself is unclear; the authors whom he names
were all bishops, and were well known either because of their
own personal importance or through the prestige of the cities
they governed. The term 'father' implies temporal priority
or antiquity, and this consists in the fact that Cyril quotes
only persons who were deceased at the time when he was
writing.

The basic test of orthodoxy at this period was conformity
with the teaching of the Nicene fathers, and, although Cyril
does not mention this factor explicitly, the stress placed on it at

---

[1] For Cyril's importance see *ACO*, I.1.1, xii, E. Schwartz, *Vaticanus gr. 1431*,
p. 97, and R. Hespel, *Le florilège cyrillien réfuté par Sévère d'Antioche* (Louvain, 1955),
pp. 3–6.

[2] In a letter to Celestine of Rome Cyril refers to a selection of texts from the
'fathers' which he had sent to Rome (*ACO*, I.1.5, 12.19–23); this collection no
longer exists, but three other florilegia composed by Cyril are extant; they are
found in the following works: 1. *Oratio ad Dominas* written in 430 (*ACO*, I.1.5,
65.25–68.27); 2. *Apologia XII Capitulorum contra Orientales*, written in 431 (*ACO*,
I.1.7, 36.32–37.23, 45.20–31, 64.1–65.4); 3. The *Acts* of the first session of the
Council of Ephesus (*ACO*, I.1.2, 39.6–45.3); the latter collection appears in an
amplified version in the *Acts* of the session of 22 July, 431 (*ACO*, I.1.7, 89.26–
95.18). These florilegia do not all cite the same authors, but the following are
quoted at least once: Ambrose, Ammon, Amphilochius, Antiochus, Athanasius,
Atticus, Basil, Cyprian, Felix of Rome, Gregory of Nazianzus, Gregory of Nyssa,
John Chrysostom, Julius of Rome, Peter of Alexandria, Severian, Theophilus of
Alexandria, and a certain Vitalis. The works attributed to Felix, Julius, and
Vitalis, as well as one supposedly Athanasian citation, are all of Apollinarian
origin; it would seem that Cyril included these Apollinarian forgeries unwittingly,
but nevertheless a distinction must be made in these cases between the person he
believed he was quoting and the actual source of the text involved.

Ephesus shows that it must surely have played a part in his decision to include or omit a citation.[1]

In his letters Cyril does not consciously cite heretical authors, for his purpose is to maintain and confirm orthodox teaching.[2] The florilegium in the Acts of the Council of Ephesus, however, quotes extensively from the writings of Nestorius, and thus maintains standard apologetical procedure, the aim of which is to expose and refute the errors taught by the adversary.[3] Such a florilegium should therefore be described as polemical rather than strictly dogmatic.

In the *Eranistes* Theodoret too quotes only bishops, referring to them as fathers and teachers who have guided the churches and enriched them with truth.[4] All his authors are well known, and all were deceased prior to 447; with two exceptions, to be noted below, all were of impeccable orthodoxy. Theodoret devotes an extended passage to the Nicene doctrine on the Incarnation, and quotes the Creed of the council.[5] At the same time he includes quotations from pre-Nicene fathers, implying in his remarks apropos of Ignatius of Antioch and Irenaeus that they provide a link with the apostles themselves.[6] Theodoret quotes Theophilus and Cyril of Alexandria, and yet omits the two great Antiochenes, Diodore of Tarsus and Theodore of Mopsuestia; he praises them highly, but concedes that his adversaries' opposition to them renders their testimony ineffectual.[7]

Theodoret's most striking departure from Cyril's methods consists in his quoting Apollinarius in all three florilegia, and Eusebius of Emesa in the third. The citation of heretical authors is not in itself unusual, but the purely dogmatic aim of citing

[1] The procedure at Ephesus shows the importance of Nicaea quite clearly (*ACO*, I.1.2, 12.17–35.29). The Creed of the 318 Fathers, Cyril's second letter to Nestorius, and the latter's response were all read; Cyril's letter is approved because it conforms to Nicaea, while Nestorius is condemned on the grounds that he has contradicted it.

[2] See above, p. 24, n. 2.

[3] *ACO*, I.1.2, 45–52.

[4] See for example *Eranistes*, 91.14–95.24, passim, as well as the introductions and conclusions to the other florilegia.

[5] Ibid., 227.18–229.14; the quotation from Nicaea is on 228.27–31.

[6] Ibid., 95.14–24.; see also 229.9–11, where Theodoret says that some of the authors he cites attended the Council of Nicaea, others glorified the churches after it, while still others gave light to the world long before.

[7] Ibid., 95.5–12.

them on one's own behalf, and not in order to reject or refute them, is peculiar to the *Eranistes*. Theodoret reasons that, if his opponents are not convinced by his arguments or by the ortho-dox fathers quoted, they will perhaps be persuaded when they see that their own dogmatic ancestors taught the same doctrine as himself.[1] Thus these citations become an integral part of this dogmatic florilegium and contribute positively to its argumenta-tion.

Theodoret's adaptation of the classical dialogue form for his own audience has been noted above;[2] since his approach to the form of the florilegium is also marked with originality, it does not seem unreasonable to presume that his creativity extended also to the sources from which he drew the contents of his anthology.[3]

Apart from the florilegium of the Council of Ephesus, which cannot be cited with certainty as a direct source for Theodoret,[4] five other fifth-century florilegia bear relationships with the *Eranistes*:

1. A document mentioned in 431 in a letter of the eastern bishops to Rufus of Thessalonica.[5]
2. The florilegium in book IV of Theodoret's lost work *Pentalogos,* written against Cyril in 432.[6]
3. The appendix to Leo's *Tomus ad Flavianum* (A.D. 449).[7]

---

[1] Ibid., 110.28 ff. and 253.3 ff.

[2] See above, p. 5, n. 3.

[3] The only extended study of Theodoret's sources is L. Saltet, art. cit.

[4] Parts of three citations from the Council's *Acts* appear in the *Eranistes*: I.*53*; II.*31, 41*. The references to the Council's florilegium appear in the patristic appa-ratus of the critical text under these citations.

[5] See Saltet, art. cit., pp. 741 ff. The letter to Rufus is edited in *ACO*, I.1.3, 39–42; the conjectured florilegium, which will be referred to here as the document of 431, consists of a list of names on 41.27–32. See also Schwartz, 'Publizistische Sammlungen', p. 282, n. 2.

[6] On the existence of this florilegium see Schwartz, *Vaticanus gr. 1431*, p. 97 and Richard, *Chalkedon*, I, 723–4. The extant fragments of the *Pentalogos* are edited in *ACO*, I.5.1, 165–9.

[7] The Greek text of this florilegium is edited in *ACO*, II.1.1, 20–5; it will be referred to here as Leo's *Tome*, to distinguish it from the expanded version which the bishop of Rome sent to the Emperor Leo in 458, and which has survived only in a Latin version (*ACO*, II.4, 119–31). All the quotations from the *Tome* are included in the second florilegium of the *Eranistes*, and correspond to the following citations: II.*32–5, 44–5, 72–4, 79–84, 93–5*. Since the additional quotations in the letter to the emperor do not figure in the *Eranistes*, that florilegium will not be considered here.

4. The florilegium in the Acts of the Council of Chalcedon (A.D. 451).[1]

5. The appendix to the *de duabus naturis* of Gelasius who was bishop of Rome from 492–496.[2]

The results of Saltet's study, which must remain the starting-point for discussion of the sources of the *Eranistes* may be summarized as follows:

1. The *Eranistes* was written in 447 during a period of peace; it looks back to Ephesus and Cyril, not to Eutyches. Leo's texts were not in this edition.[3]

2. The document of 431 was a primary source for the *Eranistes*.[4]

3. The florilegium of Chalcedon is taken directly from the *Eranistes*.[5]

4. Theodoret published a second, revised edition of the *Eranistes* after the Council of Chalcedon; the primary change was the interpolation by Theodoret of Leo's citations in the second florilegium. This is the edition which exists today.[6]

5. The florilegium of Gelasius is also dependent on the document of 431.[7]

6. The document of 431 can be reconstructed almost in full by means of the *Eranistes* and Gelasius.[8]

---

[1] The Chalcedonian florilegium is edited in *ACO*, II.1.3, 114–16. It contains the following citations from the *Eranistes*: I.*56*; II.*22, 31, 39, 41, 46, 70–1, 76, 78, 86–90*. One other quotation in this collection, from Proclus, is not in the *Eranistes*.

[2] The text of Gelasius is edited in Schwartz, 'Publizistische Sammlungen', pp. 96–106. All or part of the following citations of the *Eranistes* correspond to texts of Gelasius: I.*2, 3, 6, 12–13, 43, 56*; II.*15, 26–7, 38, 41, 53, 54* (=I.*56*), *70, 77–8*; III.*27–8, 36–7, 39, 41, 48–50, 51* (=I.*56*), *52–4*. See the patristic apparatus for these citations for the references to Gelasius.

[3] Saltet, art. cit., p. 527.

[4] Ibid., 513 ff.

[5] Ibid., 298–301.

[6] Ibid., 294–8. The basis of this theory, the presence of Leo's texts in the *Eranistes*, had been noted and discussed long before Saltet, although the earliest authors drew no conclusions concerning Theodoret's sources from these facts; see ibid., 291 for a summary of this material. Saltet also refers in his survey of the past to N. Glubokowskij, *The Blessed Theodoret. His Life and Works*, 2 vols. (in Russian), Moscow, 1890; he does not seem to have been aware, however, of the supplementary studies to Glubokowskij published by V. Bolotov, 'Theodoretiana', *Christjanskoje Tschtenie*, 1892, II, 142 ff. (in Russian).

[7] Saltet, art. cit., pp. 513–36.

[8] Ibid., 513 and 527–36.

Saltet therefore lists three principal sources for the florilegia in the *Eranistes*:[1]

1. Leo's *Tome* which Theodoret interpolated in the second edition.
2. The document of 431 whose author, according to Saltet, was probably Helladius of Ptolemaïs.[2]
3. Theodoret's personal research, which Saltet considers relatively insignificant.[3]

Saltet is correct in holding that the *Eranistes* was published in 447 without Leo's florilegium; this was indeed a comparatively peaceful period, but it has already been shown that the *Eranistes* is directed towards Eutyches and Chalcedon, and is more a catalyst for a new struggle than the end product of an old one.[4] The florilegium of Chalcedon is excerpted directly from the *Eranistes*, and there is general agreement that the *Eranistes* and Gelasius do share a common ancestor; the latter is to be identified, however, not with the document of 431, but with the florilegium of Theodoret's own lost work *Pentalogos*.[5] It is uncertain whether the document of 431 ever existed in a fully developed form, but if it did, it seems probable that Theodoret would have played a major part in its composition;[6] thus he would not have been dependent on the work of another author. But in view of the obscurity surrounding this document it is more likely that Theodoret made use of the *Pentalogos*, which was a fully developed and published work; Saltet does not seem to have been aware of its existence, although Bolotov had asserted it almost fifteen years earlier.[7]

Thus Theodoret reworked and made use of material which he had collected earlier himself, a practice which, according to Canivet, was consistent with his earlier literary technique.[8]

---

[1] Ibid., 290.

[2] Ibid., 535–6.

[3] Loc. cit.; on p. 527 Saltet writes, 'Il (i.e. the *Eranistes*) cesse de constituer une œuvre originale; il devient une adaptation d'une idée antérieure.'

[4] See Saltet, loc. cit. and above, pp. 3–4.

[5] See Schwartz, 'Publizistische Sammlungen', p. 282, n. 2, and Richard, *Chalkedon*, I, 723–8.

[6] See Schwartz, loc. cit.

[7] Bolotov, art. cit., pp. 118–19.

[8] P. Canivet, *Histoire d'une entreprise apologétique au Ve siècle* (Paris, 1957), p. 318 and p. 273, n. 2.

The florilegium of Gelasius is then a Latin translation and possible expansion of Theodoret's lost work. With the substitution of the *Pentalogos* for the document of 431, Saltet's basic findings retain their validity, while the problems raised by the shadowy nature of the latter work simply disappear.[1]

The major dispute concerns the question of whether Theodoret actually revised the *Eranistes*, and most authors since Saltet have simply reasserted his theory.[2] The entire argument rests on the presence in the *Eranistes* of Leo's florilegium, and Saltet never considers the possibility that someone else may have been responsible for its interpolation, which certainly took place after the Council of Chalcedon. The manuscripts offer no evidence that Theodoret revised the *Eranistes* or that he inserted the appendix of Leo's *Tome*; it is reasonable to conclude therefore that the latter action was the work of a post-Chalcedonian scribe, and that there never was a second edition of the *Eranistes* published.[3]

This theory has been propounded in modern times by Schwartz and Richard, but it was strikingly foreshadowed in the writings of Bolotov, which have apparently never been utilized or fully acknowledged in recent studies of Theodoret, and will therefore be summarized here.[4]

Bolotov analyses both the Greek text of Leo's citations and their relationship to the total structure of the *Eranistes*. The Greek of the quotations from John Chrysostom and Gregory of Nazianzus is clearly not the original text, but a retranslation of a Latin translation. The normal arrangement of the citations of these two authors and of Ambrose is distorted by the presence of the quotes from Leo's *Tome*. Finally the citations of Hilary and Augustine do not conform to the usual chronological pattern, for they are not contemporaries and neither should be placed between Antiochus and Severian.

From these facts Bolotov draws the following conclusions:[5]

1. Leo's florilegium is definitely interpolated.
2. The interpolator was a Greek.

---

[1] See Spanneut, *Eustathe*, p. 26.

[2] See for example Bardenhewer, op. cit., IV, 230, and H. Emonds, *Zweite Auflage im Altertum* (Leipzig, 1941), p. 378.

[3] This conclusion is explained at length by Schwartz, loc. cit.

[4] Bolotov, art. cit., pp. 142–7.   [5] Ibid., 147.

3. The texts themselves stem from a Latin source.
4. The interpolation is so crudely executed that it is impossible for Theodoret to have done this himself; the interpolator was therefore an unknown copyist.

It is certain then that Leo's florilegium was inserted in the *Eranistes* by a post-Chalcedonian copyist. There is no evidence that Theodoret ever revised the *Eranistes*, and it was therefore published in its definitive form, which we read today, in 447 or perhaps 448. With the elimination of Leo's *Tome* from the *Eranistes*, there remain two primary sources of material for the florilegia:

1. Book IV of Theodoret's *Pentalogos*.
2. Theodoret's own personal research.

Since the first of these 'sources' is clearly a product of the second, the scholarly creativity of Theodoret comes more sharply into focus. It is most probable that acquaintances provided him with data, especially for the Latin authors, and that he was influenced by the earlier collections of Cyril. But the bulk of the material which Theodoret quotes came to him through his own personal reading and research, and was employed by him to suit his own purpose.

A full study of Theodoret's sources would also treat the later history of the citations, since many florilegia in succeeding centuries were at least indirectly dependent on the *Eranistes*. This would, however, entail lengthy discussions of the florilegium as a theological and literary form, as well as detailed analysis of individual florilegia. Finally one would have to compare the citations with the original texts of the works from which they were excerpted, where this proved possible. The dearth of critical editions for the authors cited renders this task difficult, if not temporarily fruitless; in any event it lies outside the scope of this work, which is the establishment of the critical text of the *Eranistes*.

3. THE ACCURACY OF THEODORET IN USING HIS SOURCES

The interpolations from Leo's florilegium consist of eighteen citations, including six from two authors (Hilary and Augustine) who are not otherwise cited. Since these citations are in the

manuscript tradition, they have been printed in the text in the
order of their occurrence; but they will be excluded from the
discussion that follows, as their presence in the *Eranistes* is due
to an interpolation.

Thus 239 citations from 23 authors form the basis of this
study of Theodoret's use of his sources.

The errors and inaccuracies in the titles and in the attribu-
tion of the citations may be classified according to seven types:

A. *Spurious works*

    1. *Sermo maior de fide* (I.*38–40*, II.*25a–c*, III.*27–30*) and
       De incarnatione c. Arianos (II.*26–8*, III.*31*). These are
       attributed to Athanasius, but are not by him.[1]

    2. *Expositio fidei* (II.*29*). The attribution to Ambrose is
       disputed, and it seems that it is not by him.[2]

B. *Incorrect attribution*

    In Psalmum 15 (I.*28*). The author is Didymus, not
    Eustathius.[3]

C. *Positive errors in titles*

    1. II.*15*: cited as *In Psalmum 2* of Hippolytus, it is
       actually from his *Contra Noetum*.[4]

    2. II.*24*: this is from the *Epistula ad Adelphium*, not the
       Epistula ad Epictetum.

    3. II.*61*: a passage from the same work is cited correctly
       in II.*63*; the title here is wrong.

    4. III.*38*: this is from the *De fide* (*Ad Gratianum Augustum*),
       not from the *De Incarnationis Dominicae Sacramento*.

    5. II.*57*: this is from *Epistula paschalis XVI*.
       II.*58*: this is from *Epistula paschalis XVII*.

    6. II.*3*: this is from book III, not from book II, as all the
       manuscripts read.
       II.*8*: this is from book V, not from book IV.

---

[1] E. Schwartz, 'Sermo maior', pp. 51 ff.; see also F. Scheidweiler, 'Wer ist der
Verfasser des sog. *Sermo maior de fide*?', *BZ*, 47 (1954), 333–57.

[2] G. Bardy, 'L'*Expositio fidei* attribuée à saint Ambroise', *Miscellanea Giovanni
Mercati*, t. I, ST, 121, pp. 199–218.

[3] M. Spanneut, *Eustathe*, pp. 27–9.

[4] See above, p. 14, no. 15.

D. Omission of titles

1. II.*30*: Ambrose, *De Incarnationis Dominicae Sacramento*.
2. II.*78*: Antiochus, *Frag. in Nativitatem*.
3. II.*90*: Cyril of Alexandria, *Epistula 45* (*Ad Succensum*).
4. III.*39*: Basil, *Adversus Eunomium*.
5. III.*74*: Eusebius of Emesa, *De Arbitrio, Voluntate Pauli et Domini Passione*.

E. Inaccurate titles

1. *De Incarnationis Dominicae Sacramento* of Ambrose is cited in I.*3* as λόγος περὶ πίστεως, in II.*36* as κατὰ Ἀπολιναρίου and in III.*37* as ὁ περὶ τῆς καθόλου πίστεως; in II.*30* no title is listed (cf. above, D.1).[1]
2. *Oratio II contra Arianos* of Athanasius is cited (in II.*22*) as λόγος β′ πρὸς τὰς αἱρέσεις.
3. *Epistula 39* (*Ad Joannem Antiochenum*) of Cyril is cited as ἐπιστολὴ πρὸς Ἀνατολικούς (in II.*88*).
4. The work of Amphilochius cited in III.*53* as ὁ κατὰ Ἀρειανῶν λόγος seems to derive from the same source as I.*56*, II.*54*, and III.*51*, which are cited as ὁ λόγος ὁ εἰς τό, "Ὁ πατήρ μου μείζων μού ἐστιν".[2]

F. Errors apparently due to textual faults

1. The citation of Apollinarius in I.*67* is listed as κατὰ μέρος πίστις; according to Lietzmann, however, it is not to be found there, and is unidentified.[3] The next citation (I.*68*) is listed as being from another source, although, like I.*66*, it is from κατὰ μέρος πίστις.

It is possible that the two titles are correct, but that the order of the passages has been reversed.

2. The passage from Apollinarius cited in III.*71* is listed as being from the same source as III.*70* (ἀνακεφαλαί-ωσις), but is actually from κατὰ μέρος πίστις. Since

---

[1] The title of II.*34* is substantially correct, but the citation is interpolated from Leo's *Tome*; see above, pp. 26 ff., and below, pp. 50–1.

[2] In the florilegium of Gelasius, I.*56*, II.*54*, and III.*51* are cited as *Contra Arianos*, while III.*53* is cited as *ex libro ubi exposuit 'pater maior me est'*; see E. Schwartz, 'Publizistische Sammlungen', pp. 100, 105.

[3] Lietzmann, *Apollinarius*, p. 185.

III.*72* is correctly cited as being from κατὰ μέρος
πίστις, it is possible that the titles together with the
texts of III.*71* and *72* are in the incorrect order. All
the manuscripts but one support the order adopted in
this edition; the Paris manuscript alone has the cita-
tions in reverse order, with correct titles.

G. *Hippolytus*

The incorrect title of II.*15* has already been noted
above (C.1). Arguing from this error, Nautin main-
tained that the remaining citations of Hippolytus in
the *Eranistes* have fictitious titles, and are actually
excerpts from a lost treatise by Hippolytus *De Pascha*.[1]

Analysis of the errors and inaccuracies in the *Eranistes* shows
that many can be explained without assuming that Theodoret
deliberately falsified. The attribution of the two spurious works
to Athanasius seems to have been traditional by the early fifth
century, and even Cyril of Alexandria was deceived in this
regard.[2] The Ambrosian authorship of the *Expositio fidei* has
been denied by Bardy, and since all later citations of this work
depend on Theodoret, it must be classified as his error;[3] Bardy
rejects the notion, however, that so learned and honorable a
person as Theodoret would deliberately make such a mistake,
and suggests that the text is the work of an Antiochene writing
perhaps even prior to the Council of Ephesus.[4]

The incorrect attribution of section B and the errors listed in
C.1–5 are clearly objective mistakes, although an inaccurate
source could account for all of them. The erroneous references
to Irenaeus (C.6) may also have been caused by the source,
but are more likely the result of an early error in the textual
tradition. Intent to deceive could perhaps explain the attribu-
tions of section A, but there seems to be no reasonable ulterior
motive behind the errors of sections B and C; indeed a quota-
tion from Didymus, an Alexandrian, would have weighed more
in the eyes of Theodoret's opponents than that of the Antiochene

---

[1] P. Nautin, 'Notes sur le catalogue des œuvres d'Hippolyte', *RechSR*, XXXIV
(1947), 106, and *Dossier*, p. 18.
[2] Schwartz, *Sermo maior*, loc. cit.; on Cyril see above, p. 24, n. 2.
[3] Bardy, art. cit., *passim*.
[4] Ibid., 218.

Eustathius. Bardy's judgement on Theodoret's character is not proved false by these findings.

The omissions listed in section D are not positive errors; two of them (D.1 and 3) create some confusion, however, by intimating, incorrectly, that the citations in question are from the same source as the ones preceding them. The inaccuracies listed in section E are relatively insignificant, although they could be construed as indicating carelessness on Theodoret's part.[1]

The texts of Hippolytus present a unique situation. The error noted in C.1 is undeniable, and the vehemence of Nautin's argumentation has not been without success.[2] The manuscripts, however, have not given the slightest indication of such wide ranging alteration, and it is difficult to imagine a possible motive for such a deception. In the absence of positive evidence, then, there seems to be no compelling reason to reject outright all the titles which Theodoret attributes to Hippolytus.[3] New editions of the works of Hippolytus may show otherwise, but in the present state of knowledge of the *Eranistes*, it is reasonable to

---

[1] The confusion in the titles of the Ambrosian fragments is, according to Bolotov, art. cit., pp. 146–7, due to an error in the manuscripts. When the texts interpolated in the second florilegium from Leo's *Tome* have been removed, the following citations remain as being originally included by Theodoret:

II.*29*—ἐν ἐκθέσει πίστεως (source unknown).

    30—no title (*de inc. sac.*, 6.57).

    31—from the *de fide ad Gratianum*.

    36—κατὰ Ἀπολιναρίου (*de inc. sac.*, 4.23).

    37—μετ᾽ ὀλίγα (*de inc. sac.*, 6.61).

The lack of clarity caused by the omission of the title in *30* has just been noted; the gap between the two passages of the *de inc. sac.* quoted in *36* and *37* is too large to justify the title of *37*. Bolotov suggests that a page of the manuscript was displaced at an early date, and that the correct order of these citations should read *29*, *31*, *36*, *30*, *37*. The first two are from separate works and are clearly marked as such. The remaining three are all from the same work, whose title is now given for the first of them; the lack of title in *30* no longer is a problem, and the gap between the texts represented by *30* and *37* can reasonably be described as μετ᾽ ὀλίγα. The manuscripts provide no positive evidence for Bolotov's theory, which therefore, despite its plausibility, must remain conjecture. It is however in keeping with the level of the scholarship which both Bolotov and Bardy attribute to Theodoret, and, as already indicated, a similar explanation may account for the errors in several Apollinarian titles (section F).

[2] Nautin's theory is repeated by R. M. Grant, 'The Appeal to the Early Fathers', *JTS*, N.S., 11 (1960), 16–17.

[3] M. Richard, 'Bulletin', p. 303, and G. Bardy, 'L'énigme d'Hippolyte', *MSR*, 5 (1948), 66, both disagree with Nautin's negative judgement on Theodoret's treatment of Hippolytus.

maintain confidence in Theodoret's scholarship and integrity.

Apart from the spurious writings, Theodoret makes one incorrect attribution and five positive errors in titles; in view of the large number of citations in the *Eranistes* and the research problems Theodoret would have faced, this small number of errors seems to indicate a reasonable level of accuracy.

Theodoret cites thirteen authors whose works can be checked against other editions or independent sources. These are: Ambrose, Athanasius, Basil, Cyril of Alexandria, Cyril of Jerusalem, Damasus, Eusebius of Emesa, Gregory of Nazianzus, Gregory of Nyssa, Ignatius, Irenaeus, John Chrysostom, and Theophilus of Alexandria. To these selections one may add six from Apollinarius.[1] The citations from these fourteen authors comprise a total of 142 texts, whose titles can be subjected to strict scrutiny and control.

The attribution of two spurious writings to Athanasius involves fourteen citations, but constitutes only two distinct errors; thus one may reduce the number of citations under consideration here to 130. Of this total, 109 are cited quite accurately; this percentage of accuracy supports the favorable comment just made concerning Theodoret's reliability.

A statistical study must be employed with great care when dealing with a literary composition. It can never definitively prove a theory, but it may at least serve to indicate that the theory is not positively incorrect. This brief study of the citations in the *Eranistes* does seem to show that Theodoret is generally trustworthy, and that one may consider his information accurate, unless there is positive proof to the contrary.

---

[1] These comprise four citations from κατὰ μέρος πίστις, and two from ἀνακεφαλαίωσις.

III. Manuscript introduction

1. DESCRIPTION OF THE MANUSCRIPTS

This edition of the *Eranistes* is based on a collation of the ten existing and available manuscripts which contain the work. These manuscripts vary in date from the tenth to the sixteenth century, and they were all collated from microfilm or photographic reproductions, where the original proved to be inaccessible. The manuscripts will be listed and described in chronological order of composition.

I   Athos, Iviron 379 (Lambros 4499), parchment, s.x, octavo: *Eranistes* (ff. 1–82). This manuscript omits the prologue, and begins the text at 63.1; it ends at 260.10 ($\sigma\hat{\omega}\mu\alpha$).

    S. Lambros, *Catalogue of the Greek Manuscripts on Mount Athos* (Cambridge Univ. Press, 1900), II, 103.

S   Escorial, Ψ.III.17 (olim Escorial. gr. 472), parchment, s.x–xi, ff. ii + 223, 237 × 172 mm.: *Eranistes* (ff. 1–131ᵛ).

    G. de Andrés, *Catálogo de los Códices Griegos de la Real Biblioteca de El Escorial*, III. Códices 421–649 (Madrid, 1967), p. 78.

P   Paris, Bibliothèque Nationale, ms. grec. 850, parchment, s.xi–xii, ff. 100: *Eranistes* (ff. 1–100ᵛ). This manuscript starts the text at 130.8 ($\mu\alpha\theta\epsilon\hat{\iota}\nu$), and ends it at 257.14 ($\tau\hat{\omega}\nu\ \dot{\epsilon}\nu\omega$-); it omits large parts of Florilegium III.

    H. Omont, *Inventaire Sommaire des Manuscrits Grecs de la Bibliothèque Nationale* (Paris, 1898), I, 158.

J   Athos, Iviron 387 (Lambros 4507), parchment, s.xii–xiii, octavo: *Eranistes* (ff. 1–156ᵛ). Lambros describes the beginning of this manuscript as mutilated, and the text does begin at 67.30 ($\ddot{\alpha}\sigma\beta\epsilon\sigma\tau\sigma\nu$); this is due, however, to the incorrect binding of ff. 3–6ᵛ, which are actually the original ff. 1–4^v. The body of the work is, therefore, complete, but the prologue is omitted, and the text begins at 63.1.

S. Lambros, op. cit., II, 122.

V Vatican City, Vaticanus gr. 624 (olim 422), parchment, s.xii–xiii, ff. i + 200, 263 × 198 mm.: *Eranistes* (ff. 1–104^v).

R. Devreesse, *Codices Vaticani Graeci*. Tomus III. Codices 604–866 (Vatican City, 1950), pp. 32–3.

C Oxford, Bodleian Library, E. D. Clarke 2, oriental paper, s.xii–xiii, ff. 220 + iii, 250 × 185 mm.: *Eranistes* (ff. 2–71). This manuscript is badly mutilated; it omits the prologue and starts the text at 63.1.

T. Gaisford, *Catalogus sive notitia manuscriptorum qui a cel. E. D. Clarke comparati in Bibliotheca Bodleiana adservantur.* Pars prior (Oxford, 1812), pp. 5–7.

D Athos, Docheiariou 40 (Lambros 2714), parchment, s.xii–xiii, ff. 67, octavo: *Eranistes* (ff. 1–67^v). This manuscript starts the text at 87.3–4 ($\dot{\eta}$ $\mu\epsilon\theta$’); it omits the appendix and many of the citations. Four pages (ff. 11–14^v) are written in another hand, dating from the fourteenth century.

S. Lambros, op. cit., I, 237.

M Munich, Monacensis gr. 130, paper, s.xvi, ff. 302, folio: *Eranistes* (ff. 1–109).

I. Hardt, *Catalogus Codicum manuscriptorum Bibliothecae Regiae Bavaricae*, tom. II (Munich, 1806), pp. 81–3.

O Vatican City, Ottobonianus gr. 39, paper, a. 1536, ff. 130, 337 × 232 mm.: *Eranistes* (ff. 1–70^v). A note in the manuscript catalogue states that this manuscript was the printer's copy for the first printed edition of the *Eranistes* (Rome, 1547). It also names the copyist, Petrus Bergicius.

E. Feron and F. Battaglini, *Codices Manuscripti Graeci*

Ottoboniani Bibliothecae Vaticanae (Rome–Vatican City, 1893), p. 30.

R Vatican City, Rossianus 9 (Sign. X, 68 = 688), paper, s.xvi, ff. 140, 310 × 215 mm.: *Eranistes* (ff. 1–80).

E. Gollob, 'Die griechische Literatur in den Handschriften der Rossiana in Wien', *Sitzungsberichte der Kais. Akademie der Wissenschaften in Wien*. Philosophisch-historische Klasse, 164. Band, 3. Abhandlung (Vienna, 1910), pp. 16–17.

Two other manuscripts containing the *Eranistes* could not be collated. There is another group of manuscripts which contain either fragments of the *Eranistes* or of the *Demonstratio per syllogismos*; a brief description of these manuscripts follows. All of these manuscripts were collated, unless the contrary is indicated; the results of this collation showed that they provided no significant readings, and they do not, therefore, figure in the critical apparatus.

Alexandria, Bibl. Patr. 266, s.xvi: this manuscript contains the *Eranistes*, but is inaccessible.[1]

Wrocław, Bibl. Univ. 240, s.xv: this manuscript contains the *Eranistes*; it has disappeared and must be considered lost.[2]

Paris, Bibl. Nat., ms. grec. 174, s.x–xi: this manuscript contains the *Demonstratio*. It seems to date from s.xiii–xiv.

Venice, Bibl. Marc., ms. gr. 521, s.xiv: this manuscript contains the *Demonstratio*. It was not collated.

Vatican City, Vaticanus gr. 402, a. 1383: this manuscript contains the *Demonstratio*. There are many lacunae in the text.

Vatican City, Vaticanus gr. 678, s.xiv: this manuscript contains fragments of the *Eranistes* (66.25–76.4, with many omissions).

Vatican City, Vaticanus gr. 1511, s.xv: this manuscript contains fragments of the *Demonstratio* in a hand dating from s.xi–xii.

Vatican City, Vaticanus gr. 1744, s.xv: this manuscript contains fragments of the *Demonstratio*. It is written in several different hands.

---

[1] P. Nautin, *Dossier*, p. 15, says that this manuscript makes many omissions, especially in the florilegia.

[2] Cf. K. Holl, *Die handschriftliche Überlieferung des Epiphanius*, TU, 36.2 (Leipzig, 1910), pp. 63–8.

Vatican City, Ottobonianus gr. 213, s.xv: this manuscript contains the *Demonstratio*.

Oxford, Bodleian Library, Auct. F.4.1 (= Misc. 100), s.xv: the last page of this manuscript was apparently bound in as a protective end-page. It is written in a hand dating from s.x–xi, and contains a fragment from the end of the *Eranistes* and the beginning of the *Demonstratio*: 252.21 (ἔγνως)–254.19 (μετέχοντα).

Vatican City, Vaticanus gr. 1611, a. 1116/7: this manuscript contains a catena on the gospel of Luke by Nicetas. The citations from Theodoret were collated.[1]

2. PREVIOUS EDITIONS AND TRANSLATIONS

The first printed edition of the *Eranistes* appeared in Rome in 1547, and contained only the Greek text.[2] In the following year a Latin translation of this text by Gentianus Hervetus appeared.[3] Another edition of the Greek text was published in Leipzig in 1568 by Victorinus Strigelius, who printed a new Latin version at the same time.[4] The Greek text of the Roman (1547) edition was printed, together with the Latin of Strigelius and notes and commentary by Marcus Beumlerus, in Zurich in 1593.[5]

The next important edition of the *Eranistes* appeared in J. Sirmond's *Opera omnia Theodoreti*.[6] In J. L. Schulze's edition of the *Opera omnia Theodoreti*, the editor attempted to correct Sirmond's text of the *Eranistes* by means of the Greek editions

---

[1] Some of Theodoret's citations in this catena were catalogued by E. Schwartz, 'Zur Schriftstellerei Theodorets', *SBAM* (Munich, 1922), I, 30–40. The catalogue was completed by M. Richard, 'Les citations de Théodoret conservées dans la chaîne de Nicétas sur l'Évangile selon saint Luc', *Revue Biblique*, XLIII (1934), 88–96.

[2] *Dialogi tres contra quosdam haereses . . .* , ed. Camillus Peruschus, in 4°. This edition also contains the Greek text of the *Haereticarum fabularum compendium* and the *Divinorum dogmatum epitome*.

[3] This edition appeared in Venice, 1548, in 8°. This translation was reprinted in Basle, 1549, in 8°, and in the following editions: Paris, 1566 (this is an edition of the *Panarion* and other works by Epiphanius, in addition to the three works translated by Hervetus). *Opera omnia . . . latine versa*, ed. G. Pico della Mirandola and others (Cologne, 1573), two vols., in fol. (the *Eranistes* is in volume two). The latter edition was reprinted in 1608.

[4] It has not proved possible to locate a copy of this edition.

[5] This edition, comprising three tomes in two volumes in 8°, was reissued in 1606.

[6] Paris, 1642, 4 vols. in fol. (the *Eranistes*, with the Latin of Strigelius, is in vol. IV). J. Garnier's *Auctarium Operum Theodoreti* (Paris, 1684) forms a fifth volume.

of 1547 and 1568, and with the Latin of Strigelius.[1] According
to Bardenhewer, a Bulgarian deacon named Eugene reprinted
the Greek of Schulze's text, omitting all the variants and Latin
notes.[2] The most recent printing of the Greek text of the
Eranistes came with the reprinting of Schulze's text in Migne,
Patrologia Graeca.[3]

The only translation of the *Eranistes* into a modern language
which I have been able to find is the English translation of
B. Jackson.[4] The Greek text used for the translation was that
of Schulze.

It is generally accepted that the previous editions of the
Eranistes all depend ultimately on Vaticanus 624.[5] Ottobonianus
39 was the printer's copy for the first printed edition of the
Eranistes,[6] and this manuscript itself derives directly from
Vaticanus 624.[7] The editors of the previous editions do not
name or describe the manuscripts on which they based their
texts, but it seems certain that the seven non-Roman manu-
scripts have never been used for an edition up to the present.

The following examples will indicate the dependence of the
early editions on the Roman manuscripts. The two early
Greek editions will be referred to as Rome and Leipzig; the
two editions from *Opera omnia* will be cited as Sirmond and
Schulze. The three Roman manuscripts are designated by the
letters V (Vaticanus 624), O (Ottobonianus 39), and R
(Rossianus 9).[8]

73.6 (Ζητήσωμεν)–12: Schulze follows Rome and Leipzig,
and changes the attribution: 6 (Eranistes), 7–8 (Ortho-
doxos); 9–10 are joined to 11–12 to form one statement by

[1] Halle, 1769–74, 5 tomes in 10 vols. in 8⁰ (the *Eranistes* is in IV.1). Schulze
explains his editorial principles in the introduction (reprinted in *PG* 83.9–10).
[2] Halle, 1768–75, 5 vols. in 4⁰. Cf. O. Bardenhewer, op. cit., IV, 222, and also
P. Canivet, *Thérapeutique des Maladies Helléniques*, SC, 57.1 (Paris, 1958), p. 72.
[3] *PG* 83.27–336.
[4] *The Writings of the Nicene and Post-Nicene Fathers of the Christian Church*, second
series, vol. III (Grand Rapids, Michigan, no date; the preface is dated 1892),
pp. 160–249.
[5] Cf. M. Richard, 'Notes sur les florilèges dogmatiques du Vᵉ et VIᵉ siècle',
Actes du VIᵉ Congrès International d'Études Byzantines (Paris, 1948), I, 309, n. 3, and
H. de Riedmatten, 'Les Fragments d'Apollinaire à l'*Eranistes*', *Chalkedon*, I, 204.
[6] Cf. above, p. 37.
[7] Cf. below, pp. 51–2.
[8] Since O was eliminated from use in the apparatus (see below, p. 51), many of
the readings listed here are not found in the text.

Eranistes. Only O has this reading, which is the result of an attempt to remedy an already incorrect attribution. Sirmond's text is correct.

76.24 προσερχώμεθα: All four editions and VOR read προσερχόμενον μετὰ ἀληθείας εἰσερχόμενον.

90.23 All four editions and VOR omit this line.

246.28 τῷ φαινομένῳ: Rome, Leipzig, Sirmond and VOR read τῶν φαινομένων. Schulze corrected the text himself.

226.30 All four editions and VO omit καὶ².

228.3 All four editions and VO omit τοῦ.

78.19 Rome, Leipzig, and VOR omit αἷμα².

84.13 ῎Ιθι: Rome, Leipzig, and OR read ῎Ισθι.

90.24–6: Rome, Leipzig, V (before correction), and O attribute these lines to Eranistes.

85.1 ὁμολογοῦμεν: All four editions and O read ὁμολογοῦμαι.

96.18 All four editions and O omit ἐν².

209.30 τῷ προσώπῳ: All four editions and O read τῶν προσώπων.

216.3 τὴν . . . εἶχε: All four editions and O read τὰ . . . εἶναι.

The following variants are found only in Rome, Leipzig, and O:

91.20 (τοῖς)–21: These lines are attributed to Orthodoxos.

120.27 προὔργου: προὔργον

143.10 Ὁ: Οὐ

144.5 μὴ: μὲν

165.27 τοῦ τε: τοῦτο

169.19 πιστεύοντας: πιστεύοντες

203.28 ἀκούοντας: ἀκούοντες

3. THE MANUSCRIPT TRADITION OF THIS EDITION

A clear and meaningful discussion of the relationships of the manuscripts used for this edition requires fuller descriptions of the individual manuscripts. They will be divided into three groups here, although the basis of this classification is given elsewhere.[1] The first group contains the two oldest manuscripts.

---

[1] Cf. below, pp. 52–4.

A. *Group I: ISPDM*

I (Iviron 379, s.x): This is the oldest extant manuscript of the text of the *Eranistes*; it was collated from a microfilm of generally poor quality. Together with the following manuscript, it is cited in the apparatus as one of the two main witnesses to the textual tradition of this group. No other manuscript is a direct copy of I, as the following list of omissions peculiar to it alone will attest:

64.1 ($\kappa\alpha\grave{\iota}^2$)–2 ($\pi\nu\epsilon\acute{\upsilon}\mu\alpha\tau\sigma$).
130.24 ($O\grave{\upsilon}$)–25 ($\dot{\epsilon}\sigma\tau\iota\nu^3$): *saut du même au même.*
149.26 $\dot{\alpha}\gamma\gamma\acute{\epsilon}\lambda\omega\nu$
169.5 $\tau\hat{\omega}$ $\upsilon\acute{\iota}\hat{\omega}$
207.6 ($\epsilon\grave{\iota}s^1$)–7 ($\delta\iota\kappa\alpha\iota\acute{\omega}\mu\alpha\tau\sigma$): homoeoteleuton.
241.4–5 $\mu\grave{\eta}$ $\kappa\omega\lambda\hat{\upsilon}\sigma\alpha\iota$
246.30 ($o\grave{\upsilon}$)–31 ($\lambda\acute{o}\gamma\sigma$): *saut du même au même.*

The following two omissions in I result apparently from the loss of a page:

76.12–78.30 ($\phi\acute{\upsilon}\sigma\epsilon\iota$).
247.18 ($\sigma\acute{\omega}\mu\alpha\tau\sigma$)–250.3 ($\mu\sigma\upsilon$).

S (Escorial, Ψ.III.17, s.x–xi): This manuscript is not as old as I, but may date from the late tenth century. It was collated from photographic prints. The manuscript contains many corrections, some in the original hand, and others in a hand from the eleventh or twelfth century. The original copyist was careless, for, in addition to the errors which have been corrected, there are many other errors and transpositions of words. This manuscript was not the direct source for any other; the numerous changes in word order indicate this fact, as do the following omissions, which are peculiar to S alone:

63.17 $\tau\hat{\eta}s$ $\dot{\alpha}\lambda\eta\theta\epsilon\acute{\iota}\alpha s$
70.17–19 These lines are omitted completely.
86.17 $\dot{o}$ $\pi\rho\sigma\phi\acute{\eta}\tau\eta s$
123.11 $\beta\alpha\sigma\iota\lambda\epsilon\grave{\upsilon}s^2$
140.25 ($\tau\grave{\eta}\nu^2$)–($\mu\epsilon$).
156.30–157.4 In these lines S omits $\kappa\alpha\grave{\iota}$ nine times.
192.27 $\tau\hat{\omega}$ $\beta\acute{\iota}\omega$
254.20 $\dot{\alpha}\pi\alpha\theta\hat{\eta}$

In the description of I it was noted that I and S are the two main textual witnesses for this group. There is also a link, however, between S and JC, which may be due to contamination between S and a hyparchetype of JC. The primary grouping for S is with IPDM, but the following examples indicate that a link between it and JC does exist; the first four readings are transpositions of word order found only in SJC.

75.23 φάναι τοῦτο
76.1 ὁρῶσι οὐσίαν
162.24 δείξας μαθηταῖς
228.6 νομισθῇ πρόσωπον

In 121.12 SJC all omit τό; the word is superfluous in JC, since they have a variant verb form. In S, however, the verb form is correct, and the omission of τό is unnecessary and inferior, although not grammatically incorrect.

There are also numerous minor omissions, additions, and errors which are peculiar to SJC alone; these could have occurred independently, but their frequency indicates that some form of relationship exists.

The remaining manuscripts of the first group (PDM) form a sub-group, which requires a brief note of introduction. The three are mutually independent, and none of them is the direct source of any other manuscript of the *Eranistes*; the numerous omissions in PD form the basis for this statement.

These manuscripts provide few independent and significant variants other than those they share with IS; they were, therefore, eliminated for this edition, and are cited only where a variant was of true importance or interest. All three were collated in full: P from the manuscript itself, D from microfilm, and M primarily from microfilm.

The following examples, found only in PDM, indicate that they represent a more developed and corrupt stage of their textual tradition.

130.8 All three omit γάρ[2].
144.15 καθειργμένος: καθιγμένος PM (D is correct).
148.31 πεπληγμένον ISVOR (the correct reading) : πεπηρω-μένον JC : πεπληγωμένον PDM.

P (Paris, ms. grec. 850, s.xi–xii): The description already

given of this manuscript noted that it omits a large part of Florilegium III. The old catalogue says that 'a certain scholar' noted in this manuscript that the omissions are due, not to a copyist, but to Theodoret himself.[1] This scholar felt that Theodoret discovered more citations after publishing the *Eranistes*; he then supposedly produced a second edition, amplified by these citations. The conclusion is that this manuscript represents the text of the first edition. The catalogue provides no actual evidence to support the theory, apart from the statement by the anonymous 'scholar'.

The traditional arguments for a revised edition of the *Eranistes* are based on the fact that it includes the citations from Pope Leo's florilegium.[2] This manuscript, however, includes those citations; it presents a text which is more developed and corrupt than that of other manuscripts which contain the citations it has omitted. Thus there can be no question here of an early edition, and the judgement already passed on the value of this manuscript is valid.

A list of the lacunae and omissions in P follows.

1. *Lacunae*

    61.1–130.8 (ἐδέοντο). The text of the *Eranistes* begins at 130.8 (μαθεῖν).

    145.31 (περιτομή)–146.33 (εἰς). One page has apparently been lost here.

    257.14 (-θέντων)–end. The text ends at 257.14 (τῶν ἐνω-).

2. *Omissions in the citations*

    Florilegium III

    7–9, 10–11, 13–23, 24, 27–49, 51–9, 60–1, 63–5, 74 (Πῶς, 251.4)*–75*.

The Paris manuscript, therefore, omits all the citations of Florilegium I owing to the mutilation of the manuscript. It includes all the citations of Florilegium II, and the following citations from Florilegium III: *1–6, 12, 25–6, 50, 62, 66–73, 74* (beginning).

D (Docheiariou 40, s.xii–xiii): Perhaps the most interesting

---

[1] *Catalogus Codicum Manuscriptorum Bibliothecae Regiae*, tomus secundus (Paris, 1740), p. 164.

[2] Cf. above, pp. 27–30.

feature of this manuscript is the great number of omissions which it makes. Many of these are in the body of the text, but the great majority occur in the florilegia. Many citations from scripture and the fathers are written in an abbreviated form; several words from the beginning and end of the quotation are joined by the word ἕως. All the pre-Nicene passages in the florilegia are omitted, except for one passage from Ignatius of Antioch in Florilegium III. This manuscript omits many of the same passages as P, and omits others which P includes; it also includes citations which P omits. Thus no direct line of dependence between them can be established.

A list of the lacunae and omissions in D follows:

1. *Lacunae*

    61.1–87.3 (γέγονεν). The text of the *Eranistes* begins at 87.3–4 (ἡ μεθ᾽).

    254.1–end. The *Demonstratio* is omitted.

2. *Omissions in the body of the Eranistes*

    88.2 (κλητὸς)–4 (αὐτοῦ¹): ἕως.

    88.4 (περὶ)–5 (σάρκα).

    89.28 (οὐχ)–31 (μέχρι): ἕως.

    113.6 (τὴν)–7 (σῶμα): ἕως.

    114.7 (καὶ)–10 (ἄνθρωπον): ἕως.

    115.16 (καὶ)–19 (ἀνῆλθον): ἕως.

    129.22–3. These lines are omitted completely.

    136.8–10. These lines are omitted completely.

    147.32 (Σπείρεται¹)–33 (πνευματικόν): καὶ τὰ ἑξῆς.

    151.19 (Καὶ)–22 (Ἀληθές). These lines are omitted completely.

    192.23 (τὸ)–24 (δυνάμενον): ἕως.

    202.22 (Ἰδοὺ)–23 (θεότητι). These lines are omitted completely.

    203.20 (τὴν)–21 (ἀποκτεῖναι): καὶ τὰ ἑξῆς.

    205.13 (Πῶς)–(ἔλυσε). This passage is omitted completely.

    206.32 (πολλῷ)–207.4 (λαμβάνοντες): ἕως.

    207.7 (οὕτως)–9 (ὑπακοῆς): ἕως.

    212.26 (Τότε)–28 (πέτρᾳ): ἕως.

    212.34 (ὃς)–213.5 (σίνδονα): ἕως.

    213.12 (καὶ)–13 (Ἰησοῦ): ἕως.

212.13 (ὁ)–18 (ἐτέθη): ἕως.

215.10 (ἐκβάλλει)216–3. (συγγένειαν). These lines are omitted completely.

221.27–8. These lines are omitted completely.

3. *Omissions made in the florilegia*

Florilegium I

7, 8 (Προσήνεγκα, 95.5)–35, 37–40, 42, 46 (ἀλλά, 104.10–νοούμενον, 17: ἕως), 47 (Εἰ, 104.21–σωματικῶς, 105.11: ἕως), 49–50, 52–3, 55–8.

Florilegium II

1–21, 25b (title), 25c, 27–31, 33–5, 40 (Οὐκέτι–ἐκκεντησάντων: ἕως), 41 (υἱοὶ–χρόνον: ἕως), 42 (ἀλλὰ–ἐκκεντησάντων: ἕως), 43 (τῶν(1)–ἐμῶν: ἕως), 45 (Διηλῆ–ἠγωνίασε: ἕως), 46 168.10 (πατήρ); Τούτων(16)–σαρκός, (18): καὶ μετ' ὀλίγα. Θεὸς δὲ λέγοιτο ἄν, οὐ τοῦ λόγου, τοῦ ὁρωμένου δέ, ἕως), 47 (Πρεσβεύει–πάθη: ἕως), 48 (ἐάν–ἀνθρωπίνῳ: ἕως), 49–60, 64–5, 67–9, 71–5, 78–92, 95.

Florilegium III

2–11, 12–18, 20–3, 25–6, 28, 30–6, 39, 41 (ἀλλὰ–σώματι), 42–4, 46–9, 50–1, 53–4, 57–9, 60–1, 64, 69 (οὐκ(2), 248.8–θεός, 11), 75.

One final note on D concerns ff. 11–14ᵛ; these were lost at some time in the past, and were replaced by pages written in about the fourteenth century.[1] There are many independent variants in these pages, and D shows its ordinary links with IS and ISJ. But these pages indicate a relationship between D and JC that is in evidence in no other part of the manuscript.

A list follows of all the variants which are common to DJC in the pages described. These are not major variants, but the sudden increase here in the number of such readings indicates a link between the text of these pages of D and that of the tradition of JC; the pages are not directly dependent, however, on either J or C. All the variants are common to DJC alone, unless otherwise noted.

116.23 Καὶ is added before ὁ(1).

118.1 ἀνειληφέναι: εἰληφέναι.

119.7 αὐτῆς: ταύτης.

[1] These pages contain the following portion of the *Eranistes*: 116.22 (Σαβελλίου)–124.3 (φύσιν).

119.2 τὸ (the correct reading) DJC: it is omitted by all the other manuscripts.

120.10 τὸ is omitted.

120.14 ἀνειληφέναι: εἰληφέναι.

120.18 τοιγαροῦν: τοίνυν.

120.21 τῶν σωτηρίων ἐστὶν ὀνόματα.

123.5 κύριον: Χριστὸν.

123.10 μὲν (the correct reading) DJC: it is omitted by all the other manuscripts.

123.18 ὡς is added before ἀφαρμόσαι.

123.30 οὖν is omitted.

124.1 καὶ⁽²⁾ is omitted.

124.1 μήτε (the correct reading) DJC: μηδὲ IMVOR: μὴ S.

M (Monacensis gr. 130, s.xvi): This is a well-preserved manuscript written in a good hand. The comments already made sufficiently explain the position of this manuscript in the textual tradition of the *Eranistes*, and the use of it for this edition.

B. Group II: JC

J (Iviron 387, s.xii–xiii): This manuscript, which was collated from microfilm, presents a version of the text which is rather different from the other two groups. Collation showed that C is at least a twin of J, and while it is not impossible that C is a copy of J, several minor variants indicate that this is not the case.[1] There is only one significant reading where C, and not J, is correct; all the other manuscripts also have the variant, but C itself seems to have been corrected.[2] This manuscript is older than C and is in superior physical condition; since C offers no significant independent testimony, therefore, it has been eliminated from regular use in the apparatus, and J is cited for this particular textual tradition.

C (Oxford, Bodleian Library, E. D. Clarke 2, s.xii–xiii): The text of this manuscript was collated directly from the manuscript itself; it is in poor condition, with numerous holes,

[1] See 97.29 ἐκ: ἀπὸ J : C has the correct reading.
250.24 προσήνεγκε: προσήγαγε J : C has the correct reading.
[2] See 97.22 ’Επεὶ περισσὴ (the correct reading) C. All the other manuscripts read ’Επείπερ ἴση.

while the Greek text contains a large number of contractions
and abbreviations. The greater part of the text was legible,
although complete certainty could not be reached on each
individual reading.

There are numerous variants peculiar to JC on almost every
page of the text; the following lists contain a selection of such
omissions and errors. They indicate the close link between these
two manuscripts, and their separation from the other groups.

1. *Omissions*

   64.22 εἴδη δὲ τὰ προλεγμένα.
   124.1 ἁρμόττει καὶ τὸ ἀμήτωρ.
   131.30 Μνημόνευε Ἰησοῦν.
   131.31 ἐκ σπέρματος Δαβὶδ.
   135.31 (μᾶλλον)–32 (γεννηθῆναι).
   143.18 (ἤ)–(μεινάσης).
   162.1 (μετὰ)–18 (κατηξίωσεν): *saut du même au même.*
   192.18–19: these lines are omitted completely.
   247.28 (Εἰ)–31 (ψυχή).
   257.7 (ἐκ)–(τὴν).

2. *Errors*

   63.5 τὴν ――― διαλύσαντες: τινὲς.
   70.5 οὐ: συνῳδὰ ταῦτα ἐκείνοις.
   71.15 Ἀβραμιαίου: Ἀβραὰμ δι᾽ οὗ.
   154.8 Τέκνα: τε καὶ
   247.22 (ἐν)–24 (σῶμα): ἀναστῆναι.
   257.12 (Οὐ) ――― 13 (ἐνωθέντων): ʽΩν.

Nautin felt that this tradition may represent an attempt to
improve the text, while de Riedmatten made almost exclusive
use of it as he knew it (in C) for his edition of the fragments of
Apollinarius.[1] The general principles employed in constructing
the text of this edition will be explained below,[2] but it must be
noted here that de Riedmatten seems to have been too opti-
mistic, for the text of JC must be approached with great
caution.

The following examples show that de Riedmatten was at

―――――――――――
[1] P. Nautin, *Dossier*, p. 16, and H. de Riedmatten, art. cit., 203–12.
[2] See below, p. 54.

least partially correct in his belief that JC could provide superior and certainly correct readings:

The passage in 168.6–16 (συνόδῳ) is quite corrupt in the manuscripts. Schulze attempted to correct the text printed in the earlier editions, and was, on this occasion, successful. His reading, which is also printed in this edition, is attested by JC, although Schulze apparently knew neither of these manuscripts. The other manuscripts are classified as follows: ISMVOR all have the same reading. D is similar to them, but also differs due to an omission made here with the use of ἕως. P is totally different because of an error made in a passage prior to this one.

Only JC correctly identify the speakers in the portions of the dialogue found in 135.19–28. The remaining examples will consist of variants, where only JC have the correct readings, and of omissions, where it has been possible to restore a portion of the text omitted by all the other manuscripts.

Variants:[1]

64.4–5 ἀκολουθοῦμεν: ἀκολουθοῦντες
189.27 πατρί: θεῷ
191.8 Φυσιολογικῶς: Φύσει λογικῶς
202.22 ἐκωμῴδησας: ᾠκοδόμησας
209.8 συμφωνεῖ: συμφωνίας
245.5 Αἰδοῦ: Δός

Omissions:[2]

90.31, 96.9, 98.19–20, 105.1, 141.12–13, 156.8, 176.16–17, 184.15–16, 202.9–10, 219.11–15, 250.22–3, 253.5

Analysis of the text of JC indicates that the archetypal copyist was skilled in Greek, and seems to have had access to an extensive collection of patristic writings, for the Greek is generally of high quality, and the readings in the florilegia are, unlike the rest of the manuscripts, often quite close to, or even identical with the *textus receptus* of the original author. This very 'superiority', however, lends credence to Nautin's suspicion

---

[1] The first reading is that of JC, while the second is the variant found in the other manuscripts.
[2] Only the relevant page and line numbers will be listed here, since the omissions can be found in the critical apparatus.

that the scribe deliberately attempted to improve the text before him; several examples from the florilegia will clarify the basis of this belief:

1. II.*58* (172.25–7): The text in *PG* 83.184 includes an emendation by Schulze of the reading of manuscript V (φάμεν ὅς), which was the text of the earlier editions; Schulze rendered this meaningless sentence intelligible by omitting the word ὅς. The correct reading (φάμενος) is in manuscripts IS, and changes the sense of the passage radically, so that it now corresponds with the Latin translation of this letter found in Jerome. This usage of φάμενος is rare in post-Homeric Greek, however, and the scribe of JC solves the difficulty by simply omitting this entire sentence.

2. II.*33* (162.12–21): This passage is interpolated from Leo's *Tome*, but appears, as do all of Leo's texts, in the entire manuscript tradition. Lines 15–21 reproduce II.*31* which is an authentic text of Theodoret. The repetition, due to the insertion of Leo's text, is decidedly clumsy, and JC have again omitted the offending lines.

3. The titles of II.*32–37*: The difficulties raised by the titles of the Ambrosian citations have been discussed above;[1] the scribe of JC has attempted to solve these problems by changing the titles of all these passages except for that of *34*. The critical apparatus for *32–33* and *35–37* shows that their titles in JC are more accurate than the ones printed.[2] But this fact actually counts against JC, for the inaccuracies involved here stem from the interpolation of Leo's florilegium in the *Eranistes*. They are due to an external influence, therefore, and can be resolved when Leo's citations are removed from consideration.[3] The readings of the other manuscripts are in fact correct, and must stand despite their apparent shortcomings.

If the improvements found in the text of JC are not the results of a copyist's efforts, they must be ascribed to Theodoret himself, and represent some form of revision on his part; but

---

[1] See above, p. 34, n. 1.

[2] The use of ἐπιστολῆς for λόγου to refer to the *de fide ad Gratianum* is more accurate; so too is the use of μετ' ὀλίγα for II.*35*, where a reference to *de inc. sac.*, 6.52 follows one to 6.49. The text of JC also removes the awkward citing of the same work twice within a brief space and with different titles (II.*34* and *36*); the peculiarity of μετ' ὀλίγα in II.*37* has already been discussed above, loc. cit.

[3] See above, loc. cit.

the scribe of JC has already precluded this attribution by adding a title to II.*30*, for this 'correction' has resulted in an error, as the passage is not from the same work as the one preceding it.[1] It is inconceivable that Theodoret, in the very process of revising his text would fall into so foolish an error or make so blatant a falsification. The only conclusion possible, then, is that the scribe of JC often attempted emendation and correction. The text of this tradition must therefore be used with great care, but the obviously correct readings which it does contain show that it should not be rejected outright.

C. Group III: VOR

V (Vaticanus gr. 624, s.xii–xiii): There are many corrections and improvements written in this manuscript; where such changes have been made, O almost invariably follows V, whether the new reading is correct or not. There are many marginal comments in V, and these are reproduced verbatim by O, as is the Greek poem appended to the *Demonstratio*.[2] This poem also appears in R, and the same is true of many, though not all, of the marginal comments. There is also general agreement between R and VO in most of the significant variants which VO present. Thus V is cited in the apparatus as the primary witness to the textual tradition of this group.

O (Vatican City, Ottobonianus gr. 39, a. 1536): This manuscript is the source of the earliest printed edition of the *Eranistes*.[3] The comments just made about V show that O is a copy of V; O was therefore eliminated, and is cited only where a reading seemed to be of interest for the history of the text of the *Eranistes*.

R (Vatican City, Rossianus 9, s.xvi): The comments just made about V show that R is at least indirectly dependent on V. There are many strange and meaningless variants in R; it was therefore eliminated from the apparatus, and is cited only where a reading seemed of importance or interest.

The following omissions and errors are all peculiar to VOR alone, unless otherwise noted. They show the relationship of VOR as a group, and their separation from the other groups.

---

[1] See above, pp. 32 and 34.
[2] The poem has no link with Theodoret, but is printed at the end of the text for historical interest.
[3] Cf. above, p. 37.

1. *Omissions*

69.5 (Οὐκ)–6 (ἐπιλαμβάνεται).
69.8: this line is omitted completely.
81.22 (εἰς)–25 (οὐρανοῖς): ἕως.
84.5 (καὶ)–7 (αὐτοῦ): ἕως VO
    (καὶ)–7 (ὡς): ἕως R.
84.16 (εἰς)–17 (σελήνη): ἕως.
85.8 (ὑπισχνούμενος)–11 (Δαβὶδ).
86.14 (ἡ)–15 (θεότητος).
86.20 (καὶ¹)–21 (βοσκηθήσονται).
90.1 (ὅ²)–2 (εἴρηκε).
92.29 ἐν τῇ ἰδίᾳ.
147.16 ζώντων
149.1–2 ἡ (twice).
255.19 δήπουθεν.
258.27 ἄρα.

2. *Errors*

62.6 συρραπτομένοις: συναπτομένοις.
63.32 ἄραρε (the correct reading) ISMJC and V before
    correction: ἄρα V after correction and OR.
64.13 πρὸς¹: ὑπέρ.
65.13 φαμέν: εἰλήφαμεν.
66.29 Τοῦτο δὲ τὸ: Τὸ δὲ.
67.26 τροπίαν ISMJC and V before correction: ἐκτροπίαν
    V after correction and OR.
69.23 τελείους: νοοῦμεν.
83.14 κατελυθήσαν: ἠφανίσθησαν.
145.15 εἶδος: γένος.
146.5 Οὐ δῆτα: Οὐδαμῶς.
152.30 αὐτὸ καὶ: αὐτὸς VO: R has the correct reading.
154.15 Ἐβιωναίους IPMJC: Ἰεβιωναίους S: Ἰσβιόνσους
    VO: R omits the word, but leaves a space where it
    should be. Apparently the copyist realized that an error
    had been made, but was unable to correct it.

D. *Relationships of the three groups of manuscripts*

In the descriptions of the individual manuscripts, they were
divided into three groups, and some indication was given to
justify this classification. This will now be further clarified.

The variants cited to justify the individual groups JC and VOR also serve to separate each of these two groups, as groups, from the other manuscripts. The third group does not stand out so clearly, due partially to the fact that P and D are incomplete. Still the number of variants where IS agree against J or V, or a combination of these two, is more than double that of any of the other possible combinations, such as IV opposed to SJ, or IJ opposed to SV.

One can therefore say that J and V represent two different forms of the textual tradition, while IS represent a middle ground with links to both. The combination of ISJ provided a large majority of the correct readings. But the nature of the text in J is such that, were one to form larger families, the groups would have to be rearranged to ISV and J; this has in fact been the traditional way of grouping the manuscripts.[1]

Dividing the manuscripts into two families, however, fails to take into consideration the full complexity of the tradition; this is also the reason why it is impossible to construct a truly accurate and meaningful stemma. This complexity arises from two factors: the possibility that a hyparchetype of JC attempted to improve the text, and the possible contamination of the IS group through the J tradition.

Two final groups of variants will now be listed. The first indicates the separation of ISPDM from the other two groups, while the second shows that the manuscripts are to be divided into three groups.

1. 95.27 ὄντα JCVOR: ὅταν ISM (PD omit this entire section).

   138.6 ὀριγνᾶται (the correct reading) ISPDM: ὀρέγεται JCVOR.

   226.21 Ἀλλ' ἡ θεότης JCVOR: Ἀληθῆ τῆς ISPDM.

2. 104.26 ἁγιάσας JC: ἁπάσας IM: ἀνασώσας S: ἁρπάσας VOR (V seems to have been corrected from the IM reading. PD omit this entire section).

   116.11 ἐστιν VOR: ἡ JC: ISDM omit the word (P omits this entire section).

   160.14–18: these lines are correctly written in full in ISPM:

---

[1] Cf. P. Nautin, *Dossier*, p. 15, and A. Rousseau (general editor), *Irenée de Lyon, Contre les hérésies*: Livre IV, tome I, SC, 100.1 (Paris, 1965), p. 61.

D omits ll. 14, 17–18: VOR omit ll. 15–17: JC omit the
entire passage.

172.25 φάμενος ISPM: φάμεν ὅς VOR: JC omit the sen-
tence in which this phrase occurs: D omits this entire
section.

182.22 Ἐννοοῦντες JC: Ἐνοῦντες ISPM: Αἰνοῦντες VOR
(D omits this entire section).

182.29–30 γε μόνος ISMPR: τε καὶ μόνος JC: γενόμενος
VO (D omits this entire section).

The second group of variants just cited shows that, while
there are three distinct groups of manuscripts, IS are more
closely linked with V than with JC; the text of V is a more
corrupt version of basically the same tradition as IS.

4. GENERAL PRINCIPLES FOR THE SELECTION OF READINGS

Analysis shows that no single manuscript or group of manu-
scripts of the *Eranistes* can be the basis of a definitive text. The
primary reason for selection of a reading was, of course, its
superiority from a textual standpoint; this judgement was then
reviewed in light of Theodoret's theology and Greek prose
style, and the reading was then accepted or rejected.[1]

Readings supported by only one manuscript or group of
manuscripts were admitted, when they seemed to be the
authentic text, although J was employed with suitable discre-
tion.[2] Where all the manuscripts did not agree, a combination
of ISJ generally provided a superior text, and these readings
made possible the correction of numerous errors and omissions
in the previous editions. In several passages all the manuscripts
agreed on a reading which was manifestly incorrect; the text
was then emended, and the manuscript reading was printed in
the apparatus.

---

[1] Photius described Theodoret's style as clear, pure, plain (*Bibliotheca*, codd. 31,
46, 56) and possessed of 'Attic elegance' (ibid., cod. 203); variants which represent
poor Greek style are less likely to be authentic. Studies of Theodoret's use of
clausula show his preference for the form composed of an even number of syllables,
especially two and four; see M. Wagner, 'A Chapter in Byzantine Epistolography.
The Letters of Theodoret', *DOP*, IV (1948), 169, and F. Scheidweiler, *Theodoret.
Kirchengeschichte*, GCS, 44 (19), Berlin, 1954, pp. xvi–xvii. These considerations
were never the principal reason for selecting a text, but they served as useful
indicators, and occasionally as negative witnesses favoring rejection of a reading.

[2] See above, pp. 47–51.

IV. The Greek text

1. GENERAL INTRODUCTION

To facilitate reference to the *Patrologia graeca*, the column numbers of *PG* 83 have been written in the right-hand margin; the patristic citations are numbered in the left-hand margin.

As many as three forms of 'apparatus' may appear at the foot of each page of text; the following order will always be observed:

1. References for the patristic florilegia.
2. References to sacred scripture.
3. Critical apparatus of the Greek text.

For the patristic florilegia references are provided to the four major fifth-century collections which have citations in common with the *Eranistes* (see above, pp. 26–7). Each item consists of the number of the citation in the *Eranistes* (with the relevant lines when a quotation is only partial), and the corresponding number in the other florilegium (with a reference to page and line where this is necessary).

In the scriptural apparatus references to direct quotations are given without any special indication; when Theodoret merely alludes to a scriptural passage, the reference is enclosed in brackets. The Psalms and several quotations from the minor prophets are quoted according to the division of the Hebrew text, with references to the Septuagint in brackets; all other Old Testament quotations correspond to the Septuagint edition of Rahlfs. The New Testament is quoted according to Nestle's 25th edition.

The critical apparatus of the Greek text appears on every page. The first item is a list of all the manuscripts which contain all, or at least part of the text appearing on that page; in the body of the apparatus, however, only ISJV are regularly cited. Thus where a variant is attested by IJ, one may assume that the correct reading is given by SV. In a few cases the support for the correct reading is explicitly recorded, but this is done for the purposes of the particular passage in question, and does not

alter the general practice just explained. The other six manu-
scripts are quoted only rarely, and according to the principles
set forth in the introduction.

2. SIGLA FOR THE PATRISTIC REFERENCES

Exc. Eph.: Florilegium of the Council of Ephesus (*ACO*, I.1.2,
  39–45).
Leo: Florilegium of Leo's *Tomus ad Flavianum* (*ACO*, II.1.1,
  20–5).
Chalcedon: Florilegium of the Council of Chalcedon (*ACO*,
  II.1.3, 114–16).
Gelasius: Florilegium of Gelasius' *de duabus naturis* (Schwartz,
  'Publizistische Sammlungen', pp. 85–106).

3. MANUSCRIPT SIGLA

I   Athos, Iviron 379, s.x.
S   Escorial, Ψ.III.17, s.x–xi.
P   Paris, ms. grec. 850, s.xi–xii.
D   Athos, Docheiariou 40, s.xii–xiii.
M   Munich, Monacensis gr. 130, s.xvi.
J   Athos, Iviron 387, s.xii–xiii.
C   Oxford, Bodleian Library, E. D. Clarke 2, s.xii–xiii.
V   Vatican City, Vaticanus gr. 624, s.xii–xiii.
O   Vatican City, Ottobonianus gr. 39, a. 1536.
R   Vatican City, Rossianus 9, s.xvi.

4. OTHER SIGLA USED IN THE CRITICAL APPARATUS

S^{ac} — *ac*
S^{ac} S had this variant as his text, but it was changed, in the
     body of the text itself, into the correct reading, or into
     another variant also printed in the apparatus.
S^{pc} S originally had the correct reading as his text, but it
     was changed, in the body of the text itself, into this
     variant reading.
S^{m} S has the correct reading as his text, but this variant is
     written in the margin.
S^{mc} S has this variant as his text, but the correct reading is
     written in the margin.

S^{vm} S has neither the correct reading nor this variant as his text; this variant is written in the margin. The reading which S has in his text will be another item in the apparatus.

τοῦ ... λόγου Three points separating two words indicate that only these two words, and not the intervening ones, are involved in the variant.

τοῦ——— λόγου Three dashes separating two words indicate that these two words and all the intervening ones are involved in the variant.

mss. This indicates that not only ISJV, but all the manuscripts containing the passage in question support the reading so listed.

ERANISTES

ΤΟΥ ΜΑΚΑΡΙΟΥ ΘΕΟΔΩΡΗΤΟΥ ΕΠΙΣΚΟΠΟΥ ΚΥΡΟΥ
ΕΡΑΝΙΣΤΗΣ Η ΠΟΛΥΜΟΡΦΟΣ
ΠΡΟΛΟΓΟΣ

Εἰσί τινες, οἱ τὴν ἐκ γένους ἢ παιδεύσεως ἢ κατορθωμάτων ἀξιέπαι-
νον οὐκ ἔχοντες περιφάνειαν, ἐκ πονηρῶν ἐπιτηδευμάτων ἐπίσημοι 5
γενέσθαι φιλονεικοῦσι. Τοιοῦτος ἦν ἐκεῖνος Ἀλέξανδρος ὁ χαλκεύς, ὃς
οὐδὲν ἔχων περίβλεπτον, οὐ λαμπρότητα γένους, οὐ δεινότητα λόγων,
οὐ δημαγωγίαν, οὐ στρατηγίαν, οὐ τὰς ἐν πολέμοις ἀνδραγαθίας,
μόνον δὲ βάναυσον τέχνην μεταχειρίζων, ἐκ μόνης τῆς κατὰ τοῦ
θειοτάτου Παύλου μανίας ἐγένετο γνώριμος. Καὶ Σεμεεὶ δὲ πάλιν, 10
ἀφανὴς ἄνθρωπος πάμπαν καὶ ἀνδραποδώδης, ἐκ τῆς κατὰ τοῦ
θεσπεσίου Δαβὶδ θρασύτητος ὀνομαστότατος γέγονε. Φασὶ δὲ καὶ τὸν
τῆς Μανιχαϊκῆς αἱρέσεως εὑρέτην μαστιγίαν οἰκέτην γενέσθαι, καὶ
φιλοτιμίας ἔρωτι τὴν μυσαρὰν ἐκείνην συγγράψασθαι θρησκείαν.
Τοῦτο καὶ νῦν δρῶσί τινες, καὶ τὸ ἀξιέραστον τῆς ἀρετῆς κλέος διὰ 15
τοὺς ταύτης ἡγουμένους ἀποδράσαντες πόνους, τὴν δυσκλεεστάτην καὶ
τρισαθλίαν σφίσιν αὐτοῖς ἐπορίσαντο περιφάνειαν. Καινῶν γὰρ δογ-
μάτων προστάται γενέσθαι ποθήσαντες, ἐκ πολλῶν αἱρέσεων ἠρανί-
σαντο τὴν ἀσέβειαν καὶ τὴν ὀλέθριον ταύτην συνέθηκαν αἵρεσιν. Ἐγὼ
δὲ αὐτοῖς βραχέα διαλεχθῆναι πειράσομαι, καὶ τῆς αὐτῶν χάριν θερα- 20
πείας καὶ τῆς τῶν ὑγιαινόντων ἕνεκα προμηθείας. Ὄνομα δὲ τῷ
συγγράμματι Ἐρανιστής ἢ Πολύμορφος. Ἐκ πολλῶν γὰρ ἀνοσίων
ἀνθρώπων ἐρανισάμενοι τὰ δύστηνα δόγματα, τὸ ποικίλον τοῦτο καὶ
πολύμορφον προφέρουσι φρόνημα. Τὸ μὲν γὰρ θεὸν μόνον ὀνομάζειν
τὸν δεσπότην Χριστόν, Σίμωνός ἐστι καὶ Κέρδωνος καὶ Μαρκίωνος 25
καὶ τῶν ἄλλων, ὅσοι τοῦ μυσαροῦ τούτου μετέχουσι γειτονήματος.
Τὸ δὲ τὴν ἐκ παρθένου μὲν γέννησιν ὁμολογεῖν, παροδικὴν δὲ ταύτην
γενέσθαι λέγειν, καὶ μηδὲν ἐκ τῆς παρθένου τὸν θεὸν λόγον λαβεῖν, ἐκ 29
τῆς Βαλεντίνου καὶ Βαρδησάνου καὶ τῶν τούτοις ἀγχιθύρων τερατο-

(6–10 2 Tim. 4:14) (10–12 2 Sam. 16:5–8)

SMVOR   1 ΤΟΥ ΜΑΚΑΡΙΟΥ om. S   ΘΕΟΔΩΡΙΤΟΥ V   2 ΗΤΟΙ V
3 ΠΡΟΛΟΓΟΣ om. S   6 ὃς om. V   10 θειοτάτου: θείου S   11 ἄνθρωπος
post ἀνδραποδώδης transp. S   17 Καινῶν: Κενῶν SᵖᶜVᵃᶜ   19 ὀλεθρίαν S
21 προμηθείας ἕνεκα S   22 γὰρ om. S   25 Μαρκίωνος καὶ Κέρδωνος S   26 τῶν
om. V   28 γεγενῆσθαι SVᵐ

λογίας ἐσύλησαν. Τὸ δέ γε μίαν φύσιν ἀποκαλεῖν τὴν θεότητα τοῦ
δεσπότου Χριστοῦ καὶ τὴν ἀνθρωπότητα ἐκ τῶν Ἀπολιναρίου φληνά-
φων ὑφείλοντο. Πάλιν δ' αὖ τὸ τῇ θεότητι τοῦ δεσπότου Χριστοῦ
προσάπτειν τὸ πάθος ἐκ τῆς Ἀρείου καὶ Εὐνομίου βλασφημίας
κεκλόφασιν, ὡς ἐοικέναι τήνδε τὴν αἵρεσιν ἀτεχνῶς τοῖς ὑπὸ τῶν   5
προσαιτῶν ἐκ διαφόρων ῥακίων συρραπτομένοις ἐσθήμασιν. Οὗ δὴ
χάριν Ἐρανιστὴν ἢ Πολύμορφον τόδε προσαγορεύω τὸ σύγγραμμα.
Διαλογικῶς μέντοι ὁ λόγος προβήσεται, ἐρωτήσεις ἔχων καὶ ἀπο-
κρίσεις καὶ προτάσεις καὶ λύσεις καὶ ἀντιθέσεις, καὶ τὰ ἄλλα ὅσα τοῦ
διαλογικοῦ ἴδια χαρακτῆρος. Τὰ δέ γε τῶν ἐρωτώντων καὶ ἀποκρινο-   10
μένων ὀνόματα οὐ τῷ σώματι τοῦ λόγου συντάξω, καθάπερ οἱ πάλαι
τῶν Ἑλλήνων σοφοί, ἀλλ' ἔξωθεν παραγράψω ταῖς τῶν στίχων
ἀρχαῖς. Ἐκεῖνοι μὲν γὰρ τοῖς διὰ παντοδαπῆς ἠγμένοις παιδείας καὶ
οἷς βίος ὁ λόγος προσέφερον τὰ συγγράμματα· ἐγὼ δὲ καὶ τοῖς λόγων
ἀμυήτοις εὐσύνοπτον εἶναι βούλομαι τὴν ἀνάγνωσιν καὶ τῆς ὠφελείας   15
τὴν εὕρεσιν. Ἔσται δὲ τοῦτο, δήλων γινομένων τῶν διαλεγομένων
προσώπων ἐκ τῶν παραγεγραμμένων ἔξωθεν ὀνομάτων. Καὶ τῷ μὲν
ὑπὲρ τῶν ἀποστολικῶν ἀγωνιζομένῳ δογμάτων Ὀρθόδοξος ὄνομα, ὁ
δὲ ἕτερος Ἐρανιστὴς ὀνομάζεται. Ὥσπερ γὰρ τὸν παρὰ πολλῶν ἐλέῳ
τρεφόμενον προσαίτην ὀνομάζειν εἰώθαμεν, καὶ χρηματιστὴν τὸν   20
συλλέγειν ἐπιστάμενον χρήματα, οὕτω δὴ καὶ τούτου τήνδε τὴν
ἐπωνυμίαν ἐκ τῶν ἐπιτηδευμάτων τεθείκαμεν. Ἀξιῶ δὲ τοὺς ἐντευξο-
μένους πάσης προλήψεως δίχα ποιήσασθαι τῆς ἀληθείας τὴν βάσανον.
Καὶ γὰρ ἡμεῖς σαφηνείας φροντίζοντες εἰς τρεῖς διαλόγους διελοῦμεν
τὸ σύγγραμμα. Καὶ ὁ μὲν πρῶτος περὶ τοῦ ἄτρεπτον εἶναι τοῦ μονο-   25
γενοῦς υἱοῦ τὴν θεότητα δέξεται τὸν ἀγῶνα· ὁ δὲ δεύτερος ἀσύγχυτον,
σὺν θεῷ φάναι, δείξει γεγενημένην τὴν ἕνωσιν τῆς τοῦ δεσπότου
Χριστοῦ θεότητός τε καὶ ἀνθρωπότητος· ὁ δέ γε τρίτος περὶ τῆς
ἀπαθείας τῆς τοῦ σωτῆρος ἡμῶν ἀγωνιεῖται θεότητος. Μετὰ μέντοι
τοὺς τρεῖς ἀγῶνας, οἷον ἐπαγωνίσματα, ἀλλ' ἄττα προσθήσομεν,   30
ἑκάστῳ κεφαλαίῳ συλλογισμὸν προσαρμόζοντες, καὶ δεικνύντες ἄντι-
κρυς παρ' ἡμῖν φυλαττόμενον τῶν ἀποστόλων τὸ κήρυγμα.

SMVOR   2–3 λόγων post φληνάφων add. S   3 δεσπότου om. V   5 αἵρεσιν:
ἀρχὴν V   6 συρραπτομένοις: συναπτομένοις V   8 Διαλογικῶς S: Διαλογικὸς MV
19 δὲ: δ' S   26 δεύτερος δὲ S   27 σὺν: ἐν S

ΟΡΘΟΔΟΞΟΣ. Ἄμεινον μὲν ἦν συμφωνεῖν ἡμᾶς καὶ τὴν ἀπο-
στολικὴν διδασκαλίαν φυλάττειν ἀκήρατον. Ἐπειδὴ δὲ οὐκ οἶδ᾽ ἀνθ᾽
ὅτου τὴν ὁμόνοιαν διαλύσαντες, κενὰ νῦν ἡμῖν προβάλλεσθε δόγματα, 5
δίχα τινὸς ἔριδος, εἰ δοκεῖ, κοινῇ ζητήσωμεν τὴν ἀλήθειαν.
ΕΡΑΝΙΣΤΗΣ. Ἡμεῖς ζητήσεως οὐ δεόμεθα· ἀκριβῶς γὰρ τῆς
ἀληθείας ἐχόμεθα.
ΟΡΘ. Τοῦτο καὶ τῶν αἱρετικῶν ὑπείληφεν ἕκαστος· καὶ μέντοι
καὶ Ἰουδαῖοι καὶ Ἕλληνες τῶν τῆς ἀληθείας δογμάτων προστα- 10
τεύειν νομίζουσιν, καὶ οὐ μόνοι γε οἱ τὰ Πλάτωνος καὶ Πυθαγόρου
θρησκεύοντες, ἀλλὰ καὶ οἱ τῆς Ἐπικούρου συμμορίας καὶ οἱ πάμπαν
ἄθεοι καὶ ἀδόξαστοι. Προσήκει δὲ μὴ προλήψει δουλεύειν, ἀλλὰ τὴν
ἀληθῆ γνῶσιν ἐπιζητεῖν.
ΕΡΑΝ. Πείθομαι τῇ παραινέσει, καὶ δέχομαι τὴν εἰσήγησιν. 15
ΟΡΘ. Ἐπειδὴ τοίνυν τὴν προτέραν εὐπειθῶς ἐδέξω παράκλησιν,
ἀξιῶ σε πάλιν μὴ λογισμοῖς ἀνθρωπίνοις ἐπιτρέψαι τῆς ἀληθείας τὴν
ἔρευναν, ἀλλὰ τῶν ἀποστόλων καὶ προφητῶν καὶ τῶν μετ᾽ ἐκείνους
ἁγίων ἐπιζητῆσαι τὰ ἴχνη. Τοῦτο γὰρ καὶ τοῖς ὁδοιπόροις φίλον
ποιεῖν, ὅταν ἐκτραπῶσι τῆς λεωφόρου καὶ τὰς ἀτραποὺς διασκοπεῖν, 20
εἴ τινων ἀπιόντων ἢ ἐρχομένων ἔχουσι τύπους ποδῶν, ἢ ἀνθρώπων ἢ
ἵππων ἢ ὄνων ἢ ἡμιόνων· καὶ ὅταν εὕρωσι, κατὰ τοὺς κύνας ἰχνηλα-
τοῦσι, καὶ οὐ πρότερον ἀφιᾶσιν, ἕως ἂν τὴν εὐθεῖαν ὁδὸν ἀπολάβωσιν.
ΕΡΑΝ. Οὕτω ποιῶμεν. Ἡγοῦ τοίνυν αὐτός, ἅτε δὴ ἄρξας τοῦ
λόγου. 25
ΟΡΘ. Οὐκοῦν περὶ τῶν θείων ὀνομάτων, οὐσίας φημὶ καὶ ὑπο-
στάσεων καὶ προσώπων καὶ ἰδιοτήτων, διευκρινησώμεθα πρότερον,
καὶ γνῶμεν καὶ ὁρισώμεθα τίνα ἔχει πρὸς ἄλληλα διαφοράν· εἶθ᾽
οὕτω λοιπὸν ἁψώμεθα τῶν ἑξῆς.
ΕΡΑΝ. Κάλλιστον καὶ ἀναγκαιότατον ἔδωκας τῷ διαλόγῳ προοί- 30
μιον. Τούτων γὰρ εὐκρινῶν γενομένων, ῥᾷον προβήσεται ἡ διάλεξις.
ΟΡΘ. Ἐπειδὴ τοίνυν ἄραρε καὶ συνεψηφισάμεθα ταῦθ᾽ οὕτω χρῆ- **33**

ISMJCVOR   1–2 In toto om. J   2 Α΄ om. V   3 ἡμᾶς συμφωνεῖν J
5 τὴν --- διαλύσαντες: τινὲς J   κενά: καινά SᴾᶜJVᴾᶜ   6 ζητήσωμεν:
συζητήσωμεν S   10–11 νομίζουσι προστατεῖν (sic) J   17 τῆς ἀληθείας om. S
26 τῆς ante τῶν add. S   28 διαφορὰν ἔχει πρὸς ἄλληλα J   30 διαλόγῳ: λόγῳ V
30–1 τὸ ante προοίμιον add. V   31 ἡ διάλεξις om. J   32 ἄραρε: ἄρα Vᴾᶜ

ναι γενέσθαι, ἀπόκριναι, ὦ φιλότης. Τοῦ θεοῦ, καὶ πατρὸς καὶ τοῦ μονογενοῦς υἱοῦ καὶ τοῦ παναγίου πνεύματος, μίαν οὐσίαν φαμέν, ὡς παρὰ τῆς θείας γραφῆς ἐδιδάχθημεν παλαιᾶς τε καὶ νέας καὶ τῶν ἐν Νικαίᾳ συνεληλυθότων πατέρων, ἢ ταῖς Ἀρείου βλασφημίαις ἀκολουθοῦμεν; 5

ΕΡΑΝ. Μίαν ὁμολογοῦμεν τῆς ἁγίας τριάδος οὐσίαν.

ΟΡΘ. Τὴν δὲ ὑπόστασιν ἄλλο τι παρὰ τὴν οὐσίαν σημαίνειν νομίζομεν, ἢ τῆς οὐσίας ἕτερον ὑπειλήφαμεν ὄνομα;

ΕΡΑΝ. Ἔχει τινὰ διαφορὰν ἡ οὐσία πρὸς τὴν ὑπόστασιν;

ΟΡΘ. Κατὰ μὲν τὴν θύραθεν σοφίαν οὐκ ἔχει. Ἥ τε γὰρ οὐσία τὸ 10 ὂν σημαίνει, καὶ τὸ ὑφεστὸς ἡ ὑπόστασις. Κατὰ δέ γε τὴν τῶν πατέρων διδασκαλίαν, ἣν ἔχει διαφορὰν τὸ κοινὸν πρὸς τὸ ἴδιον, ἢ τὸ γένος πρὸς τὸ εἶδος ἢ τὸ ἄτομον, ταύτην ἡ οὐσία πρὸς τὴν ὑπόστασιν ἔχει.

ΕΡΑΝ. Σαφέστερον τὰ περὶ τοῦ γένους καὶ τοῦ εἴδους καὶ τοῦ ἀτόμου εἰπέ. 15

ΟΡΘ. Γένος καλοῦμεν τὸ ζῷον, πολλὰ γὰρ σημαίνει κατὰ ταὐτόν. Δηλοῖ γὰρ καὶ τὸ λογικὸν καὶ τὸ ἄλογον· καὶ αὖ πάλιν τῶν ἀλόγων εἴδη πολλά, τὰ μὲν πτηνά, τὰ δὲ ἀμφίβια, τὰ δὲ πεζά, τὰ δὲ νηκτά. Καὶ τούτων δὲ ἕκαστον εἰς πολλὰ διαιρεῖται. Τῶν γὰρ πεζῶν ἄλλο μέν ἐστι λέων, ἄλλο δὲ πάρδαλις, ἄλλο δὲ ταῦρος, καὶ μυρία ἕτερα. 20 Οὕτω καὶ τῶν πτηνῶν καὶ τῶν ἄλλων εἴδη πολλά· ἀλλ' ὅμως τούτων ἁπάντων γένος ἐστὶ τὸ ζῷον, εἴδη δὲ τὰ προλεγμένα. Οὕτω τὸ ἄνθρωπος ὄνομα κοινόν ἐστι ταυτησὶ τῆς φύσεως ὄνομα. Σημαίνει γὰρ καὶ τὸν Ῥωμαῖον καὶ τὸν Ἀθηναῖον καὶ τὸν Πέρσην καὶ τὸν Σαυρομάτην καὶ τὸν Αἰγύπτιον, καὶ συλλήβδην εἰπεῖν, ἅπαντας ὅσοι 25 ταύτης κοινωνοῦσι τῆς φύσεως. Τὸ δέ γε Παῦλος ἢ Πέτρος ὄνομα οὐκέτι τὸ κοινὸν σημαίνει τῆς φύσεως, ἀλλὰ τόν τινα ἄνθρωπον. Οὐδεὶς γὰρ τὸν Παῦλον ἀκούσας, εἰς τὸν Ἀδὰμ καὶ τὸν Ἀβραὰμ καὶ τὸν Ἰακὼβ ἀνέδραμε τῷ λογισμῷ, ἀλλὰ τοῦτον μόνον ἐνόησεν, οὗ καὶ τῆς προσηγορίας κατήκουσε. Τὸν μέντοι ἄνθρωπον ἁπλῶς ἀκούσας, 30 οὐκ εἰς τὸ ἄτομον ἀπερείδει τὸν νοῦν, ἀλλὰ καὶ τὸν Ἰνδὸν καὶ τὸν Σκύθην καὶ τὸν Μασσαγέτην καὶ ἁπαξαπλῶς πᾶν γένος ἀνθρώπων λογίζεται. Καὶ τοῦτο ἡμᾶς οὐχ ἡ φύσις μόνον, ἀλλὰ καὶ ἡ θεία διδά-

ISMJCVOR   1–2 καὶ² --- πνεύματος om. I   4–5 ἀκολουθοῦντες ISV   10 θύραθεν: οὐρανόθεν J   11 ὑφεστὼς ISV^ac   δὲ post ὑφεστὼς add. I   12 πρὸς: ὑπὲρ V   ἴδιον: ἰδικόν J   13 πρὸς¹: ὑπὲρ V   καὶ ante ἡ add. S   14 τοῦ² om. V   19 γὰρ: μὲν S: μὲν γὰρ I   22 ἓν ante γένος add. S   εἴδη δὲ τὰ προλεγμένα om. J   27 ὄνομα post φύσεως add. S   28–9 καὶ τὸν Ἰακὼβ om. J   30 ἀκούσας ἁπλῶς S   33 μόνη IJ

σκει γραφή. "Εἶπε, γάρ, ὁ θεός, φησίν, ἀπαλείψω τὸν ἄνθρωπον ὃν
ἔπλασα ἀπὸ προσώπου τῆς γῆς." Τοῦτο δὲ περὶ παμπόλλων εἴρηκε
μυριάδων. Πλειόνων γὰρ ἢ δισχιλίων καὶ διακοσίων μετὰ τὸν Ἀδὰμ
διεληλυθότων ἐτῶν, τὴν διὰ τοῦ κατακλυσμοῦ πανωλεθρίαν τοῖς
ἀνθρώποις ἐπήνεγκεν. Οὕτω καὶ ὁ μακάριος λέγει Δαβίδ· "Ἄνθρωπος 5
ἐν τιμῇ ὢν οὐ συνῆκεν," οὐ τοῦ δεῖνος ἢ τοῦ δεῖνος, ἀλλὰ κοινῇ πάν-
των ἀνθρώπων κατηγορῶν. Καὶ μυρία τοιαῦτα ἔστιν εὑρεῖν, ἀλλ᾽ οὐ
χρὴ μηκύνειν.

ΕΡΑΝ. Δέδεικται σαφῶς ἡ διαφορὰ τοῦ κοινοῦ πρὸς τὸ ἴδιον·
ἀλλ᾽ εἰς τὸν περὶ τῆς οὐσίας καὶ τῆς ὑποστάσεως ἐπανέλθωμεν λόγον. 10

ΟΡΘ. "Ωσπερ τοίνυν τὸ ἄνθρωπος ὄνομα κοινόν ἐστι ταύτης τῆς
φύσεως ὄνομα, οὕτω τὴν θείαν οὐσίαν τὴν ἁγίαν τριάδα σημαίνειν
φαμέν, τὴν δέ γε ὑπόστασιν προσώπου τινὸς εἶναι δηλωτικήν, οἷον, ἢ
τοῦ πατρὸς ἢ τοῦ υἱοῦ ἢ τοῦ ἁγίου πνεύματος. Τὴν γὰρ ὑπόστασιν καὶ
τὸ πρόσωπον καὶ τὴν ἰδιότητα ταὐτὸν σημαίνειν φαμὲν τοῖς τῶν 15
ἁγίων πατέρων ὅροις ἀκολουθοῦντες.

ΕΡΑΝ. Συνομολογοῦμεν οὕτω ταῦτ᾽ ἔχειν.

ΟΡΘ. "Οσα τοίνυν περὶ τῆς θείας λέγεται φύσεως, κοινὰ ταῦτά
ἐστι τοῦ πατρὸς καὶ τοῦ υἱοῦ καὶ τοῦ ἁγίου πνεύματος, οἷον, τὸ θεός,
τὸ κύριος, τὸ δημιουργός, τὸ παντοκράτωρ, καὶ ὅσα τούτοις ἐστὶ 20
παραπλήσια.

ΕΡΑΝ. Ἀναμφισβητήτως κοινὰ τῆς τριάδος ἐστίν.

ΟΡΘ. "Οσα δ᾽ αὖ τῶν ὑποστάσεων ὑπάρχει δηλωτικά, οὐκέτι
ταῦτα τῆς ἁγίας τριάδος κοινά, ἀλλ᾽ ἐκείνης ἐστὶ τῆς ὑποστάσεως, ἧς
ἐστιν ἴδια. Οἷον τὸ πατὴρ ὄνομα καὶ τὸ ἀγέννητος τοῦ πατρός ἐστιν 25
ἴδια, καὶ αὖ πάλιν τὸ υἱὸς ὄνομα καὶ τὸ μονογενὲς καὶ τὸ θεὸς λόγος
οὐ τὸν πατέρα δηλοῖ οὐδὲ τὸ πνεῦμα τὸ ἅγιον, ἀλλὰ τὸν υἱόν. Καὶ τὸ
πνεῦμα δὲ τὸ ἅγιον καὶ ὁ παράκλητος τῆς τοῦ πνεύματος ὑπο-
στάσεως ὑπάρχει δηλωτικά.

ΕΡΑΝ. Οὐ καλεῖ τοίνυν ἡ θεία γραφὴ πνεῦμα καὶ τὸν πατέρα καὶ 30
τὸν υἱόν;

ΟΡΘ. Πνεῦμα κέκληκε καὶ τὸν πατέρα καὶ τὸν υἱόν, τὸ ἀσώματον

1–2 Gen. 6:7   (3–5 Gen. 5—7)   5–6 Ps. 49:20 (LXX 48:21)   (30–2 2 Cor.
3:17; Jn. 4:24)

ISMJCVOR   1 κύριος ante ὁ add. J   φησίν, ὁ θεὸς S   4-5 τοῖς ἀνθρώποις om. J
5 Καὶ ante ἄνθρωπος add. J   9 ἴδιον: ἰδικόν J   11 ταυτησὶ J   12 ὄνομα om. IJ
13 φαμέν: εἰλήφαμεν V   22 Ἀναμφισβήτως IJ   26 ἴδιον V

καὶ ἀπερίγραφον τῆς θείας φύσεως διὰ τούτου σημαίνουσα· πνεῦμα
δὲ ἅγιον μόνην τοῦ πνεύματος τὴν ὑπόστασιν ὀνομάζει.

ΕΡΑΝ. Ἀναμφίλεκτόν ἐστι καὶ τοῦτο.

ΟΡΘ. Ἐπειδὴ τοίνυν τινὰ μὲν ἔφαμεν τῆς ἁγίας τριάδος κοινά,
τινὰ δὲ ἑκάστης ὑποστάσεως ἴδια, τὸ ἄτρεπτον ὄνομα κοινὸν εἶναι τῆς 5
οὐσίας φαμὲν ἤ τινος ὑποστάσεως ἴδιον;

ΕΡΑΝ. Κοινόν ἐστι τῆς τριάδος τὸ ἄτρεπτον. Οὐδὲ γὰρ οἷόν τε, τὸ
μὲν εἶναι τῆς οὐσίας τρεπτόν, τὸ δὲ ἄτρεπτον.

ΟΡΘ. Ἄριστα εἴρηκας. Ὥσπερ γὰρ τῶν ἀνθρώπων κοινόν ἐστι τὸ
θνητόν, οὕτω τῆς ἁγίας τριάδος κοινὸν τὸ ἄτρεπτόν τε καὶ ἀναλλοίω- 10
τον. Ἄτρεπτος τοιγαροῦν καὶ ὁ μονογενὴς υἱός, καθὰ καὶ ὁ γεννήσας
αὐτὸν πατὴρ καὶ τὸ ἅγιον πνεῦμα.

ΕΡΑΝ. Ἄτρεπτος.

ΟΡΘ. Πῶς τοίνυν τὸ εὐαγγελικὸν ἐκεῖνο ῥητὸν παράγοντες, τό,
"Ὁ λόγος σὰρξ ἐγένετο," τροπὴν τῇ ἀτρέπτῳ προσάπτετε φύσει; 15

ΕΡΑΝ. Οὐ κατὰ τροπὴν αὐτὸν λέγομεν γεγενῆσθαι σάρκα, ἀλλ᾽
ὡς οἶδεν αὐτός.

ΟΡΘ. Εἰ μὴ σάρκα λαβὼν λέγεται γεγενῆσθαι σάρξ, δυοῖν θάτερον
ἀνάγκη λέγειν, ἢ τὴν εἰς σάρκα τροπὴν αὐτὸν ὑπομεμενηκέναι, ἢ
δοκήσει τοιοῦτον ὀφθῆναι, κατὰ δὲ τὸν ἀληθῆ λόγον ἄσαρκον εἶναι 20
θεόν.

ΕΡΑΝ. Βαλεντινιανῶν αὕτη καὶ Μαρκιωνιστῶν καὶ Μανιχαίων ἡ
δόξα. Ἡμεῖς δὲ ὁμολογουμένως ἐδιδάχθημεν σαρκωθῆναι τὸν θεὸν
λόγον.

ΟΡΘ. Τὸ σαρκωθῆναι τί νοοῦντες; τὸ σάρκα λαβεῖν ἢ τὸ εἰς σάρκα 25
τραπῆναι;

ΕΡΑΝ. Ἃ ἡμεῖς ἀκηκόαμεν τοῦ εὐαγγελιστοῦ λέγοντος· "Ὁ
λόγος σὰρξ ἐγένετο."

ΟΡΘ. Τοῦτο δὲ τὸ ἐγένετο πῶς νοεῖτε, ὅτι τὴν εἰς σάρκα τροπὴν
ὑπομείνας ἐγένετο σάρξ; 30

---

15 Jn. 1:14a   27-8 Jn. 1:14a

ISMJCVOR   1 τῆς φύσεως τῆς θείας J   2 τὴν τοῦ πνεύματος ὀνομάζει ὑπόστασιν S
4 εἶναι post ἔφαμεν add. SJ   5 ἄτρεπτος J   7 ἁγίας ante τριάδος add. J   8
τῆς οὐσίας εἶναι J   τρεπτὸν τῆς οὐσίας S   10 κοινὸν om. S   12 πανάγιον J   ὁ
πνεῦμα τὸ ἅγιον S   15 φύσει προσάπτετε J   18 δυοῖν: δυεῖν J   22–4 In toto
ΟΡΘ. attrib. J   22 Ἐπεὶ ante Οὐαλεντινιανῶν (sic) add. J   25 Τὸ --- νοοῦντες
ΕΡΑΝ. attrib. J   25 ἢ: οὐ J   27 Ἅ om. J.   29 Τοῦτο δὲ τὸ: Τὸ δὲ V   ὅτι: ὁ V
29–30 ὅτι --- σάρξ ΕΡΑΝ. attrib. J   ὁ --- σάρξ ΕΡΑΝ. attrib. V

ΕΡΑΝ. Καὶ ἤδη ἔφην, ὡς οἶδεν αὐτός· ἡμεῖς δὲ ἴσμεν ὅτι ἅπαντα αὐτῷ δυνατά. Καὶ γὰρ τὸ Νειλῷον ὕδωρ εἰς αἷμα μετέβαλε, καὶ τὴν ἡμέραν εἰς νύκτα, καὶ τὴν θάλατταν ἤπειρον ἔδειξε, καὶ τὴν ἄνυδρον ἔρημον ὑδάτων ἐπλήρωσεν. Ἀκούομεν δὲ καὶ τοῦ προφήτου λέγοντος· "Πάντα ὅσα ἠθέλησεν ὁ κύριος ἐποίησεν ἐν τῷ οὐρανῷ καὶ ἐν τῇ γῇ." 5

ΟΡΘ. Τὴν κτίσιν ὁ ποιητὴς ὡς ἂν ἐθέλῃ μετασκευάζει· τρεπτὴ γάρ ἐστι, καὶ τοῖς τοῦ δημιουργήσαντος ἀκολουθεῖ νεύμασιν. Αὐτὸς δὲ ἄτρεπτον ἔχει τὴν φύσιν καὶ ἀναλλοίωτον. Τούτου δὴ χάριν περὶ μὲν τῆς κτίσεως ὁ προφήτης φησίν· "'Ο ποιῶν πάντα καὶ μετασκευάζων αὐτά·" περὶ δὲ τοῦ θεοῦ λόγου ὁ μέγας λέγει Δαβίδ· "Σὺ 10 δὲ ὁ αὐτὸς εἶ, καὶ τὰ ἔτη σου οὐκ ἐκλείψουσι." Καὶ πάλιν αὐτὸς ὁ θεὸς περὶ ἑαυτοῦ· "Ἐγώ εἰμι, καὶ οὐκ ἠλλοίωμαι."

ΕΡΑΝ. Τὰ κεκρυμμένα οὐ δεῖ ζητεῖν.

ΟΡΘ. Οὐδὲ τὰ δεδηλωμένα παντελῶς ἀγνοεῖν.

ΕΡΑΝ. Ἐμὲ λανθάνει ὁ τῆς σαρκώσεως τρόπος· ἤκουσα δὲ ὅτι 15 "'Ο λόγος σὰρξ ἐγένετο."

ΟΡΘ. Εἰ τραπεὶς ἐγένετο σάρξ, οὐ μεμένηκεν ὅπερ πρότερον ἦν· καὶ τοῦτο ἐκ πολλῶν εἰκόνων καταμαθεῖν εὐπετές. Καὶ γὰρ ἡ τοιάδε ψάμμος προσομιλοῦσα πυρί, πρῶτον μὲν ῥοώδης γίνεται, εἶτα εἰς ὕαλον μεταπήγνυται, καὶ ἅμα τῇ τροπῇ τὴν προσηγορίαν ἀμείβει. 20 Οὐκ ἔτι γὰρ ψάμμος ἀλλ' ὕαλος ὀνομάζεται.

ΕΡΑΝ. Οὕτως ἔχει.

ΟΡΘ. Καὶ τῆς ἀμπέλου τὸν καρπὸν σταφυλὴν ὀνομάζοντες, ὅταν αὐτὸν ἀποθλίψωμεν, οὐ σταφυλὴν ἀλλ' οἶνον προσαγορεύομεν.

ΕΡΑΝ. Πάνυγε. 25

ΟΡΘ. Καὶ αὐτὸν δὲ τὸν οἶνον, τροπίαν γενόμενον, οὐκέτι οἶνον ἀλλ' ὄξος ὀνομάζειν εἰώθαμεν.

ΕΡΑΝ. Ἀληθές.

ΟΡΘ. Οὕτω τὸν λίθον ἕψοντές τε καὶ διαλύοντες, οὐκέτι λίθον, **40** ἀλλ' ἄσβεστον ἢ τίτανον καλοῦμεν· καὶ μυρία δὲ τοιαῦτα ἔστιν εὑρεῖν, 30 ἃ σὺν τῇ τροπῇ μεταβάλλει τὴν κλῆσιν.

(1–2 Mt. 19:26; Mk. 10:27)   (2–4 Ex. 7:20 ff.; 10:21 ff.; 14:21 ff.; 17:1 ff.)
5 Ps. 135:6 (LXX 134:6)   9–10 Am. 5:8   10–11 Ps. 102:27 (LXX 101:28)
12 Mal. 3:6   16 Jn. 1:14a

ISMJCVOR   1 Πῶς δὲ ante καὶ add. J   αὐτός om. V   ἡμεῖς δὲ: ἐπειδὴ J   ὅτι: ὡς J   3 ἄνυδρον: ἄνικμον S   6 ὡς ἂν ἐθέλῃ ὁ ποιητὴς J   10 αὐτά om. V   11 ὁ αὐτὸς V 14 Ἀλλ' ante οὐδὲ add. S   15 δὲ post Ἐμὲ add. J   17 τὸ ante πρότερον add. S 19 ψάμμος: ἄμμος V   24 αὐτὸν om. V   26 Καὶ om. V   τροπίαν: ἐκτροπίαν Vᵖᶜ 27 ὀνομάζειν εἰώθαμεν: εἰώθαμεν καλεῖν S

ΕΡΑΝ. Συνωμολόγηται.

ΟΡΘ. Εἰ τοίνυν τὴν εἰς σάρκα τροπὴν τὸν θεὸν λόγον ὑπομεμενηκέναι φατέ, τί δήποτε θεὸν αὐτὸν ἀλλὰ μὴ σάρκα προσαγορεύετε; Ἁρμόττει γὰρ τῇ ἀλλοιώσει τῆς φύσεως ἡ τῆς προσηγορίας ἐναλλαγή. Εἰ γὰρ ἔνθα τὰ μεταβαλλόμενα ἔχει τινὰ πρὸς ἃ πρότερον ἦν συγγέ- 5 νειαν (πελάζει γάρ πως καὶ τὸ ὄξος τῷ οἴνῳ, καὶ ὁ οἶνος τῷ τῆς ἀμπέλου καρπῷ, καὶ τῇ ψάμμῳ ἡ ὕαλος), ἑτέρας ταῦτα μετὰ τὴν ἀλλοίωσιν μεταλαγχάνει προσηγορίας· ὅπου τὸ διάφορον ἄπειρον, καὶ τοσοῦτον ὅσον ἐμπίδος πρὸς τὴν κτίσιν ἅπασαν τὴν ὁρατὴν καὶ ἀόρατον (τοσοῦτον γάρ, μᾶλλον δὲ καὶ πολλῷ πλέον, τὸ μέσον 10 φύσεως σαρκὸς καὶ θεότητος), πῶς οἷόν τε μετὰ τὴν τροπὴν τὴν προτέραν μεῖναι προσηγορίαν;

ΕΡΑΝ. Πολλάκις ἔφην ὅτι οὐ κατὰ τροπὴν ἐγένετο σάρξ, ἀλλὰ μένων ὃ ἦν, γέγονεν ὃ οὐκ ἦν.

ΟΡΘ. Ἀλλὰ τοῦτο τὸ γέγονεν, εἰ μὴ σαφὲς γένοιτο, τροπὴν 15 αἰνίττεται καὶ ἀλλοίωσιν. Εἰ μὴ γὰρ σάρκα λαβὼν ἐγένετο σάρξ, τραπεὶς ἐγένετο σάρξ.

ΕΡΑΝ. Τοῦτο τὸ ἔλαβεν ὑμέτερόν ἐστιν εὕρεμα. Ὁ γὰρ εὐαγγελιστής, "Ὁ λόγος σὰρξ ἐγένετο," λέγει.

ΟΡΘ. Ἔοικας ἢ τὴν θείαν γραφὴν ἀγνοεῖν ἢ ἐπιστάμενος κακουρ- 20 γεῖν. Ἐγὼ δέ σε ἢ ἀγνοοῦντα διδάξω ἢ κακουργοῦντα ἐλέγξω. Ἀπόκριναι τοίνυν, τοῦ θείου Παύλου πνευματικὴν τὴν διδασκαλίαν ὁμολογεῖς;

ΕΡΑΝ. Πάνυγε.

ΟΡΘ. Καὶ τὸ αὐτὸ πνεῦμα διά τε τῶν εὐαγγελιστῶν διά τε τῶν 25 ἀποστόλων ἐνεργῆσαι λέγεις;

ΕΡΑΝ. Οὕτω φημί· οὕτω γὰρ παρὰ τῆς ἀποστολικῆς ἐδιδάχθην φωνῆς· "Διαιρέσεις, γάρ φησι, χαρισμάτων εἰσί, τὸ δὲ αὐτὸ πνεῦμα." Καὶ πάλιν· "Ταῦτα δὲ πάντα ἐνεργεῖ τὸ ἓν καὶ τὸ αὐτὸ πνεῦμα, διαιροῦν ἰδίᾳ ἑκάστῳ καθὼς βούλεται." Καὶ αὖθις· "Ἔχοντες δὲ τὸ 30 αὐτὸ πνεῦμα τῆς πίστεως."

ΟΡΘ. Εἰς καιρὸν τὰς ἀποστολικὰς παρήγαγες μαρτυρίας. Εἰ

---

19 Jn. 1:14a   28 1 Cor. 12:4   29–30 1 Cor. 12:11   30–1 2 Cor. 4:13

ISMJCVOR   6 καὶ¹ om. S   7 κἂν ante ἑτέρας add. S   7–8 μετὰ τὴν ἀλλοίωσιν om. S^{ac}J   10 καὶ om. S   11 τε ante καὶ add. J   14 γέγονεν ὃ οὐκ ἦν: ὃ οὐκ ἦν γέγονεν S   16 γὰρ om. ISJV^{ac}   17 ἄρα post τραπεὶς add. J   18 εὕρημα J   20 ἀγνοεῖν γραφὴν S   22 τὴν διδασκαλίαν πνευματικὴν J   24 Πάνυγε: Οὕτω φημί I   25–6 διά τε τῶν ἀποστόλων om. J   27–8 ἐδιδάχθημεν SJ   φωνῆς: γραφῆς V   φωνῆς ἐδιδάχθημεν S   30 ἰδίᾳ om. S

τοίνυν τοῦ αὐτοῦ πνεύματος εἶναί φαμεν τά τε τῶν εὐαγγελιστῶν τά
τε τῶν ἀποστόλων παιδεύματα, ἄκουσον τοῦ ἀποστόλου τὸ εὐαγγε-
λικὸν ῥητὸν ἑρμηνεύοντος. Ἑβραίοις γὰρ ἐπιστέλλων οὕτως ἔφη·
"Οὐ γὰρ δήπου ἀγγέλων ἐπιλαμβάνεται, ἀλλὰ σπέρματος Ἀβραὰμ
ἐπιλαμβάνεται." Οὐκ εἶπε, σπέρμα Ἀβραὰμ ἐγένετο, ἀλλὰ σπέρμα- 5
τος Ἀβραὰμ ἐπιλαμβάνεται. Ἀπόκριναι τοίνυν, τί νοεῖς τὸ σπέρμα
τοῦ Ἀβραάμ;

ΕΡΑΝ. Δῆλον ὅτι τὴν φύσιν τοῦ Ἀβραάμ.

ΟΡΘ. Οὐκοῦν ὅπερ εἶχε κατὰ φύσιν Ἀβραάμ, εἶχε καὶ τὸ σπέρμα
τοῦ Ἀβραάμ; 10

ΕΡΑΝ. Οὐ πάντα. Ἀμαρτίαν γὰρ ὁ Χριστὸς οὐκ ἐποίησεν.

ΟΡΘ. Ἡ ἁμαρτία οὐκ ἔστι τῆς φύσεως, ἀλλὰ τῆς κακῆς προαιρέ-
σεως. Τούτου δὴ χάριν οὐκ ἀορίστως ἔφην, ὅπερ εἶχεν Ἀβραάμ, ἀλλ' **41**
ὅπερ εἶχε κατὰ φύσιν, τουτέστι σῶμα καὶ ψυχὴν λογικήν. Εἰπὲ
τοίνυν σαφῶς, εἰ συνομολογεῖς τὸ σπέρμα τοῦ Ἀβραὰμ καὶ σῶμα 15
εἶναι καὶ ψυχὴν λογικήν. Εἴπερ ἄρα μή, καὶ κατὰ τοῦτο τοῖς Ἀπολι-
ναρίου συμφέρῃ ληρήμασιν. Ἀλλὰ γὰρ καὶ ἑτέρωθέν σε τοῦτο συνομο-
λογῆσαι καταναγκάσω. Εἰπὲ τοίνυν, οἱ Ἰουδαῖοι σῶμα ἔχουσι καὶ
ψυχὴν λογικήν;

ΕΡΑΝ. Δῆλον ὡς ἔχουσιν. 20

ΟΡΘ. Ὅταν τοίνυν ἀκούσωμεν τοῦ προφήτου λέγοντος, "Σὺ δέ,
Ἰσραὴλ ὁ παῖς μου, Ἰακὼβ ὃν ἐξελεξάμην, σπέρμα Ἀβραάμ, ὃν
ἠγάπησα," μὴ μόνον σάρκας τοὺς Ἰουδαίους νοοῦμεν, οὐ τελείους
ἀνθρώπους ἐκ σωμάτων καὶ ψυχῶν λογικῶν συνεστῶτας;

ΕΡΑΝ. Ἀληθές. 25

ΟΡΘ. Καὶ τὸ σπέρμα τοῦ Ἀβραὰμ οὐκ ἄψυχον οὐδὲ ἄνουν, ἀλλὰ
πάντα ἔχον, ὁπόσα τὴν φύσιν χαρακτηρίζει τοῦ Ἀβραάμ;

ΕΡΑΝ. Ὁ ταῦτα λέγων δύο πρεσβεύει υἱούς.

ΟΡΘ. Ὁ δὲ τὸν θεὸν λόγον εἰς σάρκα τετράφθαι λέγων, οὐδὲ ἕνα
λέγει υἱόν. Σὰρξ γὰρ αὐτὴ καθ᾽ αὑτὴν οὐχ υἱός. Ἡμεῖς δὲ ἕνα υἱὸν 30
ὁμολογοῦμεν, σπέρματος Ἀβραὰμ ἐπιλαβόμενον κατὰ τὸν θεῖον
ἀπόστολον, καὶ τὴν τῶν ἀνθρώπων πραγματευσάμενον σωτηρίαν.
Εἰ δὲ μὴ στέργεις τὴν ἀποστολικὴν διδασκαλίαν, ἄντικρυς ὁμολόγησον.

4–5 Heb. 2:16 (pp. 69–71 passim Heb. 2:16) 21–3 Is. 41:8

ISMJCVOR 5–6 Οὐκ — — ἐπιλαμβάνεται om. V 6 ἐπιλαμβάνεται Ἀβραάμ S
8 In toto om. V 12 γὰρ ante οὐκ add. J οὐκ ἔστι τῆς φύσεως: οὐ τῆς φύσεώς
ἐστιν S 13 τοῦ ante Ἀβραάμ add. S 17 καὶ om. J 23 σάρκα S τελείους:
νοοῦμεν V 24 λογικῶν om. IV 26 ἄρα post σπέρμα add. J 30 αὐτὴν: ἑαυτὴν IJ

ΕΡΑΝ. Ἐναντία τοίνυν φαμὲν εἰρηκέναι τοὺς ἀποστόλους. Ἐναντίον γὰρ εἶναί πως δοκεῖ τό, "Ὁ λόγος σὰρξ ἐγένετο," τοῦ "Σπέρματος Ἀβραὰμ ἐπελάβετο."

ΟΡΘ. Σοὶ τῷ μὴ νοοῦντι ἢ μάτην φιλονεικοῦντι ἐναντία δοκεῖ τὰ σύμφωνα. Τοῖς γὰρ σώφρονι λογισμῷ κεχρημένοις οὐ φαίνεται. 5 Διδάσκει γὰρ ὁ θεῖος ἀπόστολος, ὡς οὐ τραπεὶς ὁ θεὸς λόγος σὰρξ ἐγένετο, ἀλλὰ σπέρματος Ἀβραὰμ ἐπιλαβόμενος. Κατὰ ταὐτὸν δὲ καὶ τῆς πρὸς τὸν Ἀβραὰμ γεγενημένης ἐπαγγελίας ἀναμιμνήσκει. Ἦ οὐ μέμνησαι τῶν τῷ πατριάρχῃ παρὰ τοῦ θεοῦ τῶν ὅλων δοθεισῶν ὑποσχέσεων; 10

ΕΡΑΝ. Ποίων;

ΟΡΘ. Ἡνίκα αὐτὸν ἐκ τῆς πατρῴας ἐξήγαγεν οἰκίας, καὶ εἰς τὴν Παλαιστίνην ἐλθεῖν παρηγγύησεν, οὐκ ἔφη πρὸς αὐτόν, "Εὐλογήσω τοὺς εὐλογοῦντάς σε, καὶ τοὺς καταρωμένους σε καταράσομαι, καὶ ἐνευλογηθήσονται ἐν τῷ σπέρματί σου πάντα τὰ ἔθνη τῆς γῆς;" 15

ΕΡΑΝ. Μέμνημαι τῶνδε τῶν ὑποσχέσεων.

ΟΡΘ. Οὐκοῦν ἀναμνήσθητι καὶ τῶν πρὸς Ἰσαὰκ καὶ Ἰακὼβ γεγενημένων παρὰ τοῦ θεοῦ συνθηκῶν. Τὰς αὐτὰς γὰρ καὶ τούτοις δέδωκεν ὑποσχέσεις, βεβαιῶν τοῖς δευτέροις καὶ τρίτοις τὰ πρότερα.

ΕΡΑΝ. Μέμνημαι καὶ τούτων. 20

ΟΡΘ. Ταύτας δὲ τὰς συνθήκας ἑρμηνεύων ὁ θεῖος ἀπόστολος, οὕτως ἐν τῇ πρὸς Γαλάτας φησί· "Τῷ δὲ Ἀβραὰμ ἐρρήθησαν αἱ ἐπαγγελίαι, καὶ τῷ σπέρματι αὐτοῦ. Οὐ λέγει, καὶ τοῖς σπέρμασιν, ὡς ἐπὶ πολλῶν, ἀλλ' ὡς ἐφ' ἑνός, καὶ τῷ σπέρματι αὐτοῦ, ὅς ἐστι Χριστός," ἐναργέστατα δεικνὺς τὴν ἀνθρωπότητα τοῦ Χριστοῦ ἐκ 25 σπέρματος βλαστήσασαν Ἀβραάμ, καὶ τὴν πρὸς τὸν Ἀβραὰμ γεγενημένην ἐπαγγελίαν πληρώσασαν.

ΕΡΑΝ. Εἴρηται ταῦτα τῷ ἀποστόλῳ.

ΟΡΘ. Ἱκανὰ μὲν καὶ ταῦτα πᾶσαν τὴν περὶ τούτου κινουμένην ἀμφισβήτησιν λῦσαι. Ἐγὼ δὲ ὅμως καὶ ἑτέρας σε προρρήσεως 30 ἀναμνήσω. Ἰακὼβ ὁ πατριάρχης τήνδε τὴν εὐλογίαν τὴν αὐτῷ τε καὶ τῷ πατρὶ καὶ τῷ πάππῳ δοθεῖσαν Ἰούδᾳ τῷ παιδὶ δέδωκε μόνῳ.

---

2 Jn. 1:14a   2–3 Heb. 2:16   13–15 Gen. 12:3   (17–18 Gen. 26:23–4; 28:13–15)
22–5 Gal. 3:16

ISMJCVOR   1 φῶμεν J   2 τοῦ: τῷ Vᵖᶜ   5 οὐ: συνῳδὰ ταῦτα ἐκείνοις J
7 ἐπιλαμβανόμενος S   15 εὐλογηθήσεται I: εὐλογηθήσονται V   17–19 In toto om. S
18 καὶ om. IVᵃᶜ   22 ἐρρήθησαν S   23 αὐτοῦ post σπέρμασιν add. V   24 πολλοῖς V
καὶ --- αὐτοῦ om. V   ὅς: ὅπερ J   25 ὁ ante Χριστός add. J   26 τὸν
Ἀβραάμ: αὐτὸν S   29 πᾶσαν om. J   31 τὴν² om. V

Ἔφη δὲ οὕτως· "Οὐκ ἐκλείψει ἄρχων ἐξ Ἰούδα, καὶ ἡγούμενος ἐκ
τῶν μηρῶν αὐτοῦ, ἕως ἂν ἔλθῃ ᾧ ἀπόκειται, καὶ αὐτὸς προσδοκία
ἐθνῶν." Ἦ οὐ δέχῃ τήνδε τὴν πρόρρησιν ὡς περὶ τοῦ σωτῆρος
εἰρημένην Χριστοῦ;

ΕΡΑΝ. Ἰουδαῖοι τὰς τοιαύτας παρερμηνεύουσι προφητείας· ἐγὼ 5
δὲ Χριστιανός εἰμι τοῖς θείοις πιστεύων λόγοις, καὶ τὰς περὶ τοῦ
σωτῆρος ἡμῶν προφητείας ἀνενδοιάστως δεχόμενος.

ΟΡΘ. Ἐπειδὴ τοίνυν πιστεύειν ταῖς προφητείαις ὁμολογεῖς, καὶ
τὰ προρρηθέντα περὶ τοῦ σωτῆρος ἡμῶν τεθεσπίσθαι λέγεις, νόησον
ἐντεῦθεν τῶν ἀποστολικῶν ῥητῶν τὸν σκοπόν. Τὰς γὰρ πρὸς τοὺς 10
πατριάρχας γεγενημένας ἐπαγγελίας πεπερασμένας ἐπιδεικνύς, τὴν
θαυμασίαν ἐκείνην ἀφῆκε φωνήν· "Οὐ γὰρ δήπου ἀγγέλων ἐπιλαμ-
βάνεται," μονονουχὶ λέγων, ἀψευδὴς ἡ ὑπόσχεσις, ἐπέθηκε ταῖς
ἐπαγγελίαις ὁ δεσπότης τὸ πέρας, ἀνέῳγει τοῖς ἔθνεσιν ἡ τῆς εὐλο-
γίας πηγή, τοῦ Ἀβραμιαίου σπέρματος ὁ θεὸς λόγος ἐπείληπται, διὰ 15
τούτου τὴν ἄνωθεν ἐπηγγελμένην πραγματεύεται σωτηρίαν, διὰ
τούτου τὴν τῶν ἐθνῶν ἐμπεδοῖ προσδοκίαν.

ΕΡΑΝ. Ἄριστα τοῖς ἀποστολικοῖς τὰ προφητικὰ συνηρμόσθη.

ΟΡΘ. Οὕτω πάλιν ὁ θεῖος ἀπόστολος τῆς τοῦ Ἰούδα ἡμᾶς ἀνα-
μιμνήσκων εὐλογίας, καὶ δεικνὺς καὶ ταύτην δεξαμένην τὸ πέρας βοᾷ· 20
"Πρόδηλον γάρ, ὅτι ἐξ Ἰούδα ἀνατέταλκεν ὁ κύριος." Ταὐτὸ δὲ
τοῦτο καὶ ὁ προφήτης Μιχαίας καὶ ὁ εὐαγγελιστὴς Ματθαῖος πεποίη-
κεν. Ὁ μὲν γὰρ εἶπε τὴν πρόρρησιν, ὁ δὲ τῇ ἱστορίᾳ τὴν μαρτυρίαν
συνέταξε. Καὶ τὸ παράδοξον, ὅτι τοὺς προδηλοτάτους τῆς ἀληθείας
ἐχθροὺς ἔφη τῷ Ἡρώδῃ σαφῶς εἰπεῖν, ὡς ἐν τῇ Βηθλεὲμ ὁ Χριστὸς 25
γεννᾶται. "Γέγραπται γάρ, φησί, καὶ σὺ Βηθλεέμ, γῆ Ἰούδα, οὐδα-
μῶς ἐλαχίστη εἶ ἐν τοῖς ἡγεμόσιν Ἰούδα· ἐκ σοῦ γάρ μοι ἐξελεύσεται
ἡγούμενος, ὅστις ποιμανεῖ τὸν λαόν μου τὸν Ἰσραήλ." Ἐπαγάγωμεν
δὲ ἡμεῖς καὶ ὅπερ Ἰουδαῖοι κακοήθως παρέλιπον, ἀτελῆ προσενεγ-
κόντες τὴν μαρτυρίαν. Εἰρηκὼς γὰρ ὁ προφήτης, "Ἐκ σοῦ γὰρ 30
ἐξελεύσεταί μοι ἡγούμενος," ἐπήγαγε, "Καὶ αἱ ἔξοδοι αὐτοῦ ἀπ'
ἀρχῆς ἀφ' ἡμερῶν αἰῶνος."

1–3 Gen. 49:10   12–13 Heb. 2:16   21 Heb. 7:14   26–8 Mt. 2:5–6   30–2 Mic.
5:1 (Mt. 2:6)

ISMJCVOR   6 λόγοις: λογίοις J   7 δέχομαι V   9 οὐκ ἀναβάλλῃ post τεθεσπίσθαι
add. S   λέγεις om. Sac   11 ἀποδεικνύς S   14 τὸ om. V   15 Ἀβραμιαίου:
Ἀβραὰμ δι' οὗ J   λόγος om. Vmc   16 τοῦτο S   18 συνήρμοσας J   20 εὐλογίας:
εὐεργεσίας V   27 μοι om. SJ   ἐξελεύσεταί μοι I   29 καὶ post δὲ add. V
30 Εἰρηκὼς γὰρ ὁ προφήτης om. J   γὰρ om. SV   31 εἰπὼν ὁ προφήτης post
ἡγούμενος add. J

EPAN. Ἄριστα πεποίηκας, πᾶσαν τεθεικὼς τοῦ προφήτου τὴν μαρτυρίαν. Δείκνυσι γὰρ τὸν ἐν Βηθλεὲμ τεχθέντα θεόν.

ΟΡΘ. Οὐ θεὸν μόνον, ἀλλὰ καὶ ἄνθρωπον. Ἄνθρωπον μὲν ὡς ἐξ Ἰούδα κατὰ σάρκα βλαστήσαντα καὶ ἐν Βηθλεὲμ γεννηθέντα· θεὸν δὲ ὡς πρὸ αἰώνων ὑπάρχοντα. Τὸ γάρ, "'Ἐκ σοῦ μοι ἐξελεύσεται ἡγού- 5 μενος," τὴν κατὰ σάρκα γέννησιν τὴν ἐπ' ἐσχάτου τῶν ἡμερῶν γεγενημένην δηλοῖ· τὸ δέ, "Αἱ ἔξοδοι αὐτοῦ ἀπ' ἀρχῆς ἀφ' ἡμερῶν αἰῶνος," τὴν προαιώνιον ὕπαρξιν κηρύττει σαφῶς. Οὕτω καὶ ὁ θεῖος ἀπόστολος ἐν τῇ πρὸς Ῥωμαίους ἐπιστολῇ τῆς παλαιᾶς Ἰουδαίων εὐκληρίας ὀλοφυρόμενος τὴν ἐπὶ τὸ χεῖρον μεταβολὴν καὶ τῆς θείας 10 ἐπαγγελίας καὶ νομοθεσίας μνημονεύσας, καὶ ταῦτα προστέθεικεν· "'Ὧν οἱ πατέρες, καὶ ἐξ ὧν ὁ Χριστὸς τὸ κατὰ σάρκα, ὁ ὢν ἐπὶ πάντων θεὸς εὐλογητὸς εἰς τοὺς αἰῶνας, ἀμήν." Καὶ κατὰ ταύτὸν ἔδειξεν αὐτὸν καὶ τῶν ἁπάντων δημιουργὸν καὶ δεσπότην καὶ πρύτανιν ὡς θεόν, καὶ ἐξ Ἰουδαίων βεβλαστηκότα ὡς ἄνθρωπον. 15

EPAN. Ἰδοὺ ταῦτα ἡρμήνευσας· πρὸς τὴν Ἰερεμίου προφητείαν τί ἂν εἴποις; Ἐκείνη γὰρ αὐτὸν θεὸν μόνον κηρύττει.

ΟΡΘ. Ποίαν λέγεις προφητείαν;

EPAN. "Οὗτος ὁ θεὸς ἡμῶν, οὐ λογισθήσεται ἕτερος πρὸς αὐτόν. Ἐξεῦρε πᾶσαν ὁδὸν ἐπιστήμης, καὶ ἔδωκεν αὐτὴν Ἰακὼβ τῷ παιδὶ 20 αὐτοῦ καὶ Ἰσραὴλ τῷ ἠγαπημένῳ ὑπ' αὐτοῦ. Μετὰ ταῦτα ἐπὶ τῆς γῆς ὤφθη καὶ τοῖς ἀνθρώποις συνανεστράφη." Ἐν τούτοις ὁ προφήτης οὔτε περὶ σάρκος οὔτε περὶ ἀνθρωπότητος οὔτε περὶ ἀνθρώπου, ἀλλὰ περὶ μόνου θεοῦ προηγόρευσεν. Ποῦ τοίνυν χρεία συλλογισμῶν;

ΟΡΘ. Τὴν θείαν φύσιν ἀόρατον εἶναί φαμεν, ἢ οὐ πειθόμεθα τῷ 25 ἀποστόλῳ λέγοντι, "Ἀφθάρτῳ ἀοράτῳ μόνῳ θεῷ;"

EPAN. Ἀναμφιλέκτως ἡ θεία φύσις ἀόρατος.

ΟΡΘ. Πῶς τοίνυν οἷόν τε ἦν ὀφθῆναι δίχα σώματος τὴν ἀόρατον φύσιν; Ἢ οὐ μέμνησαι τῶν ἀποστολικῶν ἐκείνων ῥητῶν, ἃ διδάσκει σαφῶς τῆς θείας φύσεως τὸ ἀθέατον; Λέγει δὲ οὕτως· "'Ὃν εἶδεν 30 οὐδεὶς ἀνθρώπων, οὐδὲ ἰδεῖν δύναται." Εἰ τοίνυν ἀδύνατος ἀνθρώποις, ἐγὼ δέ φημι καὶ ἀγγέλοις, ἡ τῆς θείας φύσεως θεωρία, εἰπὲ πῶς ἐπὶ τῆς γῆς ὁ ἀθέατος καὶ ἀόρατος ὤφθη.

5–6 Mic. 5:1 (Mt. 2:6)   7–8 Mic. 5:1   12–13 Rom. 9:5   19–22 Bar. 3:36–8
26 1 Tim. 1:17   30–1 1 Tim. 6:16b

ISMJCVOR   6 ἐσχάτων J   9 τῶν ante Ἰουδαίων add. S   11 καὶ υἱοθεσίας post νομοθεσίας add. J   13 τῶν αἰώνων post αἰῶνας add. IJV   14 ἔδειξεν αὐτὸν om. V   15 ἔδειξεν post ἄνθρωπον add. V   24 Ποῦ——συλλογισμῶν ΟΡΘ. attrib. V   28 τοίνυν: οὖν J   28 δίχα σώματος post φύσιν (29) transp. S   ἀόρατον: ὁρατὴν I   29 ῥητῶν: ῥημάτων I   31 οὐδὲ: οὔτε ISV   ἀδύνατον J

Dialogue I   73

ΕΡΑΝ. Ὁ προφήτης εἶπεν ὅτι ἐπὶ τῆς γῆς ὤφθη.

ΟΡΘ. Καὶ ὁ ἀπόστολος εἶπεν, "Ἀφθάρτῳ ἀοράτῳ μόνῳ θεῷ," καί, "Ὃν εἶδεν οὐδεὶς ἀνθρώπων, οὐδὲ ἰδεῖν δύναται."

ΕΡΑΝ. Τί οὖν; ψεύδεται ὁ προφήτης;

ΟΡΘ. Μὴ γένοιτο, τοῦ θείου γὰρ πνεύματος καὶ ταῦτα κἀκεῖνα τὰ 5 ῥήματα. Ζητήσωμεν τοίνυν πῶς ὁ ἀόρατος ὤφθη.

ΕΡΑΝ. Μή μοι λογισμοὺς ἀνθρωπίνους καὶ συλλογισμοὺς προσ‑ 48 ενέγκῃς. Ἐγὼ γὰρ μόνῃ πείθομαι τῇ θείᾳ γραφῇ.

ΟΡΘ. Μηδένα δέξῃ λόγον ἥκιστα βεβαιούμενον γραφικῇ μαρ‑ τυρίᾳ. 10

ΕΡΑΝ. Ἐάν μοι τῆς ἀμφιλογίας τὴν λύσιν ἐκ τῆς θείας προσ‑ ενέγκῃς γραφῆς, ἀδηρίτως δέξομαι καὶ οὐκ ἀντιφθέγξομαι.

ΟΡΘ. Οἶσθ' ὅτι καὶ πρὸ βραχέος τὴν εὐαγγελικὴν ῥῆσιν διὰ τῆς ἀποστολικῆς μαρτυρίας σαφῆ πεποιήκαμεν, καὶ δεδήλωκεν ἡμῖν ὁ θεῖος ἀπόστολος πῶς ὁ λόγος σὰρξ ἐγένετο, διαρρήδην εἰπών, "Οὐ 15 γὰρ δήπου ἀγγέλων ἐπιλαμβάνεται, ἀλλὰ σπέρματος Ἀβραὰμ ἐπι‑ λαμβάνεται." Ὁ αὐτὸς τοίνυν καὶ νῦν ἡμᾶς διδάξει διδάσκαλος πῶς ὁ θεὸς λόγος ἐπὶ τῆς γῆς ὤφθη, καὶ τοῖς ἀνθρώποις συνανεστράφη.

ΕΡΑΝ. Ἐγὼ καὶ τοῖς ἀποστολικοῖς καὶ τοῖς προφητικοῖς πείθο‑ μαι λόγοις. Δεῖξον τοίνυν, κατὰ τὴν ὑπόσχεσιν, τῆς προφητείας τὴν 20 ἑρμηνείαν.

ΟΡΘ. Τιμοθέῳ γράφων ὁ θεῖος ἀπόστολος καὶ ταῦτα τέθεικεν· "Ὁμολογουμένως μέγα ἐστὶ τὸ τῆς εὐσεβείας μυστήριον· θεὸς ἐφανερώθη ἐν σαρκί, ἐδικαιώθη ἐν πνεύματι, ὤφθη ἀγγέλοις, ἐκη‑ ρύχθη ἐν ἔθνεσιν, ἐπιστεύθη ἐν κόσμῳ, ἀνελήφθη ἐν δόξῃ." Δῆλον 25 τοίνυν, ὡς ἀόρατος μὲν ἡ θεία φύσις, ὁρατὴ δὲ ἡ σάρξ, καὶ διὰ τῆς ὁρατῆς ἡ ἀόρατος ὤφθη, δι' αὐτῆς ἐνεργήσασα τὰ θαύματα καὶ τὴν οἰκείαν ἀποκαλύψασα δύναμιν. Τῇ μὲν γὰρ χειρὶ τὴν ὀπτικὴν ἐδη‑ μιούργησεν αἴσθησιν καὶ τὸν ἐκ γενετῆς τυφλὸν ἐθεράπευσε. Καὶ αὖ πάλιν τὴν ἀκουστικὴν ἐνέργειαν ἀπέδωκε τῷ κωφῷ, καὶ τὴν πεπεδη‑ 30 μένην ἔλυσε γλῶτταν, ἀντὶ μὲν ὀργάνου τοῖς δακτύλοις χρησάμενος, οἷον δέ τι φάρμακον ἀλεξίκακον τὸ πτύσμα προσενεγκών. Οὕτω πάλιν ἐπὶ θαλάττης βαδίσας τὸ τῆς θεότητος ὑπέφηνε παντοδύναμον.

(1 Bar. 3:38) 2 1 Tim. 1:17 3 1 Tim. 6:16b (15 Jn. 1:14a) 15–17 Heb. 2:16 (18 Bar. 3:38) 23–5 1 Tim. 3:16 (28–9 Jn. 9:1 ff.) (30–2 Mk. 7:32–5) (33 Mt. 14:25 and parallels)

ISMJCVOR 2 σοφῷ post μόνῳ add. S 3 ἀνθρώπων οὐδείς S οὐδὲ: οὔτε IV 5 γὰρ θείου S 6 ὁ om. SVᵃᵒ 7 ἀνθρωπίνους post συλλογισμοὺς transp. V 11 ἀμφιλογίας: ἀμφιβολίας J 12 ἀδηρίτως om. V 13 καὶ om. S 18 ὤφθη ἐπὶ τῆς γῆς J 23 Καὶ ante ὁμολογουμένως add. J 27 τὰ θαύματα ἐνεργήσασα S 28 μὲν om. J 33 τῆς ante θαλάττης add. S

Ἁρμοδίως τοίνυν ὁ θεῖος ἀπόστολος, "῝Ος ἐφανερώθη ἐν σαρκί,"
εἶπε. Δι' ἐκείνης γὰρ ἡ ἀθέατος ἐπεφάνη φύσις, δι' ἐκείνης αὐτὴν
εἶδον καὶ τῶν ἀγγέλων οἱ δῆμοι· "῎Ωφθη, γάρ φησιν, ἀγγέλοις."
Μεθ' ἡμῶν οὖν ἄρα τῆς δωρεᾶς ταύτης καὶ τῶν ἀσωμάτων ἡ φύσις
ἀπέλαυσεν.   5

ΕΡΑΝ. Οὐκοῦν πρὸ τῆς τοῦ σωτῆρος ἐπιφανείας οὐχ ἑώρων οἱ
ἄγγελοι τὸν θεόν;

ΟΡΘ. Ὁ ἀπόστολος εἶπεν ὅτι φανερωθεὶς ἐν σαρκὶ ὤφθη ἀγγέ-
λοις.

ΕΡΑΝ. Ἀλλ' ὁ κύριος εἶπεν, "῾Ορᾶτε, μὴ καταφρονήσητε ἑνὸς 10
τῶν μικρῶν τούτων τῶν ἐλαχίστων. Ἀμὴν γὰρ λέγω ὑμῖν, ὅτι οἱ
ἄγγελοι αὐτῶν καθ' ἡμέραν ὁρῶσι τὸ πρόσωπον τοῦ πατρὸς ὑμῶν τοῦ
ἐν οὐρανοῖς."

ΟΡΘ. Ἀλλ' ὁ κύριος πάλιν εἶπεν, "Οὐχ ὅτι τὸν πατέρα τις
ἑώρακεν, εἰ μὴ ὁ ὢν παρὰ τοῦ θεοῦ, οὗτος ἑώρακε τὸν πατέρα." Διά 15
τοι τοῦτο καὶ ὁ εὐαγγελιστὴς ἄντικρυς βοᾷ, "Θεὸν οὐδεὶς ἑώρακε
πώποτε," καὶ βεβαιοῖ τοῦ κυρίου τὸν λόγον· "Ὁ μονογενής, γάρ
φησιν, υἱός, ὁ ὢν εἰς τὸν κόλπον τοῦ πατρός, ἐκεῖνος ἐξηγήσατο."
Καὶ Μωϋσῆς ὁ μέγας, ποθήσας ἰδεῖν τὴν ἀόρατον φύσιν, ἤκουσεν
αὐτοῦ λέγοντος τοῦ δεσπότου θεοῦ, "Οὐδεὶς ὄψεται τὸ πρόσωπόν μου, 20
καὶ ζήσεται."

ΕΡΑΝ. Πῶς οὖν νοήσομεν ὅτι "Οἱ ἄγγελοι αὐτῶν καθ' ἡμέραν
ὁρῶσι τὸ πρόσωπον τοῦ πατρὸς ὑμῶν;"

ΟΡΘ. Ὡς νοεῖν εἰώθαμεν τὰ περὶ τῶν ἑωρακέναι τὸν θεὸν νομισ-
θέντων ἀνθρώπων.   25

ΕΡΑΝ. Εἰπὲ σαφέστερον· οὐ νενόηκα γάρ.

ΟΡΘ. Μὴ καὶ τοῖς ἀνθρώποις ὁρατὸς ὁ θεός;

ΕΡΑΝ. Οὐδαμῶς.

ΟΡΘ. Ἀλλ' ὅμως ἀκούομεν τῆς θείας λεγούσης γραφῆς, "῎Ωφθη ὁ
θεὸς τῷ Ἀβραὰμ πρὸς τῇ δρυΐ τῇ Μαμβρῇ," καὶ Ἡσαΐου λέγοντος, 30
"Εἶδον τὸν κύριον καθήμενον ἐπὶ θρόνου ὑψηλοῦ καὶ ἐπηρμένου."

---

1 1 Tim. 3:16   3 1 Tim. 3:16   10–13 Mt. 18:10   14–15 Jn. 6:46   16–18 Jn. 1:18
20–1 Ex. 33:20   22–3 Mt. 18:10   29–30 Gen. 18:1   31 Is. 6:1

ISMJCVOR   1–2 ῝Ος: Ὡς J: Θεὸς V   εἶπε om. IV^ac: post θεῖος (1) transp. J:
post ἀπόστολος add. V^ρο   2 γὰρ post ἐκείνης² add. J   4 ἀσωμάτων: ἀγγέλων J
6 καὶ ante πρὸ add. V   8 ὅτι om. J   11 τῶν μικρῶν om. S   12 ὑμῶν: μου J:
ἡμῶν V   13 τοῖς ante οὐρανοῖς add. J   17 τοῦ κυρίου om. J   19 δὲ ante ὁ add. S
22 νοήσωμεν V   ὅτι: τό S   23 ὑμῶν: μου τοῦ ἐν τοῖς οὐρανοῖς J

Καὶ ὁ Μιχαίας δὲ ταὐτὸ τοῦτο λέγει, καὶ ὁ Δανιὴλ καὶ ὁ Ἰεζεκιήλ. Περὶ δὲ Μωσέως τοῦ νομοθέτου φησὶν ἡ ἱστορία, ὅτι ἐλάλησε κύριος τῷ Μωϋσῇ, ἐνώπιος ἐνωπίῳ, ὡς εἴ τις λαλήσει πρὸς φίλον αὐτοῦ. Καὶ αὐτὸς δὲ ὁ τῶν ὅλων ἔφη θεός, ὅτι "Στόμα κατὰ στόμα λαλήσω αὐτῷ, ἐν εἴδει, καὶ οὐ δι' αἰνιγμάτων." Τί οὖν ἐροῦ- 5
μεν; ὅτι τὴν θείαν ἐθεάσαντο φύσιν;

ΕΡΑΝ. Οὐδαμῶς. Αὐτὸς γὰρ ὁ θεὸς ἔφη· "Οὐδεὶς ὄψεται τὸ πρόσωπόν μου, καὶ ζήσεται."

ΟΡΘ. Ψεύδονται τοίνυν οἱ τὸν θεὸν ἑωρακέναι φήσαντες;

ΕΡΑΝ. Μὴ γένοιτο· εἶδον γὰρ ἅπερ ἰδεῖν αὐτοὺς οἷόν τε ἦν. 10

ΟΡΘ. Τῇ δυνάμει ἄρα τῶν ὁρώντων ὁ φιλάνθρωπος δεσπότης τὰς ἀποκαλύψεις μετρεῖ;

ΕΡΑΝ. Πάνυ γε.

ΟΡΘ. Καὶ τοῦτο δῆλον διὰ τοῦ προφήτου πεποίηκεν. "'Εγώ, γὰρ ἔφη, ὁράσεις ἐπλήθυνα, καὶ ἐν χερσὶ προφητῶν ὡμοιώθην." Οὐκ 15
εἶπεν, ὤφθην, ἀλλ' "ὡμοιώθην." Ἡ δὲ ὁμοίωσις οὐκ αὐτὴν δηλοῖ τοῦ ὁρωμένου τὴν φύσιν. Οὐδὲ γὰρ ἡ τοῦ βασιλέως εἰκὼν αὐτοῦ δείκνυσι τοῦ βασιλέως τὴν φύσιν, κἂν ἐναργεῖς διασώζῃ τοῦ βασιλέως τοὺς χαρακτῆρας.

ΕΡΑΝ. Ἄδηλόν ἐστι τοῦτό γε καὶ ἀσαφές. 20

ΟΡΘ. Οὐκοῦν οὐδὲ τοῦ θεοῦ τὴν οὐσίαν εἶδον οἱ τὰς ἀποκαλύψεις ἐκείνας θεασάμενοι;

ΕΡΑΝ. Τίς γὰρ οὕτω μέμηνεν ὥστε τοῦτο φάναι τολμῆσαι;

ΟΡΘ. Εἴρηται δὲ ὅμως ὡς ἑωράκασιν.

ΕΡΑΝ. Εἴρηται. 25

ΟΡΘ. Ἡμεῖς δὲ καὶ λογισμοῖς εὐσεβέσι χρώμενοι, καὶ ταῖς ἀποφάσεσι ταῖς θείαις πιστεύοντες, αἳ βοῶσι διαρρήδην, "Θεὸν οὐδεὶς ἑώρακε πώποτε," φαμὲν αὐτοὺς οὐ τὴν θείαν φύσιν ἑωρακέναι, **52**
ἀλλ' ὄψεις τινὰς τῇ σφῶν δυνάμει συμμέτρους.

ΕΡΑΝ. Οὕτως φαμέν. 30

ΟΡΘ. Οὕτω τοίνυν καὶ περὶ τῶν ἀγγέλων νοήσωμεν, ἀκούοντες ὅτι "Καθ' ἡμέραν ὁρῶσι τὸ πρόσωπον τοῦ πατρὸς ὑμῶν." Οὐ γὰρ

(1 Mic. 1:1; Dan. 10:7 ff.; Ezek. 1:1)   (3–4 Ex. 33:11)   4–5 Num. 12:8
7–8 Ex. 33:20   14–15, 16 Hos. 12:11   27–8 Jn. 1:18   32 Mt. 18:10

ISMJCVOR   1 δὲ om. S   καὶ ὁ Ἰεζεκιήλ om. J   2 τοῦ ante Μωσέως add. V
18 τοῦ βασιλέως τοὺς: τοὺς βασιλικοὺς S   20 Ἄδηλον: Δῆλον J   γε om. S   ἀσαφές:
σαφές J   22 θεασάμενοι ἐκείνας S   23 φάναι τοῦτο SJ   26 χρησάμενοι Vᵐᶜ
26–7 ταῖς — — — πιστεύοντες: ταῖς θείαις πιστεύοντες ἀποφάσεσιν S   29 συμμετρουμένας J
31 νοήσομεν ISVᵃᶜ

τὴν θείαν οὐσίαν ὁρῶσι, τὴν ἀπερίγραφον, τὴν ἀκατάληπτον, τὴν ἀπερινόητον, τὴν περιληπτικὴν τῶν ὅλων, ἀλλὰ δόξαν τινὰ τῇ αὐτῶν φύσει συμμετρουμένην.

ΕΡΑΝ. Ὡμολόγηται ταῦτα οὕτως ἔχειν.

ΟΡΘ. Μετὰ μέντοι τὴν ἐνανθρώπησιν ὤφθη καὶ τοῖς ἀγγέλοις, 5 κατὰ τὸν θεῖον ἀπόστολον, οὐχ ὁμοιώματι δόξης, ἀλλ᾽ ἀληθεῖ καὶ ζῶντι χρησάμενος, οἷόν τινι παραπετάσματι, τῷ τῆς σαρκὸς προκαλύμματι. "Ὃς ἐφανερώθη, γάρ φησιν, ἐν σαρκί, ἐδικαιώθη ἐν πνεύματι, ὤφθη ἀγγέλοις."

ΕΡΑΝ. Τοῦτο μὲν ὡς γραφικὸν ἐδεξάμην, τὰς δὲ τῶν ὀνομάτων 10 καινοτομίας οὐ δέχομαι.

ΟΡΘ. Ποῖον ἡμεῖς κεκαινοτομήκαμεν ὄνομα;

ΕΡΑΝ. Τὸ τοῦ παραπετάσματος. Ποία γὰρ γραφὴ τὴν τοῦ κυρίου σάρκα παραπέτασμα προσηγόρευσεν;

ΟΡΘ. Ἔοικας μὴ μάλα σπουδαίως τὴν θείαν ἀναγινώσκειν 15 γραφήν. Ἦ γὰρ ἄν, οὐκ ἐμέμψω τῷ παρ᾽ ἡμῶν ὡς ἐν εἰκόνι ῥηθέντι. Πρῶτον μὲν γὰρ καὶ τὸ διὰ σαρκὸς φανερωθῆναι τὴν ἀόρατον φύσιν φάναι τὸν θεῖον ἀπόστολον, παραπέτασμα τῆς θεότητος ἐπιτρέπει τὴν σάρκα νοεῖν. Ἔπειτα δὲ σαφῶς ὁ θεῖος ἀπόστολος ἐν τῇ πρὸς Ἑβραίους ἐπιστολῇ ἐχρήσατο τῷ ὀνόματι. Λέγει δὲ οὕτως· "Ἔχον- 20 τες οὖν, ἀδελφοί, παρρησίαν εἰς τὴν εἴσοδον τῶν ἁγίων ἐν τῷ αἵματι Ἰησοῦ, ἣν ἐνεκαίνισεν ἡμῖν ὁδὸν πρόσφατον καὶ ζῶσαν, διὰ τοῦ καταπετάσματος, τοῦτ᾽ ἔστι τῆς σαρκὸς αὐτοῦ, καὶ ἱερέα μέγαν ἐπὶ τὸν οἶκον τοῦ θεοῦ, προσερχώμεθα μετὰ ἀληθινῆς καρδίας ἐν πληροφορίᾳ πίστεως," καὶ τὰ ἑξῆς. 25

ΕΡΑΝ. Ἀναντίρρητος ἡ ἀπόδειξις· ἀποστολικῇ γὰρ κεκύρωται μαρτυρίᾳ.

ΟΡΘ. Μὴ τοίνυν ἡμᾶς γράφου καινοτομίας. Παρεξόμεθα γάρ σοι καὶ ἑτέραν προφητικὴν μαρτυρίαν, στολὴν ἄντικρυς τοῦ κυρίου τὴν σάρκα καὶ περιβολὴν ὀνομάζουσαν. 30

ΕΡΑΝ. Εἰ αἰνιγματώδης ὀφθείη καὶ ἀμφίβολος, ἀντιλέξομεν· εἰ δέ γε σαφής, καὶ στέρξομεν καὶ χάριν ὁμολογήσομεν.

8–9 1 Tim. 3:16   (17–19 1 Tim. 3:16)   20–5 Heb. 10:19–22

ISMJCVOR   1 ὁρῶσι οὐσίαν SJ   ἀπερίγραπτον V   2 αὐτῶν: ἑαυτῶν J
4 ταῦθ᾽ IS: τοῦθ᾽ J   8 Ὃς om. J: Θεὸς V   γάρ om. S   12 In toto ad 78.30
(φύσει) om. I   14 προσηγόρευσεν: εἴρηκεν S   16 ἂν post οὐκ add. V   18–19 τὴν
σάρκα ἐπιτρέπει J   19–20 ὁ ─── ὀνόματι: ἐν τῇ πρὸς Ἑβραίους ἐπιστολῇ ὁ θεῖος
ἐχρήσατο ἀπόστολος S   20 ἐπιστολῇ om. JVᵃᶜ   22 ἐκαίνισεν V   24 προσερχώμεθα:
προσερχόμεθα J: προσερχόμενον μετὰ ἀληθείας εἰσερχόμενον V   31 μὴ post Εἰ add.
Vᵖᵉ   31–2 οὐκ ante ἀντιλέξομεν add. Vᵖᶜ   εἰ ─── στέρξομεν om. SV   32 οὐχ ante
ὁμολογήσομεν add. S

ΟΡΘ. Αὐτόν σε τῇ ἀληθείᾳ τῆς ἐπαγγελίας μαρτυρῆσαι παρα-
σκευάσω. Οἶσθα ὅτι τὸν Ἰούδαν εὐλογῶν Ἰακὼβ ὁ πατριάρχης, ταῖς
δεσποτικαῖς περιέγραψε γοναῖς τὴν Ἰούδα ἡγεμονίαν· "Οὐκ ἐκλείψει,
γὰρ ἔφη, ἄρχων ἐξ Ἰούδα, καὶ ἡγούμενος ἐκ τῶν μηρῶν αὐτοῦ, ἕως
ἂν ἔλθῃ ᾧ ἀπόκειται, καὶ αὐτὸς προσδοκία ἐθνῶν." Ταύτην δέ γε 5   **53**
τοῖς ἔμπροσθεν ὡμολόγησας περὶ τοῦ σωτῆρος ἡμῶν τεθεσπίσθαι τὴν
προφητείαν.

ΕΡΑΝ. Ὡμολόγησα.

ΟΡΘ. Ἀναμνήσθητι τοιγαροῦν τῶν ἑξῆς. Λέγει γὰρ ὡσαύτως·
"Οὗ τὴν παρουσίαν τὰ ἔθνη προσδέχεται· πλυνεῖ ἐν οἴνῳ τὴν στολὴν 10
αὐτοῦ, καὶ ἐν αἵματι σταφυλῆς τὴν περιβολὴν αὐτοῦ."

ΕΡΑΝ. Περὶ ἱματίων εἴρηκεν ὁ πατριάρχης, οὐ περὶ σώματος.

ΟΡΘ. Δεῖξον οὖν πηνίκα ἢ ποῦ ἐν αἵματι σταφυλῆς ἔπλυνε τὴν
περιβολήν.

ΕΡΑΝ. Σὺ δεῖξον ὅτι τὸ σῶμα τούτοις ἐφοίνιξεν. 15

ΟΡΘ. Ἀξιῶ σε μυστικώτερον ἀποκρίνασθαι. Τινὲς γὰρ ἴσως
παρεστήκασιν ἀμύητοι.

ΕΡΑΝ. Οὕτως ἀκούσομαι καὶ οὕτως ἀποκρινοῦμαι.

ΟΡΘ. Οἶσθ' ὅτι ἄμπελον ἑαυτὸν ὁ κύριος προσηγόρευσεν;

ΕΡΑΝ. Οἶδα ὡς εἴρηκεν· "Ἐγώ εἰμι ἡ ἄμπελος ἡ ἀληθινή." 20

ΟΡΘ. Ὁ δὲ τῆς ἀμπέλου καρπὸς πιεσθεὶς ποίαν ἔχει προσηγορίαν;

ΕΡΑΝ. Οἶνος προσαγορεύεται.

ΟΡΘ. Ἡνίκα δὲ τὴν πλευρὰν τοῦ σωτῆρος ἔτρωσαν οἱ στρατιῶται
τῇ λόγχῃ, τί προχεθῆναί φασιν ἐκ ταύτης οἱ συγγεγραφότες τὰ
εὐαγγέλια; 25

ΕΡΑΝ. Αἷμα καὶ ὕδωρ.

ΟΡΘ. Αἷμα ἄρα σταφυλῆς τὸ τοῦ σωτῆρος προσηγόρευσεν αἷμα.
Εἰ γὰρ ἄμπελος ὁ δεσπότης ὠνόμασται, ὁ δὲ τῆς ἀμπέλου καρπὸς οἶνος
προσαγορεύεται, αἵματος δὲ καὶ ὕδατος ἐκ τῆς τοῦ δεσπότου πλευρᾶς
προχυθέντες κρουνοὶ διὰ τοῦ λοιποῦ σώματος ἐπὶ τὰ κάτω διῆλθον, 30
εἰκότως ἄρα καὶ προσφόρως προεῖπεν ὁ πατριάρχης· "Πλυνεῖ ἐν
οἴνῳ τὴν στολὴν αὐτοῦ, καὶ ἐν αἵματι σταφυλῆς τὴν περιβολὴν
αὐτοῦ." Ὥσπερ γὰρ ἡμεῖς τὸν μυστικὸν τῆς ἀμπέλου καρπὸν μετὰ

3–5 Gen. 49:10   10–11 Gen. 49:11   20 Jn. 15:1   (23–5, 29–30 Jn. 19:34)
31–3 Gen. 49:11

SMJCVOR   1–2 παρασκευάσω μαρτυρῆσαι V   3 Ἰούδα: Ἰουδαίων J   6 ἡμῶν
om. V   9 ὡσαύτως: οὕτως S: ὡς οὗτος J   17 παρέστασιν J   19 ὁ κύριος ἑαυτὸν V
24 τῇ λόγχῃ ante οἱ (23) transp. S^{pc}   24–5 τί --- εὐαγγέλια: τί ἐκ ταύτης προνεχθῆναι
(προχεθῆναι^{pc}) οἱ συγγεγραφότες τὰ εὐαγγέλια ἔφασαν S   φασιν ἐκ ταύτης: ταύτης φασὶν J
30 προχεθέντος SV   31 προεῖπεν: εἶπεν S   32–3 καὶ --- αὐτοῦ om. J

τὸν ἁγιασμὸν αἷμα δεσποτικὸν ὀνομάζομεν, οὕτω τῆς ἀληθινῆς
ἀμπέλου τὸ αἷμα σταφυλῆς ὠνόμασεν αἷμα.

ΕΡΑΝ. Μυστικῶς ἅμα καὶ σαφῶς ὁ προκείμενος ἀποδέδεικται
λόγος.

ΟΡΘ. Εἰ καὶ αὐτάρκη σοι εἰς πίστιν τὰ εἰρημένα, ἀλλ᾽ ὅμως καὶ 5
ἑτέραν ἀπόδειξιν εἰς βεβαίωσιν τῆς ἀληθείας προσθήσω.

ΕΡΑΝ. Χαριῇ μοι τοῦτο δρῶν· τὴν γὰρ ὠφέλειαν αὐξήσεις.

ΟΡΘ. Οἶσθα ὅτι ἄρτον ὁ δεσπότης τὸ οἰκεῖον προσηγόρευσε σῶμα;

ΕΡΑΝ. Οἶδα.

ΟΡΘ. Καὶ ἑτέρωθι δὲ τὴν σάρκα σῖτον ὠνόμασεν; 10

ΕΡΑΝ. Οἶδα καὶ τοῦτο. Ἤκουσα γὰρ αὐτοῦ λέγοντος· "'Ἐλήλυ-
θεν ἡ ὥρα ἵνα δοξασθῇ ὁ υἱὸς τοῦ ἀνθρώπου·" καί· "'Ἐὰν μὴ ὁ κόκκος
τοῦ σίτου πεσὼν εἰς τὴν γῆν ἀποθάνῃ, μόνος μένει· ἐὰν δὲ ἀποθάνῃ,
πολὺν καρπὸν φέρει."

ΟΡΘ. Ἐν δέ γε τῇ τῶν μυστηρίων παραδόσει, σῶμα τὸν ἄρτον 15
ἐκάλεσε, καὶ αἷμα τὸ κρᾶμα.

ΕΡΑΝ. Οὕτως ὠνόμασεν.

ΟΡΘ. Ἀλλὰ καὶ κατὰ φύσιν, τὸ σῶμα σῶμα ἂν εἰκότως κληθείη,
καὶ τὸ αἷμα αἷμα.

ΕΡΑΝ. Ὡμολόγηται. 20

ΟΡΘ. Ὁ δέ γε σωτὴρ ὁ ἡμέτερος ἐνήλλαξε τὰ ὀνόματα, καὶ τῷ
μὲν σώματι τὸ τοῦ συμβόλου τέθεικεν ὄνομα, τῷ δὲ συμβόλῳ τὸ τοῦ
σώματος· οὕτως ἄμπελον ἑαυτὸν ὀνομάσας, αἷμα τὸ σύμβολον προσ-
ηγόρευσεν.

ΕΡΑΝ. Τοῦτο μὲν ἀληθῶς εἴρηκας. Ἐβουλόμην δὲ τὴν αἰτίαν 25
μαθεῖν τῆς τῶν ὀνομάτων ἐναλλαγῆς.

ΟΡΘ. Δῆλος ὁ σκοπὸς τοῖς τὰ θεῖα μεμυημένοις. Ἠβουλήθη γὰρ
τοὺς τῶν θείων μυστηρίων μεταλαγχάνοντας μὴ τῇ φύσει τῶν προ-
κειμένων προσέχειν, ἀλλὰ διὰ τῆς τῶν ὀνομάτων ἐναλλαγῆς πιστεύειν
τῇ ἐκ τῆς χάριτος γεγενημένῃ μεταβολῇ. Ὁ γὰρ δὴ τὸ φύσει σῶμα 30
σῖτον καὶ ἄρτον προσαγορεύσας, καὶ αὖ πάλιν ἄμπελον ὀνομά-
σας, οὗτος τὰ ὁρώμενα σύμβολα τῇ τοῦ σώματος καὶ αἵματος προσ-

---

(8 Jn. 6 passim) 11–14 Jn. 12:23–4 (15–16 Mt. 26:26, 28 and parallels)

ISMJCVOR   2 σταφυλῆς ὠνόμασεν αἷμα: αἷμα ὁ προφήτης ὠνόμασε σταφυλῆς S
3 ἅμα: ἄρα S^{ac}J   6 προσθήσω τῆς ἀληθείας S   7 Χαριεῖ S^{ac}: Χαριεῖς J   8 δεσπότης:
θεὸς V   12 καί om. J   13 αὐτὸς ante μόνος add. J   16 τὸ ante αἷμα add. S
τὸ om. S^{ac} τὸ κρᾶμα αἷμα S^m   18 καὶ om. J   εἰκότως om. J   19 αἷμα² om. V
22 συμβόλῳ δὲ S   25 ἀληθὲς J   28–9 προκειμένων: βλεπομένων V   31 ἑαυτὸν
ante ἄμπελον add. V^{pc}

ηγορίᾳ τετίμηκεν, οὐ τὴν φύσιν μεταβαλών, ἀλλὰ τὴν χάριν τῇ
φύσει προστεθεικώς.

ΕΡΑΝ. Καὶ μυστικῶς ἐρρέθη τὰ μυστικὰ καὶ σαφῶς ἐδηλώθη τὰ
πᾶσιν οὐ γνώριμα.

ΟΡΘ. Ἐπειδὴ τοίνυν συνωμολόγηται καὶ στολὴν καὶ περιβολὴν 5
ὑπὸ τοῦ πατριάρχου τὸ δεσποτικὸν ὠνομάσθαι σῶμα, εἰς δὲ τὸν περὶ
τῶν θείων μυστηρίων εἰσεληλύθαμεν λόγον, εἰπὲ πρὸς τῆς ἀληθείας
τίνος ἡγῇ σύμβολόν τε καὶ τύπον τὴν παναγίαν ἐκείνην τροφήν; τῆς
θεότητος τοῦ δεσπότου Χριστοῦ ἢ τοῦ σώματος καὶ τοῦ αἵματος;

ΕΡΑΝ. Δῆλον ὡς ἐκείνων, ὧν καὶ τὰς προσηγορίας ἐδέξατο. 10

ΟΡΘ. Τοῦ σώματος καὶ τοῦ αἵματος λέγεις;

ΕΡΑΝ. Οὕτω λέγω.

ΟΡΘ. Φιλαλήθως εἴρηκας. Καὶ γὰρ ὁ κύριος τὸ σύμβολον λαβὼν
οὐκ εἶπε· τοῦτό ἐστιν ἡ θεότης μου· ἀλλά, "Τοῦτό ἐστι τὸ σῶμά μου·"
καὶ πάλιν· "Τοῦτό ἐστι τὸ αἷμά μου·" καὶ ἑτέρωθι· "Ὁ δὲ ἄρτος ὃν 15
ἐγὼ δώσω, ἡ σάρξ μού ἐστιν, ἣν ἐγὼ δώσω ὑπὲρ τῆς τοῦ κόσμου
ζωῆς."

ΕΡΑΝ. Ἀληθῆ ταῦτα, θεῖα γάρ ἐστι λόγια.

ΟΡΘ. Εἰ τοίνυν ἀληθῆ, ὥσπερ οὖν ἀληθῆ, σῶμα δήπουθεν εἶχεν ὁ
κύριος. 20

ΕΡΑΝ. Ἐγὼ γὰρ αὐτὸν ἀσώματον λέγω;

ΟΡΘ. Ἀλλ' ὁμολογεῖς αὐτὸν ἐσχηκέναι σῶμα.

ΕΡΑΝ. Ἐγὼ λέγω ὅτι ὁ λόγος σὰρξ ἐγένετο· οὕτως γὰρ ἐδιδάχθην.

ΟΡΘ. Κατὰ τὴν παροιμίαν, ὡς ἔοικεν, εἰς τετρημένον πίθον **57**
ἀντλοῦμεν· μετὰ γὰρ ἐκείνας ἁπάσας τὰς ἀποδείξεις καὶ τὰς τῶν 25
ἀντιθέσεων λύσεις, τοὺς αὐτοὺς λόγους ἀνακυκλεῖς.

ΕΡΑΝ. Οὐκ ἐμαυτοῦ σοι λόγους, ἀλλ' εὐαγγελικοὺς προσφέρω.

ΟΡΘ. Ἐγὼ δὲ τῶν εὐαγγελικῶν τὴν ἑρμηνείαν οὐκ ἐκ προφητικῶν
σοι καὶ ἀποστολικῶν προσενήνοχα λόγων;

ΕΡΑΝ. Οὐκ ἀποχρῶσιν ἐκεῖναι τὸ ζητούμενον λῦσαι. 30

ΟΡΘ. Καὶ μὴν ἐδείξαμεν ὡς ἀόρατος ὢν ἐφανερώθη διὰ σαρκός.
Καὶ αὐτὴν δὲ τῆς σαρκὸς τὴν συγγένειαν παρὰ τῶν θείων ἀνδρῶν
ἐδιδάχθημεν. Σπέρματος γὰρ Ἀβραὰμ ἐπελάβετο. Καὶ ὁ δεσπότης

(5–6 Gen. 49:11)   14 Mt. 26:26 (and parallels)   15 Mt. 26:28 (and parallels)
15–17 Jn. 6:51   (23 Jn. 1:14a)   (31 1 Tim. 3:16)   (33 Heb. 2:16)

ISMJCVOR   7 συνεληλύθαμεν J   8 τίνος: τίνων J   ἐκείνην om. V   9 Χριστοῦ om. J
10 ἐδέξαντο ISV   11 τοῦ² om. S   19 ὥσπερ οὖν ἀληθῆ om. V   δήπουδεν S:
δήπου V   28 τῶν ante προφητικῶν add. J   29 σοι om. S   31 ἐφανερώθη: ἐφάνη S
33 ἐπιλαμβάνεται V^{mc}

θεὸς πρὸς τὸν πατριάρχην ἔφη· "'Εν τῷ σπέρματί σου εὐλογηθήσεται
πάντα τὰ ἔθνη τῆς γῆς." Καὶ ὁ ἀπόστολος· "Πρόδηλον γάρ, ὅτι ἐξ
'Ιούδα ἀνατέταλκεν ὁ κύριος." Καὶ ἑτέρας δὲ πολλὰς τοιαύτας
παρηγάγομεν μαρτυρίας. 'Επειδὴ δὲ καὶ ἑτέρων ἀκοῦσαι ποθεῖς,
ἄκουσον τοῦ ἀποστόλου λέγοντος· "Πᾶς γὰρ ἀρχιερεύς, ἐξ ἀνθρώπων 5
λαμβανόμενος, εἰς τὸ προσφέρειν δῶρα καὶ θυσίας καθίσταται."
Ὅθεν ἀναγκαῖον ἔχειν τι καὶ τοῦτον ὃ προσενέγκῃ.

ΕΡΑΝ. Δεῖξον τοίνυν ὅτι σῶμα λαβὼν προσήνεγκεν.

ΟΡΘ. Αὐτὸς ὁ θεῖος ἀπόστολος ἐν αὐτῷ γε τῷ χωρίῳ τοῦτο
διδάσκει σαφῶς. Μετ' ὀλίγα γὰρ οὕτω φησί· "Διὸ εἰσερχόμενος εἰς 10
τὸν κόσμον λέγει· θυσίαν καὶ προσφορὰν οὐκ ἠθέλησας, σῶμα δὲ
κατηρτίσω μοι." Οὐκ εἶπεν, εἰς σῶμά με μεταβέβληκας, ἀλλά,
"σῶμα κατηρτίσω μοι." Δηλοῖ δὲ τὴν ὑπὸ τοῦ πνεύματος τοῦ
σώματος γεγενημένην διάπλασιν, κατὰ τὴν τοῦ ἀγγέλου φωνήν·
"Μὴ φοβηθῇς, γάρ φησι, παραλαβεῖν Μαριὰμ τὴν γυναῖκά σου· τὸ 15
γὰρ ἐν αὐτῇ γεννηθὲν ἐκ πνεύματός ἐστιν ἁγίου."

ΕΡΑΝ. Σῶμα τοίνυν ἡ παρθένος μόνον ἐγέννησεν.

ΟΡΘ. Οὐδὲ αὐτήν, ὡς ἔοικε, κατενόησας τῶν συλλαβῶν τὴν
συνθήκην ἤπου γε τὴν διάνοιαν. Τὸν γὰρ τῆς συλλήψεως οὐ τὸν τῆς
γεννήσεως τρόπον διδάσκει τὸν 'Ιωσήφ. Οὐ γὰρ εἶπε, τὸ ἐξ αὐτῆς 20
γεννηθέν, τοῦτ' ἔστι ποιηθὲν ἢ διαπλασθέν, ἐκ πνεύματός ἐστιν
ἁγίου. 'Επειδὴ γὰρ ὁ 'Ιωσὴφ ἀγνοῶν τὸ μυστήριον μοιχείαν ὑπώπτευ-
σεν, ἐδιδάχθη σαφῶς τοῦ πνεύματος τὴν διάπλασιν. Ταῦτα διὰ τοῦ
προφήτου μηνύων εἴρηκε· "Σῶμα δὲ κατηρτίσω μοι." Πνευματικὸς
δέ γε ὢν ὁ θεῖος ἀπόστολος ἡρμήνευσε τὴν πρόρρησιν. Εἰ τοίνυν 25
ἴδιον ἱερέων τὸ δῶρα προσφέρειν, ἱερεὺς δὲ ὁ δεσπότης Χριστὸς κατὰ
τὸ ἀνθρώπινον ἐχρημάτισε, προσενήνοχε δὲ οὐκ ἄλλην τινὰ θυσίαν
ἀλλὰ τὸ σῶμα τὸ ἑαυτοῦ, σῶμα ἄρα εἶχεν ὁ δεσπότης Χριστός.

ΕΡΑΝ. Πολλάκις εἶπον, ὡς οὐδὲ ἐγὼ ἀσώματον φανῆναι τὸν θεὸν
λόγον φημί· οὐ μὴν δὲ αὐτὸν σῶμα ἀνειληφέναι, ἀλλὰ σάρκα γενέσθαι 30
λέγω.

1–2 Gen. 22:18   2–3 Heb. 7:14   5–6 Heb. 5:1   10–12, 13 Heb. 10:5
15–16 Mt. 1:20   24 Ps. 40:6 (LXX 39:7), Heb. 10:5   (24–8 Heb. 10:5)

ISMJCVOR   1 πατριάρχην: Ἀβραὰμ S   ἐνευλογηθήσονται S   4 μαρτυρίας
παρηγάγομεν S   5–6 ἐξ ἀνθρώπων λαμβανόμενος om. J   7 τοῦτον: τοιοῦτον S
8 προσενήνοχεν J   9 τοῦτο om. ISV   12 με om. ISV ἀλλά: ἀλλ' ἢ S   13 δὲ post
σῶμα add. S   14 ἀγγέλου: εὐαγγελίου IV   15 πρὸς τὸν 'Ιωσήφ post φησι add. S
21 τοῦτ' ––– διαπλασθέν om. J   διαπλασθέν: πλασθέν V   22 ἀλλὰ τὸ ποιηθὲν καὶ
διαπλασθέν post ἁγίου add. J   τὸ πρᾶγμα post μοιχείαν add. S   24 μηνύσας J
25 τὴν om. IVᵃᶜ   ἡρμήνευσε τὴν πρόρρησιν: τὴν προφητικὴν ἡρμήνευσε πρόρρησιν J
26 δεσπότης om. V   28 ἄρα σῶμα S   29 εἰπών V   30 δὲ: δὴ I

ΟΡΘ. Ὡς ὁρῶ, πρὸς τοὺς Βαλεντίνου καὶ Μαρκίωνος καὶ Μάνητος **60**
στασιώτας ἔχομεν τὸν ἀγῶνα. Μᾶλλον δὲ οὐδὲ ἐκεῖνοι τραπῆναι εἰς
σάρκα τὴν ἄτρεπτον φύσιν εἰπεῖν ἐτόλμησαν πώποτε.

ΕΡΑΝ. Τὸ λοιδορεῖν Χριστιανῶν ἀλλότριον.

ΟΡΘ. Οὐ λοιδοροῦμεν, ἀλλ᾽ ἀληθείας ὑπερμαχοῦμεν, καὶ λίαν 5
ἀσχάλλομεν, ὅτι τοῖς ἀναμφιλέκτοις ὡς ἀμφιβόλοις ζυγομαχεῖτε.
Ἐγὼ μέντοι τὸ ἀγεννές σου καὶ φιλόνεικον διαλῦσαι πειράσομαι.
Ἀπόκριναι τοίνυν, τῶν πρὸς τὸν Δαβὶδ παρὰ θεοῦ γεγενημένων
ὑποσχέσεων εἰ μέμνησαι;

ΕΡΑΝ. Ποίων; 10

ΟΡΘ. Ἃς ἐν τῷ ὀγδοηκοστῷ ὀγδόῳ ψαλμῷ συνήρμοσεν ὁ προφή-
της.

ΕΡΑΝ. Πολλὰς οἶδα πρὸς τὸν Δαβὶδ ἐπαγγελίας γεγενημένας·
ποίας οὖν ἐπὶ τοῦ παρόντος ἐπιζητεῖς;

ΟΡΘ. Τὰς περὶ τοῦ δεσπότου Χριστοῦ. 15

ΕΡΑΝ. Αὐτὸς ἀνάμνησον τῶν ῥητῶν· αὐτὸς γὰρ ὑπέσχου προ-
φέρειν τὰς ἀποδείξεις.

ΟΡΘ. Ἄκουσον τοίνυν εὐθὺς ἐν τῇ ἀρχῇ τοῦ ψαλμοῦ τοῦ προφήτου
τὸν θεὸν ἀνυμνοῦντος. Προφητικοῖς γὰρ προϊδὼν ὀφθαλμοῖς τὴν
ἐσομένην τοῦ λαοῦ παρανομίαν καὶ τὴν διὰ ταύτην γενησομένην 20
αἰχμαλωσίαν, τῶν ἀψευδῶν ὑποσχέσεων τὸν οἰκεῖον ἀνέμνησε
δεσπότην. Ἔφη δὲ οὕτως· "Τὰ ἐλέη σου, κύριε, εἰς τὸν αἰῶνα
ᾄσομαι, εἰς γενεὰν καὶ γενεὰν ἀπαγγελῶ τὴν ἀλήθειάν σου ἐν τῷ
στόματί μου, ὅτι εἶπας, εἰς τὸν αἰῶνα ἔλεος οἰκοδομηθήσεται· ἐν τοῖς
οὐρανοῖς ἑτοιμασθήσεται ἡ ἀλήθειά σου." Διὰ δὲ τούτων πάντων ὁ 25
προφήτης διδάσκει καὶ τὴν διὰ φιλανθρωπίαν παρὰ τοῦ θεοῦ γεγενη-
μένην ἐπαγγελίαν καὶ τῆς ἐπαγγελίας τὸ ἀψευδές. Εἶτα λέγει τίνα τε
καὶ τίσιν ὑπέσχετο, αὐτὸν φθεγγόμενον ἐπιδεικνὺς τὸν θεόν. "Διεθέ-
μην, γάρ φησι, διαθήκην τοῖς ἐκλεκτοῖς μου." Ἐκλεκτοὺς δὲ τοὺς
πατριάρχας ἐκάλεσεν. Ἔπειτα ἐπιφέρει· "Ὤμοσα Δαβὶδ τῷ δούλῳ 30
μου." Λέγει δὲ καὶ περὶ τίνος ὤμοσεν· "Ἕως τοῦ αἰῶνος ἑτοιμάσω
τὸ σπέρμα σου, καὶ οἰκοδομήσω εἰς γενεὰν καὶ γενεὰν τὸν θρόνον
σου." Εἰπὲ τοίνυν τίνα σπέρμα τοῦ Δαβὶδ ὑπολαμβάνεις κεκλῆσθαι;

(4 1 Cor. 6:10) 22–5 Ps. 89:1–2 (LXX 88:2–3) 28–9 Ps. 89:3a (LXX 88:4a)
30–1 Ps. 89:3b (LXX 88:4b) 31–3 Ps. 89:4 (LXX 88:5)

ISMJCVOR 2 συστασιώτας V οὐδὲ: οὔτε ISV 6 ἀμφιβόλοις: ἀμφιλέκτοις Vᵐᶜ
7 ἀγενές J 8 τοῦ ante θεοῦ add. J 9 εἰ om. J εἰ μέμνησαι ὑποσχέσεων S
13 παρὰ θεοῦ post ἐπαγγελίας add. S 20 γενομένην J 21 ἀνέμνησε: ἀνύμνησε V
22–5 εἰς — — — οὐρανοῖς: ἕως V 31 καὶ om. S 33 τὸ ante σπέρμα add. V

ΕΡΑΝ. Περὶ τοῦ Σολομῶντος ἡ ἐπαγγελία γεγένηται.

ΟΡΘ. Οὐκοῦν καὶ πρὸς τοὺς πατριάρχας περὶ τοῦ Σολομῶντος ἐποιήσατο τὰς συνθήκας. Πρὸ γὰρ τῶν περὶ τοῦ Δαβὶδ εἰρημένων, τῶν ὑποσχέσεων τῶν πρὸς ἐκείνους ἀνέμνησε. " Διεθέμην, γάρ φησι, διαθήκην τοῖς ἐκλεκτοῖς μου." Ὑπέσχετο δὲ τοῖς πατριάρχαις ἐν τῷ 5 σπέρματι αὐτῶν εὐλογήσειν πάντα τὰ ἔθνη. Δεῖξον τοίνυν εὐλογημένα διὰ Σολομῶντος τὰ ἔθνη.

ΕΡΑΝ. Ταύτην τοίνυν τὴν ἐπαγγελίαν, οὐ διὰ τοῦ Σολομῶντος, ἀλλὰ διὰ τοῦ σωτῆρος ἡμῶν πεπλήρωκεν ὁ θεός;

ΟΡΘ. Καὶ τοίνυν ταῖς πρὸς τὸν Δαβὶδ γεγενημέναις ἐπαγγελίαις 10 ὁ δεσπότης Χριστὸς τὸ πέρας ἐπέθηκεν.

ΕΡΑΝ. Ἐγὼ ταύτας ἡγοῦμαι τὰς ὑποσχέσεις ἢ περὶ τοῦ Σολομῶντος ἢ περὶ τοῦ Ζοροβάβελ τὸν θεὸν πεποιῆσθαι.

ΟΡΘ. Πρὸ βραχέος τοῖς Μαρκίωνος καὶ Βαλεντίνου καὶ Μάνητος ἐκέχρησο λόγοις· νῦν δὲ πρὸς τὴν ἐναντίαν ἐκ διαμέτρου συμμορίαν 15 μεταβέβηκας, καὶ τῇ τῶν Ἰουδαίων ἀναιδείᾳ συνηγορεῖς. Ἴδιον δὲ τοῦτο τῶν τῆς εὐθείας ἐκτρεπομένων ὁδοῦ· τῇδε γὰρ κἀκεῖσε περιπλανῶνται ἀτριβῆ πορείαν ὁδεύοντες.

ΕΡΑΝ. Τοὺς λοιδορίᾳ χρωμένους ὁ ἀπόστολος ἐξελαύνει τῆς βασιλείας. 20

ΟΡΘ. Ἐὰν μάτην λοιδορῶσιν. Ἐπεὶ καὶ αὐτὸς ὁ θεῖος ἀπόστολος εἰς καιρόν ἐστιν ὅτε κέχρηται τῷδε τῷ εἴδει, καὶ Γαλάτας μὲν ἀνοήτους ὀνομάζει, περὶ δὲ ἄλλων φησίν· "Ἄνθρωποι κατεφθαρμένοι τὸν νοῦν, ἀδόκιμοι περὶ τὴν πίστιν·" καὶ αὖ πάλιν περὶ ἑτέρων· "Ὧν ὁ θεὸς ἡ κοιλία καὶ ἡ δόξα ἐν τῇ αἰσχύνῃ αὐτῶν," καὶ τὰ ἑξῆς. 25

ΕΡΑΝ. Ἐγὼ τοίνυν ποίαν σοι παρέσχον ἀφορμὴν λοιδορίας;

ΟΡΘ. Τὸ τοῖς προδηλοτάτοις τῆς ἀληθείας ἐχθροῖς εὐθύμως συνηγορεῖν, ἢ οὐ δοκεῖ σοι πρόφασις εὐλογωτάτη τοῖς εὐσεβέσιν εἶναι πρὸς ἀγανάκτησιν αὕτη;

ΕΡΑΝ. Καὶ τίσιν ἐγὼ συνηγωνισάμην παραταττομένοις πρὸς τὴν 30 ἀλήθειαν;

ΟΡΘ. Νῦν Ἰουδαίοις.

ΕΡΑΝ. Πῶς καὶ τίνα τρόπον;

ΟΡΘ. Ἰουδαῖοι τῷ Σολομῶντι καὶ τῷ Ζοροβάβελ τὰς τοιαύτας

4–5 Ps. 89:3a (LXX 88:4a) (19–20 1 Cor. 6:10) (22–3 Gal. 3:1) 23–4 2 Tim. 3:8   24–5 Phil. 3:19

ISMJCVOR   4 τῶν ὑποσχέσεων om. J   8 τοίνυν om. ISJ   15 πρὸς om. J
22 τῷδε om. V   24 ὁ om. J   26 λοιδορίας ἀφορμήν ISV   27 εὐθύμως: ἐκθύμως J
30 συνηγωνισάμην: συνηγόρησα V   33 τίνι τρόπῳ V

προσαρμόττουσι προφητείας, ἵνα τὸ χριστιανικὸν ἀσύστατον ἀπο-
δείξωσι δόγμα. Ἀπόχρη δὲ καὶ αὐτὰ τὰ ῥήματα διελέγξαι αὐτῶν τὴν
παρανομίαν. "ʽΈως, γάρ φησι, τοῦ αἰῶνος ἑτοιμάσω τὸ σπέρμα σου."
Οὐ μόνον δὲ Σολομὼν καὶ Ζοροβάβελ, οἷς τὰς τοιαύτας προσαρ-
μόττουσι προφητείας, τὸν ὡρισμένον βιώσαντες χρόνον τοῦ βίου τὸ 5
τέρμα κατέλαβον, ἀλλὰ καὶ ἅπαν ἀπέσβη τοῦ Δαβὶδ τὸ γένος. Τίς
γὰρ ἐπίσταται σήμερον ἐκ τῆς Δαυϊτικῆς τινα καταγόμενον ῥίζης;

ΕΡΑΝ. Οἱ καλούμενοι οὖν τῶν Ἰουδαίων πατριάρχαι οὐκ ἐκ τῆς
Δαυϊτικῆς ὑπάρχουσι συγγενείας;

ΟΡΘ. Οὐδαμῶς.   10

ΕΡΑΝ. Ἀλλὰ πόθεν ὁρμῶνται;

ΟΡΘ. Ἐξ Ἡρώδου τοῦ ἀλλοφύλου, ὃς πατρόθεν μὲν Ἀσκαλωνίτης
ἐτύγχανεν ὤν, μητρόθεν δὲ Ἰδουμαῖος. Ἄλλως τε καὶ αὐτοὶ παντελῶς
κατελύθησαν, καὶ χρόνος συχνὸς διελήλυθεν, ἐξ οὗ καὶ ἡ τούτων
ἡγεμονία τὸ πέρας ἐδέξατο. Ὁ δὲ δεσπότης θεός, οὐ μόνον τὸ σπέρμα 15 **64**
τοῦ Δαβὶδ εἰς τὸν αἰῶνα τηρήσειν, ἀλλὰ καὶ τὴν βασιλείαν ἀκατάλυ-
τον φυλάξειν ὑπέσχετο. "Οἰκοδομήσω, γὰρ ἔφη, εἰς γενεὰν καὶ
γενεὰν τὸν θρόνον σου." Ὁρῶμεν δὲ αὐτοῦ καὶ τὸ γένος φροῦδον, καὶ
τὴν βασιλείαν δεξαμένην τὸ πέρας. Καὶ ταῦτα δὲ ὁρῶντες ἴσμεν τοῦ
θεοῦ τῶν ὅλων τὸ ἀψευδές.   20

ΕΡΑΝ. Δῆλον ὡς ἀψευδὴς ὁ θεός.

ΟΡΘ. Εἰ τοίνυν ἀληθὴς ὁ θεός, ὥσπερ οὖν ἀληθής, ὑπέσχετο δὲ τῷ
Δαβὶδ καὶ τὸ γένος εἰς τὸν αἰῶνα φυλάξειν καὶ τὴν βασιλείαν ἀδιά-
δοχον τηρήσειν, οὔτε δὲ τὸ γένος ὁρῶμεν οὔτε τὴν βασιλείαν (ἀμφό-
τερα γὰρ ἐπαύσατο), πῶς πείσομεν τοὺς ἀντιλέγοντας ὡς ἀψευδὴς ὁ 25
θεός;

ΕΡΑΝ. Ἀραρότως ἡ προφητεία τὸν δεσπότην κηρύττει Χριστόν.

ΟΡΘ. Ἐπεὶ τοίνυν συνωμολόγησας, δεῦρο δὴ καὶ τὰ μέσα τοῦ
ψαλμοῦ κοινῇ διασκοπήσωμεν· εἰσόμεθα γὰρ σαφέστερον τῆς προφη-
τείας τὸν νοῦν.   30

ΕΡΑΝ. Ἡγοῦ τῆς ἐρεύνης· ἕψομαι γὰρ ἰχνηλατήσων κἀγώ.

---

3 Ps. 89:4 (LXX 88:5)   17–18 Ps. 89:4 (LXX 88:5)   (22–4 Ps. 89:4 = LXX
88:5)

ISMJCVOR   1–2 ἐπιδείξωσι IJ   2 δόγμα: ζήτημα V   3 τὸ σπέρμα: τὸν θρόνον V
4 οἷς om. Vᵃᶜ   οἷς — — — προφητείας (5) om. ISJ   8 πατριάρχαι om. I   13 αὐτοὶ:
οὗτοι J   14 κατελύθησαν: ἠφανίσθησαν V   συχνὸς om. V   19 πάλαι ante δεξαμένην
add. J   19–20 τοῦ τῶν ὅλων θεοῦ S   22 καὶ ante τῷ add. S   23 καὶ τὸ γένος om. S
τὸν om. J   αὐτοῦ τὸ γένος post φυλάξειν add. S   24 οὔτε²: καὶ S   ὡσαύτως
ἔχουσαν post βασιλείαν add. S   27 Ἀραρότως: Ἄρα ὄντως Vᵖᶜ   28 Ἐπειδὴ J
28–9 τὰ τοῦ ψαλμοῦ μέσα S

ΟΡΘ. Πολλὰ περὶ τοῦδε τοῦ σπέρματος ὑποσχόμενος ὁ θεός, ὡς καὶ κατὰ θάλατταν καὶ κατὰ γῆν κρατήσει, καὶ τῶν ἐπὶ γῆς βασιλευόντων ὑπέρτερος ἔσται, καὶ πρωτότοκος τοῦ θεοῦ κληθήσεται, καὶ τὸν θεὸν σὺν παρρησίᾳ καλέσει πατέρα, καὶ ταῦτα προστέθεικεν· "Εἰς τὸν αἰῶνα φυλάξω αὐτῷ τὸ ἔλεός μου καὶ ἡ διαθήκη μου πιστὴ αὐτῷ· 5 καὶ θήσομαι εἰς τὸν αἰῶνα τοῦ αἰῶνος τὸ σπέρμα αὐτοῦ καὶ τὸν θρόνον αὐτοῦ ὡς τὰς ἡμέρας τοῦ οὐρανοῦ."

ΕΡΑΝ. Ὑπὲρ φύσιν ἀνθρωπείαν ἡ ἐπαγγελία. Τὸ ἀνώλεθρον γὰρ καὶ αἰώνιον ἔχει καὶ ἡ ζωὴ καὶ ἡ τιμή, οἱ δὲ ἄνθρωποι πρόσκαιροι. Ἥ τε γὰρ φύσις ὀλιγόβιος, καὶ ἡ βασιλεία κἂν τῇ ζωῇ πολλὰς ἔχει 10 καὶ ἀντιστρόφους μεταβολάς. Τοιγάρτοι μόνῳ προσήκει τῷ σωτῆρι Χριστῷ τῆς ἐπαγγελίας τὸ μέγεθος.

ΟΡΘ. Ἴθι τοιγαροῦν καὶ πρὸς τὰ λοιπά. Βεβαιοτέρα γάρ σοι πάντως ἡ περὶ τούτου δόξα γενήσεται. Λέγει γὰρ πάλιν ὁ τῶν ὅλων θεός· "Ἅπαξ ὤμοσα ἐν τῷ ἁγίῳ μου, εἰ τῷ Δαβὶδ ψεύσομαι. Τὸ 15 σπέρμα αὐτοῦ εἰς τὸν αἰῶνα μενεῖ, καὶ ὁ θρόνος αὐτοῦ ὡς ὁ ἥλιος ἐναντίον μου, καὶ ὡς ἡ σελήνη κατηρτισμένη εἰς τὸν αἰῶνα." Καὶ τὸ ἀληθὲς τῆς ἐπαγγελίας δεικνὺς ἐπήγαγε· "Καὶ ὁ μάρτυς ἐν οὐρανῷ πιστός."

ΕΡΑΝ. Χρὴ τοῖς παρὰ τοῦ πιστοῦ μάρτυρος ἐπηγγελμένοις ἀνεν- 20 δοιάστως πιστεύειν. Εἰ γὰρ ἀνθρώποις ἀληθεύειν ὑπειλημμένοις, κἂν μὴ βεβαιώσωσιν ὅρκῳ τοὺς λόγους, πιστεύειν εἰώθαμεν, τίς οὕτως ἐμβρόντητος ὡς ἀπιστῆσαι τῷ ποιητῇ τοῦ παντὸς ὅρκον ἐπιτιθέντι τοῖς λόγοις; Ὁ γὰρ τοῖς ἄλλοις ἀπαγορεύων ὀμνύναι, τὸ ἀμετάθετον τῆς βουλῆς αὐτοῦ, καθά φησι καὶ ὁ ἀπόστολος, ἐμεσίτευσεν ὅρκῳ, 25 "Ἵνα διὰ δύο πραγμάτων ἀμεταθέτων, ἐν οἷς ἀδύνατον ψεύσασθαι θεόν, ἰσχυρὰν παράκλησιν ἔχωμεν οἱ καταφυγόντες κρατῆσαι τῆς προκειμένης ἐλπίδος."

ΟΡΘ. Εἰ τοίνυν ἀναμφιλέκτως ἀληθὴς ἡ ὑπόσχεσις, οὐχ ὁρῶμεν δὲ παρὰ Ἰουδαίοις οὔτε τὸ γένος οὔτε τὴν βασιλείαν τοῦ προφήτου 30 Δαβίδ, πιστεύσωμεν ἀριδήλως τὸν κύριον ἡμῶν Ἰησοῦν Χριστὸν σπέρμα τοῦ Δαβὶδ κατὰ τὸ ἀνθρώπινον ὀνομάζεσθαι. Αὐτὸς γὰρ ἔχει καὶ τὴν ζωὴν καὶ τὴν βασιλείαν αἰώνιον.

(1–4 Ps. 89:19–27 = LXX 88:20–8)   4–7 Ps. 89:28–9 (LXX 88:29–30)   15–17 Ps. 89:35–37a (LXX 88:36–38a)   18–19 Ps. 89:37b (LXX 88:38b)   26–8 Heb. 6:18

ISMJCVOR   2 καὶ¹ om. J   3 ἐστι I   5 καὶ --- αὐτοῦ (7): ἕως V   8 ἀνθρωπίνην J   9 καὶ ἐπίκαιροι post πρόσκαιροι add. J   11 ἀντιστρόφους: ἀγχιστρόφους JVᵖᶜ   16–17 εἰς --- σελήνη: ἕως V   21 ὑπειλημμένοις: ἐπηγγελμένοις V   22 βεβαιῶσιν V   26 ἀμεταθέτων om. J   30 τοῦ προφήτου om. J   31 ἀριδήλως: ἀδηρίτως J

ΕΡΑΝ. Οὐκ ἐνδοιάζομεν, ἀλλ' οὕτω ταῦτ' ἔχειν ὁμολογοῦμεν.

ΟΡΘ. Ἀπόχρη μὲν οὖν καὶ ταῦτα δεῖξαι σαφῶς τοῦ θεοῦ καὶ σωτῆρος ἡμῶν ἣν ἀνείληφεν ἐκ σπέρματος Δαβὶδ ἀνθρωπότητα. Ἵνα δὲ τῇ τῶν πλειόνων μαρτυρίᾳ πᾶσαν διχόνοιαν ἐξελάσωμεν, ἀκούσω- μεν τοῦ θεοῦ διὰ τῆς τοῦ Ἡσαΐου τοῦ προφήτου φωνῆς τῶν πρὸς τὸν 5 Δαβὶδ ὑποσχέσεων μνημονεύοντος. "Διαθήσομαι, γάρ φησιν, ὑμῖν διαθήκην αἰώνιον." Καὶ δεικνὺς τὸν νομοθέτην ἐπήγαγε· "Τὰ ὅσια Δαβὶδ τὰ πιστά." Ἐπειδὴ γὰρ ταῦτα τῷ Δαβὶδ ὑπισχνούμενος ἔφη, "Καὶ ὁ μάρτυς ἐν οὐρανῷ πιστός," ἀναμιμνήσκων αὐτοὺς ταυτησὶ τῆς φωνῆς εἴρηκε, "Τὰ ὅσια Δαβὶδ τὰ πιστά," διδάσκων ὡς αὐτὸς 10 καὶ τῷ Δαβὶδ ὑπέσχετο, καὶ διὰ τοῦ Ἡσαΐου ἐφθέγξατο, καὶ περανεῖ τὴν ὑπόσχεσιν. Καὶ τὰ ἑξῆς δὲ τῆς προφητείας τούτοις ἐστὶ συνῳδά. Λέγει γάρ· "Ἰδοὺ μαρτύριον ἐν ἔθνεσι δέδωκα αὐτόν, ἄρχοντα καὶ προστάσσοντα ἐν ἔθνεσιν. Ἰδοὺ ἔθνη ἃ οὐκ οἴδασί σε ἐπικαλέσονταί σε, καὶ λαοὶ οἳ οὐκ ἐπίστανταί σε ἐπὶ σὲ καταφεύξονται." Ταῦτα δὲ 15 οὐδενὶ τῶν ἐκ Δαβὶδ ἁρμόττει. Τίς γὰρ τῶν ἐκ Δαβίδ, κατὰ τὸν Ἡσαΐαν, ἄρχων ἐθνῶν ἀνεδείχθη; Ποῖα δὲ ἔθνη τινὰ τῶν ἐκ Δαβὶδ οἷα δὴ θεὸν ἐπεκαλέσαντο προσευχόμενα;

ΕΡΑΝ. Περὶ τῶν ἐναργῶν οὐ προσήκει μηκύνειν· καὶ ταῦτα γὰρ ἀληθῶς τῷ δεσπότῃ προσῆκε Χριστῷ. 20

ΟΡΘ. Οὐκοῦν εἰς ἑτέραν μεταβῶμεν προφητικὴν μαρτυρίαν, καὶ τοῦ αὐτοῦ προφήτου λέγοντος ἐπακούσωμεν· "Ἐξελεύσεται ῥάβδος ἐκ τῆς ῥίζης Ἰεσσαί, καὶ ἄνθος ἐκ τῆς ῥίζης ἀναβήσεται."

ΕΡΑΝ. Ταύτην οἶμαι τὴν προφητείαν περὶ τοῦ Ζοροβάβελ γεγράφ- θαι. 25

ΟΡΘ. Ἐὰν καὶ τῶν ἑξῆς ἐπακούσῃς, οὐκ ἐμμενεῖς σου τῇ δόξῃ. Οὕτω γὰρ οὔτε Ἰουδαῖοι τήνδε τὴν πρόρρησιν νενοήκασιν. Ἐπάγει γὰρ ὁ προφήτης· "Καὶ ἐπαναπαύσεται ἐπ' αὐτὸν πνεῦμα θεοῦ, πνεῦμα σοφίας καὶ συνέσεως, πνεῦμα βουλῆς καὶ ἰσχύος, πνεῦμα γνώσεως καὶ εὐσεβείας, πνεῦμα φόβου θεοῦ ἐμπλήσει αὐτόν." Ταῦτα δὲ οὐκ ἄν 30 τις ἀνθρώπῳ ψιλῷ προσαρμόσειε· καὶ γὰρ τοῖς ἄγαν ἁγίοις κατὰ διαίρεσιν δίδοται τοῦ πνεύματος τὰ χαρίσματα. Καὶ μάρτυς ὁ θεῖος

6–7 Is. 55:3c   7–8 Is. 55:3d   (8, 11 Ps. 89:3b = LXX 88:4b)   9 Ps. 89:37b (LXX 88:38b)   10 Is. 55:3d   13–15 Is. 55:4–5   22–3 Is. 11:1   28–30 Is. 11:2–3a (31–2 1 Cor. 12:4)

ISMJCVOR   3 εἴληφεν J   5 Ἡσαΐου τοῦ προφήτου: προφήτου Ἡσαΐου J   τοῦ² om. IS   6 Διαθήσω V   διαθήκην post φησι (sic) add. S   ὑμῖν: ἡμῖν V   8–11 ὑπισχνούμενος ––– Δαβὶδ om. V   10 ὅσια: θεῖα J   11 περανεῖ: παρανεῖ IᵐSVᵃᶜ 12 ταύτης post προφητείας add. S   14 ἐν om. I   16–17 κατὰ τὸν Ἡσαΐαν: μετὰ τὴν τοῦ Ἡσαΐου προφητείαν J   23 ἐκ τῆς ῥίζης: ἐξ αὐτῆς S   24–5 γεγράφθαι: γεγενῆσθαι V

ἀπόστολος λέγων· "Ὧ μὲν γὰρ διὰ τοῦ πνεύματος δίδοται λόγος
σοφίας, ἄλλῳ δὲ λόγος γνώσεως κατὰ τὸ αὐτὸ πνεῦμα," καὶ τὰ ἑξῆς.
Ἐνταῦθα δὲ ὁ προφήτης τὸν ἐκ ῥίζης Ἰεσσαὶ βλαστήσαντα πάσας
εἴρηκεν ἔχειν τὰς ἐνεργείας τοῦ πνεύματος.

ΕΡΑΝ. Τούτοις ἀντιτείνειν μανία σαφής.   5

ΟΡΘ. Οὐκοῦν ἄκουσον καὶ τῶν ἑξῆς· ὄψει γὰρ αὐτῶν ἔνια καὶ τὴν
ἀνθρωπείαν ὑπερβαίνοντα φύσιν. Λέγει δὲ οὕτως· "Οὐ κατὰ τὴν
δόξαν κρινεῖ οὐδὲ κατὰ τὴν λαλιὰν ἐλέγξει, ἀλλὰ κρινεῖ ἐν δικαιοσύνῃ
ταπεινῷ κρίσιν καὶ ἐλέγξει ἐν εὐθύτητι τοὺς ἐνδόξους τῆς γῆς· καὶ
πατάξει τὴν γῆν τῷ λόγῳ τοῦ στόματος αὐτοῦ καὶ τῷ πνεύματι διὰ 10
χειλέων ἀνελεῖ τὸν ἀσεβῆ." Τούτων δὲ τῶν προρρήσεων τὰ μέν
ἐστιν ἀνθρώπεια, τὰ δὲ θεῖα· ἡ μὲν γὰρ δικαιοσύνη καὶ ἡ ἀλήθεια καὶ
τὸ εὐθές τε καὶ ἀκλινὲς ἐν τῷ κρίνειν δηλοῖ τὴν κατὰ τὸ ἀνθρώπινον
ἀρετήν· ἡ δὲ λόγῳ γινομένη τοῦ ἀσεβοῦς ἀναίρεσις καὶ τῆς γῆς ἐπὶ τὸ
κρεῖττον μετάθεσις τὸ παντοδύναμον αἰνίττεται τῆς θεότητος.   15

ΕΡΑΝ. Σαφέστερον διὰ τούτων ἐμάθομεν, ὡς τοῦ σωτῆρος
ἡμῶν Χριστοῦ τὴν παρουσίαν ὁ προφήτης ἐθέσπισεν.

ΟΡΘ. Ἐναργέστερόν σε διδάξει τὰ τούτων ἀκόλουθα τὴν τῆς
ἑρμηνείας ἀλήθειαν. Ἐπάγει γάρ· "Τότε συμβοσκηθήσεται λύκος
μετὰ ἀρνός, καὶ πάρδαλις συναναπαύσεται ἐρίφῳ, καὶ μοσχάριον καὶ 20
λέων καὶ ταῦρος ἅμα βοσκηθήσονται," καὶ τὰ ἑξῆς, δι' ὧν διδάσκει
καὶ τῶν ἠθῶν τὸ διάφορον καὶ τὸ τῆς πίστεως σύμφωνον. Καὶ μάρ-
τυρα τῆς προρρήσεως ἔχομεν τῶν πραγμάτων τὴν πεῖραν. Καὶ γὰρ
τοὺς πλούτῳ κομῶντας καὶ τοὺς πενίᾳ συζῶντας, οἰκέτας τε καὶ
δεσπότας, καὶ ἀρχομένους καὶ ἄρχοντας, καὶ στρατιώτας καὶ ἰδιώτας 25
καὶ τοὺς τὰ σκῆπτρα τῆς οἰκουμένης κατέχοντας, μία ὑποδέχεται
κολυμβήθρα, μία πᾶσι διδασκαλία προσφέρεται, μία πᾶσι μυστικὴ
προτίθεται τράπεζα καὶ τῶν πιστευόντων ἕκαστος ἴσης ἀπολαύει
μερίδος.

ΕΡΑΝ. Ἀλλὰ ταῦτα θεὸν τὸν προφητευόμενον δείκνυσιν.   30

ΟΡΘ. Οὐ θεὸν μόνον, ἀλλὰ καὶ ἄνθρωπον. Τούτου δὴ χάριν καὶ
εὐθὺς τῆσδε τῆς προφητείας ἀρξάμενος, ῥάβδον βλαστήσειν ἐκ τῆς
ῥίζης εἴρηκεν Ἰεσσαί· καὶ τὴν πρόρρησιν συμπεράνας ἀνέλαβε τὸ

1–2 1 Cor. 12:8   (3–4 Is. 11:1–3a)   7–11 Is. 11:3b–4   19–21 Is. 11:6   (32–3
Is. 11:1)

ISMJCVOR   1 γὰρ om. S   δίδοται διὰ τοῦ πνεύματος V   3 τῆς ante ῥίζης
add. J   βλαστήσοντα V^{pc}   13 ἀνθρώπειον S   14–15 ἡ — θεότητος om. V
14 ἡ post γῆς add. S   17 ὁ προφήτης om. S   20–1 ἀρνός — βοσκηθήσονται:
ἀρνοῦ V   21 συμβοσκηθήσονται S: βοσκηθήσεται J   25 καὶ¹ om. J   καὶ³ om. J
ἰδιώτας καὶ στρατιώτας J   27 προφέρεται I   πᾶσι μυστικὴ: μυστικὴ τοῖς πᾶσι S
28 παρατίθεται IS   31 καὶ² om. J

προοίμιον. "Εφη γάρ· "Καὶ ἔσται ἡ ῥίζα τοῦ Ἰεσσαὶ καὶ ὁ ἀνιστάμενος ἄρχειν ἐθνῶν, ἐπ' αὐτῷ ἔθνη ἐλπιοῦσι, καὶ ἔσται ἡ ἀνάπαυσις αὐτοῦ τιμή." Ἰεσσαὶ δὲ ὁ πατὴρ τοῦ Δαβίδ, πρὸς δὲ τὸν Δαβὶδ γέγονεν ἡ μεθ' ὅρκων ὑπόσχεσις. Οὐκ ἂν δὲ ῥάβδον βλαστήσασαν ἐξ Ἰεσσαὶ προσηγόρευσε τὸν δεσπότην Χριστόν, εἰ μόνον ᾔδει θεόν. Προείρηκε 5 δὲ ἡ πρόρρησις καὶ τὴν τῆς οἰκουμένης μεταβολήν. "'Ενεπλήσθη, γάρ φησιν, ἡ σύμπασα γῆ τοῦ γνῶναι τὸν κύριον ὡς ὕδωρ πολὺ κατακαλύψαι θαλάσσας."

ΕΡΑΝ. Τῶν μὲν προφητικῶν ἐπήκουσα θεσπισμάτων. Ἐβουλόμην δὲ γνῶναι σαφῶς, εἰ καὶ τῶν ἀποστόλων ὁ θεῖος χορὸς ἐκ 10 σπέρματος Δαβὶδ βεβλαστηκέναι κατὰ σάρκα ἔφη τὸν δεσπότην Χριστόν.

ΟΡΘ. Οὐδὲν ἐπήγγειλας δυσχερές, ἀλλὰ καὶ λίαν εὐπετές τε καὶ ῥάδιον. Ἄκουσον τοίνυν τοῦ πρώτου τῶν ἀποστόλων βοῶντος, ὅτι "Προφήτης ὢν ὁ Δαβὶδ καὶ εἰδώς, ὅτι ὅρκῳ ὤμοσεν αὐτῷ ὁ θεὸς ἐκ 15 καρποῦ τῆς ὀσφύος αὐτοῦ ἀναστήσειν τὸ κατὰ σάρκα τὸν Χριστὸν καθίσαι ἐπὶ τοῦ θρόνου αὐτοῦ, προϊδὼν ἐλάλησε περὶ τῆς ἀναστάσεως αὐτοῦ, ὅτι οὔτε ἐγκατελείφθη εἰς ᾅδου ἡ ψυχὴ αὐτοῦ οὔτε ἡ σὰρξ αὐτοῦ εἶδε διαφθοράν." Ἐκ τούτων διαγνῶναί σοι δυνατόν, ὅτι καὶ ἐκ σπέρματος Δαβὶδ κατὰ σάρκα βεβλάστηκεν ὁ δεσπότης Χριστός, καὶ 20 **69** οὐ σάρκα μόνην, ἀλλὰ καὶ ψυχὴν εἶχεν.

ΕΡΑΝ. Τίς ἕτερος ταῦτα τῶν ἀποστόλων ἐκήρυξεν;

ΟΡΘ. Ἤρκει μὲν καὶ μόνος ὁ μέγας Πέτρος τῇ ἀληθείᾳ συμμαρτυρῶν· καὶ γὰρ ὁ δεσπότης παρὰ τούτου μόνου τὴν τῆς εὐσεβείας ὁμολογίαν δεξάμενος, ἐβεβαίωσε ταύτην τῷ ἀοιδίμῳ μακαρισμῷ. 25 Ἐπειδὴ δὲ καὶ ἑτέρων τοῦτο κηρυττόντων ἀκοῦσαι ποθεῖς, ἄκουσον ἐν Ἀντιοχείᾳ τῆς Πισιδίας Παύλου καὶ Βαρνάβα δημηγορούντων. Οὗτοι γὰρ τοῦ Δαβὶδ μνημονεύσαντες ταῦτα ἐπήγαγον· "Τούτου ὁ θεὸς ἀπὸ τοῦ σπέρματος κατ' ἐπαγγελίαν ἤγειρε τῷ Ἰσραὴλ σωτῆρα Ἰησοῦν," καὶ τὰ ἑξῆς. Καὶ Τιμοθέῳ δὲ ἐπιστέλλων ὁ θεσπέσιος 30 Παῦλος καὶ ταῦτα τέθεικε· "Μνημόνευε Ἰησοῦν Χριστὸν ἐγηγερμένον ἐκ νεκρῶν ἐκ σπέρματος Δαβίδ, κατὰ τὸ εὐαγγέλιόν μου." Καὶ

1–3 Is. 11:10   6–8 Is. 11:9   15–19 Acts 2:30–1   (24–5 Mt. 16:16 ff.)
28–30 Acts 13:23   31–2 2 Tim. 2:8

ISMDJCVOR   3 ὁ om. ISJ   4 ἐκ τῆς ῥίζης ante βλαστήσασαν add. J   βλαστήσουσαν Vᵖᶜ   ἐξ om. ISVᵃᶜ: τοῦ J   7 φησιν om. S   κύριον: Χριστὸν J 11–12 τὸν δεσπότην ἔφη Χριστόν S   13 ἐπήγγειλας: ᾔτησας J   18 οὔτε¹: οὐκ J οὔτε²: οὐδὲ J: οὔθ' V   20 τὸ ante κατὰ add. S   21 μόνον V   24 παρὰ: παρ' S: περὶ V   τούτου om. ISᵃᶜJ: αὐτοῦ Sᵖᶜ   30 θεσπέσιος: μακάριος J   31 Μνημονεύειν J Ἰησοῦν om. J

Ῥωμαίοις γράφων εὐθὺς ἐν τῷ προοιμίῳ τῆς Δαυϊτικῆς ἐμνημόνευσε συγγενείας. Ἔφη δὲ οὕτως· "Παῦλος δοῦλος Ἰησοῦ Χριστοῦ, κλητὸς ἀπόστολος, ἀφωρισμένος εἰς εὐαγγέλιον θεοῦ, ὃ προεπηγγείλατο διὰ τῶν προφητῶν αὐτοῦ ἐν γραφαῖς ἁγίαις, περὶ τοῦ υἱοῦ αὐτοῦ τοῦ γενομένου ἐκ σπέρματος Δαβὶδ κατὰ σάρκα." 5

ΕΡΑΝ. Συχναὶ μὲν αἱ ἀποδείξεις καὶ ἀληθεῖς. Εἰπὲ δέ μοι, τί δήποτε τὰ ἑξῆς τῆς μαρτυρίας παρέλιπες;

ΟΡΘ. Ὅτι περὶ τῆς ἀνθρωπότητος, ἀλλ' οὐ περὶ τῆς θεότητος ἀμφιβάλλεις. Εἰ δέ γε περὶ τῆς θεότητος ἠμφισβήτεις, περὶ ταύτης ἄν σοι τὰς ἀποδείξεις προσήνεγκα. Πλὴν ἀρκεῖ τὸ φάναι "κατὰ 10 σάρκα" παραδηλῶσαι τὴν σεσιγημένην θεότητα. Κοινοῦ γὰρ ἀνθρώπου διδάσκων συγγένειαν, οὐ λέγω, τοῦ δεῖνος ὁ δεῖνα κατὰ σάρκα υἱός, ἀλλ' ἁπλῶς υἱός. Οὕτω καὶ ὁ θεῖος εὐαγγελιστὴς τὴν γενεαλογίαν συνέγραψεν· "Ἀβραάμ, γάρ φησιν, ἐγέννησε τὸν Ἰσαάκ," καὶ οὐ προστέθεικε κατὰ σάρκα, μόνον γὰρ ἄνθρωπος ὑπῆρχεν ὁ Ἰσαάκ. 15 Παραπλησίως δὲ καὶ τῶν ἄλλων ἐμνημόνευσεν· ἄνθρωποι γὰρ ἦσαν οὐδὲν ἔξω τῆς φύσεως ἔχοντες. Περὶ μέντοι τοῦ δεσπότου Χριστοῦ διαλεγόμενοι τῆς ἀληθείας οἱ κήρυκες, καὶ τοῖς ἀγνοοῦσιν ἐπιδεικνύντες τὴν κάτω συγγένειαν, τὸ κατὰ σάρκα συνάπτουσι, ταύτῃ σημαίνοντες τὴν θεότητα καὶ διδάσκοντες ὡς οὐκ ἄνθρωπος μόνον, ἀλλὰ καὶ 20 θεὸς προαιώνιος ὁ δεσπότης Χριστός.

ΕΡΑΝ. Πολλὰς μὲν καὶ ἀποστολικὰς καὶ προφητικὰς παρήγαγες μαρτυρίας· ἐγὼ δὲ τῷ εὐαγγελιστῇ πείθομαι λέγοντι, "Ὁ λόγος σὰρξ ἐγένετο."

ΟΡΘ. Κἀγὼ πείθομαι τῇ θείᾳ ταύτῃ διδασκαλίᾳ, νοῶ δὲ αὐτὴν 25 εὐσεβῶς, ὅτι σάρκα λαβὼν καὶ ψυχὴν λογικὴν λέγεται γεγενῆσθαι σάρξ. Εἰ δὲ μηδὲν ἐκ τῆς ἡμετέρας φύσεως ἔλαβεν ὁ θεὸς λόγος, οὐκ ἀληθεῖς μὲν αἱ πρὸς τοὺς πατριάρχας παρὰ τοῦ θεοῦ τῶν ὅλων μεθ' ὅρκων γεγενημέναι συνθῆκαι, ἀνόνητος δὲ τοῦ Ἰούδα ἡ εὐλογία, ψευδὴς δὲ ἡ πρὸς τὸν Δαβὶδ ἐπαγγελία, περιττὴ δὲ καὶ ἡ παρθένος, 30 οὐδὲν τῆς ἡμετέρας φύσεως τῷ σαρκωθέντι προσενεγκοῦσα θεῷ. Αἱ δὲ τῶν προφητῶν προρρήσεις τὸ πέρας οὐκ ἔχουσι. "Κενόν, οὖν, ἄρα τὸ κήρυγμα ἡμῶν, κενὴ δὲ καὶ ἡ πίστις ἡμῶν," ματαία δὲ καὶ τῆς ἀναστάσεως ἡ ἐλπίς. Ψεύδεται γάρ, ὡς ἔοικεν, ὁ ἀπόστολος λέγων·

2–5 Rom. 1:1–3   10–11 Rom. 1:3   14 Mt. 1:2   (19–20 Rom. 1:3)   23–4 Jn. 1:14a   (28–30 Gen. 49:8–12, Ps. 89:3b = LXX 88:4b)   32–3 1 Cor. 15:14

ISMDJCVOR   2–4 κλητὸς --- αὐτοῦ¹: ἕως V   4–5 ἁγίαις --- σάρκα: καὶ τὰ ἑξῆς V   14 ἔγραψεν V   15 προσέθηκε J   22 προσήγαγες J   25 αὐτὴν: ταύτην S   27 ἔλαβε φύσεως J   33 ἡμῶν² om. S   καὶ²: ἡ J   34 ἡ om. J

"Συνήγειρε καὶ συνεκάθισεν ἡμᾶς ἐν τοῖς ἐπουρανίοις ἐν Χριστῷ
Ἰησοῦ." Εἰ γὰρ μηδὲν τῆς ἡμετέρας φύσεως εἶχεν ὁ δεσπότης Χρισ-
τός, ψευδῶς μὲν ἡμῶν ἀπαρχὴ προσηγόρευται· σώματος δὲ φύσις ἐκ
νεκρῶν οὐκ ἐγήγερται, οὔτε μὴν ἐν οὐρανῷ τῆς ἐκ δεξιῶν καθέδρας
τετύχηκεν. Εἰ δὲ μηδὲν τούτων γεγένηται, πῶς ἡμᾶς ὁ θεὸς συνή- 5
γειρέ τε καὶ συνεκάθισε τῷ Χριστῷ, τοὺς μηδὲν αὐτῷ κατὰ φύσιν
προσήκοντας; Ἀλλὰ δυσσεβὲς τὸ ταῦτα λέγειν. Ὁ γὰρ θεῖος ἀπό-
στολος, μηδέπω μηδὲ τῆς κοινῆς ἀναστάσεως γενομένης, μήτε τῆς
τῶν οὐρανῶν βασιλείας τοῖς πεπιστευκόσι παρασχεθείσης, βοᾷ·
"Συνήγειρε καὶ συνεκάθισεν ἡμᾶς ἐν τοῖς ἐπουρανίοις ἐν Χριστῷ 10
Ἰησοῦ," διδάσκων ὡς τῆς ἀπαρχῆς ἡμῶν ἀναστάσης καὶ τὴν ἐκ
δεξιῶν δεξαμένης καθέδραν, τευξόμεθα καὶ ἡμεῖς πάντως τῆς ἀνα-
στάσεως, καὶ τῇ ἀπαρχῇ κοινωνοῦσι τῆς δόξης οἱ κοινωνοῦντες τῆς
φύσεως καὶ μετειληφότες τῆς πίστεως.

ΕΡΑΝ. Καὶ πολλοὺς καὶ ἀληθεῖς διεξελήλυθας λόγους· ἀλλ' 15
ἐβουλόμην γνῶναι τοῦ εὐαγγελικοῦ ῥητοῦ τὴν διάνοιαν.

ΟΡΘ. Οὐ δεῖ σοι ξένης ἑρμηνείας· αὐτὸς γὰρ ὁ εὐαγγελιστὴς
ἑαυτὸν ἑρμηνεύει. Εἰπὼν γάρ, "Ὁ λόγος σὰρξ ἐγένετο," ἐπήγαγε,
"Καὶ ἐσκήνωσεν ἐν ἡμῖν," τοῦτ' ἔστιν, ἐν ἡμῖν σκηνώσας καὶ οἷόν
τινι ναῷ χρησάμενος τῇ ἐξ ἡμῶν ληφθείσῃ σαρκὶ λέγεται γεγενῆσθαι 20
σάρξ. Καὶ διδάσκων ὡς ἀναλλοίωτος ἔμεινεν ἐπήγαγε· "Καὶ ἐθεασά-
μεθα τὴν δόξαν αὐτοῦ, δόξαν ὡς μονογενοῦς παρὰ πατρός, πλήρης
χάριτος καὶ ἀληθείας." Καὶ σάρκα γὰρ περιβεβλημένος ἐδείκνυ τὴν
πατρῴαν εὐγένειαν, καὶ τῆς θεότητος τὰς ἀκτῖνας ἐξέπεμπε, καὶ τῆς
δεσποτικῆς ἐξουσίας ἠφίει τὴν αἴγλην, ταῖς θαυματουργίαις ἀπο- 25
καλύπτων τὴν λανθάνουσαν φύσιν. Τούτοις ἔοικεν ἃ Φιλιππησίοις
ἔγραψεν ὁ θεῖος ἀπόστολος· "Τοῦτο φρονείσθω ἐν ὑμῖν, ὃ καὶ ἐν
Χριστῷ Ἰησοῦ, ὃς ἐν μορφῇ θεοῦ ὑπάρχων οὐχ ἁρπαγμὸν ἡγήσατο τὸ
εἶναι ἴσα θεῷ, ἀλλ' ἑαυτὸν ἐκένωσε μορφὴν δούλου λαβών, ἐν ὁμοιώ-
ματι ἀνθρώπων γενόμενος καὶ σχήματι εὑρεθεὶς ὡς ἄνθρωπος ἐτα- 30
πείνωσεν ἑαυτὸν γενόμενος ὑπήκοος μέχρι θανάτου, θανάτου δὲ
σταυροῦ." Βλέπε τὴν τῶν κηρυγμάτων συγγένειαν. Ὁ εὐαγγελιστὴς

1–2, 10–11 Eph. 2:6   (3, 11–14 1 Cor. 15:20)   (5–6 Eph. 2:6)   18 Jn. 1:14a
19 Jn. 1:14b   21–3 Jn. 1:14cd   27–32 Phil. 2:5–8

ISMDJCVOR   3 ἦ ante φύσις add. J   5 γεγένηται: τετύχηκε V   ὁ θεὸς om. J
6 τῷ: ἐν S   7 τὸ om. S   8 μηδὲ om. S: μήτε J   11–12 ἡμῶν ——— καθέδραν: τῆς
ἡμῶν ἀναστάσεως καὶ τῆς ἐκ δεξιῶν γενομένης καθέδρας V   ἀναστάσης: ἀνάστασιν J
13 καὶ om. I   οἱ κοινωνοῦντες: ὡς κοινωνήσομεν J   17–18 ἑαυτὸν ὁ εὐαγγελιστὴς J
23 γὰρ om. IVᵃᶜ   25 ἐξουσίας: οὐσίας J   26 ἔοικεν: συνᾴδει καὶ J   28–31 οὐχ
——— θανάτου¹: ἕως V

εἶπεν, "Ὁ λόγος σὰρξ ἐγένετο," ὁ ἀπόστολος ἔφη, "Ἐν ὁμοιώματι
ἀνθρώπων γενόμενος·" ὁ εὐαγγελιστὴς εἴρηκε, "Καὶ ἐσκήνωσεν ἐν
ἡμῖν," ὁ ἀπόστολος, "Μορφὴν δούλου λαβών." Ὁ εὐαγγελιστὴς
πάλιν ἔφη, "Ἐθεασάμεθα τὴν δόξαν αὐτοῦ, δόξαν ὡς μονογενοῦς
παρὰ πατρός," ὁ ἀπόστολος, "Ὃς ἐν μορφῇ θεοῦ ὑπάρχων, οὐχ 5
ἁρπαγμὸν ἡγήσατο τὸ εἶναι ἴσα θεῷ." Καί, συλλήβδην εἰπεῖν,
ἀμφότεροι διδάσκουσιν ὅτι θεὸς ὢν καὶ θεοῦ υἱός, καὶ τὴν τοῦ πατρὸς
περικείμενος δόξαν, καὶ τὴν αὐτὴν ἔχων καὶ φύσιν καὶ δύναμιν τῷ
γεννήσαντι, ὁ ἐν ἀρχῇ ὢν καὶ πρὸς τὸν θεὸν ὢν καὶ θεὸς ὤν, καὶ τὴν
κτίσιν δημιουργήσας, μορφὴν ἔλαβε δούλου. Καὶ ἐδόκει μὲν τοῦτο 10
μόνον εἶναι ὃ ἑωρᾶτο· ἦν δὲ θεὸς ἀνθρωπείαν περικείμενος φύσιν καὶ
τὴν τῶν ἀνθρώπων πραγματευόμενος σωτηρίαν. Τοῦτο δηλοῖ τό,
"Ὁ λόγος σὰρξ ἐγένετο," καὶ τό, "Ἐν ὁμοιώματι ἀνθρώπων γενό-
μενος καὶ σχήματι εὑρεθεὶς ὡς ἄνθρωπος." Τοῦτο γὰρ μόνον ἔβλεπον
οἱ Ἰουδαῖοι, διὸ καὶ πρὸς αὐτὸν ἔλεγον· "Περὶ καλοῦ ἔργου οὐ 15
λιθάζομέν σε, ἀλλὰ περὶ βλασφημίας, ὅτι ἄνθρωπος ὢν ποιεῖς σεαυ-
τὸν θεόν·" καὶ πάλιν· "Οὗτος ὁ ἄνθρωπος οὐκ ἔστιν ἀπὸ θεοῦ, ὅτι τὸ
σάββατον οὐ τηρεῖ."

ΕΡΑΝ. Ἰουδαῖοι διὰ τὴν σφετέραν ἐτύφλωττον ἀπιστίαν, καὶ
τούτου χάριν τούτοις ἐχρῶντο τοῖς λόγοις. 20

ΟΡΘ. Εἰ δὲ καὶ τοὺς ἀποστόλους εὕροις πρὸ τῆς ἀναστάσεως ταῦτα
λέγοντας, δέχῃ τὴν ἑρμηνείαν;

ΕΡΑΝ. Ἴσως δέξομαι.

ΟΡΘ. Ἄκουσον τοίνυν αὐτῶν ἐν τῷ πλοίῳ μετὰ τὴν μεγίστην τῆς
γαλήνης θαυματουργίαν λεγόντων· "Ποταπός ἐστιν ὁ ἄνθρωπος 25
οὗτος, ὅτι καὶ ἡ θάλασσα καὶ οἱ ἄνεμοι ὑπακούουσιν αὐτῷ;"

ΕΡΑΝ. Τοῦτο μὲν ἀποδέδεικται· ἐκεῖνο δέ μοι εἰπέ· τί δήποτε ὁ
θεῖος ἀπόστολος ἐν ὁμοιώματι αὐτὸν ἀνθρώπου γεγενῆσθαι λέγει;

ΟΡΘ. Τὸ ληφθὲν οὐχ ὁμοίωμα ἀνθρώπου, ἀλλὰ φύσις ἀνθρώπου·
μορφὴ γὰρ δούλου. Καθάπερ δὲ ἡ μορφὴ τοῦ θεοῦ φύσις νοεῖται θεοῦ, 30
οὕτως ἡ μορφὴ τοῦ δούλου φύσις νοεῖται δούλου. Αὐτὸς μέντοι ὁ

1 Jn. 1:14a 1–2 Phil. 2:7 2–3 Jn. 1:14b 3 Phil. 2:7 4–5 Jn. 1:14c
5–6 Phil. 2:6 (9–10 Jn. 1:1) (10 Phil. 2:7) 13 Jn. 1:14a 13–14 Phil. 2:7
15–17 Jn. 10:33 17–18 Jn. 9:16 25–6 Mt. 8:27 (27–8 Phil. 2:7) (29–31—p. 91.
1–2 Phil. 2:7)

ISMDJCVOR 1–2 δ² ––– εἴρηκε om. V 7 τοῦ ante θεοῦ add. J 8 καί² om. V
9 γεννήσαντι: γεννήτορι Vᵐᶜ 13 τό om. I ἀνθρώπου IS 16 σεαυτὸν: ἑαυτὸν J
17 ἀπό: ἐκ τοῦ I 20 λόγοις: ῥήμασιν S 23 In toto om. V 24 Ἀκούω V
24–6 Ἀκούω ––– αὐτῷ ΕΡΑΝ. attrib. Vᵃᶜ 24 μεγίστην om. S 26 οὗτος om. IS:
ante ὁ (25) transp. J 27 τί δήποτε om. V 28 ἀνθρώπου αὐτὸν J 30 δὲ: καὶ V
31 οὕτως ––– δούλου² om. ISV

ταύτην λαβὼν ἐν ὁμοιώματι ἀνθρώπου ἐγένετο, καὶ ἐν σχήματι
εὑρέθη ὡς ἄνθρωπος. Θεὸς γὰρ ὢν ἐδόκει ἄνθρωπος εἶναι δι᾽ ἣν
ἀνείληφε φύσιν. Ὁ μέντοι εὐαγγελιστὴς τὸ ἐν ὁμοιώματι ἀνθρώπου
γενέσθαι σάρκα ἔφη γενέσθαι. Ἵνα δὲ γνῷς ὅτι τοῦ ἐναντίου πνεύ-
ματός εἰσι μαθηταὶ οἱ τὴν σάρκα τοῦ σωτῆρος ἡμῶν ἀρνούμενοι, 5
ἄκουσον τοῦ μεγάλου Ἰωάννου ἐν τῇ καθολικῇ λέγοντος· "Πᾶν
πνεῦμα ὃ ὁμολογεῖ Ἰησοῦν Χριστὸν ἐν σαρκὶ ἐληλυθέναι ἐκ τοῦ θεοῦ
ἐστι· καὶ πᾶν πνεῦμα ὃ μὴ ὁμολογεῖ τὸν Ἰησοῦν ἐν σαρκὶ ἐληλυθέναι
ἐκ τοῦ θεοῦ οὐκ ἔστι, καὶ τοῦτό ἐστι τὸ τοῦ Ἀντιχρίστου."

ΕΡΑΝ. Πιθανῶς μὲν ἡρμήνευσας. Ἐγὼ δὲ μαθεῖν ἐβουλόμην, ὅπως 10
οἱ παλαιοὶ τῆς ἐκκλησίας διδάσκαλοι τό, "Ὁ λόγος σὰρξ ἐγένετο,"
νενοήκασιν.

ΟΡΘ. Ἔδει μέν σε πεισθῆναι ταῖς ἀποστολικαῖς καὶ προφητικαῖς
ἀποδείξεσιν. Ἐπειδὴ δὲ καὶ τὰς τῶν ἁγίων πατέρων ἑρμηνείας ἐπιζη-
τεῖς, ἐγώ σοι καὶ ταύτην, σὺν θεῷ φάναι, προσοίσω τὴν θεραπείαν. 15

ΕΡΑΝ. Μή μοι παραγάγῃς ἄνδρας ἀσήμους ἢ ἀμφιβόλους· τῶν
γὰρ τοιούτων τὴν ἑρμηνείαν οὐ δέξομαι.

ΟΡΘ. Ἀξιόχρεως εἶναί σοι δοκεῖ Ἀθανάσιος ἐκεῖνος ὁ πολυθρύλλη- **76**
τος, ὁ φανότατος τῆς Ἀλεξανδρέων ἐκκλησίας φωστήρ;

ΕΡΑΝ. Πάνυγε· τοῖς γὰρ ὑπὲρ τῆς ἀληθείας παθήμασι τὴν διδα- 20
σκαλίαν ἐκύρωσεν.

ΟΡΘ. Ἄκουσον τοίνυν αὐτοῦ πρὸς Ἐπίκτητον γεγραφότος· λέγει
δὲ οὕτως·

1   Τὸ γὰρ παρὰ τῷ Ἰωάννῃ λεγόμενον, "Ὁ λόγος σὰρξ ἐγένετο,"
ταύτην ἔχει τὴν διάνοιαν, καθὼς καὶ ἐκ τοῦ ὁμοίου τοῦτο δυνατὸν 25
εὑρεῖν. Γέγραπται γὰρ παρὰ τῷ Παύλῳ· "Χριστὸς ὑπὲρ ἡμῶν
γέγονε κατάρα." Ὥσπερ οὐχ ὅτι αὐτὸς γέγονε κατάρα, ἀλλ᾽ ὅτι
τὴν ὑπὲρ ἡμῶν ἐδέξατο κατάραν, εἴρηται γεγονέναι, οὕτως οὐχ
ὅτι τραπεὶς εἰς σάρκα, ἀλλ᾽ ὅτι σάρκα ὑπὲρ ἡμῶν ἀνέλαβε, λέγε-
ται σὰρξ γεγονέναι. 30

ΟΡΘ. Ταῦτα μὲν ὁ θειότατος Ἀθανάσιος. Γρηγόριος δέ, ᾧ κλέος
παρὰ πᾶσι πολύ, ὁ πάλαι μὲν τὴν βασιλεύουσαν πόλιν τὴν ἐπὶ τῷ
στόματι τοῦ Βοσπόρου κειμένην ἰθύνας, ὕστερον δὲ τὴν Ναζιανζὸν

(3–4 Jn. 1:14a) 6–9 1 Jn. 4:2–3 11 Jn. 1:14a 24 Jn. 1:14a 26–7 Gal. 3:13

ISMDJCVOR 5 ἡμῶν om. S 6 μεγάλου: ἁγίου I λέγοντος ante ἐν transp. J
8 τὸν om. J 9 οὐκ ἔστι ἐκ τοῦ θεοῦ J 10 Πιθανῶς: Ἀπιθανῶς I 17 παραδέξομαι S
19 τῶν post τῆς add. V 22 Ἄκουε V γράφοντος J 25 διάνοιαν: ἔννοιαν J
τούτῳ V ἔστιν post δυνατόν add. S 27 Ἀλλ᾽ ante ὥσπερ add. ISJ κατάρα γέγονε J
31 ᾧ: οὗ J 32 πολὺ παρὰ πᾶσιν S 33 τὴν: εἰς J

οἰκήσας, κατὰ τῆς Ἀπολιναρίου τερθρείας ὧδε πρὸς Κληδόνιον
ἔγραψεν.

ΕΡΑΝ. Περιφανὴς ὁ ἀνήρ, καὶ πρόμαχος τῆς εὐσεβείας γεγένηται.

ΟΡΘ. Ἄκουσον τοίνυν αὐτοῦ λέγοντος·

2   Τὸ οὖν, "Ὁ λόγος σὰρξ ἐγένετο," ἴσον δοκεῖ μοι δύνασθαι τῷ   5
καὶ ἁμαρτίαν αὐτὸν γεγονέναι λέγεσθαι καὶ κατάραν, οὐκ εἰς
ταῦτα τοῦ κυρίου μεταποιηθέντος (πῶς γάρ;), ἀλλ' ὡς διὰ τοῦ
ταῦτα δέξασθαι τὰς ἀνομίας ἡμῶν ἀναλαβόντος καὶ τὰς νόσους
βαστάσαντος.

ΕΡΑΝ. Σύμφωνος ἀμφοτέρων ἡ ἑρμηνεία.   10

ΟΡΘ. Ἐπειδή σοι τοὺς τὰ νότια καὶ βόρεια ποιμάναντας συμφω-
νοῦντας ἐδείξαμεν, δεῦρο δή σε καὶ πρὸς τοὺς ἀοιδίμους τῆς ἑσπερίας
ξεναγήσωμεν διδασκάλους, οἳ γλώττῃ μὲν ἑτέρᾳ, διανοίᾳ δὲ οὐχ
ἑτέρᾳ τὴν ἑρμηνείαν συνέγραψαν.

ΕΡΑΝ. Ἀμβρόσιον ἀκούω τὸν τῆς Μεδιολάνων τὸν ἀρχιερατικὸν   15
διακοσμήσαντα θρόνον ἠριστευκέναι μὲν κατὰ πάσης αἱρέσεως,
συγγεγραφέναι δὲ κάλλιστα καὶ τῇ τῶν ἀποστόλων διδασκαλίᾳ
συμβαίνοντα.

ΟΡΘ. Αὐτοῦ σοι τὴν ἑρμηνείαν προσοίσω. Λέγει δὲ ταῦτα ἐν τῷ
περὶ πίστεως λόγῳ·   20

3   Ἀλλά, φασί, γέγραπται ὅτι "Ὁ λόγος σὰρξ ἐγένετο." Τὸ γραφὲν
οὐκ ἀρνοῦμαι. Ἀλλὰ θεάσασθε τὸ λεγόμενον. Ἕπεται γάρ· "Καὶ
ἐσκήνωσεν ἐν ἡμῖν," τοῦτ' ἔστιν, ἐκεῖνος ὁ λόγος ὁ τὴν σάρκα
λαβὼν οὗτος ἐσκήνωσεν ἐν ἡμῖν, τοῦτ' ἔστιν, ἐν σαρκὶ ἐσκήνωσεν
ἀνθρωπείᾳ. Θαυμάζεις οὖν ἐφ' οἷς γέγραπται, "Ὁ λόγος σὰρξ   25
ἐγένετο," τῆς σαρκὸς ἀναληφθείσης παρὰ τοῦ θεοῦ λόγου, ὁπότε
καὶ περὶ ἁμαρτίας, ἣν μὴ ἔσχεν, εἴρηται ὅτι γενόμενος ἁμαρτία.
Τοῦτ' ἔστιν, οὐ φύσις καὶ ἐνέργεια ἁμαρτίας ἐγένετο, ἀλλ' ἵνα
τὴν ἡμετέραν ἁμαρτίαν ἐν τῇ ἰδίᾳ σταυρώσῃ σαρκί. Ἀπόσχωνται

2 Gelasius 37   3 Gelasius 39

5 Jn. 1:14a   (5–6 2 Cor. 5:21; Gal. 3:13)   (7–9 Is. 53:4)   21 Jn. 1:14a
22–3 Jn. 1:14b   25–6 Jn. 1:14a   (27 2 Cor. 5:21)

ISMDJCVOR   1 οἰκήσας: ἐπανελθών J   3 Πρόμαχος ante περιφανὴς transp. J
καὶ om. J   4 Ἄκουε V   5 μοι δοκεῖ V   δύνασθαι: γίνεσθαι V   6–8 οὐκ ---
ἀναλαβόντος: ἕως V   7–8 ἀλλ' --- δέξασθαι: ἀλλὰ λεγομένου ταῦτα γενέσθαι ὡς J
8 ἡμῶν post νόσους add. S^poV   12 ἑσπέρας J   15 Μεδιολάνου ISV   16 μὲν om. S
21 Ἀλλά --- ἐγένετο ΕΡΑΝ. attrib. V^mc   φησί ISV   Τὸ --- ἑρμηνεύοντος
(93.15) ΟΡΘ. attrib. V^mc   23–4 ἐκεῖνος --- ἔστιν om. V   25–6 ἐγένετο σάρξ IS
29 ἐν τῇ ἰδίᾳ om. V

οὖν λέγειν τὴν τοῦ λόγου φύσιν μετημεῖφθαι. Ἄλλος γάρ ἐστιν ὁ
ἀναλαβών, καὶ ἄλλο τὸ ἀναληφθέν.

ΕΡΑΝ. Μετὰ τούτους προσήκει τῶν πρὸς ἥλιον ἀνίσχοντα διδα-
σκάλων ἀκοῦσαι· τοῦτο γὰρ ἡμῖν μόνον τῆς οἰκουμένης ὑπολέλειπται
τμῆμα. 5

ΟΡΘ. Ἔδει μὲν τούτους πρώτους μαρτυρῆσαι τῇ ἀληθείᾳ· πρῶτοι
γὰρ τῶν ἀποστολικῶν ἐπήκουσαν κηρυγμάτων. Ἐπειδὴ δὲ κατὰ τῶν
πρωτοτόκων τῆς εὐσεβείας παίδων τὰς ὑμετέρας ἠκονήσατε γλώσσας,
τῇ τοῦ ψεύδους αὐτὰς παραθήξαντες θηγάνῃ, τὴν ἐσχάτην αὐτοῖς
ἀπενείμαμεν χώραν, ἵνα τῶν ἄλλων ἐπακούσαντες πρῶτον, εἶτα τοῖς 10
ἐκείνων παραθέντες τὰ τούτων, θαυμάσητε μὲν τὴν συμφωνίαν,
παύσησθε δὲ τῆς γλωσσαλγίας. Ἀκούσατε τοίνυν Φλαβιανοῦ, ὃς τῆς
Ἀντιοχέων ἐκκλησίας ἐπὶ πλεῖστον σοφῶς ἐκίνησε τὰ πηδάλια, καὶ
τοῦ ἀρειανικοῦ κλύδωνος κρείττους ἀπέφηνεν ἃς ἐκυβέρνησεν ἐκκλη-
σίας, τὸ εὐαγγελικὸν ῥητὸν ἑρμηνεύοντος. 15

4 "'Ὁ λόγος, φησί, σὰρξ ἐγένετο, καὶ ἐσκήνωσεν ἐν ἡμῖν.' Οὐκ
εἰς σάρκα μεταβέβληται, οὐδὲ ἀπέστη τοῦ εἶναι θεός, ἀλλ' ἐκεῖνο
μὲν ἦν ἀϊδίως, τοῦτο δὲ γέγονεν οἰκονομικῶς, αὐτὸς οἰκοδομήσας
τὸν ἑαυτοῦ ναόν, καὶ ἐνοικήσας τῷ παθητῷ γεννήματι.

ΟΡΘ. Εἰ δὲ καὶ τῶν παλαιῶν Παλαιστινῶν ἀκοῦσαι ποθεῖς, 20
ὑπόσχες Γελασίῳ τῷ θαυμασίῳ τὰς ἀκοάς, ὃς τὴν Καισαρέων ἐπι-
μελῶς ἐγεώργησε. Λέγει δὲ καὶ ταῦτα εἰς τὴν τῆς δεσποτικῆς ἐπι-
φανείας πανήγυριν·

5 Μάθε τὴν ἀλήθειαν παρὰ Ἰωάννου τοῦ ἁλιέως λέγοντος, "Καὶ ὁ
λόγος σὰρξ ἐγένετο," οὐκ αὐτὸς μεταβληθείς, ἀλλ' ἐν ἡμῖν 25
σκηνώσας. Ἕτερον σκηνή, καὶ ἕτερον ὁ λόγος· ἕτερον ὁ ναός, καὶ
ἕτερον ὁ ἐνοικῶν ἐν αὐτῷ θεός.

ΕΡΑΝ. Θαυμάζω λίαν τὴν συμφωνίαν.

ΟΡΘ. Ἰωάννην δὲ τὸν μέγαν τῆς οἰκουμένης λαμπτῆρα, ὃς πρῶ-
τον μὲν τὴν Ἀντιοχέων φιλοτίμως ἤρδευσεν ἐκκλησίαν, εἶτα τὴν 30
βασιλεύουσαν σοφῶς ἐγεώργησεν, οὐχ ἡγῇ τὸν ἀποστολικὸν τῆς
πίστεως τετηρηκέναι κανόνα;

16 Jn. 1:14ab   24–5 Jn. 1:14a

ISMDJCVOR   1 μετημεῖφθαι: ἡμεῖφθαι μετειληφθαι ISV   2 ἀναληφθέν:
μεταληφθέν J   3–5 Μετὰ — — — τμῆμα ΟΡΘ. attrib. ISV   6 Καὶ ante ἔδει add. ISV
7 μετέσχον ante τῶν¹ add. Vᵐ   ἐπήκουσαν om. V   8 ἠκονήσατε γλώσσας: ἐκινήσατε
γλώττας J   13 ἐκίνησε: ἴθυνε J   16 γὰρ ante φησι add. S   18 οἰκονομικῶς
γέγονεν S   19 παθητῷ: πάθει τῷ V   26 καὶ ante ἕτερον³ add. S   27 οἰκῶν J
ἐν om. V   30 φιλοτίμως ante τὴν¹ transp. S   31 σοφῶς: σαφῶς S   32 ἀκλινῆ
ante τετηρηκέναι add. J

ΕΡΑΝ. Πάνυγε ἀξιάγαστον τοῦτον ὑπείληφα τὸν διδάσκαλον.

ΟΡΘ. Οὗτος ὁ πάντα ἄριστος τόδε τὸ εὐαγγελικὸν ἑρμηνεύων χωρίον ὧδέ φησιν·

6   Ὥστε ὅταν ἀκούσῃς, "Ὁ λόγος σὰρξ ἐγένετο," μὴ θορυβηθῇς, μηδὲ καταπέσῃς. Οὐ γὰρ ἡ οὐσία μετέπεσεν εἰς σάρκα· τοῦτο γὰρ 5 τῆς ἐσχάτης ἀσεβείας ἐστίν· ἀλλὰ μένουσα ὅπερ ἐστίν, οὕτω τοῦ δούλου τὴν μορφὴν ἔλαβεν. Ὥσπερ γὰρ ὅταν λέγῃ, "Χριστὸς ἡμᾶς ἐξηγόρασεν ἐκ τῆς κατάρας τοῦ νόμου, γενόμενος ὑπὲρ ἡμῶν κατάρα," οὐ τοῦτό φησιν, ὅτι ἡ οὐσία αὐτοῦ τῆς οἰκείας ἀποστᾶσα δόξης εἰς κατάραν οὐσιώθη (τοῦτο γὰρ οὐδ' ἂν 10 δαίμονες ἐννοήσαιεν, οὐδ' οἱ σφόδρα ἀνόητοι καὶ τῶν κατὰ φύσιν ἀπεστερημένοι φρενῶν· τοσαύτην ἔχει μετὰ τῆς ἀσεβείας καὶ τὴν παράνοιαν)· οὐ τοῦτο οὖν λέγει, ἀλλ' ὅτι τὴν καθ' ἡμῶν κατάραν δεξάμενος οὐκ ἀφίησιν ἡμᾶς ἐπαράτους εἶναι λοιπόν· οὕτω δὲ καὶ ἐνταῦθα σάρκα φησὶν αὐτὸν γεγενῆσθαι, οὐ μεταβαλόντα εἰς 15 σάρκα τὴν οὐσίαν, ἀλλ' ἀναλαβόντα αὐτήν, ἀνεπάφου μενούσης ἐκείνης.

ΟΡΘ. Εἰ δέ σοι φίλον καὶ Σευηριανοῦ τοῦ Γαβάλων ἐπακοῦσαι ποιμένος, ἐγὼ καὶ τούτου σοι προσοίσω τὴν ἑρμηνείαν, αὐτὸς δὲ παράσχες τὴν ἀκοήν.   20

7   Τὸ γάρ, "Ὁ λόγος σὰρξ ἐγένετο," οὐ μετάπτωσιν τῆς φύσεως σημαίνει, ἀλλὰ τὴν ἀνάληψιν τῆς ἡμετέρας φύσεως. Εἰ γὰρ τὸ ἐγένετο μεταβολὴν νομίζεις, ἐὰν ἀκούσῃς Παύλου λέγοντος, "Χριστὸς ἡμᾶς ἐξηγόρασεν ἐκ τῆς κατάρας τοῦ νόμου, γενόμενος ὑπὲρ ἡμῶν κατάρα," εἰς φύσιν καὶ μετατροπὴν κατάρας 25 ἐκλαμβάνεις τὴν λέξιν; Ὥσπερ οὖν τὸ γενόμενος κατάρα οὐδὲν ἕτερον σημαίνει ἢ ὅτι κατάραν τὴν καθ' ἡμῶν εἰς ἑαυτὸν ἔλαβεν, οὕτω καὶ τό, "Ὁ λόγος σὰρξ ἐγένετο, καὶ ἐσκήνωσεν ἐν ἡμῖν," οὐδὲν ἄλλο παρίστησιν ἢ τῆς σαρκὸς τὴν ἀνάληψιν.

ΕΡΑΝ. Ἄγαμαι τῆς συμφωνίας τοὺς ἄνδρας. Ἅπαντες γὰρ τὴν αὐ- 30

---

6 ll. 4–7 (ἔλαβεν) Gelasius 40

---

4 Jn. 1:14a   7–9 Gal. 3:13   21 Jn. 1:14a   24–5 Gal. 3:13   28 Jn. 1:14ab

---

ISMDJCVOR   1 εἶναι ante τὸν add. S   2 Οὗτος ὁ πάντα: Αὐτὸς ὁ τὰ πάντα J
2–3 ἡρμήνευσε ISV: ἑρμηνεύσας I^vm   χωρίον ἡρμήνευσε S   3 ὧδέ φησιν: ὧδε φήσας
I^mS: ὧδε δέ φησιν V   4 ὅτι ante Ὁ add. J   6 ἀλλ' ὅπερ ἐστὶν μένουσα S   ἐστίν²:
ἦν J   7 ἀνέλαβεν J   10–11 οὐδ' ἂν δαίμονες: οὐδ' ἂν οὐδὲ οἱ δαίμονες J: οὐδὲ οἱ
δαίμονες ἂν V   14 δὲ om. S: δὴ J   16 αὐτήν: ταύτην J   19 καὶ τούτου σοι: δὲ
σοι καὶ τούτου J   20 παράσχου I: παράσχοις S   22 ἀνάληψιν: ἀντίληψιν J
27 νοεῖν post σημαίνει add. J   τὴν καθ' ἡμῶν κατάραν S

τὴν ἑρμηνείαν τῶν εὐαγγελικῶν ῥητῶν ἐποιήσαντο, ὥσπερ εἰς ταὐτὸν
συνελθόντες καὶ τὸ κοινῇ δόξαν συγγράψαντες.

ΟΡΘ. Μέγιστα μὲν αὐτοὺς ἀπ᾿ ἀλλήλων καὶ ὄρη καὶ πελάγη
διέστη, ἀλλὰ τὴν συμφωνίαν οὐκ ἐπήμανεν ἡ διάστασις· ὑπὸ μιᾶς γὰρ
ἅπαντες πνευματικῆς ἐνηχήθησαν χάριτος. Προσήνεγκα ἄν σοι καὶ 5
τῶν νικηφόρων τῆς εὐσεβείας ἀγωνιστῶν Διοδώρου καὶ Θεοδώρου
τὰς ἑρμηνείας, εἰ μὴ δυσμενῶς ὑμᾶς ἑώρων περὶ τοὺς ἄνδρας διακει-
μένους καὶ τῆς Ἀπολιναρίου περὶ αὐτοὺς ἀπεχθείας κληρονόμους
γεγενημένους. Ἐθεάσω δ᾿ ἂν καὶ τούτους συνῳδὰ γεγραφότας καὶ ἐκ
τῆς θείας πηγῆς ἀρυσαμένους τὰ νάματα, καὶ κρουνοὺς καὶ αὐτοὺς 10
γεγενημένους τοῦ πνεύματος. Ἀλλὰ τούτους μὲν παραλείψω· ἄσπονδον
γὰρ κατ᾿ αὐτῶν ἀνεδέξασθε πόλεμον. Ἐπιδείξω δέ σοι τῶν πανευ-
φήμων τῆς ἐκκλησίας διδασκάλων τὸ περὶ τῆς θείας ἐνανθρωπήσεως   **81**
φρόνημα, ἵνα γνῷς τίνα περὶ τῆς ληφθείσης ἐδόξασαν φύσεως. Ἀκήκοας
δὲ πάντως Ἰγνάτιον ἐκεῖνον, ὃς διὰ τῆς τοῦ μεγάλου Πέτρου δεξιᾶς 15
τῆς ἀρχιερωσύνης τὴν χάριν ἐδέξατο, καὶ τὴν ἐκκλησίαν Ἀντιοχέων
ἰθύνας τὸν τοῦ μαρτυρίου στέφανον ἀνεδήσατο· καὶ Εἰρηναῖον, ὃς
τῆς Πολυκάρπου διδασκαλίας ἀπήλαυσεν, Γαλατῶν δὲ τῶν ἑσπερίων
ἐγεγόνει φωστήρ· καὶ Ἱππόλυτον καὶ Μεθόδιον, τοὺς ἀρχιερέας καὶ
μάρτυρας, καὶ τοὺς ἄλλους, ὧν ταῖς διδασκαλίαις τὰς προσηγορίας 20
συνάψω.

ΕΡΑΝ. Ποθοῦντί μοι καὶ τάσδε προσοίσεις τὰς μαρτυρίας.

ΟΡΘ. Ἄκουσον οὖν τῶν ἀνδρῶν τὴν ἀποστολικὴν προφερόντων
διδασκαλίαν.

Τοῦ ἁγίου Ἰγνατίου ἐπισκόπου Ἀντιοχείας καὶ μάρτυρος. 25

8   Ἐκ τῆς πρὸς Σμυρναίους ἐπιστολῆς.

Πεπληροφορημένους ἀληθῶς εἰς τὸν κύριον ἡμῶν, ὄντα ἐκ γένους
Δαβὶδ κατὰ σάρκα, υἱὸν θεοῦ κατὰ θεότητα καὶ δύναμιν θεοῦ, γεγεννη-
μένον ἀληθῶς ἐκ παρθένου, βεβαπτισμένον ὑπὸ Ἰωάννου, ἵνα πληρωθῇ
πᾶσα δικαιοσύνη ὑπ᾿ αὐτοῦ, ἀληθῶς ἐπὶ Ποντίου Πιλάτου καὶ 30
Ἡρώδου τετράρχου καθηλωμένον ὑπὲρ ἡμῶν σαρκί.

(27–8 Rom. 1:3–4)   (29–30 Mt. 3:15–16)

ISMDJCVOR   4 διίστησιν Vᵐᵒ   5 πάντες J   8 περὶ: πρὸς J   12–13 καὶ
post σοι add. J   τοῦ πανευφήμου ... διδασκάλων I: τὸν πανεύφημον διδάσκαλον V   13 τὸ:
καὶ τὸ ἐκείνου Vᵖᶜ   14 ἐδόξασε IV   17 ἀνεδήσατο στέφανον S   18–19 Γαλατῶν
——— φωστήρ: ἐγεγόνει δὲ φωστὴρ Γαλατῶν τῶν ἑσπερίων V   23 οὖν om. ISV   V τῶν
ante τὴν add. S   25 ἐπισκόπου om. J   καὶ μάρτυρος om. J   26 Σμυρναίους:
Ῥωμαίους V   27 ὄντα: ὅταν IS   28 κατὰ² ——— θεοῦ om. J   θεοῦ² om. V
γεγεννημένον JV   29 ἐκ θεοῦ γεγεννημένον ἀληθῶς post ἀληθῶς add. J   Μαρίας
post παρθένου add. J

9   Τοῦ αὐτοῦ ἐκ τῆς αὐτῆς ἐπιστολῆς.

Τί γάρ με ὠφελεῖ, εἴπερ με ἐπαινεῖ τις, τὸν δὲ κύριόν μου βλασφημεῖ
μὴ ὁμολογῶν αὐτὸν σαρκοφόρον; Ὁ δὲ τοῦτο μὴ λέγων, τελείως
αὐτὸν ἀπήρνηται ὢν νεκροφόρος.

10   Τοῦ αὐτοῦ ἐκ τῆς αὐτῆς ἐπιστολῆς.   5

Εἰ γὰρ τῷ δοκεῖν ταῦτα ἐπράχθη ὑπὸ τοῦ κυρίου ἡμῶν, κἀγὼ τῷ
δοκεῖν δέδεμαι. Τί δὲ καὶ ἐμαυτὸν ἔκδοτον δέδωκα τῷ θανάτῳ, πρὸς
πῦρ, πρὸς μάχαιραν, πρὸς θηρία; Ἀλλ᾽ ὁ ἐγγὺς μαχαίρας, ἐγγὺς θεοῦ,
ὁ μεταξὺ θηρίων, μεταξὺ θεοῦ. Μόνον ἐν τῷ ὀνόματι Ἰησοῦ Χριστοῦ
εἰς τὸ συμπαθεῖν αὐτῷ πάντα ὑπομένω, αὐτοῦ με ἐνδυναμοῦντος, τοῦ 10
τελείου ἀνθρώπου, ὅν τινες ἀγνοοῦντες ἀρνοῦνται.

11   Τοῦ αὐτοῦ ἐκ τῆς πρὸς Ἐφεσίους ἐπιστολῆς.

Ὁ γὰρ θεὸς ἡμῶν Ἰησοῦς Χριστὸς ἐκυοφορήθη ὑπὸ Μαρίας κατ᾽
οἰκονομίαν θεοῦ, ἐκ σπέρματος μὲν Δαβίδ, ἐκ πνεύματος δὲ ἁγίου, ὃς
ἐγεννήθη καὶ ἐβαπτίσθη, ἵνα τὸ θνητὸν ἡμῶν καθαρισθῇ.   15

12   Τοῦ αὐτοῦ ἐκ τῆς αὐτῆς ἐπιστολῆς.

Εἴ τι οἱ κατ᾽ ἄνδρα κοινῇ πάντες ἐν τῇ χάριτι ἐξ ὀνόματος συνέρχεσθε
ἐν μιᾷ πίστει, καὶ ἐν ἑνὶ Ἰησοῦ Χριστῷ τῷ κατὰ σάρκα ἐκ γένους
Δαβίδ, τῷ υἱῷ τοῦ ἀνθρώπου καὶ υἱῷ τοῦ θεοῦ.

13   Τοῦ αὐτοῦ ἐκ τῆς αὐτῆς ἐπιστολῆς.   20

Εἷς ἰατρός ἐστι σαρκικὸς καὶ πνευματικός, γεννητὸς ἐξ ἀγεννήτου,
ἐν ἀνθρώπῳ θεός, ἐν θανάτῳ ζωὴ ἀληθινή, καὶ ἐκ Μαρίας καὶ ἐκ
θεοῦ, πρῶτον παθητὸς καὶ τότε ἀπαθής, Ἰησοῦς Χριστὸς ὁ κύριος
ἡμῶν.

14   Τοῦ αὐτοῦ ἐκ τῆς πρὸς Τραλλιανοὺς ἐπιστολῆς.   25

Κωφώθητε οὖν, ὅταν χωρὶς Ἰησοῦ Χριστοῦ ὑμῖν λαλῇ τις, τοῦ ἐκ
γένους Δαβίδ, τοῦ ἐκ Μαρίας, ὃς ἀληθῶς ἐγεννήθη, ἔφαγέ τε καὶ
ἔπιεν ἀληθῶς, ἐδιώχθη ἐπὶ Ποντίου Πιλάτου, ἀληθῶς ἐσταυρώθη καὶ
ἀπέθανε, βλεπόντων τῶν ἐπιγείων καὶ ἐπουρανίων καὶ καταχθονίων.

Εἰρηναίου ἐπισκόπου Λουγδούνου.   30

15   Ἐκ τοῦ τρίτου λόγου τῶν εἰς τὰς αἱρέσεις.

---

12 Gelasius 2   *13* Gelasius 1

ISMJCVOR   1 In toto om. I   2–4 In toto om. I^{mc} 2 με¹ om. IV   3 μὴ¹
om. I   μὴ τοῦτο I   4 νεκροφόρον V   9 ὁ — θεοῦ om. ISV   10–11 τοῦ
— ἀρνοῦνται om. J   11 ἀρνοῦνται ἀγνοοῦντες S   15 ἡμῶν: ὕδωρ J   καθαρίσῃ J
17 Εἴ τι: Ἔτι J   18 ἑνὶ om. J   Χριστῷ Ἰησοῦ J   22 ἀληθινή: ἀληθής I   εἷς
ante ἐκ¹ add. J   28 ἐδιώχθη: ἐδέθη J   ἀληθῶς² om. ISV   29 καὶ¹ — κατα-
χθονίων: τῶν ἐπουρανίων καὶ τῶν καταχθονίων J: καὶ καταχθονίων καὶ ἐπουρανίων S
30 τοῦ παλαιοῦ ante ἐπισκόπου add. J   Λουγδούνων J

Εἰς τί δὲ καὶ τὸ "ἐν πόλει Δαβὶδ" προσέθηκαν, εἰ μὴ ἵνα τὴν ὑπὸ
θεοῦ γεγενημένην τῷ Δαβὶδ ὑπόσχεσιν, ὅτι ἐκ καρποῦ τῆς κοιλίας
αὐτοῦ αἰώνιός ἐστι βασιλεύς, πεπληρωμένην εὐαγγελίσωνται, ἣν ὁ
δημιουργὸς τοῦδε τοῦ παντὸς πεποίητο ἐπαγγελίαν;

16   Τοῦ αὐτοῦ ἐκ τοῦ αὐτοῦ λόγου.   5

Καὶ ἐν τῷ εἰπεῖν, "Ἀκούσατε δή, οἶκος Δαβίδ," σημαίνοντος ἦν ὅτι
ἐπηγγείλατο τῷ Δαβὶδ ὁ θεὸς ἐκ καρποῦ τῆς κοιλίας αὐτοῦ αἰώνιον
ἀναστήσειν βασιλέα. Οὗτός ἐστιν ὁ ἐκ τῆς Δαβὶδ παρθένου γενόμενος.

17   Τοῦ αὐτοῦ ἐκ τοῦ αὐτοῦ λόγου.

Εἰ τοίνυν ὁ πρῶτος Ἀδὰμ ἔσχε πατέρα ἄνθρωπον, καὶ ἐκ σπέρματος 10
ἐγεννήθη, εἰκὸς ἦν καὶ τὸν δεύτερον Ἀδὰμ λέγειν αὐτὸν ἐξ Ἰωσὴφ
γεγεννῆσθαι. Εἰ δὲ ἐκεῖνος ἐκ γῆς ἐλήφθη, πλάστης δὲ αὐτοῦ ὁ θεός,
ἔδει καὶ τὸν ἀνακεφαλαιούμενον εἰς αὐτὸν ὑπὸ τοῦ θεοῦ πεπλασμένον
ἄνθρωπον, τὴν αὐτὴν ἐκείνῳ τῆς γεννήσεως ἔχειν ὁμοιότητα. Εἰς τί
οὖν πάλιν οὐκ ἔλαβε χοῦν ὁ θεός, ἀλλ' ἐκ Μαρίας ἐνήργησε τὴν 15
πλάσιν γενέσθαι; Ἵνα μὴ ἄλλη πλάσις γένηται, μηδὲ ἄλλο τὸ
σωζόμενον, ἀλλ' αὐτὸς ἐκεῖνος ἀνακεφαλαιωθῇ, τηρουμένης τῆς
ὁμοιότητος. Ἄγαν οὖν πίπτουσι καὶ οἱ λέγοντες αὐτὸν μηδὲν εἰληφέναι
ἐκ τῆς παρθένου, ἵν' ἐκβάλωσι τὴν τῆς σαρκὸς κληρονομίαν, καὶ
ἀποβάλωνται τὴν ὁμοιότητα.   20

18   Τοῦ αὐτοῦ ἐκ τοῦ αὐτοῦ λόγου.

Ἐπεὶ περισσὴ καὶ ἡ εἰς τὴν Μαρίαν αὐτοῦ κάθοδος. Τί γὰρ καὶ εἰς
αὐτὴν κατῄει, εἰ μηδὲν ἔμελλε λήψεσθαι παρ' αὐτῆς; Ἔτι τε εἰ μηδὲν   **85**
εἰλήφει παρὰ τῆς Μαρίας, οὐκ ἂν τὰς ἀπὸ γῆς εἰλημμένας προσίετο
τροφάς, δι' ὧν τὸ ἀπὸ γῆς ληφθὲν τρέφεται σῶμα· οὐδ' ἂν εἰς τεσσα- 25
ράκοντα ἡμέρας ὁμοίως ὡς Μωϋσῆς καὶ Ἠλίας νηστεύσας ἐπείνησε,
τοῦ σώματος ἐπιζητοῦντος τὴν ἰδίαν τροφήν· οὐδ' ἂν Ἰωάννης ὁ
μαθητὴς αὐτοῦ περὶ αὐτοῦ γράφων εἰρήκει· "Ὁ δὲ Ἰησοῦς κεκο-
πιακὼς ἐκ τῆς ὁδοιπορίας ἐκαθέζετο·" οὐδ' ἂν ὁ Δαβὶδ προαναπε-

1 Lk. 2:11 (1–3 Ps. 132:11 = LXX 131:11) 6 Is. 7:13 (7–8 Ps. 132:11 =
LXX 131:11) (25–7 Ex. 34:28, 1 Kg. 19:8) 28–9 Jn. 4:6

ISMJCVOR 1 προσέθηκεν IS 2 τοῦ ante θεοῦ add. S 3 ἔσται J τῷ Δαβὶδ
ὑπόσχεσιν post εὐαγγελίσωνται add. IV: τῷ Δαβὶδ ante πεπληρωμένην add. Sᵖᶜ:
ὑπόσχεσιν supra εὐαγγελίσωνται add. Sᵖᶜ: τῷ Δαβὶδ post εὐαγγελίσωνται add. J
6 ὁ post ὅτι add. J 8 Δαβὶδ: Δαβιδικῆς J γεννώμενος S 11 αὐτοὺς J
12 γεγεννῆσθαι IV 13 τὸν ante ὑπὸ add. J 14 ὁμοιότητα ἔχειν S 14–15 τί οὖν
πάλιν: τοὔμπαλιν οὖν J 15 ἐνήργησε: εὐδόκησε J 16 ἡ ante πλάσις add. J μηδὲ:
καὶ J 18 καὶ om. J ἀνειληφέναι J 22 Ἐπεὶ περισσὴ: Ἐπείπερ ἴση mss.: recte Cᵖᶜ
24 προσίετο: προσεῖτο J 25 τῆς ante γῆς add. J 26 ὡς om. J: ὁ S Μωϋσῆ καὶ
Ἠλίᾳ J 27 τὴν ἰδίαν ἐπιζητοῦντος J 28 γράφων om. J δὲ Ἰησοῦς: δεσπότης J
29 ἐκ: ἀπὸ J

98 *Eranistes*

φωνήκει περὶ αὐτοῦ· "Καὶ ἐπὶ τὸ ἄλγος τῶν τραυμάτων μου προσ-
έθηκαν·" οὐδ' ἂν ἐδάκρυσεν ἐπὶ τοῦ Λαζάρου, οὐδ' ἂν ἵδρωσε
θρόμβους αἵματος· οὐδ' ἂν εἰρήκει ὅτι "Περίλυπός ἐστιν ἡ ψυχή
μου·" οὐδ' ἂν νυγείσης αὐτοῦ τῆς πλευρᾶς ἐξῆλθεν αἷμα καὶ ὕδωρ.
Ταῦτα γὰρ πάντα σύμβολα σαρκὸς τῆς ἀπὸ γῆς εἰλημμένης, ἣν εἰς 5
αὐτὸν ἀνεκεφαλαιώσατο τὸ ἴδιον πλάσμα σώζων.

19   Τοῦ αὐτοῦ ἐκ τοῦ αὐτοῦ λόγου.

Ὥσπερ γὰρ διὰ τῆς παρακοῆς τοῦ ἑνὸς ἀνθρώπου τοῦ πρώτως ἐκ
γῆς ἀνεργάστου πεπλασμένου ἁμαρτωλοὶ κατεστάθησαν οἱ πολλοί,
καὶ ἀπέβαλον τὴν ζωήν, οὕτως ἔδει καὶ δι' ὑπακοῆς ἑνὸς ἀνθρώπου 10
τοῦ πρώτως ἐκ παρθένου γεγεννημένου, δικαιωθῆναι πολλοὺς καὶ
ἀπολαβεῖν τὴν σωτηρίαν.

20   Τοῦ αὐτοῦ ἐκ τοῦ αὐτοῦ λόγου.

"Ἐγὼ εἶπα, θεοί ἐστε καὶ υἱοὶ ὑψίστου πάντες, ὑμεῖς δὲ ὡς ἄνθρωποι
ἀποθνήσκετε." Ταῦτα λέγει πρὸς τοὺς μὴ δεξαμένους τὴν δωρεὰν τῆς 15
υἱοθεσίας, ἀλλ' ἀτιμάζοντας τὴν σάρκωσιν τῆς καθαρᾶς γεννήσεως
τοῦ λόγου τοῦ θεοῦ, καὶ ἀποστεροῦντας τὸν ἄνθρωπον τῆς εἰς θεὸν
ἀνόδου, καὶ ἀχαριστοῦντας τῷ ὑπὲρ αὐτῶν σαρκωθέντι λόγῳ τοῦ
θεοῦ. Εἰς τοῦτο γὰρ ὁ λόγος ἄνθρωπος καὶ υἱὸς ἀνθρώπου ὁ υἱὸς τοῦ
θεοῦ, ἵνα ὁ ἄνθρωπος χωρήσας τὸν λόγον καὶ τὴν υἱοθεσίαν λαβὼν 20
υἱὸς γένηται θεοῦ.

21   Τοῦ αὐτοῦ ἐκ τοῦ αὐτοῦ λόγου.

Τοῦ πνεύματος οὖν κατελθόντος διὰ τὴν προωρισμένην οἰκονομίαν,
καὶ τοῦ υἱοῦ τοῦ θεοῦ τοῦ μονογενοῦς, ὃς καὶ λόγος ἐστὶ τοῦ πατρός,
ἐλθόντος τοῦ πληρώματος τοῦ χρόνου, σαρκωθέντος ἐν ἀνθρώπῳ, 25
καὶ πᾶσαν τὴν κατ' ἄνθρωπον οἰκονομίαν ἐκπληρώσαντος Ἰησοῦ
Χριστοῦ τοῦ κυρίου ἡμῶν, ἑνὸς καὶ τοῦ αὐτοῦ ὄντος, ὡς αὐτὸς ὁ
κύριος μαρτυρεῖ, καὶ οἱ ἀπόστολοι ὁμολογοῦσι, καὶ οἱ προφῆται
κηρύττουσι, ψευδεῖς ἀπεδείχθησαν πᾶσαι αἱ διδασκαλίαι τῶν τὰς
ὀγδοάδας καὶ τετράδας καὶ δοκήσεις παρεξευρηκότων.   30

1–2 Ps. 69:26 (LXX 68:27)   (2–3 Jn. 11:35, Lk. 22:43–4)   3–4 Mt. 26:38
(4 Jn. 19:34)   (8–12 Rom. 5:19)   14–15 Ps. 82:6–7 (LXX 81:6–7)

ISMJCVOR   1 περὶ αὐτοῦ: πρὸς αὐτόν IS   2 τῷ Λαζάρῳ J   4 ἕως θανάτου
post μου add. S   οὐδ' ἂν: οὐδὲ J   ὕδωρ καὶ αἷμα ISᵃᶜ   5 τῆς ante γῆς add. IJ
6 αὐτὸν: ἑαυτόν J   9 τῆς ante γῆς add. SJ   ἀνεργάστως I   10 οὕτως om. J
11 γεγεννημένον MOR   12 τὴν σωτηρίαν ἀπολαβεῖν S   14 θεοί ––– πάντες: υἱοὶ
ὑψίστου ἐστὲ πάντες καὶ θεοί V   17 τὸν ante θεὸν add. J   19 ἄνθρωπος: ἐγεννήθη S
19–20 καὶ ––– θεοῦ om. ISV   21 γένηται υἱός J   24 τοῦ³ om. R   26–7 τοῦ κυρίου
ἡμῶν Ἰησοῦ Χριστοῦ V   29 πᾶσαι αἱ: αἱ παλαιαὶ J

Ἱππολύτου ἐπισκόπου καὶ μάρτυρος.

22 Ἐκ τοῦ λόγου τοῦ εἰς τό, "Κύριος ποιμαίνει με."
Καὶ κιβωτὸς δὲ ἐκ ξύλων ἀσήπτων αὐτὸς ἦν ὁ σωτήρ. Τὸ γὰρ ἄσηπ- **88**
τον αὐτοῦ καὶ ἀδιάφθορον σκῆνος ταύτῃ κατηγγέλλετο τὸ μηδεμίαν
ἁμαρτήματος σηπεδόνα φῦσαι. Ὁ γὰρ ἁμαρτήσας καὶ ἐξομολογούμε- 5
νός φησι· "Προσώζεσαν καὶ ἐσάπησαν οἱ μώλωπές μου ἀπὸ προ-
σώπου τῆς ἀφροσύνης μου." Ὁ δὲ κύριος ἀναμάρτητος ἦν, ἐκ τῶν
ἀσήπτων ξύλων τὸ κατὰ ἄνθρωπον, τουτέστιν, ἐκ τῆς παρθένου καὶ
τοῦ ἁγίου πνεύματος, ἔσωθεν καὶ ἔξωθεν τοῦ λόγου τοῦ θεοῦ οἷα
καθαρωτάτῳ χρυσίῳ περικεκαλυμμένος. 10

23 Τοῦ αὐτοῦ ἐκ τοῦ λόγου τοῦ εἰς τὸν Ἐλκανᾶν καὶ τὴν Ἄνναν.
Ἄγε δή μοι, ὦ Σαμουήλ, εἰς Βηθλεὲμ ἑλκομένην τὴν δάμαλιν, ἵνα
ἐπιδείξῃς τὸν ἐκ Δαβὶδ βασιλέα τικτόμενον, καὶ τοῦτον ὑπὸ πατρὸς
βασιλέα καὶ ἱερέα χριόμενον.

24 Τοῦ αὐτοῦ ἐκ τοῦ αὐτοῦ λόγου. 15
Εἰπέ μοι, ὦ μακαρία Μαρία, τί ἦν τὸ ὑπὸ σοῦ ἐν τῇ κοιλίᾳ συνειλημ-
μένον, καὶ τί ἦν τὸ ὑπὸ σοῦ ἐν παρθενικῇ μήτρᾳ βασταζόμενον;
Λόγος γὰρ ἦν θεοῦ πρωτότοκος ἀπ' οὐρανῶν ἐπὶ σὲ κατερχόμενος,
καὶ ἄνθρωπος πρωτότοκος ἐν κοιλίᾳ πλασσόμενος, ἵν' ὁ πρωτότοκος
λόγος θεοῦ πρωτοτόκῳ ἀνθρώπῳ συναπτόμενος δειχθῇ. 20

25 Τοῦ αὐτοῦ ἐκ τοῦ αὐτοῦ λόγου.
Τὴν δὲ δευτέραν, τὴν διὰ τῶν προφητῶν ὡς διὰ τοῦ Σαμουήλ, ἀνα-
καλῶν καὶ ἐπιστρέφων τὸν λαὸν ἀπὸ τῆς δουλείας τῶν ἀλλοφύλων.
Τὴν δὲ τρίτην, ἐν ᾗ ἔνσαρκος παρῆν τὸν ἐκ τῆς παρθένου ἄνθρωπον
ἀναλαβών, ὃς καὶ ἰδὼν τὴν πόλιν, ἔκλαυσεν ἐπ' αὐτῇ. 25

26 Τοῦ αὐτοῦ ἐκ τοῦ λόγου τοῦ εἰς τὴν ἀρχὴν τοῦ Ἡσαΐου.
Αἰγύπτῳ μὲν τὸν κόσμον ἀπείκασε, χειροποιήτοις δὲ τὴν εἰδωλο-
λατρίαν, σεισμῷ δὲ τὴν μετανάστασιν καὶ κατάλυσιν αὐτῆς. Κύριον
δὲ τὸν λόγον· νεφέλην δὲ κούφην, τὸ καθαρώτατον σκῆνος, εἰς ὃ
ἐνθρονισθεὶς ὁ κύριος ἡμῶν Ἰησοῦς Χριστὸς εἰσῆλθεν εἰς τὸν βίον 30
σεῖσαι τὴν πλάνην.

Τοῦ ἁγίου Μεθοδίου ἐπισκόπου καὶ μάρτυρος.

2 Ps. 23:1 (LXX 22:1)   6–7 Ps. 38:5 (LXX 37:6)   (12–14 1 Sam. 16:1–4)
(27 ff. Is. 19:1)

ISMJCVOR 1 Τοῦ ἁγίου ante Ἱππολύτου add. M   καὶ om. I 2 καὶ οὐδέν με
ὑστερήσει post με add. J 9 ἔξωθεν καὶ ἔσωθεν J 10 χρυσῷ J 12 ἑλκομένην:
ἀγομένην J 17 τῇ ante παρθενικῇ add. J βασταζόμενον μήτρᾳ S 20 δειχθῇ
συναπτόμενος S δειχθείη J 23 ἀπό: ἐκ S 25 ὅς: θεὸς J αὐτῇ: αὐτήν IS
29 δὲ¹ om. J 30 Ἰησοῦς om. J ὁ ante Χριστὸς add. S

27 Ἐκ τοῦ περὶ μαρτύρων λόγου.

Οὕτω γὰρ θαυμαστὸν καὶ περισπούδαστόν ἐστι τὸ μαρτύριον, ὅτι αὐτὸς ὁ κύριος Χριστός, ὁ υἱὸς τοῦ θεοῦ, τιμῶν αὐτὸ ἐμαρτύρησεν, οὐχ ἁρπαγμὸν ἡγησάμενος τὸ εἶναι ἴσα θεῷ, ἵνα καὶ τούτῳ τὸν ἄνθρωπον τῷ χαρίσματι, εἰς ὃν κατέβη, στέψῃ. 5

Τοῦ ἁγίου Εὐσταθίου ἐπισκόπου Ἀντιοχείας καὶ ὁμολογητοῦ.

28 Ἐκ τῆς ἑρμηνείας τοῦ ιε΄ ψαλμοῦ.

Ἀλλὰ μὴν ἡ τοῦ Ἰησοῦ ἑκατέρων πεῖραν ἔσχε. Γέγονε γὰρ καὶ ἐν τῷ χωρίῳ τῶν ἀνθρωπίνων ψυχῶν, καὶ τῆς σαρκὸς ἐκτὸς γενομένη ζῇ καὶ ὑφέστηκε. Λογικὴ ἄρα καὶ ταῖς ψυχαῖς τῶν ἀνθρώπων ὁμοού- 10 σιος, ὥσπερ καὶ ἡ σὰρξ ὁμοούσιος τῇ τῶν ἀνθρώπων σαρκὶ τυγχάνει, ἐκ τῆς Μαρίας προελθοῦσα.

29 Τοῦ αὐτοῦ ἐκ τοῦ περὶ ψυχῆς λόγου.

Τί δ᾽ ἂν εἴποιεν εἰς τὰς τοῦ βρέφους ἀναβλέψαντες ἀνατροφάς, ἢ τὴν τῆς ἡλικίας ἀνάδοσιν, ἢ τὴν τῶν χρόνων ἐπίτασιν, ἢ τὴν τοῦ σώματος 15 αὔξην; Ἵνα δὲ παρῶ λέγειν τὰς ἐπὶ ἐδάφους ἐκπληρωθείσας θαυματουργίας, ὁράτωσαν τὰς τῶν νεκρῶν ἀναβιώσεις, τὰ τοῦ πάθους σύμβολα, τὰ τῶν μαστίγων ἴχνη, τοὺς τῶν πληγῶν μώλωπας, τὴν τετρωμένην πλευράν, τοὺς τῶν ἥλων τύπους, τὴν τοῦ αἵματος ἔκχυσιν, τὰ τοῦ θανάτου σημεῖα, καὶ τὸ σύμπαν εἰπεῖν, αὐτὴν τὴν 20 τοῦ ἰδίου σώματος ἀνάστασιν.

30 Τοῦ αὐτοῦ ἐκ τοῦ αὐτοῦ λόγου.

Καὶ μὴν εἴ τις εἰς τὴν τοῦ σώματος γέννησιν ἀφορᾷ, προδήλως εὑρήσειεν ἂν ὡς ἐν τῇ Βηθλεὲμ τεχθεὶς ἐσπαργανώθη, κἂν τῇ Αἰγύπτῳ χρόνοις ἐτράφη τισὶν ἕνεκεν τῆς τοῦ ἀλάστορος ἐπιβουλῆς Ἡρώδου, 25 κἂν τῇ Ναζαρὲτ ἀνδρωθεὶς ηὐξήθη.

31 Τοῦ αὐτοῦ ἐκ τοῦ αὐτοῦ λόγου.

Οὐ γὰρ ταὐτόν ἐστιν ἡ σκηνὴ τοῦ λόγου καὶ θεοῦ, δι᾽ ἧς τὴν θείαν ἐθεώρει δόξαν ὁ μακάριος Στέφανος.

32 Τοῦ αὐτοῦ ἐκ τοῦ λόγου τοῦ εἰς τό, "Κύριος ἔκτισέ με ἀρχὴν 30 ὁδῶν αὐτοῦ."

Εἰ μὲν οὖν ἀρχὴν τῆς γεννήσεως εἴληφεν ὁ λόγος, ἀφ᾽ οὗ διὰ τῆς μητρῴας διοδεύσας γαστρὸς τὰς σωματικὰς ἐφόρεσεν ἁρμονίας,

(3–4 Phil. 2:6)   (23–6 Lk. 2)   (28–9 Acts 7:56)   30–1 Prov. 8:22

ISMJCVOR   1 μαρτυρίου S   3 Ἰησοῦς ante Χριστός add. V   6 Ἀντιοχέων V: De S non liquet.   10 ψυχαῖς post ἀνθρώπων transp. S   11 καὶ om. S   11–12 τυγχάνει σαρκί S   14 ἀποβλέψαντες J   15 ἐπίτασιν ante τῶν transp. IJV   16 αὔξην: αὔξησιν IS   17 ὁρατῶς J   18–19 τὰς τετρωμένας πλευρὰς ISV   20 τὴν om. IVᵃᵒ   28 ἐστιν ἡ: ἐστι J   τῷ λόγῳ καὶ θεῷ J   29 θεωρεῖ J   30 εἰς τό om. IS   31 αὐτοῦ om. I   32 γενέσεως J   33 διώδευσε J   καὶ ante τὰς add. J

συνέστηκεν ὅτι γέγονεν ἐκ γυναικός. Εἰ δὲ λόγος καὶ θεὸς ἦν ἀνέκαθεν παρὰ τῷ πατρί, καὶ τὰ σύμπαντα δι' αὐτοῦ γεγενῆσθαί φαμεν, οὐκ ἄρα γέγονεν ἐκ γυναικὸς ὁ ὢν καὶ τοῖς γεννητοῖς ἅπασιν αἴτιος ὤν· ἀλλ' ἔστι τὴν φύσιν θεὸς αὐτάρκης, ἄπειρος, ἀπερινόητος· ἐκ γυναικὸς δὲ γέγονεν ἄνθρωπος, ὁ ἐν τῇ παρθενικῇ μήτρᾳ πνεύματι 5 παγεὶς ἁγίῳ.

33 Τοῦ αὐτοῦ ἐκ τοῦ αὐτοῦ λόγου.

Ναὸς γὰρ κυρίως ὁ καθαρὸς καὶ ἄχραντος, ἡ κατὰ τὸν ἄνθρωπόν ἐστι περὶ τὸν λόγον σκηνή, ἔνθα προφανῶς σκηνώσας ᾤκησεν ὁ θεός. Καὶ ταῦτα οὐκ ἐκ τῶν εἰκότων φαμέν· τούτου γὰρ ὁ φύσει τοῦ θεοῦ υἱός, 10 τὴν λύσιν καὶ ἀνάστασιν προαγορεύων τοῦ νεώ, ἀναμφιβόλως ἡμᾶς διδάσκων ἐφοδιάζει, τοῖς μιαιφόνοις φάσκων Ἰουδαίοις· "Λύσατε τὸν ναὸν τοῦτον, καὶ ἐν τρισὶν ἡμέραις ἐγερῶ αὐτόν."

34 Τοῦ αὐτοῦ ἐκ τοῦ αὐτοῦ λόγου.

Ὁπηνίκα οὖν τὸν ἄνθρωπον ναουργήσας ἐφόρεσεν ὁ λόγος, σώματι 15 μὲν τοῖς ἀνθρώποις ἐπιφοιτῶν, παντοδαπὰς ἀοράτως θαυματουργίας ἐπεδείκνυτο, τοὺς δὲ ἀποστόλους κήρυκας τῆς ἀϊδίου βασιλείας ἐξέπεμπε.

35 Τοῦ αὐτοῦ ἐκ τῆς ἑρμηνείας τοῦ ϙβ' ψαλμοῦ.

Πρόδηλον οὖν, εἴπερ ὁ χρίων ἀποδεικνύει θεόν, οὗ τὸν θρόνον εἶπεν 20 αἰώνιον, δῆλος μέν ἐστι φύσει θεὸς ἐκ θεοῦ γεννηθεὶς ὁ χρίσας· ὁ δὲ χρισθεὶς ἐπίκτητον εἴληφεν ἀρετήν, ἐκκρίτῳ ναουργίᾳ κοσμηθείς, ἐκ τῆς τοῦ κατοικοῦντος ἐν αὐτῷ θεότητος.

Τοῦ ἁγίου Ἀθανασίου ἐπισκόπου Ἀλεξανδρείας καὶ ὁμολογητοῦ.

36 Ἐκ τῆς ἀπολογίας τῆς γεγενημένης ὑπὲρ Διονυσίου ἐπισκόπου 25 Ἀλεξανδρείας.

"Ἐγὼ ἡ ἄμπελος, ὑμεῖς τὰ κλήματα· ὁ πατήρ μου ὁ γεωργός ἐστιν." Ἡμεῖς γὰρ τοῦ κυρίου κατὰ τὸ σῶμα συγγενεῖς ἐσμεν· καὶ αὐτὸς διὰ τοῦτο εἶπεν· "Ἀπαγγελῶ τὸ ὄνομά σου τοῖς ἀδελφοῖς μου." Καὶ ὥσπερ εἰσὶ τὰ κλήματα ὁμοούσια τῆς ἀμπέλου, καὶ ἐξ αὐτῆς, οὕτω 30 **92** καὶ ἡμεῖς, ὁμογενῆ σώματα ἔχοντες τῷ σώματι τοῦ κυρίου, ἐκ τοῦ

12–13 Jn. 2:19   27 Jn. 15:5, 1 (sic)   29 Ps. 22:22 (LXX 21:23)

ISMJCVOR   1 δὲ: δ' ὁ J   καὶ ante λόγος add. I   ἀνέκαθεν ἦν J   3 γεννητοῖς: γενητοῖς SJVᵐ   4 τῇ φύσει IJ   5 ὁ ante ἄνθρωπος add. J   6 ἁγίῳ παγεὶς S 8 γὰρ om. J   11 νεώ: ναοῦ I   16 μὲν om. I   ἀοράτους S   20 οὗ: οὐ J 24 ἐπισκόπου om. J   καὶ ὁμολογητοῦ om. J   25 Ἐκ: Ἀπὸ IV   ἀπολογίας τῆς γεγενημένης: γενομένης ἀπολογίας J   ὑπὲρ: ὑπὸ IᵐᶜS: περὶ J   τοῦ ante ἐπισκόπου add. V   26 Ἀλεξανδρείας om. J   29 τοῦτο εἶπεν: τοῦ εἰπεῖν J   μου: μοι S 30 ἐστὶ J

πληρώματος αὐτοῦ λαμβάνομεν, κἀκεῖνο ῥίζαν ἔχομεν εἰς τὴν
ἀνάστασιν καὶ εἰς τὴν σωτηρίαν. Ὁ δὲ πατὴρ εἴρηται ὁ γεωργός·
αὐτὸς γὰρ εἰργάσατο διὰ τοῦ λόγου τὴν ἄμπελον, ἥτις ἐστὶ τὸ κυρια-
κὸν σῶμα.

37   Τοῦ αὐτοῦ ἐκ τῆς αὐτῆς ἀπολογίας.   5
Ἄμπελος δὲ ἐκλήθη ὁ κύριος διὰ τὴν περὶ τὰ κλήματα, ἅπερ ἐσμὲν
ἡμεῖς, συγγένειαν σωματικήν.

38   Τοῦ αὐτοῦ ἐκ τοῦ περὶ πίστεως λόγου τοῦ μείζονος.
Τὸ γεγράφθαι, "'Ἐν ἀρχῇ ἦν ὁ λόγος," φανερῶς τὴν θεότητα δηλοῖ·
τὸ δέ, "'Ὁ λόγος σὰρξ ἐγένετο," τὸν ἄνθρωπον τοῦ κυρίου δείκνυσιν. 10

39   Τοῦ αὐτοῦ ἐκ τοῦ αὐτοῦ λόγου.
Καὶ τό, "Πλυνεῖ ἐν οἴνῳ τὴν στολὴν αὐτοῦ," τουτέστιν, ἐν τῷ ἰδίῳ
αἵματι τὸ σῶμα, τὴν περιβολὴν τῆς θεότητος.

40   Τοῦ αὐτοῦ ἐκ τοῦ αὐτοῦ λόγου.
Τὸ γάρ, "'Ἦν," ἐπὶ τῆς θεότητος αὐτοῦ ἀναφέρεται· τὸ δέ, "Σὰρξ 15
ἐγένετο," ἐπὶ τοῦ σώματος. Ὁ λόγος σὰρξ ἐγένετο, οὐκ εἰς σάρκα
ἀναλυθείς, ἀλλὰ σάρκα φορέσας· ὡς δ' ἂν εἴποι τις, ὁ δεῖνα γέγονε
γέρων, οὐκ ἐξ ἀρχῆς γεννηθείς· ἢ ὁ στρατιώτης βετράνος ἐγένετο, οὐ
πρότερον τοιοῦτος ὢν οἷος γέγονεν. Ἰωάννης, "'Ἐγενόμην, φησίν,
ἐν τῇ νήσῳ Πάτμῳ ἐν τῇ ἡμέρᾳ τῇ κυριακῇ." οὐχ ὅτι ἐκεῖ γέγονεν ἢ 20
γεγέννηται, ἀλλ' εἶπεν, "'Ἐγενόμην ἐν Πάτμῳ," ἀντὶ τοῦ, παρεγενό-
μην. Οὕτως ὁ λόγος εἰς σάρκα παραγέγονεν, ὡς λέλεκται, "'Ὁ λόγος
σὰρξ ἐγένετο." Ἄκουσον λέγοντος· "'Ἐγενόμην ὡσεὶ σκεῦος ἀπολω-
λός," καί, "'Ἐγενόμην ὡσεὶ ἄνθρωπος ἀβοήθητος, ἐν νεκροῖς ἐλεύ-
θερος."   25

41   Τοῦ αὐτοῦ ἐκ τῆς πρὸς Ἐπίκτητον ἐπιστολῆς.
Τίς γὰρ ἤκουσε τοιαῦτα πώποτε; Τίς ὁ διδάξας; Τίς ὁ μαθών; "'Ἐκ
μὲν γὰρ Σιὼν ἐξελεύσεται νόμος, καὶ λόγος κυρίου ἐξ Ἱερουσαλήμ."
Ταῦτα δὲ πόθεν ἐξῆλθε; ποῖος ᾅδης ἠρεύξατο, ὁμοούσιον εἰπεῖν τὸ ἐκ
Μαρίας σῶμα τῇ τοῦ λόγου θεότητι, ἢ ὅτι ὁ λόγος εἰς σάρκα καὶ ὀστέα 30
καὶ τρίχας καὶ ὅλον τὸ σῶμα μεταβέβληται; Τίς δὲ ἤκουσεν ἐν ἐκκλη-

(2 Jn. 15:1)   (6–7 Jn. 15:5)   9 Jn. 1:1   10 Jn. 1:14a   12 Gen. 49:11   15 Jn. 1:1
15–16 Jn. 1:14a   19–20, 21 Rev. 1:9   22–3 Jn. 1:14a   23–4 Ps. 31:12 (LXX
30:13)   24–5 Ps. 88:4b–5 (LXX 87:5)   27–8 Is. 2:3

ISMDJCVOR   5 τῆς αὐτῆς ἀπολογίας: τοῦ αὐτοῦ λόγου IS: τῆς αὐτῆς πραγμα-
τείας V   7 σωματικὴν συγγένειαν J   8 τοῦ μείζονος λόγου S   15 αὐτοῦ θεότητος S
16 ἐπὶ ––– ἐγένετο om. I   γὰρ post λόγος add. J   ἐπὶ τοῦ σώματος post ἐγένετο²
add. J   17 δ' om. S   18 γεννηθείς: γενηθείς S   βρέττανος S: βρετανὸς J   19 φησίν
Ἐγενόμην J   20 γέγονεν ἢ om. S   21 γεγέννηται V   22 παραγέγονεν ὡς:
παραγεγονὼς J   23 Ἐγενόμην om. S   24 ὡσεὶ: ὡς J   27–8 Ἐκ Σιὼν μὲν γὰρ J
29 ἐξῆλθον IS   ἐξηρεύξατο R   31 τὸ om. IV

σία ἢ ὅλως παρὰ Χριστιανοῖς, ὅτι θέσει καὶ οὐ φύσει σῶμα πεφόρηκεν
ὁ κύριος;

12 Τοῦ αὐτοῦ ἐκ τῆς αὐτῆς ἐπιστολῆς.

Τίς δὲ ἀκούων ὅτι οὐκ ἐκ Μαρίας ἀλλ' ἐκ τῆς ἑαυτοῦ οὐσίας μετε- 93
ποίησεν ἑαυτῷ σῶμα παθητὸν ὁ λόγος, εἴποι ἂν Χριστιανὸν τὸν 5
λέγοντα ταῦτα; Τίς δὲ τὴν ἀθέμιτον ταύτην ἐπενόησεν ἀσέβειαν, ὥστε
κἂν εἰς ἐνθύμησιν ἐλθεῖν καὶ εἰπεῖν, ὅτι ὁ λέγων ἐκ Μαρίας εἶναι τὸ
κυριακὸν σῶμα, οὐκ ἔτι τριάδα ἀλλὰ τετράδα ἐν τῇ θεότητι φρονεῖ;
ὡς διὰ τοῦτο τοὺς οὕτω διακειμένους τῆς οὐσίας τῆς τριάδος λέγειν
τὴν σάρκα, ἣν ἐνεδύσατο ἐκ Μαρίας ὁ σωτήρ. Πόθεν δὲ πάλιν ἠρεύ- 10
ξαντό τινες ἴσην ἀσέβειαν τοῖς προειρημένοις, ὡς εἰπεῖν μὴ νεώτερον
εἶναι τὸ σῶμα τῆς τοῦ λόγου θεότητος, ἀλλὰ συναΐδιον αὐτῷ δια-
παντὸς γεγενῆσθαι, ἐπειδὴ ἐκ τῆς οὐσίας τῆς σοφίας συνέστη;

13 Τοῦ αὐτοῦ ἐκ τῆς αὐτῆς ἐπιστολῆς.

Ἀνθρώπινον ἄρα φύσει τὸ ἐκ Μαρίας σῶμα κατὰ τὰς θείας γραφάς, 15
καὶ ἀληθινὸν δὲ ἦν, ἐπειδὴ ταὐτὸν ἦν τῷ ἡμετέρῳ· ἀδελφὴ γὰρ ἡμῶν
ἡ Μαρία, ἐπεὶ καὶ οἱ πάντες ἐκ τοῦ Ἀδάμ ἐσμεν, καὶ τοῦτο οὐκ ἄν τις
ἀμφιβάλοι, μνησθεὶς ὧν ἔγραψε Λουκᾶς.

Τοῦ ἁγίου Βασιλείου ἐπισκόπου Καισαρείας.

14 Ἐκ τῆς ἑρμηνείας τοῦ νθ' ψαλμοῦ. 20

Πάντες ἀλλόφυλοι ὑπετάγησαν τῷ ζυγῷ τοῦ Χριστοῦ ὑποκύψαντες·
διὰ τοῦτο ἐπὶ τὴν Ἰδουμαίαν ἐπιβάλλει τὸ ὑπόδημα αὐτοῦ. Ὑπόδημα
δὲ τῆς θεότητος ἡ σὰρξ ἡ θεοφόρος, δι' ἧς ἐπέβη τοῖς ἀνθρώποις.

15 Τοῦ αὐτοῦ ἐκ τῶν πρὸς Ἀμφιλόχιον ἐπίσκοπον περὶ τοῦ ἁγίου
πνεύματος. 25

Καὶ ἀνάπαλιν τῇ ἐξ οὗ λέξει ἀντὶ τῆς δι' οὗ κέχρηται, ὡς ὅταν λέγῃ
Παῦλος, "Γενόμενος ἐκ γυναικός·" τοῦτο γὰρ ἡμῖν σαφῶς ἑτέρωθι δι-
εστείλατο, γυναικὶ μὲν προσήκειν λέγων τὸ ἐκ τοῦ ἀνδρὸς γεγενῆσθαι,
ἀνδρὶ δὲ τὸ διὰ τῆς γυναικός, ἐν οἷς φησιν, ὅτι "Ὥσπερ γυνὴ ἐξ
ἀνδρός, οὕτως ἀνὴρ διὰ τῆς γυναικός." Ἀλλὰ ὁμοῦ μὲν τὸ ἀδιάφορον 30

43 ll. 14–17 (ἐσμεν) Gelasius 14 (98. 9–11)

(21–2 Ps. 60:8 = LXX 59:10) 27 Gal. 4:4 29–30 1 Cor. 11:12

ISMDJCVOR 1 Χριστιανοῦ J πεφόρεκεν V 2 κύριος: θεός V 3 ἐπιστολῆς
om. I 4 ἑαυτοῦ: αὐτοῦ IS 6 ταῦτα λέγοντα S 7 μὴ ante ἐκ add. J 8 τῇ om. S
10 τὴν σάρκα ἣν: τὸ σῶμα, ὃ J 12 αὐτό I 13 τῇ σοφίᾳ S 15 Ἀνθρώπειον S
σῶμα om. J 16 δὲ om. J 18 ἔγραψε: ἔγραψεν ὁ J 19 ἐπισκόπου om. J
ἐπισκόπου Καισαρείας om. S Καππαδοκίας post Καισαρείας add. J 23 ἡ σὰρξ ἡ
θεοφόρος: ἡ θεοφόρος σὰρξ S 24 τῶν: τοῦ I ἐπίσκοπον om. J 28 γεγεννῆσθαι J
30 ἀδιάφορον: διάφορον J

τῆς χρήσεως ἐνδεικνύμενος, ὁμοῦ δὲ καὶ τὸ σφάλμα τινῶν ἐν παραδρομῇ διορθούμενος, τῶν οἰομένων πνευματικὸν εἶναι τοῦ κυρίου τὸ σῶμα, ἵνα δείξῃ ὅτι ἐκ τοῦ ἀνθρωπείου φυράματος ἡ θεοφόρος σὰρξ συνεπάγη, τὴν ἐμφαντικωτέραν φωνὴν προετίμησε. Τὸ μὲν γὰρ διὰ γυναικὸς παροδικὴν ἔμελλε τὴν ἔννοιαν τῆς γεννήσεως ὑποφαίνειν· τὸ 5
δ' ἐκ τῆς γυναικὸς ἱκανῶς παραδηλοῦν τὴν κοινωνίαν τῆς φύσεως τοῦ τικτομένου πρὸς τὴν γεννήσασαν.

Τοῦ ἁγίου Γρηγορίου ἐπισκόπου Ναζιανζοῦ.

46   Ἐκ τῆς πρὸς Κληδόνιον προτέρας ἐκθέσεως.

Εἴ τις λέγει τὴν σάρκα ἐξ οὐρανοῦ κατεληλυθέναι, ἀλλὰ μὴ ἐντεῦθεν 10
εἶναι καὶ παρ' ἡμῶν, ἀνάθεμα ἔστω. Τὸ γάρ, "Ὁ δεύτερος ἄνθρωπος
ἐξ οὐρανοῦ," καί, "Οἷος ὁ ἐπουράνιος, τοιοῦτοι καὶ οἱ ἐπουράνιοι,"
καί, "Οὐδεὶς ἀναβέβηκεν εἰς τὸν οὐρανόν, εἰ μὴ ὁ ἐκ τοῦ οὐρανοῦ
καταβὰς ὁ υἱὸς τοῦ ἀνθρώπου," καὶ εἴ τι ἄλλο τοιοῦτο, νομιστέον
λέγεσθαι διὰ τὴν πρὸς τὸν ἄνθρωπον ἕνωσιν, ὥσπερ καὶ διὰ τοῦ 15
Χριστοῦ γεγονέναι τὰ πάντα, καὶ κατοικεῖν Χριστὸν ἐν ταῖς καρδίαις
ἡμῶν, οὐ κατὰ τὸ φαινόμενον τοῦ θεοῦ, ἀλλὰ κατὰ τὸ νοούμενον,
κιρναμένων ὥσπερ τῶν κλήσεων, οὕτω δὴ καὶ τῶν φύσεων.

47   Τοῦ αὐτοῦ ἐκ τοῦ αὐτοῦ λόγου.

Τίς δὲ ὁ λόγος αὐτοῖς τῆς ἐνανθρωπήσεως ἤγουν σαρκώσεως ἴδωμεν, 20
ὡς αὐτοὶ λέγουσιν. Εἰ μὲν ἵνα χωρηθῇ θεὸς ἄλλως ἀχώρητος ὤν, καὶ
ὡς ὑπὸ παραπετάσματι τῇ σαρκὶ τοῖς ἀνθρώποις προσομιλήσῃ,
κομψὸν τὸ προσωπεῖον αὐτοῖς, καὶ τὸ δρᾶμα τῆς ὑποκρίσεως· ἵνα μὴ
λέγω ὅτι καὶ ἄλλως ὁμιλῆσαι ἡμῖν οἷόν τε ἦν, ὥσπερ ἐν βάτῳ πυρός,
καὶ ἀνθρωπίνῳ εἴδει τὸ πρότερον. Εἰ δὲ ἵνα λύσῃ τὸ κατάκριμα τῆς 25
ἁμαρτίας, τῷ ὁμοίῳ τὸ ὅμοιον ἁγιάσας, ὥσπερ σαρκὸς ἐδέησε διὰ τὴν
σάρκα κατακριθεῖσαν, καὶ ψυχῆς διὰ τὴν ψυχήν, οὕτω καὶ νοῦ διὰ
τὸν νοῦν, οὐ πταίσαντα μόνον ἐν τῷ Ἀδάμ, ἀλλὰ καὶ πρωτοπαθήσαντα,
ὅπερ καὶ οἱ ἰατροὶ λέγουσιν ἐπὶ τῶν ἀρρωστημάτων. Ὁ γὰρ τὴν
ἐντολὴν ἐδέξατο, τοῦτο καὶ τὴν ἐντολὴν οὐκ ἐφύλαξεν. Ὁ δὲ τὴν ἐντολὴν 30
οὐκ ἐφύλαξε, τοῦτο καὶ τὴν παράβασιν ἐτόλμησεν. Ὁ δὲ παρέβη,

11–12 1 Cor. 15:47   12 1 Cor. 15:48   13–14 Jn. 3:13   (15–16 Jn. 1:3)   (16–17
Eph. 3:17)

ISMDJCVOR   3–4 συνεπάγη σάρξ S   5 τὴν ἔννοιαν om. S   6 τῆς¹ om. S
δηλοῦν J   8 ἐπισκόπου Ναζιανζοῦ: τοῦ θεολόγου IJ   12 τό ante Οἷος add. S
οἱ om. J   14 ἄλλο εἴ τι S   τοιοῦτον SJV   15 ἄνθρωπον: οὐράνιον J   18 οὐ ante
κιρναμένων add. J   19 τοῦ αὐτοῦ λόγου: τῆς αὐτῆς ἐκθέσεως J: τοῦ λόγου αὐτοῦ V
20 ἤγουν σαρκώσεως ἴδωμεν: ἴδωμεν εἴτ' οὖν σαρκώσεως J   24 ὅτι om. S   ὥσπερ:
ὡς J   25 ἀνθρωπίνῳ: ἀνθρώπῳ I   26 ἁγιάσας: ἁπάσας I: ἀνασώσας S: ἁρπάσας V
29 οἱ om. J   30–1 Ὁ ––– ἐφύλαξε om. J

τοῦτο καὶ σωτηρίας ἐδεῖτο μάλιστα. Ὁ δὲ τῆς σωτηρίας ἐδεῖτο,
τοῦτο καὶ προσελήφθη. Ὁ νοῦς ἄρα προσειλῆφθαι νῦν ἀποδέδεικται,
κἂν μὴ βούλωνται, γεωμετρικαῖς, ὥς φασιν, ἀνάγκαις καὶ ἀποδείξεσι.
Σὺ δὲ ποιεῖς παραπλήσιον, ὥσπερ ἂν εἰ ὀφθαλμοῦ ἀνθρώπου νοσήσαν-
τος, καὶ ποδὸς προσπταίσαντος, τὸν πόδα μὲν ἐθεράπευες, τὸν δὲ ὀφθαλ- 5
μὸν ἀθεράπευτον εἴας· ἢ ζωγράφου τι μὴ καλῶς γράψαντος, τὸ μὲν
γραφὲν μετεποίεις, τὸν δὲ ζωγράφον ὡς κατορθοῦντα παρέτρεχες.
Εἰ δὲ ὑπὸ τούτων ἐξειργόμενοι τῶν λογισμῶν, καταφεύγουσιν ἐπὶ τὸ
δυνατὸν εἶναι θεῷ, καὶ χωρὶς νοῦ σῶσαι τὸν ἄνθρωπον, δυνατὸν δήπου
καὶ χωρὶς σαρκὸς μόνῳ τῷ βούλεσθαι, ὥσπερ καὶ τὰ ἄλλα πάντα ἐνεργεῖ 10
καὶ ἐνήργηκεν σωματικῶς. Ἄνελε οὖν μετὰ τοῦ νοῦ καὶ τὴν σάρκα,
ἵν' ᾖ σοι τέλειον τὸ τῆς ἀπονοίας.

Τοῦ ἁγίου Γρηγορίου ἐπισκόπου Νύσσης.

48   Ἐκ τοῦ λόγου τοῦ εἰς τὸν Ἀβραάμ.
Κατέβη τοίνυν οὐ γυμνὸς ὁ λόγος, ἀλλὰ σὰρξ γενόμενος· οὐχ ἡ τοῦ 15 **97**
θεοῦ μορφή, ἀλλ' ἡ τοῦ δούλου μορφή. Οὗτος οὖν ἐστιν ὁ εἰπὼν μὴ δύ-
νασθαι ἀφ' ἑαυτοῦ τι ποιεῖν. Τὸ γὰρ μὴ δύνασθαι ἀσθενείας ἐστίν.
Ὡς γὰρ τῷ φωτὶ τὸ σκότος καὶ ὁ θάνατος τῇ ζωῇ, οὕτω τῇ δυνάμει
ἀντιδιαστέλλεται ἡ ἀσθένεια. Ἀλλὰ μὴν Χριστὸς θεοῦ δύναμις. Οὐκ
ἀδύνατον πάντως ἡ δύναμις. Εἰ γὰρ ἡ δύναμις ἀσθενοίη, τί τὸ δυνά- 20
μενον; Ὅταν οὖν ἀποφαίνηται ὁ λόγος ὅτι οὐ δύναται ποιεῖν, δῆλον
ὅτι οὐχὶ τῇ θεότητι τοῦ μονογενοῦς τὴν ἀδυναμίαν προστίθησιν, ἀλλὰ
τῇ ἀσθενείᾳ τῆς ἡμετέρας φύσεως προσμαρτυρεῖ τὸ ἀδύνατον.
Ἀσθενὴς δὲ ἡ σάρξ, καθὼς γέγραπται, ὅτι "Τὸ μὲν πνεῦμα πρόθυμον,
ἡ δὲ σὰρξ ἀσθενής." 25

49   Τοῦ αὐτοῦ ἐκ τοῦ περὶ τελειότητος βίου.
Ἀλλὰ πάλιν ὁ ἀληθινὸς νομοθέτης, οὗ τύπος ἦν ὁ Μωϋσῆς, ἐκ τῆς
γῆς ἡμῶν ἑαυτῷ τὰς τῆς φύσεως πλάκας ἐλάξευσεν. Οὐ γὰρ γάμος
αὐτοῦ τὴν θεοδόχον ἐδημιούργησε σάρκα, ἀλλ' αὐτὸς τῆς ἰδίας σαρκὸς
γίνεται λατόμος, τῆς τῷ θείῳ δακτύλῳ καταγραφείσης. Πνεῦμα γὰρ 30
ἅγιον ἦλθεν ἐπὶ τὴν παρθένον, καὶ ἡ τοῦ ὑψίστου ἐπεσκίασε δύναμις.

(15 Jn. 1:14a)   (16 Phil. 2:5–8)   (19 1 Cor. 1:24)   24–5 Mt. 26:41   (30–1
Lk. 1:35)

ISMDJCVOR   1 μάλιστα --- ἐδεῖτο² om. ISV   3 φησι IS   5 ἐθεράπευσας IS
6 ἐᾷς IS   10 ἐνεργεῖν S   13 Τοῦ ἁγίου om. S   ἐπισκόπου om. S   14 τοῦ² om. J
λόγου post Ἀβραάμ transp. J   15 ὁ om. IV   16 μορφή¹ om. S   Οὗτος ---
εἰπών: Οὕτως οὖν ὁ εἶπον J   19 δύναμις θεοῦ V   21 οὐδέν post ποιεῖν add. S
22 προτίθησιν V   23 ἀσθενείᾳ post φύσεως transp. S   24–5 Ἀσθενὴς --- ἀσθενής
om. J   24 καθὰ S   μὲν om. IV

Ἐπεὶ δὲ τοῦτο γέγονε, πάλιν τὸ ἀσύντριπτον ἔσχεν ἡ φύσις, ἀθάνατος
γενομένη τοῖς τοῦ δακτύλου χαράγμασιν.

50 Τοῦ αὐτοῦ ἐκ τοῦ κατὰ Εὐνομίου λόγου.

Φαμὲν τοίνυν, ὅτι ἐν μὲν τοῖς πρὸ τούτου λόγοις εἰπὼν τὴν σοφίαν
ᾠκοδομηκέναι ἑαυτῇ οἶκον, τὴν τῆς σαρκὸς τοῦ κυρίου κατασκευὴν 5
τῷ λόγῳ αἰνίσσεται. Οὐ γὰρ ἐν ἀλλοτρίῳ οἰκοδομήματι ἡ ἀληθινὴ
σοφία κατῴκησεν, ἀλλ' ἑαυτῇ τὸ οἰκητήριον ἐκ τοῦ παρθενικοῦ
σώματος ἐδομήσατο.

51 Τοῦ αὐτοῦ ἐκ τῆς αὐτῆς πραγματείας.

Ὁ λόγος πρὸ τῶν αἰώνων ἦν, ἡ σὰρξ δὲ ἐπὶ τῶν ἐσχάτων ἐγένετο χρό- 10
νων, καὶ οὐκ ἄν τις ἀναστρέψας εἴποι, ἢ ταύτην προαιώνιον εἶναι, ἢ
ἐν τοῖς ἐσχάτοις γεγενῆσθαι τὸν λόγον.

52 Τοῦ αὐτοῦ ἐκ τῆς αὐτῆς πραγματείας.

Οὐκ ἐκ τοῦ θείου τε καὶ ἀκηράτου ἐστὶν ἡ τοῦ ἔκτισέ με φωνή, ἀλλὰ
καθὼς εἴρηται, ἐκ τοῦ ἀναληφθέντος κατ' οἰκονομίαν ἀπὸ τῆς κτι- 15
στῆς ἡμῶν φύσεως.

53 Τοῦ αὐτοῦ ἐκ τοῦ εἰς τοὺς μακαρισμοὺς λόγου πρώτου.

"'Ὃς ἐν μορφῇ θεοῦ ὑπάρχων, οὐχ ἁρπαγμὸν ἡγήσατο τὸ εἶναι ἴσα
θεῷ, ἀλλ' ἑαυτὸν ἐκένωσε μορφὴν δούλου λαβών.'' Τί πτωχότερον
ἐπὶ θεοῦ τῆς τοῦ δούλου μορφῆς; τί ταπεινότερον ἐπὶ τοῦ βασιλέως 20
τῶν ὄντων ἢ τὸ εἰς κοινωνίαν τῆς πτωχῆς ἡμῶν φύσεως ἑκουσίως
ἐλθεῖν; "Ὁ βασιλεὺς τῶν βασιλευόντων, καὶ κύριος τῶν κυριευόν-
των" ἐθελοντὶ τὴν τῆς δουλείας μορφὴν ὑποδύεται.

Τοῦ ἁγίου Φλαβιανοῦ ἐπισκόπου Ἀντιοχείας.

54 Ἐκ τῆς εἰς Ἰωάννην τὸν Βαπτιστὴν ὁμιλίας. 25

Μὴ τοίνυν νόει σωματικῶς συνάφειαν, μηδὲ γαμικὴν ὁμιλίαν ἐκδέχου.
Ὁ γὰρ σὸς δημιουργὸς τὸν σωματικὸν αὐτοῦ ναὸν παρὰ σοῦ τικτό-
μενον δημιουργεῖ.

55 Τοῦ αὐτοῦ ἐκ τοῦ λόγου τοῦ εἰς τό, "Πνεῦμα κυρίου ἐπ' ἐμέ."

53 Exc. Eph. XVI (44. 16–21)

(14 Prov. 8:22) 18–19 Phil. 2:6–7 22–3 1 Tim. 6:15 29 Is. 61:1

ISMDJCVOR 1 Ἐπεὶ δὲ: Ἐπειδὴ J 2 αὐτοῦ post χαράγμασιν add. J 6 τῷ
λόγῳ: διὰ τοῦ λόγου J: τοῦ λόγου S 8 ἐδομήσατο σώματος S 9 τῆς αὐτῆς
πραγματείας: τοῦ αὐτοῦ λόγου IS 10 ἐπὶ τῶν: ἐπ' V 10–11 τῶν ante χρόνων add. V
12 ἐν τοῖς ἐσχάτοις: ἐπ' ἐσχάτων S 13 τῆς αὐτῆς πραγματείας: τοῦ αὐτοῦ λόγου I
17 τοῦ[2]: τῶν IV πρώτου λόγου J 20 θεῷ J 21 ἑκουσίως om. V 23 ἐθελοντὶ
ἐθελοντὴς J 25 τὸν ante Ἰωάννην add. J 26 σωματικὴν J 29 τοῦ[3] om. JV
λόγου post ἐμέ transp. J

Ἀκούσατε τοῦ λέγοντος· "Πνεῦμα κυρίου ἐπ' ἐμέ, οὗ εἵνεκεν ἔχρισέ
με." Οὐκ ἴστε, φησίν, ἃ ἀναγινώσκετε. Ἥκω γὰρ ὑμῖν ὁ χρισθεὶς τῷ
πνεύματι. Πνεύματι δὲ χρίεται, οὐχ ἡ ἀθέατος φύσις, ἀλλὰ τὸ ἡμῖν
ὁμογενές.

Ἀμφιλοχίου ἐπισκόπου Ἰκονίου.   5

56 Ἐκ τοῦ λόγου τοῦ εἰς τό, "Ὁ πατήρ μου μείζων μού ἐστιν."
Διάκρινον λοιπὸν τὰς φύσεις, τήν τε τοῦ θεοῦ, τήν τε τοῦ ἀνθρώπου.
Οὔτε γὰρ κατ' ἔκπτωσιν ἐκ θεοῦ γέγονεν ἄνθρωπος, οὔτε κατὰ προ-
κοπὴν ἐξ ἀνθρώπου θεός. Θεὸν γὰρ καὶ ἄνθρωπον λέγω. Ὅταν δὲ τὰ
παθήματα τῇ σαρκὶ καὶ τὰ θαύματα τῷ θεῷ δῷς, ἀνάγκη καὶ μὴ 10
θέλων δίδως, τοὺς μὲν ταπεινοὺς λόγους τῷ ἐκ Μαρίας ἀνθρώπῳ,
τοὺς δὲ ἀνηγμένους καὶ θεοπρεπεῖς τῷ ἐν ἀρχῇ ὄντι λόγῳ. Διὰ τοῦτο
γὰρ πῇ μὲν ἀνηγμένους, πῇ δὲ ταπεινοὺς φθέγγομαι λόγους, ἵνα διὰ
μὲν τῶν ὑψηλῶν τοῦ ἐνοικοῦντος λόγου δείξω τὴν εὐγένειαν, διὰ δὲ
τῶν ταπεινῶν τῆς ταπεινῆς σαρκὸς γνωρίσω τὴν ἀσθένειαν. Ὅθεν πῇ 15
μὲν ἐμαυτὸν ἴσον λέγω τοῦ πατρός, πῇ δὲ μείζονα τὸν πατέρα, οὐ
μαχόμενος ἐμαυτῷ, ἀλλὰ δεικνὺς ὡς θεός εἰμι καὶ ἄνθρωπος· θεὸς μὲν
ἐκ τῶν ὑψηλῶν, ἄνθρωπος δὲ ἐκ τῶν ταπεινῶν. Εἰ δὲ θέλετε γνῶναι
πῶς ὁ πατήρ μου μείζων μού ἐστιν, ἐκ τῆς σαρκὸς εἶπον, καὶ οὐκ ἐκ
προσώπου τῆς θεότητος.   20

57 Τοῦ αὐτοῦ ἐκ τοῦ λόγου τοῦ εἰς τό, "Οὐ δύναται ὁ υἱὸς ποιεῖν ἀφ'
ἑαυτοῦ οὐδέν."
Ποῖος δὲ παρήκουσεν ἐν οὐρανοῖς Ἀδάμ; Ποῖος δὲ ἐξ οὐρανίου σώμα-
τος ἐπλάσθη παρὰ τὴν πρώτην πρωτόπλαστος; Ἀλλ' ἐπλάσθη ἐξ
ἀρχῆς ὁ ἐκ τῆς γῆς, παρήκουσεν ὁ ἐκ τῆς γῆς, ἀνελήφθη ὁ ἐκ τῆς γῆς. 25
Διὸ καὶ ἐσώθη ὁ ἐκ τῆς γῆς, ἵν' οὕτως ἀληθὴς ἅμα καὶ ἀναγκαῖος
φανῇ τῆς οἰκονομίας ὁ λόγος.

Τοῦ ἁγίου Ἰωάννου ἐπισκόπου Κωνσταντινουπόλεως.

56 Gelasius 27; ll. 7–10 (δῷς) Chalcedon 6

1–2: Is. 61:1   6 Jn. 14:28   (19 Jn. 14:28)   21–2 Jn. 5:19

ISMDJCVOR   1 κυρίου om. V   5 Τοῦ ἁγίου ante Ἀμφιλοχίου add. J   7 μοι
post Διάκρινόν add. V   8–9 προκοπὴν: τροπὴν S   9 λέγομεν J   10 τῇ σαρκὶ
om. I: σαρκὶ S: σαρκικὰ J   11 ἀνθρώπῳ: υἱῷ J   14 εὐγένειαν: συγγένειαν JV
16 λέγων J   17 λέγω post ἐμαυτῷ add. J   21 εἰς τό om. S   25 ὅ³ — — γῆς om. J
26 ὁ om. J   ἀληθῶς IS ἀναγκαίως IS   27 ὁ ante τῆς transp. V   28 Τοῦ — — —
Κωνσταντινουπόλεως: Τοῦ ἁγίου Ἰωάννου ἀρχιεπισκόπου Κωνστ. τοῦ Χρυσοστόμου ἐκ
(sic) J   ἐπισκόπου Κωνστ.: τοῦ Χρυσοστόμου S

58 Ἐκ τοῦ λόγου ὃν εἶπε, Γότθου πρέσβεως πρὸ αὐτοῦ εἰρηκότος.
Ὅρα ἐκ προοιμίων τί ποιεῖ. Τὴν φύσιν περιβάλλεται τὴν ἡμετέραν,
τὴν ἠσθενηκυῖαν, τὴν ἡττηθεῖσαν, ὥστε μαχέσασθαι καὶ ἀναπαλαῖσαι
δι' αὐτῆς· καὶ ἐκ τῶν προοιμίων πρόρριζον ἀνασπᾷ τῆς ἀπονοίας τὴν
φύσιν.   5

59 Τοῦ αὐτοῦ ἐκ τοῦ γενεθλιακοῦ λόγου.

Πῶς γὰρ οὐκ ἐσχάτης παραπληξίας, αὐτοὺς μὲν εἰς λίθους καὶ ξύλα
εὐτελῆ ξόανα τοὺς ἑαυτῶν εἰσάγοντας θεοὺς καὶ καθάπερ ἐν δεσμω-
τηρίῳ τινὶ κατακλείοντας, μηδὲν αἰσχρὸν ἡγεῖσθαι μήτε ποιεῖν μήτε
λέγειν, ἡμῖν δὲ ἐγκαλεῖν λέγουσιν, ὅτι ναὸν ἑαυτῷ κατασκευάσας ὁ 10
θεὸς ζῶντα ἐκ πνεύματος ἁγίου, δι' αὐτοῦ τὴν οἰκουμένην ὠφέλησεν;
Εἰ γὰρ αἰσχρὸν ἐν ἀνθρωπίνῳ σώματι θεὸν οἰκῆσαι, πολλῷ μᾶλλον ἐν
λίθῳ καὶ ξύλῳ, ὅσῳ ὁ λίθος καὶ τὸ ξύλον ἀτιμότερον ἀνθρώπου· εἰ μὴ
ἄρα καὶ τῶν ἀναισθήτων τούτων ὑλῶν εὐτελέστερον τὸ γένος ἡμῶν
αὐτοῖς εἶναι δοκεῖ. Αὐτοὶ καὶ εἰς λίθους καὶ εἰς κύνας, πολλοὶ δὲ τῶν 15
αἱρετικῶν καὶ εἰς ἕτερα τούτων ἀτιμότερα τοῦ θεοῦ κατάγουσι τὴν
οὐσίαν. Ἡμεῖς δὲ τούτων μὲν οὐδὲν οὔτ' ἂν ἀκοῦσαί ποτε ἀνασχοί-
μεθα. Ἐκεῖνο δέ φαμεν, ὅτι καθαρὰν σάρκα καὶ ἁγίαν καὶ ἄμωμον
καὶ ἁμαρτίᾳ πάσῃ γενομένην ἄβατον ἐκ παρθενικῆς μήτρας ἀνέλαβεν
ὁ Χριστός, καὶ τὸ οἰκεῖον διώρθωσε σκεῦος.   20

60 Καὶ μετ' ὀλίγα.

Ἐκεῖνο δέ φαμεν, ὅτι ναὸν ἅγιον ἑαυτῷ κατασκευάσας ὁ θεὸς λόγος,
δι' ἐκείνου τὴν ἐκ τῶν οὐρανῶν πολιτείαν εἰς τὸν βίον εἰσήγαγε τὸν
ἡμέτερον.

61 Τοῦ αὐτοῦ ἀπὸ τοῦ λόγου, ὅτι τὰ ταπεινῶς εἰρημένα καὶ γεγενη- 25
μένα παρὰ τοῦ Χριστοῦ, οὐ δι' ἀσθένειαν δυνάμεως, ἀλλὰ δι'
οἰκονομίας διαφόρους.

Τίνες οὖν εἰσιν αἱ αἰτίαι τοῦ ταπεινὰ πολλὰ καὶ αὐτὸν καὶ τοὺς
ἀποστόλους εἰρηκέναι περὶ αὐτοῦ; Πρώτη μὲν αἰτία καὶ μεγίστη, τὸ
σάρκα αὐτὸν περιβεβλῆσθαι, καὶ βούλεσθαι καὶ τοὺς τότε καὶ τοὺς 30
μετὰ ταῦτα πιστώσασθαι πάντας, ὅτι οὐ σκιά τίς ἐστιν οὐδὲ σχῆμα
ἁπλῶς τὸ ὁρώμενον, ἀλλ' ἀλήθεια φύσεως. Εἰ γὰρ τοσαῦτα ταπεινὰ
καὶ ἀνθρώπινα, καὶ αὐτοῦ καὶ τῶν ἀποστόλων εἰρηκότων περὶ αὐτοῦ,
ὅμως ἴσχυσεν ὁ διάβολος πεῖσαί τινας τῶν ἀθλίων καὶ ταλαιπώρων

ISMDJCVOR   1–6 Ἐκ --- λόγου om. J   1 Γόθθου I   πρεσβυτέρου I:
πρέσβυς V   3 ἠσθενηκυῖαν: τεθνηκυῖαν IS   4 τῶν om. S   9 μήτε¹ om. J
13 ξύλῳ καὶ λίθῳ IS   ὅσον τὸ ξύλον καὶ ὁ λίθος S   14–15 εἶναι ante τὸ transp. S
15 αὐτοῖς: τούτοις S   δόξει J   εἰς² om. J   17 μὲν om. IV   ἂν om. J   19 ἔλαβεν
ISV   25 ἀπὸ: ἐκ SJ   τοῦ post λόγου add. SJ   27 γίνονται post διαφόρους add. S: καὶ
ἐρρέθη καὶ ἐγένοντο sic add. J   29 αὐτοῦ: ἑαυτοῦ V   34 ἀθλίων: ἀθέων IS

ἀνθρώπων ἀρνήσασθαι τῆς οἰκονομίας τὸν λόγον, καὶ τολμῆσαι
εἰπεῖν ὅτι σάρκα οὐκ ἔλαβε, καὶ τὴν πᾶσαν τῆς φιλανθρωπίας ὑπό-
θεσιν ἀνελεῖν· εἰ μηδὲν τούτων εἶπε, πόσοι οὐκ ἂν εἰς τὸ βάραθρον
τοῦτο κατέπεσον.

ΟΡΘ. Ὀλίγας μὲν ἐκ παμπόλλων σοι παρήγαγον χρήσεις τῶν 5
κηρύκων τῆς ἀληθείας, ἵνα μὴ τῷ πλήθει τὰς ἀκοὰς ἀποκναίσω.
Ἀποχρῶσι δὲ καὶ αὗται δεῖξαι τῶν ἀξιεπαίνων ἀνδρῶν τοῦ φρονή-
ματος τὸν σκοπόν. Σὸν δ᾽ ἂν εἴη φάναι λοιπόν, ὅπως ἔχειν σοι τὰ
εἰρημένα δοκεῖ.

ΕΡΑΝ. Συνῳδὰ μὲν εἰρήκασιν ἅπαντες, καὶ συμφωνοῦσι τοῖς τὴν 10
πρὸς ἀνίσχοντα ἥλιον γεωργήσασι γῆν οἱ τὴν πρὸς δυόμενον φυτουρ-
γήσαντες· πολλὴν δὲ εἶδον ἐν τοῖς λόγοις διαίρεσιν.

ΟΡΘ. Διάδοχοι τῶν θείων ἀποστόλων οἱ ἄνδρες γεγένηνται.
Τινὲς δὲ καὶ τῆς ἱερᾶς αὐτῶν φωνῆς καὶ τῆς ἀξιαγάστου θέας ἀπή-
λαυσαν· οἱ δέ γε πλεῖστοι τοῖς τοῦ μαρτυρίου στεφάνοις κατεκοσμή- 15 **104**
θησαν. Ἦ τοίνυν εὐαγές σοι δοκεῖ καὶ κατὰ τούτων τὴν βλάσφημον
κινῆσαι γλῶτταν;

ΕΡΑΝ. Τοῦτο μὲν δρᾶσαι δειμαίνω, τὴν δὲ πολλὴν διαίρεσιν οὐ
προσίεμαι.

ΟΡΘ. Ἀλλ᾽ ἐγώ σοι πάλιν παράδοξον μηχανήσομαι θεραπείαν. Ἕνα 20
γὰρ τῶν τῆς θαυμασίας ὑμῶν αἱρέσεως διδασκάλων Ἀπολινάριον εἰς
μέσον παράξω, καὶ δείξω τοῖς ἁγίοις πατράσι τό, "'Ο λόγος σὰρξ
ἐγένετο," παραπλησίως νενοηκότα. Ἄκουσον τοίνυν ἐν τῷ κατὰ
κεφάλαιον βιβλίῳ οἷα περὶ τούτου συνέγραψεν.

Ἀπολιναρίου. 25

62   Ἐκ τοῦ κατὰ κεφάλαιον βιβλίου.
Εἰ ὃ προσλαμβάνει τις οὐ τρέπεται εἰς τοῦτο, προσέλαβε δὲ σάρκα
Χριστός, οὐκ ἄρα ἐτράπη εἰς σάρκα.
63   Καὶ πάλιν εὐθὺς ἐπισυνάπτων φησί.
Καὶ γὰρ ἑαυτὸν ἡμῖν εἰς συγγένειαν ἐχαρίσατο διὰ τοῦ σώματος, ἵνα 30
σώσῃ. Μακρῷ δὲ κάλλιον τοῦ σωζομένου τὸ σῶζον· μακρῷ ἄρα

22–3 Jn. 1:14a

ISMDJCVOR   5 οὖν post μὲν add. R   παμπόλλων: πολλῶν IS   7 καὶ om. S
10 τὴν om. I   14–15 ἀπέλαυσαν IS^ac   16 Ἦ: Εἰ IS^pc J   17 κινήσατε J
20 πάλιν: πάλαι S   21 τῶν: τὸν I   διδάσκαλον IV   λέγω post Ἀπολινάριον
add. S   26 κεφαλαίων S   27 Εἰ: Εἰς SJ   28 ὁ ante Χριστός add. V   ἄρα om.
I: ἄρα οὐκ V

καλλίων ἡμῶν καὶ ἐν τῇ σωματώσει. Οὐκ ἂν δὲ ἦν καλλίων εἰς σάρκα
τραπείς.

64   Καὶ μετ᾿ ὀλίγα δὲ οὕτω λέγει.

Τὸ ἁπλοῦν ἕν ἐστι, τὸ δὲ σύνθετον οὐ δύναται ἓν εἶναι. Τροπὴν ἂν
λέγοι τοῦ ἑνὸς λόγου ὁ φάσκων αὐτὸν σάρκα γεγενῆσθαι. Εἰ δὲ καὶ τὸ 5
σύνθετον ἕν ἐστιν, ὥσπερ ἄνθρωπος, τὸ κατὰ σύνθεσιν ἓν λέγει ὁ διὰ
τὴν πρὸς σάρκα ἕνωσιν λέγων· '"Ὁ λόγος σὰρξ ἐγένετο."

65   Καὶ αὖθις μετὰ βραχέα καὶ ταῦτα εἴρηκε.

Σάρκωσις κένωσις· ἡ δὲ κένωσις οὐχ υἱὸν θεοῦ, ἀλλὰ υἱὸν ἀνθρώπου
τὸν κενώσαντα ἑαυτὸν ἀπέφηνε, κατὰ τὴν περιβολήν, οὐ κατὰ μετα- 10
βολήν.

ΟΡΘ. Ἰδού σοι καὶ τὸ τῆς περιβολῆς ὄνομα προσενήνοχεν ὁ τῶν
σῶν δογμάτων διδάσκαλος. Καὶ μέντοι

66   Κἂν τῷ περὶ πίστεως λογιδίῳ οὕτω λέγει.

Πιστεύομεν οὖν, ἀναλλοιώτου μενούσης τῆς θεότητος, τὴν σάρκωσιν 15
αὐτῆς γεγενῆσθαι πρὸς ἀνακαίνισιν τῆς ἀνθρωπότητος. Οὔτε γὰρ ἀλ-
λοίωσις, οὔτε μετακίνησις, οὔτε περικλεισμὸς γέγονε περὶ τὴν ἁγίαν
τοῦ θεοῦ δύναμιν.

67   Καὶ μετ᾿ ὀλίγα.

Προσκυνοῦμεν δὲ θεὸν σάρκα ἐκ τῆς ἁγίας παρθένου προσλαβόντα, 20
καὶ διὰ τοῦτο ἄνθρωπον μὲν ὄντα κατὰ τὴν σάρκα, θεὸν δὲ κατὰ τὸ
πνεῦμα.

68   Καὶ ἐν ἑτέρᾳ δὲ ἐκθέσει οὕτως ἔφη.

Ὁμολογοῦμεν τὸν υἱὸν τοῦ θεοῦ υἱὸν ἀνθρώπου γεγενῆσθαι, οὐκ
ὀνόματι, ἀλλ᾿ ἀληθείᾳ προσλαβόντα σάρκα ἐκ Μαρίας τῆς παρθένου. 25

ΕΡΑΝ. Οὐκ ᾤμην ταῦτα φρονεῖν τὸν Ἀπολινάριον· ἑτέρας γὰρ
περὶ τοῦ ἀνδρὸς εἶχον δόξας.

ΟΡΘ. Ἰδοὺ τοίνυν μεμάθηκας, ὡς οὐ μόνον οἱ προφῆται καὶ
ἀπόστολοι, καὶ οἱ μετ᾿ αὐτοὺς χειροτονηθέντες τῆς οἰκουμένης
διδάσκαλοι, ἀλλὰ καὶ Ἀπολινάριος, ὁ τοὺς αἱρετικοὺς φληνάφους 30
συγγράψας, καὶ ἄτρεπτον ὁμολογεῖ τὸν θεὸν λόγον, καὶ οὐκ εἰς σάρκα
αὐτὸν τετράφθαι φησίν, ἀλλὰ σάρκα ἀνειληφέναι· καὶ τοῦτο πολλάκις

---

7 Jn. 1:14a (9–10 Phil. 2:7)

ISMDJCVOR   1 κάλλιον¹ JV κάλλιον² V   3 ὀλίγον I   4 ἂν: οὖν R
5 λέγῃ S   6 ἕν¹ om. IS   7 λέγων: λέγω V   9 Σάρκωσις: Ἡ κένωσις J υἱὸν θεοῦ:
ἀνθρώπου ISV   10 κατὰ² om. J   14 λέγει οὕτως S   16 αὐτῆς: αὐτοῦ J πρὸς:
εἰς S ἀνακαίνισιν: ἀνακαίνωσιν I: ἀνακένωσιν S   20 προσλαβόντα ante παρθένου
transp. S   21 τὴν om. S   25 σάρκα post παρθένου transp. V   27 δόξας
εἶχον S   28 μόνον οἱ: μόνοι J   29 οἱ ante ἀπόστολοι add. S μετ᾿ αὐτοὺς: μετὰ
τούτους J   32 αὐτὸν om. V

εἶπεν, ὡς ἀκηκόατε. Μὴ τοίνυν ἀποκρύψαι τῇ βλασφημίᾳ φιλονεική- **105**
σητε τὸν διδάσκαλον. "Οὐκ ἔστι γὰρ μαθητὴς ὑπὲρ τὸν διδάσκαλον,"
ὡς ὁ κύριος ἔφη.

ΕΡΑΝ. Ὁμολογῶ κἀγὼ καὶ ἄτρεπτον εἶναι τὸν θεὸν λόγον καὶ
σάρκα ἀνειληφέναι. Τὸ γὰρ τοσούτοις μάρτυσιν ἀντιτείνειν παρα- 5
πληξίας ἐσχάτης.

ΟΡΘ. Δοκεῖ τοίνυν καὶ τῶν λοιπῶν ζητημάτων γενέσθαι τὴν
λύσιν;

ΕΡΑΝ. Εἰς τὴν ὑστεραίαν τὴν τούτων ἀναβαλώμεθα βάσανον.

ΟΡΘ. Ἀπίωμεν τοίνυν διαλύσαντες τὴν συνουσίαν, καὶ ὧν ὡμολο- 10
γήσαμεν μνημονεύσωμεν.

---

2 Mt. 10:24

ISMDJCVOR   2 γὰρ om. J   3 ὡς om. V   ἔφη ante ὁ transp. S
11 μνημονεύωμεν J

ΑΣΥΓΧΥΤΟΣ
ΔΙΑΛΟΓΟΣ Β'

ΕΡΑΝ. Ἐγὼ μὲν ἀφικόμην ὡς ὑπεσχόμην· σὲ δὲ χρὴ δυοῖν θάτερον δρᾶσαι, ἢ τὰ ζητούμενα λῦσαι, ἢ τοῖς παρ' ἡμῶν λεγομένοις συνθέσθαι.

ΟΡΘ. Ἐδεξάμην τὴν πρόκλησιν· ὀρθὴν γὰρ αὐτὴν καὶ δικαίαν ὑπείληφα. Δεῖ δὲ ἡμᾶς ἀναμνησθῆναι πρότερον, ποῖ κατελίπομεν τῇ προτεραίᾳ τὸν λόγον, καὶ ποῖον ἔσχεν ἡ διάλεξις πέρας.

ΕΡΑΝ. Ἐγὼ τοῦ πέρατος ἀναμνήσω. Μέμνημαι γὰρ ὡς συνωμολογήσαμεν ἄτρεπτον εἶναι τὸν θεὸν λόγον καὶ σάρκα εἰληφέναι, οὐκ αὐτὸν εἰς σάρκα τραπῆναι.

ΟΡΘ. Ἔοικας στέργειν τὰ δεδογμένα· φιλαλήθως γὰρ τούτων ἀνέμνησας.

ΕΡΑΝ. Καὶ ἤδη πρότερον ἔφην, ὡς ὁ τοσούτοις ἀντιτείνων καὶ τοιούτοις διδασκάλοις ἐναργέστατα μέμηνεν· οὐχ ἥκιστα δέ με κατῄδεσεν Ἀπολινάριος ταὐτὰ τοῖς ὀρθοδόξοις εἰπών, καίτοι προφανῶς ἐν τοῖς περὶ σαρκώσεως λόγοις ἐναντίαν ὁδεύσας ὁδόν.

ΟΡΘ. Οὐκ οὖν σάρκα τὸν θεὸν λόγον ἀνειληφέναι φαμέν;

ΕΡΑΝ. Πάνυγε.

ΟΡΘ. Τὴν δὲ σάρκα τί νοοῦμεν; σῶμα μόνον, ὡς Ἀρείῳ καὶ Εὐνομίῳ δοκεῖ, ἢ σῶμα καὶ ψυχήν;

ΕΡΑΝ. Σῶμα καὶ ψυχήν.

ΟΡΘ. Ποίαν ψυχήν; τὴν λογικὴν ἢ τὴν παρά τινων φυτικὴν ἤγουν ζωτικὴν καλουμένην; Ἀναγκάζει γὰρ ἡμᾶς ἐρωτᾶν ἃ μὴ δεῖ τῶν Ἀπολιναρίου συγγραμμάτων ἡ μυθώδης τερθρεία.

ΕΡΑΝ. Ἀπολινάριος γὰρ διαφορὰν λέγει ψυχῶν;

ΟΡΘ. Ἐκ τριῶν συγκεῖσθαι λέγει τὸν ἄνθρωπον, ἐκ σώματος καὶ ψυχῆς τῆς ζωτικῆς καὶ αὖ πάλιν ἐκ τῆς λογικῆς, ἣν νοῦν προσαγορεύει. Ἡ δὲ θεία γραφὴ μίαν οἶδεν, οὐ δύο ψυχάς· καὶ τοῦτο διδάσκει σαφῶς

ISMDJCVOR   2 Β' om. ISV   3 δυοῖν: δυεῖν S   4 ἡμῶν: ἡμῖν S
7 κατελείπομεν S^{ac}V   10 εἶναι: μεῖναι IV   ἀνειληφέναι J   13 ἀνέμνησας:
μέμνησαι J   14–15 ἀντιτείνων post τοιούτοις transp. S   23–4 φυτικὴν ἤγουν ζωτικὴν:
φυσικὴν J

ἡμᾶς ἡ τοῦ πρώτου ἀνθρώπου διάπλασις. "'Έλαβε, γάρ φησιν, ὁ
θεὸς χοῦν ἀπὸ τῆς γῆς καὶ ἔπλασε τὸν ἄνθρωπον καὶ ἐνεφύσησεν εἰς
τὸ πρόσωπον αὐτοῦ πνοὴν ζωῆς, καὶ ἐγένετο ὁ ἄνθρωπος εἰς ψυχὴν
ζῶσαν." Καὶ μέντοι καὶ ἐν τοῖς εὐαγγελίοις ὁ κύριος τοῖς ἁγίοις
εἴρηκε μαθηταῖς· "Μὴ φοβεῖσθε ἀπὸ τῶν ἀποκτεννόντων τὸ σῶμα, 5
τὴν δὲ ψυχὴν μὴ δυναμένων ἀποκτεῖναι· φοβήθητε δὲ μᾶλλον τὸν καὶ
τὴν ψυχὴν καὶ τὸ σῶμα ἀπολέσαι δυνάμενον ἐν γεέννῃ." Καὶ ὁ θειό-
τατος Μωϋσῆς, τὸν ἀριθμὸν τεθεικὼς τῶν κατεληλυθότων εἰς
Αἴγυπτον καὶ εἰρηκὼς μεθ' ὅσων ἕκαστος εἰσελήλυθε φύλαρχος,
ἐπήγαγε· "Πᾶσαι αἱ ψυχαὶ αἱ εἰσελθοῦσαι εἰς Αἴγυπτον ἑβδομήκοντα 10
πέντε," μίαν ἑκάστου τῶν εἰσεληλυθότων ἀριθμήσας ψυχήν. Καὶ ὁ
θεῖος ἀπόστολος ἐν Τρωάδι, πάντων ὑπειληφότων τεθνάναι τὸν
Εὔτυχον, ἔφη· "Μὴ θορυβεῖσθε, ἡ γὰρ ψυχὴ αὐτοῦ ἐν αὐτῷ ἐστι."
ΕΡΑΝ. Δέδεικται σαφῶς ὡς μίαν ἕκαστος ἄνθρωπος ἔχει ψυχήν.
ΟΡΘ. Ἀλλ' Ἀπολινάριος δύο λέγει, καὶ τὴν μὲν ἄλογον ἀνειλη- 15
φέναι τὸν θεὸν λόγον, ἀντὶ δὲ τῆς λογικῆς αὐτὸν ἐν σαρκὶ γεγενῆσθαι.
Τούτου χάριν ἠρόμην, ποίαν φὴς μετὰ τοῦ σώματος ἀνειλῆφθαι
ψυχήν.
ΕΡΑΝ. Τὴν λογικὴν ἔγωγέ φημι· τῇ γραφῇ γὰρ ἕπομαι τῇ θείᾳ.
ΟΡΘ. Τελείαν τοίνυν ἀναληφθῆναί φαμεν ὑπὸ τοῦ θεοῦ λόγου τὴν 20
τοῦ δούλου μορφήν;
ΕΡΑΝ. Τελείαν.
ΟΡΘ. Καὶ μάλα εἰκότως. Ἐπειδὴ γὰρ ὁ πρῶτος ἄνθρωπος ὅλος
ὑπὸ τὴν ἁμαρτίαν ἐγένετο, καὶ τοὺς τῆς θείας εἰκόνος ἀπώλεσε
χαρακτῆρας, ἠκολούθησε δὲ τῷ γενεάρχῃ τὸ γένος· ἀναγκαίως ὁ 25
δημιουργὸς καινουργῆσαι τὴν ἀμαυρωθεῖσαν εἰκόνα θελήσας, ὅλην
τὴν φύσιν ἀναλαβὼν πολλῷ τῶν προτέρων ἀμείνους ἐνετύπωσε
χαρακτῆρας.
ΕΡΑΝ. Ταῦτα μὲν ἀληθῆ. Ἀξιῶ δὲ πρῶτον ἡμῖν εὐκρινεῖς γενέσ-
θαι τῶν ὀνομάτων τὰς σημασίας, ἵν' ἡ διάλεξις ἀκωλύτως προβαίνῃ, 30 **109**
καὶ μηδὲν τῶν ἀμφιβαλλομένων μεταξὺ ζητούμενον διακόπτῃ τὸν
λόγον.
ΟΡΘ. Ἄριστα εἴρηκας· ἔρου τοίνυν περὶ οὗ ἂν ἐθέλῃς.
ΕΡΑΝ. Ἰησοῦν τὸν Χριστὸν τί χρὴ καλεῖν; ἄνθρωπον ἢ θεόν;

1–4 Gen. 2:7   5–7 Mt. 10:28   10–11 Gen. 46:27   13 Acts 20:10

ISMDJCVOR   1 πρώτου om. S   5 ἀποκτενόντων IJV   7 τὸ σῶμα καὶ τὴν
ψυχὴν V   9 ὅσων: ὢν ISV   14 ἄνθρωπος: τῶν ἀνθρώπων J   16 τῇ ante σαρκὶ
add. ISJ   19 ἔγωγέ: ἐγώ V   τῇ — — — θείᾳ: τῇ γὰρ θείᾳ ἕπομαι γραφῇ S   20 τοῦ
om. V   23 ὅλως S   26 ἐθέλησας εἰκόνα ISJ   33 οὗ: ὅτου J   ἐθέλοις J
34 ἢ θεόν om. ISV

ΟΡΘ. Οὐδέτερον δίχα θατέρου, ἀλλ' ἑκάτερον. Ὁ γὰρ θεὸς λόγος
ἐνανθρωπήσας Ἰησοῦς Χριστὸς ὠνομάσθη. "Καλέσεις, γάρ φησι, τὸ
ὄνομα αὐτοῦ Ἰησοῦν· αὐτὸς γὰρ σώσει τὸν λαὸν αὐτοῦ ἀπὸ τῶν
ἁμαρτιῶν αὐτοῦ." Καί, "Σήμερον τίκτεται ὑμῖν Χριστὸς κύριος ἐν
πόλει Δαβίδ." Ἀγγέλων δὲ αὗται φωναί. Πρὸ δὲ τῆς ἐνανθρωπήσεως 5
θεὸς καὶ θεοῦ υἱὸς καὶ μονογενὴς καὶ κύριος καὶ θεὸς λόγος καὶ
ποιητὴς ὠνομάζετο. "Ἐν ἀρχῇ, γάρ, ἦν, φησίν, ὁ λόγος, καὶ ὁ λόγος
ἦν πρὸς τὸν θεόν, καὶ θεὸς ἦν ὁ λόγος·" καί, "Πάντα δι' αὐτοῦ
ἐγένετο·" καί, "Ζωὴ ἦν·" καί, "Ἦν τὸ φῶς τὸ ἀληθινόν, ὃ φωτίζει
πάντα ἄνθρωπον ἐρχόμενον εἰς τὸν κόσμον·" καὶ ὅσα τούτοις ἐστὶ 10
παραπλήσια καὶ τῆς φύσεως τῆς θείας δηλωτικά. Μετὰ δέ γε τὴν
ἐνανθρώπησιν Ἰησοῦς καὶ Χριστὸς ὁ αὐτὸς ὠνομάσθη.

ΕΡΑΝ. Οὐκοῦν θεὸς μόνον Ἰησοῦς ὁ κύριος.

ΟΡΘ. Ἐνανθρωπήσαντα θεὸν λόγον ἀκούεις, καὶ θεὸν μόνον ἀπο-
καλεῖς; 15

ΕΡΑΝ. Ἐπειδὴ μὴ τραπεὶς ἐνηνθρώπησεν, ἀλλὰ μεμένηκεν ὅπερ
ἦν, χρὴ καλεῖν αὐτὸν ὅπερ ἦν.

ΟΡΘ. Ἄτρεπτος μὲν ὁ θεὸς λόγος καὶ ἦν καὶ ἔστι καὶ ἔσται·
ἀνθρωπείαν δὲ φύσιν λαβὼν ἐνηνθρώπησε. Προσήκει τοίνυν ἡμᾶς
ἑκατέραν φύσιν ὁμολογεῖν καὶ τὴν λαβοῦσαν καὶ τὴν ληφθεῖσαν. 20

ΕΡΑΝ. Ἀπὸ τῆς κρείττονος ὀνομάζειν χρή.

ΟΡΘ. Ὁ ἄνθρωπος ἐκεῖνος, τὸ ζῷον λέγω, ἁπλοῦς ἐστιν ἢ σύν-
θετος;

ΕΡΑΝ. Σύνθετος.

ΟΡΘ. Ἐκ τίνων συγκείμενος; 25

ΕΡΑΝ. Ἐκ ψυχῆς καὶ σώματος.

ΟΡΘ. Τῶν δὲ φύσεων τούτων ποτέρα κρείττων;

ΕΡΑΝ. Δῆλον ὡς ἡ ψυχή· λογική τε γάρ ἐστι καὶ ἀθάνατος καὶ
τοῦ ζῴου τὴν ἡγεμονίαν πεπίστευται. Τὸ δὲ σῶμα θνητόν ἐστι καὶ
ἐπίκηρον καὶ τῆς ψυχῆς χωριζόμενον ἄλογόν ἐστι καὶ νεκρόν. 30

ΟΡΘ. Ἔδει τοιγαροῦν τὴν θείαν γραφὴν ἐκ τῆς ἀμείνονος φύσεως
ὀνομάζειν τὸ ζῷον.

2–4 Mt. 1:21   4–5 Lk. 2:11   7–8 Jn. 1:1   8–9 Jn. 1:3   9 Jn. 1:4   9–10 Jn. 1:9

ISMDJCVOR   2–3 φησι post αὐτοῦ transp. J   4 αὐτῶν J   5 αἱ ante φωναί add. J
11 τῆς¹ — — δηλωτικά: τῆς θείας δηλωτικὰ φύσεως S   γε om. J   12 ὁ αὐτὸς
om. V   16 ἀλλὰ om. S   δὲ post μεμένηκε add. S   17 αὐτὸν καλεῖν S
19 ἀνθρωπίνην S   22 ἐκεῖνος: κοινῶς J   26 σώματος καὶ ψυχῆς V   28 ὡς: ὅτι S
τε om. J

ΕΡΑΝ. Οὕτως ὀνομάζει. Τοὺς γὰρ εἰσεληλυθότας εἰς Αἴγυπτον ψυχὰς προσηγόρευσεν. Ἐν ἑβδομήκοντα γὰρ καὶ πέντε, φησί, ψυχαῖς κατέβη Ἰσραὴλ εἰς Αἴγυπτον.

ΟΡΘ. Ἀπὸ δὲ σώματος οὐδένα κέκληκεν ἡ θεία γραφή;

ΕΡΑΝ. Τοὺς τῇ σαρκὶ δεδουλευκότας προσηγόρευσε σάρκας. 5 112
"Εἶπε, γάρ φησιν, ὁ θεός· οὐ μὴ καταμείνῃ τὸ πνεῦμά μου ἐν τοῖς ἀνθρώποις τούτοις, διὰ τὸ εἶναι αὐτοὺς σάρκας."

ΟΡΘ. Δίχα δὲ κατηγορίας οὐδένα προσηγόρευσε σάρκα;

ΕΡΑΝ. Οὐ μέμνημαι.

ΟΡΘ. Ἐγώ σε τοιγαροῦν ἀναμνήσω καὶ διδάξω, ὡς τοὺς ἄγαν 10 ἁγίους σάρκας προσηγόρευσεν. Ἀπόκριναι τοίνυν· τοὺς ἀποστόλους τί ἂν καλέσῃς; πνευματικοὺς ἢ σαρκικούς;

ΕΡΑΝ. Πνευματικοὺς καὶ τῶν πνευματικῶν κορυφαίους καὶ διδασκάλους.

ΟΡΘ. Ἄκουσον τοίνυν τοῦ θεσπεσίου Παύλου λέγοντος· ""Ὅτε δὲ 15 ηὐδόκησεν ὁ ἀφορίσας με ἐκ κοιλίας μητρός μου καὶ καλέσας διὰ τῆς χάριτος αὐτοῦ ἀποκαλύψαι τὸν υἱὸν αὐτοῦ ἐν ἐμοί, ἵνα αὐτὸν εὐαγγελίζωμαι ἐν τοῖς ἔθνεσιν, εὐθέως οὐ προσανεθέμην σαρκὶ καὶ αἵματι, οὐδὲ ἀνῆλθον πρὸς τοὺς πρὸ ἐμοῦ ἀποστόλους." Μὴ κατηγορῶν τῶν ἀποστόλων οὕτω τότε αὐτοὺς προσηγόρευσεν; 20

ΕΡΑΝ. Οὐ δῆτα.

ΟΡΘ. Ἀλλ' ἀπὸ τῆς ὁρωμένης φύσεως ὀνομάζων καὶ συγκρίνων τῇ οὐρανόθεν κλήσει τὴν δι' ἀνθρώπων κλῆσιν;

ΕΡΑΝ. Ἀληθές.

ΟΡΘ. Τοιγάρτοι καὶ τοῦ ὑμνοποιοῦ Δαβὶδ ἄκουσον ᾄδοντος καὶ τῷ 25 θεῷ λέγοντος· "Πρὸς σὲ πᾶσα σὰρξ ἥξει·" καὶ τοῦ προφήτου Ἡσαΐου θεσπίζοντος, ὅτι ""Ὄψεται πᾶσα σὰρξ τὸ σωτήριον τοῦ θεοῦ ἡμῶν."

ΕΡΑΝ. Ἀποδέδεικται σαφῶς, ὡς καὶ δίχα κατηγορίας ἀπὸ τῆς σαρκὸς ἡ θεία γραφὴ τὴν ἀνθρωπείαν ὀνομάζει φύσιν. 30

ΟΡΘ. Ἐγὼ δέ σοι καὶ τὸ ἕτερον ἐπιδείξω.

ΕΡΑΝ. Ποῖον ἕτερον;

(1–3 Gen. 46:27) 6–7 Gen. 6:3 15–19 Gal. 1:15–17 26 Ps. 65:2 (LXX 64:3) 27–8 Is. 52:10

ISMDJCVOR 5 προσηγόρευκε S 8 οὐδένας . . . σάρκας J προσηγόρευκε S 10 σοι J ὑπομνήσω I 11 σάρκα I Ἀπόκριναι τοίνυν *ΕΡΑΝ.* attrib. J 12 καλέσαις J 15 θείου J λέγοντος Παύλου S δὲ om. J 16 ὁ θεὸς ante ὁ add. S ὁ − − − μου: ὁ ἀπὸ μήτρας ἀφορίσας με J 17–18 εὐαγγελίζωμαι αὐτὸν J 20 τότε: γε J: τε V 23 τῇ . . . κλήσει: τὴν κλῆσιν I τὴν . . . κλῆσιν: τῇ κλήσει I 25 Δαβὶδ om. J 25–6 καὶ post θεῷ transp. V 29 ἀπάσης post κατηγορίας add. V 30 φύσιν om. J

ΟΡΘ. Ὅτι καὶ κατηγοροῦσά τινων ἡ θεία γραφὴ ἀπὸ τῆς ψυχῆς ὀνομάζει μόνης.

ΕΡΑΝ. Καὶ ποῦ τοῦτο εὑρήσεις παρὰ τῇ θείᾳ γραφῇ;

ΟΡΘ. Ἄκουσον τοῦ δεσπότου θεοῦ διὰ Ἰεζεκιὴλ τοῦ προφήτου λέγοντος· "Ψυχὴ ἡ ἁμαρτάνουσα, αὐτὴ ἀποθανεῖται." Καὶ μέντοι καὶ διὰ Μωϋσέως τοῦ μεγάλου φησί· "Ψυχὴ ἣ ἐὰν ἁμάρτῃ·" καὶ πάλιν· "Καὶ ἔσται πᾶσα ψυχή, ἥτις οὐκ ἀκούσεται τοῦ προφήτου ἐκείνου, ἐξολοθρευθήσεται." Καὶ ἄλλα δὲ πολλὰ τοιαῦτα ἔστιν εὑρεῖν.

ΕΡΑΝ. Ἀποδέδεικται ταῦτα.

ΟΡΘ. Εἰ τοίνυν ἔνθα φυσική τίς ἐστιν ἕνωσις καὶ κτιστῶν καὶ ὁμοδούλων καὶ ὁμοχρόνων συνάφεια, οὐκ ἀπὸ μόνης τῆς κρείττονος φύσεως τόδε τὸ ζῷον ὀνομάζειν ἔθος τῇ θείᾳ γραφῇ, ἀλλὰ καὶ ἀπὸ τῆς ἥττονός τε καὶ μείζονος· πῶς ἡμῖν ἐγκαλεῖτε τὸν δεσπότην Χριστὸν μετὰ τοῦ θεὸν ὁμολογεῖν καὶ ἄνθρωπον ὀνομάζουσι, καὶ ταῦτα πολλῶν ἄγαν τοῦτο ποιεῖν ἀναγκαζόντων;

ΕΡΑΝ. Καὶ τί τὸ ἀναγκάζον ὑμᾶς ἄνθρωπον ὀνομάζειν τὸν σωτῆρα Χριστόν;

ΟΡΘ. Τὰ διάφορα καὶ παντάπασιν ἐναντία τῶν αἱρετικῶν δογμάτων.

ΕΡΑΝ. Καὶ τίνα τίσιν ἐναντία δόγματα;

ΟΡΘ. Τὸ Ἀρείου τῷ Σαβελλίου. Ὁ μὲν γὰρ διαιρεῖ τὰς οὐσίας, ὁ δὲ τὰς ὑποστάσεις συγχέει. Ὁ μὲν Ἄρειος τρεῖς οὐσίας εἰσφέρει· ὁ δὲ Σαβέλλιος μίαν ὑπόστασιν ἀντὶ τῶν τριῶν λέγει. Εἰπὲ τοίνυν, πῶς δεῖ νόσον ἑκατέραν ἰάσασθαι· ἐν ἀμφοτέροις προσενεγκεῖν τοῖς παθήμασι φάρμακον, ἢ ἑκατέρῳ τὸ πρόσφορον;

ΕΡΑΝ. Ἑκατέρῳ τὸ πρόσφορον.

ΟΡΘ. Οὐκοῦν τὸν μὲν Ἄρειον πειρασόμεθα πεῖσαι μίαν τῆς ἁγίας τριάδος τὴν οὐσίαν ὁμολογεῖν, καὶ τούτου τὰς ἀποδείξεις προσοίσομεν ἀπὸ τῆς θείας γραφῆς.

ΕΡΑΝ. Οὕτω ποιητέον.

ΟΡΘ. Τῷ δέ γε Σαβελλίῳ διαλεγόμενοι τοὐναντίον πράξομεν.

---

5 Ezek. 18:4   6 Lev. 5:1   7–8 Dt. 18:19 and Num. 9:13

ISMDJCVOR   3 ποῦ: ποῖ J   6 ἢ ἐὰν: ἐὰν J: ἢ ἂν V   7 Καὶ om. J
εἰσακούσεται SJ   8–9 πολλὰ om. J   εὑρεῖν ἔστιν J   10 καὶ ante ταῦτα add. S
11 ἐστιν om. IS: ἢ J   17 ἀναγκάζειν S   19–20 δόγματα SJ   22 γὰρ om. V
23 Καὶ ante Ὁ add. J   25–6 ἐν ––– παθήμασι: ἣν ἀμφοτέροις τοῖς παθήμασι ἔν τις
προσενέγκῃ J   27 Ἑκατέρῳ: Ἑκάστῳ J   28 πειρασόμεθα V   μὲν post πειρασώμεθα
add. V   μίαν om. SV   32 πράξωμεν V

Περὶ μὲν γὰρ τῆς οὐσίας οὐδένα προσοίσομεν λόγον· μίαν γὰρ κἀκεῖνος ὁμολογεῖ.

ΕΡΑΝ. Σαφές.

ΟΡΘ. Τὸ δέ γε νοσοῦν τῆς δόξης θεραπεῦσαι σπουδάσομεν.

ΕΡΑΝ. Πάνυγε. 5

ΟΡΘ. Ποίαν δὲ νοσεῖν αὐτὸν εἰρήκαμεν νόσον;

ΕΡΑΝ. Περὶ τὰς ὑποστάσεις ἔφαμεν αὐτὸν χωλεύειν.

ΟΡΘ. Οὐκοῦν ἐπειδὴ μίαν ἐκεῖνος εἶναι λέγει τῆς τριάδος ὑπόστασιν, ἐπιδείξομεν αὐτῷ τὴν θείαν γραφὴν τὰς τρεῖς ὑποστάσεις κηρύττουσαν. 10

ΕΡΑΝ. Τοῦτο μὲν οὕτω πρακτέον· τὸν δὲ προκείμενον καταλελοίπαμεν λόγον.

ΟΡΘ. Οὐδαμῶς. Αὐτοῦ γὰρ πέρι τὰς ἀποδείξεις συλλέγομεν, καὶ τοῦτο παραυτίκα μαθήσῃ. Εἰπὲ οὖν μοι, πάσας τὰς αἱρέσεις τὰς ἀπὸ Χριστοῦ καλουμένας ὁμολογεῖν ὑπείληφας καὶ τὴν θεότητα τοῦ 15 Χριστοῦ καὶ τὴν ἀνθρωπότητα;

ΕΡΑΝ. Οὐ δῆτα.

ΟΡΘ. Ἀλλὰ τινὰς μὲν τὴν θεότητα μόνην, τινὰς δὲ μόνην τὴν ἀνθρωπότητα;

ΕΡΑΝ. Ναί. 20

ΟΡΘ. Ἄλλας δέ γε μέρος τῆς ἀνθρωπότητος;

ΕΡΑΝ. Οὕτως οἶμαι. Προσήκει δὲ ἡμῖν δηλῶσαι, πῶς μὲν οἱ ταῦτα φρονοῦντες, πῶς δὲ οἱ ἐκεῖνα, προσαγορεύονται, ἵνα σαφέστερον τὸ ζητούμενον γένηται.

ΟΡΘ. Ἐγὼ τοῦτο ἐρῶ. Σίμων καὶ Μένανδρος καὶ Κέρδων καὶ 25 Μαρκίων καὶ Βαλεντῖνος καὶ Βασιλείδης καὶ Βαρδισάνης καὶ Μάνης ἠρνήθησαν ἄντικρυς τὴν ἀνθρωπότητα τοῦ Χριστοῦ. Ἀρτέμων δὲ καὶ Θεόδοτος καὶ Σαβέλλιος καὶ Παῦλος ὁ Σαμοσατεὺς καὶ Μάρκελλος καὶ Φωτεινὸς εἰς τὴν ἐναντίαν ἐκ διαμέτρου βλασφημίαν κατέπεσον. Ἄνθρωπον γὰρ μόνον κηρύττουσι τὸν Χριστόν, τὴν δὲ πρὸ τῶν 30 **116** αἰώνων ὑπάρχουσαν ἀρνοῦνται θεότητα. Ἄρειος δὲ καὶ Εὐνόμιος κτιστὴν μὲν καλοῦσι τοῦ μονογενοῦς τὴν θεότητα, σῶμα δὲ μόνον

ISMDJCVOR   4 θεραπεύσομεν J   σπουδάσομεν om. J: σπουδάσωμεν V
7 φαμὲν ISV   8 τῆς: τὴν S   9 ἐπιδείξωμεν IV   11 προκείμενον: παρόντα J
13 Αὐτοῦ --- συλλέγομεν: Ἐν ὅσῳ γὰρ τὰς περὶ αὐτοῦ σοι λέγομεν ἀποδείξεις J
συλλεγομένου S   14 Εἰπὲ --- αἱρέσεις: Πάσας οὖν τὰς αἱρέσεις εἰπέ μοι J
17 Οὐ δῆτα: Οὐδαμῶς V   21 Ἄλλους IS   25 δὲ post Ἐγὼ add. J
25–6 καὶ Κέρδων post Βαρδισάνης transp. V   26 Βαρδισάνης καὶ Βασιλείδης J
Βασιλίδης SV   27 τὴν om. S   ἀνθρωπότητα post Χριστοῦ transp. S
28 Σαβέλλιος καὶ Θεόδοτος J   31 Καὶ ante Ἄρειος add. J   δὲ: μὲν J   32 μὲν om. ISV

118 *Eranistes*

αὐτὸν ἀνειληφέναι φασίν. Ἀπολινάριος δὲ ἔμψυχον μὲν τὸ ληφθὲν
ὁμολογεῖ σῶμα, τὴν δὲ λογικὴν ψυχὴν καὶ τῆς τιμῆς καὶ τῆς σωτη-
ρίας ἐν τοῖς οἰκείοις λόγοις ἀποστερεῖ. Αὕτη μὲν οὖν ἡ τῶν διεφθαρ-
μένων δογμάτων διαφορά. Αὐτὸς δὲ ἡμῖν φιλαλήθως εἰπέ, χρή τινα
πρὸς τούτους ποιεῖσθαι διάλεξιν, ἢ δεῖ κατὰ κρημνῶν φερομένους
περιορᾶν καὶ οἰμώζειν ἐᾶν;

ΕΡΑΝ. Μισανθρωπίας ἔργον ἡ τῶν καμνόντων ὑπεροψία.

ΟΡΘ. Προσήκει τοίνυν καὶ συναλγεῖν καὶ θεραπεύειν εἰς δύναμιν.

ΕΡΑΝ. Πάνυγε.

ΟΡΘ. Εἰ τοίνυν σώματα θεραπεύειν ἠπίστασο, πολλοὶ δέ σε περι-
στάντες ἰατρεύειν ἠξίουν, διάφορα ἐπιδεικνύντες παθήματα, οἷον
ὀφθαλμῶν ἐπιρροίας καὶ ἀκοῶν τραύματα καὶ ὀδόντων ὀδύνας, καὶ
οἱ μὲν νεύρων τάσιν, οἱ δὲ λύσιν, καὶ ὁ μὲν πλημμύραν χολῆς, ὁ δὲ
φλέγματος, τί ἂν ἔδρασας, εἰπέ μοι; ἐν ἅπασι κατεσκεύαζες φάρμα-
κον, ἢ ἑκάστῳ πάθει τὸ πρόσφορον;

ΕΡΑΝ. Τὸ ἑκάστῳ δηλονότι κατάλληλόν τε καὶ ἀλεξίκακον.

ΟΡΘ. Οὐκοῦν τὰ μὲν θερμὰ τῶν παθῶν καταψύχων, τὰ δὲ ψυχρὰ
διαθερμαίνων, καὶ τὰ μὲν τεταμένα χαλῶν, τὰ δέ γε λελυμένα τονωτι-
κοῖς φαρμάκοις ῥωννύς, καὶ τὰ μὲν πλαδῶντα ξηραίνων, ὑγραίνων δὲ
τὰ ξηρά, ἐξήλαυνες μὲν τὰς νόσους, ἐπανῆγες δὲ τὴν ὑγείαν ὑπὸ
τούτων ἐκβεβλημένην;

ΕΡΑΝ. Οὕτω θεραπεύειν ὁ τῆς ἰατρικῆς παρακελεύεται νόμος·
τὰ ἐναντία γάρ, φασί, τῶν ἐναντίων ἰάματα.

ΟΡΘ. Εἰ δὲ φυτουργὸς ἦσθα, πᾶσιν ἂν τοῖς φυτοῖς τὴν αὐτὴν
προσήνεγκας ἐπιμέλειαν, ἢ τῇ μὲν ῥοιᾷ τὴν αὐτῇ προσήκουσαν, τῇ δὲ
συκῇ τὴν οἰκείαν, καὶ τῇ ὄχνῃ ὡσαύτως, καὶ τῇ μηλέᾳ, καὶ ταῖς ἡμε-
ρίσι τὰς καταλλήλους· καὶ ἀπαξαπλῶς ἑκάστῳ γε φυτῷ τὴν πρόσ-
φορον;

ΕΡΑΝ. Δῆλον ὡς ἕκαστον φυτὸν τῆς οἰκείας ἐπιμελείας προσδεῖ-
ται.

ΟΡΘ. Εἰ δὲ ναυπηγικὴν μετεχείριζες τέχνην, ἐθεάσω δὲ τὴν
ἱστοδόκην νεουργίας δεομένην, τὴν τοῖς πηδαλίοις διαφέρουσαν
ἐπιμέλειαν προσήνεγκας ἂν αὐτῇ, ἢ τὴν τῇ ἱστοδόκῃ προσήκουσαν;

ΕΡΑΝ. Ἀναμφίλεκτα καὶ ταῦτ' ἔστιν. Ἕκαστον γὰρ τὴν οἰκείαν

ISMDJCVOR   1 αὐτὸν om. J   εἰληφέναι J   1–2 ὁμολογεῖ τὸ ληφθὲν V
3 οὖν om. J   10 σε om. I: γε V   11 ἰατρεύειν: θεραπεύειν SᵃᶜDR   παθήματα:
νοσήματα S   13 οἱ (bis): ὁ ISJ   17 ψυχρὰ δὲ S   20 ἐπανήγαγες J   ὑγιείαν J
24 ἂν τοῖς: αὐτοῖς IS: αὖ τοῖς αὐτοῖς V   25–6 γε post δέ add. J   συκῇ δὲ S
26 γε post τῇ¹ add. S   27 τὴν: τὸ SᵃᶜV   29–30 προσδεῖται ἐπιμελείας S
31 μετεχειρίζου J

θεραπείαν ἐπιζητεῖ, καὶ φυτὸν καὶ σώματος μόριον καὶ σκεύη καὶ μέρη νηός.

ΟΡΘ. Πῶς οὖν οὐ σχέτλιον, σώματι μὲν καὶ τοῖς ἀψύχοις καταλλήλους θεραπείας προσφέρειν, ἐπὶ δὲ τῶν ψυχῶν τὸν θεραπευτικὸν τοῦτον μὴ φυλάττειν κανόνα;

ΕΡΑΝ. Λίαν ἐστὶν ἀδικώτατον, καὶ οὐ μόνον ἀδικίας, ἀλλὰ καὶ ἀνοίας μεστόν. Οἱ γὰρ ἄλλως ποιοῦντες αὐτῆς εἰσι τῆς θεραπείας ἀνεπιστήμονες.

ΟΡΘ. Οὐκοῦν πρὸς αἵρεσιν ἑκάστην διαλεγόμενοι τὸ ταύτῃ πρόσφορον προσοίσομεν φάρμακον; **117**

ΕΡΑΝ. Πάνυγε.

ΟΡΘ. Πρόσφορος δὲ θεραπεία, τὸ προστιθέναι μὲν τὸ ἐλλεῖπον, ἀφαιρεῖν δὲ τὸ πλεονάζον· ἢ γάρ;

ΕΡΑΝ. Ναί.

ΟΡΘ. Φωτεινὸν τοίνυν καὶ Μάρκελλον καὶ τοὺς ἐκείνων ἀγχιθύρους θεραπεύειν πειρώμενοι, τί ἂν προσθέντες τὸν θεραπευτικὸν κανόνα πληρώσαιμεν;

ΕΡΑΝ. Τῆς τοῦ Χριστοῦ θεότητος τὴν ὁμολογίαν· αὕτη γὰρ αὐτοῖς ἐλλείπει.

ΟΡΘ. Περὶ δέ γε τῆς ἀνθρωπότητος οὐδὲν πρὸς αὐτοὺς ἐροῦμεν. Ὁμολογοῦσι γὰρ ἄνθρωπον τὸν δεσπότην Χριστόν.

ΕΡΑΝ. Ὀρθῶς λέγεις.

ΟΡΘ. Ἀρείῳ δὲ καὶ Εὐνομίῳ περὶ τῆς τοῦ μονογενοῦς ἐνανθρωπήσεως διαλεγόμενοι, τί ἂν προσθεῖναι πείσαιμεν αὐτοὺς τῇ σφετέρᾳ ὁμολογίᾳ;

ΕΡΑΝ. Τῆς ψυχῆς τὴν ἀνάληψιν· σῶμα γὰρ τὸν θεὸν λόγον μόνον ἀνειληφέναι φασίν.

ΟΡΘ. Ἀπολιναρίῳ δὲ τί ἐλλείπει, ὥστε αὐτὸν ἀκριβοῦν τὸν περὶ τῆς ἐνανθρωπήσεως λόγον;

ΕΡΑΝ. Τὸ μὴ διστάναι τὸν νοῦν ἀπὸ τῆς ψυχῆς, ἀλλ' ὁμολογεῖν τὴν λογικὴν ψυχὴν μετὰ τοῦ σώματος ἀνειλῆφθαι.

ΟΡΘ. Οὐκοῦν καὶ τούτῳ περὶ τούτου διαλεξόμεθα;

ΕΡΑΝ. Πάνυγε.

ΟΡΘ. Μαρκίωνα δὲ καὶ Βαλεντῖνον καὶ Μάνητα, καὶ ὅσοι γειτονεύουσι τούτοις, τί μὲν ὁμολογεῖν ἔφαμεν κατὰ τόδε τὸ μέρος, τί δὲ πάμπαν ἀρνεῖσθαι;

ISMDJCVOR   1 ἐπιζητεῖ θεραπείαν S   7 αὐτῆς: ταύτης J   9 ἑκάστην αἵρεσιν J   τὸ om. ISV   13 ἢ γάρ om. ISV   26 μόνον ante τὸν transp. J   28–9 τὸν . . . λόγον: τι τῶν . . . λόγων S   32 τούτῳ: τοῦτο V   διαλεξώμεθα IV   35 ἔφαμεν ὁμολογεῖν V   κατὰ --- μέρος om. J

EPAN. Ὅτι πιστεύειν μὲν ἔφασαν εἰς τὴν θεότητα τοῦ Χριστοῦ· τὸν δὲ περὶ τῆς ἀνθρωπότητος οὐ προσίενται λόγον.

ΟΡΘ. Τοιγάρτοι πεῖσαι τούτους σπουδάσομεν, στέρξαι καὶ τὸν περὶ τῆς ἀνθρωπότητος λόγον, καὶ μὴ φαντασίαν τὴν θείαν οἰκονο-μίαν καλεῖν. 5

EPAN. Οὕτω προσήκει ποιεῖν.

ΟΡΘ. Ἐροῦμεν τοίνυν αὐτοῖς, ὡς οὐ χρὴ μόνον θεόν, ἀλλὰ καὶ ἄνθρωπον ἀποκαλεῖν τὸν Χριστόν.

EPAN. Πάνυγε.

ΟΡΘ. Καὶ πῶς οἷόν τε παραιτουμένους ἡμᾶς τὸ καὶ ἄνθρωπον 10 ἀποκαλεῖν τὸν Χριστόν, ἄλλοις τοῦτο παρεγγυᾶν; οὐ γὰρ εἴξουσι παραινοῦσιν ἡμῖν, ἀλλὰ ταῦτα φρονοῦντας ἐλέγξουσι.

EPAN. Καὶ πῶς ἡμεῖς τὰ αὐτὰ φρονοῦμεν ἐκείνοις καὶ σάρκα ὁμολογοῦντες καὶ ψυχὴν λογικὴν ἀνειληφέναι τὸν θεὸν λόγον;

ΟΡΘ. Εἰ τοίνυν τὰ πράγματα ὁμολογοῦμεν, τί δήποτε φεύγομεν 15 τὰ ὀνόματα;

EPAN. Ἀπὸ τῶν τιμιωτέρων χρὴ τὸν σωτῆρα καλεῖν.

ΟΡΘ. Φύλαξον τοιγαροῦν τοῦτον τὸν κανόνα, καὶ μὴ καλέσῃς ἐσταυρωμένον μηδὲ ἐκ νεκρῶν ἐγηγερμένον, καὶ ὅσα τούτοις ἐστὶ παραπλήσια. 20

EPAN. Ἀλλὰ ταῦτα τῶν παθημάτων ἐστὶ τῶν σωτηρίων ὀνόματα· ἡ δὲ τῶν παθημάτων ἄρνησις, τῆς σωτηρίας ἀναίρεσις.

ΟΡΘ. Τὸ δὲ ἄνθρωπος ὄνομα φύσεως ὄνομά ἐστιν· ἡ δὲ τούτου σιωπή, τῆς φύσεως ἄρνησις· ἡ δὲ τῆς φύσεως ἄρνησις, τῶν παθη-μάτων ἀναίρεσις· ἡ δέ γε τούτων ἀναίρεσις φροῦδον τὴν σωτηρίαν 25 ποιεῖ.

EPAN. Τὸ μὲν εἰδέναι τὴν ληφθεῖσαν φύσιν προὔργου τίθεμαι· τὸ δέ γε ἄνθρωπον ἀποκαλεῖν τὸν σωτῆρα τῆς οἰκουμένης σμικρύνειν ἐστὶ τοῦ δεσπότου τὴν δόξαν.

ΟΡΘ. Οὐκοῦν σοφώτερον σαυτὸν καὶ Πέτρου καὶ Παύλου καὶ 30 αὐτοῦ γε τοῦ σωτῆρος ἡγῇ; Ὁ μὲν γὰρ κύριος πρὸς Ἰουδαίους ἔφη·

ISMDJCVOR   1 φασι J τοῦ om. S   3 σπουδάσωμεν V   10 τὸ om. J
14 εἰληφέναι J   15–16 τὰ ὀνόματα φεύγομεν S   17 σωτῆρα: Χριστὸν V
18 τοιγαροῦν: τοίνυν J τοιοῦτον post τὸν add. S τοῦτον om. S^{ac}V   21 μὲν post
ταῦτα add. J εἰσὶ S τῶν σωτηρίων ἐστὶν ὀνόματα J   23 τῆς ante φύσεως
add. J ἐστιν ὄνομα S   24 τῆς¹ om. V ἡ --- ἄρνησις om. ISJ καὶ ante
τῶν add. IS   25 ἡ --- ἀναίρεσις: καὶ J   27 φύσιν om. J   28 καλεῖν S
τῆς οἰκουμένης τὸν σωτῆρα V   30 σαυτὸν: ἑαυτὸν ISV   31 ἡμῶν post σωτῆρος
add. J

" Τί με ζητεῖτε ἀποκτεῖναι, ἄνθρωπον ὃς τὴν ἀλήθειαν ὑμῖν λελάληκα,
ἣν ἤκουσα παρὰ τοῦ πατρός μου;" Καὶ πολλαχοῦ δὲ υἱὸν ἀνθρώπου
ἑαυτὸν προσηγόρευσεν. Ὁ δὲ πανεύφημος Πέτρος πρὸς τὸν Ἰουδαϊ-
κὸν διαλεγόμενος δῆμον οὕτως ἔφη· "Ἄνδρες Ἰσραηλῖται, ἀκούσατε
τοὺς λόγους τούτους· Ἰησοῦν τὸν Ναζωραῖον, ἄνδρα ἀπὸ τοῦ θεοῦ 5
ἀποδεδειγμένον εἰς ὑμᾶς." Καὶ ὁ μακάριος Παῦλος ἐπὶ τοῦ Ἀρειου-
πάγου τοῖς παρεστῶσι προσφέρων τὸ σωτήριον κήρυγμα πρὸς
πολλοῖς ἄλλοις καὶ ταῦτα ἔφη· "Τοὺς μὲν οὖν χρόνους τῆς ἀγνοίας
ὑπεριδὼν ὁ θεός, τὰ νῦν παραγγέλλει πᾶσι πανταχοῦ μετανοεῖν·
καθότι ἔστησεν ἡμέραν, ἐν ᾗ μέλλει κρίνειν τὴν οἰκουμένην ἐν δικαι- 10
οσύνῃ, ἐν ἀνδρὶ ᾧ ὥρισε, πίστιν παρασχὼν πᾶσιν, ἀναστήσας αὐτὸν
ἐκ νεκρῶν." Ὁ τοίνυν τὸ παρὰ τοῦ κυρίου καὶ τῶν ἀποστόλων τεθέν
τε καὶ κηρυχθὲν ὄνομα παραιτούμενος, σοφώτερον ἑαυτὸν καὶ τῶν
μεγάλων διδασκάλων ὑπείληφε, καὶ μέντοι καὶ αὐτῆς τῆς τῶν
σοφωτάτων διδασκάλων πηγῆς. 15

ΕΡΑΝ. Τοῖς ἀπίστοις ἐκεῖνοι τήνδε τὴν διδασκαλίαν προσήνεγ-
καν· νῦν δὲ τῆς οἰκουμένης τὸ πλεῖστον ἐπίστευσεν.

ΟΡΘ. Μάλιστα μέν εἰσιν ἔτι καὶ Ἰουδαῖοι καὶ Ἕλληνες καὶ
αἱρετικῶν μυρία συστήματα, καὶ χρὴ τούτων ἑκάστῳ κατάλληλον
διδασκαλίαν προσφέρειν. Εἰ δὲ καὶ πάντες ἦμεν ὁμόφρονες, εἰπέ, τί 20
λωβᾶται τὸ θεὸν καὶ ἄνθρωπον ὁμολογεῖν τὸν Χριστόν; Ἢ οὐ θεό-
τητα τελείαν ἐν αὐτῷ καὶ ἀνθρωπότητα ὡσαύτως ἀνελλιπῆ θεωροῦ-
μεν;

ΕΡΑΝ. Ταῦτα πολλάκις ὡμολογήσαμεν.

ΟΡΘ. Τί δήποτε τοίνυν ἀναιροῦμεν ἅπερ πολλάκις ὡμολογήσα- 25
μεν;

ΕΡΑΝ. Τὸ ἄνθρωπον καλεῖν τὸν Χριστὸν ὑπείληφα περιττόν,
μάλιστα πιστόν τινα πιστῷ προσδιαλεγόμενον.

ΟΡΘ. Τὸν θεῖον ἀπόστολον πιστὸν εἶναι νομίζεις;

ΕΡΑΝ. Πιστῶν μὲν οὖν ἁπάντων διδάσκαλον. 30

ΟΡΘ. Τὸν δὲ Τιμόθεον τῆσδε τῆς προσηγορίας ὑπείληφας ἄξιον;

ΕΡΑΝ. Ὡς ἐκείνου γε μαθητὴν καὶ τῶν ἄλλων διδάσκαλον. **121**

ΟΡΘ. Ἄκουσον τοίνυν τοῦ διδασκάλου τῶν διδασκάλων τῷ

1–2 Jn. 8:40 and 7:19   4–6 Acts 2:22   8–12 Acts 17:30–1

ISMDJCVOR   1 λελάληκα ὑμῖν S   3 προσηγόρευεν I: προηγόρευεν V
3–4 λαὸν post Ἰουδαϊκὸν add. J   4 δῆμον om. J   οὕτως ἔφη om. ISV   6 δὲ post
μακάριος add. S   7 προεστῶσι V   12 τὸ om. SJ   καὶ τῶν ἀποστόλων om. J
12–13 ἐτέθη τε καὶ ἐκηρύχθη J   13 ὁ ante παραιτούμενος add. J   15 καὶ ante
διδασκάλων add. S   20 προφέρειν S   22 ἑαυτῷ J   22–3 ἀνελλιπῆ IS   θεωροῦμεν:
ἔχει J   25–6 ὡμολογήκαμεν S   28 καὶ ante μάλιστα add. J

τελειοτάτῳ γράφοντος μαθητῇ· "Εἷς θεός, εἷς καὶ μεσίτης θεοῦ καὶ
ἀνθρώπων, ἄνθρωπος Χριστὸς Ἰησοῦς, ὁ δοὺς ἑαυτὸν ἀντίλυτρον ἀντὶ
πάντων·" καὶ παῦσαι μάτην ἀδολεσχῶν, καὶ νόμους ἡμῖν περὶ θείων
ὀνομάτων τιθείς. Καὶ αὐτὸ δέ γε τοῦ μεσίτου τὸ ὄνομα θεότητος
ἐνταῦθα καὶ ἀνθρωπότητος ὑπάρχει δηλωτικόν. Οὐ γὰρ μόνον ὑπάρ- 5
χων θεὸς ἐκλήθη μεσίτης· πῶς γὰρ ἂν ἐμεσίτευσεν ἡμῖν καὶ θεῷ
μηδὲν ἔχων ἡμέτερον; Ἐπεὶ δὲ ὡς θεὸς συνῆπται τῷ πατρὶ τὴν αὐτὴν
ἔχων οὐσίαν, ὡς δὲ ἄνθρωπος ἡμῖν, ἐξ ἡμῶν γὰρ ἔλαβε τὴν τοῦ
δούλου μορφήν, εἰκότως μεσίτης ὠνόμασται, συνάπτων ἐν ἑαυτῷ τὰ
διεστῶτα τῇ ἑνώσει τῶν φύσεων, θεότητος λέγω καὶ ἀνθρωπότητος. 1

ΕΡΑΝ. Μωϋσῆς οὖν οὐκ ὠνομάσθη μεσίτης, ἄνθρωπος ὢν μόνον;

ΟΡΘ. Τύπος ἦν ἐκεῖνος τῆς ἀληθείας· ὁ δὲ τύπος οὐκ ἔχει πάντα
ὅσαπερ ἡ ἀλήθεια. Οὗ δὴ χάριν ἐκεῖνος οὐκ ἦν μὲν φύσει θεός,
ὠνομάσθη δὲ ὅμως θεός, ἵνα πληρώσῃ τὸν τύπον. "Ἰδού, γάρ φησι,
τέθεικά σε θεὸν τῷ Φαραῷ·" αὐτίκα τοίνυν ὡς θεῷ καὶ προφήτην 1
ἀφώρισεν. "Ἀαρών, γάρ φησιν, ὁ ἀδελφός σου, ἔσται σοι προφήτης."
Ἡ δὲ ἀλήθεια καὶ θεὸς φύσει καὶ ἄνθρωπος φύσει.

ΕΡΑΝ. Καὶ τίς ἂν καλέσαι τύπον τὸν οὐκ ἐναργεῖς ἔχοντα τοῦ
ἀρχετύπου τοὺς χαρακτῆρας;

ΟΡΘ. Ὡς ἔοικε, τὰς βασιλικὰς εἰκόνας οὐ καλεῖς βασιλέως 2
εἰκόνας;

ΕΡΑΝ. Πάνυγε.

ΟΡΘ. Καὶ μὴν οὐ πάντα ἔχουσιν, ὅσαπερ τὸ ἀρχέτυπον ἔχει.
Πρῶτον μὲν γάρ εἰσιν ἄψυχοί τε καὶ ἄλογοι· εἶτα τῶν ἐντὸς μορίων
ἐστέρηνται, καρδίας, φημί, καὶ κοιλίας καὶ ἥπατος καὶ τῶν ἄλλων 2
ὁπόσα τούτοις συνέζευκται. Ἔπειτα τὸ μὲν τῶν αἰσθήσεων ἔχουσιν
εἶδος, τὰς δὲ τούτων ἐνεργείας οὐκέτι. Οὔτε γὰρ ἐπαΐουσιν, οὔτε
φθέγγονται, οὔτε ὁρῶσιν· οὐ γράφουσιν, οὐ βαδίζουσιν, οὐκ ἄλλο τι
δρῶσι τῶν ἀνθρωπίνων· ἀλλ' ὅμως εἰκόνες καλοῦνται βασιλικαί.
Οὕτω καὶ Μωϋσῆς μεσίτης καὶ ὁ Χριστὸς μεσίτης· ἀλλ' ὁ μέν, ὡς 3
εἰκὼν καὶ τύπος· ὁ δέ, ὡς ἀλήθεια. Ἵνα δέ σοι καὶ ἑτέρωθεν αὐτὸ
σαφέστερον ἐπιδείξω, ἀνάμνησόν με τῶν περὶ τοῦ Μελχισεδὲκ εἰρη-
μένων ἐν τῇ πρὸς Ἑβραίους ἐπιστολῇ.

1–3 1 Tim. 2:5–6   14–15 Ex. 7:1a   16 Ex. 7:1b   (32–127.6 passim Heb. 6:20 ff.)

ISMDJCVOR   2 ἑαυτὸν: αὐτὸν V   λύτρον V   3 νόμους: νομοθετῶν J   4 τιθείς
––– μεσίτου: τοῦτο γὰρ J   δέ om. S   7 Ἐπειδὴ J   θεὸς om. S   8 οὐσίαν:
ἐξουσίαν V   14 ὅμως: μόνον J   15 τῷ: τοῦ SJ   18 καλέσαιτο S   18–19 τοὺς
τοῦ ἀρχετύπου S   20 βασιλέως: βασιλικὰς S   30 Μωϋσῆς ––– Χριστός: ὁ Χριστὸς
μεσίτης καὶ ὁ Μωϋσῆς J   30–1 ὁ² ––– ἀλήθεια: ὁ μὲν ὡς ἀλήθεια, ὁ δὲ ὡς εἰκὼν
καὶ τύπος J   31–2 καὶ ἑτέρωθέν σοι σαφέστερον αὐτὸ J

ΕΡΑΝ. Ποίων;

ΟΡΘ. Ἐκείνων, ἔνθα παρεξετάζων ὁ θεῖος ἀπόστολος τὴν λευϊτικὴν ἱερωσύνην τῇ τοῦ Χριστοῦ, ἀπείκασε μὲν ἐν τοῖς ἄλλοις τὸν Μελχισεδὲκ τῷ δεσπότῃ Χριστῷ· τὴν δέ γε ἱερωσύνην ἔχειν ἔφη τὸν κύριον κατὰ τὴν τάξιν Μελχισεδέκ.

ΕΡΑΝ. Οἶμαι οὕτω λέγειν τὸν θεῖον ἀπόστολον· "Οὗτος γὰρ ὁ **124** Μελχισεδέκ, βασιλεὺς Σαλήμ, ἱερεὺς τοῦ θεοῦ τοῦ ὑψίστου, ὁ συναντήσας Ἀβραὰμ ὑποστρέφοντι ἀπὸ τῆς κοπῆς τῶν βασιλέων, καὶ εὐλογήσας αὐτόν· ᾧ καὶ δεκάτην ἐμέρισεν ἀπὸ πάντων Ἀβραάμ· πρῶτον μὲν ἑρμηνευόμενος βασιλεὺς δικαιοσύνης, ἔπειτα δὲ καὶ 10 βασιλεὺς Σαλήμ, ὅ ἐστι βασιλεὺς εἰρήνης, ἀπάτωρ, ἀμήτωρ, ἀγενεαλόγητος· μήτε ἀρχὴν ἡμερῶν, μήτε ζωῆς τέλος ἔχων· ἀφωμοιωμένος δὲ τῷ υἱῷ τοῦ θεοῦ μένει ἱερεὺς εἰς τὸ διηνεκές." Περὶ τούτων οἶμαί σε τῶν ῥητῶν εἰρηκέναι.

ΟΡΘ. Περὶ τούτων ἔφην, καὶ ἐπαινῶ δέ γε ὅτι τὸ χωρίον οὐ 15 διέκοψας, ἀλλ' ὅλον τέθεικας. Εἰπὲ τοίνυν, ἁρμόττει τούτων ἕκαστον τῷ Μελχισεδὲκ φύσει καὶ ἀληθείᾳ;

ΕΡΑΝ. Καὶ τίς οὕτω θρασὺς ἀφαρμόσαι ἅπερ ἥρμοσεν ὁ θεῖος ἀπόστολος;

ΟΡΘ. Λέγεις τοίνυν τῷ Μελχισεδὲκ ταῦτα κατὰ φύσιν ἁρμόττειν; 20

ΕΡΑΝ. Λέγω.

ΟΡΘ. Ἄνθρωπον αὐτὸν εἶναι λέγεις, ἤ τινα ἄλλην εἰληφέναι φύσιν;

ΕΡΑΝ. Ἄνθρωπον.

ΟΡΘ. Γεννητὸν ἢ ἀγέννητον; 25

ΕΡΑΝ. Ἀτόπους ἄγαν ἐρωτήσεις προσφέρεις.

ΟΡΘ. Σὺ τούτων αἴτιος προφανῶς τῇ ἀληθείᾳ μαχόμενος· ἀπόκριναι τοίνυν.

ΕΡΑΝ. Εἷς ἐστι μόνος ἀγέννητος, ὁ θεὸς καὶ πατήρ.

ΟΡΘ. Γεννητὸν οὖν ἄρα τὸν Μελχισεδὲκ εἶναί φαμεν; 30

ΕΡΑΝ. Γεννητόν.

ΟΡΘ. Ἀλλ' ὁ περὶ αὐτοῦ λόγος τἀναντία διδάσκει. Ἀναμνήσθητι γὰρ ὧν ἀρτίως ἀπεμνημόνευσας· "Ἀπάτωρ, ἀμήτωρ, ἀγενεαλόγητος, μήτε ἀρχὴν ἡμερῶν, μήτε ζωῆς τέλος ἔχων." Πῶς τοίνυν αὐτῷ τὸ

6–13 Heb. 7:1–3   33–4 Heb. 7:3

ISMDJCVOR   4 ἔχειν ἔφη: ἔφησεν ἔχειν J   5 κύριον: Χριστὸν J   6 ὁ om. V
8 τῷ ante Ἀβραὰμ add. DR   9 ἀπὸ πάντων: ἀπάντων S   10 μὲν om. ISV
11 ἐστι: δὲ J   βασιλεὺς² om. S   14 ῥητῶν: ῥημάτων I   18 ὡς ante ἀφαρμόσαι
add. J   ὅπερ J   ὁ θεῖος ἥρμοσεν S   22 ἀνειληφέναι IS   26 προφέρεις S
29 πατὴρ καὶ θεός J   30 οὖν om. J

ἀπάτωρ ἁρμόττει καὶ τὸ ἀμήτωρ; πῶς δὲ καὶ τὸ μήτε ἀρχὴν εἰλη-
φέναι τοῦ εἶναι, μήτε λήψεσθαι τέλος; Ὑπὲρ ἀνθρωπείαν γὰρ ταῦτά
γε φύσιν.

ΕΡΑΝ. Ὑπερβαίνει τῷ ὄντι ταῦτα τῆς φύσεως τῆς ἀνθρωπείας τὰ
μέτρα. 5

ΟΡΘ. Τί οὖν; ψευδῆ τὸν ἀπόστολον εἰρηκέναι φήσομεν;

ΕΡΑΝ. Μὴ γένοιτο.

ΟΡΘ. Πῶς οὖν οἷόν τε καὶ τῷ ἀποστόλῳ προσμαρτυρῆσαι ἀλή-
θειαν, καὶ τῷ Μελχισεδὲκ προσαρμόσαι τὰ ὑπὲρ φύσιν;

ΕΡΑΝ. Ἄγαν ἀσαφὲς τὸ χωρίον, καὶ πολλῆς ὅτι μάλιστα δεό- 10
μενον ἀναπτύξεως.

ΟΡΘ. Τοῖς προσέχειν ἐθέλουσιν ἐφικτὴ τῆς τῶν ῥητῶν διανοίας ἡ
κατανόησις. Εἰρηκὼς γὰρ ὁ θεῖος ἀπόστολος, "Ἀπάτωρ, ἀμήτωρ,
ἀγενεαλόγητος, μήτε ἀρχὴν ἡμερῶν, μήτε ζωῆς τέλος ἔχων," ἐπή-
γαγεν, "Ἀφωμοιωμένος δὲ τῷ υἱῷ τοῦ θεοῦ μένει ἱερεὺς εἰς τὸ 15
διηνεκές." Καὶ σαφῶς ἡμᾶς ἐδίδαξεν, ὡς τοῦ Μελχισεδὲκ ἐν τοῖς
ὑπὲρ τὴν ἀνθρωπείαν φύσιν ἀρχέτυπόν ἐστιν ὁ δεσπότης Χριστός, ὁ
δέ γε Μελχισεδὲκ εἰκών ἐστι καὶ τύπος τοῦ δεσπότου Χριστοῦ· τὸν
γὰρ Μελχισεδὲκ εἶπεν ἀφωμοιωμένον τῷ υἱῷ τοῦ θεοῦ. Σκοπήσωμεν
δὲ οὑτωσί· λέγεις ἐσχηκέναι τὸν κύριον κατὰ σάρκα πατέρα; 20

ΕΡΑΝ. Οὐδαμῶς.

ΟΡΘ. Διατί;

ΕΡΑΝ. Ἐκ μόνης γὰρ ἁγίας ἐγεννήθη παρθένου.

ΟΡΘ. Οὐκοῦν εἰκότως ἀπάτωρ ὠνόμασται;

ΕΡΑΝ. Ἀληθές. 25

ΟΡΘ. Λέγεις αὐτὸν κατὰ τὴν θείαν φύσιν ἐσχηκέναι μητέρα;

ΕΡΑΝ. Οὐ δῆτα.

ΟΡΘ. Ἐκ μόνου γὰρ πρὸ τῶν αἰώνων ἐγεννήθη πατρός.

ΕΡΑΝ. Συνωμολόγηται.

ΟΡΘ. Τοιγάρτοι καὶ ἀγενεαλόγητος, ὡς ἄρρητον ἔχων τὴν ἐκ 30
πατρὸς γέννησιν, προσηγόρευται. "Τὴν γενεὰν γὰρ αὐτοῦ, φησὶν ὁ
προφήτης, τίς διηγήσεται;"

13–16 Heb. 7:3　31–2 Is. 53:8

ISMDJCVOR　1 ἁρμόττει ——— ἀμήτωρ om. J　καὶ τὸ ἀμήτωρ ἁρμόττει S　καὶ²
om. J　μήτε: μηδὲ IV: μὴ S　2 γὰρ ἀνθρωπείαν S　4 τῆς¹ ——— ἀνθρωπείας: τῆς
ἀνθρωπείας φύσεως J　6 εἰρηκέναι: εἶναι S　φαμέν I: φήσαιμεν S　8–9 ἀλήθειαν:
τἀληθές S　13 ἀπόστολος: Παῦλος J　14 ἔχων τέλος S　15 ἱερεὺς om. J
16 διδάσκει V　ἐν om. mss.　17–18 ὅ² ——— Χριστοῦ om. V　18 γε om. J
19 γὰρ: δέ γε V　19 Σκόπησον J　20 οὑτωσί: οὕτως εἰ V

EPAN. Ἀληθῶς λέγεις.

ΟΡΘ. Οὕτω αὐτῷ προσήκει τὸ μήτε ἀρχὴν ἡμερῶν, μήτε ζωῆς τέλος ἔχειν· ἄναρχος γὰρ καὶ ἀνώλεθρος, καὶ συντόμως εἰπεῖν, ἀΐδιος, καὶ τῷ πατρὶ συναΐδιος.

EPAN. Ταῦτα μὲν οὕτω κἀμοὶ συνδοκεῖ. Χρὴ δὲ σκοπῆσαι λοιπόν, 5 πῶς ἁρμόττει ταῦτα καὶ τῷ θαυμασίῳ Μελχισεδέκ.

ΟΡΘ. Ὡς εἰκόνι καὶ τύπῳ· ἡ δὲ εἰκών, ὡς καὶ πρόσθεν εἰρήκαμεν, οὐ πάντα ἔχει ὅσα τὸ ἀρχέτυπον ἔχει. Τῷ μὲν οὖν σωτῆρι ταῦτα προσήκει φύσει καὶ ἀληθείᾳ· τῷ δέ γε Μελχισεδὲκ ἡ τῆς ἀρχαιογο- νίας ἱστορία προσήρμοσε ταῦτα. Διδάξασα γὰρ ἡμᾶς τοῦ πατριάρχου 10 Ἀβραὰμ τὸν πατέρα, τοῦ δὲ Ἰσαὰκ καὶ τὸν πατέρα καὶ τὴν μητέρα, καὶ τοῦ Ἰακὼβ ὡσαύτως, καὶ τῶν τούτου παίδων, καὶ μέντοι καὶ τῶν πρόπαλαι γενομένων τὴν γενεαλογίαν ἐπιδείξασα, τοῦ Μελχισεδὲκ οὔτε τὸν πατέρα εἴρηκεν οὔτε τὴν μητέρα, οὔτε μὴν ἔκ τινος τῶν Νῶε παίδων κατάγειν τὸ γένος ἐδίδαξεν, ἵνα γένηται τοῦ ἀληθῶς 15 ἀμήτορος καὶ ἀπάτορος τύπος. Οὕτω δὲ νοεῖν ἡμᾶς ἐδίδαξεν ὁ θεῖος ἀπόστολος· ἐν αὐτῷ γὰρ τῷ χωρίῳ καὶ ταῦτα προστέθεικεν· "Ὁ δὲ μὴ γενεαλογούμενος ἐξ αὐτῶν, τὸν Ἀβραὰμ ἀποδεδεκάτωκε, καὶ τὸν ἔχοντα τὰς ἐπαγγελίας ηὐλόγηκεν."

EPAN. Καὶ ἐπειδὴ τῶν γεγεννηκότων αὐτὸν οὐκ ἐμνημόνευσεν ἡ 20 θεία γραφή, ἀπάτωρ δύναται καὶ ἀμήτωρ καλεῖσθαι;

ΟΡΘ. Εἰ ἀληθῶς ἀπάτωρ ἦν καὶ ἀμήτωρ, οὐκ ἂν ἦν εἰκών, ἀλλ᾽ ἀλήθεια. Ἐπειδὴ δὲ οὐ φύσει ταῦτ᾽ ἔχει, ἀλλὰ κατὰ τὴν τῆς θείας γραφῆς οἰκονομίαν, δείκνυσι τῆς ἀληθείας τὸν τύπον.

EPAN. Χρὴ τὴν εἰκόνα ἔχειν ἐναργεῖς τοῦ ἀρχετύπου τοὺς 25 χαρακτῆρας.

ΟΡΘ. Ὁ ἄνθρωπος εἰκὼν καλεῖται θεοῦ;

EPAN. Οὐκ ἔστιν εἰκὼν θεοῦ, ἀλλὰ κατ᾽ εἰκόνα θεοῦ ἐγένετο. **128**

ΟΡΘ. Ἄκουσον οὖν τοῦ ἀποστόλου λέγοντος· "Ἀνὴρ μὲν γὰρ οὐκ ὀφείλει κατακαλύπτεσθαι τὴν κεφαλήν, εἰκὼν καὶ δόξα θεοῦ ὑπάρ- 30 χων."

EPAN. Ἔστω εἰκὼν θεοῦ.

ΟΡΘ. Ἐχρῆν τοίνυν, κατὰ τὸν σὸν λόγον, σώζειν αὐτὸν ἐναργεῖς

(9–16 Gen. 11 ff.) 17–19 Heb. 7:6 29–31 1 Cor. 11:7

ISMDJCVOR 1 Ἀληθῶς: Ὀρθῶς V 2 ἡμερῶν ἀρχήν V 3 εἰπεῖν om. JV
5 λοιπὸν σκοπῆσαι S 8–9 προσήκει ταῦτα V 9 γε om. J 11 καὶ¹ om. V
15 Νῶε παίδων: παίδων τῶν Νῶε S 16 Οὕτω om. V 18 δεδεκάτωκε I
19 εὐλόγησεν IS 21 θεία om. J 22 ἦν¹ om. S 23 Ἐπεὶ J 24 δεικνύει J
28 θεοῦ¹ om. S ἐγένετο θεοῦ J 33 κατὰ ——— ἐναργεῖς: αὐτὸν κατὰ τὸν σὸν λόγον
ἐναργεῖς σώζειν J

τοῦ ἀρχετύπου τοὺς χαρακτῆρας, καὶ μήτε κτιστὸν εἶναι, μήτε σύνθετον, μήτε περιγεγράφθαι. Ἔδει παραπλησίως αὐτὸν ἐκ μὴ ὄντων δημιουργεῖν· ἔδει λόγῳ καὶ δίχα πόνου πάντα τεκταίνειν· καὶ πρὸς τούτοις, μὴ νοσεῖν, μὴ ἀθυμεῖν, μὴ θυμοῦσθαι, μὴ ἁμαρτάνειν, ἀλλ᾽ ἀθάνατον εἶναι καὶ ἄφθαρτον, καὶ πάντα ἔχειν, ὅσα τὸ ἀρχέτυπον 5 ἔχει.

ΕΡΑΝ. Οὐ κατὰ πάντα ἐστὶν ὁ ἄνθρωπος εἰκὼν θεοῦ.

ΟΡΘ. Ἀληθὲς πλὴν ἐν οἷσπερ ἂν αὐτὸν δῷς εἶναι εἰκόνα, παμπόλλῳ τινὶ μέτρῳ τῆς ἀληθείας ἀποδέοντα πάντως εὑρήσεις.

ΕΡΑΝ. Ὡμολόγηται. 10

ΟΡΘ. Σκόπησον δὲ καὶ τόδε· τὸν υἱὸν ὁ θεῖος ἀπόστολος εἰκόνα προσηγόρευσε τοῦ πατρός· ἔφη γάρ· "Ὅς ἐστιν εἰκὼν τοῦ θεοῦ τοῦ ἀοράτου."

ΕΡΑΝ. Τί οὖν; οὐ πάντα ἔχει ὁ υἱὸς ὅσαπερ ὁ πατήρ;

ΟΡΘ. Πατὴρ οὐκ ἔστιν, οὔτε ἀγέννητος οὔτε ἀναίτιος. 15

ΕΡΑΝ. Εἰ ταῦτα εἶχεν, οὐκ ἂν ἦν υἱός.

ΟΡΘ. Ἀληθὴς ἄρα ὁ λόγος ὃν εἴρηκα ἐγώ, ὡς ἡ εἰκὼν οὐ πάντα ἔχει ὅσα τὸ ἀρχέτυπον ἔχει;

ΕΡΑΝ. Ἀληθές.

ΟΡΘ. Οὕτω τοίνυν καὶ τὸν Μελχισεδὲκ εἶπεν ὁ θεῖος ἀπόστολος 20 ἀφωμοιῶσθαι τῷ υἱῷ τοῦ θεοῦ.

ΕΡΑΝ. Δῶμεν τὸ ἀπάτωρ, καὶ ἀμήτωρ, καὶ ἀγενεαλόγητος, οὕτως εἶναι ὡς εἴρηκας· τὸ μήτε ἀρχὴν ἡμερῶν, μήτε ζωῆς τέλος ἔχων, πῶς νοήσομεν;

ΟΡΘ. Τὴν παλαιὰν γενεαλογίαν συγγράφων ὁ θεσπέσιος Μωϋσῆς 25 ἐδίδαξεν ἡμᾶς, ὡς Ἀδὰμ ἐτῶν τοσῶνδε γενόμενος ἐγέννησε τὸν Σήθ, καὶ ἐπιζήσας ἔτη τοσάδε τοῦ βίου τὸ τέρμα κατέλαβεν. Οὕτω καὶ περὶ τοῦ Σὴθ καὶ τοῦ Ἐνὼς καὶ τῶν ἄλλων εἴρηκε. Τοῦ μέντοι Μελχισεδὲκ καὶ τὴν ἀρχὴν τῆς γενέσεως καὶ τῆς ζωῆς τὸ τέλος ἐσίγησεν. Οὐκοῦν, κατὰ τὴν ἱστορίαν, οὔτε ἀρχὴν ἡμερῶν, οὔτε ζωῆς 30 τέλος ἔχει· κατὰ δὲ τὴν ἀλήθειαν, ὁ μονογενὴς τοῦ θεοῦ υἱός, οὔτε ἤρξατο τοῦ εἶναι, οὔτε λήψεται τέλος.

ΕΡΑΝ. Ὡμολόγηται.

12–13 Col. 1:15 (25–30 Gen. 5:3 ff. and 14:18–20)

ISMDJCVOR 5 καὶ post ὅσα add. S 6 ἔχει om. S 7 τοῦ ante θεοῦ add. IV 8 πλὴν om. V οἷς J εἰκόνα εἶναι V 11 τὸ νῦν post τόδε add. V 11–12 τὸν υἱὸν ante τοῦ transp. V 12–13 τοῦ ἀοράτου θεοῦ S 14 ὅσα J 15 ἀναίτιος οὔτε ἀγέννητος V 18 ἔχει² om. S 19 Ἀληθής J 21 μὲν post ἀφωμοιῶσθαι add. SV 24 ἔχειν IJ 27 τὸ τέρμα τοῦ βίου J 30 μὲν post κατὰ add. S 31 υἱὸς τοῦ θεοῦ S 32 ποτε post λήψεταί add. S

ΟΡΘ. Κατὰ μὲν οὖν τὰ θεοπρεπῆ ταῦτα καὶ ὄντως θεῖα, τύπος ὁ
Μελχισεδὲκ τοῦ δεσπότου Χριστοῦ· κατὰ δέ γε τὴν ἀρχιερωσύνην,
ἥτις ἀνθρώποις μᾶλλον ἢ θεῷ προσήκει, ὁ δεσπότης Χριστὸς ἀρχιε-
ρεὺς γέγονε κατὰ τὴν τάξιν Μελχισεδέκ. Καὶ γὰρ ἐκεῖνος ἐθνῶν
ὑπῆρχεν ἀρχιερεύς· καὶ ὁ δεσπότης Χριστὸς ὑπὲρ ἁπάντων ἀνθρώπων 5 **129**
τὴν παναγίαν καὶ σωτήριον θυσίαν προσήνεγκεν.

ΕΡΑΝ. Πολλοὺς περὶ τούτου κατηναλώσαμεν λόγους.

ΟΡΘ. Ἐδεῖτο καὶ πλειόνων, ὡς οἶσθα· δυσνόητον γὰρ ἔφησθα τὸ
χωρίον.

ΕΡΑΝ. Ἐπὶ τὸν προκείμενον ἐπανέλθωμεν λόγον. 10

ΟΡΘ. Τί δὲ ἦν ἡμῖν τὸ ζητούμενον;

ΕΡΑΝ. Ἐμοῦ λέγοντος, μὴ χρῆναι καλεῖν ἄνθρωπον τὸν Χριστόν,
ἀλλὰ μόνον θεόν, πολλάς γε ἄλλας αὐτὸς μαρτυρίας παρήγαγες, καὶ
δὴ καὶ τὴν ἀποστολικὴν ῥῆσιν ἐκείνην, ἣν Τιμοθέῳ γράφων τέθεικεν·
"Εἷς θεός, εἷς καὶ μεσίτης θεοῦ καὶ ἀνθρώπων, ἄνθρωπος Χριστὸς 15
Ἰησοῦς, ὁ δοὺς ἑαυτὸν ἀντίλυτρον ἀντὶ πάντων."

ΟΡΘ. Ἀνεμνήσθην πόθεν εἰς τήνδε τὴν παρέκβασιν ἐξεκλίναμεν.
Ἐμοῦ γὰρ εἰρηκότος ὡς καὶ αὐτὸ τὸ τοῦ μεσίτου ὄνομα τοῦ σωτῆρος
ἡμῶν τὰς δύο φύσεις παραδηλοῖ, αὐτὸς ἔφησθα καὶ Μωϋσέα κεκλῆσ-
θαι μεσίτην, ἄνθρωπος δὲ μόνον ἐκεῖνος ἐτύγχανεν ὤν, οὐ θεὸς καὶ 20
ἄνθρωπος. Τούτου δὴ χάριν ἠναγκάσθην ταῦτα διεξελθεῖν, ἵνα δείξω
τὸν τύπον οὐ πάντα ἔχοντα ὅσα τὸ ἀρχέτυπον ἔχει. Εἰπὲ τοίνυν, εἰ
συνομολογεῖς χρῆναι καὶ ἄνθρωπον ὀνομάζεσθαι τὸν σωτῆρα Χρι-
στόν.

ΕΡΑΝ. Ἐγὼ θεὸν αὐτὸν καλῶ· θεοῦ γάρ ἐστιν υἱός. 25

ΟΡΘ. Εἰ θεὸν αὐτὸν καλεῖς, ἐπειδὴ θεοῦ αὐτὸν ἐδιδάχθης υἱόν,
κάλει καὶ ἄνθρωπον· υἱὸν γὰρ ἀνθρώπου πολλάκις ἑαυτὸν προσηγό-
ρευσεν.

ΕΡΑΝ. Οὐχ ἁρμόττει αὐτῷ τὸ ἄνθρωπος ὄνομα, ὡς τὸ θεὸς
ὄνομα. 30

ΟΡΘ. Ὡς οὐκ ὂν ἀληθές, ἢ δι' ἑτέραν αἰτίαν;

ΕΡΑΝ. Τὸ θεὸς ὄνομα τῆς φύσεως ὄνομα· τὸ δὲ ἄνθρωπος τῆς
οἰκονομίας πρόσρημα.

15–16 1 Tim. 2:5–6

ISMDJCVOR   1 μὲν οὖν: μέντοι S   2 γε om. J   3–4 ἱερεὺς S   8 δὲ post
Ἐδεῖτο add. S ἔφησθα: ἦν J   13 γε: τε J αὐτὸς ἄλλας S   14 ἦν om. I γὰρ
post Τιμοθέῳ add. I   17 πόθεν: ὅθεν S   18 τὸ ante ὄνομα transp. J: om. OR
20 ὢν om. J   22 τὸν — — πάντα: μὴ πάντα τὸν τύπον S ὅσαπερ S   23 σωτῆρα:
δεσπότην S   26 αὐτὸν[1] om. J   27 πολλάκις ἑαυτὸν: αὐτὸς ἑαυτὸν πολλάκις J
29 ὄνομα om. J   30 ὄνομα: ὀνομάζεσθαι J

ΟΡΘ. Τὴν δὲ οἰκονομίαν ἀληθῆ φαμεν, ἢ φαντασιώδη τινὰ καὶ ψευδῆ;

ΕΡΑΝ. Ἀληθῆ.

ΟΡΘ. Εἰ τοίνυν ἀληθὴς τῆς οἰκονομίας ἡ χάρις, τὴν ἐνανθρώπησιν δὲ τοῦ θεοῦ λόγου καλοῦμεν οἰκονομίαν, ἀληθὲς ἄρα καὶ τὸ ἄνθρωπος 5 ὄνομα· φύσιν γὰρ ἀνθρωπείαν ἀναλαβὼν ἐχρημάτισεν ἄνθρωπος.

ΕΡΑΝ. Πρὸ τοῦ πάθους ἐκαλεῖτο ἄνθρωπος· μετὰ δὲ τὸ πάθος οὐκ ἔτι.

ΟΡΘ. Καὶ μὴν μετὰ τὸ πάθος καὶ τὴν ἀνάστασιν ἔγραψε Τιμοθέῳ τὴν ἐπιστολὴν ὁ θεῖος ἀπόστολος, ἐν ᾗ τὸν σωτῆρα Χριστὸν προση- 10 γόρευσεν ἄνθρωπον. Μετὰ τὸ πάθος καὶ τὴν ἀνάστασιν ἐν Ἀθήναις δημηγορῶν ἄνδρα κέκληκε. Μετὰ τὸ πάθος καὶ τὴν ἀνάστασιν Κορινθίοις γράφων βοᾷ· "'Ἐπειδὴ γὰρ δι' ἀνθρώπου θάνατος, καὶ δι' ἀνθρώπου ἀνάστασις τῶν νεκρῶν." Καὶ διδάσκων σαφέστερον περὶ τίνος λέγει, ἐπήγαγεν· "'Ὥσπερ γὰρ ἐν τῷ Ἀδὰμ πάντες ἀποθνῄσκου- 15 σιν, οὕτω καὶ ἐν τῷ Χριστῷ πάντες ζωοποιηθήσονται." Μετὰ τὸ πάθος καὶ τὴν ἀνάστασιν ὁ θεῖος Πέτρος Ἰουδαίοις διαλεγόμενος ἄνδρα αὐτὸν προσηγόρευσε. Μετὰ τὴν εἰς οὐρανοὺς ἀνάληψιν ὁ καλλίνικος Στέφανος καταλευόμενος ἔφη τοῖς Ἰουδαίοις· "'Ἰδοὺ θεωρῶ τοὺς οὐρανοὺς ἀνεῳγμένους, καὶ τὸν υἱὸν τοῦ ἀνθρώπου 20 ἑστῶτα ἐκ δεξιῶν τοῦ θεοῦ." Μὴ τοίνυν ἡμᾶς αὐτοὺς σοφωτέρους νομίσωμεν τῶν μεγάλων κηρύκων τῆς ἀληθείας.

ΕΡΑΝ. Οὐ σοφώτερον ἐμαυτὸν τῶν ἁγίων διδασκάλων ὑπείληφα, ἀλλ' οὐχ εὑρίσκω τὴν τοῦ ὀνόματος χρείαν.

ΟΡΘ. Τοὺς οὖν ἀρνουμένους τοῦ κυρίου τὴν ἀνθρωπότητα, 25 Μαρκιωνιστάς φημι, καὶ Μανιχαίους, καὶ τοὺς ἄλλους, ὅσοι ταύτην νοσοῦσι τὴν νόσον, πῶς ἂν πείσαις ὁμολογῆσαι τῆς ἀληθείας τὸ κήρυγμα; οὐ ταύτας καὶ τὰς τοιαύτας μαρτυρίας προσφέρων, καὶ διδάσκων ὡς οὐ μόνον θεός, ἀλλὰ καὶ ἄνθρωπος ὁ δεσπότης Χριστός;

ΕΡΑΝ. Ἴσως τούτοις ἀνάγκη ταῦτα προσφέρειν. 30

ΟΡΘ. Τοὺς δέ γε πιστοὺς τί δήποτε μὴ διδάσκεις τοῦ δόγματος

(10–11 1 Tim. 2:5–6) 13–14 1 Cor. 15:21 15–16 1 Cor. 15:22 (17–18 Acts 2:22) 19–21 Acts 7:56

ISMDJCVOR   1 εἶναι post φαμεν add. S   4 ἀληθὴς: τῆς ἀληθείας ἔχεται J 11–12 ἐν --- ἀνάστασιν om. ISV   13 ὁ ante θάνατος add. ISJ   17 θεσπέσιος J 19 καταλευόμενος Στέφανος S   καταλευόμενος: λιθολευστούμενος V   22 νομίσωμεν: ὑπονοήσωμεν V^mo τῆς ἀληθείας κηρύκων S   23 ὑπείληφα διδασκάλων S   27 πείσαιο O 28–9 καὶ² --- θεός: ὡς οὐκ ἔστι θεὸς μόνον διδάσκων V   29 δεσπότης om. J 30 ταῦτα om. ISV   προφέρειν S   31 γε om. V   διδάσκῃς V

τὴν ἀλήθειαν; ἢ ἐπιλέλησαι τῆς ἀποστολικῆς νομοθεσίας, ἕτοιμον
εἶναι πρὸς ἀπολογίαν παρεγγυώσης; Σκοπήσωμεν δὲ οὕτως. Ὁ
ἄριστος στρατηγὸς μόνοις τοῖς πολεμίοις συμπλέκεται καὶ τοξεύει καὶ
ἀκοντίζει καὶ φάλαγγα ῥήγνυσιν, ἢ καὶ τοὺς στρατιώτας καθοπλίζει
καὶ τάττει καὶ εἰς ἀνδρείαν τὰ τούτων παραθήγει φρονήματα;   5
ΕΡΑΝ. Τοῦτο μᾶλλον ποιητέον αὐτῷ.
ΟΡΘ. Οὐ γὰρ ἴδιον στρατηγοῦ, τὸ αὐτὸν μὲν προκινδυνεύειν καὶ
παρατάττεσθαι, τοὺς δὲ στρατιώτας ἐπ᾽ ἄμφω καθεύδειν ἐᾶν, ἀλλὰ
καὶ τούτους διεγείρειν εἰς τὴν παράταξιν.
ΕΡΑΝ. Ἀληθές.   10
ΟΡΘ. Τοῦτο καὶ ὁ θεῖος ποιεῖ Παῦλος. Τοῖς γὰρ πεπιστευκόσιν
ἐπιστέλλων ἔλεγεν· "Ἀναλάβετε τὴν πανοπλίαν τοῦ θεοῦ, ἵνα δυνη-
θῆτε ἀντιστῆναι πρὸς τὰς μεθοδείας τοῦ διαβόλου." Καὶ πάλιν·
"Στῆτε οὖν περιζωσάμενοι τὰς ὀσφύας ὑμῶν ἐν ἀληθείᾳ," καὶ τὰ
ἑξῆς. Ἀναμνήσθητι δὲ ἃ καὶ ἔμπροσθεν εἰρήκαμεν, ὅτι καὶ ὁ ἰατρὸς   15
προστίθησι τὴν ἐλλείπουσαν τῇ φύσει ποιότητα. Εἰ γὰρ εὕροι πλεονά-
ζουσαν τὴν ψυχράν, προστίθησι τὴν θερμήν, καὶ ὡσαύτως τὰς ἄλλας·
τοῦτο καὶ ὁ κύριος ἐποίησεν.
ΕΡΑΝ. Καὶ ποῦ τοῦτο δείξεις πεποιηκότα τὸν κύριον;
ΟΡΘ. Ἐν τοῖς θείοις εὐαγγελίοις.   20
ΕΡΑΝ. Δεῖξον οὖν, καὶ πλήρωσον τὴν ὑπόσχεσιν.
ΟΡΘ. Τί τὸν σωτῆρα Χριστὸν ἐνόμιζον οἱ Ἰουδαῖοι;
ΕΡΑΝ. Ἄνθρωπον.
ΟΡΘ. Ὅτι δὲ καὶ θεὸς ἦν, παντάπασιν ἠγνόουν;
ΕΡΑΝ. Ἀληθές.   25 **133**
ΟΡΘ. Τοιγάρτοι τοῦτο μαθεῖν τοὺς ἀγνοοῦντας ἐχρῆν;
ΕΡΑΝ. Ὡμολόγηται.
ΟΡΘ. Ἄκουσον τοίνυν αὐτοῦ πρὸς αὐτοὺς λέγοντος· "Πολλὰ
ἔργα ὑπέδειξα ὑμῖν παρὰ τοῦ πατρός μου, διὰ ποῖον αὐτῶν λιθάζετέ
με;" Τῶν δὲ εἰρηκότων, "Περὶ καλοῦ ἔργου οὐ λιθάζομέν σε, ἀλλὰ   30
περὶ βλασφημίας, ὅτι ἄνθρωπος ὢν ποιεῖς σεαυτὸν θεόν," ἐπήγαγεν·
"Ἐν τῷ νόμῳ ὑμῶν γέγραπται· Ἐγὼ εἶπον· θεοί ἐστε. Εἰ ἐκείνους
εἶπε θεούς, πρὸς οὓς ὁ λόγος τοῦ θεοῦ ἐγένετο, καὶ οὐ δύναται λυθῆναι

(1–2 1 Pet. 3:15)   12–13 Eph. 6:13 and 11   14 Eph. 6:14   28–30 Jn. 10:32
30–1 Jn. 10:33   32—130.5 Jn. 10:34–8

ISMDJCVOR   1 νομοθεσίας: νουθεσίας S   3 μόνος J   συμπέπλεκται J
5 παρατάττει S   7 γε post ἴδιόν add. IJ: μὲν sic add. V   7–8 παρατάττεσθαι καὶ
προκινδυνεύειν J   8 ἄμφω: ἀμφόδων S   11 ποιεῖ om. S^{ac}V   12 τοῦ θεοῦ om. I
14 περιεζωσμένοι J   15 ἃ καὶ: καὶ ὧν J   πρόσθεν J   ὁ om. V   16 τὴν ἐλλείπουσαν
προστίθησι J   22 οἱ om. SV   26 τοῦτο: οὔτε ISV   29 ἔδειξα J   32 εἶπον: εἶπα S
οὖν post Εἰ add. J

ἡ γραφή, ὃν ὁ πατὴρ ἡγίασε καὶ ἀπέστειλεν εἰς τὸν κόσμον, ὑμεῖς
λέγετε, ὅτι Βλασφημεῖς, ὅτι εἶπον· υἱὸς τοῦ θεοῦ εἰμι; Εἰ οὐ ποιῶ τὰ
ἔργα τοῦ πατρός μου, μὴ πιστεύετέ μοι. Εἰ δὲ ποιῶ, κἂν ἐμοὶ μὴ
θέλητε πιστεύειν, τοῖς ἔργοις μου πιστεύσατε, ἵνα γνῶτε καὶ πιστεύ-
σητε, ὅτι ἐγὼ ἐν τῷ πατρί, καὶ ὁ πατὴρ ἐν ἐμοί ἐστιν." 5
ΕΡΑΝ. Ἐν οἷς ἀνέγνως ἀρτίως, ἔδειξας τὸν κύριον τοῖς Ἰου-
δαίοις θεὸν ἑαυτὸν οὐκ ἄνθρωπον δείξαντα.
ΟΡΘ. Οὐδὲ γὰρ ἐδέοντο μαθεῖν ὅπερ ᾔδεισαν. Ὅτι μὲν γὰρ ἄνθρω-
πος ἦν, ᾔδεισαν· ὅτι δὲ καὶ θεὸς ὑπῆρχεν, οὐκ ᾔδεισαν. Ταὐτὸ δὲ
τοῦτο καὶ ἐπὶ τῶν Φαρισαίων πεποίηκεν. Ὡς γὰρ ἀνθρώπῳ κοινῷ 10
προσιόντας ἰδών, ἤρετο αὐτοὺς οὕτως· "Τί ὑμῖν δοκεῖ περὶ τοῦ
Χριστοῦ; τίνος ἐστὶν υἱός;" Ἐκείνων δὲ εἰρηκότων, "Τοῦ Δαβίδ,"
αὐτὸς ἐπήγαγε· "Πῶς οὖν Δαβὶδ ἐν πνεύματι κύριον αὐτὸν καλεῖ;
Εἶπε, γάρ φησιν, ὁ κύριος τῷ κυρίῳ μου· Κάθου ἐκ δεξιῶν μου."
Εἶτα συλλογίζεται· "Εἰ οὖν κύριος αὐτοῦ ἐστι, πῶς υἱὸς αὐτοῦ 15
ἐστι;"
ΕΡΑΝ. Κατὰ σαυτοῦ τὴν μαρτυρίαν παρήγαγες. Ἀναφανδὸν γὰρ ὁ
κύριος τοὺς Φαρισαίους ἐδίδαξε μὴ καλεῖν αὐτὸν υἱὸν Δαβίδ, ἀλλὰ
κύριον Δαβίδ. Διὰ δὲ τούτων πέφανται θεὸς καλεῖσθαι βουλόμενος,
ἀλλ' οὐκ ἄνθρωπος. 20
ΟΡΘ. Οὐ προσέσχες, ὡς ἔοικε, τῇ θείᾳ διδασκαλίᾳ. Οὐ γὰρ
ἀνεῖλε τὸ καλεῖσθαι υἱὸς Δαβίδ, ἀλλὰ προσέθηκε τὸ χρῆναι πιστεύ-
εσθαι καὶ κύριος εἶναι τοῦ Δαβίδ. Τοῦτο γὰρ διδάσκει σαφῶς τό·
"Εἰ οὖν κύριος αὐτοῦ ἐστι, πῶς υἱὸς αὐτοῦ ἐστιν;" Οὐ γὰρ εἶπεν, εἰ
κύριός ἐστιν, υἱὸς οὐκ ἔστιν, ἀλλά, "Πῶς υἱὸς αὐτοῦ ἐστιν;" ἀντὶ 25
τοῦ, κατά τι κύριος, καὶ κατά τι υἱός. Ταῦτα δὲ ἄντικρυς καὶ τὴν
θεότητα δείκνυσι καὶ τὴν ἀνθρωπότητα.
ΕΡΑΝ. Οὐ χρεία συλλογισμῶν. Ἄντικρυς γὰρ ὁ κύριος ἐδίδαξεν,
ὡς οὐ βούλεται καλεῖσθαι υἱὸς Δαβίδ.
ΟΡΘ. Ἔδει τοίνυν καὶ τοὺς τυφλοὺς καὶ τὴν Χαναναίαν καὶ μέντοι 30
καὶ τοὺς ὄχλους διδάξαι, μὴ καλεῖν αὐτὸν υἱὸν Δαβίδ. Καὶ γὰρ οἱ

11–14 Mt. 22:42–4　　15–16, 24, 25 Mt. 22:45

ISMDPJCVOR　1 ὃν ——— κόσμον om. J　2 εἰμι: εἶναι Vᵐᶜ　3–4 Εἰ ———
πιστεύσητε om. V　4 μου om. S　πιστεύσατε: πιστεύετε IS　5 μου post πατρί
add. V　8 Οὐδὲ: Οὐ J　μὲν om. IV　9 καὶ om. S　11 οὕτως om. J　12 "Τοῦ
Δαβίδ," εἰρηκότων S　13 αὐτὸς ἐπήγαγε: ὑπολαβὼν ἔφη J　λαλῶν post πνεύματι
add. J　19 τούτων δὲ S　24–5 Οὐ ——— ἐστιν³ om. I　25 αὐτοῦ post κύριος
add. J

τυφλοὶ ἐβόων· "Υἱὲ Δαβίδ, ἐλέησον ἡμᾶς." Καὶ ἡ Χαναναία· "Υἱὲ Δαβίδ, ἐλέησόν με, ἡ θυγάτηρ μου κακῶς δαιμονίζεται·" καὶ τὸ πλῆθος· "'Ωσαννὰ τῷ υἱῷ Δαβίδ· εὐλογημένος ὁ ἐρχόμενος ἐν ὀνόματι κυρίου." Καὶ οὐ μόνον οὐκ ἐδυσχέρανεν, ἀλλὰ καὶ τὴν πίστιν ἐπήνεσε. Τοὺς μὲν γὰρ τυφλοὺς τῆς μακροτάτης νυκτὸς ἠλευθέρωσε, 5 καὶ τὴν ὀπτικὴν αὐτοῖς ἐνέργειαν ἐδωρήσατο. Τῆς δὲ Χαναναίας τὴν θυγατέρα κορυβαντιῶσαν καὶ μεμηνυῖαν ἰάσατο, καὶ τὸν παμπόνηρον ἐξήλασε δαίμονα. Τῶν δέ γε ἀρχιερέων καὶ Φαρισαίων χαλεπαινόντων τοῖς βοῶσιν, "'Ωσαννὰ τῷ υἱῷ Δαβίδ," οὐ μόνον οὐκ ἐκώλυσε τοὺς βοῶντας, ἀλλὰ καὶ ἐβεβαίωσε τὴν εὐφημίαν. "Ἀμήν, γὰρ ἔφη, λέγω 10 ὑμῖν, κἂν οὗτοι σιγήσωσιν, οἱ λίθοι κεκράξονται."

ΕΡΑΝ. Τούτων πρὸ τῆς ἀναστάσεως ἠνείχετο τῶν προσρημάτων, συγκατιὼν τῇ ἀσθενείᾳ τῶν μηδέπω γνησίως πεπιστευκότων· μετὰ δὲ τὴν ἀνάστασιν περιττὰ ταυτὶ τὰ ὀνόματα.

ΟΡΘ. Τὸν οὖν μακάριον Παῦλον ποῦ τάξομεν; ἐν τοῖς τελείοις ἢ ἐν 15 τοῖς ἀτελέσιν;

ΕΡΑΝ. Οὐ χρὴ παίζειν ἐν τοῖς σπουδαίοις.

ΟΡΘ. Οὐ χρὴ τῆς τῶν θείων λογίων ὀλιγωρεῖν ἀναγνώσεως.

ΕΡΑΝ. Καὶ τίς οὕτω τρισάθλιος, ὡς τῆς οἰκείας ἀμελεῖν σωτηρίας; 20

ΟΡΘ. Ἀπόκριναι πρὸς τὴν ἐρώτησιν, καὶ μαθήσῃ τὴν ἄγνοιαν.

ΕΡΑΝ. Ποίαν ἐρώτησιν;

ΟΡΘ. Ποῦ τάττομεν τὸν θεῖον ἀπόστολον;

ΕΡΑΝ. Δῆλον ὡς ἐν τοῖς τελειοτάτοις καὶ τῶν τελείων διδάσκαλον.

ΟΡΘ. Πότε δὲ τοῦ κηρύγματος ἤρξατο; 25

ΕΡΑΝ. Μετὰ τὴν τοῦ σωτῆρος ἀνάληψιν καὶ τὴν τοῦ πνεύματος ἐπιφοίτησιν καὶ τὴν Στεφάνου τοῦ νικηφόρου κατάλευσιν.

ΟΡΘ. Οὗτος παρ' αὐτὸ τοῦ βίου τὸ τέλος ἐσχάτην γράφων ἐπιστολὴν Τιμοθέῳ τῷ μαθητῇ, καὶ οἷόν τινα κλῆρον αὐτῷ πατρῷον κατὰ διαθήκας παραδιδούς, καὶ ταῦτα τέθεικε· "Μνημόνευε Ἰησοῦν 30 Χριστὸν ἐγηγερμένον ἐκ νεκρῶν ἐκ σπέρματος Δαβὶδ κατὰ τὸ εὐαγγέλιόν μου." Ὑπέδειξε δὲ καὶ τὰ ὑπὲρ τοῦ εὐαγγελίου παθήματα

1 Mt. 20:30   1–2 Mt. 15:22   3–4, 9: Mt. 21:9   10–11 Lk. 19:40   30–2 2 Tim. 2:8

ISMDPJCVOR   1 "'Ελέησον ἡμᾶς, υἱὸς Δαβίδ" S   ἡμᾶς: με J   δέ post Χαναναία add. S   12 προσρημάτων: προσταγμάτων ISᵖᶜP: πραγμάτων Sᵃᶜ: κηρυγμάτων D   13 μηδέπω: μήπω S: μηδέποτε V   14 ταῦτα J   21 μαθήσῃ: γνώσῃ J   24 ὡς: ὅτι J   27 τοῦ ante Στεφάνου add. J   28 Οὗτος: Ὁ αὐτὸς J   29 πατρῷον αὐτῷ J   30 Μνημόνευε Ἰησοῦν om. J   31 ἐκ σπέρματος Δαβὶδ om. J καὶ ταύτῃ δεικνὺς τὴν τοῦ εὐαγγελίου ἀλήθειαν. "'Εν ᾧ, γὰρ ἔφη, κακοπαθῶ μέχρι δεσμῶν ὡς κακοῦργος." Πολλὰς δὲ καὶ ἄλλας τοιάσδε μαρτυρίας ῥᾴδιον ἦν μοι παραγαγεῖν, ἀλλὰ παρέλκον τοῦτο νενόμικα.

ΕΡΑΝ. Ὑποσχόμενος δείξειν τὸν κύριον τὴν ἐλλείπουσαν διδα- 5
σκαλίαν προστιθέντα τοῖς δεομένοις, ὅτι μὲν τοῖς Φαρισαίοις καὶ
τοῖς ἄλλοις Ἰουδαίοις περὶ τῆς οἰκείας διελέχθη θεότητος, εἴρη-
κας· ὅτι δέ γε καὶ τὴν περὶ τῆς σαρκὸς διδασκαλίαν προσήνεγκεν, οὐκ
ἀπέδειξας.

ΟΡΘ. Μάλιστα μὲν περιττὸν ἦν περὶ τῆς ὁρωμένης διαλεχθῆναι 10
σαρκός· ἐναργῶς γὰρ ἑωρᾶτο, καὶ ἐσθίουσα καὶ πίνουσα καὶ κοπιῶσα
καὶ καθεύδουσα. Πλὴν ὅμως, ἵνα τὰ πρὸ τοῦ πάθους παρῶ πολλά γε
ὄντα καὶ διάφορα, μετὰ τὴν ἀνάστασιν ἀπιστοῦσι τοῖς ἀποστόλοις οὐ
τὴν θεότητα, ἀλλὰ τὴν ἀνθρωπότητα ἔδειξε· "Βλέπετε, γάρ φησι,
τὰς χεῖράς μου καὶ τοὺς πόδας μου, ὅτι αὐτὸς ἐγώ εἰμι· ψηλαφήσατέ 15
με, καὶ ἴδετε, ὅτι πνεῦμα σάρκα καὶ ὀστέα οὐκ ἔχει, καθὼς ἐμὲ
θεωρεῖτε ἔχοντα." Ἰδού σοι πεπληρώκαμεν τὴν ὑπόσχεσιν· ἐδείξαμεν
γὰρ τοῖς μὲν ἀγνοοῦσι τὴν θεότητα τὴν περὶ ταύτης προσενεχθεῖσαν
διδασκαλίαν· τοῖς δὲ ἀπιστοῦσι τῇ τῆς σαρκὸς ἀναστάσει ταύτην
ἐπιδειχθεῖσαν· παῦσαι τοίνυν φιλονεικῶν, καὶ τὰς δύο τοῦ σωτῆρος 20
ὁμολόγησον φύσεις.

ΕΡΑΝ. Δύο πρὸ τῆς ἑνώσεως ἦσαν· συνελθοῦσαι δὲ μίαν ἀπετέλε-
σαν φύσιν.

ΟΡΘ. Πότε δὲ φὴς γεγενῆσθαι τὴν ἕνωσιν;
ΕΡΑΝ. Εὐθὺς ἐγὼ λέγω παρὰ τὴν σύλληψιν. 25
ΟΡΘ. Τὸν δὲ θεὸν λόγον οὐ προϋπάρχειν τῆς συλλήψεως λέγεις;
ΕΡΑΝ. Πρὸ τῶν αἰώνων εἶναί φημι.
ΟΡΘ. Τὴν δέ γε σάρκα συνυπάρχειν αὐτῷ;
ΕΡΑΝ. Οὐ δῆτα.
ΟΡΘ. Ἀλλ' ἐκ πνεύματος ἁγίου μετὰ τὴν τοῦ ἀγγέλου διαπλασθῆ- 30
ναι πρόσρησιν;
ΕΡΑΝ. Οὕτως φημί.
ΟΡΘ. Οὐκοῦν οὐ δύο ἦσαν πρὸ τῆς ἑνώσεως φύσεις, ἀλλὰ μία
μόνη. Εἰ γὰρ προϋπάρχει μὲν ἡ θεότης, ἡ δέ γε ἀνθρωπότης οὐ

1–2 2 Tim. 2:9 14–17 Lk. 24:39 (30–1 Lk. 1:34–5)

ISMDPJCVOR   1 καὶ ante τὴν add. S   6 προστίθει J   12 γε: τε J
13 ἀποστόλοις: μαθηταῖς J   14 γάρ om. J ἔφη IS   15 καὶ – – – μου om. J μου²
om. IS^pc   20 Χριστοῦ post σωτῆρος add. S   24 φῆς: λέγεις S   26 προϋπάρχειν
– – – λέγεις: συνυπάρχειν τῇ συλλήψει τῆς σαρκός J λέγεις: φῆς S   27 φασι J
28 γε om. V

συνυπάρχει (διεπλάσθη γὰρ μετὰ τὸν ἀγγελικὸν ἀσπασμόν, συνῆπται
δὲ τῇ διαπλάσει ἡ ἕνωσις), μία ἄρα φύσις πρὸ τῆς ἑνώσεως ἦν, ἡ ἀεὶ
οὖσα καὶ πρὸ τῶν αἰώνων οὖσα. Ἀλλὰ γὰρ καὶ αὖθις αὐτὸ τοῦτο
σκοπήσωμεν. Τὴν σάρκωσιν ἤγουν τὴν ἐνανθρώπησιν ἄλλο τι νομί-
ζεις παρὰ τὴν ἕνωσιν;   5
   ΕΡΑΝ. Οὐχί.
   ΟΡΘ. Σάρκα γὰρ προσλαβὼν ἐσαρκώθη;
   ΕΡΑΝ. Φαίνεται.
   ΟΡΘ. Συνῆπται δὲ τῇ προσλήψει ἡ ἕνωσις;
   ΕΡΑΝ. Οὕτω λέγω.   10
   ΟΡΘ. Μία οὖν φύσις πρὸ τῆς ἐνανθρωπήσεως ἦν. Εἰ γὰρ ταὐτὸν
ἕνωσίς τε καὶ ἐνανθρώπησις, ἐνηνθρώπησε δὲ τὴν ἀνθρωπείαν φύσιν
λαβών, ἔλαβε δὲ ἡ τοῦ θεοῦ μορφὴ τὴν τοῦ δούλου μορφήν, μία ἄρα
φύσις ἡ θεία πρὸ τῆς ἑνώσεως ἦν.
   ΕΡΑΝ. Καὶ πῶς ταὐτὸν ἕνωσίς τε καὶ ἐνανθρώπησις;   15
   ΟΡΘ. Συνωμολόγησας ἀρτίως μὴ διαφέρειν ταυτὶ τὰ ὀνόματα.
   ΕΡΑΝ. Τοῖς σοῖς με παρεκρούσω συλλογισμοῖς.
   ΟΡΘ. Καὶ μὴν ἁπλῆν σοι παρενήνοχα πεῦσιν.
   ΕΡΑΝ. Ἀλλὰ τοῖς προρρηθεῖσι προσεῖχον συλλογισμοῖς ἔτι.
   ΟΡΘ. Τὸν αὐτὸν οὖν, εἰ δοκεῖ, πάλιν ἀναλάβωμεν λόγον.   20
   ΕΡΑΝ. Τοῦτο ποιητέον.
   ΟΡΘ. Ἡ σάρκωσις πρὸς τὴν ἕνωσιν ἔχει διαφορὰν κατ' αὐτὴν
τὴν τοῦ πράγματος φύσιν;
   ΕΡΑΝ. Πλείστην μὲν οὖν.
   ΟΡΘ. Δίδαξον τὰ εἴδη ταύτης ἀφθόνως.   25
   ΕΡΑΝ. Καὶ αὐτὸς τῶν ὀνομάτων ὁ νοῦς δηλοῖ τὸ διάφορον. Ἡ
μὲν γὰρ σάρκωσις τῆς σαρκὸς δηλοῖ τὴν ἀνάληψιν, ἡ δέ γε ἕνωσις τὴν
τῶν διεστώτων συνάφειαν.
   ΟΡΘ. Πρεσβυτέραν δὲ τὴν σάρκωσιν τῆς ἑνώσεως λέγεις;   **140**
   ΕΡΑΝ. Οὐ δῆτα.   30
   ΟΡΘ. Ἀλλ' ἐν τῇ συλλήψει γεγενῆσθαι τὴν ἕνωσιν;
   ΕΡΑΝ. Οὕτω φημί.
   ΟΡΘ. Οὐκοῦν εἰ μηδὲ τὸ ἀκαριαῖον τοῦ χρόνου τῆς λήψεως τῆς
σαρκὸς καὶ τῆς ἑνώσεως γεγένηται μέσον, ἡ δὲ ληφθεῖσα φύσις

(13 Phil. 2:7)

ISMDPJCVOR   1 προϋπάρχει J   3 τῶν om. S   4 τὴν² om. IJV   9 Συνῆπται
δὲ om. J   13 λόγου post θεοῦ add. S   16 ταύτῃ I   18–19 In toto om. V
18 προσενήνοχα IS   19 ἔτι om. IS   22 κατ' αὐτὴν: κατὰ ταύτην V   25 οὖν post
Δίδαξον add. J   27 ἡ δέ γε ἕνωσις: ἡ ἕνωσις δὲ S   33 λήψεως: συλλήψεως J

οὐ προϋπῆρχε τῆς λήψεως καὶ τῆς ἑνώσεως· ταὐτὸ μὲν πρᾶγμα σημαίνουσι σάρκωσίς τε καὶ ἕνωσις· μία δὲ ἄρα φύσις πρὸ τῆς ἑνώσεως ἤγουν σαρκώσεως ἦν, μετὰ δέ γε τὴν ἕνωσιν δύο λέγειν προσήκει, τήν τε λαβοῦσαν καὶ τὴν ληφθεῖσαν.

ΕΡΑΝ. Ἐκ δύο φύσεων λέγω τὸν Χριστόν, δύο δὲ φύσεις οὐ λέγω.

ΟΡΘ. Ἑρμήνευσον ἡμῖν, πῶς τὸ ἐκ δύο φύσεων λέγεις, ὡς τὸν χρυσόπαστον ἄργυρον, ὡς τὴν τοῦ ἠλέκτρου κατασκευήν, ὡς τὴν κόλλην τὴν ἐκ μολίβδου καὶ κασσιτέρου κεραννυμένην;

ΕΡΑΝ. Οὐδενὶ τούτων ἐοικέναι τήνδε λέγω τὴν ἕνωσιν· ἄρρητός τε γάρ ἐστι καὶ ἄφραστος καὶ πάντα νοῦν ὑπερβαίνουσα.

ΟΡΘ. Ὁμολογῶ κἀγὼ μὴ ἐφικτὸν εἶναι τὸν τῆς ἑνώσεως λόγον. Ὅτι δέ γε φύσις ἑκατέρα καὶ μετὰ τὴν ἕνωσιν μεμένηκεν ἀκραιφνής, παρὰ τῆς θείας ἐδιδάχθην γραφῆς.

ΕΡΑΝ. Καὶ ποῦ τοῦτο ἐδίδαξεν ἡ θεία γραφή;

ΟΡΘ. Πᾶσα ταύτης ἐστὶ τῆς διδασκαλίας ἀνάπλεως.

ΕΡΑΝ. Δὸς ὦν λέγεις τὰς ἀποδείξεις.

ΟΡΘ. Σὺ γὰρ οὐχ ὁμολογεῖς φύσεως ἑκατέρας τὰ ἴδια;

ΕΡΑΝ. Μετὰ τὴν ἕνωσιν οὐδαμῶς.

ΟΡΘ. Τοῦτο τοίνυν αὐτὸ παρὰ τῆς θείας διδαχθῶμεν γραφῆς.

ΕΡΑΝ. Ἐγὼ πείθομαι τῇ θείᾳ γραφῇ.

ΟΡΘ. Ὅταν τοίνυν ἀκούσῃς Ἰωάννου τοῦ θεσπεσίου βοῶντος· "Ἐν ἀρχῇ ἦν ὁ λόγος, καὶ ὁ λόγος ἦν πρὸς τὸν θεόν, καὶ θεὸς ἦν ὁ λόγος·" καί· "Πάντα δι' αὐτοῦ ἐγένετο," καὶ τὰ ἄλλα ὅσα τοιαῦτα, τὴν σάρκα λέγεις ἐν ἀρχῇ πρὸς τὸν θεὸν εἶναι, καὶ φύσει θεὸν εἶναι, καὶ πάντα πεποιηκέναι, ἢ τὸν θεὸν λόγον τὸν πρὸ τῶν αἰώνων ἐκ τοῦ πατρὸς γεγεννημένον;

ΕΡΑΝ. Τῷ μὲν θεῷ λόγῳ ταῦτα προσήκειν φημί· οὐ χωρίζω δὲ αὐτὸν τῆς ἡνωμένης σαρκός.

ΟΡΘ. Οὔτε χωρίζομεν τοῦ θεοῦ λόγου τὴν σάρκα, οὔτε σύγχυσιν ποιοῦμεν τὴν ἕνωσιν.

ΕΡΑΝ. Ἐγὼ μίαν οἶδα μετὰ τὴν ἕνωσιν φύσιν.

ΟΡΘ. Οἱ εὐαγγελισταὶ τὰ εὐαγγέλια πηνίκα συνέγραψαν; πρὸ τῆς ἑνώσεως ἢ μετὰ πλεῖστον τῆς ἑνώσεως χρόνον;

ΕΡΑΝ. Δῆλον ὅτι μετὰ τὴν ἕνωσιν καὶ τὴν γέννησιν καὶ τὰ θαύ-

ISMDPJCVOR   1 λήψεως: συλλήψεως J   τῆς² om. IV   8 κόλλην: κόλλησιν J
9 λέγω post ἕνωσιν transp. V   τε om. J   10 ὑπερβαίνουσα νοῦν S   15 ἀνάπλεω I
21 βοῶντος τοῦ θεσπεσίου S   26 γεννηθέντα Iᵐᶜ: γεγενημένον V   32 πηνίκα
συνέγραψαν τὰ εὐαγγέλια J   συνεγράψαντο S   34 τὴν² om. I

ματα καὶ τὸ πάθος καὶ τὴν ἀνάστασιν καὶ τὴν εἰς οὐρανοὺς ἀνάληψιν
καὶ τὴν τοῦ παναγίου πνεύματος ἐπιφοίτησιν.

ΟΡΘ. Ἄκουσον τοίνυν τοῦ μὲν Ἰωάννου λέγοντος· "Ἐν ἀρχῇ ἦν ὁ **141**
λόγος, καὶ ὁ λόγος ἦν πρὸς τὸν θεόν, καὶ θεὸς ἦν ὁ λόγος. Οὗτος ἦν ἐν
ἀρχῇ πρὸς τὸν θεόν. Πάντα δι' αὐτοῦ ἐγένετο, καὶ χωρὶς αὐτοῦ 5
ἐγένετο οὐδὲ ἕν," καὶ τὰ ἑξῆς· τοῦ δὲ Ματθαίου· "Βίβλος γενέσεως
Ἰησοῦ Χριστοῦ, υἱοῦ Δαβίδ, υἱοῦ Ἀβραάμ," καὶ τὰ ἑξῆς. Καὶ ὁ
Λουκᾶς δὲ αὐτὸν ἐξ Ἀβραὰμ καὶ Δαβὶδ ἐγενεαλόγησε. Προσάρμοσον
τοίνυν ταῦτα κἀκεῖνα φύσει μιᾷ. Ἀλλ' οὐκ ἂν δύναιο· ἐναντίον γὰρ τῷ
ἐν ἀρχῇ εἶναι, τὸ ἐξ Ἀβραὰμ εἶναι, καὶ τῷ πάντα πεποιηκέναι τὸ 10
κτιστὸν τὸν πρόγονον ἐσχηκέναι.

ΕΡΑΝ. Ταῦτα λέγων εἰς δύο πρόσωπα τὸν μονογενῆ μερίζεις υἱόν.

ΟΡΘ. Ἕνα μὲν υἱὸν τοῦ θεοῦ καὶ οἶδα καὶ προσκυνῶ τὸν κύριον
ἡμῶν Ἰησοῦν Χριστόν· τῆς δὲ θεότητος καὶ τῆς ἀνθρωπότητος τὴν
διαφορὰν ἐδιδάχθην. Σὺ δέ γε ὁ μίαν λέγων μετὰ τὴν ἕνωσιν γεγενῆσ- 15
θαι φύσιν, προσάρμοσον ταύτῃ τὰ τῶν εὐαγγελίων προοίμια.

ΕΡΑΝ. Ὡς ἔοικεν, ἰσχυρὰν ἄγαν καὶ ἴσως ἀμήχανον ὑπολαμβά-
νεις τὴν πρότασιν.

ΟΡΘ. Ἔστω σοι ῥᾳδία καὶ εὐπετής, μόνον ἡμῖν τὸ ζητούμενον
λῦσον. 20

ΕΡΑΝ. Ἀμφότερα τῷ δεσπότῃ προσήκει Χριστῷ, καὶ τὸ ἐν ἀρχῇ
εἶναι καὶ τὸ ἐξ Ἀβραὰμ καὶ Δαβὶδ κατὰ σάρκα βλαστῆσαι.

ΟΡΘ. Μίαν μετὰ τὴν ἕνωσιν χρῆναι λέγειν ἐνομοθέτησας φύσιν·
τὸν οἰκεῖον τοίνυν μὴ παραβῇς νόμον μεμνημένος σαρκός.

ΕΡΑΝ. Καὶ δίχα τοῦ μνημονεῦσαι σαρκὸς λῦσαι τὴν πρότασιν 25
εὐπετές· ἀμφότερα γὰρ τῷ σωτῆρι προσαρμόττω Χριστῷ.

ΟΡΘ. Κἀγὼ καὶ ταῦτα κἀκεῖνα προσήκειν φημὶ τῷ δεσπότῃ
Χριστῷ, ἀλλὰ δύο φύσεις ἐν αὐτῷ θεωρῶν, καὶ ἑκατέρᾳ προσνέμων τὰ
πρόσφορα. Εἰ δὲ μία φύσις ἐστὶν ὁ Χριστός, πῶς οἷόν τε αὐτῇ προσαρ-
μόσαι τὰ ἐναντία; Ἐναντίον γὰρ τῷ ἐν ἀρχῇ εἶναι τὸ ἐξ Ἀβραὰμ καὶ 30
Δαβὶδ τὴν ἀρχὴν εἰληφέναι, μᾶλλον δὲ πολλοστῇ γενεᾷ μετὰ τὸν
Δαβὶδ γεννηθῆναι. Ἐναντίον δὲ πάλιν καὶ τῷ πάντα πεποιηκέναι τὸ

3–6 Jn. 1:1–3 6–7 Mt. 1:1 (7–8 Lk. 3:23–38)

ISMDPJCVOR 2 ἁγίου V 6 οὐδὲ ἕν: οὐδέν J 8 ἐξ om. O 9 Ἀλλ' ———
δύναιο om. J 11 τὸν om. JV 14 δὲ om. J γε μὴν post θεότητός add. J 15 γε
om. I μίαν post ἕνωσιν transp. J 17 ἴσως: λίαν J 19–20 ΕΡΑΝ. attrib. ISV
19 τὰ ζητούμενα S 21–2 ΟΡΘ. attrib. ISV 23–4 ΕΡΑΝ. attrib. ISV 23 οὐ
ante χρῆναι add. V 24 νόμον: ὅρον S 25–6 ΟΡΘ. attrib. ISV 27–8 Κἀγὼ
——— Χριστῷ ΕΡΑΝ. attrib. ISV 27 καὶ om. V 28 θεωρῶ J προσνέμω J
31–2 μᾶλλον ——— γεννηθῆναι om. J

ἐκ πεποιημένων βλαστῆσαι, καὶ τῷ ἐκ θεοῦ εἶναι τὸ ἀνθρώπους
ἐσχηκέναι πατέρας. Ἐναντίον δὲ καὶ τῷ αἰωνίῳ τὸ πρόσφατον. Καὶ
δῆτα σκοπήσωμεν οὑτωσί· τῶν ἁπάντων φαμὲν τὸν θεὸν λόγον
δημιουργόν;

ΕΡΑΝ. Οὕτω πιστεύειν παρὰ τῆς θείας γραφῆς ἐδιδάχθημεν.   5

ΟΡΘ. Πόστῃ δὲ μεμαθήκαμεν ἡμέρᾳ τὸν Ἀδὰμ διαπλασθῆναι μετὰ
τὴν τοῦ οὐρανοῦ καὶ τῆς γῆς δημιουργίαν;

ΕΡΑΝ. Ἕκτῃ.

ΟΡΘ. Ἀπὸ δὲ τοῦ Ἀδὰμ μέχρι τοῦ Ἀβραὰμ πόσαι διεληλύθασι
γενεαί;   10

ΕΡΑΝ. Εἴκοσι ταύτας ὑπείληφα.

ΟΡΘ. Ἀπὸ δὲ τοῦ Ἀβραὰμ μέχρι τοῦ σωτῆρος ἡμῶν Χριστοῦ
πόσας ὁ εὐαγγελιστὴς Ματθαῖος ἀριθμεῖ γενεάς;

ΕΡΑΝ. Τεσσαρακονταδύο.

ΟΡΘ. Εἰ τοίνυν μία φύσις ὁ δεσπότης Χριστός, πῶς οἷόν τε αὐτὸν   15
καὶ πάντων ὁρατῶν τε καὶ ἀοράτων ὑπάρχειν δημιουργόν, καὶ μετὰ
γενεὰς τοσαύτας ὑπὸ τοῦ παναγίου πνεύματος διαπλασθῆναι ἐν μήτρᾳ
παρθενικῇ; πῶς δὲ καὶ τοῦ Ἀδὰμ ποιητὴς καὶ τῶν τοῦ Ἀδὰμ ἀπο-
γόνων υἱός;

ΕΡΑΝ. Καὶ ἤδη πρότερον ἔφην ὡς ἁρμόττει αὐτῷ καὶ ταῦτα   20
κἀκεῖνα ὡς σεσαρκωμένῳ θεῷ· μίαν γὰρ οἶδα τοῦ λόγου φύσιν σεσαρ-
κωμένην.

ΟΡΘ. Οὐδέ γε ἡμεῖς, ὦ ἀγαθέ, δύο φύσεις τοῦ θεοῦ λόγου σεσαρ-
κῶσθαί φαμεν· μίαν γὰρ ἴσμεν τοῦ θεοῦ λόγου τὴν φύσιν· ἀλλὰ τὴν
σάρκα, ἣ χρησάμενος ἐσαρκώθη, ἑτέρας εἶναι φύσεως ἐδιδάχθημεν.   25
Οἶμαι δέ γε τοῦτο καί σε συνομολογεῖν. Εἰπὲ τοίνυν, τὴν σάρκωσιν
κατὰ τροπήν τινα γεγενῆσθαι λέγεις;

ΕΡΑΝ. Οὐκ οἶδα τὸν τρόπον, πιστεύω δὲ αὐτὸν σαρκωθῆναι.

ΟΡΘ. Κακούργως προὐβάλου τὴν ἄγνοιαν καὶ τοῖς Φαρισαίοις
παραπλησίως. Καὶ γὰρ ἐκεῖνοι, τῆς δεσποτικῆς ἐρωτήσεως τὸ   30
ἰσχυρὸν θεασάμενοι, εἶτα τὸν ἔλεγχον ὑπειδόμενοι, τό, "Οὐκ οἴδα-
μεν," εἶπον. Ἐγὼ δὲ βοῶ διαρρήδην, ὡς ἡ θεία σάρκωσις ἐλευθέρα
τροπῆς. Εἰ γὰρ κατ' ἀλλοίωσίν τινα καὶ τροπὴν ἐσαρκώθη, οὐδαμῶς

(6–8 Gen. 1:26 ff.)   (9–11 Lk. 3:34–8)   (12–14 Mt. 1:17)   31–2 Mt. 21:27

ISMDPJCVOR   3 οὑτωσί: οὕτως· εἰ V   7 τῆς om. S   12 Ἰησοῦ ante Χριστοῦ
add. S   15 αὐτὸν: τοῦτον J   16 καὶ¹ om. S   τε om. O   17 διαπλασθῆναι
πνεύματος J   20 ἔφην: εἶπον S   25 σάρκα om. S   26 συνομολογήσειν J
29 π οὐβάλλου S: προεβάλου J   30 παραπλησίαν S   31 ὑφορώμενοι J

αὐτῷ μετὰ τὴν τροπὴν ἁρμόττει τὰ θεῖα τῶν ὀνομάτων τε καὶ πραγμάτων.

ΕΡΑΝ. Ὡμολογήσαμεν πολλάκις ἄτρεπτον εἶναι τὸν θεὸν λόγον.

ΟΡΘ. Τοιγαροῦν σάρκα λαβὼν ἐσαρκώθη.

ΕΡΑΝ. Ἀληθές. 5

ΟΡΘ. Οὐκοῦν ἄλλη μὲν ἡ σαρκωθεῖσα τοῦ θεοῦ λόγου φύσις, ἄλλη δὲ ἡ τῆς σαρκός, ἣν ἀναλαβοῦσα ἡ θεία τοῦ λόγου φύσις ἐσαρκώθη καὶ ἐνηνθρώπησεν.

ΕΡΑΝ. Ὡμολόγηται.

ΟΡΘ. Οὐκοῦν ἐτράπη εἰς σάρκα; 10

ΕΡΑΝ. Οὐδαμῶς.

ΟΡΘ. Εἰ τοίνυν οὐ τραπεὶς ἀλλὰ σάρκα λαβὼν ἐσαρκώθη, ἁρμόττει δὲ αὐτῷ καὶ ταῦτα κἀκεῖνα ὡς σαρκωθέντι θεῷ· τοῦτο γὰρ εἶπας ἀρτίως· οὐ συνεχύθησαν αἱ φύσεις, ἀλλ' ἔμειναν ἀκραιφνεῖς. Οὕτω γὰρ νοοῦντες καὶ τὴν τῶν εὐαγγελιστῶν συμφωνίαν ὀψόμεθα. 15 Τοῦ γὰρ ἑνὸς μονογενοῦς, τοῦ δεσπότου λέγω Χριστοῦ, ὁ μὲν τὰ θεῖα κηρύττει, ὁ δὲ τὰ ἀνθρώπινα. Οὕτω δὲ νοεῖν καὶ αὐτὸς ὁ δεσπότης ἡμᾶς διδάσκει Χριστός· νῦν μὲν γὰρ ἑαυτὸν υἱὸν προσαγορεύει θεοῦ, νῦν δὲ υἱὸν ἀνθρώπου· καὶ ποτὲ μὲν ὡς γεγεννηκυῖαν τὴν μητέρα τιμᾷ, ποτὲ δὲ ὡς δεσπότης ἐπιτιμᾷ· καὶ νῦν μὲν τοὺς υἱὸν Δαβὶδ ὀνομάζον- 20 τας ἀποδέχεται, νῦν δὲ διδάσκει τοὺς ἀγνοοῦντας ὡς οὐ μόνον υἱός ἐστιν, ἀλλὰ καὶ κύριος τοῦ Δαβίδ. Καὶ καλεῖ μὲν τὴν Ναζαρὲτ καὶ τὴν Καπερναοὺμ πατρίδα· βοᾷ δὲ πάλιν· "Πρὶν Ἀβραὰμ γενέσθαι, ἐγώ εἰμι." Παμπόλλων δὲ τοιούτων εὑρήσεις ἀνάπλεω τὴν θείαν γραφήν. Ταῦτα δὲ οὐ μιᾶς φύσεως, ἀλλὰ δύο δηλωτικά. 25 **145**

ΕΡΑΝ. Ὁ δύο φύσεις ἐν τῷ Χριστῷ θεωρῶν εἰς δύο υἱοὺς μερίζει τὸν ἕνα μονογενῆ.

ΟΡΘ. Οὐκοῦν καὶ τὸν Παῦλον ἐκ ψυχῆς λέγων καὶ σώματος δύο Παύλους τὸν ἕνα Παῦλον ἀπέφηνας.

ΕΡΑΝ. Ἀπεοικὸς τὸ παράδειγμα. 30

ΟΡΘ. Οἶδα κἀγώ. Ἐνταῦθα γὰρ φυσικὴ τῶν ὁμοχρόνων καὶ

(18–19 Mt. 9:6, Jn. 10:36 and passim) (19 Lk. 2:51) (20 Jn. 2:4) (20–1 Mt. 15:22, 20:30, 21:9) (21–2 Mt. 22:45) (22–3 Lk. 4:16–23 and parallels) 23–4 Jn. 8:58)

ISMDPJCVOR 6 Οὐκοῦν om. V θεοῦ om. J 7 ἡ θεία τοῦ: ἡ τοῦ θείου V 13 αὐτῷ om. V 15 τῶν om. V 16 Χριστοῦ λέγω V λέγω om. J 17–18 ἡμᾶς ὁ δεσπότης S 18 γὰρ om. ISV υἱὸν post θεοῦ transp. V προσαγορεύων SV 19 ἀνθρώπου υἱόν S 20 αὐτὸν post Δαβὶδ add. J 21–2 ἐστὶν υἱός S 25 φύσεων post δύο add. J 26 μερίζει υἱοὺς S 28 ὁ post καὶ¹ add. JV 29 Παῦλον om. S ἀπέφηνεν SᵃᶜJV

κτιστῶν καὶ ὁμοδούλων ἡ ἕνωσις· ἐπὶ δὲ τοῦ δεσπότου Χριστοῦ τὸ ὅλον εὐδοκίας ἐστί, καὶ φιλανθρωπίας καὶ χάριτος. Πλὴν καὶ φυσικῆς ἐνταῦθα τῆς ἑνώσεως οὔσης, ἀκέραια μεμένηκε τὰ τῶν φύσεων ἴδια.

ΕΡΑΝ. Εἰ διέμεινεν ἀμιγῆ τὰ τῶν φύσεων ἴδια, πῶς μετὰ τοῦ σώματος ὀρέγεται τροφῆς ἡ ψυχή; 5

ΟΡΘ. Οὐχ ἡ ψυχὴ τροφῆς ὀριγνᾶται· πῶς γὰρ ἥ γε ἀθάνατος καὶ κρείττων τροφῆς; Ἀλλὰ τὸ σῶμα τὴν ζωτικὴν δύναμιν παρὰ τῆς ψυχῆς κομιζόμενον αἰσθάνεται τῆς ἐνδείας, καὶ προσλαβεῖν τὸ ἐλλεῖπον ἐφίεται· οὕτω καὶ ἀναπαύλης μετὰ πόνον ἱμείρεται, καὶ μετὰ ἐγρήγορσιν ὕπνου, καὶ τῶν ἄλλων ὡσαύτως. Αὐτίκα τοίνυν μετὰ τὴν 10 διάλυσιν τὴν ζωτικὴν οὐκ ἔχον ἐνέργειαν οὐδὲ ὀρέγεται τοῦ ἐλλείποντος, καὶ μὴ προσλάμβανον ὑπομένει φθοράν.

ΕΡΑΝ. Ὁρᾷς ὅτι τῆς ψυχῆς ἐστι τὸ πεινῆν καὶ διψῆν, καὶ τὰ τούτοις προσόμοια;

ΟΡΘ. Εἰ τῆς ψυχῆς ταῦτα ἦν, καὶ μετὰ τὴν ἀπαλλαγὴν ἂν τοῦ 15 σώματος καὶ τὴν πείναν ὑπέμεινε καὶ τὸ δίψος, καὶ τὰ ἄλλα ὡσαύτως.

ΕΡΑΝ. Τίνα οὖν φὴς εἶναι ἴδια τῆς ψυχῆς;

ΟΡΘ. Τὸ λογικόν, τὸ ἁπλοῦν, τὸ ἀθάνατον, τὸ ἀόρατον.

ΕΡΑΝ. Τίνα δὲ τοῦ σώματος;

ΟΡΘ. Τὸ σύνθετον, τὸ ὁρατόν, τὸ θνητόν. 20

ΕΡΑΝ. Ἐκ δὲ τούτων φαμὲν συγκεῖσθαι τὸν ἄνθρωπον;

ΟΡΘ. Οὕτω φαμέν.

ΕΡΑΝ. Ὁριζόμεθα οὖν τὸν ἄνθρωπον ζῶον λογικὸν θνητόν;

ΟΡΘ. Ὡμολόγηται.

ΕΡΑΝ. Καὶ ἐκ τούτων κἀκείνων αὐτὸν ὀνομάζομεν; 25

ΟΡΘ. Ἀληθές.

ΕΡΑΝ. Ὥσπερ τοίνυν οὐ διαιροῦμεν ἐνταῦθα, ἀλλὰ τὸν αὐτὸν καλοῦμεν καὶ λογικὸν καὶ θνητόν· οὕτω καὶ ἐπὶ τοῦ Χριστοῦ προσήκει ποιεῖν, καὶ αὐτῷ προσαρμόττειν τά τε θεῖα τά τε ἀνθρώπινα.

ΟΡΘ. Ἡμέτερος οὗτος ὁ λόγος, εἰ καὶ μὴ ἀκριβῶς αὐτὸν ἐξειρ- 30 γάσω. Σκόπησον τοίνυν ὡδί. Ὅταν τὸν περὶ τῆς ἀνθρωπείας ψυχῆς ἐξετάζωμεν λόγον, μόνον τὰ προσήκοντα τῇ ταύτης φύσει καὶ ἐνεργείᾳ φαμέν;

ΕΡΑΝ. Μόνα.

ISMDPJCVOR   2 ἐστὶν εὐδοκίας IJ   5 ἡ om. V   6 ὀριγνᾶται: ὀρέγεται JV
7–8 παρὰ τῆς ψυχῆς: παρ' αὐτῆς V   9 τὸν ante πόνον add. S   11 οὐδὲ: οὔτε J
12 προσλαμβάνων V   13 τὸ διψᾶν καὶ τὸ πεινῆν V   14 παρόμοια S: ὅμοια J
15 ἂν: πάντως J   16 ὑπέμειναν J   ἂν post ὑπέμειναν add. J   17 τῆς ψυχῆς ἴδια S
18 Τὸ ἁπλοῦν, τὸ λογικόν S   19 Τί ISV   21 ἄνθρωπον: θάνατον J   29 τά τε²: καὶ τὰ V
ἀνθρώπεια J   30 αὐτὸν om. V   31 τῆς om. S   32 μόνα J   32–3 ἐνεργείᾳ καὶ
φύσει V

ΟΡΘ. Ὅταν δὲ περὶ τοῦ σώματος ἡμῖν οἱ λόγοι γίνωνται, πάλιν **148** οὐ μόνα τὰ τούτου διέξιμεν ἴδια;

ΕΡΑΝ. Ἀληθές.

ΟΡΘ. Ἐπειδὰν δὲ περὶ τοῦ ζῴου παντὸς ἡ διάλεξις γίνηται, ἀδεῶς λοιπὸν καὶ ταῦτα κἀκεῖνα προσφέρομεν. Ἁρμόττει γὰρ τῷ 5 ἀνθρώπῳ τά τε τοῦ σώματος τά τε τῆς ψυχῆς ἴδια.

ΕΡΑΝ. Παγκαλῶς εἴρηκας.

ΟΡΘ. Οὕτω τοιγαροῦν καὶ τοὺς περὶ τοῦ δεσπότου Χριστοῦ ποιεῖσθαι προσήκει λόγους· καὶ περὶ μὲν τῶν φύσεων διαλεγομένους ἀπονέμειν ἑκατέρᾳ τὰ πρόσφορα, καὶ εἰδέναι τίνα μὲν τῆς 10 θεότητος, τίνα δὲ τῆς ἀνθρωπότητος ἴδια. Ὅταν δέ γε τοὺς περὶ τοῦ προσώπου ποιώμεθα λόγους, κοινὰ χρὴ ποιεῖν τὰ τῶν φύσεων ἴδια, καὶ ταῦτα κἀκεῖνα τῷ σωτῆρι προσαρμόττειν Χριστῷ, καὶ τὸν αὐτὸν καλεῖν καὶ θεὸν καὶ ἄνθρωπον, καὶ υἱὸν θεοῦ καὶ υἱὸν ἀνθρώπου, καὶ υἱὸν Δαβὶδ καὶ κύριον Δαβίδ, καὶ σπέρμα Ἀβραὰμ καὶ ποιητὴν 15 Ἀβραάμ, καὶ τὰ ἄλλα πάντα ὡσαύτως.

ΕΡΑΝ. Τὸ μὲν ἓν εἶναι πρόσωπον τοῦ Χριστοῦ, καὶ αὐτῷ προσήκειν καὶ τὰ θεῖα καὶ τὰ ἀνθρώπεια, λίαν ὀρθῶς εἴρηκας, καὶ δέχομαι τόνδε τὸν ὅρον τῆς πίστεως. Τὸ δὲ φάναι πάλιν, ὡς χρὴ περὶ τῶν φύσεων διαλεγομένους ἀπονέμειν ἑκάστῃ τὰ ἴδια, λύειν δοκεῖ μοι τὴν 20 ἕνωσιν· οὗ δὴ χάριν τούτους καὶ τοὺς τοιούτους οὐ προσίεμαι λόγους.

ΟΡΘ. Καὶ μὴν ὅτε τὰ περὶ ψυχῆς καὶ σώματος ἐξητάζομεν, ἀξιάγαστος ἔδοξεν εἶναί σοι ἡ τῶν λόγων ἐκείνων διαίρεσις· αὐτίκα γοῦν τὴν εὐφημίαν προσήνεγκας. Τί δήποτε τοίνυν ἐπὶ τῆς τοῦ δεσπότου Χριστοῦ θεότητός τε καὶ ἀνθρωπότητος τὸν αὐτὸν οὐ δέχῃ 25 κανόνα; Ἢ οὐδὲ ψυχῇ καὶ σώματι παρισοῖς τὴν θεότητα τοῦ Χριστοῦ καὶ τὴν ἀνθρωπότητα; ἀλλὰ ψυχῇ μὲν καὶ σώματι δίδως ἀσύγχυτον ἕνωσιν· κρᾶσιν δὲ καὶ σύγχυσιν ὑπομεμενηκέναι λέγειν τολμᾷς τὴν θεότητα τοῦ Χριστοῦ καὶ τὴν ἀνθρωπότητα;

ΕΡΑΝ. Ἐγὼ μὲν τὴν θεότητα τοῦ Χριστοῦ καὶ μέντοι καὶ τὴν 30 σάρκα ψυχῆς καὶ σώματος πολλῷ τινι καὶ ἀπείρῳ μέτρῳ τιμαλφεστέραν ὑπείληφα· μίαν μέντοι φύσιν μετὰ τὴν ἕνωσιν λέγω.

ΟΡΘ. Καὶ πῶς οὐ δυσσεβές τε καὶ σχέτλιον, τὸ λέγειν ψυχὴν μὲν σώματι συναφθεῖσαν ἥκιστα παθεῖν τὸ τῆς συγχύσεως πάθος, τὴν δὲ

ISMDPJCVOR   2 οὐ: αὖ J   τούτου: τούτων S: τοῦ σώματος J   5 προφέρομεν SJ 6 τά τε τῆς ψυχῆς τά τε τοῦ σώματος J   8 δεσπότου om. V   9 δύο ante φύσεων add. J   11 τὰ ante τῆς add. S   12 δύο ante φύσεων add. J   13 τῷ σωτῆρι om. J 18 ἀνθρώπινα IV   λίαν ὀρθῶς: καλῶς J   19 ὅρον τῆς πίστεως: ἱερον τῆς πίστεως κανόνα J   περὶ om. J   20 ἀπολεγομένους J   23 ἐκείνη J   29 τοῦ om. S   30 τὴν μὲν J   31-2 τινι: τι J   τιμαλφεστέρας ISV

θεότητα τοῦ τῶν ὅλων δεσπότου μὴ δυνηθῆναι μήτε τὴν οἰκείαν φύσιν
ἀκήρατον διασῶσαι, μήτε τὴν ἀνθρωπείαν ἣν ἔλαβεν ἐπὶ τῶν ὅρων
τῶν οἰκείων διατηρῆσαι, ἀλλὰ κερᾶσαι τὰ ἄκρατα, καὶ μῖξαι τὰ
ἄμικτα; Ταῦτα γὰρ ὑποπτεύειν ἡ μία φύσις παρασκευάζει.

ΕΡΑΝ. Καί μοι τὸ τῆς συγχύσεως φευκτόν ἐστιν ὄνομα· δύο δὲ 5
λέγειν παραιτοῦμαι φύσεις, ἵνα μὴ τῇ τῶν υἱῶν περιπέσω δυάδι.

ΟΡΘ. Ἐγὼ δὲ ἑκάτερον διαφυγεῖν σπουδάζω κρημνόν, καὶ τὸν
τῆς δυσσεβοῦς συγχύσεως καὶ τὸν τῆς δυσσεβοῦς διαιρέσεως. Ἐμοὶ
γὰρ ἴσως ἀνόσιον καὶ διχῇ τὸν ἕνα μερίζειν υἱὸν καὶ τὸ ἀρνεῖσθαι τὴν
δυάδα τῶν φύσεων. Εἰπὲ δέ μοι πρὸς τῆς ἀληθείας· εἴ τίς σοι τῶν 10
Ἀρείου ἢ τῶν Εὐνομίου στασιωτῶν προσδιαλεγόμενος σμικρύνειν τὸν
υἱὸν πειρῷτο, καὶ τοῦ πατρὸς δεικνύναι μείονά τε καὶ ὑποδεέστερον,
ἐκεῖνα λέγων, ἅπερ λέγειν εἰώθασι, καὶ προφέρων ἀπὸ τῆς θείας γραφῆς
τό· "Πάτερ, εἰ δυνατόν, παρελθέτω ἀπ' ἐμοῦ τὸ ποτήριον τοῦτο·"
καὶ τό· "Νῦν ἡ ψυχή μου τετάρακται," καὶ τὰ ἄλλα τὰ τοιαῦτα· 15
πῶς ἂν αὐτοῦ διαλύσαις τὰ προβλήματα; πῶς δ' ἂν δείξειας οὐκ
ἐλαττούμενον ἐκ τούτων τὸν υἱόν, οὐδέ γε ἑτεροούσιον ὄντα, ἀλλ' ἐκ τῆς
τοῦ πατρὸς γεγεννημένον οὐσίας;

ΕΡΑΝ. Εἴποιμ' ἄν, ὡς τὰ μὲν θεολογικῶς, τὰ δὲ οἰκονομικῶς ἡ
θεία λέγει γραφή, καὶ ὡς οὐ χρὴ τὰ οἰκονομικῶς εἰρημένα τοῖς θεο- 20
λογικοῖς συναρμόττειν.

ΟΡΘ. Ἀλλά γε ἐκεῖνος φαίη ἄν, ὡς κἀν τῇ παλαιᾷ πολλὰ οἰκονο-
μικῶς ἡ θεία λέγει γραφή. Τοιοῦτο γάρ ἐστι τό· "Ἤκουσεν Ἀδὰμ
τῆς φωνῆς κυρίου τοῦ θεοῦ περιπατοῦντος·" καὶ τό· "Καταβὰς
ὄψομαι εἰ κατὰ τὴν κραυγὴν αὐτῶν τὴν ἐρχομένην πρός με συν- 25
τελοῦνται, εἰ δὲ μήγε, ἵνα γνῶ·" καὶ τό· "Νῦν ἔγνων, ὅτι φοβῇ σὺ
τὸν θεόν·" καὶ πολλὰ ἕτερα τοιαῦτα.

ΕΡΑΝ. Πρὸς ταῦτα πάλιν ἀποκριναίμην ἄν, ὡς πολλὴ τῶν οἰκονο-
μιῶν ἡ διαφορά. Ἐν μὲν γὰρ τῇ παλαιᾷ λόγων τοιούτων οἰκονομία,
ἐνταῦθα δὲ καὶ πραγμάτων. 30

ΟΡΘ. Ἀλλ' ἔροιτο ἂν ἐκεῖνος· Ποίων πραγμάτων;

ΕΡΑΝ. Ἀλλ' εὐθὺς ἀκούσεται, τῶν τῆς σαρκώσεως. Ἐνανθρωπή-
σας γὰρ ὁ τοῦ θεοῦ υἱός, καὶ διὰ ῥημάτων καὶ διὰ πραγμάτων, ποτὲ

14 Mt. 26:39 15 Jn. 12:27 23–4 Gen. 3:8 24–6 Gen. 18:21 26–7 Gen. 22:12

ISMDPJCVOR   2 ἀκήρατον: ἀσύγχυτον R   8 δυσσεβοῦς¹: ἀσεβοῦς J   συγχύσεως:
διαιρέσεως IS   δυσσεβοῦς²: ἀσεβοῦς S   διαιρέσεως: συγχύσεως IS   11 γε post
τῶν add. IJ   14 τὸ ποτήριον τοῦτο ἀπ' ἐμοῦ J   16 δ' om. J   δείξαις J
17 ἐλαττούμενον: ἐλάττονα μὲν J   22–3 πολλὰ ––– γραφή: οἰκονομικῶς ἡ θεία γραφή
λέγει πολλά V   23 Τοιοῦτον J   25 τὴν² ––– με om. S   ταύτην post ἐρχομένην add. J
27 τοιαῦτα ἕτερα S   28 ἀπεκρινάμην S   33 υἱὸς τοῦ θεοῦ V   διὰ² om. V

μὲν τὴν σάρκα, ποτὲ δὲ τὴν θεότητα δείκνυσιν· ὥσπερ ἀμέλει κἀν-
ταῦθα τῆς σαρκὸς καὶ τῆς ψυχῆς ἔδειξε τὴν ἀσθένειαν· δειλίας γὰρ τὸ
πάθος.

ΟΡΘ. Εἰ δέ γε ὑπολαβὼν εἴποι· Καὶ μὴν ψυχὴν οὐκ ἀνέλαβεν,
ἀλλὰ σῶμα μόνον, ἡ δὲ θεότης ἀντὶ τῆς ψυχῆς ἐνωθεῖσα τῷ σώματι 5
πάντα τὰ τῆς ψυχῆς ἀνεδέξατο, ποίοις ἂν λόγοις τὴν ἀντίθεσιν δια-
λύσαις;

ΕΡΑΝ. Ἐκ τῆς θείας γραφῆς τὰς ἀποδείξεις προφέρων, καὶ δεικ-
νὺς ὡς οὐ σάρκα μόνην, ἀλλὰ καὶ ψυχὴν ὁ θεὸς λόγος ἀνέλαβεν.

ΟΡΘ. Καὶ ποίας ἐν τῇ γραφῇ τοιαύτας εὑρήσομεν ἀποδείξεις; 10

ΕΡΑΝ. Οὐκ ἤκουσας τοῦ κυρίου λέγοντος· "Ἐξουσίαν ἔχω
θεῖναι τὴν ψυχήν μου, καὶ ἐξουσίαν ἔχω πάλιν λαβεῖν αὐτήν· οὐδεὶς
αἴρει αὐτὴν ἀπ᾽ ἐμοῦ, ἐγὼ τίθημι αὐτὴν ἀπ᾽ ἐμαυτοῦ, ἵνα πάλιν λάβω
αὐτήν." καὶ πάλιν· "Νῦν ἡ ψυχή μου τετάρακται." καὶ αὖθις·
"Περίλυπός ἐστιν ἡ ψυχή μου ἕως θανάτου·" καὶ τὸ παρὰ τοῦ Δαβὶδ 15
εἰρημένον, καὶ παρὰ τοῦ Πέτρου ἡρμηνευμένον, ὅτι "Οὐκ ἐγκατελεί-
φθη εἰς ᾅδου ἡ ψυχὴ αὐτοῦ, οὔτε ἡ σὰρξ αὐτοῦ εἶδε διαφθοράν;"
Ταῦτα καὶ ὅσα τοιαῦτα σαφῶς δείκνυσιν, ὡς οὐ σῶμα μόνον, ἀλλὰ
καὶ ψυχὴν ὁ θεὸς λόγος ἀνέλαβεν.

ΟΡΘ. Ἁρμοδίως μὲν ἄγαν καὶ εὐγνωμόνως τὰς μαρτυρίας παρή- 20
γαγες. Ἀντιθείη δ᾽ ἂν ἐκεῖνος, ὡς καὶ πρὸ τῆς ἐνανθρωπήσεως
Ἰουδαίοις διαλεγόμενος ὁ θεὸς ἔφη· "Νηστείαν καὶ ἀργίαν καὶ τὰς
ἑορτὰς ὑμῶν μισεῖ ἡ ψυχή μου." Εἶτα συλλογιζόμενος φαίη ἄν, ὅτι
καθάπερ ἐν τῇ παλαιᾷ ψυχὴν οὐκ ἔχων ἐμνημόνευσε ψυχῆς, οὕτω
κἀνταῦθα πεποίηκεν. 25

ΕΡΑΝ. Ἀλλ᾽ ἀκούσεται πάλιν, ὡς καὶ σωματικῶν μορίων περὶ τοῦ
θεοῦ διαλεγομένη μέμνηται ἡ θεία γραφή. "Κλῖνον, γάρ φησι, τὸ οὖς
σου, καὶ ἐπάκουσον." καί· "Ἄνοιξον τοὺς ὀφθαλμούς σου, καὶ ἴδε·"
καί· "Τὸ στόμα κυρίου ἐλάλησε ταῦτα·" καί· "Αἱ χεῖρές σου ἐποίησάν
με, καὶ ἔπλασάν με," καὶ μυρία τοιαῦτα. Εἰ τοίνυν καὶ μετὰ τὴν ἐνανθρώ- 30
πησιν τὴν ψυχὴν οὐ ψυχὴν νοητέον, οὔτε τὸ σῶμα ἄρα σῶμα νοητέον·

152

11–14 Jn. 10:18, 17 (sic)   14 Jn. 12:27   15 Mt. 26:38   16–17 Acts 2:31; cf. Ps.
16:10 (LXX 15:10)   22–3 Is. 1:13–14   27–8 Dan. 9:18   29 Is. 58:14   29–30
Ps. 119:73 (LXX 118:73)

ISMDPJCVOR   5 τῆς om. IJV   6 ἀναδέξοιτο V   8 προσφέρων J   9 μόνον I
10 ἀποδείξεις εὑρήσομεν J   12–13 οὐδεὶς — — — ἐγὼ om. ISV   14 Νῦν post μοι
transp. V   15 μὲν post Δαβὶδ add. S   16 καὶ παρά: παρὰ δὲ S   17 οὔτε: οὐδὲ J
19 θεὸς om. J   20 εὐγνωμόνως: εὐμνημόνως J   22 διαλεγόμενος Ἰουδαίοις V
24 τῆς ante ψυχῆς add. J   28 ἄκουσον J   μου post ἐπάκουσόν add. SV   30 καὶ³
om. J   31 οὔτε: οὐδὲ J

καὶ εὑρεθήσεται φαντασία τὸ μέγα τῆς οἰκονομίας μυστήριον, καὶ
διοίσομεν οὐδὲν Μαρκίωνος καὶ Βαλεντίνου καὶ Μάνεντος· τοιαῦτα
γὰρ ἄττα κἀκεῖνοι μυθολογοῦσιν.

ΟΡΘ. Εἰ δέ γε διαλεγομένων ὑμῶν ἐξαπίνης ἀφίκοιτό τις τῆς
Ἀπολιναρίου συμμορίας, καὶ ἔροιτο· Ποίαν, ὦ λῷστε, λέγεις ἀνειλη- 5
φέναι ψυχήν; τί ἂν ἀποκρίναιο;

ΕΡΑΝ. Πρῶτον μέν, ὡς μίαν οἶδα τὴν τοῦ ἀνθρώπου ψυχήν.
Ἔπειτα προσθείην ἄν, Εἰ δέ γε σὺ δύο νομίζεις, καὶ τὴν μὲν λογικήν,
τὴν δὲ ἄλογον νομίζεις, τὴν λογικὴν ἀνειλῆφθαί φημι. Σὺ γάρ, ὡς
ἔοικε, τὴν ἄλογον ἔχεις, ἀτελῆ γεγενῆσθαι τὴν ἡμετέραν σωτηρίαν 10
ἡγούμενος.

ΟΡΘ. Εἰ δὲ τῶνδε τῶν λόγων ἀπαιτοίη τὰς ἀποδείξεις;

ΕΡΑΝ. Δοίην ἂν εὐπετῶς, καὶ τῶν εὐαγγελικῶν ἀναμνήσω
λογίων, ὅτι "Τὸ παιδίον Ἰησοῦς ηὔξανε, καὶ ἐκραταιοῦτο πνεύματι,
καὶ χάρις θεοῦ ἦν ἐπ' αὐτῷ." Καὶ πάλιν· "'Ἰησοῦς δὲ προέκοπτεν 15
ἡλικίᾳ, καὶ σοφίᾳ, καὶ χάριτι παρὰ θεῷ καὶ ἀνθρώποις." Καὶ εἴποιμ'
ἄν, ὡς οὐδὲν τούτων ἁρμόττει θεότητι. Ἡλικίᾳ μὲν γὰρ τὸ σῶμα
προκόπτει, σοφίᾳ δὲ ἡ ψυχή, οὐχ ἡ ἄλογος, ἀλλ' ἡ λογική. Λογικὴν
οὖν ἄρα ψυχὴν ὁ θεὸς λόγος ἀνείληφεν.

ΟΡΘ. Γενναίως μὲν ἄγαν, ὦ ἄριστε, τὰς τρεῖς τῶν ἀντιπάλων 20
διέρρηξας φάλαγγας· ἀλλὰ τὴν ἕνωσιν ἐκείνην, καὶ τὴν πολυθρύλητον
κρᾶσιν καὶ σύγχυσιν, οὐ διχῇ μόνον, ἀλλὰ καὶ τριχῇ τῷ λόγῳ διέλυσας·
καὶ οὐ μόνον θεότητος καὶ ἀνθρωπότητος τὸ διάφορον ἔδειξας, ἀλλὰ καὶ
αὐτὴν διχῇ διεῖλες τὴν ἀνθρωπότητα· ἄλλο μέν τι τὴν ψυχήν, ἄλλο δέ
τι εἶναι τὸ σῶμα διδάξας, ὡς μηκέτι δύο, κατὰ τὸν ἡμέτερον λόγον, 25
ἀλλὰ τρεῖς νοεῖσθαι φύσεις τοῦ σωτῆρος ἡμῶν Ἰησοῦ Χριστοῦ.

ΕΡΑΝ. Σὺ γὰρ οὐκ ἄλλην τινὰ φῇς οὐσίαν τὴν τῆς ψυχῆς παρὰ
τὴν τοῦ σώματος φύσιν;

ΟΡΘ. Ναιχί.

ΕΡΑΝ. Πῶς τοίνυν ὁ λόγος παράδοξος ὤφθη σοι; 30

ΟΡΘ. Ὅτι δύο παραιτούμενος εἰπεῖν τρεῖς ὡμολόγησας φύσεις.

ΕΡΑΝ. Ἡ πρὸς τοὺς ἀντιπάλους διαμάχη τοῦτο ποιεῖν βιάζεται.
Πῶς γὰρ ἄν τις ἑτέρως διαλεχθείη τοῖς τῆς σαρκὸς ἢ τῆς ψυχῆς ἢ

14–15 Lk. 2:40 15–16 Lk. 2:52

ISMDPJCVOR 3 κἀκεῖνοι: ἐκεῖνοι J 4 ὑμῶν: ἡμῶν V 5–6 γάρ post Ποίαν
add. S ψυχὴν ante λέγεις transp. V ἀνειλῆφθαι J 8 καὶ om. J 9 τήν¹ ---
λογικὴν om. J νομίζεις om. S 12 ΕΡΑΝ. attrib. I 14 τῷ ante πνεύματι add. V
16 σοφίᾳ καὶ ἡλικίᾳ S 17 ἂν post οὐδὲν add. J ἁρμόττει τούτων S ἁρμόττον J
18 ἡ¹ om. V 19 οὖν om. J 20 οὖν post μὲν add. I 21 πολυθρύλητον J
24 τι om. J 26 Ἰησοῦ om. IS 27 τὴν om. J

τοῦ νοῦ τὴν ἀνάληψιν ἀρνουμένοις, ἢ τὰς περὶ τούτων ἀποδείξεις ἀπὸ
τῆς θείας προφέρων γραφῆς; Πῶς δὲ ἄν τις τοὺς τοῦ μονογενοῦς τὴν
θεότητα σμικρύνειν φιλονεικοῦντας διελέγξαι λυττῶντας, ἢ τὰ μὲν
θεολογικῶς, τὰ δὲ οἰκονομικῶς δεικνὺς εἰρηκυῖαν τὴν θείαν γραφήν;

ΟΡΘ. Ἀληθὴς οὗτος ὁ λόγος· ἡμέτερος γάρ, μᾶλλον δὲ πάντων, 5
ὅσοι τὸν ἀποστολικὸν κανόνα διετήρησαν ἀκλινῆ. Αὐτὸς δὲ συνήγορος
τῶν ἡμετέρων ἀνεφάνης δογμάτων.

ΕΡΑΝ. Καὶ πῶς τοῖς ὑμετέροις συνηγορῶ δύο μὴ λέγων υἱούς;

ΟΡΘ. Πότε ἡμῶν ἀκήκοας δύο πρεσβευόντων υἱούς;

ΕΡΑΝ. Ὁ δύο λέγων φύσεις δύο λέγει υἱούς. 10

ΟΡΘ. Τρεῖς οὖν ἄρα σὺ λέγεις υἱούς· τρεῖς γὰρ εἴρηκας φύσεις.

ΕΡΑΝ. Οὐκ ἦν ἑτέρως τὰ τῶν ἐναντίων διαλῦσαι προβλήματα.

ΟΡΘ. Ταὐτὸ τοῦτο καὶ παρ' ἡμῶν ἄκουσον· τοῖς αὐτοῖς γὰρ
χρώμεθα καὶ ἡμεῖς ἀνταγωνισταῖς.

ΕΡΑΝ. Ἀλλ' ἐγὼ μετὰ τὴν ἕνωσιν δύο φύσεις οὐ λέγω. 15

ΟΡΘ. Καὶ μὴν μετὰ πολλὰς τῆς ἑνώσεως γενεὰς τούτοις ἔναγχος
ἐχρήσω τοῖς λόγοις. Δίδαξον δὲ ὅμως ἡμᾶς, πῶς μίαν λέγεις μετὰ
τὴν ἕνωσιν φύσιν· ὡς μιᾶς ἐξ ἀμφοῖν γενομένης, ἢ ὡς θατέρας μεινά-
σης, τῆς δὲ ἑτέρας ἀναιρεθείσης;

ΕΡΑΝ. Ἐγὼ τὴν θεότητα λέγω μεμενηκέναι, καταποθῆναι δὲ ὑπὸ 20
ταύτης τὴν ἀνθρωπότητα.

ΟΡΘ. Ἑλλήνων ταῦτα μῦθοι καὶ Μανιχαίων λῆροι. Ἐγὼ δὲ καὶ τὸ
φέρειν τούτους εἰς μέσον αἰσχύνομαι. Οἱ μὲν γὰρ καταπόσεις θεῶν
ἐμυθεύσαντο, οἱ δὲ τῆς τοῦ φωτὸς θυγατρὸς ἐν τοῖς λόγοις αὐτῶν
ἐμνημόνευσαν. Ἡμεῖς δὲ τοὺς τοιούσδε λόγους οὐχ ὡς δυσσεβεῖς 25
μόνον, ἀλλὰ καὶ ὡς ἄγαν ἀνοήτους ἀποστρεφόμεθα. Πῶς γὰρ ἂν ἡ
ἁπλῆ καὶ ἀσύνθετος φύσις, ἡ περιληπτικὴ τῶν ὅλων, ἡ ἀνέφικτος, ἡ
ἀπερίγραφος, κατέπιεν ἣν ἀνέλαβε φύσιν;

ΕΡΑΝ. Ὡς ἡ θάλασσα μέλιτος προσλαβοῦσα σταγόνα. Φροῦδος
γὰρ εὐθὺς ἡ σταγὼν ἐκείνη γίνεται τῷ τῆς θαλάττης ὕδατι μιγνυμένη. 30

ΟΡΘ. Τῆς θαλάττης καὶ τῆς σταγόνος ἐν ποσότητι τὸ διάφορον, **156**
καὶ ἐν μιᾷ γε ποιότητι· ἡ μὲν γὰρ μεγίστη, ἡ δὲ σμικροτάτη· καὶ ἡ
μὲν γλυκεῖα, ἡ δὲ ἁλμυρά· ἐν δέ γε τοῖς ἄλλοις πλείστην συγγένειαν
ἔστιν εὑρεῖν. Ῥυτὴν γὰρ ἔχουσι καὶ ὑγρὰν καὶ ῥοώδη τὴν φύσιν
ἀμφότεραι· καὶ τὸ εἶναι δὲ αὐταῖς ὁμοίως κτιστόν, καὶ τὸ ἄψυχον δὲ 35

ISMDPJCVOR   1 ἢ: εἰ μὴ V   2 προσφέρων J   2–3 τὴν θεότητα om. S
5 ἡμέτερος γάρ: ἀλλ' ἡμέτερος J   8 ὑμετέροις: ἡμετέροις S   9 μὲν post
Πότε add. S   18–19 ἢ --- μεινάσης om. J   20 Ἐγὼ om. J   24 ἐμυθεύσαντο
om. ISV   24–5 αὐτῶν ἐμνημόνευσαν: ἀνέγραψαν ISV   25 τοιούσδε: τοιούτους S
26 ὡς om. V   31 τοῦ μέλιτος post σταγόνος add. J   διάφορον: διαφέρον V

ὡσαύτως κοινόν, καὶ μέντοι καὶ σῶμα αὕτη κἀκείνη καλεῖται. Οὐδὲν οὖν ἀπεικός, τὰς ἀγχιστευούσας φύσεις ὑπομεῖναι τὴν κρᾶσιν, καὶ θατέραν ὑπὸ θατέρας ἀφανισθῆναι. Ἐνταῦθα δὲ τὸ διάφορον ἄπειρον, καὶ τοσοῦτον, ὡς μηδεμίαν εἰκόνα τῆς ἀληθείας εὑρίσκεσθαι. Ἐγὼ μέντοι δείκνυμι πολλὰ τῶν κεραννυμένων μὴ συγχεόμενα, ἀλλ᾽ 5 ἀκραιφνῆ διαμένοντα.

ΕΡΑΝ. Καὶ τίς ἀκήκοε κρᾶσιν ἄκρατον πώποτε;

ΟΡΘ. Ἐγώ σε τοῦτο συνομολογῆσαι παρασκευάσω.

ΕΡΑΝ. Εἰ φανείη τὸ ῥηθησόμενον ἀληθές, οὐκ ἀντιτάξομαι τῇ ἀληθείᾳ. 1

ΟΡΘ. Ἀπόκριναι τοίνυν, ἢ ἀνανεύων ἢ κατανεύων, ὅπως ἄν σοι ἔχειν ὁ λόγος δοκῇ.

ΕΡΑΝ. Ἀποκρινοῦμαι.

ΟΡΘ. Τὸ φῶς ἀνίσχον πάντα δοκεῖ σοι τὸν ἀέρα πληροῦν, πλὴν εἰ μή τις ἐν ἀντρίοις οἰκίσκοις καθειργμένος ἀφώτιστος διαμένοι; 1

ΕΡΑΝ. Δοκεῖ μοι.

ΟΡΘ. Καὶ ὅλον δι᾽ ὅλου τοῦ ἀέρος χωρεῖν τὸ φῶς;

ΕΡΑΝ. Καὶ τοῦτό μοι συνδοκεῖ.

ΟΡΘ. Ἡ δὲ κρᾶσις οὐ δι᾽ ὅλων τῶν κεραννυμένων χωρεῖ;

ΕΡΑΝ. Ἀληθές. 2

ΟΡΘ. Τὸν δέ γε πεφωτισμένον ἀέρα οὐ φῶς καὶ ὁρῶμεν καὶ ὀνομάζομεν;

ΕΡΑΝ. Πάνυγε.

ΟΡΘ. Ἀλλ᾽ ὅμως καὶ παρόντος τοῦ φωτός, καὶ ξηρᾶς ποιότητος αἰσθανόμεθα καὶ ὑγρᾶς· πολλάκις δὲ καὶ ψυχρᾶς καὶ θερμῆς. 2

ΕΡΑΝ. Αἰσθανόμεθα τούτων.

ΟΡΘ. Μετὰ δέ γε τὴν τοῦ φωτὸς ἀναχώρησιν μένει λοιπὸν αὐτὸς καθ᾽ αὑτὸν ὁ ἀήρ.

ΕΡΑΝ. Ἀληθῆ ταῦτα.

ΟΡΘ. Σκόπησον δὴ οὖν καὶ τόδε· ὁ σίδηρος προσομιλῶν τῷ πυρὶ 3 πυρακτοῦται;

ΕΡΑΝ. Πάνυγε.

ΟΡΘ. Καὶ δι᾽ ὅλης γε τῆς οὐσίας αὐτοῦ χωρεῖ τὸ πῦρ;

ΕΡΑΝ. Ναί.

ΟΡΘ. Πῶς οὖν οὐκ ἐναλλάττει τοῦ σιδήρου τὴν φύσιν ἡ ἄκρα 3 ἕνωσις, καὶ ἡ δι᾽ ὅλου χωροῦσά γε κρᾶσις;

ISMDPJCVOR   1 καὶ ante αὕτη add. ISJ   3 θατέραν: θατέρας J   τῆς ante θατέρας add. J   8 παρασκευάσω τοῦτο συνομολογῆσαι J   9 Εἰ φανείη: Ἐὰν φανῇ J   ἀντιτάξομεν O   15 ἀντρίοις: ἄντροις ἢ J   25 καὶ θερμῆς om. J   27–8 αὐτὸς ——— ἀήρ: ὁ αὐτὸς ἀὴρ καθ᾽ ἑαυτόν J   36 γε χωροῦσα J

ΕΡΑΝ. Καὶ μὴν πάμπαν ἐναλλάττει. Οὐκέτι γὰρ σίδηρος, ἀλλὰ πῦρ
εἶναι νομίζεται· καὶ μέντοι καὶ τὴν πυρὸς ἐνέργειαν ἔχει.

ΟΡΘ. Οὐκέτι τοίνυν αὐτὸν ὁ χαλκεὺς σίδηρον ὀνομάζει, οὐδὲ τῷ
ἄκμονι προσφέρει, οὐδέ γε ἐπιφέρει τὴν σφύραν;

ΕΡΑΝ. Ὡμολόγηται ταῦτα.   5 **157**

ΟΡΘ. Οὐκ ἐλυμήνατο ἄρα τοῦ σιδήρου τὴν φύσιν ἡ τοῦ πυρὸς
ὁμιλία.

ΕΡΑΝ. Οὐδαμῶς.

ΟΡΘ. Εἰ τοίνυν ἐν σώμασιν ἔστιν εὑρεῖν ἀσύγχυτον κρᾶσιν, μανία
ἄρα σαφὴς ἐπὶ τῆς ἀκηράτου καὶ ἀναλλοιώτου φύσεως σύγχυσιν νοεῖν 10
καὶ τῆς φύσεως τῆς ἀναληφθείσης ἀφανισμόν, καὶ ταῦτα ληφθείσης
ἐπ' εὐεργεσίᾳ τοῦ γένους.

ΕΡΑΝ. Οὐκ ἀφανισμὸν τῆς ληφθείσης λέγομεν φύσεως, ἀλλὰ τὴν
εἰς θεότητος οὐσίαν μεταβολήν.

ΟΡΘ. Οὐκοῦν ἔχει τὸ ἀνθρώπινον εἶδος καὶ τὴν προτέραν περι- 15
γραφήν;

ΕΡΑΝ. Οὐδαμῶς.

ΟΡΘ. Πότε δὲ ταύτην ἐδέξατο τὴν μεταβολήν;

ΕΡΑΝ. Μετὰ τὴν ἄκραν ἕνωσιν.

ΟΡΘ. Πηνίκα δὲ ταύτην γεγενῆσθαι λέγεις;   20

ΕΡΑΝ. Πολλάκις ἔφην, παρὰ τὴν σύλληψιν.

ΟΡΘ. Καὶ μὴν μετὰ τὴν σύλληψιν καὶ ἔμβρυον ἦν ἐν τῇ μήτρᾳ,
καὶ τεχθεὶς βρέφος καὶ ἦν καὶ ἐκλήθη, καὶ ὑπὸ ποιμένων προσεκυ-
νήθη· καὶ παιδίον ὡσαύτως καὶ ἐγένετο καὶ ὑπὸ τοῦ ἀγγέλου προσ-
ηγορεύθη. Οἶσθα ταῦτα, ἢ πλάττειν ἡμᾶς μύθους ὑπείληφας;   25

ΕΡΑΝ. Ταῦτα ἡ τῶν θείων εὐαγγελίων ἱστορία διδάσκει, καὶ
ἀντιλέγειν οὐχ οἷόν τε.

ΟΡΘ. Σκοπήσωμεν οὖν καὶ τὰ ἑξῆς. Οὐχ ὁμολογοῦμεν περιτμη-
θῆναι τὸν κύριον;

ΕΡΑΝ. Ὁμολογοῦμεν.   30

ΟΡΘ. Τίνος οὖν ἡ περιτομή; σαρκὸς ἢ θεότητος;

ΕΡΑΝ. Τῆς σαρκός.

ΟΡΘ. Τίνος δὲ τὸ αὔξεσθαι καὶ προκόπτειν ἡλικίᾳ τε καὶ σοφίᾳ;

ΕΡΑΝ. Δῆλον ὡς οὐδὲν τούτων ἁρμόττει θεότητι.

(22–5 Lk. 2:8 ff.)   (28–9 Lk. 2:21)

ISMDPJCVOR   8 In toto om. ISV   11 τῆς ――― ἀναληφθείσης: τῆς ἀναληφθείσης
φύσεως S: τῆς ληφθείσης φύσεως J   13 φύσεως λέγομεν V   15 ἀνθρώπειον SJ
εἶδος: γένος V   22 μετὰ ――― καὶ om. J   23 τῶν ante ποιμένων add. J   24 καὶ²
om. S   25 μύθους πλάττειν ἡμᾶς J   31 ἡ om. O   34 τῇ ante θεότητι add. IS

ΟΡΘ. Οὐκοῦν οὐδὲ τὸ πεινῆν καὶ διψῆν;

ΕΡΑΝ. Οὐδαμῶς.

ΟΡΘ. Οὐδέ γε τὸ βαδίζειν καὶ κοπιᾶν καὶ καθεύδειν, καὶ τα ἄλλα ἀπαξαπλῶς τὰ τοιαῦτα;

ΕΡΑΝ. Οὐ δῆτα.   5

ΟΡΘ. Εἰ τοίνυν παρὰ τὴν σύλληψιν ἡ ἕνωσις γέγονε, ταῦτα δὲ πάντα μετὰ τὴν σύλληψιν καὶ τὸν τόκον ἐγένετο, οὐκ ἄρα μετὰ τὴν ἕνωσιν τὴν οἰκείαν φύσιν ἡ ἀνθρωπότης ἀπώλεσεν.

ΕΡΑΝ. Οὐκ ἀκριβῶς ὡρισάμην. Μετὰ γὰρ τὴν ἐκ νεκρῶν ἀνάστασιν ἡ σὰρξ ἐδέξατο τὴν εἰς θεότητος φύσιν μεταβολήν.   10

ΟΡΘ. Οὐδὲν οὖν ἐν αὐτῇ μεμένηκε μετὰ τὴν ἀνάστασιν τῶν ὅσα τὴν φύσιν δηλοῖ.

ΕΡΑΝ. Εἰ μεμένηκεν, οὐδὲ γέγονεν ἡ θεία μεταβολή.

ΟΡΘ. Πῶς οὖν ἀπιστοῦσι τοῖς μαθηταῖς καὶ τὰς χεῖρας ὑπέδειξε καὶ τοὺς πόδας;   15

ΕΡΑΝ. Ὡς εἰσῆλθε τῶν θυρῶν κεκλεισμένων.

ΟΡΘ. Ἀλλὰ εἰσῆλθε τῶν θυρῶν κεκλεισμένων, ὡς ἐξῆλθεν ἐκ τῆς μήτρας, τῶν τῆς παρθενίας κλείθρων ἐπικειμένων, ὡς ἐπὶ θαλάττης ἐβάδισεν. Οὐδέπω δὲ κατὰ τὸν σὸν ἐγεγόνει λόγον τῆς φύσεως ἡ μεταβολή.   20

ΕΡΑΝ. Ἔδειξε τοῖς ἀποστόλοις ὁ δεσπότης χεῖρας, ὡς ἐπάλαισε τῷ Ἰακώβ.

ΟΡΘ. Ἀλλ᾽ οὐκ ἐᾷ νοεῖν οὕτως ὁ κύριος. Τῶν γὰρ μαθητῶν πνεῦμα θεωρεῖν τοπασάντων, ἐξήλασε τήνδε τὴν ὑποψίαν ὁ κύριος, καὶ τὴν τῆς σαρκὸς ὑπέδειξε φύσιν. "Τί, γάρ φησι, τεταραγμένοι ἐστέ, καὶ   25 διατί διαλογισμοὶ ἀναβαίνουσιν ἐν ταῖς καρδίαις ὑμῶν; Ἴδετε τὰς χεῖράς μου καὶ τοὺς πόδας μου, ὅτι αὐτὸς ἐγώ εἰμι. Ψηλαφήσατέ με, καὶ ἴδετε, ὅτι πνεῦμα σάρκα καὶ ὀστέα οὐκ ἔχει, καθὼς ἐμὲ θεωρεῖτε ἔχοντα." Καὶ ὅρα τοῦ ῥήματος τὴν ἀκρίβειαν. Οὐ γὰρ εἶπε, σάρκα καὶ ὀστέα ὄντα, ἀλλὰ σάρκα καὶ ὀστέα ἔχοντα, ἵνα δείξῃ, ἄλλο μὲν τὸ   30 ἔχον κατὰ τὴν φύσιν, ἄλλο δὲ τὸ ἐχόμενον. Ὥσπερ γὰρ ἄλλο μέν ἐστι τὸ λαβόν, ἄλλο δὲ τὸ ληφθέν, εἷς δὲ ἐξ ἀμφοῖν ὁ Χριστὸς θεωρεῖται, οὕτω τὸ ἔχον πρὸς τὸ ἐχόμενον πλείστην μὲν ἔχει διαφοράν, οὐκ εἰς

(14–25 passim: Jn. 20:19 ff.)   (18–19 Mt. 14:25 and parallels)   (21–2 Lk. 24:38–9; Gen. 32:25)   25–9 Lk. 24:38–9

ISMDPJCVOR   3 τὸ ante κοπιᾶν add. J   5 Οὐ δῆτα: Οὐδαμῶς V   6 καὶ ante ταῦτα add. S   9 ὡρίσαμεν J   11–12 μετὰ τὴν ἀνάστασιν post δηλοῖ transp. S   16 τῶν om. J   17 τῶν om. J   τῆς om. IJV   18 παρθένου V   19 λόγον ἐγεγόνει J   21 ὁ δεσπότης χεῖρας τοῖς ἀποστόλοις J   27 μου² om. IV   30 ὄντα: θετά S   32 τὸ ληφθέν, ἄλλο δὲ τὸ λαβόν S   ἐξ: ἐν J   33 μὲν om. I   τὴν ante διαφοράν add. S

δύο δὲ πρόσωπα μερίζει τὸν ἐν τούτοις νοούμενον. Ὁ μέντοι κύριος ἀμφιβαλλόντων ἔτι τῶν μαθητῶν, καὶ τροφὴν ἤτησε, καὶ λαβὼν ἔφαγεν, οὔτε φαντασίᾳ τὴν τροφὴν ἀναλίσκων, οὔτε τοῦ σώματος τὴν χρείαν πληρῶν.

ΕΡΑΝ. Καὶ μὴν ἀνάγκη δυοῖν θάτερον δέξασθαι· ἢ γὰρ δεηθεὶς 5 μετέλαβεν, ἢ μὴ δεόμενος ἔδοξε μὲν ἐσθίειν, ἥκιστα δὲ μετέλαβε τροφῆς.

ΟΡΘ. Τροφῆς μὲν οὐκ ἔχρῃζεν ἀθάνατον γεγενημένον τὸ σῶμα. Περὶ γὰρ τῶν ἀνισταμένων ὁ κύριος ἔφη· "'Εκεῖ οὔτε γαμοῦσιν, οὔτε γαμίσκονται, ἀλλ' εἰσὶν ὡς ἄγγελοι." "Ὅτι μέντοι μετέλαβε τῆς τρο- 10 φῆς, μάρτυρες οἱ ἀπόστολοι. Ὁ μὲν γὰρ μακάριος Λουκᾶς ἐν τῷ προοιμίῳ τῶν Πράξεων ἔφη, ὡς "Συναλιζόμενος τοῖς ἀποστόλοις ὁ κύριος παρήγγειλεν ἀπὸ Ἱεροσολύμων μὴ χωρίζεσθαι." Ὁ δὲ θειότα- τος Πέτρος σαφέστερον εἴρηκεν· "Οἵτινες συνεφάγομεν καὶ συνεπίο- μεν αὐτῷ μετὰ τὸ ἀναστῆναι αὐτὸν ἐκ νεκρῶν." Ἐπειδὴ γὰρ τῶν 15 κατὰ τὸν παρόντα βίον ζώντων ἴδιον τὸ ἐσθίειν, ἀναγκαίως ὁ κύριος τῆς σαρκὸς τὴν ἀνάστασιν διὰ βρώσεως καὶ πόσεως ἔδειξε τοῖς μὴ νομίζουσιν ἀληθῆ. Ταὐτὸ δὲ τοῦτο καὶ ἐπὶ τοῦ Λαζάρου καὶ ἐπὶ τῆς Ἰαείρου πεποίηκε θυγατρός. Καὶ γὰρ ταύτην ἀναστήσας προσέταξεν αὐτῇ δοθῆναι φαγεῖν, καὶ τὸν Λάζαρον συνεστιώμενον εἶχε, ταύτῃ 20 δεικνὺς τὴν ἀνάστασιν ἀληθῆ.

ΕΡΑΝ. Εἰ δοίημεν ἀληθῶς βεβρωκέναι τὸν κύριον, δῶμεν καὶ πάντας ἀνθρώπους μετὰ τὴν ἀνάστασιν μεταλαμβάνειν τροφῆς.

ΟΡΘ. Τὰ διά τινα οἰκονομίαν ὑπὸ τοῦ σωτῆρος γενόμενα οὐκ ἔστι κανὼν καὶ ὅρος τῆς φύσεως· ἐπεὶ καὶ ἄλλα τινὰ ᾠκονόμησεν, ἃ τοῖς 25 ἀναβιώσκουσιν οὐδ' ὅλως συμβήσεται.

ΕΡΑΝ. Τίνα ταῦτα; **161**

ΟΡΘ. Τῶν ἀνισταμένων τὰ σώματα οὐκ ἄφθαρτα γενήσεται καὶ ἀθάνατα;

ΕΡΑΝ. Οὕτως ἡμᾶς ὁ θεῖος Παῦλος ἐδίδαξε. "Σπείρεται, γὰρ 30 ἔφη, ἐν φθορᾷ, ἐγείρεται ἐν ἀφθαρσίᾳ. Σπείρεται ἐν ἀτιμίᾳ, ἐγείρεται ἐν δόξῃ. Σπείρεται ἐν ἀσθενείᾳ, ἐγείρεται ἐν δυνάμει. Σπείρεται σῶμα ψυχικόν, ἐγείρεται σῶμα πνευματικόν."

(1–4 Lk. 24:41–3) 9–10 Mk. 12:25 12–13 Acts 1:4 14–15 Acts 10:41 (18–20 Mk. 5:43) (20–1 Jn. 12:1–2) 30–3 1 Cor. 15:42–4

ISMDPJCVOR   1 ἐν om. J   6 ἔδοξε: ἐδέξατο S   7 τῆς ante τροφῆς add. J
9 γὰρ om. ISVᵃᶜ: Καὶ γὰρ ante περὶ add. Vᵖᶜ   13 παρήγγελλεν I: παρήγγελεν S
14–15 αὐτῷ καὶ συνεπίομεν J   16 ζώντων om. V   18 αὐτὸν post νομίζουσιν
add. S   20 συνεσθιώμενον J   21 ἀληθῆ τὴν ἀνάστασιν J   22 δοῖμεν J
29 ἀθάνατα: ἀσώματα J   30 Οὕτως: Τοῦτο J   31 ἔφη: φησιν SJ   φθορᾷ — — ἐν³
om. J   ἐν ἀφθαρσίᾳ ἐγείρεται S   31–2 ἐν δόξῃ ἐγείρεται S

ΟΡΘ. Ἀλλ᾽ ὁ κύριος ἄπηρα καὶ ἀλώβητα πάντων ἀνθρώπων ἐγείρει τὰ σώματα· οὔτε γὰρ χωλότης οὔτε τυφλότης ἐν τοῖς ἀνισταμένοις εὑρίσκεται· τῷ δέ γε οἰκείῳ σώματι τὰς ἐκ τῶν ἥλων γεγενημένας διατρήσεις κατέλιπε καὶ τὴν τῆς πλευρᾶς ὠτειλήν, καὶ τούτου μάρτυρες αὐτός τε ὁ κύριος καὶ τοῦ Θωμᾶ αἱ χεῖρες.

ΕΡΑΝ. Ἀληθές.

ΟΡΘ. Εἰ τοίνυν μετὰ τὴν ἀνάστασιν τροφῆς μετέλαβεν ὁ δεσπότης, καὶ τὰς χεῖρας ἔδειξε καὶ τοὺς πόδας τοῖς μαθηταῖς, καὶ τὰς ἐν τούτοις διατρήσεις τῶν ἥλων, καὶ μέντοι γε καὶ τὴν πλευρὰν καὶ τὴν ἐν αὐτῇ γεγενημένην ἐκ τῆς πληγῆς ὠτειλήν, καὶ ἔφη πρὸς αὐτούς· "Ψηλαφήσατέ με, καὶ ἴδετε, ὅτι πνεῦμα σάρκα καὶ ὀστέα οὐκ ἔχει, καθὼς ἐμὲ θεωρεῖτε ἔχοντα," μεμένηκεν ἄρα καὶ μετὰ τὴν ἀνάστασιν ἡ τοῦ σώματος φύσις, καὶ εἰς ἑτέραν οὐσίαν οὐ μετεβλήθη.

ΕΡΑΝ. Οὐκοῦν καὶ θνητόν ἐστι καὶ παθητὸν μετὰ τὴν ἀνάστασιν;

ΟΡΘ. Οὐδαμῶς, ἀλλ᾽ ἄφθαρτον καὶ ἀπαθὲς καὶ ἀθάνατον.

ΕΡΑΝ. Εἰ ἄφθαρτόν ἐστι καὶ ἀπαθὲς καὶ ἀθάνατον, εἰς ἑτέραν μεταβέβληται φύσιν.

ΟΡΘ. Τοιγαροῦν καὶ τὰ πάντων ἀνθρώπων σώματα εἰς ἑτέραν οὐσίαν μεταβληθήσεται· ἄφθαρτα γὰρ ἅπαντα καὶ ἀθάνατα ἔσται· ἢ οὐκ ἀκήκοας τοῦ ἀποστόλου λέγοντος· "Δεῖ γὰρ τὸ φθαρτὸν τοῦτο ἐνδύσασθαι ἀφθαρσίαν, καὶ τὸ θνητὸν τοῦτο ἐνδύσασθαι ἀθανασίαν;"

ΕΡΑΝ. Ἀκήκοα.

ΟΡΘ. Οὐκοῦν μένει μὲν ἡ φύσις, μεταβάλλεται δὲ αὐτῆς τὸ φθαρτὸν εἰς ἀφθαρσίαν, καὶ τὸ θνητὸν εἰς ἀθανασίαν. Σκοπήσωμεν δὲ οὑτωσί· τὸ ἀσθενοῦν σῶμα καὶ τὸ ὑγιαῖνον σῶμα καλοῦμεν ὁμοίως.

ΕΡΑΝ. Ναιχί.

ΟΡΘ. Διατί;

ΕΡΑΝ. Ἐπειδὴ μετέχει τῆς αὐτῆς οὐσίας τὰ ἀμφότερα.

ΟΡΘ. Καὶ μὴν πλείστην ἐν αὐτοῖς ὁρῶμεν διαφοράν. Τὸ μὲν γάρ ἐστιν ὑγιές τε καὶ ἄρτιον καὶ ἀπήμαντον· τὸ δὲ ἢ τὸν ὀφθαλμὸν ἐκκεκομμένον, ἢ τὸ σκέλος ἔχει πεπληγμένον, ἢ ἄλλο τι πάθος παγχάλεπον.

(4–5 Jn. 20:27)   11–12 Lk. 24:39   20–1 1 Cor. 15:53

ISMDPJCVOR   1 μὲν post ὁ add. I   ἀλώβητα καὶ ἄπηρα J   ἐγείρων ISV   3 δέ γε om. ISV   καὶ ante τὰς add. J   5 αἱ τοῦ Θωμᾶ χεῖρες S   7 καὶ ante μετά add. J   τε post τροφῆς add. SV   9 γε om. S^acJ   13 οὐ μετεβλήθη οὐσίαν S   14 καὶ ante μετὰ add. J   19 πάντα J   20 ἤκουσας J   23 αὐτῆς om. J   25 οὑτωσί: οὕτως· εἰ J   σῶμα² om. J   28 τὰ om. SJ   31 ἐκκεκομμένον ——— πεπληγμένον: ἔχει πεπηρωμένον, ἢ τὸ σκέλος ἐκκεκομμένον J

ΕΡΑΝ. Ἀλλὰ περὶ τὴν αὐτὴν φύσιν ἑκάτερον γίνεται, καὶ ἡ ὑγεία καὶ ἡ ἀσθένεια.

ΟΡΘ. Οὐκοῦν τὸ σῶμα οὐσίαν κλητέον, καὶ τὴν νόσον καὶ τὴν ὑγείαν συμβεβηκός.

ΕΡΑΝ. Πάνυγε· συμβαίνει γὰρ τῷ σώματι ταῦτά γε, καὶ ἀποσυμ- 5
βαίνει.

ΟΡΘ. Τοιγάρτοι καὶ τὴν φθορὰν καὶ τὸν θάνατον συμβεβηκός, οὐκ οὐσίας ὀνομαστέον· συμβαίνουσι γάρ, καὶ ἀποσυμβαίνουσι.

ΕΡΑΝ. Οὕτω κλητέον.

ΟΡΘ. Οὐκοῦν καὶ τὰ τῶν ἀνθρώπων σώματα τῆς μὲν φθορᾶς 10
ἀνιστάμενα καὶ τῆς θνητότητος ἀπαλλάττεται, τὴν δέ γε οἰκείαν οὐκ ἀπόλλυσι φύσιν.

ΕΡΑΝ. Ἀληθές.

ΟΡΘ. Καὶ τὸ δεσποτικὸν τοιγαροῦν σῶμα ἄφθαρτον μὲν ἀνέστη, καὶ ἀπαθὲς καὶ ἀθάνατον καὶ τῇ θείᾳ δόξῃ δεδοξασμένον, καὶ παρὰ 15
τῶν ἐπουρανίων προσκυνεῖται δυνάμεων· σῶμα δὲ ὅμως ἐστὶ τὴν προτέραν ἔχον περιγραφήν.

ΕΡΑΝ. Ἐν μὲν τούτοις εἰκότα λέγειν δοκεῖς. Μετὰ δέ γε τὴν εἰς οὐρανοὺς ἀνάληψιν, οὐκ οἶμαί σε λέξειν, ὡς οὐκ εἰς θεότητος μετεβλήθη φύσιν. 20

ΟΡΘ. Ἐγὼ μὲν οὐκ ἂν φαίην ἀνθρωπίνοις πειθόμενος λογισμοῖς. Οὐ γὰρ οὕτως εἰμὶ θρασύς, ὥστε φάναι τι σεσιγημένον παρὰ τῇ θείᾳ γραφῇ. Ἤκουσα μέντοι τοῦ θεσπεσίου Παύλου βοῶντος, ὅτι ‘‘Ἔστη- σεν ὁ θεὸς ἡμέραν, ἐν ᾗ μέλλει κρίνειν τὴν οἰκουμένην ἐν δικαιοσύνῃ, ἐν ἀνδρὶ ᾧ ὥρισε, πίστιν παρασχὼν πᾶσιν, ἀναστήσας αὐτὸν ἐκ 25
νεκρῶν.’’ Μεμάθηκα δὲ καὶ παρὰ τῶν ἁγίων ἀγγέλων, ὅτι οὕτως ἐλεύσεται ὃν τρόπον αὐτὸν εἶδον οἱ μαθηταὶ πορευόμενον εἰς τὸν οὐρα- νόν. Εἶδον δὲ περιγεγραμμένην φύσιν, οὐκ ἀπερίγραφον. Ἤκουσα δὲ καὶ τοῦ κυρίου λέγοντος· ‘‘Ὄψεσθε τὸν υἱὸν τοῦ ἀνθρώπου ἐρχόμενον ἐπὶ τῶν νεφελῶν τοῦ οὐρανοῦ.’’ Καὶ οἶδα περιγεγραμμένον τὸ ὑπ’ 30
ἀνθρώπων ὁρώμενον. Ἀθέατος γὰρ ἡ ἀπερίγραφος φύσις. Καὶ μέντοι καὶ τό, καθίσαι ἐπὶ θρόνου δόξης, καὶ στῆσαι τοὺς μὲν ἀμνοὺς ἐκ δεξιῶν, τοὺς δὲ ἐρίφους ἐξ εὐωνύμων, τὸ περιγεγραμμένον δηλοῖ.

23–6 Acts 17:31 (26–8 Acts 1:11) 29–30 Mt. 26:64 (32–3 Mt. 25:31–3)

ISMDPJCVOR 1 ἑκάτερα S 1–2 ἡ bis om. V 5 ταῦτα τῷ σώματι J γε om. J 7 συμβεβηκότα J 10–11 ἀνιστάμενα τῆς μὲν φθορᾶς J 11–12 γε om. J φύσιν οὐκ ἀπόλλυσιν J ἀπολλύει IV: ἀπολύει O 14 μὲν om. J 23 θεσπεσίου: θείου V 24 ὁ θεὸς om. J 25–6 ἐκ νεκρῶν αὐτόν V 26 ἀγγέλων om. I 29 ὅτι post λέγοντος add. J

ΕΡΑΝ. Οὐκοῦν οὐδὲ πρὸ τῆς ἐνανθρωπήσεως ἀπερίγραφος ἦν.
Ὑπὸ γὰρ τῶν Σεραφὶμ αὐτὸν εἶδεν ὁ προφήτης κυκλούμενον.

ΟΡΘ. Οὐκ αὐτὴν εἶδεν ὁ προφήτης τοῦ θεοῦ τὴν οὐσίαν, ἀλλ' ὄψιν
τινὰ τῇ αὐτοῦ δυνάμει συμβαίνουσαν. Μετὰ δὲ τὴν ἀνάστασιν ἅπαντες
αὐτὴν τοῦ κριτοῦ τὴν ὁρωμένην ὄψονται φύσιν. 5

ΕΡΑΝ. Ὑποσχόμενος λόγον μὴ λέγειν ἀμάρτυρον, λογισμοὺς
ἡμῖν οἰκείους προσφέρεις.

ΟΡΘ. Ἐγὼ ταῦτα παρὰ τῆς θείας ἐδιδάχθην γραφῆς. Ἤκουσα
γὰρ Ζαχαρίου τοῦ προφήτου λέγοντος· "Ὄψονται εἰς ὃν ἐξεκέντη-
σαν." Πῶς δὲ ἕψεται τῇ προφητείᾳ τὸ τέλος, τῶν ἐσταυρωκότων μὴ 10
γνωριζόντων ἣν ἐσταύρωσαν φύσιν; Ἤκουσα δὲ καὶ τοῦ νικηφόρου
Στεφάνου βοῶντος· "Ἰδοὺ θεωρῶ τοὺς οὐρανοὺς ἀνεῳγμένους, καὶ
τὸν υἱὸν τοῦ ἀνθρώπου ἑστηκότα ἐκ δεξιῶν τοῦ θεοῦ." Εἶδε δὲ τὴν
ὁρωμένην, οὐ τὴν ἀόρατον φύσιν.

ΕΡΑΝ. Ταῦτα μὲν οὕτω γέγραπται. Ἀλλὰ τὸ σῶμα, μετὰ τὴν εἰς 15
οὐρανοὺς ἀνάληψιν, οὐκ οἶμαί σε δείξειν ὑπὸ τῶν πνευματοφόρων
ἀνδρῶν προσαγορευόμενον σῶμα.

ΟΡΘ. Μάλιστα μὲν καὶ τὰ προειρημένα τοῦ σώματος ὑπάρχει
δηλωτικά· τὸ γὰρ ὁρώμενον, σῶμα· δείξω δὲ ὅμως καὶ μετὰ τὴν
ἀνάληψιν σῶμα καλούμενον τοῦ δεσπότου τὸ σῶμα. Ἄκουσον τοίνυν 20
τοῦ ἀποστόλου διδάσκοντος· "Ἡμῶν γὰρ τὸ πολίτευμα ἐν οὐρανοῖς
ὑπάρχει, ἐξ οὗ καὶ σωτῆρα ἀπεκδεχόμεθα κύριον Ἰησοῦν, ὃς μετα-
σχηματίσει τὸ σῶμα τῆς ταπεινώσεως ἡμῶν, εἰς τὸ γενέσθαι αὐτὸ
σύμμορφον τῷ σώματι τῆς δόξης αὐτοῦ." Οὐ τοίνυν εἰς ἑτέραν μετα-
βέβληται φύσιν, ἀλλὰ μεμένηκε σῶμα, θείας μέντοι δόξης πεπληρωμέ- 25
νον καὶ φωτὸς ἐκπέμπον ἀκτῖνας· ἐκείνῳ τὰ τῶν ἁγίων σώματα
γενήσεται σύμμορφα. Εἰ δὲ εἰς ἑτέραν ἐκεῖνο μετεβλήθη φύσιν, καὶ τὰ
τούτων ὡσαύτως μεταβληθήσεται. Σύμμορφα γὰρ ἐκείνῳ γενήσεται.
Εἰ δὲ τὰ τῶν ἁγίων φυλάττει τὸν χαρακτῆρα τῆς φύσεως, καὶ τὸ
δεσποτικὸν ἄρα ὡσαύτως τὴν οἰκείαν οὐσίαν ἀμετάβλητον ἔχει. 30

ΕΡΑΝ. Ἴσα τοίνυν ἔσται τῷ δεσποτικῷ σώματι τὰ τῶν ἁγίων
σώματα;

ΟΡΘ. Τῆς μὲν ἀφθαρσίας καὶ μέντοι καὶ τῆς ἀθανασίας μεθέξει
καὶ ταῦτα. Κοινωνήσει δὲ καὶ τῆς δόξης, καθά φησιν ὁ ἀπόστολος·

(2 Is. 6:2) 9–10 Zech. 12:10 12–13 Acts 7:56 21–4 Phil. 3:20–1

___

"Εἴπερ συμπάσχομεν, ἵνα καὶ συνδοξασθῶμεν." Ἐν δέ γε τῇ ποσό-
τητι πολὺ τὸ διάφορον ἔστιν εὑρεῖν, καὶ τοσοῦτον, ὅσον ἡλίου πρὸς
ἀστέρας, μᾶλλον δὲ ὅσον δεσπότου πρὸς δούλους, καὶ τοῦ φωτίζοντος
πρὸς τὸ φωτιζόμενον. Μεταδέδωκε δὲ ὅμως τῶν οἰκείων ὀνομάτων
τοῖς δούλοις, καὶ φῶς καλούμενος, φῶς τοὺς ἁγίους ἐκάλεσεν· 5
"'Ὑμεῖς, γάρ φησιν, ἐστὲ τὸ φῶς τοῦ κόσμου." Καὶ ἥλιος δικαιοσύ-
νης ὀνομαζόμενος, περὶ τῶν δούλων φησί· "Τότε ἐκλάμψουσιν οἱ
δίκαιοι ὡς ὁ ἥλιος." Κατὰ τὸ ποιὸν τοίνυν, οὐ κατὰ τὸ ποσόν, σύμ-
μορφα ἔσται τῷ δεσποτικῷ σώματι τῶν ἁγίων τὰ σώματα. Ἰδού σοι
διαρρήδην ἐδείξαμεν ὅπερ ἡμᾶς ἐζήτησας. Εἰ δέ σοι δοκεῖ, καὶ ἑτέρως 10
τοῦτο σκοπήσωμεν.

ΕΡΑΝ. Πάντα δεῖ λίθον, κατὰ τὴν παροιμίαν, κινεῖν, ὥστε τὸ
ἀληθὲς ἐξευρεῖν, οὐχ ἥκιστα δὲ θείων προκειμένων δογμάτων.

ΟΡΘ. Εἰπὲ τοίνυν, τὰ μυστικὰ σύμβολα παρὰ τῶν ἱερωμένων τῷ
δεσπότῃ θεῷ προσφερόμενα, τίνων ἐστὶ σύμβολα; 15

ΕΡΑΝ. Τοῦ δεσποτικοῦ σώματός τε καὶ αἵματος.

ΟΡΘ. Τοῦ ὄντος σώματος ἢ τοῦ οὐκ ὄντος;

ΕΡΑΝ. Τοῦ ὄντος.

ΟΡΘ. Ἄριστα. Χρὴ γὰρ εἶναι τὸ τῆς εἰκόνος ἀρχέτυπον. Καὶ γὰρ
οἱ ζωγράφοι τὴν φύσιν μιμοῦνται, καὶ τῶν ὁρωμένων γράφουσι τὰς 20
εἰκόνας.

ΕΡΑΝ. Ἀληθές.

ΟΡΘ. Εἰ τοίνυν τοῦ ὄντος σώματος ἀντίτυπά ἐστι τὰ θεῖα μυστή-
ρια, σῶμα ἄρα ἐστὶ καὶ νῦν τοῦ δεσπότου τὸ σῶμα, θεῖον μέντοι καὶ **168**
δεσποτικὸν σῶμα, οὐκ εἰς θεότητος φύσιν μεταβληθέν, ἀλλὰ θείας 25
δόξης ἀναπλησθέν.

ΕΡΑΝ. Εἰς καιρὸν τὸν περὶ τῶν θείων μυστηρίων ἐκίνησας λόγον·
ἐντεῦθέν σοι γὰρ δείξω τοῦ δεσποτικοῦ σώματος τὴν εἰς ἑτέραν φύσιν
μεταβολήν. Ἀπόκριναι τοίνυν πρὸς τὰς ἐμὰς ἐρωτήσεις.

ΟΡΘ. Ἀποκρινοῦμαι. 30

ΕΡΑΝ. Τί καλεῖς τὸ προσφερόμενον δῶρον πρὸ τῆς ἱερατικῆς
ἐπικλήσεως;

ΟΡΘ. Οὐ χρὴ σαφῶς εἰπεῖν· εἰκὸς γάρ τινας ἀμυήτους παρεῖναι.

ΕΡΑΝ. Αἰνιγματώδης ἡ ἀπόκρισις ἔστω.

---

1 Rom. 8:17   6 Mt. 5:14   (6–7 Mal. 4:2 = LXX 3:20)   7–8 Mt. 13:43

ISMDPJCVOR   6 ἐστέ, φησίν S   9 ἁγίων: δικαίων J   10 ἐζήτησας: ἐπήγγειλας
ISV: ἤτησας Vᵛᵐ   12 κινεῖν post λίθον transp. V   15 δεσπότῃ om. V   τίνος J
17 ὄντως (bis) V   τοῦ² om. V   18 ὄντως V   23 ὄντως Vᵃᶜ   24–5 θεῖον ⸺
σῶμα om. ISV   28 γάρ σοι J   34 Αἰνιγματωδῶς ISV

ΟΡΘ. Τὴν ἐκ τοιῶνδε σπερμάτων τροφήν.

ΕΡΑΝ. Τὸ δὲ ἕτερον σύμβολον πῶς ὀνομάζομεν;

ΟΡΘ. Κοινὸν καὶ τοῦτο ὄνομα, πόματος εἶδος σημαῖνον.

ΕΡΑΝ. Μετὰ δέ γε τὸν ἁγιασμὸν πῶς ταῦτα προσαγορεύεις;

ΟΡΘ. Σῶμα καὶ αἷμα Χριστοῦ. 5

ΕΡΑΝ. Καὶ πιστεύεις γε σώματος Χριστοῦ μεταλαμβάνειν καὶ αἵματος;

ΟΡΘ. Οὕτω πιστεύω.

ΕΡΑΝ. Ὥσπερ τοίνυν τὰ σύμβολα τοῦ δεσποτικοῦ σώματός τε καὶ αἵματος ἄλλα μέν εἰσι πρὸ τῆς ἱερατικῆς ἐπικλήσεως, μετὰ δέ γε 10 τὴν ἐπίκλησιν μεταβάλλεται καὶ ἕτερα γίνεται, οὕτω τὸ δεσποτικὸν σῶμα μετὰ τὴν ἀνάληψιν εἰς τὴν θείαν μετεβλήθη οὐσίαν.

ΟΡΘ. Ἑάλως αἷς ὕφηνας ἄρκυσιν. Οὐδὲ γὰρ μετὰ τὸν ἁγιασμὸν τὰ μυστικὰ σύμβολα τῆς οἰκείας ἐξίσταται φύσεως· μένει γὰρ ἐπὶ τῆς προτέρας οὐσίας, καὶ τοῦ σχήματος καὶ τοῦ εἴδους, καὶ ὁρατά ἐστι, 15 καὶ ἁπτά, οἷα καὶ πρότερον ἦν· νοεῖται δὲ ἅπερ ἐγένετο, καὶ πιστεύεται καὶ προσκυνεῖται, ὡς ἐκεῖνα ὄντα ἅπερ πιστεύεται. Παράθες τοίνυν τῷ ἀρχετύπῳ τὴν εἰκόνα, καὶ ὄψει τὴν ὁμοιότητα. Χρὴ γὰρ ἐοικέναι τῇ ἀληθείᾳ τὸν τύπον. Καὶ γὰρ ἐκεῖνο τὸ σῶμα τὸ μὲν πρότερον εἶδος ἔχει, καὶ σχῆμα καὶ περιγραφήν, καὶ ἁπαξαπλῶς, τὴν τοῦ 20 σώματος οὐσίαν· ἀθάνατον δὲ μετὰ τὴν ἀνάστασιν γέγονε, καὶ κρεῖττον φθορᾶς, καὶ τῆς ἐκ δεξιῶν ἠξιώθη καθέδρας, καὶ παρὰ πάσης προσκυνεῖται τῆς κτίσεως, ἅτε δὴ σῶμα χρηματίζον τοῦ δεσπότου τῆς φύσεως.

ΕΡΑΝ. Καὶ μὴν τὸ μυστικὸν σύμβολον τὴν προτέραν ἀμείβει προσ- 25 ηγορίαν· οὐκέτι γὰρ ὀνομάζεται ὅπερ πρότερον ἐκαλεῖτο, ἀλλὰ σῶμα προσαγορεύεται. Χρὴ τοίνυν καὶ τὴν ἀλήθειαν θεόν, ἀλλὰ μὴ σῶμα καλεῖσθαι.

ΟΡΘ. Ἀγνοεῖν μοι δοκεῖς. Οὐ γὰρ σῶμα μόνον, ἀλλὰ καὶ ἄρτος ζωῆς ὀνομάζεται. Οὕτως αὐτὸ καὶ ὁ κύριος προσηγόρευσε, καὶ αὐτὸ 30 δὲ τὸ σῶμα θεῖον ὀνομάζομεν σῶμα, καὶ ζωοποιὸν καὶ δεσποτικὸν καὶ κυριακόν, διδάσκοντες ὡς οὐ κοινοῦ τινός ἐστιν ἀνθρώπου, ἀλλὰ

(29–31 Jn. 6:47–51)

ISMDPJCVOR   2 ὀνομάζεις J   5 Χριστοῦ post Σῶμα add. SV   10 ἐστι J
12 εἰς τὴν οὐσίαν μετεβλήθη τὴν θείαν IV   13 Ἑάλως: Ἤλως J   20 εἰπεῖν post
ἁπαξαπλῶς add. V   τοῦ om. J   21 δὲ: γε J   23–4 τῆς τοῦ δεσπότου S   27 καὶ
τὴν: κατὰ S   30 γὰρ post Οὕτως add. J   αὐτὸ καί: αὐτὸς V   32 κοινῶς J: κοινὸν V
τινός om. J

τοῦ κυρίου ἡμῶν Ἰησοῦ Χριστοῦ, ὃς θεός ἐστι καὶ ἄνθρωπος, αἰώνιός
τε καὶ πρόσφατος. "'Ἰησοῦς γὰρ Χριστὸς χθὲς καὶ σήμερον, ὁ αὐτὸς
καὶ εἰς τοὺς αἰῶνας."

ΕΡΑΝ. Πολλοὺς μὲν περὶ τούτου διεξελήλυθας λόγους· ἐγὼ δὲ
τοῖς ἐν ταῖς ἐκκλησίαις πάλαι διαλάμψασιν ἁγίοις ἀκολουθῶ. Δεῖξον 5
τοίνυν ἐκείνους μετὰ τὴν ἕνωσιν διαιροῦντας τῷ λόγῳ τὰς φύσεις.

ΟΡΘ. Ἐγὼ μέν σοι τοὺς ἐκείνων ἀναγνώσομαι πόνους· σὺ δὲ
θαυμάσεις, εὖ οἶδα, τὴν τῆς διαιρέσεως ἀμετρίαν, ἣν τοῖς οἰκείοις
συγγράμμασιν ἐντεθείκασι, πρὸς τὰς δυσσεβεῖς αἱρέσεις ἀγωνιζό-
μενοι. Ἄκουσον τοίνυν ἐκείνων, ὧν ἤδη τὰς μαρτυρίας σοι παρηγάγο- 10
μεν, ἄντικρυς ταῦτα καὶ διαρρήδην λεγόντων.

Τοῦ ἁγίου Ἰγνατίου ἐπισκόπου Ἀντιοχείας καὶ μάρτυρος.

1   Ἐκ τῆς πρὸς Σμυρναίους ἐπιστολῆς.
Ἐγὼ γὰρ καὶ μετὰ τὴν ἀνάστασιν ἐν σαρκὶ αὐτὸν οἶδα καὶ πιστεύω
ὄντα, καὶ ὅτε πρὸς τοὺς περὶ Πέτρον ἦλθεν, ἔφη αὐτοῖς, "Λάβετε, 15
ψηλαφήσατέ με, καὶ ἴδετε, ὅτι οὐκ εἰμὶ δαιμόνιον ἀσώματον." Καὶ
εὐθὺς αὐτοῦ ἥψαντο, καὶ ἐπίστευσαν.

2   Τοῦ αὐτοῦ ἐκ τῆς αὐτῆς ἐπιστολῆς.
Μετὰ δὲ τὴν ἀνάστασιν καὶ συνέφαγεν αὐτοῖς, καὶ συνέπιεν, ὡς σαρκι-
κῶς, καὶ πνευματικῶς ἡνωμένος τῷ πατρί.   20

Εἰρηναίου ἐπισκόπου Λουγδούνου.

3   Ἐκ τοῦ τρίτου λόγου τῶν εἰς τὰς αἱρέσεις.
Ἥνωσεν οὖν, καθὼς προέφαμεν, τὸν ἄνθρωπον τῷ θεῷ. Εἰ γὰρ μὴ ἄν-
θρωπος ἐνίκησεν τὸν ἀντίπαλον τοῦ ἀνθρώπου, οὐκ ἂν δικαίως ἐνικήθη
ὁ ἐχθρός· πάλιν τε, εἰ μὴ ὁ θεὸς ἐδωρήσατο τὴν σωτηρίαν, οὐκ ἂν 25
βεβαίως ἔσχομεν αὐτήν· καὶ εἰ μὴ συνηνώθη ὁ ἄνθρωπος τῷ θεῷ, οὐκ
ἂν ἠδυνήθη μετασχεῖν τῆς ἀφθαρσίας. Ἔδει γὰρ τὸν μεσίτην θεοῦ τε
καὶ ἀνθρώπων διὰ τῆς ἰδίας πρὸς ἑκατέρους οἰκειότητος εἰς φιλίαν καὶ
ὁμόνοιαν τοὺς ἀμφοτέρους συναγαγεῖν, καὶ θεῷ μὲν παραστῆσαι τὸν
ἄνθρωπον, ἀνθρώποις δὲ γνωρίσαι τὸν θεόν.   30

2–3 Heb. 13:8   15–16 Lk. 24:39   (19–20 Lk. 24:43)

ISMDPJCVOR   1 ἐστι θεὸς I   1–2 αἰώνιός --- πρόσφατος om. V   5 ἀκο-
λουθῶ ἁγίοις V   9 γράμμασιν J   10 σοι τὰς μαρτυρίας S   12 ἐπισκόπου om. J
καὶ μάρτυρος om. J   19 αὐτοῖς post συνέπιεν transp. V   21 τοῦ παλαιοῦ ante
ἐπισκόπου add. SV   ἐπισκόπου: τοῦ J   Λουγδόνου I: Λουγδώνου S: Λουγδούνων J
22 τρίτου: δευτέρου mss.   26 ὁ om. J

4   Τοῦ αὐτοῦ ἐκ τοῦ τρίτου λόγου τῆς αὐτῆς πραγματείας.

Διὸ πάλιν ἐν τῇ ἐπιστολῇ φησι· " Πᾶς ὁ πιστεύων ὅτι Ἰησοῦς Χριστός,
ἐκ τοῦ θεοῦ γεγέννηται," ἕνα καὶ τὸν αὐτὸν εἰδὼς Ἰησοῦν Χριστόν, ᾧ
ἠνοίχθησαν αἱ πύλαι τοῦ οὐρανοῦ διὰ τὴν ἔνσαρκον ἀνάληψιν αὐτοῦ,
ὃς καὶ ἐν τῇ αὐτῇ σαρκὶ ἐν ᾗ καὶ ἔπαθεν ἐλεύσεται, τὴν δόξαν ἀπο- 5
καλύπτων τοῦ πατρός.

5   Τοῦ αὐτοῦ ἐκ τοῦ δ΄ λόγου τῶν εἰς τὰς αἱρέσεις.

Καθὼς Ἡσαΐας φησί, " Τέκνα Ἰακὼβ βλαστήσει, καὶ ἐξανθήσει
Ἰσραήλ, καὶ πλησθήσεται ἡ οἰκουμένη τοῦ καρποῦ αὐτοῦ." Εἰς ὅλην
οὖν τὴν οἰκουμένην τοῦ καρποῦ αὐτοῦ διασπαρέντος, εἰκότως ἐγκατε- 10
λείφθη, καὶ ἐκ μέσου ἐγένετο, τὰ ποτὲ μὲν καρποφορήσαντα καλῶς·
ἐξ αὐτῶν γὰρ τὸ κατὰ σάρκα ὁ Χριστὸς ἐκαρποφορήθη καὶ οἱ ἀπό-
στολοι· νῦν δὲ μηκέτι εὔθετα ὑπάρχοντα πρὸς καρποφορίαν.

6   Τοῦ αὐτοῦ ἐκ τοῦ αὐτοῦ λόγου.

Ἀνακρίνει δὲ καὶ τοὺς Ἐβιωναίους· πῶς δύνανται σωθῆναι, εἰ μὴ ὁ 15
θεὸς ἦν ὁ τὴν σωτηρίαν αὐτῶν ἐπὶ τῆς γῆς ἐργασάμενος; ἢ πῶς
ἄνθρωπος χωρήσει εἰς θεόν, εἰ μὴ ὁ θεὸς ἐχωρήθη εἰς ἄνθρωπον;

7   Τοῦ αὐτοῦ ἐκ τοῦ αὐτοῦ λόγου.

Οἱ τὸν ἐκ τῆς παρθένου Ἐμμανουὴλ κηρύττοντες τὴν ἕνωσιν τοῦ
λόγου τοῦ θεοῦ πρὸς τὸ πλάσμα αὐτοῦ ἐδήλουν. 20

8   Τοῦ αὐτοῦ ἐκ τῆς αὐτῆς πραγματείας.

Οὐ γὰρ δοκήσει ταῦτα, ἀλλ᾽ ἐν ὑποστάσει ἀληθείας ἐγίνετο. Εἰ δὲ μὴ
ὢν ἄνθρωπος ἐφαίνετο ἄνθρωπος, οὔτε ὃ ἦν ἐπ᾽ ἀληθείας ἔμεινε, πνεῦμα
θεοῦ· ἐπεὶ ἀόρατον τὸ πνεῦμα· οὔτε ἀλήθειά τις ἦν ἐν αὐτῷ· οὐ γὰρ
ἦν ἐκεῖνα ἅπερ ἐφαίνετο. Προείπομεν δὲ ὅτι Ἀβραὰμ καὶ οἱ λοιποὶ 25
προφῆται προφητικῶς αὐτὸν ἔβλεπον, τὸ μέλλον ἔσεσθαι δι᾽ ὄψεως
προφητεύοντες. Εἰ οὖν καὶ νῦν τοιοῦτος ἐφάνη, μὴ ὢν ὅπερ ἐφαίνετο,
προφητική τις ὀπτασία γέγονε τοῖς ἀνθρώποις, καὶ δεῖ καὶ ἄλλην
ἐκδέχεσθαι παρουσίαν αὐτοῦ, ἐν ᾗ τοιοῦτος ἔσται, οἷος νῦν ὁρᾶται
προφητικῶς. Ἀπεδείξαμεν δέ, ὅτι τὸ αὐτό ἐστι δοκήσει λέγειν πεφη- 30
νέναι, καὶ οὐδὲν ἐκ τῆς Μαρίας εἰληφέναι. Οὐδὲ γὰρ ἦν ἀληθῶς σάρκα
καὶ αἷμα ἐσχηκώς, δι᾽ ὧν ἡμᾶς ἐξηγοράσατο, εἰ μὴ τὴν ἀρχαίαν πλάσιν

2–3 1 Jn. 5:1   8–9 Is. 27:6

ISMPJCVOR   2 φησι om. J   Πᾶς: Πῶς J   3 γεγένηται V   7 Τοῦ αὐτοῦ ἐκ
τοῦ εἰς τὰς αἱρέσεις δ΄ λόγου J   8 Τέκνα: τε καὶ J   12 γὰρ om. J   13 πρὸς: εἰς S
15 Ἰεβιωναίους S: Ἰσβιόνσους V   δύναται IS   16 τῆς om. V   19 τῆς om. J
21 τοῦ λόγου post ἐκ add. S: τοῦ αὐτοῦ λόγου sic add. J   τῆς αὐτῆς πραγματείας: τοῦ
αὐτοῦ λόγου I   22 τῆς ante ἀληθείας add. IS   δὲ om. ISV   24 τις om. J
25 ἦν ἐκεῖνα ἅπερ: ἐκεῖνο ἦν ὅπερ J   ἐκεῖνος I   πάντες ante οἱ add. S   28 καὶ²
om. J   29 καὶ ante νῦν add. S   31 οὐδὲν: μηδὲν J   ἀληθῶς ἦν S

τοῦ Ἀδὰμ εἰς ἑαυτὸν ἀνεκεφαλαιώσατο. Μάταιοι οὖν οἱ ἀπὸ Βαλεν-
τίνου, τοῦτο δογματίζοντες, ἵνα ἐκβάλωσι τὴν ζωὴν τῆς σαρκός.

Τοῦ ἁγίου Ἱππολύτου ἐπισκόπου καὶ μάρτυρος.

9   Ἐκ τοῦ λόγου τοῦ εἰς τὴν τῶν ταλάντων διανομήν.
Τούτους δὲ καὶ τοὺς ἑτεροδόξους φήσειεν ἄν τις γειτνιᾶν, σφαλλο- 5
μένους παραπλησίως. Καὶ γὰρ κἀκεῖνοι, ἤτοι ψιλὸν ἄνθρωπον
ὁμολογοῦσι πεφηνέναι τὸν Χριστὸν εἰς τὸν βίον, τῆς θεότητος αὐτοῦ
τὸ τάλαντον ἀρνούμενοι, ἤτοι τὸν θεὸν ὁμολογοῦντες, ἀναίνονται
πάλιν τὸν ἄνθρωπον, πεφαντασιωκέναι διδάσκοντες τὰς ὄψεις αὐτῶν
τῶν θεωμένων, ὡς ἄνθρωπον οὐ φορέσαντα ἄνθρωπον, ἀλλὰ δόκησίν 10
τινα φασματώδη μᾶλλον γεγονέναι, οἷον ὥσπερ Μαρκίων καὶ Οὐα-
λεντῖνος καὶ οἱ Γνωστικοὶ τῆς σαρκὸς ἀποδιασπῶντες τὸν λόγον, τὸ
ἓν τάλαντον ἀποβάλλονται, τὴν ἐνανθρώπησιν.

0   Τοῦ αὐτοῦ ἐκ τῆς πρὸς βασιλίδα τινὰ ἐπιστολῆς.
Ἀπαρχὴν οὖν τοῦτον λέγει τῶν κεκοιμημένων, ἅτε πρωτότοκον τῶν 15
νεκρῶν. Ὃς ἀναστὰς καὶ βουλόμενος ἐπιδεικνύναι, ὅτι τοῦτο ἦν τὸ
ἐγηγερμένον, ὅπερ ἦν καὶ ἀποθνῆσκον, διστιζόντων τῶν μαθητῶν,
προσκαλεσάμενος τὸν Θωμᾶν ἔφη, “Δεῦρο, ψηλάφησον καὶ ἴδε, ὅτι
πνεῦμα ὀστοῦν καὶ σάρκα οὐκ ἔχει, καθὼς ἐμὲ θεωρεῖτε ἔχοντα.” 173

1   Τοῦ αὐτοῦ ἐκ τοῦ λόγου τοῦ εἰς τὸν Ἐλκανᾶν καὶ τὴν Ἄνναν. 20
Καὶ διὰ τοῦτο τρεῖς καιροὶ τοῦ ἐνιαυτοῦ προετυποῦντο εἰς αὐτὸν τὸν
σωτῆρα, ἵνα τὰ προφητευθέντα περὶ αὐτοῦ μυστήρια ἐπιτελέσῃ. Ἐν
μὲν τῷ πάσχα, ἵνα ἑαυτὸν ἐπιδείξῃ τὸν μέλλοντα ὡς πρόβατον θύ-
εσθαι καὶ ἀληθινὸν πάσχα δείκνυσθαι, ὡς ὁ ἀπόστολος λέγει, “Τὸ δὲ
πάσχα ἡμῶν ὑπὲρ ἡμῶν ἐτύθη Χριστός.” Ἐν δὲ τῇ πεντηκοστῇ, ἵνα 25
προσημήνῃ τὴν τῶν οὐρανῶν βασιλείαν, αὐτὸς πρῶτος εἰς οὐρανοὺς
ἀναβὰς καὶ τὸν ἄνθρωπον δῶρον τῷ θεῷ προσενέγκας.

2   Τοῦ αὐτοῦ ἐκ τοῦ λόγου τοῦ εἰς τὴν ᾠδὴν τὴν μεγάλην.
Ὁ τὸν ἀπολωλότα ἐκ γῆς πρωτόπλαστον ἄνθρωπον καὶ ἐν δεσμοῖς
θανάτου κρατούμενον ἐξ ᾅδου κατωτάτου ἑλκύσας· ὁ ἄνωθεν κατελ- 30
θὼν καὶ τὸν κάτω εἰς τὰ ἄνω ἀνενέγκας· ὁ τῶν νεκρῶν εὐαγγελιστὴς
καὶ τῶν ψυχῶν λυτρωτὴς καὶ ἀνάστασις τῶν τεθαμμένων γινόμενος,
οὗτος ἦν ὁ τοῦ νενικημένου ἀνθρώπου γεγενημένος βοηθός, κατ’

(15–16 1 Cor. 15:20, Col. 1:18)   18–19 Lk. 24:39   24–5 1 Cor. 5:7

ISMPJCVOR   9 αὐτὸν SᵖᶜJ   10 φορέσαντα: φέροντα S   11 φαντασματώδη ISJ
μᾶλλον om. S   οἷον om. J   17 ἐγειρόμενον J   ὅπερ καὶ ἀποθνῆσκον ἦν S   19 τὸ
ante πνεῦμα add. J   ὀστέα J   20 εἰς ante τὴν add. V   21 προτυποῦνται J
25 ὁ θεός post Χριστὸς add. V   28 εἰς τὴν μεγάλην ᾠδήν J   31 ἀνενεγκών IS

αὐτὸν ὅμοιος αὐτῷ, ὁ πρωτότοκος λόγος τὸν πρωτόπλαστον Ἀδὰμ ἐν
τῇ παρθένῳ ἐπισκεπτόμενος· ὁ πνευματικὸς τὸν χοϊκὸν ἐν τῇ μήτρᾳ
ἐπιζητῶν· ὁ ἀεὶ ζῶν τὸν διὰ παρακοῆς ἀποθανόντα· ὁ οὐράνιος τὸν
ἐπίγειον εἰς τὰ ἄνω καλῶν· ὁ εὐγενὴς τὸν δοῦλον διὰ τῆς ἰδίας
ὑπακοῆς ἐλεύθερον ἀποδεῖξαι θέλων· ὁ τὸν εἰς γῆν λυόμενον ἄνθρωπον 5
καὶ βρῶμα ὄφεως γεγενημένον εἰς ἀδάμαντα τρέψας, καὶ τοῦτον ἐπὶ
ξύλου κρεμασθέντα κύριον κατὰ τοῦ νενικηκότος ἀποδείξας, καὶ διὰ
τοῦτο διὰ ξύλου ἡττηθεὶς Ἀδὰμ νῦν διὰ τοῦ ξύλου νικηφόρος εὑρίσκε-
ται.

13   Τοῦ αὐτοῦ ἐκ τοῦ αὐτοῦ λόγου.   10

Οἱ γὰρ τὸν υἱὸν τοῦ θεοῦ ἔνσαρκον νῦν μὴ ἐπιγινώσκοντες, ἐπιγνώ-
σονται αὐτὸν κριτὴν ἐν δόξῃ παραγινόμενον, τὸν νῦν ἐν ἀδόξῳ σώματι
ὑβριζόμενον.

14   Τοῦ αὐτοῦ ἐκ τοῦ αὐτοῦ λόγου.

Καὶ γὰρ οἱ ἀπόστολοι ἐλθόντες εἰς τὸ μνημεῖον τῇ ἡμέρᾳ τῇ τρίτῃ 15
οὐχ εὕρισκον τὸ σῶμα τοῦ Ἰησοῦ· ὃν τρόπον οἱ υἱοὶ τοῦ Ἰσραὴλ τὴν
ταφὴν τοῦ Μωϋσέως ἀναβάντες ἐν τῷ ὄρει ἐζήτουν, καὶ οὐχ εὕρισκον.

15   Τοῦ αὐτοῦ ἐκ τῆς ἑρμηνείας τοῦ β′ ψαλμοῦ.

Οὗτος ὁ προελθὼν εἰς τὸν κόσμον θεὸς καὶ ἄνθρωπος ἐφανερώθη.
Καὶ τὸν μὲν ἄνθρωπον αὐτοῦ εὐκόλως ἔστι νοεῖν, ὅτε πεινᾷ καὶ 20
κοπιᾷ, καὶ κάμνων διψᾷ, καὶ δειλιῶν φεύγει, καὶ προσευχόμενος
λυπεῖται, καὶ ἐπὶ προσκεφαλαίου καθεύδει, καὶ ποτήριον πάθους
παραιτεῖται, καὶ ἀγωνιῶν ἱδροῖ, καὶ ὑπ᾽ ἀγγέλου δυναμοῦται, καὶ
ὑπὸ Ἰούδα παραδίδοται, καὶ ἀτιμάζεται ὑπὸ Καϊάφα, καὶ ὑπὸ Ἡρώδου
ἐξουθενεῖται, μαστίζεταί τε ὑπὸ Πιλάτου, καὶ ὑπὸ στρατιωτῶν παίζε- 25
ται, καὶ ὑπὸ Ἰουδαίων ξύλῳ προσπήγνυται, καὶ πρὸς πατέρα βοῶν
παρατίθεται τὸ πνεῦμα, καὶ κλίνων κεφαλὴν ἐκπνεῖ, καὶ πλευρὰν
λόγχῃ νύσσεται, καὶ σινδόνι ἑλισσόμενος ἐν μνημείῳ τίθεται, καὶ
τριήμερος ὑπὸ πατρὸς ἀνίσταται. Τὸ δὲ θεϊκὸν αὐτοῦ πάλιν φανερῶς
ἔστιν ἰδεῖν, ὅτε ὑπ᾽ ἀγγέλων προσκυνεῖται, καὶ θεωρεῖται ὑπὸ ποι- 30

---

15 Gelasius 8

(15–16 Lk. 24:24 and parallels) (16–17 Dt. 34:6)

ISMPJCVOR   1 ὁ om. V   2 τῇ² om. ISJ   3 ζητῶν I   4 τῆς ἰδίας om. J
8 ἡττηθεὶς ――― ξύλου om. ISV   11 νῦν om. J   ἐπιγνόντες J   12–13 ὑβριζόμενον
σώματι S   16 κυρίου ante Ἰησοῦ add. J   οἱ om. V   τοῦ² om. J   17 τοῦ om. S
19 ὁ om. J   τὸν om. ISJ   20 τὸν . . . ἄνθρωπον: τὸ ἀνθρώπινον J   23 ἀγγέλων S
24 ὑπό³: ἀπὸ V   25 τε: γε IS: om. J   26 καὶ προσπήγνυται ὑπὸ Ἰουδαίων ξύλῳ
πρὸς πατέρα: πάτερ J   28 κατατίθεται S   29 ἐξανίσταται S   30 καὶ om. S

μένων, καὶ προσδοκᾶται ὑπὸ Συμεών, καὶ ὑπὸ Ἄννης μαρτυρεῖται, καὶ
ζητεῖται ὑπὸ μάγων, καὶ σημαίνεται δι' ἀστέρος, καὶ ὕδωρ ἐν γάμοις
οἶνον ἀπεργάζεται, καὶ θαλάττῃ ὑπὸ βίας ἀνέμων κινουμένῃ ἐπιτιμᾷ,
καὶ ἐπὶ θαλάσσης περιπατεῖ, καὶ τυφλὸν ἐκ γενετῆς ὁρᾶν ποιεῖ, καὶ
νεκρὸν Λάζαρον τετραήμερον ἀνιστᾷ, καὶ ποικίλας δυνάμεις τελεῖ, 5
καὶ ἁμαρτίας ἀφίησι, καὶ ἐξουσίαν δίδωσι μαθηταῖς.

16   Τοῦ αὐτοῦ ἐκ τοῦ λόγου τοῦ εἰς τὸν κγ΄ ψαλμόν.
Ἔρχεται ἐπὶ τὰς ἐπουρανίους πύλας, ἄγγελοι αὐτῷ συνοδεύουσι, καὶ
κεκλεισμέναι εἰσὶν αἱ πύλαι τῶν οὐρανῶν. Οὐδέπω γὰρ ἀναβέβηκεν
εἰς οὐρανούς· πρῶτον νῦν φαίνεται ταῖς δυνάμεσι ταῖς οὐρανίαις σὰρξ 10
ἀναβαίνουσα. Λέγεται οὖν ταῖς δυνάμεσιν ὑπὸ τῶν ἀγγέλων τῶν
προτρεχόντων τὸν σωτῆρα καὶ κύριον· "Ἄρατε πύλας οἱ ἄρχοντες
ὑμῶν, καὶ ἐπάρθητε πύλαι αἰώνιοι, καὶ εἰσελεύσεται ὁ βασιλεὺς τῆς
δόξης."

Τοῦ ἁγίου Εὐσταθίου ἐπισκόπου Ἀντιοχείας καὶ ὁμολογητοῦ.   15

17   Ἐκ τοῦ λόγου τοῦ εἰς τὰς ἐπιγραφὰς τῆς στηλογραφίας.
Ἐντεῦθεν τοίνυν ἐπὶ θρόνου προὔγραφεν αὐτὸν ἁγίου καθέζεσθαι,
δηλῶν ὅτι σύνθρονος ἀποδέδεικται τῷ θειοτάτῳ πνεύματι διὰ τὸν
οἰκοῦντα θεὸν ἐν αὐτῷ διηνεκῶς.

18   Τοῦ αὐτοῦ ἐκ τοῦ περὶ ψυχῆς λόγου.   20
Πρὸ μὲν τοῦ πάθους ἑκάστοτε τὸν σωματικὸν αὐτοῦ προὔλεγε θάνα-
τον, τοῖς ἀμφὶ τοὺς ἀρχιερέας ἐκδοθήσεσθαι φάσκων, καὶ τὸ τοῦ
σταυροῦ τρόπαιον ἀπαγγέλλων. Μετὰ δὲ τὸ πάθος τριταῖος ἐκ τῶν
νεκρῶν ἀναστάς, ἐνδοιαζόντων αὐτὸν ἐγηγέρθαι τῶν μαθητῶν,
ἐπιφανεὶς αὐτοῖς αὐτῷ σώματι, σάρκα μὲν ἅπασαν σὺν ὀστέοις ἔχειν 25
ὁμολογεῖ, ταῖς δὲ ὄψεσι τούτων τὰς τετρωμένας ὑποβάλλων πλευράς,
καὶ τοὺς τύπους αὐτοῖς ὑποδεικνύει τῶν ἥλων.

19   Τοῦ αὐτοῦ ἐκ τοῦ λόγου τοῦ εἰς τό, "Κύριος ἔκτισέ με ἀρχὴν
ὁδῶν αὐτοῦ."

12–14 Ps. 24:7 (LXX 23:7)   28–9 Prov. 8:22

ISMPJCVOR   1 καὶ ter om. S   2 καὶ bis om. S   3 ἐργάζεται J
καὶ om. S   κινουμένης S   4 καὶ¹ om. S   καὶ² om. S   γενετῆς: γεννητῆς V   8 οὐ-
ρανίους Sᵃᶜ: οὐρανίας V   καὶ om. I   9 τοῦ οὐρανοῦ J   10 πρώτως IS: πρῶτος V
δὲ post πρώτως add. S   ἐπουρανίαις S   11 ταῖς οὐρανίαις post δυνάμεσιν add. I
12 προσατρεχόντων I   τὸν ––– κύριον: τοῦ κυρίου καὶ σωτῆρος J   16 Ἐκ τοῦ λόγου
τοῦ om. IV   τὴν ἐπιγραφὴν J   18 δηλῶν ὅτι: δηλονότι J   πνεύματι: πατρὶ J   19 ἐνοι-
κοῦντα J   22 φάσκων: λέγων I   22–3 τὸ ... τρόπαιον: τὸν τρόπον J   26 ὁμολογεῖ
ISᵖᶜV   τούτων ὄψεσι J   τὴν τετρωμένην ὑποβαλὼν πλευράν J   27 αὐτοῦ ISV   τῶν
ἥλων ὑποδείκνυσι J   29 αὐτοῦ om. IJ

Οὐ γὰρ εἶπεν ὁ Παῦλος, συμμόρφους τοῦ υἱοῦ τοῦ θεοῦ, ἀλλά,
"Συμμόρφους τῆς εἰκόνος τοῦ υἱοῦ αὐτοῦ," ἄλλο μέν τι δεικνύων
εἶναι τὸν υἱόν, ἄλλο δέ τι τὴν εἰκόνα αὐτοῦ. Ὁ μὲν γὰρ υἱὸς τὰ θεῖα
τῆς πατρῴας ἀρετῆς γνωρίσματα φέρων, εἰκών ἐστι τοῦ πατρός·
ἐπειδὴ καὶ ὅμοιοι ἐξ ὁμοίων γεννώμενοι, εἰκόνες οἱ τικτόμενοι φαί- 5
νονται τῶν γεννητόρων ἀληθεῖς. Ὁ δὲ ἄνθρωπος ὃν ἐφόρεσεν, εἰκών
ἐστι τοῦ υἱοῦ. Ἄλλως τε καὶ αὐτὸς ὁ τῆς ἀληθείας τοῦθ' ὑπαγορεύει
θεσμός. Οὐ γὰρ τὸ ἀσώματον τῆς σοφίας πνεῦμα σύμμορφον τοῖς
σωματικοῖς ἀνθρώποις ἐστίν, ἀλλ' ὁ τῷ πνεύματι σωματοποιηθεὶς
ἀνθρώπινος χαρακτήρ, ὁ τοῖς ἄλλοις ἅπασιν ἰσάριθμα μέλη φορῶν, 10
καὶ τὴν ὁμοίαν ἑκάστοις περιβεβλημένος ἰδέαν.

20   Τοῦ αὐτοῦ ἐκ τοῦ αὐτοῦ λόγου.

Ὅτι δὲ τὸ σῶμα λέγει σύμμορφον τοῖς ἀνθρώποις εἶναι, σαφέστερον
ἡμᾶς διδάσκει Φιλιππησίοις ἐπιστέλλων· "'Ἡμῶν τὸ πολίτευμα,
φησίν, ἐν οὐρανοῖς ὑπάρχει, ἐξ οὗ καὶ σωτῆρα ἀπεκδεχόμεθα κύριον 15
Ἰησοῦν Χριστόν, ὃς μετασχηματίσει τὸ σῶμα τῆς ταπεινώσεως
ἡμῶν, εἰς τὸ γενέσθαι αὐτὸ σύμμορφον τῷ σώματι τῆς δόξης αὐτοῦ."
Εἰ δὲ τὸ ταπεινὸν μετασχηματίζων τῶν ἀνθρώπων σῶμα σύμμορφον
τῷ ἰδίῳ σώματι κατασκευάζει, ἕωλος πανταχόθεν ἀποδέδεικται ἡ
τῶν ἐναντίων συκοφαντία.   20

21   Τοῦ αὐτοῦ ἐκ τοῦ αὐτοῦ λόγου.

Ἀλλ' ὥσπερ ἐκ τῆς παρθένου τεχθεὶς ὁ ἄνθρωπος ἐκ γυναικὸς λέγεται
γεγονέναι, οὕτω δὴ καὶ ὑπὸ νόμον γεγενῆσθαι γράφεται τῷ διὰ τῶν
νομικῶν ἔσθ' ὅτε βαδίσαι μηνυμάτων. Ὁπότε μάλιστα παῖδα μὲν
αὐτὸν ὄντα ὀκταήμερον προθύμως οἱ γονεῖς περιτέμνειν ἠπείγοντο, 25
καθάπερ ὁ εὐαγγελιστὴς ἐκδίδωσι Λουκᾶς· "Εἰς δὲ τὸ ἱερὸν ἀνῆγον
μετέπειτα παραστῆσαι τῷ κυρίῳ, τὰς καθαρσίους ἐπιτελοῦντες ἀνα-
φοράς, τοῦ δοῦναι θυσίαν κατὰ τὸ εἰρημένον ἐν νόμῳ κυρίου, ζεῦγος
τρυγόνων, ἢ δύο νεοσσοὺς περιστερῶν." Εἰ τοίνυν τὰ καθάρσια
δῶρα κατὰ τὸν νόμον ὑπὲρ αὐτοῦ προσεφέρετο, καὶ περιτομὴν 30

---

2 Rom. 8:29   14–17 Phil. 3:20–1   (22–3 Gal. 4:4)   26–9 Lk. 2:22–4

ISMPJCVOR   1 εἶπεν ὁ: εἶπε J   ἀλλά om. J   2 δὲ ante τῆς add. J   3 υἱόν:
θεόν J   εἶναι post υἱὸν transp. V   τι om. ISV   4 φέρων: φορῶν J   5 γεννώμενοι:
γενόμενοι J   οἱ τικτόμενοι εἰκόνες J   7 υἱοῦ: θεοῦ J   τοῦ καὶ ἐξ ἀνομοίων κηρογραφεῖσθαι
χρωμάτων εἰκόνας· καὶ τὰς μὲν εἶναι θέσει χειροτεύκτους, τὰς δὲ φύσει καὶ ὁμοιότητι
γεγενημένας post υἱοῦ add. ISV   7 κῆρυξ post ἀληθείας add. S   ὑπαγορεύειν S
8 θεσμός: θέμενος S   ἀσώματος J   φησι ante τῆς add. S   10 ἀνθρώπινος:
ἄνθρωπος IᵐᶜSᵖᶜV   13 ἀνθρώποις: ἀνθρωπίνοις V   15 οὗ: ὧν JV   κύριον om. J
16 Χριστόν om. IS   18 σῶμα τῶν ἀνθρώπων S   19 κατασκευάζει σώματι S
19–20 τῶν ἐναντίων ἡ J   25 ὄντα om. J   28 εἰρημένον: εἰθισμένον S

ὀκταήμερον ἐφόρει, ταύτῃ καὶ ὑπὸ νόμον αὐτὸν οὐκ ἀπεικότως γεγε-
νῆσθαι γράφει. Οὔτε δὲ ὁ λόγος ὑπέκειτο τῷ νόμῳ, καθάπερ οἱ συκο-
φάνται δοξάζουσιν, αὐτὸς ὢν ὁ νόμος, οὔτε ὁ θεὸς ἐδεῖτο θυμάτων
καθαρσίων, ἀθρόᾳ ῥοπῇ καθαρίζων ἅπαντα καὶ ἁγιάζων. Ἀλλ' εἰ καὶ
ἐκ τῆς παρθένου τὸ ἀνθρώπινον ὄργανον ἀναλαβὼν ἐφόρεσε, καὶ ὑπὸ 5
νόμον ἐγένετο, κατὰ τὰς τῶν πρωτοτόκων ἀξίας καθαρισθείς, οὐκ
αὐτὸς δεόμενος τῆς τούτων χορηγίας ὑπέμενε τὰς θεραπείας, ἀλλ'
ἵνα τῆς τοῦ νόμου δουλείας ἐξαγοράσῃ τοὺς πεπραμένους τῇ δίκῃ τῆς
ἀρᾶς.

Τοῦ ἁγίου Ἀθανασίου ἐπισκόπου Ἀλεξανδρείας.　　　　　　　　　10

22　　Ἐκ τοῦ πρὸς τὰς αἱρέσεις λόγου β΄.

Καὶ ὥσπερ οὐκ ἂν ἠλευθερώθημεν ἀπὸ τῆς ἁμαρτίας καὶ τῆς κατάρας,
εἰ μὴ φύσει σὰρξ ἀνθρωπίνη ἦν, ἣν ἐνεδύσατο ὁ λόγος· οὐδὲν γὰρ
κοινὸν ἦν ἡμῖν πρὸς τὸ ἀλλότριον· οὕτως οὐκ ἂν ἐθεοποιήθη ὁ ἄνθρω-
πος, εἰ μὴ φύσει ἐκ τοῦ πατρός, καὶ ἀληθινὸς καὶ ἴδιος ἦν αὐτοῦ ὁ 15
λόγος, ὁ γενόμενος σάρξ. Διὰ τοῦτο γὰρ τοιαύτη γέγονεν ἡ συνάφεια,
ἵνα τῷ κατὰ φύσιν τῆς θεότητος συνάψῃ τὸν φύσει ἄνθρωπον, καὶ
βεβαία γένηται ἡ σωτηρία καὶ ἡ θεοποίησις αὐτοῦ. Οὐκοῦν οἱ ἀρνού-
μενοι ἐκ τοῦ πατρὸς εἶναι φύσει καὶ ἴδιον τῆς οὐσίας αὐτοῦ τὸν υἱόν,
ἀρνησάσθωσαν καὶ ἀληθινὴν σάρκα καὶ ἀνθρωπίνην αὐτὸν μὴ εἰληφέναι 20
ἐκ Μαρίας τῆς ἀεὶ παρθένου.

23　　Τοῦ αὐτοῦ ἐκ τῆς πρὸς Ἐπίκτητον ἐπιστολῆς.

Εἰ διὰ τὸ εἶναι καὶ λέγεσθαι ἐν ταῖς γραφαῖς ἐκ Μαρίας εἶναι καὶ
ἀνθρώπινον τὸ σῶμα τοῦ σωτῆρος, νομίζουσιν ἀντὶ τριάδος τετράδα
λέγεσθαι, ὡς προσθήκης γινομένης διὰ τὸ σῶμα, πολὺ πλανῶνται, τὸ 25　**180**
ποίημα συνεξισοῦντες τῷ ποιητῇ, καὶ ὑπονοοῦντες δύνασθαι τὴν θεό-
τητα προσθήκην λαμβάνειν. Καὶ ἠγνόησαν ὅτι οὐ διὰ προσθήκην
θεότητος γέγονε σὰρξ ὁ λόγος, ἀλλ' ἵνα ἡ σὰρξ ἀναστῇ· οὐδὲ ἵνα
βελτιωθῇ ὁ λόγος προῆλθεν ἐκ Μαρίας, ἀλλ' ἵνα τὸ ἀνθρώπινον γένος
λυτρώσηται. Πῶς οὖν οἷόν τε τὸ διὰ τοῦ λόγου λυτρωθὲν σῶμα καὶ 30
ζωοποιηθὲν προσθήκην εἰς θεότητα τῷ ζωοποιήσαντι λόγῳ ποιεῖν;

22 ll. 12–17 (ἄνθρωπον) Chalcedon 5

ISMPJCVOR　2 καθάπερ: ὡς J　3 ὁ¹ om. J　4 ῥοπῇ: ῥιπῇ V　5 ἀνθρώπειον J
7 ὑπέμεινε Sᵃᶜ J　10 ἐπισκόπου om. J　11 Ἐκ τοῦ εἰς τὰς αἱρέσεις β΄ λόγου J
τοῦ...λόγου: τῆς ὁμιλίας S　14 ὁ om. J　17 φύσει: κατὰ φύσιν V　20 μὴ om.
J　21 ἀεὶ om. V　Μαρίας post παρθένου transp. S　25 γενομένης S: γιγνομένης J
27 λαβεῖν J　29 ἐκ Μαρίας προῆλθεν S　ἀνθρώπειον J　30 οἷόν τε: οἴονται JV
31 εἰς θεότητα προσθήκην J

24 Τοῦ αὐτοῦ ἐκ τῆς αὐτῆς ἐπιστολῆς.

Ἀκουέτωσαν ὅτι εἰ κτίσμα ἦν ὁ λόγος, οὐ προσελάμβανεν τὸ κτιστὸν σῶμα, ἵνα τοῦτο ζωοποιήσῃ. Ποία γὰρ τοῖς κτίσμασι παρὰ κτίσματός ἐστι βοήθεια, δεομένου καὶ αὐτοῦ σωτηρίας; Ἀλλ᾽ ἐπειδὴ κτίστης ὢν ὁ λόγος αὐτὸς δημιουργὸς γέγονε τῶν κτισμάτων, διὰ τοῦτο καὶ 5 ἐπὶ συντελείᾳ τῶν αἰώνων τὸ κτιστὸν αὐτὸς συνεστήσατο, ἵνα πάλιν αὐτὸ ὡς κτίστης ἀνακαινίσῃ, καὶ ἀνακτίσαι δυνηθῇ.

25a Τοῦ αὐτοῦ ἐκ τοῦ περὶ πίστεως λόγου τοῦ μείζονος.

Ἃ δὲ παρεθέμεθα περὶ τοῦ, "Κάθου ἐκ δεξιῶν μου," ὅτι εἰς τὸ κυριακὸν σῶμα λέλεκται. Εἰ γάρ, "Τὸν οὐρανὸν καὶ τὴν γῆν ἐγὼ πληρῶ, λέγει 10 κύριος," ὥς φησιν Ἰερεμίας, πάντα δὲ χωρεῖ ὁ θεός, ὑπ᾽ οὐδενὸς δὲ χωρεῖται, εἰς ποῖον καθέζεται θρόνον; Τὸ σῶμα τοίνυν ἐστὶν ᾧ λέγει, "Κάθου ἐκ δεξιῶν μου."

25b Τοῦ αὐτοῦ ἐκ τοῦ αὐτοῦ λόγου.

Τὸ δὲ προκοπὴν καὶ ἡλικίαν ἐπιδεχόμενον σῶμα αὐτό ἐστι κτίσμα καὶ 15 ποίημα.

25c Τοῦ αὐτοῦ ἐκ τοῦ αὐτοῦ λόγου.

Τὸ σῶμα τοίνυν ἐστὶν ᾧ λέγει, "Κάθου ἐκ δεξιῶν μου," οὗ καὶ γέγονεν ἐχθρὸς ὁ διάβολος σὺν ταῖς πονηραῖς δυνάμεσι, καὶ Ἰουδαῖοι καὶ Ἕλληνες. Δι᾽ οὗ σώματος ἀρχιερεὺς καὶ ἀπόστολος γέγονε καὶ 20 ἐχρημάτισε, δι᾽ οὗ παρέδωκεν ἡμῖν μυστηρίου, λέγων, "Τοῦτό ἐστί μου τὸ σῶμα τὸ ὑπὲρ ὑμῶν κλώμενον," καί, "Τὸ αἷμα τῆς καινῆς δια- θήκης (οὐ τῆς παλαιᾶς), τὸ ὑπὲρ ὑμῶν ἐκχυνόμενον." Θεότης δὲ οὔτε σῶμα οὔτε αἷμα ἔχει, ἀλλ᾽ ὃν ἐφόρεσεν ἐκ τῆς Μαρίας ἄνθρωπον, αἴτιος τούτων γέγονε, περὶ οὗ εἶπον οἱ ἀπόστολοι· "Ἰησοῦν τὸν ἀπὸ 25 Ναζαρὲτ ἄνδρα ἀπὸ θεοῦ ἀποδεδειγμένον εἰς ὑμᾶς."

26 Τοῦ αὐτοῦ ἐκ τοῦ πρὸς Ἀρειανοὺς τόμου.

Καὶ ὅτε λέγει, "Διὸ καὶ ὁ θεὸς αὐτὸν ὑπερύψωσε, καὶ ἐχαρίσατο αὐτῷ ὄνομα, τὸ ὑπὲρ πᾶν ὄνομα," περὶ τοῦ ναοῦ τοῦ σώματος αὐτοῦ λέγει, οὐ περὶ τῆς θεότητος. Οὐ γὰρ ὁ ὕψιστος ὑψοῦται, ἀλλ᾽ ἡ σὰρξ 30 τοῦ ὑψίστου ὑψοῦται, καὶ τῇ σαρκὶ τοῦ ὑψίστου ἐχαρίσατο ὄνομα τὸ

26 Gelasius 49

9, 13 Ps. 110:1 (LXX 109:1) 10–11 Jer. 23:24 (15 Lk. 2:52) 18 Ps. 110:1 (LXX 109:1) 21–2 1 Cor. 11:24 22–3 Lk. 22:20 25–6 Acts 2:22 28–9 Phil. 2:9

ISMDPJCVOR   2 ὅτι om. J   ἂν post προσελάμβανεν add. V   7 ἀνακτίσαι δυνηθῇ: ἀνακτήσηται J   8 Τοῦ αὐτοῦ om. V   αὐτοῦ om. J   τοῦ μείζονος λόγου S 10 λέγει om. J   11 ὁ om. J   δὲ ὑπ᾽ οὐδενὸς J   14–18 Τοῦ --- μου om. J   15–17 Τὸ --- λόγου om. V   21 μυστήρια I   22 κλώμενον om. ISV   26 ἀπὸ θεοῦ om. J   τοῦ ante θεοῦ add. IS   28 ὅταν λέγῃ J   καί² om. J 30–1 σάρξ post ὑψοῦται transp. S

ὑπὲρ πᾶν ὄνομα. Καὶ οὐχ ὁ λόγος τοῦ θεοῦ καταρχὴν ἔλαβε τὸ
καλεῖσθαι θεός, ἀλλ' ἡ σὰρξ αὐτοῦ σὺν αὐτῷ ἐθεολογήθη.

27   Τοῦ αὐτοῦ ἐκ τοῦ αὐτοῦ λόγου.

Καὶ ὅτε λέγει, "Οὔπω ἦν πνεῦμα ἅγιον, ὅτι Ἰησοῦς οὐδέπω ἐδο-   181
ξάσθη," τὴν σάρκα αὐτοῦ λέγει μηδέπω δοξασθεῖσαν. Οὐ γὰρ ὁ κύριος 5
τῆς δόξης δοξάζεται, ἀλλ' ἡ σὰρξ τοῦ κυρίου τῆς δόξης αὐτὴ λαμ-
βάνει δόξαν, συναναβαίνουσα αὐτῷ εἰς οὐρανόν. Ὅθεν φησί, καὶ
πνεῦμα υἱοθεσίας οὔπω ἦν ἐν ἀνθρώποις, διότι ἡ ληφθεῖσα ἀπαρχὴ ἐξ
ἀνθρώπων οὔπω ἦν ἀνελθοῦσα εἰς οὐρανόν. Ὅσα οὖν λέγει ἡ γραφή,
ὅτι "ἔλαβεν" ὁ υἱὸς καὶ "ἐδοξάσθη," διὰ τὴν ἀνθρωπότητα αὐτοῦ 10
λέγει, οὐ διὰ τὴν θεότητα.

28   Τοῦ αὐτοῦ ἐκ τοῦ αὐτοῦ λόγου.

Ὥστε ἀληθινὸς θεός ἐστιν οὗτος, καὶ πρὸ τοῦ γενέσθαι αὐτὸν ἄνθρω-
πον, καὶ μετὰ τὸ γενέσθαι μεσίτην θεοῦ καὶ ἀνθρώπων Ἰησοῦν
Χριστόν, τὸν ἡνωμένον πατρὶ κατὰ πνεῦμα, ἡμῖν δὲ κατὰ σάρκα, τὸν 15
μεσιτεύσαντα θεῷ καὶ ἀνθρώποις, τὸν μὴ μόνον ἄνθρωπον, ἀλλὰ καὶ
θεόν.

Τοῦ ἁγίου Ἀμβροσίου ἐπισκόπου Μεδιολάνου.

29   Ἐν ἐκθέσει πίστεως.

Ὁμολογοῦμεν τὸν κύριον ἡμῶν Ἰησοῦν Χριστόν, τὸν υἱὸν τοῦ θεοῦ 20
τὸν μονογενῆ, πρὸ πάντων μὲν τῶν αἰώνων ἀνάρχως ἐκ πατρὸς
γεννηθέντα κατὰ τὴν θεότητα, ἐπ' ἐσχάτων δὲ τῶν ἡμερῶν ἐκ τῆς
ἁγίας παρθένου Μαρίας τὸν αὐτὸν σαρκωθέντα, καὶ τέλειον τὸν
ἄνθρωπον ἐκ ψυχῆς λογικῆς καὶ σώματος ἀνειληφότα, ὁμοούσιον
τῷ πατρὶ κατὰ τὴν θεότητα, καὶ ὁμοούσιον ἡμῖν κατὰ τὴν ἀνθρω- 25
πότητα. Δύο γὰρ φύσεων τελείων ἕνωσις γεγένηται ἀφράστως. Διὸ
ἕνα Χριστόν, ἕνα υἱὸν τὸν κύριον ἡμῶν Ἰησοῦν Χριστόν, τὸν υἱὸν τοῦ
θεοῦ καθομολογοῦμεν, εἰδότες ὅτιπερ συναΐδιος ὑπάρχων τῷ ἑαυ-
τοῦ πατρὶ κατὰ τὴν θεότητα, καθ' ἣν καὶ πάντων ὑπάρχει δημιουργός,

---

27 Gelasius 48

4–5, 10 Jn. 7:39

ISMPDJCVOR   1 καταρχὴν ISᵖᶜJ: καταρχὰς Sᵃᶜ: κατ' ἀρχὴν V   2 θεός om. V
7 συναναβαίνουσαν S   9 εἰς οὐρανὸν ἀνελθοῦσα S   10–11 διὰ τὴν αὐτοῦ ἀνθρωπότητα,
ἀλλ' οὐ τὴν θεότητα λέγει S   11 διὰ om. V   13 ἐστιν ὁ θεὸς IS: ἐστιν θεὸς J
15 τὸ ante πνεῦμα add. SJ   16 μεσιτεύσαντα ――― ἀνθρώποις: μεσίτην θεοῦ καὶ
ἀνθρώπων J   18 Ἀμβροσίου ἐπισκόπου Μεδιολάνων J   20 τοῦ θεοῦ om. J

κατηξίωσε μετὰ τὴν συγκατάθεσιν τῆς ἁγίας παρθένου, ἡνίκα
εἴρηκε πρὸς τὸν ἄγγελον, "'Ἰδοὺ ἡ δούλη κυρίου, γένοιτό μοι κατὰ τὸ
ῥῆμά σου," ἀπορρήτως ἑαυτῷ ἐξ αὐτῆς οἰκοδομῆσαι ναόν, καὶ τοῦτον
ἑνῶσαι ἑαυτῷ ἐξ αὐτῆς τῆς συλλήψεως, οὐ συναΐδιον ἐκ τῆς ἑαυτοῦ οὐ-
σίας οὐρανόθεν ἐπιφερόμενον σῶμα, ἀλλ' ἐκ τοῦ φυράματος τῆς 5
ἡμετέρας οὐσίας, τουτέστιν ἐκ τῆς παρθένου, τοῦτο εἰληφὼς καὶ
ἑαυτῷ ἑνώσας. Οὐχ ὁ θεὸς λόγος εἰς σάρκα τραπείς, οὔτε μὴν φάν-
τασμα φανείς· ἀλλ' ἀτρέπτως καὶ ἀναλλοιώτως τὴν ἑαυτοῦ διατηρῶν
οὐσίαν, τὴν ἀπαρχὴν τῆς φύσεως τῆς ἡμετέρας εἰληφώς, ἑαυτῷ
ἥνωσεν. Οὐκ ἀρχὴν ὁ θεὸς λόγος ἐκ τῆς παρθένου εἰληφώς, ἀλλὰ 10
συναΐδιος τῷ ἑαυτοῦ πατρὶ ὑπάρχων, τὴν τῆς φύσεως τῆς ἡμετέρας
ἀπαρχὴν ἑαυτῷ διὰ πολλὴν ἀγαθότητα ἑνῶσαι κατηξίωσεν, οὐ κρα-
θείς, ἀλλ' ἐν ἑκατέραις ταῖς οὐσίαις εἷς καὶ ὁ αὐτὸς φανείς, κατὰ τὸ
γεγραμμένον· "Λύσατε τὸν ναὸν τοῦτον, καὶ ἐν τρισὶν ἡμέραις ἐγερῶ
αὐτόν." Λύεται γὰρ ὁ Χριστὸς θεὸς κατὰ τὴν ἐμὴν οὐσίαν ἣν ἀνέλαβε, 15
καὶ λελυμένον ἐγείρει τὸν ναὸν ὁ αὐτὸς κατὰ τὴν θείαν οὐσίαν, καθ'
ἣν καὶ πάντων ὑπάρχει δημιουργός. Οὐδέποτε μετὰ τὴν ἕνωσιν, ἣν
ἐξ αὐτῆς τῆς συλλήψεως ἑαυτῷ ἑνῶσαι κατηξίωσεν, ἢ ἀποστὰς τοῦ
οἰκείου ναοῦ, ἢ ἀποστῆναι διὰ τὴν ἄφατον φιλανθρωπίαν δυνάμενος.
Ἀλλ' ἔστιν ὁ αὐτὸς παθητὸς καὶ ἀπαθής· παθητὸς κατὰ τὴν ἀνθρω- 20
πότητα, ἀπαθὴς κατὰ τὴν θεότητα. "Ἴδετε γάρ, ἴδετέ με, ὅτι ἐγώ εἰμι,
καὶ οὐκ ἠλλοίωμαι. Ἐγείρας τοιγαροῦν τὸν ἑαυτοῦ ναὸν ὁ θεὸς λόγος,
καὶ ἐν αὐτῷ τῆς φύσεως ἡμῶν ἀνάστασιν καὶ ἀνανέωσιν ἐργασά-
μενος, καὶ ταύτην τοῖς ἑαυτοῦ μαθηταῖς δείξας, ἔλεγε, "Ψηλαφήσατέ
με, καὶ ἴδετε, ὅτι πνεῦμα σάρκα καὶ ὀστέα οὐκ ἔχει, καθὼς ἐμὲ θεω- 25
ρεῖτε," οὐκ ὄντα, ἀλλ' "ἔχοντα," ἵνα καὶ τὸν ἔχοντα καὶ τὸν ἐχόμενον
κατανοήσας, οὐ κρᾶσιν, οὐ τροπήν, οὐκ ἀλλοίωσιν, ἀλλ' ἕνωσιν
γεγενημένην ἐπίδοις. Διὰ τοῦτο καὶ τοὺς τύπους τῶν ἥλων καὶ τῆς
λόγχης τὴν νύξιν ἐπέδειξε, καὶ ἔμπροσθεν τῶν μαθητῶν ἔφαγεν, ἵνα
διὰ πάντων τὴν ἀνάστασιν τῆς ἡμετέρας φύσεως ἐν ἑαυτῷ ἀνανεω- 30
θεῖσαν πιστώσηται αὐτούς. Καὶ ὅτι κατὰ τὴν μακαρίαν τῆς θεότητος
οὐσίαν ἄτρεπτος, ἀναλλοίωτος, ἀπαθής, ἀθάνατος, ἀνενδεὴς διατελῶν,

2–3 Lk. 1:38   14–15 Jn. 2:19   (21–2 Lk. 24:39)   24–6 Lk. 24:39   (28–9 Jn. 20:27)   (29–30 Lk. 24:41–3)

ISMPJCVOR   1 ἠξίωσε V   1–18 μετὰ — κατηξίωσεν om. J   2 πρὸς
τὸν ἄγγελον εἴρηκε S   τὸ om. O   5 ἐπιφερόμενος I   τὸ ante σῶμα add. S   10 ἐκ
τῆς παρθένου ὁ θεὸς λόγος S   15 ὁ . . . θεὸς om. IS   16 αὐτοῦ ante οὐσίαν add. IS
18 ἤ: μὴ J   19 αὐτοῦ ante φιλανθρωπίαν add. S   22 τοιγαροῦν om. J
24 δείξας μαθηταῖς SJ   26 ὄντα: ἔχοντα I   27 ἀλλ' ἕνωσιν om. J   29 ἔφαγεν
τῶν μαθητῶν S   30 ἐν om. J   αὐτῷ IV   31 αὐτούς om. I   Καὶ ὅτι om. J

πάντα τὰ πάθη εἴασε κατὰ συγχώρησιν τῷ οἰκείῳ ἐπενεχθῆναι
ναῷ, καὶ τοῦτον τῇ οἰκείᾳ ἀνέστησε δυνάμει, διά τε τοῦ οἰκείου ναοῦ
τελείαν τὴν ἀνανέωσιν τῆς ἡμετέρας ἐξειργάσατο φύσεως. Τοὺς δὲ
λέγοντας ψιλὸν ἄνθρωπον τὸν Χριστόν, ἢ παθητὸν τὸν θεὸν λόγον, ἢ
εἰς σάρκα τραπέντα, ἢ συνουσιωμένον ἐσχηκέναι τὸ σῶμα, ἢ οὐρανόθεν 5
τοῦτο κεκομικέναι, ἢ φάντασμα εἶναι, ἢ θνητὸν λέγοντας τὸν θεὸν
λόγον δεδεῆσθαι τῆς παρὰ τοῦ πατρὸς ἀναστάσεως, ἢ ἄψυχον σῶμα
ἀνειληφέναι, ἢ ἄνουν ἄνθρωπον, ἢ τὰς δύο φύσεις τοῦ Χριστοῦ κατὰ
ἀνάκρασιν συγχυθείσας μίαν γεγενῆσθαι φύσιν, καὶ μὴ ὁμολογοῦντας
εἰς τὸν κύριον ἡμῶν Ἰησοῦν Χριστὸν δύο εἶναι φύσεις ἀσυγχύτους, 10
ἐν δὲ πρόσωπον, καθὸ εἷς Χριστός, εἷς υἱός, τούτους ἀναθεματίζει ἡ
καθολικὴ καὶ ἀποστολικὴ ἐκκλησία.

30   Τοῦ αὐτοῦ.

Οὐκοῦν εἰ ἡ τῶν πάντων σὰρξ ἐν Χριστῷ ὑποβέβληται ὕβρεσι, πῶς
μετὰ τῆς θεότητος μιᾶς εἶναι ὑποστάσεως νομίζεται; Εἰ γὰρ μιᾶς 15
ὑποστάσεως ὁ λόγος καὶ ἡ σὰρξ ἡ ἀπὸ γῆς τὴν φύσιν ἔχουσα, μιᾶς
ἄρα ὑποστάσεως ὁ λόγος καὶ ἡ ψυχή, ἣν τελείαν ἀνέλαβε. Μιᾶς γὰρ
φύσεώς ἐστιν ὁ λόγος μετὰ τοῦ θεοῦ, καὶ κατὰ τὴν τοῦ πατρὸς καὶ
αὐτοῦ τοῦ υἱοῦ ὁμολογίαν τὴν λέγουσαν, "'Εγὼ καὶ ὁ πατὴρ ἕν
ἐσμεν." οὐκοῦν καὶ ὁ πατὴρ τῆς αὐτῆς οὐσίας μετὰ τοῦ σώματος 20
ὀφείλει νομίζεσθαι. Καὶ τί ἔτι τοῖς Ἀρειανοῖς χολᾶτε, τοῖς λέγουσι
τὸν υἱὸν τοῦ θεοῦ κτίσμα εἶναι, αὐτοὶ λέγοντες τὸν πατέρα μιᾶς εἶναι   **185**
μετὰ τῶν κτισμάτων οὐσίας;

31   Τοῦ αὐτοῦ ἐκ τῆς πρὸς Γρατιανὸν τὸν βασιλέα ἐπιστολῆς.

Φυλάξωμεν διαίρεσιν θεότητος καὶ σαρκός. Εἰ τοῖς ἑκατέροις ἀποκρί- 25
νεται ὁ υἱὸς τοῦ θεοῦ, ἐπειδὴ ἐν αὐτῷ ἑκάτεραι φύσεις εἰσίν, ὁ αὐτὸς
λαλεῖ, ἀλλ' οὐχ ἡμῖν πάντοτε ἑνί γε τρόπῳ. Πρόσεχε ἐν αὐτῷ νῦν
μὲν δόξαν φθεγγόμενον, νῦν δὲ ἀνθρώπινα πάθη. Ὡς θεὸς λαλεῖ τὰ

---

31 Exc. Eph. XIII (42.29–43.4); ll. 25–6 (εἰσίν) Chalcedon 2

19–20 Jn. 10:30

ISMPJCVOR   1 δὲ post πάντα add. J   προσενεχθῆναι I   2 δυνάμει ἀνέστησεν S
5 ἢ¹ om. J   7–8 τὸ ante σῶμα add. V   ἀνειληφέναι σῶμα S   10 τὸν om. V
φύσεις εἶναι V   12 ἁγία ante καθολικὴ add. S   καὶ ἀποστολικὴ om. I   13 ἐκ τοῦ
αὐτοῦ λόγου post αὐτοῦ add. J   15 νομίζετε J   ἢ οὐσίας post νομίζετε add. J
16 ἢ οὐσίας post ὑποστάσεως add. J   οὐσίας ante μιᾶς add. J   17 ἢ post ἄρα
add. J   18 φύσεως: ὑποστάσεώς ἐστιν om. I   22 υἱὸν: Χριστὸν J   22–3 μιᾶς εἶναι
ante οὐσίας transp. I   25 Φυλάξομεν I   διαίρεσιν: τὴν διαφορὰν J   Εἰ: Εἷς γὰρ J
ταῖς ἑκατέραις J   26 ὁ¹: εἷς J   αἱ ante φύσεις add. J   27 ἡμῖν: ἐνὶ J   ἑνί γε:
ἀλλ' ἔστω IV: λαλεῖ τῷ J   ἐν αὐτῷ: σεαυτῷ V   28 φθεγγομένην J

θεῖα, ἐπειδήπερ ὁ λόγος ἐστίν· ὡς ἄνθρωπος λέγει τὰ ταπεινά, ἐπειδήπερ ἐν τῇ ἐμῇ ὑποστάσει λαλεῖ.

32 Τοῦ αὐτοῦ ἐκ τοῦ αὐτοῦ λόγου.

Ὅθεν ἐκεῖνο τὸ ἀναγνωσθέν, ὡς ὁ κύριος τῆς δόξης ἐσταύρωται, μὴ τῇ ἑαυτοῦ δόξῃ σταυρωθέντα νομίσωμεν. Ἀλλ᾿ ἐπειδὴ οὗτος θεός τε 5 καὶ ἄνθρωπος, κατὰ μὲν τὴν θεότητα θεός, κατὰ δὲ τὴν πρόσληψιν τῆς σαρκὸς ἄνθρωπος Ἰησοῦς Χριστός, ὁ κύριος τῆς δόξης ἐσταυρῶσθαι λέγεται. Καὶ γὰρ ἑκατέρας μετέχει φύσεως, τουτέστιν ἀνθρωπίνης καὶ θείας. Ἐν τῇ τοῦ ἀνθρώπου γὰρ φύσει τὸ πάθος ὑπέμεινεν, ἵνα ἀδιαιρέτως καὶ κύριος τῆς δόξης καὶ υἱὸς ἀνθρώπου εἶναι λέγηται 10 ὁ παθών, καθὼς γέγραπται, "Ὁ ἐκ τοῦ οὐρανοῦ καταβάς."

33 Τοῦ αὐτοῦ.

Σιγάτωσαν τοιγαροῦν αἱ περὶ τῶν λόγων μάταιαι ζητήσεις. Ἡ γὰρ τοῦ θεοῦ βασιλεία, καθὼς γέγραπται, οὐκ ἐν πειθοῖς λόγων ἐστίν, ἀλλ᾿ ἐν ἀποδείξει δυνάμεως. Φυλάξωμεν τὴν διαφορὰν τῆς σαρκός τε 15 καὶ τῆς θεότητος. Εἷς γὰρ θεοῦ υἱός, εἷς ἑκάτερα λαλεῖ, ἐπειδήπερ ἑκατέρα φύσις ἐστὶν ἐν αὐτῷ. Ἀλλ᾿ εἰ καὶ αὐτὸς λαλεῖ, οὐχ ἑνὶ μέντοι γε πάντοτε τρόπῳ λαλεῖ. Ὁρᾷς γὰρ ἐν αὐτῷ νῦν μὲν δόξαν θεοῦ, νῦν δὲ πάθη ἀνθρώπων. Ὡς θεὸς λαλεῖ τὰ θεῖα, ἐπειδήπερ λόγος· ὡς ἄνθρωπος λαλεῖ τὰ ὄντα ἀνθρώπινα, ἐπειδήπερ ἐν ταύτῃ ἐλάλει τῇ 20 φύσει.

34 Τοῦ αὐτοῦ ἐκ τοῦ λόγου τοῦ περὶ τῆς ἐνανθρωπήσεως τοῦ κυρίου κατὰ Ἀπολιναριστῶν.

Ἀλλ᾿ ἐν ὅσῳ τούτους ἐλέγχομεν, ἀνεφύησαν ἕτεροι, λέγοντες τό τε σῶμα τοῦ Χριστοῦ καὶ τὴν θεότητα μιᾶς φύσεως εἶναι. Ποῖος ᾅδης 25 τὴν τοσαύτην βλασφημίαν ἠρεύξατο; Ἀρειανοὶ γὰρ ἤδη τυγχάνουσιν ἀνεκτότεροι, ὧν ἡ ἀπιστία διὰ τούτους κρατύνεται, ὥστε μείζων φιλονεικία πατέρα καὶ υἱὸν καὶ ἅγιον πνεῦμα μιᾶς οὐσίας μὴ λέγειν· ἐπειδήπερ οὗτοι τὴν θεότητα τοῦ κυρίου καὶ τὴν σάρκα μιᾶς φύσεως εἰπεῖν ἐπεχείρησαν. 30

---

32 Leo 6 33 Leo 7 34 Leo 8

(4 ff. 1 Cor. 2:8) 11 Jn. 3:13 (13–15 1 Cor. 2:4)

ISMDPJCVOR 1 ὁ om. J 3 τοῦ αὐτοῦ λόγου: τῆς αὐτῆς ἐπιστολῆς J 12 Τοῦ αὐτοῦ: Τοῦ αὐτοῦ ὁμοίως S ἐκ τῆς αὐτῆς ἐπιστολῆς post αὐτοῦ add. J: Ὁμοίως τοῦ αὐτοῦ V 13 τὸν λόγον I Ἡ γὰρ: Εἰ γὰρ ἡ I 14 βασιλεία τοῦ θεοῦ SV 15–21 Φυλάξωμεν ——— φύσει om. J 15 τε om. V 20 ὄντα om. V 25 εἶναι φύσεως J 26 τοσαύτην: τοιαύτην J ἠρρεύξατο C 27 τούτους: τούτων J μείζων P 28 εἶναι post οὐσίας add. S

35   Τοῦ αὐτοῦ.

Καὶ οὗτός μοι λέγει συνεχῶς τῆς ἐν Νικαίᾳ συνόδου ἑαυτὸν κατέχειν
τὴν ἔκθεσιν· ἀλλ' ἐν ἐκείνῃ τῇ ἐξετάσει οἱ ἡμέτεροι πατέρες, οὐχὶ τὴν
σάρκα, τὸν δὲ τοῦ θεοῦ λόγον, ἐκ μιᾶς ἐν τῷ πατρὶ οὐσίας εἶναι
εἰρήκασι. Καὶ τὸν μὲν λόγον ἐκ τῆς τοῦ πατρὸς προεληλυθέναι 5
οὐσίας, τὴν δὲ σάρκα ἐκ τῆς παρθένου τυγχάνειν ὡμολογήκασι. Διὰ
τί τοίνυν ἡμῖν τὸ μὲν τῆς ἐν Νικαίᾳ προτείνουσιν ὄνομα, εἰσάγουσι δὲ
καινά, καὶ ἅπερ οὐκ ἐνεθυμήθησαν οἱ ἡμέτεροι πρόγονοι;

36   Τοῦ αὐτοῦ κατὰ Ἀπολιναρίου.

Μήτε σὺ τοίνυν θέλε κατὰ φύσιν ἴσον τῆς θεότητος εἶναι τὸ σῶμα. 10
Καὶ γὰρ πιστεύσεις, ὡς ἀληθὲς εἴη τὸ σῶμα τοῦ Χριστοῦ, καὶ προσ-
κομίσεις τῷ θυσιαστηρίῳ πρὸς μεταποίησιν, μὴ διαστίξῃς δὲ τὴν
τῆς θεότητος καὶ τοῦ σώματος φύσιν, ἐροῦμεν καὶ σοί, "'Ἐὰν ὀρθῶς
προσενέγκῃς, ὀρθῶς δὲ μὴ διέλῃς, ἥμαρτες, ἡσύχασον." Δίελε γὰρ
τόγε ὑπάρχον ἡμῶν, καὶ ὅπερ οἰκεῖον τυγχάνει τοῦ λόγου. Οὐκοῦν 15
ἐγὼ μὲν οὐκ εἶχον ὅπερ ὑπῆρχεν αὐτοῦ· ἐκεῖνος δὲ οὐκ εἶχεν ὅπερ
ὑπῆρχεν ἐμόν. Καὶ ἔλαβεν ὅπερ ὑπῆρχεν ἐμόν, μεταδώσων τῶν
οἰκείων ἡμῖν· καὶ τοῦτο πρὸς ἀναπλήρωσιν οὐ σύγχυσιν ἀνεδέξατο.

37   Τοῦ αὐτοῦ μετ' ὀλίγα.

Παυσάσθωσαν τοίνυν οἱ λέγοντες ὡς ἡ τοῦ λόγου φύσις εἰς σαρκὸς 20
μεταβέβληται φύσιν· ἵνα μὴ δόξῃ μεταβληθεῖσα κατὰ τὴν αὐτὴν
ἑρμηνείαν γεγενῆσθαι καὶ ἡ τοῦ λόγου φύσις τοῖς τοῦ σώματος παθή-
μασι σύμμορφος. Ἕτερον γάρ ἐστι τὸ προσλαβόν, καὶ ἕτερόν ἐστι τὸ
προσληφθέν. Δύναμις ἦλθεν ἐπὶ τὴν παρθένον, ὡς ὁ ἄγγελος πρὸς
αὐτὴν λέγει, "Ὅτι δύναμις ὑψίστου ἐπισκιάσει σοι." Ἀλλ' ἐκ τοῦ 25
σώματος ἦν τῆς παρθένου τὸ τεχθέν· καὶ διὰ τοῦτο, θεία μὲν ἡ κατά-
βασις, ἡ δὲ σύλληψις ἀνθρωπίνη. Οὐκ αὐτὴ οὖν ἠδύνατο τοῦ τε σώμα-
τος πνεῦμα καὶ τῆς θεότητος φύσις.

35 Leo 9

13–14 Gen. 4:7 25 Lk. 1:35

ISMDPJCVOR 1 Τοῦ αὐτοῦ: 'Ἐκ τοῦ αὐτοῦ λόγου μετ' ὀλίγα J 2 οὗτος: οὕτως
I δέ ante μοι add. ISV λέγει om. ISV 4 ἐν ISJV: σύν R εἶναι οὐσίας SJ
5–6 οὐσίας προεληλυθέναι J προσεληλυθέναι Oᵖᶜ 6–8 Διὰ – – – πρόγονοι om. J
8 καινά: κενά S ἐνεθύμησαν V 9 κατὰ Ἀπολιναρίου: ἐκ τοῦ αὐτοῦ λόγου J 10 θέλε
τοίνυν R ἴσον τῆς θεότητος εἶναι τὸ σῶμα: ἑρμηνεύειν τὸ παρὰ φύσιν ὂν τῆς
θεότητος J 11 Καὶ: Κἂν JV πιστεύσῃς JVᵖᶜ 11–12 προσκομίσῃς JVᵖᶜ 12–13 τὴν
τοῦ σώματος καὶ τῆς θεότητος V 13 μὲν post ὀρθῶς add. I 15 τόγε: τότε J τυγχάνει
om. V 17 Καὶ – – – ἐμόν om. J 18 ἦκεν ante ἡμῖν add. J 19 Τοῦ αὐτοῦ: Καὶ S
μετ' ὀλίγα: ἐκ τοῦ αὐτοῦ λόγου J 22–3 παθήμασι: πάθεσι I: ἁμαρτήμασι J 23 σύμ-
μορφος: σύμφθορος IV: om. J ἐστί²: τι S 27 εἶναι post ἠδύνατο add. S

Τοῦ ἁγίου Βασιλείου ἐπισκόπου Καισαρείας.

38 Ἐκ τοῦ περὶ εὐχαριστίας λόγου.

Διόπερ ἐπιδακρύσας τῷ φίλῳ, αὐτός γε τὴν κοινωνίαν τῆς ἀνθρωπίνης φύσεως ἐπεδείξατο, καὶ ἡμᾶς τῶν ἐφ᾽ ἑκάτερα ὑπερβολῶν ἠλευθέρωσε· μήτε καταμαλακίζεσθαι πρὸς τὰ πάθη, μήτε ἀναισθήτως 5 ἔχειν τῶν λυπηρῶν ἐπιτρέπων. Ὡς οὖν κατεδέξατο τὴν πεῖναν ὁ κύριος, τῆς στερεᾶς τροφῆς διαπνευσθείσης αὐτῷ, καὶ τὴν δίψαν προσήκατο, τῆς ὑγρότητος ἀναλωθείσης τῆς ἐν τῷ σώματι· καὶ ἐκοπίασε, τῶν μυῶν καὶ τῶν νεύρων ἐκ τῆς ὁδοιπορίας ὑπερταθέντων· οὐ τῆς θεότητος τῷ καμάτῳ πιεζομένης, ἀλλὰ τοῦ σώματος τὰ 10 ἐκ φύσεως ἐπακολουθοῦντα συμπτώματα δεχομένου.

39 Τοῦ αὐτοῦ εἰς τὸ κατὰ Εὐνομίου.

Ἐγὼ γὰρ καὶ τὸ ἐν μορφῇ θεοῦ ὑπάρχειν ἴσον δύνασθαι τῷ ἐν οὐσίᾳ θεοῦ ὑπάρχειν φημί. Ὡς γὰρ τὸ μορφὴν ἀνειληφέναι δούλου ἐν τῇ οὐσίᾳ τῆς ἀνθρωπότητος τὸν κύριον ἡμῶν γεγενῆσθαι σημαίνει, 15 οὕτως ὁ λέγων ἐν μορφῇ θεοῦ ὑπάρχειν τῆς θείας οὐσίας παρίστησι τὴν ἰδιότητα.

Τοῦ ἁγίου Γρηγορίου ἐπισκόπου Ναζιανζοῦ.

40 Ἐκ τοῦ λόγου τοῦ εἰς τὴν νέαν κυριακήν.

Ἥξειν πάλιν μετὰ τῆς ἐνδόξου αὐτοῦ παρουσίας, κρίνοντα ζῶντας καὶ 20 νεκρούς. Οὐκέτι μὲν σάρκα, οὐκ ἀσώματον δέ, οἷς αὐτὸς οἶδε λόγοις θεοειδεστέρου σώματος, ἵνα καὶ ὀφθῇ ὑπὸ τῶν ἐκκεντησάντων, καὶ μείνῃ θεὸς ἔξω παχύτητος.

41 Τοῦ αὐτοῦ ἐκ τῆς πρὸς Κληδόνιον ἐπιστολῆς.

Φύσεις μὲν γὰρ δύο θεὸς καὶ ἄνθρωπος, ἐπεὶ καὶ ψυχὴ καὶ σῶμα, υἱοὶ 25

---

38 ll. 3–6 (ἐπιτρέπων) Gelasius 22; ll. 6–11 Gelasius 51 (104:6–9)
39 Chalcedon 1   *41* Exc. Eph. XIIII (43.26–30); Gelasius 19; 25–167.1 (δύο¹)
Chalcedon 3

(3 Jn. 11:35) (13–17 Phil. 2:7) (20 Acts 1:11) (22 Zech. 12:10)

ISMDPJCVOR 1 ἐπισκόπου om. J *Καππαδοκίας* post *Καισαρείας* add. J 3 γε: τε J τῆς: τὴν V ἀνθρωπείας Sᵃᶜ 6–7 τῆς στερεᾶς τροφῆς ante τὴν (6) transp. J 7 ταύτης ante αὐτῷ add. J 11 τῆς ante φύσεως add. JV 12 εἰς --- Εὐνομίου: ἐκ τοῦ κατὰ Εὐνομίου S: ἐκ τῶν κατὰ Εὐνομίου ἀντιρρητῶν J 14 θεῷ post θεοῦ add. Vᵃᶜ 16 ὁ om. IV 18 Τοῦ --- Ναζιανζοῦ: Τοῦ θεολόγου S ἐπισκόπου Ναζιανζοῦ: τοῦ θεολόγου IJ 19 λόγου τοῦ om. IS τὴν νέαν κυριακήν: τὸ βάπτισμα Sᵖᶜ: τὸ ἅγιον βάπτισμα J 20 κρινοῦντα J 21 οἶδε λόγοις: οἶδεν ἀληθῶς V 24—167.5 Τοῦ --- γένοιτο post ἀόρατος (167.15) transp. I (lect. var. hic cit.)

δὲ οὐ δύο. Οὐδὲ γὰρ ἐνταῦθα δύο ἄνθρωποι, εἰ καὶ οὕτως ὁ
Παῦλος καλεῖ τὸ ἐντὸς τοῦ ἀνθρώπου καὶ τὸ ἐκτός. Καὶ εἰ δεῖ
συντόμως εἰπεῖν, ἄλλο μὲν καὶ ἄλλο τὰ ἐξ ὧν ὁ σωτήρ, ἐπεὶ μὴ
ταὐτὸν τὸ ὁρατὸν τῷ ἀοράτῳ, καὶ τὸ ἄχρονον τῷ ὑπὸ χρόνον· οὐκ
ἄλλος δὲ καὶ ἄλλος, μὴ γένοιτο.   5

42   Τοῦ αὐτοῦ ἐκ τῆς πρὸς Κληδόνιον προτέρας ἐκθέσεως.
Εἴ τις ἀποτεθεῖσθαι νῦν τὴν σάρκα λέγει, καὶ γυμνὴν εἶναι τὴν θεό-
τητα σώματος, ἀλλὰ μὴ μετὰ τοῦ προσλήμματος καὶ εἶναι καὶ ἥξειν,
μὴ ἴδοι τὴν δόξαν τῆς παρουσίας. Ποῦ γὰρ τὸ σῶμα νῦν, εἰ μὴ μετὰ
τοῦ προσλαβόντος; Οὐ γὰρ δὴ κατὰ τοὺς Μανιχαίων λήρους τῷ ἡλίῳ 10
ἐναποτίθεται, ἵνα τιμηθῇ διὰ τῆς ἀτιμίας· ἢ εἰς τὸν ἀέρα ἐχέθη καὶ
διελύθη, ὡς φωνῆς φύσις, καὶ ὀδμῆς ῥύσις, καὶ ἀστραπῆς δρόμος οὐχ
ἱσταμένης. Ποῦ δὲ καὶ τὸ ψηλαφηθῆναι μετὰ τὴν ἀνάστασιν, ἐν ᾗ
ὀφθήσεταί ποτε ὑπὸ τῶν ἐκκεντησάντων; θεότης δὲ καθ᾽ ἑαυτὴν
ἀόρατος.   15

43   Τοῦ αὐτοῦ ἐκ τοῦ περὶ υἱοῦ λόγου β΄.
Ὡς μὲν γὰρ λόγος, οὔτε ὑπήκοος ἦν, οὔτ᾽ ἀνήκοος· τῶν γὰρ ὑπὸ
χεῖρα ταῦτα, καὶ τῶν δευτέρων· τὸ μὲν τῶν εὐγνωμονεστέρων, τὸ δὲ   **192**
τῶν ἀξίων κρίσεως. Ὡς δὲ δούλου μορφή, συγκαταβαίνει τοῖς
ὁμοδούλοις, καὶ μορφοῦται τὸ ἀλλότριον, ὅλον ἐν ἑαυτῷ φέρων ἐμὲ   20
μετὰ τῶν ἐμῶν, ἵνα ἐν ἑαυτῷ δαπανήσῃ τὸ χεῖρον, ὡς κηρὸν πῦρ, ἢ
ὡς ἀτμίδα γῆς ἥλιος.

44   Τοῦ αὐτοῦ ἐκ τοῦ λόγου τοῦ εἰς τὰ θεοφάνια.
Ἐπειδὴ τοίνυν προῆλθεν ἐκ τῆς παρθένου μετὰ τῆς προσλήψεως ἐκ
δύο τῶν ἑαυτοῖς ἐναντίων σαρκὸς καὶ πνεύματος. Ὧν τὸ μὲν αὐτῶν   25
εἰς τὸν θεὸν προσειλῆφθαι, τὸ δὲ τὴν χάριν παρέσχηκε τῆς θεότητος.

44 Leo 4

(1–2 2 Cor. 4:16)

ISMDPJCVOR   1 οὐδὲ θεοί post δύο¹ add. J   2 καλεῖ post ἐντὸς transp. S:
προσηγόρευσε et post ἐκτός transp. J   3 εἴη post σωτὴρ add. IS   ἐπεὶ: εἴπερ J
4 τὸ --- ἀοράτῳ: τὸ ἀόρατον τῷ ὁρατῷ J   χρόνῳ I   5 τὰ γὰρ ἀμφότερα ἐν τῇ
ἐνώσει post γένοιτο add. J   6 προτέρας: δευτέρας I   ἐκ τοῦ η΄ κεφαλαίου post
ἐκθέσεως add. J   7 λέγοι J   9 αὐτοῦ post παρουσίας add. J   11 ἐναποτέθειται V
12 φύσις: χύσις J   13 ἐν ᾗ: πῶς δὲ J   14 δὲ: γὰρ J   16 β΄ λόγου SJ   17 τῶν
γὰρ: καὶ γὰρ τῶν J   19 κρίσεως: κολάσεως J   20 καὶ δούλοις post ὁμοδούλοις add. J
21 πυρί IS   22 ὡς om. J   ἀτμίδα γῆς: ἀτμὶ τις I: ἀτμίδα τις S   23–5 Τοῦ ---
πνεύματος: Ἐκ τοῦ εἰς τὴν Χριστοῦ γέννησιν λόγου. Προελθὼν δὲ θεὸς μετὰ τῆς προσ-
λήψεως ἕως D   23 λόγου post θεοφάνια transp. SJ   τοῦ² om. SJ   24 Ἐπειδὴ
τοίνυν: Ἐπεὶ οὖν J   ἐν ante ἐκ¹ add. PJ   25 ἑαυτοῖς om. SPJ   ἐθέωσε· τὸ δὲ ἐθεώθη·
τῷ μὲν post μὲν add. P   25–6 αὐτῶν --- προσειλῆφθαι: ἐθέωσε SᵖᶜDJ
26 τὴν --- θεότητος: ἐθεώθη SᵖᶜDJ

45   Τοῦ αὐτοῦ μετ᾿ ὀλίγα.

Ἀπεστάλη μέν, ἀλλ᾿ ὡς ἄνθρωπος. Διπλῆ γὰρ ἦν ἡ φύσις αὐτοῦ,
ἀμέλει τοι ἐντεῦθεν καὶ ἐκοπίασε, καὶ ἐπείνησε, καὶ ἐδίψησε, καὶ ἠγω-
νίασε, καὶ ἐδάκρυσεν, ἀνθρωπίνου σώματος νόμῳ.

46   Τοῦ αὐτοῦ ἐν τῷ β' λόγῳ τῷ περὶ υἱοῦ.   5

Θεὸς δὲ λέγοιτο ἄν, οὐ τοῦ λόγου, τοῦ ὁρωμένου δέ. Πῶς γὰρ ἂν εἴη
τοῦ κυρίως θεοῦ θεός; Ὥσπερ καὶ πατήρ, οὐ τοῦ ὁρωμένου, τοῦ
λόγου δέ. Καὶ γὰρ ἦν διπλοῦς. Ὥστε τὸ μὲν κυρίως ἐπ᾿ ἀμφοῖν, τὸ
δὲ οὐ κυρίως, ἀλλ᾿ ἐναντίως ἢ ἐφ᾿ ἡμῶν ἕξει. Ἡμῶν γὰρ κυρίως μὲν
θεός, οὐ κυρίως δὲ πατήρ. Καὶ τοῦτό ἐστιν ὃ ποιεῖ τοῖς αἱρετικοῖς   10
τὴν πλάνην, ἡ τῶν ὀνομάτων ἐπίζευξις, ἐπαλλαττομένων τούτων διὰ
τὴν σύγκρασιν. Σημεῖον δέ, ἡνίκα αἱ φύσεις διίστανται ταῖς ἐπινοίαις,
συνδιαιρεῖται καὶ τὰ ὀνόματα. Παύλου λέγοντος ἄκουσον· ""Ἵνα ὁ
θεὸς τοῦ κυρίου ἡμῶν Ἰησοῦ Χριστοῦ, ὁ πατὴρ τῆς δόξης." Χριστοῦ
μὲν θεός, τῆς δὲ δόξης πατήρ. Εἰ γὰρ καὶ τὸ συναμφότερον ἕν, ἀλλ᾿   15
οὐ τῇ φύσει, τῇ δὲ συνόδῳ. Τούτων τί ἂν γένοιτο γνωριμώτερον;
Πέμπτον λεγέσθω, τὸ λαμβάνειν αὐτὸν ζωήν, ἢ κρίσιν, ἢ κληρονομίαν
ἐθνῶν, ἢ ἐξουσίαν πάσης σαρκός, ἢ δόξαν, ἢ μαθητάς, ἢ ὅσα λέγεται.
Καὶ ταῦτα τῆς ἀνθρωπότητος.

47   Τοῦ αὐτοῦ ἐκ τοῦ αὐτοῦ λόγου.   20

"Εἷς γὰρ θεός, εἷς καὶ μεσίτης θεοῦ καὶ ἀνθρώπων, ἄνθρωπος
Χριστός Ἰησοῦς." Πρεσβεύει γὰρ ἔτι ὡς ἄνθρωπος καὶ νῦν ὑπὲρ τῆς
ἐμῆς σωτηρίας. Ὅτι μετὰ τοῦ σώματός ἐστιν ὃ προσέλαβεν, ἕως ἂν
ἐμὲ ποιήσῃ θεόν, τῇ δυνάμει τῆς ἐνανθρωπήσεως, κἂν μηκέτι κατὰ
σάρκα γινώσκηται, τὰ σαρκικὰ λέγω πάθη, καὶ χωρὶς τῆς ἁμαρτίας   25
τῆς ἡμετέρας.

45 Leo 5   46 ll. 10 (Καὶ)–13 (ὀνόματα) Chalcedon 4

13–14 Eph. 1:17   21–2 1 Tim. 2:5

ISMDPJCVOR   1 Τοῦ — ὀλίγα: Τοῦ αὐτοῦ ἐκ τοῦ αὐτοῦ λόγου J   ὀλίγον V
2 ἀλλ᾿ om. J   Διπλοῦς PJ   2–3 ἡ — αὐτοῦ om. J   ἡ — ἐντεῦθεν: ἐπεὶ P   4 ἀνθρω-
πίνου om. D   νόμῳ σώματος SD   5 ἐν — υἱοῦ: ἐκ τοῦ β' περὶ υἱοῦ λόγου S: ἐκ
τοῦ περὶ υἱοῦ β' λόγου J   6–10 Θεὸς — πατήρ post συνόδῳ (16) cum alio titulo
transp. ISV (cf. 16)   9 ἢ: ἡ ISV   ἕξει: ἔφη J   μὲν γὰρ κυρίως J   10–16 Καὶ —
συνόδῳ post πατήρ (10) iterum scrib. ISV.   Lect. var. sic cit.: I¹I²S¹S²V¹V².
11 ἐπίζευξις: ἐπίτευξις S¹S²   11–12 ἐπαλλαττομένων — σύγκρασιν scrib. J: om.
cett.   12 ὡς ante ἡνίκα add. I²S²JV²   13 καὶ om. V²   Παύλου λέγοντος ἄκουσον: Τοῦ
αὐτοῦ ἐν τῷ αὐτῷ λόγῳ I¹V¹: Τοῦ αὐτοῦ ἐκ τοῦ αὐτοῦ λόγου S¹ ἄκουσον J: ἀκούετε
cett.²   14 ἡμῶν om. J   14–15 Χριστοῦ μὲν θεός: θεὸς μὲν τοῦ Χριστοῦ I¹S¹V¹
15 τὰ συναμφότερα I¹S¹V¹   16 συνόδῳ δέ S¹S²   Τοῦ αὐτοῦ ἐν τῷ αὐτῷ λόγῳ et
6–16 (Θεὸς — συνόδῳ) post συνόδῳ (ut supra cit.: 6–10 et 10–16) add. IV:
Τοῦ αὐτοῦ ἐκ τοῦ αὐτοῦ λόγου et cetera (ut IV) post δέ add. S   22 Ἰησοῦς
Χριστός J   26 ἡμετέρας: ἐμῆς S

48 Τοῦ αὐτοῦ ἐκ τοῦ αὐτοῦ λόγου.

Ἡ πᾶσιν εὔδηλον, ὅτι γινώσκει μὲν ὡς θεός, ἀγνοεῖ δέ, φησίν, ὡς
ἄνθρωπος, ἐάν τις τὸ φαινόμενον χωρίσῃ τοῦ νοουμένου. Τὸ γὰρ
ἀπόλυτον εἶναι τὴν τοῦ υἱοῦ προσηγορίαν καὶ ἄσχετον, οὐ προσκει-
μένου τῷ υἱῷ τοῦ τινος, ταύτην δίδωσι τὴν ὑπόνοιαν. Ὥστε τὴν 5
ἄγνοιαν ὑπολαμβάνειν ἐπὶ τὸ εὐσεβέστερον, τῷ ἀνθρωπίνῳ, μὴ τῷ
θείῳ ταύτην λογιζόμενος.

Τοῦ ἁγίου Γρηγορίου ἐπισκόπου Νύσσης.

49 Ἐκ τοῦ κατηχητικοῦ λόγου.

Καὶ τίς τοῦτό φησιν, ὅτι τῇ περιγραφῇ τῆς σαρκός, καθάπερ ἀγγείῳ 10
τινί, τὸ ἄπειρον τῆς θεότητος περιελήφθη;

50 Τοῦ αὐτοῦ ἐκ τοῦ αὐτοῦ λόγου.

Εἰ δὲ ἀνθρώπου ψυχὴ κατὰ τὴν τῆς φύσεως ἀνάγκην συγκεκραμένη
τῷ σώματι πανταχοῦ κατ' ἐξουσίαν γίνεται, τίς ἀνάγκη τῇ φύσει τῆς
σαρκὸς τὴν θεότητα λέγειν ἐμπεριειργεσθαι; 15

51 Τοῦ αὐτοῦ ἐκ τοῦ αὐτοῦ λόγου.

Τί κωλύει θείας φύσεως ἕνωσίν τινα καὶ προσεγγισμὸν γνωρίσαντας
πρὸς τὸ ἀνθρώπινον, τὴν θεοπρεπῆ διάνοιαν καὶ ἐν τῷ προσεγγισμῷ
διασώσασθαι, πάσης περιγραφῆς ἐκτὸς εἶναι τὸ θεῖον πιστεύοντας,
κἂν ἐν ἀνθρώποις ᾖ; 20

52 Τοῦ αὐτοῦ ἐκ τοῦ κατὰ Εὐνομίου λόγου.

Εἰ δὲ ὁ μὲν ἐκ τῆς Μαρίας ἀδελφοῖς διαλέγεται, ὁ δὲ μονογενὴς
ἀδελφοὺς οὐκ ἔχει· πῶς γὰρ ἂν ἐν ἀδελφοῖς τὸ μονογενὲς διασώζοιτο;
Καὶ ὁ εἰπών, "Πνεῦμα ὁ θεός," φησὶ πρὸς τοὺς μαθητὰς ὁ αὐτός,
"Ψηλαφήσατέ με," ἵνα δείξῃ ὅτι ψηλαφητὴ μόνη ἡ ἀνθρωπίνη 25
φύσις, ἀναφὲς δὲ τὸ θεῖον. Καὶ ὁ εἰπών, "Πορεύομαι," τοπικὴν
διασημαίνει μετάστασιν· ὁ δὲ τὰ πάντα ἐμπεριειληφώς, ἐν ᾧ, καθώς
φησιν ὁ ἀπόστολος, ἐκτίσθη πάντα, καὶ ἐν αὐτῷ τὰ πάντα συνέστηκεν,
οὐδὲν ἐν τοῖς οὖσιν ἔξω αὐτοῦ ἔχει, ὃ κατά τινα κίνησιν ἢ μεταχώρησιν
γίνεται. 30

(22 Jn. 7:3 ff.) 24 Jn. 4:24 25 Lk. 24:39 26 Jn. 14:28 (27–30 Col. 1:16–17)

ISMDPJCVOR   2 Ἡ: Εἰ I   φησίν om. I   5 τῷ υἱῷ om. I   7 θείῳ: θεῷ O
λογιζομένους J: λογίζομεν V   8 Τοῦ ἁγίου om. SJ   ἐπισκόπου om. S   9 αὐτοῦ
ante λόγου add. J   11 θεότητος: σαρκὸς V   περιειλῆφθαι IS: περιείληπται V
19 τὸ θεῖον om. J   20 ἀνθρώπῳ J   23 ἂν om. V   διεσώζετο ISV   25 μόνη:
μὲν J   ἀνθρωπεία V   26 δέ post εἰπὼν add. I   τὴν ante τοπικὴν add. J
28 τὰ ante πάντα¹ add. P   29 ἑαυτοῦ J   ἀπέχει I   30 γίνεται PJ: γένηται cett.

53	Τοῦ αὐτοῦ ἐκ τοῦ αὐτοῦ λόγου.

" Τῇ δεξιᾷ οὖν τοῦ θεοῦ ὑψωθείς." Τίς οὖν ὑψώθη; ὁ ταπεινὸς ἢ ὁ
ὕψιστος; τί δὲ τὸ ταπεινόν, εἰ μὴ τὸ ἀνθρώπινον; Τί δὲ ἄλλο παρὰ τὸ
θεῖόν ἐστιν ὁ ὕψιστος; Ἀλλὰ μὴν ὁ θεὸς ὑψωθῆναι οὐ δεῖται, ὕψιστος
ὤν· τὸ ἀνθρώπινον ἄρα ὁ ἀπόστολος ὑψωθῆναι λέγει. Ὑψωθῆναι δὲ 5
διὰ τοῦ κύριος καὶ Χριστὸς γενέσθαι. Οὐκοῦν οὐ τὴν προαιώνιον
ὕπαρξιν τοῦ κυρίου διὰ τοῦ ἐποίησε ῥήματος παρίστησιν ὁ ἀπόστολος,
ἀλλὰ τὴν τοῦ ταπεινοῦ πρὸς τὸ ὑψηλὸν μεταποίησιν, τὴν ἐκ δεξιῶν
τοῦ θεοῦ γεγενημένην. Σαφηνίζεται γὰρ διὰ τούτου τοῦ ῥήματος τὸ
τῆς εὐσεβείας μυστήριον. Ὁ γὰρ εἰπών, " Τῇ δεξιᾷ τοῦ θεοῦ ὑψω- 10
θείς," φανερῶς ἐκκαλύπτει τὴν ἀπόρρητον τοῦ μυστηρίου οἰκονομίαν,
ὅτι ἡ δεξιὰ τοῦ θεοῦ, ἡ ποιητικὴ τῶν ὄντων πάντων, ἥτις ἐστὶν ὁ
κύριος, δι᾽ οὗ τὰ πάντα ἐγένετο, καὶ οὗ χωρὶς ὑπέστη τῶν γεγονότων
οὐδέν, αὕτη τὸν ἑνωθέντα πρὸς αὐτὴν ἄνθρωπον εἰς τὸ ἴδιον ἀνήγαγεν
ὕψος διὰ τῆς ἑνώσεως.	15

Τοῦ ἁγίου Ἀμφιλοχίου ἐπισκόπου Ἰκονίου.

54	Ἐκ τοῦ λόγου τοῦ εἰς τό, "Ὁ πατήρ μου μείζων μού ἐστιν."
Διάκρινον λοιπὸν τὰς φύσεις, τήν τε τοῦ θεοῦ, τήν τε τοῦ ἀνθρώπου.
Οὔτε γὰρ κατὰ ἔκπτωσιν ἐκ θεοῦ γέγονεν ἄνθρωπος, οὔτε κατὰ προ-
κοπὴν ἐξ ἀνθρώπου θεός.	20

55	Τοῦ αὐτοῦ ἐκ τοῦ λόγου τοῦ εἰς τό, "Οὐ δύναται ὁ υἱὸς ποιεῖν ἀφ᾽
ἑαυτοῦ οὐδέν."
Μετὰ γὰρ τὴν ἀνάστασιν ὁ κύριος τὰ συναμφότερα δείκνυσι, καὶ ὅτι
οὐ τοιοῦτον τὸ σῶμα, καὶ ὅτι τοῦτο τὸ ἀνιστάμενον. Ἀναμνήσθητι τῆς
ἱστορίας. Ἦσαν οἱ μαθηταὶ συνειλεγμένοι μετὰ τὸ πάθος καὶ τὴν 25
ἀνάστασιν, καὶ τῶν θυρῶν κεκλεισμένων ἔστη μέσος αὐτῶν ὁ κύριος.
Οὐδέποτε τοῦτο πρὸ τοῦ πάθους ἐποίησε. Μὴ γὰρ οὐκ ἠδύνατο ὁ
Χριστὸς καὶ πάλαι τοῦτο ποιῆσαι; πάντα γὰρ τῷ θεῷ δυνατά. Ἀλλ᾽

53 Gelasius 23
54 = 107.7–9 (q.v.) = Chalcedon 6 (114.27–8) = Gelasius 27 (100.19–21)

2 Acts 2:33   10–11 Acts 2:33   17 Jn. 14:28   21–2 Jn. 5:19   (25 ff. Jn. 20:19 ff.)

ISMPJCVOR   2 ὅ² om. S   4 οὐ δεῖται ὑψωθῆναι J   7 ὕπαρξιν ——— ῥήματος:
τοῦ λόγου ὕπαρξιν διὰ τοῦ ὑψωθῆναι ῥήματος J   9 γενομένην J   Σαφηνίζει J
γὰρ om. J   11 μυστηρίου: θεοῦ JR θείου ante μυστηρίου add. S   12 ὄντων om. S
13 γεγονότων: ὄντων J   14–15 διὰ τῆς ἑνώσεως ἀνήγαγεν ὕψος S   16 Τοῦ ἁγίου om. S
17 εἰς τό om. S   ἐστιν om. I   18 τήν τε τοῦ ἀνθρώπου: καὶ τοῦ ἀνθρώπου J   19 δὲ
post οὔτε² add. J   21 τοῦ³ om. V   24 τὸ² om. IV   25 συνηγμένοι IS   26 μέσον
ISᵖᶜJ   27 δὲ post Οὐδέποτε add. J   28 Χριστὸς: κύριος J

οὐκ ἐποίησε πρὸ τοῦ πάθους, ἵνα μὴ νομίσῃς φαντασίαν τὴν οἰκονο-
μίαν, ἢ δόκησιν, μηδὲ πνευματικὴν οἰηθῇς τοῦ Χριστοῦ τὴν σάρκα,
μηδὲ ἐξ οὐρανῶν κατελθοῦσαν, μηδὲ ἑτεροούσιον τῇ ἡμετέρᾳ σαρκί.
Ταῦτα γὰρ πάντα τινὲς φαντασθέντες, καὶ σεμνύνειν νομίζοντες διὰ
τούτων τὸν κύριον, λελήθασι σφᾶς αὐτοὺς διὰ τῆς εὐχαριστίας βλασφη- 5
μοῦντες, καὶ ψεῦδος κατηγοροῦντες τῆς ἀληθείας, πρὸς τὸ καὶ παντά-
πασιν ἄλογον τὸ ψεῦδος τυγχάνειν. Εἰ γὰρ ἕτερον ἀνέλαβε σῶμα, τί
πρὸς τὸ ἐμὸν τὸ τῆς σωτηρίας δεόμενον; Εἰ ἐξ οὐρανῶν κατήγαγε
σάρκα, τί πρὸς τὴν ἐμὴν σάρκα τὴν ἐκ τῆς γῆς εἰλημμένην;
;6 Τοῦ αὐτοῦ ἐκ τοῦ αὐτοῦ λόγου.   10

Διὰ ταῦτα μὲν οὖν, οὐ πρὸ τοῦ πάθους, ἀλλὰ μετὰ τὸ πάθος, τῶν
θυρῶν κεκλεισμένων ἔστη τῶν μαθητῶν μέσος ὁ κύριος, ἵνα γνῷς,
ὅτι καὶ σοῦ τὸ ψυχικὸν σῶμα σπαρὲν ἐγείρεται σῶμα πνευματικόν.
Ἵνα δὲ μὴ πάλιν ἄλλο νομίσῃς εἶναι τὸ ἀνιστάμενον, τοῦ Θωμᾶ πρὸς
τὴν ἀνάστασιν ἀπιστήσαντος, δείκνυσιν αὐτῷ τοὺς τύπους τῶν ἥλων, 15
δείκνυσιν αὐτῷ τῶν τραυμάτων τὰ ἴχνη. Ἆρ᾽ οὐκ ἴσχυεν ἑαυτὸν
ἰάσασθαι, καὶ ταῦτα μετὰ τὴν ἀνάστασιν, ὁ πάντας καὶ πρὸ τῆς
ἀναστάσεως ἰασάμενος; Ἀλλὰ δι᾽ ὧν μὲν τοὺς τύπους τῶν ἥλων
δείκνυσι, παραδίδωσιν ὅτι τοῦτο· δι᾽ ὧν δὲ κεκλεισμένων τῶν θυρῶν
εἴσεισι, δείκνυσιν ὅτι οὐ τοιοῦτο. Τοῦτο μέν, ἵνα πληρώσῃ τὸν τρόπον 20 **197**
τῆς οἰκονομίας, ἐγείρας τὸ νενεκρωμένον, οὐ τοιοῦτον δέ, ἵνα μὴ
πάλιν ὑποπέσῃ φθορᾷ, μηδὲ πάλιν ὑποστῇ θάνατον.

Τοῦ μακαρίου Θεοφίλου ἐπισκόπου Ἀλεξανδρείας.

;7 Ἐκ τῶν κατὰ Ὠριγένους.

Οὔτε τῆς ἡμετέρας ὁμοιώσεως, πρὸς ἣν κεκοινώνηκεν, εἰς θεότητος 25
φύσιν μεταβαλλομένης, οὔτε τῆς θεότητος αὐτοῦ τρεπομένης εἰς τὴν
ἡμετέραν ὁμοίωσιν. Μένει γὰρ ὃ ἦν ἀπ᾽ ἀρχῆς θεός· μένει καὶ τὴν
ἡμῶν ἐν ἑαυτῷ παρασκευάζων ὕπαρξιν.

8 Τοῦ αὐτοῦ ἐκ τῆς αὐτῆς πραγματείας.

Ἀλλὰ γὰρ οὐχ ἡσυχάζων πάλιν βλασφημεῖς, συκοφαντῶν τὸν υἱὸν 30

(14–16 Jn. 20:27)

ISMPJCVOR 3 οὐρανοῦ SJ   5 διὰ: ἀντὶ J   12 κύριος: Ἰησοῦς J   13 τὸ om. J
15 τῶν ἥλων τοὺς τύπους J   16 ἴσχυσεν S   17 τὴν om. IV   18 ἰώμενος J
19–20 εἴσεισι τῶν θυρῶν S   20 τοιοῦτον J   21 τὸ: τὸν SV   23 Θεοφίλου ante
τοῦ transp. J   Τοῦ μακαρίου om. S   27 μένει²: μένειν J   δὲ post μένει² add. S
28 ἑαυτῷ: αὐτῷ ISJ   30 Ἀλλὰ: Ἀλλ᾽ οὐ V

τοῦ θεοῦ, καὶ λέγων αὐτοῖς ῥήμασιν οὕτως· ""Ὥσπερ ὁ υἱὸς καὶ ὁ
πατὴρ ἕν εἰσιν, οὕτω καὶ ἣν εἴληφεν ὁ υἱὸς ψυχὴν καὶ αὐτὸς ἕν εἰσιν·""
ἀγνοῶν ὅτι ὁ μὲν υἱὸς καὶ ὁ πατὴρ ἕν εἰσι διὰ τὴν μίαν οὐσίαν καὶ τὴν
αὐτὴν θεότητα· ἡ δὲ ψυχὴ καὶ ὁ υἱὸς ἑτέρα πρὸς ἑτέραν ἐστὶν οὐσία τε
καὶ φύσις. Εἰ γὰρ ὥσπερ ὁ πατὴρ καὶ ὁ υἱὸς ἕν εἰσιν, οὕτω καὶ ἡ ψυχὴ 5
τοῦ υἱοῦ καὶ ὁ υἱὸς ἕν εἰσιν, ἔσται καὶ ὁ πατὴρ καὶ ἡ ψυχὴ ἕν, καὶ
λέξει ποτὲ καὶ ἡ ψυχὴ τοῦ υἱοῦ· ""Ὁ ἑωρακὼς ἐμέ, ἑώρακε τὸν
πατέρα."" Ἀλλ' οὐκ ἔστι τοῦτο, μὴ γένοιτο. Ὁ γὰρ υἱὸς καὶ ὁ πατὴρ
ἕν, ἐπειδὴ μὴ διάφοροι θεότητες· ἡ δὲ ψυχὴ καὶ ὁ υἱὸς καὶ τῇ φύσει
καὶ τῇ οὐσίᾳ ἕτερον, ἐπειδὴ καὶ αὐτὴ δι' αὐτοῦ γέγονεν ὁμοούσιος 10
ἡμῖν ὑπάρχουσα. Εἰ γὰρ ᾧ τρόπῳ ὁ πατὴρ καὶ ὁ υἱὸς ἕν εἰσιν, τούτῳ
τῷ τρόπῳ καὶ ἡ ψυχὴ καὶ ὁ υἱὸς ἕν εἰσι, κατὰ τὸν Ὠριγένους λόγον,
ἔσται καὶ ἡ ψυχὴ ὡς ὁ υἱός, ""Ἀπαύγασμα τῆς δόξης τοῦ θεοῦ, καὶ
χαρακτὴρ τῆς ὑποστάσεως αὐτοῦ."" Ἀλλὰ μὴν ἀδύνατον τοῦτο·
ἀδύνατον ἄρα καὶ τὸν υἱὸν καὶ τὴν ψυχὴν αὐτοῦ ἓν εἶναι, καθάπερ 15
αὐτὸς καὶ ὁ πατὴρ ἕν εἰσι. Καὶ τί ποιήσει πάλιν ἑαυτῷ περιπίπτων;
Γράφει γὰρ οὕτως·

Οὐ δήπου γὰρ ἡ τεταραγμένη καὶ περίλυπος οὖσα ψυχὴ ὁ μονο-
γενὴς καὶ πρωτότοκος πάσης κτίσεως ἐτύγχανεν οὖσα. Ὁ γὰρ
θεὸς λόγος, ὡς κρείττων τῆς ψυχῆς τυγχάνων, αὐτὸς ὁ υἱός 20
φησιν, ""Ἐξουσίαν ἔχω θεῖναι αὐτήν, καὶ ἐξουσίαν ἔχω λαβεῖν
αὐτήν.""

Εἰ τοίνυν κρείττων ἐστὶν ὁ υἱὸς τῆς ἑαυτοῦ ψυχῆς, ὥσπερ οὖν καὶ
κρείττων ὁμολογεῖται, πῶς ἡ ψυχὴ τούτου ἴσα θεῷ καὶ ἐν μορφῇ
θεοῦ; Αὐτὴν γὰρ εἶναι φάμενος τὴν κενώσασαν ἑαυτὴν καὶ μορφὴν 25
δούλου λαβοῦσαν, ταῖς ὑπερβολαῖς τῶν ἀσεβειῶν ἐπισημότερος τῶν
ἄλλων αἱρετικῶν ἐγένετο, ὡς ἐπεσημηνάμεθα. Εἰ γὰρ ἐν μορφῇ θεοῦ
ὑπάρχει ὁ λόγος, καὶ ἴσα θεῷ ἐστιν, ἐν μορφῇ δὲ θεοῦ ὑπάρχειν καὶ
ἴσα θεῷ τὴν ψυχὴν τοῦ σωτῆρος οἴεται, τολμήσας οὕτω γράψαι, πῶς
τὸ ἴσον κρεῖττόν ἐστι; Τὰ γὰρ ὑπερβεβηκότα τὴν φύσιν τῶν ὑπὲρ 30
αὐτὰ τὸ κρεῖττον μαρτυρεῖ.

(1–16 Jn. 10:30)   7–8 Jn. 14:9   13–14 Heb. 1:3   (18–19 Col. 1:15)   21–2 Jn.
10:18   (25–6 Phil. 2:7)

ISMPJCVOR   1 ὅ² om. SV   2–3 εἰσιν¹ --- ἕν om. I   3 μὲν ὁ S   ὅ² om. S
4 ἡ --- υἱός: οὐχ οὕτως ὁ υἱὸς καὶ ἡ ψυχὴ αὐτοῦ I   γὰρ post ἑτέρα add. I   4–5 ἐστίν
post φύσις transp. I   5–6 οὕτω --- εἰσιν om. I   6 τοῦ υἱοῦ om. J   καὶ⁴ om. I
9 ἐπεὶ S   μή: οὐ J   θεότητες: ποιότητες V   9–10 καὶ τῇ οὐσίᾳ καὶ τῇ φύσει IJ
10 ἕτερα J   11 εἰσιν ἕν V   12 Ὠριγένους λόγον: Ὠριγένην V   14 αὐτοῦ
ὑποστάσεως S   15 καὶ¹ om. J   ἕν om. I   20 ὡς: ὃς I   24 ὡμολόγηται V
25 θεοῦ: αὐτοῦ V   25–7 Αὐτὴν --- ἐπεσημηνάμεθα om. J   25 φάμενος IS:
φιμεν ὃς V   28 ὑπάρχει: ὑπάρχων J   λόγος: υἱός J   δὲ om. J   29 δὲ post πῶς add. J

Τοῦ ἁγίου Ἰωάννου ἐπισκόπου Κωνσταντινουπόλεως.

59 Ἀπὸ λόγου ἐν τῇ μεγάλῃ ἐκκλησίᾳ ῥηθέντος. **200**

Καὶ ὁ μὲν δεσπότης σου εἰς οὐρανὸν ἀνήγαγεν ἄνθρωπον, σὺ δὲ οὔτε
ἀγορᾶς αὐτῷ μεταδίδως. Καὶ τί λέγω εἰς οὐρανόν; εἰς θρόνον ἐκάθισε
βασιλικόν, σὺ δὲ καὶ τῆς πόλεως ἐξελαύνεις. 5

60 Τοῦ αὐτοῦ εἰς τὴν ἀρχὴν τοῦ μα΄ ψαλμοῦ.

Οὐ παύεται Παῦλος μέχρι τῆς σήμερον λέγων, "'Υπὲρ Χριστοῦ
πρεσβεύομεν, ὡς τοῦ θεοῦ παρακαλοῦντος δι' ἡμῶν, δεόμεθα ὑπὲρ
Χριστοῦ, καταλλάγητε τῷ θεῷ." Καὶ οὐδὲ ἐνταῦθα ἔστη, ἀλλὰ καὶ
ἀπὸ τῆς φύσεως τῆς σῆς λαβὼν ἀπαρχήν, ἐκάθισεν "ὑπεράνω πάσης 10
ἀρχῆς καὶ ἐξουσίας καὶ δυνάμεως, καὶ παντὸς ὀνόματος ὀνομαζομένου,
οὐ μόνον ἐν τῷ αἰῶνι τούτῳ, ἀλλὰ καὶ ἐν τῷ μέλλοντι." Τί ταύτης ἴσον
γένοιτ' ἂν τῆς τιμῆς; Ἡ ἀπαρχὴ τοῦ γένους ἡμῶν, τοῦ τοσαῦτα προσ-
κεκρουκότος, τοῦ ἠτιμωμένου, ἐν ὕψει τοσούτῳ κάθηται, καὶ
τοσαύτης ἀπολαύει τιμῆς. 15

61 Τοῦ αὐτοῦ περὶ τῆς γλωσσῶν διαιρέσεως.

Ἐννόησον γὰρ οἷόν ἐστιν ἰδεῖν τὴν ἡμετέραν φύσιν ἐπὶ τῶν Χερουβὶμ
ὀχουμένην, καὶ πᾶσαν αὐτῇ τὴν ἀγγελικὴν περικεχυμένην δύναμιν.
Σκόπει δέ μοι καὶ Παύλου σοφίαν, πόσα ὀνόματα ἐπιζητεῖ, ὥστε
παραστῆσαι τοῦ θεοῦ τὴν φιλανθρωπίαν. Οὐ γὰρ εἶπεν ἁπλῶς τὴν 20
χάριν, οὐδὲ τὸν πλοῦτον ἁπλῶς, ἀλλά, "Τὸν ὑπερβάλλοντα πλοῦτον
τῆς χάριτος ἐν χρηστότητι."

62 Τοῦ αὐτοῦ ἀπὸ δογματικοῦ λόγου, ὅτι τὰ ταπεινῶς εἰρημένα καὶ
γεγενημένα παρὰ τοῦ Χριστοῦ, οὐ δι' ἀσθένειαν δυνάμεως, ἀλλὰ
δι' οἰκονομίας διαφόρους. 25

Καὶ μετὰ τὴν ἀνάστασιν τὸν μαθητὴν ἰδὼν ἀπιστοῦντα, οὐ παρῃτή-
σατο αὐτῷ καὶ τραύματα καὶ τύπον ἥλων ἐπιδεῖξαι, καὶ χειρὸς ἁφῇ
τὰς ὠτειλὰς ὑποβαλεῖν, καὶ εἰπεῖν, "'Ερεύνησον, καὶ ἴδε, ὅτι πνεῦμα
σάρκα καὶ ὀστέα οὐκ ἔχει." Διὰ τοῦτο οὔτε ἐξ ἀρχῆς τελείας ἡλικίας

7–9 2 Cor. 5:20 10–12 Eph. 1:21 (19–20 Eph. 2:7) 21–2 Eph. 2:7 28–9
Lk. 24:39

ISMPJCVOR 1 ἁγίου: ἐν ἁγίοις πατρὸς ἡμῶν J Τοῦ — — — Κωνσταντινουπόλεως:
Τοῦ Χρυσοστόμου S 2 Ἀπὸ — — — ῥηθέντος: Ἐκ τοῦ λόγου τοῦ ἐν τῇ μεγάλῃ ἐκκλησίᾳ
ῥηθέντος S ῥηθέντος ante ἐν transp. J 3 τὸν ante ἄνθρωπον add. J οὔτε: οὐδὲ J
6 ἐκ τοῦ λόγου τοῦ post αὐτοῦ add. J εἰς τὴν ἀρχὴν: ἐκ τῆς ἀρχῆς S 10 τῆς σῆς
om. J τῆς ἐμῆς post λαβὼν add. J ὑπεράνω: ἐπάνω ISᴾᶜ: ἄνω SᵃᶜV 16 ἐκ τοῦ
post αὐτοῦ add. SJ περὶ om. S τῶν ante γλωσσῶν add. SJ 19 μοι om. JV
20 τὴν τοῦ θεοῦ J θεοῦ: Χριστοῦ V 23 ἀπὸ: ἐκ τοῦ S λόγου δογματικοῦ J 24 τοῦ
om. V 25 ἐγένοντο καὶ ἐρρέθησαν post διαφόρους add. Jᵐ 27 αὐτῷ: ὁ κύριος J
28 εἶπεν V 29 οὔτε: οὐδὲ J

τὸν ἄνθρωπον ἀνέλαβεν, ἀλλ' ἠνέσχετο καὶ συλληφθῆναι καὶ τεχθῆναι
καὶ γαλακτοτροφηθῆναι, καὶ τοσοῦτον χρόνον ἐπὶ τῆς γῆς διατρίψαι,
ἵνα καὶ τῷ μήκει τοῦ χρόνου καὶ τοῖς ἄλλοις ἅπασι τοῦτο αὐτὸ
πιστώσηται.

63   Τοῦ αὐτοῦ πρὸς τοὺς λέγοντας, ὅτι δαίμονες τὰ τῶν ἀνθρώπων 5
διοικοῦσιν.

Οὐδὲν ἦν εὐτελέστερον ἀνθρώπου, καὶ οὐδὲν γέγονε τιμιώτερον
ἀνθρώπου. Τὸ ἔσχατον μέρος τῆς λογικῆς κτίσεως οὗτος ἦν. Ἀλλ' οἱ
πόδες ἐγένοντο κεφαλή, καὶ εἰς τὸν θρόνον ἀνηνέχθησαν τὸν βασιλικὸν
διὰ τῆς ἀπαρχῆς. Καθάπερ γὰρ ἄνθρωπος φιλότιμός τις καὶ μεγαλό- 10
δωρος, ἰδών τινα ἐκ ναυαγίου διαφυγόντα, καὶ τὸ σῶμα γυμνὸν ἀπὸ
τῶν κυμάτων διασῶσαι δυνηθέντα μόνον, δεξάμενος ὑπτίαις ταῖς
χερσί, λαμπρὰν περιβάλλει στολήν, καὶ πρὸς τιμὴν ἄγει τὴν ἀνωτάτω,
οὕτω καὶ ὁ θεὸς ἐπὶ τῆς φύσεως τῆς ἡμετέρας ἐποίησε. Πάντα ἀπέ-
βαλεν ὅσα εἶχεν ὁ ἄνθρωπος, τὴν παρρησίαν, τὴν πρὸς θεὸν ὁμιλίαν, 15
τὴν ἐν παραδείσῳ διαγωγήν, τὸν ταλαίπωρον βίον ἀντηλλάξατο, καὶ
καθάπερ ἐκ ναυαγίου γυμνός, οὕτως ἐξῆλθεν ἐκεῖθεν. Ἀλλ' ὁ θεὸς
αὐτὸν δεξάμενος περιέστειλεν εὐθέως, καὶ κατὰ μικρὸν χειραγωγῶν
εἰς τὸν οὐρανὸν ἀνήγαγεν.

64   Τοῦ αὐτοῦ ἐκ τοῦ αὐτοῦ λόγου. 20

Ἀλλ' ὁ θεὸς μείζονα τῆς ζημίας τὴν ἐμπορίαν ἐποιήσατο, καὶ πρὸς
τὸν θρόνον τὸν βασιλικὸν τὴν φύσιν ἀνήγαγε τὴν ἡμετέραν. Καὶ
Παῦλος βοᾷ λέγων, "Συνήγειρε καὶ συνεκάθισεν ἐν δεξιᾷ αὐτοῦ ἐν
τοῖς ἐπουρανίοις."

65   Τοῦ αὐτοῦ εἰς τοὺς τὰ πρῶτα πάσχα νηστεύοντας. 25

Ἀνέῳξε τοὺς οὐρανούς, τοὺς μισουμένους φίλους ἐποίησεν, εἰς τὸν
οὐρανὸν ἐπανήγαγεν, ἐν δεξιᾷ τοῦ θρόνου ἐκάθισε τὴν φύσιν τὴν
ἡμετέραν, μυρία ἕτερα παρέσχεν ἡμῖν ἀγαθά.

66   Τοῦ αὐτοῦ ἐκ τοῦ εἰς τὴν ἀνάληψιν λόγου.

Τοῦτο οὖν τὸ διάστημα καὶ τὸ ὕψος τὴν φύσιν τὴν ἡμετέραν ἀνήγαγε. 30

23-4 Eph. 2:6

ISMDPJCVOR   2 διατρίψαι: συναναστραφῆναι J   3 ἵνα --- τοῦ: δι' οὖ J   5 ἐκ τοῦ
λόγου τοῦ post αὐτοῦ add. J   πρὸς: εἰς J   8 οὗτος om. J   10 τις φιλότιμος J   11 ἀπὸ:
ὑπὸ IV   11-12 διασῶσαι ἀπὸ τῶν κυμάτων S   12 ταῖς om. S   13 λαμπρὰν ...
στολήν: λαμπρᾷ στολῇ IJV   τῇ ante στολῇ add. V   14 οὕτω om. IV   ἐπὶ ---
ἐποίησε: ἐπὶ τῆς ἡμετέρας ἐποίησε φύσεως S   15 τὸν ante θεὸν add. S   16 τῷ ante
παραδείσῳ forte recte add. D   ταλαίπωρον: ἀταλαίπωρον J   ἀντηλλάξατο om. J
19 τὸν om. J   21 ἐμπορίαν: εὐπορίαν J   22 τὴν --- ἡμετέραν: τὴν ἡμετέραν
ἀνήγαγε φύσιν S   24 τοῖς om. J   25 ἐκ τοῦ λόγου τοῦ post αὐτοῦ add. J
26 Ἠνέῳξε J   29 ἐκ --- λόγου: ἐκ τοῦ λόγου τοῦ εἰς τὴν ἀνάληψιν J   30 Πρὸς
ante τοῦτο add. D: om. cett.   καὶ ante ὕψος add. S

Βλέπε ποῦ κάτω ἔκειτο, καὶ ποῦ ἄνω ἀνέβη. Οὔτε καταβῆναι ἦν κατώτερον οὗ κατέβη ὁ ἄνθρωπος, οὔτε ἀναβῆναι ἀνώτερον οὗ ἀνήγαγεν αὐτὸν πάλιν.

7   Τοῦ αὐτοῦ ἐκ τῆς ἑρμηνείας τῆς πρὸς Ἐφεσίους ἐπιστολῆς.

"Κατὰ τὴν εὐδοκίαν αὐτοῦ, φησίν, ἣν προέθετο ἐν αὐτῷ," τουτέστιν, 5 ὃ ἐπεθύμει, τοῦτο ὤδινεν, ὡς ἄν τις εἴποι, ἐξειπεῖν ἡμῖν τὸ μυστήριον. Ποῖον δὴ τοῦτο; ὅτι ἄνθρωπον ἄνω καθίσαι βούλεται. Ὃ δὴ καὶ γέγονεν.

8   Τοῦ αὐτοῦ ἐκ τῆς αὐτῆς ἑρμηνείας.

Περὶ τούτου φησὶν ὁ θεὸς τοῦ κυρίου ἡμῶν Ἰησοῦ Χριστοῦ, οὐ περὶ 10 τοῦ θεοῦ λόγου.

9   Τοῦ αὐτοῦ ἐκ τῆς αὐτῆς ἑρμηνείας.

"Καὶ ὄντας ἡμᾶς νεκροὺς τοῖς παραπτώμασι συνεζωοποίησε τῷ Χριστῷ." Καὶ πάλιν ὁ Χριστὸς μέσος καὶ τὸ πρᾶγμα ἀξιόπιστον. Εἰ γὰρ ἡ ἀρχὴ ζῇ, καὶ ἡμεῖς· ἐζωοποίησε κἀκεῖνον καὶ ἡμᾶς· ὁρᾷς ὅτι 15 περὶ τοῦ κατὰ σάρκα πάντα εἴρηται;

70   Τοῦ αὐτοῦ ἐκ τοῦ κατὰ Ἰωάννην εὐαγγελίου.

Τί γὰρ ἐπάγει, "Καὶ ἐσκήνωσεν ἐν ἡμῖν;" μονονουχὶ λέγων, μηδὲν ἄτοπον ὑποπτεύσῃς ἀπὸ τοῦ ἐγένετο. Οὐ γὰρ τροπὴν εἶπον τῆς ἀτρέπτου φύσεως ἐκείνης, ἀλλὰ σκήνωσιν καὶ κατοίκησιν. Τὸ δὲ 20 σκηνοῦν οὐ ταὐτὸν ἂν εἴη τῇ σκηνῇ· ἀλλ' ἕτερον ἐν ἑτέρῳ σκηνοῖ· ἐπεὶ οὐδ' ἂν εἴη σκήνωσις. Οὐδὲν γὰρ ἐν ἑαυτῷ κατοικεῖ. Ἕτερον δὲ εἶπον κατὰ τὴν οὐσίαν. Τῇ γὰρ ἑνώσει καὶ τῇ συναφείᾳ ἕν ἐστιν ὁ θεὸς λόγος καὶ ἡ σάρξ, οὐ συγχύσεως γενομένης, οὐδὲ ἀφανισμοῦ τῶν οὐσιῶν, ἀλλ' ἑνώσεως ἀρρήτου τινὸς καὶ ἀφράστου. 25

71   Τοῦ αὐτοῦ ἐκ τοῦ κατὰ Ματθαῖον εὐαγγελίου.

Καὶ καθάπερ τις, ἐν μεταιχμίῳ στὰς δύο τινῶν ἀλλήλων διεστηκότων, ἀμφοτέρας ἁπλώσας τὰς χεῖρας, ἑκατέρωθεν λαβὼν συνάψειεν, οὕτω **204** καὶ αὐτὸς ἐποίησε, τὴν παλαιὰν τῇ καινῇ συνάπτων, τὴν θείαν φύσιν τῇ ἀνθρωπίνῃ, τὰ αὐτοῦ τοῖς ἡμετέροις. 30

---

70 Chalcedon 9; ll. 18–22 (σκήνωσις) Gelasius 41 (102.20–4)   71 Chalcedon 16

---

5 Eph. 1:9   13–14 Eph. 2:5   18 Jn. 1:14b

ISMDPJCVOR   2 κατωτέρω S   ὁ SD: om. cett.   ἀνωτέρω S   2–3 πάλιν ἀνήγαγεν αὐτόν J   6 ὁ: τοῦτο J   9–11 Τοῦ ––– λόγου om. S^{mc}J   13 ἐν ante τῷ add. J   14 Καὶ om. J   17 τῆς ἑρμηνείας post ἐκ add. J   18 τοῦτο ante λέγων add. J   22 ἑαυτῷ: αὐτῷ S   25 ἀφράστου: ἀφθάρτου S   26 τῆς ἑρμηνείας post ἐκ add. J   27 τις om. J   στὰς om. J   29–30 φύσιν τῇ ἀνθρωπίνῃ: τῇ ἀνθρωπίνῃ φύσει S

72 Τοῦ αὐτοῦ ἐκ τοῦ λόγου τοῦ εἰς τὴν ἀνάληψιν τοῦ Χριστοῦ.

Καθάπερ γὰρ δύο τινῶν ἀψιμαχίᾳ διαστάντων, ἕτερός τις ἐν μέσῳ
παρεντεθεὶς λύει τὴν τῶν ἐριζόντων μάχην τε καὶ διχόνοιαν, οὕτω καὶ
ὁ Χριστὸς ἐποίησεν. Ὠργίζετο ἡμῖν ὡς θεός, ἡμεῖς δὲ τῆς αὐτοῦ
κατεφρονοῦμεν ὀργῆς τὸν φιλάνθρωπον δεσπότην ἀποστρεφόμενοι· 5
καὶ μέσον ἑαυτὸν ἐμβαλὼν ὁ Χριστός, ἑκατέραν φύσιν εἰς φιλίαν
συνήγαγε, καὶ τὴν παρὰ τοῦ πατρὸς ἐπικειμένην ἡμῖν αὐτὸς τιμωρίαν
ὑπέμεινεν.

73 Τοῦ αὐτοῦ ἐκ τοῦ αὐτοῦ λόγου.

Προσήνεγκε τοίνυν τὰς ἀπαρχὰς τῆς ἡμετέρας φύσεως τῷ πατρί, καὶ 1
τὸ δῶρον αὐτὸς ἐθαύμασεν ὁ πατὴρ διά τε τὴν τοσαύτην ἀξίαν τοῦ
προσκομίσαντος καὶ τοῦ προσενεχθέντος τὸ ἄμωμον. Καὶ γὰρ
οἰκείαις ἐδέξατο τοῦτο χερσί, καὶ τοῦ θρόνου μέτοχον εἶναι τοῦ
οἰκείου πεποίηκε. Καὶ τὸ πλέον, ἐν τῷ τῆς ἑαυτοῦ δεξιᾶς αὐτὸ μέρει
καθίδρυσεν. Οὐκοῦν ἐπιγνῶμεν, τίς ἐκεῖνος ὁ ἀκούσας ἐστί, "Κάθου 1
ἐκ δεξιῶν μου·" τίς ἦν ἡ φύσις ἐκείνη πρὸς ἣν εἶπεν, ἔσο τοῦ θρόνου
μου κοινωνός; ἐκείνη ἦν ἡ φύσις πρὸς ἣν εἶπεν, "Γῆ εἶ καὶ εἰς γῆν
ἀπελεύσῃ."

74 Τοῦ αὐτοῦ μετ᾽ ὀλίγα.

Ποίῳ χρήσομαι λόγῳ, ποίοις φθέγξομαι ῥήμασιν, ἀγνοῶ. Ἡ φύσις ἡ 2
σαθρά, ἡ φύσις ἡ εὐτελής, ἡ πάντων ἐλάσσων ἀποδειχθεῖσα, πάντα
νενίκηκεν, ὑπερέβαλεν ἅπαντα. Σήμερον ἀνωτέρα γενέσθαι πάντων
ἠξίωται, σήμερον ἀπέλαβον ὅπερ ἐπὶ χρόνον πολὺν ἐπεθύμησαν
ἄγγελοι, σήμερον ἀρχάγγελοι τῶν ἐπὶ πολὺ ποθουμένων θεαταὶ
γενέσθαι δεδύνηνται, καὶ τὴν φύσιν τὴν ἡμῶν ἐν τῷ θρόνῳ τοῦ βασι- 2
λέως τῇ δόξῃ τῆς ἀθανασίας ἐκλάμπουσαν κατενόησαν.

Τοῦ ἁγίου Φλαβιανοῦ ἐπισκόπου Ἀντιοχείας.

75 Ἐκ τοῦ κατὰ Λουκᾶν εὐαγγελίου.

Ἐν πᾶσιν ἡμῖν ὁ κύριος ὑπογράφει τὸν τῆς εὐσεβείας χαρακτῆρα, καὶ

72 Leo 10   73 Leo 11   74 Leo 12

15–16 Ps. 110:1 (LXX 109:1)   17–18 Gen. 3:19

ISMDPJCVOR   1 τοῦ² om. J   λόγου post Χριστοῦ transp. J   ἐκ --- Χριστοῦ:
ἐκ τῆς τοῦ εἰς τὸν Χριστὸν ἀναλήψεως λόγου (sic) S   ἐκ τοῦ λόγου τοῦ om. V   4 ὡς:
ὁ PᵖᶜJ   6 ὁ Χριστὸς ἐμβαλών S   10 τὴν ἀπαρχὴν J   11 ὁ πατὴρ ἐθαύμασε V
τε: γε ISV   14 αὐτὸ om. J   16 καὶ ante τίς add. S   εἶπεν: εἴρηκε S   16–17 ἔσο
--- εἶπεν om. ISV   19 Τοῦ αὐτοῦ: Καὶ S   ἐκ τοῦ αὐτοῦ λόγου post αὐτοῦ add. J
22 καὶ ante ὑπερέβαλεν add. S   πάντων γενέσθαι S   23 ἀπέλαβον Oᵐ   25 τὴν²
om. S   28 τῆς ἑρμηνείας post Ἐκ add. J   29 ἐνυπογράφει J

διαφόρως ὑποδείκνυσι τῇ ἡμετέρᾳ φύσει τὰς τῆς σωτηρίας ὁδούς· καὶ
πολλὰς ἡμῖν καὶ ἐναργεῖς ἀποδείξεις παρέχει τῆς τε σωματικῆς
αὐτοῦ ἐπιφοιτήσεως, καὶ τῆς διὰ σώματος ἐνεργούσης θεότητος.
Ἀμφοτέρας γὰρ αὐτοῦ ἐβούλετο πιστώσασθαι τὰς φύσεις.

5 Τοῦ αὐτοῦ εἰς τὰ θεοφάνια. 5

" Τίς ὡς ἀληθῶς λαλήσει τὰς δυναστείας τοῦ κυρίου, ἀκουστὰς ποιήσει
πάσας τὰς αἰνέσεις αὐτοῦ;" Τίς ἂν λόγῳ παραστήσειε τῆς εἰς ἡμᾶς
εὐεργεσίας τὸ μέγεθος; Ἀνθρωπεία φύσις θεότητι συνάπτεται, μενού-
σης ἐφ' ἑαυτῆς ἑκατέρας τῆς φύσεως.

Κυρίλλου ἐπισκόπου Ἱεροσολύμων. 10

7 Ἐκ τοῦ κατηχητικοῦ δ' λόγου περὶ τῶν δέκα δογμάτων. Περὶ
τῆς ἐκ παρθένου γεννήσεως.

Πίστευε δέ, ὅτι οὗτος ὁ μονογενὴς υἱὸς τοῦ θεοῦ διὰ τὰς ἁμαρτίας
ἡμῶν ἐξ οὐρανῶν κατῆλθεν ἐπὶ τῆς γῆς, τὴν ὁμοιοπαθῆ ταύτην ἡμῖν
ἀναλαβὼν ἀνθρωπότητα, καὶ γεννηθεὶς ἐξ ἁγίας παρθένου καὶ ἁγίου 15 **205**
πνεύματος, οὐ δοκήσει καὶ φαντασίᾳ τῆς ἐνανθρωπήσεως γενομένης,
ἀλλὰ τῇ ἀληθείᾳ· οὐδ' ὥσπερ διὰ σωλῆνος διελθὼν τῆς παρθένου,
ἀλλὰ σαρκωθεὶς ἀληθῶς ἐξ αὐτῆς, φαγὼν ὡς ἡμεῖς ἀληθῶς, πιὼν ὡς
ἡμεῖς ἀληθῶς, καὶ γαλακτοτροφηθεὶς ἀληθῶς. Εἰ γὰρ φαντασία ἦν ἡ
ἐνανθρώπησις, φάντασμα καὶ ἡ σωτηρία. Διπλοῦς ἦν ὁ Χριστός, 20
ἄνθρωπος μὲν τὸ φαινόμενον, θεὸς δὲ τὸ μὴ φαινόμενον· ἐσθίων μὲν
ὡς ἄνθρωπος, ἀληθῶς ὡς ἡμεῖς· εἶχε γὰρ τῆς σαρκὸς τὸ ὁμοιοπαθὲς
ὡς ἡμεῖς· τρέφων δὲ ἐκ πέντε ἄρτων τοὺς πεντακισχιλίους ὡς θεός·
ἀποθνῄσκων μὲν ὡς ἄνθρωπος ἀληθῶς· νεκρὸν δὲ τετραήμερον ἐγεί-
ρων ὡς θεός· καθεύδων εἰς τὸ πλοῖον ὡς ἄνθρωπος, καὶ περιπατῶν 25
ἐπὶ τῶν ὑδάτων ὡς θεός.

Ἀντιόχου ἐπισκόπου Πτολεμαΐδος.

8 Μὴ συγχέῃς τὰς φύσεις, καὶ οὐ ναρκήσεις περὶ τὴν οἰκονομίαν.

76 Chalcedon 8 *77* ll. 20–3 (Διπλοῦς—ἡμεῖς) Gelasius 18
78 Chalcedon 7; Gelasius 60 (105.24–5)

6–7 Ps. 106:2 (LXX 105:2) (23 Jn. 6:1–15 and parallels) (24–5 Jn. 11:43)
(25 Mt. 8:24 and parallels) (25–6 Mt. 14:24 and parallels)

ISMDPJCVOR 1 διαφόρους J 4 πιστεύεσθαι J τὰς φύσεις πιστώσασθαι S
5 Τοῦ αὐτοῦ ἐκ τοῦ εἰς τὰ θεοφάνια λόγου J 8 Ἡ ante ἀνθρωπεία add. J 10 τοῦ
μακαρίου post Κυρίλλου add. J 11 δέκα om. J Περὶ: καὶ S 14 ἐξ: ἐκ τῶν J
τῆς γῆς SᵃᶜD: τὴν γῆν ISᵖᶜJV τὴν om. J 18–19 πιὼν ——— ἀληθῶς¹ om. ISV 19 ἐξ
αὐτῆς post ἀληθῶς² add. ISV 24–5 ἀποθνῄσκων ——— θεός post θεός (26) transp. I
27 Τοῦ ὁσιωτάτου ante Ἀντιόχου add. J

Τοῦ ἁγίου Ἱλαρίου ἐπισκόπου καὶ ὁμολογητοῦ.

79   Ἐν τῷ περὶ πίστεως θ΄ λόγῳ.

Οὐκ οἶδεν ὄντως τὴν ἑαυτοῦ ζωήν, ὃς Ἰησοῦν τὸν Χριστὸν ὡς ἀληθῆ
θεόν, οὕτως καὶ ἀληθῆ ἄνθρωπον οὐκ ἐπίσταται. Τοῦ γὰρ αὐτοῦ κιν-
δύνου τὸ πρᾶγμα τυγχάνει, ἐὰν Χριστὸν Ἰησοῦν καὶ πνεῦμα θεὸν ἢ 5
σάρκα τοῦ ἡμετέρου ἀρνησώμεθα σώματος. "Ἅπας τοιγαροῦν, ὃς ἂν
ὁμολογήσῃ με ἔμπροσθεν τῶν ἀνθρώπων, κἀγὼ ὁμολογήσω αὐτὸν
ἔμπροσθεν τοῦ πατρός μου τοῦ ἐν τοῖς οὐρανοῖς· ὃς δ᾽ ἂν ἀπαρνήσηταί
με ἔμπροσθεν τῶν ἀνθρώπων, κἀγὼ ἀρνήσομαι αὐτὸν ἔμπροσθεν τοῦ
πατρός μου τοῦ ἐν τοῖς οὐρανοῖς." Ταῦτα ὁ λόγος σὰρξ γενόμενος 10
ἔλεγε, καὶ ἄνθρωπος Ἰησοῦς Χριστὸς ὁ κύριος τῆς δόξης ἐδίδασκε,
πρὸς τὴν τῆς ἐκκλησίας σωτηρίαν μεσίτης αὐτὸς ὑπάρχων ἐν αὐτῷ
τῷ μυστηρίῳ, δι᾽ οὗπερ θεῷ καὶ ἀνθρώποις ἐμεσίτευσεν, εἰς τυγχάνων
τὸ συναμφότερον, ἐκ τῶν ἑνωθεισῶν εἰς αὐτὸ τοῦτο δὲ φύσεων ἓν καὶ
ταὐτὸν δι᾽ ἑκατέρας φύσεως ὤν, πλὴν οὕτως ὡς ἐν ἑκατέρῳ μηδετέρου 15
χηρεύειν, μή πως παύσηται θεὸς εἶναι τικτόμενος ἄνθρωπος, ἢ πάλιν
ἄνθρωπος οὐχὶ τῷ διαμένειν θεός. Οὐκοῦν τοῦτο τῆς ἐν ἀνθρώποις
ἀληθοῦς πίστεως τὸ μακάριον, τὸ τὸν μὲν θεὸν καὶ ἄνθρωπον κηρύτ-
τειν, τὴν δὲ σάρκα καὶ λόγον ὁμολογεῖν, καὶ τὸν μὲν θεὸν εἰδέναι ὅτι
καὶ ἄνθρωπος εἴη, καὶ τὴν σάρκα μὴ ἀγνοεῖν ὅτι καὶ λόγος ἐστίν. 20

80   Τοῦ αὐτοῦ ἐν τῷ αὐτῷ λόγῳ.

Ἐκ παρθένου τοίνυν τεχθεὶς ἄνθρωπος ὁ μονογενὴς θεός, καὶ κατὰ
τὴν συμπλήρωσιν τοῦ καιροῦ μέλλων αὐτὸς ἑαυτῷ τὴν τοῦ ἀνθρώπου
προκοπὴν εἰς θεὸν ἀπεργάζεσθαι, ταύτην τὴν τάξιν ἐν πᾶσι τοῖς
εὐαγγελικοῖς λόγοις ἐφύλαξεν, ἵνα ἑαυτὸν καὶ υἱὸν εἶναι θεοῦ διδάξῃ 25
πιστεύεσθαι, καὶ υἱὸν ἀνθρώπου ὑπομνήσῃ κηρύττεσθαι· τῷ μὲν
ἄνθρωπος εἶναι λαλῶν ἅπαντα καὶ πράττων ἅπερ ἐστὶν θεοῦ· αὖθις
δὲ τῷ θεὸς ὑπάρχειν, λαλῶν τε ἅπαντα καὶ πράττων ἅπερ ἐστὶν

79 Leo 1   80 Leo 2

6–10 Mt. 10:32–3

ISMDPJCVOR   1 καὶ om. I   πόλεως Πηκτάβων ἑνὸς τῆς ἐν Νικαίᾳ συνόδου post
ὁμολογητοῦ add. J   2 Ἐκ τοῦ περὶ πίστεως θ΄ λόγου SJ   3 οὐκ οἶδεν bis scrib. J
ἑαυτου: αὐτοῦ J   3–4 θεὸν ἀληθῆ J   4 ἄνθρωπον ἀληθῆ J   6 ἀρνησόμεθα J
8–10 ὃς ––– οὐρανοῖς om. J   10 τοῖς om. V   11 διδάσκει IS   12 αὐτῷ: ἑαυτῷ
καὶ αὐτῷ τούτῳ J   14 εἰς ––– δὲ: ἐν αὐτῷ δὴ τούτῳ J   δὲ: δύο I   15 μηδετέρου:
μηδ᾽ ἑτέρῳ ISV^{ac}: μηδ᾽ ὁποτέρου J   16 χηρεύῃ S   16–17 ἄνθρωπος πάλιν J   οὐχὶ:
οὐκ ἦν J   18 θεὸν μὲν J   19 μὲν: τε J   20 καὶ τὴν: τὴν δὲ S   21 Τοῦ αὐτοῦ
ἐκ τοῦ αὐτοῦ λόγου SJ   23 ἐν ante ἑαυτῷ add. J   24 πᾶσι: ἅπασι J
26 ἀνθρώπου υἱὸν J   27 θεοῦ: ἀνθρώπου J   27–8 θεοῦ ––– ἐστιν om. V   28 ἅπερ:
ὅσα J

ἀνθρώπου· οὕτω μέντοι, ὥστε ταύτῃ αὐτῇ τῇ καθ' ἕτερον γένος αὐτῶν
ὁμιλίᾳ μηδὲ πώποτε λαλεῖν, εἰ μὴ μετὰ τοῦ σημαίνειν θεόν τε καὶ
ἄνθρωπον. Ἐντεῦθεν τοιγαροῦν τοῦ δελεάζειν τοὺς ἁπλουστέρους καὶ
τοὺς ἀγνοοῦντας τοῖς αἱρετικοῖς γίνεται πρόφασις, ὥστε τὰ παρ'
ἐκείνου κατὰ τὴν ἀνθρωπότητα λαληθέντα ψευδομένους λέγειν ὡς κατ' 5
ἀσθένειαν τῆς θείας εἴρηται φύσεως, καὶ ἐπειδήπερ ὁ εἷς καὶ αὐτός
ἐστιν ὁ πάντα λαλῶν ὅσαπερ καὶ ἐλάλει, φιλονεικεῖν αὐτοὺς περὶ
ἑαυτοῦ πάντα αὐτὸν εἰρηκέναι. Καὶ οὐδὲ ἡμεῖς ἀρνούμεθα πάντας
τοὺς ὄντας αὐτοῦ λόγους τῆς ἰδίας αὐτοῦ φύσεως εἶναι. Ἀλλ' εἴπερ εἷς
ὁ Χριστὸς ἄνθρωπος καὶ θεός, καὶ οὔτε ὁ ἄνθρωπος τότε πρῶτον θεός, 10
οὔτε μὴν ὅτε ἄνθρωπος τότε οὐκ ἦν καὶ θεός, οὐδὲ μετὰ τὸν ἄνθρωπον
ἐν τῷ κυρίῳ οὐχὶ ὁ λόγος ἄνθρωπος καὶ ὁ λόγος θεός, ἐπάναγκές
ἐστιν ἓν καὶ τὸ αὐτὸ εἶναι μυστήριον τῶν αὐτοῦ λόγων, ὃ καὶ τοῦ
τόκου καθέστηκε. Καὶ ὅταν ἐν αὐτῷ κατὰ καιρὸν τὸν ἄνθρωπον ἀπὸ
τοῦ θεοῦ διαιρῇς, τότε τά τε τοῦ θεοῦ καὶ τοῦ ἀνθρώπου διαχώριζε 15
ῥήματα. Καὶ ὁπηνίκα θεὸν καὶ ἄνθρωπον ὁμολογεῖς, ἐν καιρῷ τὰ τοῦ
θεοῦ καὶ ἀνθρώπου διάκρινε ῥήματα. Ὅταν δὲ ἐκ θεοῦ καὶ ἀνθρώπου,
καὶ πάλιν ἀνθρώπου καθόλου καὶ καθόλου θεοῦ τὸν καιρὸν ἐννόει, εἴ
τι τοιοῦτο λελάληται πρὸς τὸ μηνύεσθαι τὸ κατ' ἐκεῖνο καιροῦ, ἐν τῷ
καιρῷ τὰ λεχθέντα προσάρμοσον. Καὶ ἐπειδήπερ ἄλλο ἐστὶ πρὸ τοῦ 20
ἀνθρώπου θεός, ἄλλο δὲ πάλιν ἄνθρωπος καὶ θεός, καὶ ἄλλο μετὰ τὸν
ἄνθρωπον καὶ θεόν, ὅλος ἄνθρωπος καὶ ὅλος θεός, μὴ συγχέῃς τοῖς
λεγομένοις καὶ τοῖς γεγονόσι τὸ τῆς οἰκονομίας μυστήριον. Ἀνάγκη
γὰρ κατὰ τὴν ποιότητα τῶν γενῶν καὶ τῶν φύσεων, ἄλλην μὲν αὐτῶν
γεγενῆσθαι τὴν ὁμιλίαν, μηδέπω κατὰ τὸ τοῦ ἀνθρώπου τεχθέντος 25
μυστήριον, ἄλλην δὲ ἔτι προσελαύνοντος τῷ θανάτῳ, καὶ ἄλλην ἤδη
τυγχάνοντος αἰωνίου. Δείξας τοίνυν ἅπαντα, ταῦτα μέν, ὡς Χριστὸς
Ἰησοῦς καὶ τεχθεὶς ἄνθρωπος σώματος ἡμετέρου, κατὰ τὴν συνή-
θειαν τῆς ἡμετέρας ἐλάλησε φύσεως, τῷ εἶναι θεός. Εἰ γὰρ καὶ ἐν τῷ
τόκῳ καὶ ἐν τῷ πάθει καὶ τῷ θανάτῳ τὰς τῆς ἡμετέρας φύσεως πρά- 30
ξεις διήνυσεν, ὅμως ἅπαντα ταῦτα τῇ δυνάμει τῆς ἑαυτοῦ διεπράξατο
φύσεως.

ISMPJCVOR   1 ἀνθρώπου: θεοῦ J   αὐτῶν: αὐτοῦ J   2 μηδὲ πώποτε: μηδέποτε V
6 εἷς καὶ ὁ J   8 ἑαυτοῦ: αὐτοῦ J   Καὶ om. J   10 πρῶτον θεός: πρωτότοκος J
11 καὶ om. I   12 τῷ κυρίῳ: τόκῳ J   15 διαιρεῖς V   καὶ: τά τε J   17–18 διάκρινε
--- καὶ¹ om. J   17 διάκριναι IV   18 ἐννόει: εἶναι νόει J   καὶ ante εἴ add. I
19 τοιοῦτον J   μηνύσαι J   ἐκείνου S   21 καὶ post δὲ add. IV   23 γεγονόσι:
γένεσι J   27–8 ὡς Χριστὸς Ἰησοῦς: ὢν θεὸς J   29 τῷ¹: τὸ forte recte IP

81　Τοῦ αὐτοῦ ἐν τῷ αὐτῷ λόγῳ.

Ὁρᾷς ἄρα οὕτω θεὸν καὶ ἄνθρωπον ὁμολογεῖσθαι, ὥστε τὸν μὲν θάνα-
τον τῷ ἀνθρώπῳ, τῷ δὲ θεῷ τῆς σαρκὸς λογίζεσθαι τὴν ἀνάστασιν;
Τὴν μὲν γὰρ τοῦ θεοῦ φύσιν ἐν τῇ δυνάμει τῆς ἀναστάσεως νόει, τὴν
δὲ κατὰ ἄνθρωπον οἰκονομίαν ἐν τῷ θανάτῳ ἐπιγνώσῃ. Καὶ ἐπειδήπερ 5
ἑκάτερα ταῖς οἰκείαις γεγένηται φύσεσιν, ἕνα μοι Χριστὸν Ἰησοῦν
ἐκεῖνον μνημόνευε, τὸν ὄντα ἀμφότερα. Ταῦτα δὲ τούτου χάριν διὰ
βραχέων ὑπέδειξα, ἵνα ἑκατέραν φύσιν ἐν τῷ κυρίῳ ἡμῶν Ἰησοῦ
Χριστῷ νοεῖσθαι μνημονεύωμεν· ὁ γὰρ ὢν ἐν μορφῇ θεοῦ ἔλαβε
δούλου μορφήν.　　　　　　　　　　　　　　　　　　　　　　　　　　1

Τοῦ ἁγιωτάτου ἐπισκόπου Αὐγουστίνου.

82　Τοῦ αὐτοῦ ἐκ τῆς ἐπιστολῆς τῆς πρὸς Βολουσιανόν.

Νῦν δὲ οὗτος μεταξὺ θεοῦ καὶ ἀνθρώπων ἀνεφάνη μεσίτης, ὥστε
αὐτὸν ἐν τῇ τοῦ προσώπου ἑνότητι συνάπτειν ἑκατέραν τὴν φύσιν, καὶ
τὰ ἐν ἔθει αὔξοντα τοῖς ἀληθέσι, καὶ τὰ ἀληθῆ συγκεράσαντα τοῖς ἐξ 1
ἔθους.

83　Τοῦ αὐτοῦ ἐν τῇ ἐκθέσει τοῦ εὐαγγελίου τοῦ κατὰ τὸν ἅγιον
Ἰωάννην.

Τί τοίνυν, αἱρετικέ, ἐπειδὴ Χριστός ἐστι θεὸς καὶ ἄνθρωπος, ἀλλ' εἰ
μὲν ὡς ἄνθρωπος, συκοφαντεῖς δὲ θεόν; Ἐκεῖνος ἐν ἑαυτῷ τὴν 2
ἀνθρωπίνην φύσιν ὑψοῖ, σὺ δὲ ἐκείνου τολμᾷς ἐξευτελίσαι τὴν θείαν.

84　Τοῦ αὐτοῦ ἐν τῷ λόγῳ τῷ περὶ τῆς ἐκθέσεως τῆς πίστεως.

Καὶ γὰρ ἡμέτερόν ἐστι τὸ πιστεύειν, ἐκείνου δὲ τὸ εἰδέναι, καὶ οὕτως
αὐτὸς ὁ θεὸς λόγος τὸ πᾶν ὑποδεξάμενος ὅπερ ἐστὶν ἀνθρώπου,
ἄνθρωπος ἔστω, καὶ ὁ προσληφθεὶς ἄνθρωπος ὑποδεξάμενος ἅπαν 2
ὅπερ ἐστὶ θεοῦ, ἄλλο τι μὴ ἔστω πλὴν ὅπερ θεός. Ἀλλὰ μὴ ἐπειδὴ
σεσαρκωμένος εἶναι λέγεται καὶ μικτός, μεμειῶσθαι τὴν αὑτοῦ

81 Leo 3　*82* Leo 13　*83* Leo 14　*84* Leo 15

(9–10 Phil. 2:7)

ISMPJCVOR　1 ἐν --- λόγῳ: ἐκ τοῦ αὐτοῦ λόγου J　2 ἄρα οὕτω: οὕτω χρὴ J
ὡμολογῆσθαι V　3 θεῷ δὲ S　4 φύσιν τοῦ θεοῦ J　5 ἐπίγνωθι J　11–12 Τοῦ
--- Αὐγουστίνου post Βολουσιανόν transp. mss.　11 Ἱππονηριγιώτου post Αὐγου-
στίνου add. J　12 Τοῦ αὐτοῦ om. J　Βουλουσιανόν SJ　13 ἐφάνη V　14 τὴν
om. J　17 Ὁμοίως ante Τοῦ¹ add. J　17–18 τοῦ² --- Ἰωάννην: τοῦ κατὰ
Ἰωάννην εὐαγγελίου J　ἅγιον om. Vᵐᶜ　19 γὰρ post ἐπειδὴ add. J　καὶ ante
θεός add. I　θεός om. V　ἀλλ' εἰ: λαλεῖ J　21 δὲ om. J　22 Ὁμοίως ante τοῦ
add. J　23 οὕτως: οὗτος J　24 τὸ om. J　26 θεοῦ: θεός V　Ἀλλὰ μὴ om. IJV
27 λέγεται εἶναι IS　καὶ μὴ ante μεμειῶσθαι add. J

οὐσίαν νομιστέον. Οἶδε μιγνύναι θεὸς ἑαυτὸν δίχα τῆς οἰκείας φθορᾶς,
καὶ μίγνυται μέν γε κατὰ ἀλήθειαν. Οἶδεν οὕτως ἐν ἑαυτῷ ὑποδέξασ-
θαι, ὥστε μηδὲν αὐτῷ προσθήκης αὐξάνεσθαι, καθὼς οἶδεν, ἑαυτὸν
ὅλον ἐνέχεεν, ὥστε μηδὲν αὐτῷ συμβῆναι μειώσεως. Μὴ τοίνυν κατὰ
τὴν τῆς ἡμετέρας ἀσθενείας ἔννοιαν, καὶ τὰ αἰσθητὰ τῆς πείρας 5
διδάγματα στοχαζόμενοι ἐκ τῶν ἴσων τῶν ἑαυτοῖς μιγνυμένων
κτισμάτων μεμίχθαι νομίσωμεν θεὸν καὶ ἄνθρωπον, καὶ τῇ τοιαύτῃ
συγχύσει τοῦ τε λόγου καὶ τῆς σαρκὸς ὡσανεί τι σῶμα γενόμενον
οὕτω πιστεύειν, μή πως τῷ τρόπῳ τῶν συγχυνομένων δύο φύσεις εἰς
μίαν ὑπόστασιν ἐνηνέχθαι νομίσωμεν· ἡ γὰρ τοιαύτη μίξις ἐστὶν ἑκατέ- 10
ρου μέρους φθορά. Ὁ δὲ θεὸς ὁ χωρῶν, ἀλλὰ οὐ χωρούμενος, ἐρευνῶν,
οὐκ ἐρευνώμενος, πληρῶν, ἀλλ᾽ οὐ πληρούμενος, ἁπανταχοῦ ὁμοῦ ὢν
ὅλος καὶ δι᾽ ὅλου χωρῶν διὰ τοῦ ἐγχέαι τὴν ἑαυτοῦ δύναμιν, ὡς οἰκτίρ-
μων, ἐμίγη τῇ φύσει τῇ ἀνθρωπείᾳ, οὐ μὴν ἡ ἀνθρώπου φύσις ἐμίγη
τῇ θείᾳ. 15

Σευηριανοῦ ἐπισκόπου Γαβάλων.

5 Εἰς τὴν γένναν τοῦ Χριστοῦ.

Ὦ μυστηρίου ἀληθῶς οὐρανίου καὶ ἐπιγείου, κρατουμένου καὶ μὴ
κρατουμένου, ὁρωμένου καὶ μὴ φαινομένου. Τοιοῦτος γὰρ ἦν καὶ ὁ
γεννηθεὶς Χριστός, οὐράνιος καὶ ἐπίγειος, κρατούμενος καὶ μὴ 20
κρατούμενος, ὁρώμενος καὶ ἀόρατος· οὐράνιος κατὰ τὴν τῆς θεότητος
φύσιν, ἐπίγειος δὲ κατὰ τὴν τῆς ἀνθρωπότητος φύσιν· ὁρώμενος κατὰ
τὴν σάρκα, ἀόρατος κατὰ τὸ πνεῦμα· κρατούμενος κατὰ τὸ σῶμα, **212**
ἀκράτητος κατὰ τὸν λόγον.

Ἀττικοῦ ἐπισκόπου Κωνσταντινουπόλεως. 25

6 Ἐκ τῆς πρὸς Εὐψύχιον ἐπιστολῆς.

Τί τοίνυν ἐχρῆν τὸν πάνσοφον πραγματεύσασθαι; Μεσιτείᾳ τῆς
προσληφθείσης σαρκὸς καὶ ἑνώσει τοῦ θεοῦ λόγου πρὸς τὸν ἐκ

86 Chalcedon 10

ISMPJCVOR   2 μίγνυται: μιγνύναι J   ἐν om. J   4 ἀνέχεεν J   5 τὴν om. I:
ante ἔννοιαν transp. V   7 μὲν post θεὸν add. IV   8 ὡσανεί: ὡς ἄν J   9 οὕτω om. J
συγχυνομένων: συγχωνευομένων J   10–11 ἑκατέρου μέρους ἐστὶν J   11 φθορὰ μέρους V
θεός: Χριστὸς V   ὁ² om. I: οὐ SV   14 ἀνθρωπίνη J   14–15 τῇ θείᾳ ἐμίγη S
16 Σεβηριανοῦ JV   17 Ἐκ τοῦ εἰς τὴν γένναν τοῦ Χριστοῦ λόγου J   γένναν: γέννησιν I
γένναν τοῦ Χριστοῦ: Χριστοῦ γένναν S   18–19 κρατουμένου καὶ μὴ κρατουμένου
om. V   καὶ μὴ κρατουμένου om. I   18 μὴ: οὐ S   22 δὲ forte recte om. P   φύσιν
om. SJ   25 Κωνσταντινουπόλεως om. J

182 *Eranistes*

Μαρίας ἄνθρωπον ἑκάτερα γίνεται, ὥστε τὸν ἐξ ἀμφοῖν ἡνωμένον
Χριστόν, θεότητι μὲν διατιθέμενον ἐπὶ τοῦ οἰκείου μεῖναι τῆς ἀπα-
θοῦς φύσεως ἀξιώματος, σαρκὶ δὲ θανάτῳ προσομιλήσαντα, ὁμοῦ
μὲν ἀποδεῖξαι τῇ ὁμοφύλῳ τῆς σαρκὸς φύσει τὴν κατὰ τοῦ θανάτου
διὰ τοῦ θανάτου ὑπεροψίαν, ὁμοῦ δὲ κρατύνεσθαι τῇ τελευτῇ τῆς 5
καινῆς διαθήκης τὰ δίκαια.

Κυρίλλου ἐπισκόπου Ἀλεξανδρείας.

87   Ἐκ τῆς πρὸς Νεστόριον ἐπιστολῆς.
Καὶ ὅτι διάφοροι μὲν αἱ πρὸς ἑνότητα τὴν ἀληθινὴν συνενεχθεῖσαι
φύσεις, εἷς δὲ ἐξ ἀμφοῖν θεὸς καὶ υἱός, οὐχ ὡς τῆς τῶν φύσεων δια- 1
φορᾶς ἀνῃρημένης διὰ τὴν ἕνωσιν.

88   Τοῦ αὐτοῦ ἐκ τῆς πρὸς τοὺς Ἀνατολικοὺς ἐπιστολῆς.
Δύο γὰρ φύσεων ἕνωσις γέγονε· διὸ ἕνα Χριστόν, ἕνα υἱόν, ἕνα κύριον
ὁμολογοῦμεν. Κατὰ ταύτην τὴν τῆς ἀσυγχύτου ἑνώσεως ἔννοιαν ὁμο-
λογοῦμεν τὴν ἁγίαν παρθένον θεοτόκον, διὰ τὸ τὸν τοῦ θεοῦ λόγον 1
σαρκωθῆναι καὶ ἐνανθρωπῆσαι, καὶ ἐξ αὐτῆς τῆς συλλήψεως ἑνῶσαι
ἑαυτῷ τὸν ἐξ αὐτῆς ληφθέντα ναόν.

89   Τοῦ αὐτοῦ ἐκ τῆς αὐτῆς ἐπιστολῆς.
Εἷς γὰρ κύριος Ἰησοῦς Χριστός, κἂν ἡ τῶν φύσεων μὴ ἀγνοῆται
διαφορά, ἐξ ὧν τὴν ἀπόρρητον ἕνωσιν πεπρᾶχθαι φαμέν. 2

90   Τοῦ αὐτοῦ.
Ἐννοοῦντες τοίνυν, ὡς ἔφην, τῆς ἐνανθρωπήσεως τὸν τρόπον, ὁρῶμεν
ὅτι δύο φύσεις συνῆλθον ἀλλήλαις καθ᾽ ἕνωσιν ἀδιάσπαστον ἀσυγχύ-
τως καὶ ἀδιαιρέτως. Ἡ γὰρ σὰρξ σάρξ ἐστι καὶ οὐ θεότης, εἰ καὶ
γέγονε θεοῦ σάρξ. Ὁμοίως δὲ καὶ ὁ λόγος θεός ἐστι καὶ οὐ σάρξ, 2
εἰ καὶ ἰδίαν ἐποιήσατο τὴν σάρκα οἰκονομικῶς.

91   Τοῦ αὐτοῦ ἐκ τῆς ἑρμηνείας τῆς πρὸς Ἑβραίους ἐπιστολῆς.
Εἰ γὰρ καὶ νοοῖτο διάφοροι καὶ ἀλλήλαις ἄνισοι τῶν εἰς ἑνότητα
συνδεδραμηκότων αἱ φύσεις, σαρκὸς δὲ λέγω καὶ θεοῦ, ἀλλ᾽ οὖν εἷς γε
μόνος ὁ ἐξ ἀμφοῖν υἱός. 3

87 Chalcedon 12 88 Chalcedon 15 89 Chalcedon 13 90 Chalcedon 14

ISMPJCVOR   1 ἐπεὶ ante ἑκάτερα add. J   3 προσομιλήσαντα θανάτῳ J
4 φύσει τῆς σαρκὸς J   5 καὶ post δὲ add. IS   7 Τοῦ ἁγίου ante Κυρίλλου add. J
ἐπισκόπου om. S   10 δὲ: δ᾽ V   12 τοὺς om. IS   15 τὸ om. V   τοῦ θεοῦ: θεὸν J
16 σεσαρκῶσθαι J   18 ἐκ --- ἐπιστολῆς om. V   22 Ἐννοοῦντες: Ἐνοῦντες IS:
Αἰνοῦντες V   24 ἀδιαιρέτως: ἀτρέπτως J   τις post θεότης add. V   27 ἐκ τῆς
ἑρμηνείας: ἑρμηνεία I: εἰς ἑρμηνείαν V   29 δὲ om. J   29–30 γε μόνος: τε καὶ μόνος
J: γενόμενος V   30 ὁ om. P

2   *Τοῦ αὐτοῦ ἐκ τῆς αὐτῆς ἑρμηνείας.*

Κἂν εἰ λέγοιτο τυχὸν ἡνῶσθαι σαρκὶ καθ' ὑπόστασιν ὁ μονογενὴς τοῦ
θεοῦ λόγος, οὐκ ἀνάχυσίν τινα τὴν εἰς ἀλλήλας τῶν φύσεων πεπρᾶχθαι
φαμέν, οὔσης δὲ μᾶλλον ἑκατέρας τοῦθ' ὅπερ ἐστίν.

3   *Τοῦ αὐτοῦ ἐκ τοῦ ἀπὸ τῶν Σχολίων.*   5

Ἄνθρωπος ὠνόμασται, καίτοι κατὰ φύσιν ὑπάρχων θεός, ὁ ἐκ παρθέ-
νου πατρὸς λόγος, ὡς μετεσχηκὼς αἵματος καὶ σαρκὸς παραπλησίως
ἡμῖν. Ὤφθη γὰρ οὕτω τοῖς ἐπὶ γῆς, καὶ οὐ μεθεὶς ὅπερ ἦν, ἀλλ' ἐν   **213**
προσλήψει γεγονὼς τῆς καθ' ἡμᾶς ἀνθρωπότητος τελείως ἐχούσης
κατὰ τὸν ἴδιον λόγον.   10

4   *Τοῦ αὐτοῦ ἐκ τοῦ περὶ τῆς ἐνανθρωπήσεως λόγου.*

Εἷς οὖν ἄρα ἐστὶ καὶ πρὸ τῆς ἐνανθρωπήσεως θεὸς ἀληθής, καὶ ἐν
ἀνθρωπότητι μεμενηκὼς ὅπερ ἦν καὶ ἔστι καὶ ἔσται. Οὐ διαιρετέον
οὖν ἄρα τὸν ἕνα κύριον Ἰησοῦν Χριστὸν εἰς ἄνθρωπον ἰδικῶς καὶ εἰς
θεὸν ἰδικῶς· ἀλλ' ἕνα καὶ τὸν αὐτὸν Χριστὸν Ἰησοῦν εἶναί φαμεν, τὴν   15
τῶν φύσεων εἰδότες διαφορὰν καὶ ἀσυγχύτους ἀλλήλαις διατηροῦντες
αὐτάς.

95   *Τοῦ αὐτοῦ μετὰ τὰ ἄλλα.*

Νόει γὰρ πάντως ὡς ἕτερον ἐν ἑτέρῳ τὸ κατοικοῦν, τουτέστιν, ἡ θεία
φύσις ἐν ἀνθρωπότητι, καὶ οὐ παθοῦσα φυρμὸν ἢ ἀνάχυσίν τινα καὶ   20
μετάστασιν ἦν εἰς ὅπερ οὐκ ἦν. Τὸ γὰρ οἰκεῖν ἑτέρῳ λεγόμενον οὐκ
αὐτὸ γέγονεν ὅπερ ἐστὶν ἐν ᾧ κατοικεῖ, νοεῖται δὲ μᾶλλον ἕτερον ἐν
ἑτέρῳ. Ἐν δέ γε τῇ φύσει τοῦ λόγου καὶ τῆς ἀνθρωπότητος μόνην ἡμῖν
σημαίνει διαφοράν. Εἷς γὰρ ἐξ ἀμφοῖν νοεῖται Χριστός. Οὐκοῦν τὸ
ἀσύγχυτον εὖ μάλα τετηρηκὼς φησιν ἐν ἡμῖν ἐσκηνωκέναι τὸν λόγον.   25
Ἕνα γὰρ υἱὸν οἶδε μονογενῆ τὸν σάρκα γενόμενον καὶ ἐνανθρωπή-
σαντα.

ΟΡΘ. Ἀκήκοας, ὦ ἀγαθέ, τῶν μεγάλων τῆς οἰκουμένης φωστή-
ρων, καὶ τὰς τῆς διδασκαλίας ἀκτῖνας ἑώρακας· καὶ μεμάθηκας
ἀκριβῶς ὡς οὐ μόνον μετὰ τὸν τόκον, ἀλλὰ καὶ μετὰ τὸ σωτήριον   30

---

93 Leo 16   94 Leo 17   95 Leo 18

(6–7 Heb. 2:14)

ISMDPJCVOR   1 ἐκ ––– ἑρμηνείας: εἰς τὴν ἑρμηνείαν τῆς αὐτῆς ἐπιστολῆς V
ἑρμηνείας: πραγματείας I: ἐπιστολῆς S   4 οὔσης: μενούσης J   5 ἐκ τοῦ om. J
6–7 ὁ ––– λόγος om. J   8 καὶ om. J   11 ἐκ τοῦ ... λόγου om. IV   τῆς om. S
14 ἡμῶν post κύριον add. J   14–15 καὶ εἰς θεὸν ἰδικῶς om. IJ   15 Ἰησοῦν om. S
16 ἀλλήλους Iᵐᵒ: ἀλλήλας S τηροῦντες J   19 Νόει: Νοεῖται J   21 ἦν¹ om. J
εἰς om. V ἐνοικεῖν J   22 δὲ om. I   26 οἶδεν υἱὸν J   30 τὸ om. I

184 *Eranistes*

πάθος καὶ τὴν ἀνάστασιν καὶ τὴν ἀνάληψιν τὴν ἔνωσιν τῆς θεότητος
καὶ τῆς ἀνθρωπότητος ἀσύγχυτον ἔδειξαν.

EPAN. Οὐκ ᾤμην αὐτοὺς διαιρεῖν τὰς φύσεις μετὰ τὴν ἔνωσιν,
πολλὴν δὲ εὗρον διαιρέσεως ἀμετρίαν.

ΟΡΘ. Μανικόν ἐστι καὶ θρασὺ κατὰ τῶν γενναίων ἐκείνων καὶ τῆς 5
πίστεως ἀριστέων τὴν γλῶτταν κινεῖν. Ἵνα δὲ γνῷς ὡς καὶ Ἀπολινά-
ριος ἀσύγχυτον λέγει γεγενῆσθαι τὴν ἔνωσιν, προσοίσω σοι καὶ τὰς
τούτου φωνάς. Ἄκουσον τοίνυν αὐτοῦ λέγοντος.

Ἀπολιναρίου.

96   Ἐκ τοῦ κατὰ κεφάλαιον βιβλίου.   10
Ἑνοῦται ἄρα τὰ θεοῦ καὶ σώματος. Δημιουργὸς προσκυνητός, σοφία
καὶ δύναμις ὑπάρχων αἰώνιος· ἀπὸ θεότητος ταῦτα. Υἱὸς Μαρίας ἐπ᾽
ἐσχάτου χρόνου τεχθείς, προσκυνῶν θεόν, σοφίᾳ προκόπτων, δυνάμει
κραταιούμενος· ταῦτα ἀπὸ σώματος. Τὸ μὲν ὑπὲρ ἁμαρτίας πάθος
καὶ ἡ κατάρα παρῆλθεν, καὶ μετέπεσεν εἰς ἀπάθειαν καὶ εὐλογίαν· ἡ δὲ 15
σὰρξ οὐ παρῆλθεν, οὐδὲ παρελεύσεται, οὐδὲ εἰς ἀσώματον μεταβληθή-
σεται.

97   Καὶ αὖθις μετὰ βραχέα.
Οἱ ἄνθρωποι τοῖς ἀλόγοις ζῴοις ὁμοούσιοι κατὰ τὸ σῶμα τὸ ἄλογον,
ἑτεροούσιοι δὲ καθὸ λογικοί. Οὕτω καὶ ὁ θεὸς ἀνθρώποις ὁμοούσιος 20
ὢν κατὰ τὴν σάρκα, ἑτεροούσιός ἐστι καθὸ λόγος καὶ θεός.

98   Καὶ ἑτέρωθι δὲ οὕτω φησί.
Τῶν συγκιρναμένων αἱ ποιότητες κεράννυνται καὶ οὐκ ἀπόλλυνται,
ὥστε τρόπον τινὰ καὶ διίστανται ἀπὸ τῶν συγκερασθέντων, καθάπερ
οἶνος ἀπὸ ὕδατος. Οὐδὲ πρὸς σῶμα σύγκρασις, οὐδὲ οἷα σωμάτων 25
πρὸς σώματα, ἀλλ᾽ ἔχουσα καὶ τὸ ἀμιγές, ὥστε καὶ πρὸς τὸ δέον
ἑκάστοτε τὴν τῆς θεότητος ἐνέργειαν ἢ ἰδιάζειν ἢ ἐπιμίγνυσθαι, καθὰ
γέγονεν ἐπὶ τῆς νηστείας τοῦ κυρίου. Ἐπιμιγνυμένης μὲν τῆς θεότη-
τος κατὰ τὸ ἀπροσδεές, ἡ πεῖνα ἐκωλύετο· οὐκ ἀντιθείσης δὲ τῇ
ἐνδείᾳ τὸ ἀπροσδεές, ἡ πεῖνα ἐγένετο πρὸς τὴν τοῦ διαβόλου κατά- 30
λυσιν. Εἰ δὲ τῶν σωμάτων ἡ μίξις οὐκ ἠλλάγη πόσῳ μᾶλλον ἡ τῆς
θεότητος;

ISMDPJCVOR   5 καὶ² om. S   7 λέγει ἀσύγχυτον S   11 τοῦ ante θεοῦ add. IV
τὰ ante σώματος add. J: τοῦ sic add. Vᵃᶜ   13 τεχθεὶς χρόνου S   προσκυνῶ I   15 οὐ
ante παρῆλθεν add. I   προῆλθεν V   15–16 καὶ² ――― παρῆλθεν om. ISV   16 οὐδὲ
παρελεύσεται: οὐ παρελεύσεται δέ S   20 θεός: κύριος J   21 θεός: ἄνθρωπος V
23 καὶ om. V   24 ὥστε om. J   τρόπον om. ISV   διίσταται IS   25 οἷα: ἀπὸ P
οἷα σωμάτων: ἀσωμάτων J   26 τὸ¹: τι J   28 νηστείας: ἑστίας SV   29 ἀντιτι-
θείσης SJ   31 ἡ μίξις: αἱ φύσεις J   ἠλλάγη: ἀλλάττονται J

Καὶ ἐν ἑτέρῳ δὲ χωρίῳ ταῦτά φησιν.

Εἰ ἡ πρὸς σίδηρον ἀνάκρασις, πῦρ ἀποδεικνῦσα τὸν σίδηρον ὡς καὶ τὰ πυρὸς ἐργάζεσθαι, οὐ μετέβαλε τὴν φύσιν αὐτοῦ, οὐδὲ ἡ τοῦ θεοῦ πρὸς τὸ σῶμα ἕνωσις μεταβολὴ σώματός ἐστιν, καίτοι τοῦ σώματος τὰς θείας ἐνεργείας παρεχομένου τοῖς ἐφάψασθαι δυναμένοις. 5

Τούτοις εὐθὺς ἐπισυνάπτει.

Εἰ ἄνθρωπος καὶ ψυχὴν ἔχει καὶ σῶμα, καὶ μένει ταῦτα ἐν ἑνότητι ὄντα, πολλῷ μᾶλλον ὁ Χριστὸς θεότητα ἔχων μετὰ σώματος ἔχει ἑκάτερα διαμένοντα καὶ μὴ συγχεόμενα.

Καὶ μετ' ὀλίγα πάλιν. 10

Μετέχει μὲν γὰρ ἡ ἀνθρωπίνη τῆς θείας ἐνεργείας καθ' ὅσον ἐφικνεῖ-ται· ἑτέρα δέ ἐστιν ὡς ἐλαχίστη μεγίστης. Καὶ δοῦλος μὲν ἄνθρωπος τοῦ θεοῦ, ὁ δὲ θεὸς οὐ δοῦλος τοῦ ἀνθρώπου οὐδὲ ἑαυτοῦ. Καὶ ὁ μὲν ποίημα τοῦ θεοῦ, ὁ δὲ οὔτε τοῦ ἀνθρώπου ποίημα οὔτε ἑαυτοῦ.

Καὶ μετ' ὀλίγα. 15

Εἰ κατὰ θεότητα ἐπὶ Χριστοῦ λαμβάνει τις τό, "Ἃ βλέπει τὸν πατέρα ποιοῦντα καὶ αὐτὸς ποιεῖ," καὶ μὴ κατὰ σάρκα, καθ' ἣν ἰδιάζει ὁ σαρκωθεὶς παρὰ τὸν μὴ σαρκωθέντα πατέρα, διαιρεῖ δύο θείας ἐνεργείας· οὐ διαιρεῖται δέ, οὐκ ἄρα εἰς θεότητα λέγεται.

Εἶτ' αὖθις καὶ ταῦτα τέθεικεν. 20

Ὥσπερ ὁ ἄνθρωπος οὐκ ἄλογος προσκειμένου τοῦ λογικοῦ τῷ ἀλόγῳ, οὕτως οὐδὲ ὁ σωτὴρ κτίσμα προσκειμένου τῷ ἀκτίστῳ θεῷ τοῦ κτιστοῦ σώματος.

Τούτοις καὶ ταῦτα ἐπισυνάπτει

Τὸ ἀόρατον καὶ συντεθὲν πρὸς σῶμα ὁρατὸν καὶ διὰ τούτου θεωρηθὲν 25 μένει καὶ ἀόρατον· μένει δὲ καὶ ἀσύνθετον, καθὸ οὐ συμπεριορίζεται τῷ σώματι. Καὶ τὸ σῶμα μένον ἐπὶ τοῦ ἰδίου μέτρου προσλαμβάνει τὴν πρὸς θεὸν ἕνωσιν κατὰ τὸ ζωοποιεῖσθαι, οὔτε τὸ ζωοποιούμενον ζωοποιεῖ.

Καὶ μετ' ὀλίγα πάλιν οὕτως εἴρηκεν. 30

Εἰ μηδὲ ἡ ψυχῆς πρὸς σῶμα κρᾶσις, καίτοι ἐξ ἀρχῆς κατὰ συμφυΐαν οὖσα, ὁρατὴν αὐτὴν διὰ τὸ σῶμα ποιεῖ, μηδὲ εἰς τὰ ἄλλα τοῦ σώματος

16–17 Jn. 5:19

ISMDPJCVOR 2 πυρὸς post ἡ add. J τὸν: αὐτὸν V: αὖ τὸν OR 6 συνεπι-συνάπτει V 7 καὶ¹ om. J 12 ὁ ante ἄνθρωπος add. J 13–14 Καὶ — — ἑαυτοῦ om. I 14 τοῦ² om. SV οὔθ' ἑαυτοῦ ποίημα S οὔτε²: οὐδὲ V 15 Αὖθις μετ' οὐ πολλά J 17 ποιοῦντα DJ: om. cett. 18 θείας δύο S 19 εἰς om. ISV λέγεται: λέγει V 20 Εἶτ' αὖθις: Εἶτα J 22 προσκειμένῳ I 23 κτιστοῦ σώματος: κτίσματος ISV 24 Τοῖς αὐτοῖς ἐπισυνάπτει J 25 τὸ ante συντεθὲν add. I 26 περιορίζεται ISᵃᶜ 30 οὕτως om. J 31 μηδὲ ἡ: μὴ δεῖν IV: μηδ' ἣν IᵛᵐS

ἰδιώματα μεταβάλλει, ὥστε καὶ τέμνεσθαι καὶ ἐλαττοῦσθαι, πόσῳ
μᾶλλον ὁ μὴ φύσει σώματι συμφυὴς θεὸς ἀμεταβλήτως ἐνοῦται πρὸς
σῶμα; Καὶ εἰ τὸ σῶμα τοῦ ἀνθρώπου ἐπὶ τῆς ἰδίας φύσεως μένει,
καὶ τοῦτό γε ἐψυχωμένον, οὐδὲ ἐπὶ τοῦ Χριστοῦ τὸ σῶμα ἡ σύγκρασις
μήτε μετέβαλεν ὡς μὴ εἶναι σῶμα.   5

106   Καὶ μετὰ πλεῖστα πάλιν ταῦτα τέθεικεν.

Ὁ ψυχὴν καὶ σῶμα ὁμολογῶν ὡς ἐν ὑπὸ τῆς γραφῆς παρίστασθαι
ἑαυτῷ μάχεται τὴν τοιαύτην ἕνωσιν τοῦ λόγου πρὸς σῶμα μεταβολὴν
εἶναι φάσκων, ταύτην οὐδὲ ἐπὶ ψυχῆς θεωρουμένην.

107   Ἄκουσον αὐτοῦ πάλιν διαρρήδην βοῶντος.

Εἰ οἱ μὴ λέγοντες παραμένειν τὴν σάρκα τοῦ κυρίου δυσσεβοῦσι,
πολλῷ μᾶλλον οἱ μηδὲ τὴν ἀρχὴν σεσαρκῶσθαι ὁμολογοῦντες·

108   Καὶ ἐν τῷ περὶ σαρκώσεως λογιδίῳ πάλιν ταῦτα γέγραφε.

Τὸ μὲν οὖν, "Κάθου ἐκ δεξιῶν μου," ὡς πρὸς ἄνθρωπον λέγει· οὐ γὰρ
τῷ ἀεὶ καθημένῳ ἐπὶ θρόνου δόξης καθὸ θεὸς λόγος εἴρηται μετὰ   1
τὴν ἄνοδον τὴν ἐκ γῆς· ἀλλὰ τῷ νῦν εἰς τὴν ἐπουράνιον ὑψωθέντι
δόξαν καθὸ ἄνθρωπος, ὡς οἱ ἀπόστολοι λέγουσιν· "Οὐ γὰρ Δαβὶδ
ἀνέβη εἰς τοὺς οὐρανούς· λέγει δὲ αὐτός, Εἶπεν ὁ κύριος τῷ κυρίῳ
μου, Κάθου ἐκ δεξιῶν μου." Ἀνθρώπινον μὲν τὸ πρόσταγμα, ἀρχὴν
τῇ καθέδρᾳ διδόν, θεῖον δὲ τὸ ἀξίωμα τὸ συγκαθῆσθαι θεῷ, ᾧ λει-   2
τουργοῦσιν αἱ χίλιαι χιλιάδες, καὶ παρεστήκασιν αἱ μύριαι μυριάδες.

109   Καὶ μετ᾽ ὀλίγα.

Οὐ γὰρ ὡς θεῷ ὑποτάσσει τοὺς ἐχθρούς, ἀλλ᾽ ὡς ἀνθρώπῳ, ὥστε τὸν
αὐτὸν εἶναι καὶ θεὸν ὁρώμενον καὶ ἄνθρωπον. Ὅτι δὲ ὡς ἀνθρώπῳ
λέγεται τό, "Ἕως ἂν θῶ τοὺς ἐχθρούς σου ὑποπόδιον τῶν ποδῶν   2
σου," διδάσκει Παῦλος ἴδιον αὐτοῦ τὸ κατόρθωμα λέγων κατὰ τὸ
θεϊκὸν δηλαδή· "Κατὰ τὴν ἐνέργειαν, φησί, τοῦ δύνασθαι αὐτὸν καὶ
ὑποτάξαι ἑαυτῷ τὰ πάντα." Ὅρα ἀχωρίστως ἐν τῷ ἑνὶ προσώπῳ
θεότητα καὶ ἀνθρωπότητα.

110   Καὶ μετὰ βραχέα.   3

14 Ps. 110:1 (LXX 109:1)   17–19 Acts 2:34   (20–1 Dan. 7:10)   25–6 Ps. 110:1
(LXX 109:1)   27–8 Phil. 3:21

ISMDPJCVOR   2 φύσει om. V   τῷ ante σώματι add. S   σώματος Iᵐʲ
ἀμεταβλήτως IJ: ἀμεταμελήτως S: ἀμελετήτως V   4 καὶ τοῦτό: καίτοι J   5 μήτε
om. IJ   6 ταῦτα τέθεικεν: λέγει J   9 τῆς ante ψυχῆς add. S   10 αὐτοῦ πάλιν:
αὖθις J   13 πάλιν ––– γέγραφε: αὐτοῦ οὕτως λέγει J   20 διδόν: παρέχον J:
διδοῦν Vᵖᶜ   21 παραστήκουσιν ISV   22 φησὶν οὕτως post ὀλίγα add. J   25 ἂν
om. SV   27 ἐνέργειαν, φησί, τοῦ: ἐνεργείας φύσιν, κατὰ τὸ V   καὶ om. S   28 τὰ
om. V   30 λέγει ταῦτα post βραχέα add. J

"Δόξασόν με σύ, πάτερ, παρὰ σεαυτῷ τῇ δόξῃ ᾗ εἶχον πρὸ τοῦ τὸν κόσμον εἶναι παρὰ σοί." Τὸ μὲν γὰρ δόξαζον ὡς ἄνθρωπος λέγει, τὸ δὲ ἔχειν πρὸ αἰῶνος τὴν δόξαν ὡς θεὸς ἀποκαλύπτει.

1 Καὶ αὖθις μετ' ὀλίγα.

Ἀλλ' ἡμεῖς μὴ ταπεινωθῶμεν ταπεινὴν ἡγησάμενοι τὴν τοῦ υἱοῦ τοῦ 5
θεοῦ προσκύνησιν καὶ μετὰ τῆς ἀνθρωπίνης ὁμοιώσεως, ἀλλ' ὥς τινα
βασιλέα καὶ ἐν εὐτελεῖ φανέντα στολῇ τῇ βασιλικῇ δόξῃ δοξάζοντες,
καὶ μάλιστα ὁρῶντες καὶ αὐτὸ τὸ ἔνδυμα δοξασθέν, ὡς ἥρμοττε
σώματι θεοῦ καὶ σωτῆρι κόσμου καὶ σπέρματι ζωῆς αἰωνίου καὶ
ὀργάνῳ θείων ἐνεργειῶν καὶ λυτικῷ κακίας ἁπάσης καὶ θανάτου 10
καθαιρετικῷ καὶ ἀναστάσεως ἀρχηγῷ· εἰ γὰρ καὶ τὴν φύσιν ἐξ ἀνθρώ-
πων ἔσχεν, ἀλλὰ τὴν ζωὴν ἐκ θεοῦ καὶ τὴν δύναμιν ἐξ οὐρανοῦ καὶ τὴν
ἀρετὴν θείαν.

2 Καὶ μετ' ὀλίγα.

Ὅθεν ἡμεῖς τὸ σῶμα προσκυνοῦμεν ὡς τὸν λόγον, τοῦ σώματος 15
μετέχομεν ὡς τοῦ πνεύματος.

ΟΡΘ. Ἰδού σοι καὶ ὁ πρῶτος τῶν φύσεων τὴν κρᾶσιν εἰσάγων
ἀναφανδὸν τῇ διαιρέσει χρώμενος ἀπεδείχθη. Οὗτος καὶ στολὴν τὸ
σῶμα καὶ κτίσμα καὶ ὄργανον προσηγόρευσε. Καὶ μέντοι καὶ δοῦλον
ὠνόμασεν, ὅπερ οὐδεὶς ἡμῶν εἰπεῖν ἐτόλμησε πώποτε. Τοῦτο καὶ τῆς 20
ἐκ δεξιῶν εἴρηκεν ἀξιωθῆναι καθέδρας, καὶ ἄλλα δὲ πλεῖστα παρὰ τῆς **220**
κενῆς ὑμῶν αἱρέσεως ἐκβαλλόμενα.

ΕΡΑΝ. Καὶ τί δήποτε τὴν κρᾶσιν πρῶτος εἰσάγων τοσαύτην
ἐντέθεικε τοῖς λόγοις διαίρεσιν;

ΟΡΘ. Βιάζεται τῆς ἀληθείας ἡ δύναμις καὶ τοὺς ἄγαν αὐτῇ 25
μαχομένους τοῖς παρ' αὐτῆς λεγομένοις συνθέσθαι. Ἀλλ' εἴ σοι
δοκεῖ, καὶ τὸν περὶ τῆς ἀπαθείας τοῦ κυρίου κινήσωμεν λόγον.

ΕΡΑΝ. Οἶσθ' ὅτι καὶ τὰς χορδὰς οἱ μουσικοὶ διαναπαύειν εἰώθασι,
καὶ χαλῶσι ταύτας τοὺς κόλλοπας περιστρέφοντες. Εἰ δὲ καὶ τὰ
λόγου καὶ ψυχῆς πάμπαν ἐστερημένα δεῖται τινος ἀναπαύλης, οὐδὲν 30
ἄρα δράσομεν ἀπεικὸς οἱ ψυχῆς καὶ λόγου μετειληχότες, μετροῦντες
τῇ δυνάμει τὸν πόνον. Ἀναβαλώμεθα τοίνυν εἰς αὔριον.

1–2 Jn. 17:5

ISMDPJCVOR   1 πάτερ om. O   4 μετ' ὀλίγα: προστέθεικε ταῦτα J   9 σωτῆρι:
σωτηρίῳ J   13 θείαν ἀρετήν J   14 Καὶ μετ' ὀλίγα om. J   17 εἰσαγαγὼν J
20 εἰπεῖν om. I   21 γε post δέ add. J   22 κενῆς: καινῆς IJ   23 εἰσαγαγὼν J
27 κυρίου: θεοῦ λόγου forte recte J   28 διαπαύειν O   29 κόλλοπας IS: σκόλοπας JV
32 τὴν διάλεξιν post αὔριον add. J

ΟΡΘ. Ὁ μὲν θεῖος Δαβὶδ νύκτωρ καὶ μεθ᾽ ἡμέραν τῶν θείων ποιεῖσθαι λογίων τὴν μελέτην παρεγγυᾷ· γενέσθω δὲ ὅμως ὅπερ εἴρηκας, καὶ φυλάξωμεν εἰς τὴν ὑστεραίαν τοῦ λειπομένου τὴν ἔρευναν.

(1–2 Ps. 1:2?)

ΑΠΑΘΗΣ
ΔΙΑΛΟΓΟΣ Γ΄

ΟΡΘ. "Οτι μὲν ἄτρεπτος ὁ θεὸς λόγος καὶ ἐνηνθρώπησεν οὐκ εἰς σάρκα τραπείς, ἀλλ' ἀνθρωπείαν φύσιν τελείαν λαβών, ἐν τοῖς πρόσθεν ἐξητασμένοις ἀπεδείξαμεν λόγοις. "Οτι δὲ καὶ μετὰ τὴν ἕνωσιν μεμέ- 5 νηκεν οἷος ἦν, ἀκήρατος, ἀπαθής, ἀναλλοίωτος, ἀπερίγραφος, καὶ ὡς ἦν ἀνέλαβε φύσιν ἀκραιφνῆ διετήρησε, σαφῶς ἡμᾶς ἡ θεία γραφὴ καὶ μέντοι καὶ τῶν ἐκκλησιῶν οἱ διδάσκαλοι καὶ τῆς οἰκουμένης οἱ φωστῆρες ἐδίδαξαν. Λοιπὸν τοίνυν ἡμῖν ὁ περὶ τοῦ πάθους πρόκειται λόγος, ὡς μάλιστα προὐργιαίτατος ὤν. Αὐτὸς γὰρ ἡμῖν τὰ σωτήρια 10 προσενήνοχε νάματα.

ΕΡΑΝ. Ὀνησιφόρον μὲν κἀγὼ τόνδε τὸν λόγον ὑπείληφα. Τῆς μέν- τοι προτέρας οὐκ ἀνέξομαι τάξεως, ἀλλὰ ἐγὼ τὰς ἐρωτήσεις ποιήσο- μαι.

ΟΡΘ. Ἐγὼ δὲ ἀποκρινοῦμαι, καὶ οὐκ ὀρρωδήσω τῆς τάξεως τὴν 15 ἐναλλαγήν. Ὁ γὰρ τῆς ἀληθείας συνήγορος οὐκ ἐρωτῶν μόνον, ἀλλὰ καὶ ἐρωτώμενος, ἔχει τῆς ἀληθείας τὸ κράτος. "Ερου τοίνυν ὡς **221** ἐβουλήθης.

ΕΡΑΝ. Τίνα τὸ πάθος ὑπομεμενηκέναι λέγεις;

ΟΡΘ. Τὸν κύριον ἡμῶν Ἰησοῦν Χριστόν. 20

ΕΡΑΝ. Ἄνθρωπος οὖν ἡμῖν παρέσχε τὴν σωτηρίαν;

ΟΡΘ. Ἄνθρωπον γὰρ εἶναι τὸν κύριον ἡμῶν Ἰησοῦν Χριστὸν συνωμολογήσαμεν μόνον;

ΕΡΑΝ. Νῦν οὖν ὅρισαι τί τὸν Χριστὸν εἶναι πιστεύεις.

ΟΡΘ. Υἱὸν τοῦ θεοῦ τοῦ ζῶντος ἐνανθρωπήσαντα. 25

ΕΡΑΝ. Ὁ δὲ τοῦ θεοῦ υἱὸς θεός;

ΟΡΘ. Θεὸς τὴν αὐτὴν ἔχων οὐσίαν τῷ γεγεννηκότι πατρί.

ΕΡΑΝ. Θεὸς οὖν τὸ πάθος ὑπέμεινεν.

ΟΡΘ. Εἰ ἀσώματος τῷ σταυρῷ προσηλώθη, τῇ θεότητι τὸ πάθος ἅρμοσον· εἰ δὲ σάρκα λαβὼν ἐνηνθρώπησε, τί δήποτε τὸ μὲν παθητὸν 30 ἐᾷς ἀπαθές, τὸ δὲ ἀπαθὲς ὑποβάλλεις τῷ πάθει;

ISMDPJCVOR   2 ΔΙΑΛΟΓΟΣ om. J   Γ΄ om. mss.   3 ἄτρεπτος Sᵃᶜ JV: ἀτρέπτως ISᵖᶜ   καὶ om. I   6 ὡς om. J   8 οἶ² om. ISJ   9 Λοιπὸς Sᵃᶜ J 18 ἠβουλήθης J   21 μὲν ante οὖν add. J   22 μὲν ante γὰρ add. J   24 οὖν om. ISV   26 θεός om. IS   27 ΕΡΑΝ. attrib. IS   οὐσίαν ἔχων V   γεγεννηκότι V πατρί: θεῷ ISV   ΟΡΘ. Θεὸν οὖν ἐνηνθρωπικέναι ὁμολογῶ post θεῷ add. I   ΟΡΘ. Σύμφημι post θεῷ add. S   28 ἄρα post οὖν add. J

190   Eranistes

ΕΡΑΝ. Ἀλλὰ σάρκα τούτου χάριν προσέλαβεν, ἵνα διὰ τοῦ παθη-
τοῦ τὸ ἀπαθὲς ὑπομείνῃ τὸ πάθος.
ΟΡΘ. Ἀπαθῆ καλεῖς, καὶ πάθος αὐτῷ προσαρμόττεις.
ΕΡΑΝ. Εἶπον ὅτι σάρκα ἔλαβεν ἵνα πάθῃ.
ΟΡΘ. Εἰ φύσιν δεκτικὴν εἶχε πάθους, καὶ δίχα σαρκὸς ἔπαθεν ἄν, 5
περιττὴ τοίνυν ἡ σάρξ.
ΕΡΑΝ. Ἡ θεία φύσις ἀθάνατος, θνητὴ δὲ ἡ τῆς σαρκός. Ἡνώθη
τοίνυν τῇ θνητῇ ἡ ἀθάνατος, ἵνα γεύσηται δι’ ἐκείνης θανάτου.
ΟΡΘ. Τὸ φύσει ἀθάνατον οὐδὲ τῷ θνητῷ συναπτόμενον ὑπομένει
θάνατον· καὶ τοῦτο ῥᾴδιον διαγνῶναι. 10
ΕΡΑΝ. Ἀπόδειξον τοῦτο, καὶ λῦσον τὴν ἀμφισβήτησιν.
ΟΡΘ. Τὴν ἀνθρωπείαν ψυχὴν ἀθάνατον εἶναι φῂς ἢ θνητήν;
ΕΡΑΝ. Ἀθάνατον.
ΟΡΘ. Τὸ δὲ σῶμα θνητὸν ἢ ἀθάνατον;
ΕΡΑΝ. Δηλονότι θνητόν. 15
ΟΡΘ. Ἐκ δὲ τούτων τῶν φύσεών φαμεν συνεστάναι τὸν
ἄνθρωπον;
ΕΡΑΝ. Οὕτω φαμέν.
ΟΡΘ. Συνήφθη τοίνυν τὸ ἀθάνατον τῷ θνητῷ.
ΕΡΑΝ. Ἀληθές. 20
ΟΡΘ. Ἀλλὰ τῆς συναφείας ἤγουν ἑνώσεως λυομένης, τὸ μὲν
θνητὸν δέχεται τοῦ θανάτου τὸν ὅρον, μένει δὲ ἀθάνατος ἡ ψυχή,
καίτοι τῆς ἁμαρτίας ἐπενεγκούσης τὸν θάνατον. Ἢ οὐχ ἡγῇ τιμωρίαν
εἶναι τὸν θάνατον;
ΕΡΑΝ. Ἡ θεία τοίνυν τοῦτο διδάσκει γραφή. Παρ’ αὐτῆς γὰρ 25
μανθάνομεν, ὡς ἀπαγορεύσας τῷ Ἀδὰμ ὁ θεὸς τοῦ φυτοῦ τῆς γνώ-
σεως τὴν μετάληψιν ἐπήγαγεν· “Ἧι δ’ ἂν ἡμέρᾳ φάγητε ἀπ’ αὐτοῦ,
θανάτῳ ἀποθανεῖσθε.”
ΟΡΘ. Τιμωρία τοίνυν τῶν ἡμαρτηκότων ὁ θάνατος.
ΕΡΑΝ. Ὡμολόγηται. 30
ΟΡΘ. Τί δήποτε τοίνυν, ψυχῆς ὁμοῦ καὶ σώματος ἡμαρτηκότων,
τὸ σῶμα μόνον ὑπομένει τοῦ θανάτου τὴν τιμωρίαν;
ΕΡΑΝ. Αὐτὸ γὰρ εἶδε τὸ ξύλον κακῶς καὶ τὰς χεῖρας ἐξέτεινε καὶ
τὸν ἀπειρημένον καρπὸν ἀπεσύλησε. Καὶ αὐτὸ πάλιν τὸ στόμα τοῦτον

27–8 Gen. 2:17

ISMDPJCVOR   1 προσείληφεν V   5 τοῦ ante πάθους add. ISV   10 γνῶναι J
16 ταύταιν ταῖν φύσεαιν ISJ   23 τιμωρίας IV   25 τοίνυν om. IJV   27 φάγησθε I
33 κακίον post ἐξέτεινε add. J   34 ἀπεσύλησε καρπόν J   αὐτό: αὖ J   τοῦτον:
τοῦτο S^{ac}O

τοῖς ὀδοῦσιν ἐλέπτυνεν, καὶ ταῖς μύλαις ἐλέανεν. Εἶτ' αὖθις ὁ οἰσο-
φάγος τοῦτον ὑποδεξάμενος παρέπεμψε τῇ γαστρί· κἀκείνη δὲ
ἀλλοιώσασα τῷ ἥπατι μεταδέδωκε. Τὸ δέ γε ἧπαρ εἰς αἵματος φύσιν
μετέβαλεν ὅπερ ἔλαβε, καὶ τῇ κοίλῃ φλεβὶ παραδέδωκεν· ἐκείνη δὲ
ταῖς συμφυέσι, κἀκεῖναι διὰ τῶν ἄλλων τῷ σώματι· καὶ οὕτως εἰς 5
ἅπαν διέβη τὸ σῶμα τῆς ἀπειρημένης βρώσεως ἡ λῃστεία. Εἰκότως
τοίνυν τὸ σῶμα μόνον τὴν ὑπὲρ τῆς ἁμαρτίας ὑπέμεινε τιμωρίαν.

ΟΡΘ. Φυσιολογικῶς ἡμῖν τὰ περὶ τῆς τροφῆς διεξελήλυθας, καὶ
δι' ὅσων αὕτη μορίων ὁδεύουσα καὶ πόσας ἀλλοιώσεις ὑφισταμένη
ὕστερον εἰς τὴν τοῦ σώματος μεταβάλλεται φύσιν. Ἐκεῖνο μέντοι 10
συνιδεῖν οὐκ ἠθέλησας, ὡς δίχα ψυχῆς τούτων οὐδὲν τὸ σῶμα τῶν
εἰρημένων ἐργάζεται. Καταλειφθὲν γὰρ ὑπὸ τῆς συνεζευγμένης
ψυχῆς κεῖται ἄπνουν καὶ ἄφωνον καὶ ἀκίνητον· καὶ οὔτε ὀφθαλμὸς
ὁρᾷ κακῶς οὔτ' αὖ καλῶς, οὔτε τὰ ὦτα εἰσδέχεται τῶν φωνῶν τὴν
ἠχήν, οὐ κινοῦνται χεῖρες, οὐ βαδίζουσι πόδες· ἀλλ' ἔοικεν ὀργάνῳ 15
ἐστερημένῳ τοῦ μουσικοῦ. Πῶς οὖν ἔφησθα μόνον ἡμαρτηκέναι τὸ
σῶμα τὸ δίχα ψυχῆς μηδὲ ἀναπνεῖν τὸ παράπαν δυνάμενον;

ΕΡΑΝ. Μεταλαμβάνει μὲν τὸ σῶμα ζωῆς παρὰ τῆς ψυχῆς, προξε-
νεῖ δὲ τῇ ψυχῇ τῆς ἁμαρτίας τὴν ἐπιζήμιον κτῆσιν.

ΟΡΘ. Πῶς καὶ τίνα τρόπον; 20

ΕΡΑΝ. Διὰ μὲν τῶν ὀφθαλμῶν ὁρᾶν αὐτὴν παρασκευάζει
κακῶς, διὰ δὲ τῶν ἀκοῶν ἀκούειν ἃ μὴ συμφέρει, καὶ διὰ τῆς γλώτ-
της τὰ λυμαινόμενα φθέγγεσθαι, καὶ διὰ τῶν ἄλλων μορίων ἃ μὴ
θέμις ποιεῖν.

ΟΡΘ. Τοὺς κωφοὺς ἡμῖν, ὡς ἔοικε, μακαριστέον καὶ τοὺς τὸ βλέ- 25
πειν ἀφῃρημένους καὶ τῶν ἄλλων μορίων ἐστερημένους. Οὐ γὰρ
μεταλαγχάνουσι τούτων αἱ ψυχαὶ τῆς πονηρίας τοῦ σώματος. Τί
δήποτε δέ, ὦ σοφώτατε, τῶν μὲν ψεκτῶν τοῦ σώματος ἐμνήσθης
ὑπουργιῶν, τὰς ἀξιεπαίνους δὲ παραλέλοιπας; Ἔστι γὰρ καὶ φιλικῶς
καὶ φιλανθρώπως ἰδεῖν, καὶ κατανύξεως ἀπομόρξασθαι δάκρυον, καὶ 30
θείων ἀκοῦσαι λογίων, καὶ κλῖναι δεομένῳ τὸ οὖς, καὶ ὑμνῆσαι τῇ
γλώττῃ τὸν ποιητήν, καὶ διδάξαι τὸν πέλας ἃ δεῖ, καὶ κινῆσαι τὰς
χεῖρας εἰς ἔλεον, καὶ συλλήβδην εἰπεῖν, εἰς ἅπασαν κτῆσιν ἀρετῆς
χρήσασθαι τοῖς μορίοις τοῦ σώματος.

ΕΡΑΝ. Ἀληθῆ ταῦτα. 35

ISMDPJCVOR   3 μεταδέδωκε: μετέδωκε V   4 παρέδωκεν I   8 Φυσιολογικῶς J:
Φύσει λογικῶς cett.   9 πόσας: ὁπόσας J   17 τὸ² om. S   26 τῶν om. J   32 ποιητήν:
ποιήσαντα I   κινῆσαι: κινῆσθαι O   33 ἅπασαν: ἅπασιν I: πᾶσαν J   35 καὶ ante
ταῦτα add. J

ΟΡΘ. Οὐκοῦν κοινὸν ψυχῆς καὶ σώματος καὶ τὸ φυλάττειν καὶ τὸ
παραβαίνειν τοὺς νόμους.

ΕΡΑΝ. Κοινόν.

ΟΡΘ. Ἐμοὶ δοκεῖ καὶ ἄρχειν ἑκατέρου τὴν ψυχὴν τῷ λογισμῷ
πρὸ τοῦ σώματος κεχρημένην.					5

ΕΡΑΝ. Πῶς τοῦτο λέγεις;

ΟΡΘ. Ὅτι τὸ πρῶτον ὁ νοῦς τὴν ἀρετὴν ἢ τὴν κακίαν σκιογραφεῖ,
εἶθ' οὕτως αὐτὴν διαμορφοῖ, ὀργάνοις μὲν κεχρημένος τοῖς μορίοις
τοῦ σώματος, χρώμασι δὲ καὶ ὕλαις ταῖς εἰς ἑκάτερα προσφόροις.

ΕΡΑΝ. Ἔοικεν.					10

ΟΡΘ. Εἰ τοίνυν συναμαρτάνει τῷ σώματι, μᾶλλον δὲ ἄρχει τῆς
ἁμαρτίας (ἡνιοχεῖν γὰρ τὸ ζῷον καὶ κυβερνᾶν ἐπιστεύθη), τί δήποτε
κοινωνοῦσα τῆς ἁμαρτίας οὐ κοινωνεῖ τῆς τιμωρίας;

ΕΡΑΝ. Καὶ πῶς οἷον τ' ἦν τὴν ἀθάνατον θανάτου μεταλαχεῖν;

ΟΡΘ. Δίκαιον δὲ ἦν ὅμως μετασχοῦσαν τῆς παραβάσεως μετα-	15
σχεῖν τῆς κολάσεως.

ΕΡΑΝ. Δίκαιον.

ΟΡΘ. Οὐ μετέλαχε δέ.

ΕΡΑΝ. Οὐ δῆτα.

ΟΡΘ. Ἐν δέ γε τῷ μέλλοντι βίῳ μετὰ τοῦ σώματος τῇ γεέννῃ	20
παραδοθήσεται.

ΕΡΑΝ. Οὕτως ὁ κύριος εἴρηκε· "Μὴ φοβεῖσθε ἀπὸ τῶν ἀποκτε-
νόντων τὸ σῶμα, τὴν δὲ ψυχὴν μὴ δυναμένων ἀποκτεῖναι· φοβηθῆτε
δὲ μᾶλλον τὸν καὶ τὴν ψυχὴν καὶ τὸ σῶμα δυνάμενον ἀπολέσαι ἐν
γεέννῃ."					25

ΟΡΘ. Οὐκοῦν ἐν μὲν τῷδε τῷ βίῳ διέφυγε τὸν θάνατον ὡς ἀθάνα-
τος· ἐν ἐκείνῳ δὲ τῷ βίῳ δώσει δίκας οὐ θάνατον ὑπομένουσα, ἀλλ' ἐν
ζωῇ κολαζομένη.

ΕΡΑΝ. Ἡ θεία καὶ τοῦτο διδάσκει γραφή.

ΟΡΘ. Ἀδύνατον ἄρα θάνατον ὑπομεῖναι τὴν ἀθάνατον φύσιν.	30

ΕΡΑΝ. Οὕτω πέφανται.

ΟΡΘ. Πῶς τοίνυν τὸν θεὸν λόγον γεύσασθαι θανάτου φατέ; Εἰ

22–5 Mt. 10:28

ISMDPJCVOR   1–2 καὶ τὸ φυλάττειν post νόμους transp. J   2 τοὺς νόμους
παραβαίνειν S   4 δὲ post Ἐμοὶ add. J   7 τὸ om. J   σκιαγραφεῖ V   9 δὲ: τε S
ταῖς om. IS   εἰς ἑκάτερα: ἑκατέρῳ J   11 συναμαρτάνει τοίνυν J   15 μὴ ante
μετασχοῦσαν add. S   μετασχεῖν: μεταλαχεῖν J   16 καὶ ante τῆς add. J   18–19 In toto
om. J   22 ὁ κύριος om. V   φοβῆσθε O   24 τὴν om. V   τὸ om. V   25 τῇ
ante γεέννῃ add. J   27 τῷ βίῳ om. S   29 καὶ om. S   32 τοῦ ante θανάτου add. S

γὰρ ἔνθα κτιστὸν τὸ ἀθάνατον ἀδύνατον ὤφθη τοῦτο γενέσθαι θνητόν, πῶς οἷόν τε τὸν ἀκτίστως καὶ ἀϊδίως ἀθάνατον τὸν τῶν θνητῶν καὶ ἀθανάτων φύσεων ποιητὴν θανάτου μεταλαχεῖν;

ΕΡΑΝ. Ἴσμεν αὐτοῦ καὶ ἡμεῖς τὴν φύσιν ἀθάνατον, σαρκὶ δὲ αὐτόν φαμεν μετεσχηκέναι θανάτου. 5

ΟΡΘ. Ἀλλὰ διαρρήδην ἡμεῖς ἀπεδείξαμεν, ὡς κατ' οὐδένα τρόπον θανάτου μετασχεῖν δυνατὸν τὸ φύσει ἀθάνατον. Οὐδὲ γὰρ ἡ ψυχὴ συνδημιουργηθεῖσα καὶ συναφθεῖσα τῷ σώματι καὶ συμμετασχοῦσά γε τῆς ἁμαρτίας, ἐκείνῳ ἐκοινώνησε τοῦ θανάτου διὰ μόνην τὴν ἀθανασίαν τῆς φύσεως. Ταὐτὸ δὲ τοῦτο καὶ ἑτέρως σκοπήσωμεν. 10

ΕΡΑΝ. Οὐδὲν κωλύει πάντα κινῆσαι πόρον, ὥστε τ' ἀληθὲς ἐξευρεῖν.

ΟΡΘ. Ζητήσωμεν τοίνυν ὡδί. Τῆς ἀρετῆς καὶ τῆς κακίας φαμέν τινας μὲν εἶναι διδασκάλους, τινὰς δὲ τούτων αὐτῶν φοιτητάς;

ΕΡΑΝ. Φαμέν. 15

ΟΡΘ. Τὸν δέ γε τῆς ἀρετῆς διδάσκαλον μειζόνων εἶναι λέγομεν ἄξιον ἀντιδόσεων;

ΕΡΑΝ. Πάνυγε. **228**

ΟΡΘ. Ὡσαύτως δὲ καὶ τὸν τῆς κακίας διπλασίας καὶ τριπλασίας λέγεις ἄξιον τιμωρίας; 20

ΕΡΑΝ. Ἀληθές.

ΟΡΘ. Τὸν δὲ διάβολον ποίας θετέον μερίδος; διδάσκαλον εἶναί φαμεν ἢ μαθητήν;

ΕΡΑΝ. Διδασκάλων μὲν οὖν διδάσκαλον. Αὐτὸς γὰρ πάσης ἐστὶ κακίας καὶ πατὴρ καὶ διδάσκαλος. 25

ΟΡΘ. Τίνες δὲ ἄρα τούτου ἀνθρώπων πρῶτοι γεγένηνται μαθηταί;

ΕΡΑΝ. Ὁ Ἀδὰμ καὶ ἡ Εὔα.

ΟΡΘ. Τίνες δὲ τὴν ψῆφον τοῦ θανάτου ἐδέξαντο;

ΕΡΑΝ. Ὁ Ἀδὰμ καὶ πᾶν τοῦδε τὸ γένος.

ΟΡΘ. Οἱ μαθηταὶ ἄρα δίκας ἔδοσαν ὑπὲρ ὧν κακῶς ἐδιδάχθησαν· 30 ὁ δέ γε διδάσκαλος, ὃν ἀρτίως εἰρήκαμεν διπλασίας εἶναι καὶ τριπλασίας κολάσεως ἄξιον, τὴν τιμωρίαν διέφυγεν;

ΕΡΑΝ. Ἔοικεν.

ISMDPJCVOR   1 γενέσθαι τοῦτο J   3 ποιητὴν φύσεων J   4 τὴν φύσιν καὶ ἡμεῖς J   7 δυνατὸν θανάτου μετασχεῖν V   τὸ φύσει ἀθάνατον δυνατόν S   9 γε om. J   11 πόρον: λίθον J   τ': τὸ IJ   20 λέγεις: λέγε IS: λέγομεν D: om. V   22–3 φαμεν εἶναι J   24–5 κακίας ἐστὶ SV   26 ἀνθρώπων τούτου J   28 Τίς ... ἐδέξατο J   29 πᾶν τοῦδε: ἀπ' αὐτοῦ δὲ forte recte J   31 τὸν ... διδάσκαλον Vᵖᶜ   ὃν: ὧν S   γε post διπλασίας add. S   31–2 γε post τριπλασίας add. IV   καὶ τριπλασίας εἶναι J   32 ἄξιος S   καὶ ante τὴν add. V   διαφυγεῖν V

ΟΡΘ. Ἀλλ᾿ ὅμως καὶ τούτων οὕτω γεγενημένων, δίκαιον τὸν κριτὴν καὶ ἴσμεν καὶ ὀνομάζομεν.

ΕΡΑΝ. Μάλιστα.

ΟΡΘ. Τί δήποτε τοίνυν δίκαιος ὢν οὐκ εἰσέπραξεν ἐκεῖνον τῆς κακῆς διδασκαλίας εὐθύνας; 5

ΕΡΑΝ. Αὐτῷ τὴν ἄσβεστον τῆς γεέννης κατεσκεύασε φλόγα. "Πορεύεσθε, γάρ φησιν, οἱ κατηραμένοι, εἰς τὸ πῦρ τὸ αἰώνιον, τὸ ἡτοιμασμένον τῷ διαβόλῳ καὶ τοῖς ἀγγέλοις αὐτοῦ." Ἐνταῦθα δὲ τούτου χάριν οὐκ ἐκοινώνησεν τοῦ θανάτου τοῖς μαθηταῖς, ὡς φύσιν ἔχων ἀθάνατον. 10

ΟΡΘ. Οὐδὲ οἱ τὰ μέγιστα ἄρα πλημμελήσαντες θανάτου οἷοί τε μετασχεῖν, εἰ φύσιν ἀθάνατον ἔχοιεν.

ΕΡΑΝ. Ὡμολόγηται.

ΟΡΘ. Εἰ τοίνυν οὐδὲ αὐτὸς ὁ τῆς κακίας εὑρετὴς καὶ διδάσκαλος μετέλαχε θανάτου διὰ τὴν ἀθανασίαν τῆς φύσεως, πῶς οὐ πεφρίκατε 15 λέγοντες τὴν τῆς ἀθανασίας καὶ δικαιοσύνης πηγὴν μετεσχηκέναι θανάτου;

ΕΡΑΝ. Εἰ μὲν ἀκουσίως αὐτὸν ὑπομεμενηκέναι τὸ πάθος λέγομεν, ἔσχεν ἂν πρόφασιν ἡ καθ᾿ ἡμῶν παρ᾿ ὑμῶν γινομένη κατηγορία δικαίαν. Εἰ δ᾿ αὐθαίρετον τὸ πάθος καὶ ὁ θάνατος ἐθελούσιος κηρύσσε- 20 ται παρ᾿ ἡμῶν, οὐ κατηγορεῖν ἡμῶν, ἀλλ᾿ ὑμνεῖν προσήκει τὴν τῆς φιλανθρωπίας ὑπερβολήν. Ἐθελήσας γὰρ πέπονθε, καὶ βουληθεὶς τοῦ θανάτου μετέσχηκεν.

ΟΡΘ. Πάμπαν, ὡς ἔοικε, τὴν θείαν ἠγνοήκατε φύσιν. Ὁ γὰρ δεσπότης θεὸς οὐδὲν ὢν μὴ πέφυκε βούλεται, πάντα δὲ ὅσα βούλεται 25 δύναται. Βούλεται δὲ τὰ τῇ οἰκείᾳ φύσει πρόσφορά τε καὶ πρέποντα.

ΕΡΑΝ. Ἡμεῖς μεμαθήκαμεν ἅπαντα δυνατὰ τῷ θεῷ.

ΟΡΘ. Ἀορίστως ἀποφαινόμενος συμπεριλαμβάνεις τῷ λόγῳ καὶ ὅσα προσήκει τῇ τοῦ διαβόλου μερίδι. Ὁ γὰρ ἀπολύτως πάντα εἰπὼν καὶ τὰ ἀγαθὰ καὶ τὰ τούτων ἐναντία κατὰ ταὐτὸν εἴρηκεν. 30

ΕΡΑΝ. Ὁ οὖν γενναῖος Ἰὼβ οὐκ ἀπολύτως εἴρηκεν, "Οἶδα ὅτι πάντα δύνασαι, ἀδυνατεῖ δέ σοι οὐδέν;"

ΟΡΘ. Εἰ ἀναγνοίης τὰ τῷ δικαίῳ προειρημένα, καὶ τὸν τούτων ἐξ

7-8 Mt. 25:41 (27 Job 10:13; Mt. 19:26; Mk. 10:27) 31-2 Job 10:13

ISMDPJCVOR   4 τοίνυν om. J   8-9 Ἐνταῦθα --- μαθηταῖς ΟΡΘ. attrib. J
τούτου: τοῦ J   11 οἷοί τε IJ: οἷόν τε S: οἴονται V   18 τὸ πάθος ὑπομεμενηκέναι J
19 ἔσχηκεν J   καθ᾿ ἡμῶν ἡ IS   κατηγορίαν I   22 γὰρ: δὲ J   25 θεὸς: Χριστὸς J
27 ὡς ante ἅπαντα add. J   32 σοι δὲ V

ἐκείνων εὑρήσεις σκοπόν. Ἔφη δὲ οὕτως· "Μνήσθητι ὅτι πηλόν με
ἔπλασας, εἰς δὲ γῆν με πάλιν ἀποστρέφεις· ἢ οὐχ ὡς γάλα με ἤμελ-
ξας, ἔπηξας δέ με ἴσα τυρῷ; Δέρμα καὶ κρέας ἐνέδυσάς με, ὀστέοις
δὲ καὶ νεύροις ἐνεῖράς με· ζωὴν δὲ καὶ ἔλεον ἔθου παρ' ἐμοί, ἡ δὲ
ἐπισκοπή σου ἐφύλαττέ μου τὸ πνεῦμα." Τούτοις ἐπάγει, "Ταῦτα 5
ἔχων ἐν ἑαυτῷ, οἶδα ὅτι πάντα δύνασαι, ἀδυνατεῖ δέ σοι οὐδέν." Οὐκοῦν
ὅσα τούτοις συμβαίνει, καὶ τῇ ἀκηράτῳ φύσει πρέπειν δύνασθαι ἔφη
τῷ τῶν ὅλων θεῷ;

ΕΡΑΝ. Οὐδὲν ἀδύνατον τῷ παντοδυνάμῳ θεῷ.

ΟΡΘ. Καὶ τὸ ἁμαρτάνειν ἄρα δυνατὸν τῷ παντοδυνάμῳ θεῷ κατά 10
γε τὸν ὅρον τὸν σόν.

ΕΡΑΝ. Οὐδαμῶς.

ΟΡΘ. Διὰ τί;

ΕΡΑΝ. Ἐπειδήπερ οὐ βούλεται.

ΟΡΘ. Τοῦ δὴ χάριν οὐ βούλεται; 15

ΕΡΑΝ. Ἐπειδὴ τῆς φύσεως ἐκείνης τὸ ἁμαρτάνειν ἀλλότριον.

ΟΡΘ. Πολλὰ τοίνυν οὐ δύναται· πολλὰ γὰρ εἴδη πλημμελημάτων.

ΕΡΑΝ. Οὐδὲν τῶν τοιούτων ἢ βουλητὸν ἢ δυνατὸν τῷ θεῷ.

ΟΡΘ. Οὔτε μὴν ἐκεῖνα ἃ τῆς φύσεώς ἐστιν ἐναντία τῆς θείας.

ΕΡΑΝ. Ποῖα ταῦτα; 20

ΟΡΘ. Οἷον, φῶς νοερόν τε καὶ ἀληθινὸν εἶναι τὸν θεὸν ἐδιδάχθημεν.

ΕΡΑΝ. Ἀληθῶς.

ΟΡΘ. Ἀλλ' οὐκ ἂν αὐτὸν φαίημεν σκότος ἢ βουληθῆναι ἢ δυνηθῆ-
ναι γενέσθαι.

ΕΡΑΝ. Οὐδαμῶς. 25

ΟΡΘ. Πάλιν ἀόρατον αὐτοῦ τὴν φύσιν ἡ θεία λέγει γραφή.

ΕΡΑΝ. Οὕτω λέγει.

ΟΡΘ. Ἀλλ' ὁρατὴν αὐτὴν οὐκ ἂν εἴποιμεν δύνασθαι γενέσθαι ποτέ.

ΕΡΑΝ. Οὐ δῆτα.

ΟΡΘ. Οὔτε μὴν καταληπτήν. 30

ΕΡΑΝ. Οὐ γάρ.

ΟΡΘ. Ἀκατάληπτος γάρ ἐστι καὶ πάμπαν ἀνέφικτος.

ΕΡΑΝ. Ἀληθῆ λέγεις.

ΟΡΘ. Οὐκοῦν οὐδὲ ὁ ὢν γένοιτ' ἂν οὐκ ὤν.

1–5 Job 10:9–12   5–6 Job 10:13

ISMDPJCVOR   2 πάλιν om. V   οὐχὶ J   3 με¹ om. IJV   με ἐνέδυσας D   4 με
ἐνεῖρας D   6 ἑαυτῷ: ἐμαυτῷ JV   σοι δὲ V   7 πρέπει J   δύνασθαι: δυνατὰ εἶναι J:
om. V   8 τόν ... θεόν ISV   9 παντοδυνάμῳ: πάντα δυναμένῳ S   10 παντοδυνάμῳ:
πάντα δυναμένῳ S   δυνατόν post θεῷ transp. J   17 πλημμελημάτων εἴδη S   21 τε
om. J   ἐδιδάχθημεν τὸν θεὸν εἶναι S   28 οὐκ ἂν αὐτὴν J

ΕΡΑΝ. Ἄπαγε.

ΟΡΘ. Οὐδέ γε ὁ πατὴρ υἱός.

ΕΡΑΝ. Τῶν ἀδυνάτων.

ΟΡΘ. Οὐδὲ ὁ ἀγέννητος ἄρα γεγεννημένος.

ΕΡΑΝ. Πῶς γάρ;   5

ΟΡΘ. Οὔτε μὴν ὁ υἱὸς γένοιτ' ἄν ποτε πατήρ.

ΕΡΑΝ. Οὐδαμῶς.

ΟΡΘ. Οὐδέ γε τὸ πνεῦμα τὸ ἅγιον γένοιτ' ἂν υἱὸς ἢ πατήρ.

ΕΡΑΝ. Πάντα ταῦτα ἀδύνατα.

ΟΡΘ. Πολλὰ δὲ καὶ ἄλλα τοιαῦτα εὑρίσκομεν ὁμοίως ἀδύνατα. 10
Οὔτε γὰρ τὸ αἰώνιον ὑπὸ χρόνον ἔσται, οὔτε τὸ ἄκτιστον κτιστόν γε
καὶ ποιητόν, οὔτε πεπερασμένον τὸ ἄπειρον, καὶ ὅσα τούτοις ἐστὶ
παραπλήσια.

ΕΡΑΝ. Οὐδὲν τούτων ἐστὶ δυνατόν.

ΟΡΘ. Πολλὰ τοίνυν εὑρήκαμεν ἀδύνατα ὄντα τῷ παντοδυνάμῳ 15
θεῷ.

ΕΡΑΝ. Ἀληθῶς.

ΟΡΘ. Ἀλλὰ τὸ μὴ δυνηθῆναί τι τούτων ἀπείρου δυνάμεως οὐκ
ἀσθενείας τεκμήριον· τὸ δέ γε δυνηθῆναι ἀδυναμίας δήπουθεν οὐ
δυνάμεως.   20

ΕΡΑΝ. Πῶς τοῦτο ἔφης;

ΟΡΘ. Ὅτι τούτων ἕκαστον τὸ ἄτρεπτον τοῦ θεοῦ κηρύττει καὶ
ἀναλλοίωτον. Τὸ γὰρ μὴ δυνηθῆναι τὸν ἀγαθὸν γενέσθαι κακὸν τὴν
ὑπερβολὴν σημαίνει τῆς ἀγαθότητος, καὶ τὸ τὸν δίκαιον μηδέποτ' ἂν
γενέσθαι ἄδικον μηδὲ τὸν ἀληθῆ ψεύστην τὸ ἐν ἀληθείᾳ καὶ δικαιο- 25
σύνῃ σταθερόν τε καὶ βέβαιον δείκνυσιν. Οὕτω τὸ ἀληθινὸν φῶς οὐκ
ἂν γένοιτο σκότος, οὐδὲ ὁ ὢν οὐκ ὤν. Διαρκὲς γὰρ ἔχει τὸ εἶναι, καὶ
ἀναλλοίωτον ὑπάρχει τὸ φῶς. Οὕτω τ' ἄλλα πάντα σκεψάμενος εὑρή-
σεις τὸ μὴ δύνασθαι δυνάμεως τῆς ἄκρας ἐμφαντικόν. Οὕτως ἐπὶ τοῦ
θεοῦ τὰ τοιαῦτα μὴ δύνασθαι καὶ ὁ θεῖος ἀπόστολος νενόηκέ τε καὶ 30
τέθεικεν. Ἑβραίοις μὲν γὰρ ἐπιστέλλων ὧδέ φησιν· '"Ἵνα διὰ δύο
πραγμάτων ἀμεταθέτων, ἐν οἷς ἀδύνατον ψεύσασθαι θεόν, ἰσχυρὰν
παράκλησιν ἔχωμεν·" οὐκ ἀσθενὲς τὸ ἀδύνατον, ἀλλὰ ἄγαν αὐτὸ

31–3 Heb. 6:18

ISMDPJCVOR   4 ὁ SJ: om. I: γε V   6 ὁ om. Sᵃᶜ ὁ ante πατήρ transp. V
10 ὁμοίως εὑρίσκομεν τοιαῦτα S   11 χρόνους J γε: τε J   15 ἀδύνατα post
παντοδυνάμῳ transp. S   18 τούτων: τοιοῦτον S ἄπειρον SVᵃᶜ   26 σταθηρόν JV
27 ἂν post γένοιτο add. SV εἶναι καὶ: ἀεὶ ἀνάγκη J   28 ὑπάρχειν J   29 τῆς
ἄκρας δυνάμεως V   29–30 τοῦ θεοῦ: θεοῦ τὸ J   31 γὰρ om. J   33 τὴν ante
παράκλησιν add. S ἀδύνατον: ἀθάνατον S

δεικνὺς δυνατόν. Οὕτω γάρ, φησίν, ἐστὶν ἀληθής, ὡς ἀδύνατον εἶναι
ψεῦδος ἐν αὐτῷ γενέσθαι ποτέ. Τὸ δυνατὸν οὖν ἄρα τῆς ἀληθείας διὰ
τοῦ ἀδυνάτου σημαίνεται. Τῷ δέ γε μακαρίῳ Τιμοθέῳ γράφων καὶ
ταῦτα προστέθεικεν· "Πιστὸς ὁ λόγος· εἰ γὰρ συναπεθάνομεν, καὶ
συζήσομεν, εἰ ὑπομένομεν, καὶ συμβασιλεύσομεν, εἰ ἀρνούμεθα, 5
κἀκεῖνος ἀρνήσεται ἡμᾶς, εἰ ἀπιστοῦμεν, ἐκεῖνος πιστὸς μένει,
ἀρνήσασθαι γὰρ ἑαυτὸν οὐ δύναται." Πάλιν οὖν τό, "Οὐ δύναται,"
τῆς ἀπείρου δυνάμεως ὑπάρχει δηλωτικόν. Καὶ γὰρ ἂν πάντες ἄνθρω-
ποι αὐτὸν ἀρνηθῶσι, φησίν, αὐτὸς θεός ἐστι, καὶ τῆς οἰκείας οὐκ
ἐξίσταται φύσεως. Ἀνώλεθρον γὰρ ἔχει τὸ εἶναι. Τοῦτο γὰρ δηλοῖ 10
τό, "Ἀρνήσασθαι ἑαυτὸν οὐ δύναται." Οὐκοῦν περιουσίαν ἐμφαίνει
δυνάμεως τῆς ἐπὶ τὸ χεῖρον τροπῆς τὸ ἀδύνατον.

ΕΡΑΝ. Ἀληθῆ ταῦτα καὶ τοῖς θείοις λογίοις συμβαίνοντα.

ΟΡΘ. Εἰ τοίνυν πολλὰ τῷ θεῷ ἀδύνατα, καὶ τοσαῦτα ὁπόσα τῆς **233**
φύσεως ἐναντία τῆς θείας, τί δήποτε τὰ ἄλλα πάντα κατὰ φύσιν 15
ἐῶντες, τὸ ἀγαθόν, τὸ δίκαιον, τὸ ἀληθές, τὸ ἀόρατον, τὸ ἀνέφικτον,
τὸ ἀπερίγραφον, τὸ ἀΐδιον, καὶ τὰ ἄλλα ὅσα τῷ θεῷ προσεῖναί φαμεν,
μόνας τὴν ἀθανασίαν καὶ τὴν ἀπάθειαν τρεπτὰς εἶναί φατε, καὶ τὸ
δυνατὸν τῆς ἀλλοιώσεως ἐπ' αὐτῶν συγχωρεῖτε, καὶ δίδοτε τῷ θεῷ
δύναμιν ἀσθενείας δηλωτικήν; 20

ΕΡΑΝ. Τοῦτο παρὰ τῆς θείας γραφῆς ἐδιδάχθημεν. Καὶ γὰρ ὁ
θεῖος Ἰωάννης βοᾷ· "Οὕτως ἠγάπησεν ὁ θεὸς τὸν κόσμον, ὅτι τὸν
υἱὸν αὐτοῦ τὸν μονογενῆ δέδωκε." Καὶ ὁ θεσπέσιος Παῦλος· "Εἰ γὰρ
ἐχθροὶ ὄντες κατηλλάγημεν τῷ θεῷ διὰ τοῦ θανάτου τοῦ υἱοῦ αὐτοῦ,
πολλῷ μᾶλλον καταλλαγέντες σωθησόμεθα ἐν τῇ ζωῇ αὐτοῦ." 25

ΟΡΘ. Ἀληθῆ ταῦτα, θεῖα γάρ ἐστι λόγια. Ἀναμνήσθητι δὲ ὧν
πολλάκις ὡμολογήσαμεν.

ΕΡΑΝ. Ποίων λέγεις;

ΟΡΘ. Ὅτι τὸν υἱὸν τοῦ θεοῦ τὸν θεὸν λόγον, οὐκ ἀσώματον ἐπι-
φανῆναι συνωμολογήσαμεν, ἀλλὰ φύσιν ἀνθρωπείαν τελείαν ἀνειλη- 30
φότα.

ΕΡΑΝ. Συνωμολογήσαμεν ταῦτα.

ΟΡΘ. Εἰ τοίνυν καὶ σῶμα καὶ ψυχὴν ἔλαβεν ἀνθρωπείαν, ταύτῃ τοι
καὶ υἱὸς ἀνθρώπου προσηγορεύθη.

4–7 2 Tim. 2:11–13   11 2 Tim. 2:13   22–3 Jn. 3:16   23–5 Rom. 5:10

ISMDPJCVOR   1 ἐστὶν om. J   ἀληθές ISV   2 ἄρα om. J   8–9 Καὶ ––– φησίν:
Κἂν γὰρ ἄπαντες αὐτὸν ἄνθρωποι, φησίν, ἀρνηθῶμεν J   9 αὐτὸν om. S   13 λογίοις:
λόγοις V   17 ἀΐδιον τὸ ἀπερίγραφον J   18 τὴν² om. I   19 ἐπ': ὑπ' ISVᵃᶜ
22 ὅτι: ὥστε S   23 δὲ post θεσπέσιος add. S   26 δὴ ante ταῦτα add. V   27 εἴρη-
κεν καὶ post πολλάκις add. S   29 θεὸν om. I   30–1 εἰληφότα IS   33 καὶ¹ om. V

ΕΡΑΝ. Ἀληθές.

ΟΡΘ. Οὐκοῦν ὁ κύριος ἡμῶν Ἰησοῦς Χριστὸς καὶ θεὸς ἀληθῶς καὶ ἄνθρωπος ἀληθῶς· τῶνδε γὰρ τῶν φύσεων, τὴν μὲν εἶχεν ἀεί, τὴν δὲ ἔλαβεν ἀληθῶς.

ΕΡΑΝ. Ἀναμφίλεκτα ταῦτα.

ΟΡΘ. Τοιγάρτοι ὡς ἄνθρωπος τὸ πάθος ὑπέμεινεν· ὡς δὲ θεὸς κρείττων πάθους μεμένηκε.

ΕΡΑΝ. Πῶς οὖν ἡ θεία γραφὴ τὸν υἱὸν τοῦ θεοῦ πεπονθέναι φησίν;

ΟΡΘ. Ὅτι τὸ σῶμα τὸ πεπονθὸς αὐτοῦ ὂν ἐτύγχανε σῶμα. Σκεψώμεθα δὲ ὡδί. Ὅταν ἀκούσωμεν λεγούσης τῆς θείας γραφῆς, "Ἐγένετο μετὰ τὸ γηρᾶσαι τὸν Ἰσαάκ, ἠμβλύνθησαν οἱ ὀφθαλμοὶ αὐτοῦ τοῦ ὁρᾶν," ὁ νοῦς ἡμῶν ποῦ φέρεται, καὶ τίνι ἐναπερείδεται; τῇ ψυχῇ τοῦ Ἰσαὰκ ἢ τῷ σώματι;

ΕΡΑΝ. Δηλονότι τῷ σώματι.

ΟΡΘ. Οὐκ οὖν τοπάζομεν καὶ τὴν ψυχὴν κεκοινωνηκέναι τοῦ τῆς τυφλότητος πάθους;

ΕΡΑΝ. Οὐδαμῶς.

ΟΡΘ. Ἀλλὰ μόνον τὸ σῶμα τῆς ὀπτικῆς αἰσθήσεως στερηθῆναί φαμεν.

ΕΡΑΝ. Οὕτω φαμέν.

ΟΡΘ. Καὶ αὖ πάλιν ὅταν ἀκούσωμεν τοῦ Ἀμασίου λέγοντος πρὸς τὸν προφήτην Ἀμώς· "Ὁ ὁρῶν, βάδιζε εἰς γῆν Ἰούδα," καὶ μέντοι καὶ τοῦ Σαοὺλ πυνθανομένου· "Ποῦ ὁ οἶκος τοῦ βλέποντος;" οὐδὲν σωματικὸν ὑποπτεύομεν.

ΕΡΑΝ. Οὐμενοῦν.

ΟΡΘ. Καίτοι τὰ ὀνόματα τῆς περὶ τὸ ὀπτικόν ἐστι μόριον ὑγείας δηλωτικά.

ΕΡΑΝ. Ἀληθές.

ΟΡΘ. Ἀλλ' ἴσμεν ὅμως, ὅτι ταῖς καθαρωτέραις ψυχαῖς χορηγουμένη τοῦ πνεύματος ἡ ἐνέργεια τὴν προφητικὴν ἐνίησι χάριν, αὕτη δέ γε ὁρᾶν καὶ τὰ κεκρυμμένα ποιεῖ, τὸ δὲ ταῦτα ὁρᾶν ὁρῶντας αὐτοὺς καλεῖσθαι καὶ βλέποντας παρεσκεύασεν.

ΕΡΑΝ. Ἀληθῆ λέγεις.

12–13 Gen. 27:1   23 Am. 7:12   24 I Sam. 9:18

ISMDPJCVOR   2 ἡμῶν post θεὸς transp. ISV   2–3 καὶ ἄνθρωπος ἀληθῶς om. ISV   3 γὰρ: γε S   6 τὸ πάθος ὡς ἄνθρωπος J   7 κρείττω V   10 τὸ² om. V   12 καὶ ante ἠμβλύνθησαν add. J   12–13 αὐτοῦ οἱ ὀφθαλμοὶ J   13 μὴ ante ὁρᾶν add. S   πού: ποῖ J   31 ἡ ἐνέργεια τοῦ πνεύματος J

ΟΡΘ. Οὐκοῦν κἀκεῖνο ἐπισκεψώμεθα.

ΕΡΑΝ. Τὸ ποῖον;

ΟΡΘ. Ὅταν ἀκούσωμεν τῆς τῶν θείων εὐαγγελίων ἱστορίας διηγουμένης, ὅτι προσήνεγκαν τῷ κυρίῳ παραλυτικὸν ἐπὶ κλίνης βεβλημένον, τῆς ψυχῆς τὴν λύσιν τῶν μορίων εἶναι λέγομεν ἢ τοῦ σώματος; 5

ΕΡΑΝ. Δηλονότι τοῦ σώματος.

ΟΡΘ. Ὅταν δέ γε τὴν πρὸς Ἑβραίους ἐπιστολὴν ἀναγινώσκοντες εὕρωμεν ἐκεῖνο τὸ χωρίον, ἔνθα φησὶν ὁ ἀπόστολος· ""Ὥστε τὰς παρειμένας χεῖρας καὶ τὰ παραλελυμένα γόνατα ἀνορθώσατε, καὶ 10 τροχιὰς ὀρθὰς ποιήσατε τοῖς ποσὶν ὑμῶν, ἵνα μὴ τὸ χωλὸν ἐκτραπῇ, ἰαθῇ δὲ μᾶλλον," περὶ τῶν τοῦ σώματος μορίων ἐροῦμεν ταῦτα φάναι τὸν θεῖον ἀπόστολον;

ΕΡΑΝ. Οὐδαμῶς.

ΟΡΘ. Τὴν δὲ τῆς ψυχῆς χαυνότητα καὶ δειλίαν ἐξαίρειν αὐτὸν 15 φήσομεν, καὶ εἰς ἀνδρείαν παραθήγειν τοὺς μαθητάς;

ΕΡΑΝ. Πάνυγε.

ΟΡΘ. Ἀλλ' οὐχ εὑρίσκομεν ταῦτα παρὰ τῇ θείᾳ διῃρημένα γραφῇ. Οὔτε γὰρ τὴν τοῦ Ἰσαὰκ διηγησαμένη τυφλότητα σώματος ἐμνημόνευσεν, ἀλλ' ἁπλῶς τὸν Ἰσαὰκ ἔφη τυφλόν· οὔτε βλέποντας καὶ 20 ὁρῶντας ὀνομάσασα τοὺς προφήτας τὰς τούτων ἔφη ψυχὰς ὁρᾶν τὰ κεκρυμμένα καὶ βλέπειν, ἀλλ' αὐτῶν ἐμνημόνευσε τῶν προσώπων.

ΕΡΑΝ. Οὕτω τοῦτ' ἔχει.

ΟΡΘ. Οὔτε μὴν τοῦ παραλυτικοῦ τὸ σῶμα ἔδειξε λελυμένον, ἀλλὰ τὸν ἄνθρωπον ὠνόμασε παραλυτικόν. 25

ΕΡΑΝ. Ἀληθές.

ΟΡΘ. Οὐδέ γε ὁ θεῖος ἀπόστολος ὀνομαστὶ τῶν ψυχῶν ἐμνημόνευσεν, ἐπιρρῶσαι ταύτας καὶ διεγεῖραι θελήσας.

ΕΡΑΝ. Οὐ γάρ.

ΟΡΘ. Ἡμεῖς δὲ τὸν νοῦν τῶν λόγων διερευνώμενοι ἐπιγινώσκομεν 30 τίνα μὲν ψυχῆς, τίνα δὲ σώματος ἴδια.

ΕΡΑΝ. Εἰκότα γε ποιοῦντες· λογικοὺς γὰρ ἡμᾶς ἐποίησεν ὁ θεός.

ΟΡΘ. Τῷδε τοίνυν τῷ λογικῷ καὶ ἐπὶ τοῦ πεποιηκότος ἡμᾶς καὶ σεσωκότος χρησώμεθα, καὶ ἐπιγνῶμεν, τίνα μὲν αὐτοῦ τῇ θεότητι, τίνα δὲ προσήκει τῇ ἀνθρωπότητι. 35

(3–6 Mt. 9:2) 9–12 Heb. 12:12–13 (19–20 Gen. 27:1)

ISMDPJCVOR 1 κἀκεῖνα S 4 κυρίῳ: θεῷ V 5 τὴν λύσιν τῶν μορίων τῆς ψυχῆς J 11 ποιεῖτε J 12 φάναι ταῦτα V 15–16 ἐξαίρειν αὐτὸν φήσομεν καὶ δειλίαν S 16 καὶ εἰς ἀνδρείαν: τῷ Jᵃᶜ 21–2 ἔφη ––– βλέπειν: ψυχὰς ἔφη ὁρᾶν καὶ βλέπειν τὰ κεκρυμμένα V 27 θεῖος: θειότατος J 27–8 ἐπιρρῶσαι ἐμνημόνευσε I

ΕΡΑΝ. Ἀλλ᾽ αὐτὸ τοῦτο δρῶντες τὴν ἄκραν ἐκείνην διαλύσομεν
ἕνωσιν.

ΟΡΘ. Καὶ μὴν ἐπί γε τοῦ Ἰσαὰκ καὶ τῶν προφητῶν καὶ τοῦ
παραλύτου καὶ τῶν ἄλλων τοῦτο δράσαντες τὴν φυσικὴν τῆς ψυχῆς
καὶ τοῦ σώματος οὐκ ἐλύσαμεν ἕνωσιν, οὐδέ γε ἀπὸ τῶν οἰκείων   5
σωμάτων τὰς ψυχὰς ἐχωρίσαμεν, ἀλλὰ τῷ λόγῳ μόνῳ διέγνωμεν, τί
μὲν ἴδιον ψυχῆς, τί δὲ σώματος. Πῶς οὖν οὐ σχέτλιον ἐπὶ ψυχῶν
τοῦτό γε καὶ σωμάτων οὕτω ποιοῦντας, ἐπὶ τοῦ σωτῆρος ἡμῶν τοῦτο
παραιτεῖσθαι ποιεῖν, ἀλλὰ συγχεῖν τὰς φύσεις, εἰ καὶ τὸ διάφορον,
οὐχ ὅσον ἔχει ψυχὴ πρὸς σῶμα, ἔχουσι πρὸς ἀλλήλας, ἀλλὰ τοσοῦτον, 10
ὅσον τὸ πρόσφατον τοῦ ἀϊδίου διέστηκε, καὶ τὸ ποιηθὲν τοῦ ποιήσαν-
τος;

ΕΡΑΝ. Ἡ θεία γραφὴ τὸν υἱὸν τοῦ θεοῦ τὸ πάθος ὑπομεμενηκέναι
φησί.

ΟΡΘ. Οὐδὲ ἡμεῖς ἄλλον τινὰ πεπονθέναι φαμέν· ἴσμεν δὲ ὅμως 15
παρὰ τῆς θείας διδαχθέντες γραφῆς, ὡς ἀπαθὴς ἡ τῆς θεότητος
φύσις. Ἀπάθειαν τοίνυν καὶ πάθος ἀκούοντες καὶ ἀνθρωπότητος καὶ
θεότητος ἕνωσιν, τοῦ παθητοῦ σώματος τὸ πάθος εἶναί φαμεν, τὴν
ἀπαθῆ δὲ φύσιν ἐλευθέραν μεμενηκέναι τοῦ πάθους ὁμολογοῦμεν.

ΕΡΑΝ. Σῶμα τοίνυν ἡμῖν τὴν σωτηρίαν προὐξένησεν.   20

ΟΡΘ. Οὐκ ἀνθρώπου σῶμα ψιλοῦ, ἀλλὰ τοῦ κυρίου ἡμῶν Ἰησοῦ
Χριστοῦ τοῦ μονογενοῦς υἱοῦ τοῦ θεοῦ. Εἰ δὲ τοῦτό σοι νομίζεται
μικρόν τε καὶ εὐτελές, πῶς τὸν τούτου γε τύπον σεπτὸν ἡγῇ καὶ
σωτήριον; Εἰ δὲ ὁ τύπος προσκυνητὸς καὶ σεβάσμιος, πῶς αὐτὸ τὸ
ἀρχέτυπον εὐκαταφρόνητον καὶ σμικρόν;   25

ΕΡΑΝ. Οὐκ εὐτελὲς ἡγοῦμαι τὸ σῶμα, ἀλλὰ διαιρεῖν ἀπὸ τῆς
θεότητος οὐκ ἀνέχομαι.

ΟΡΘ. Οὐδὲ ἡμεῖς, ὦ ἀγαθέ, διαιροῦμεν τὴν ἕνωσιν, ἀλλὰ θεωροῦ-
μεν τὰ τῶν φύσεων ἴδια. Καὶ σὺ δὲ δήπουθεν συνομολογήσεις αὐτίκα.

ΕΡΑΝ. Προφητικῶς ταῦτα προσαγορεύεις.   30

ΟΡΘ. Οὐ προφητικῶς, ἀλλ᾽ εἰδὼς τῆς ἀληθείας τὴν δύναμιν.
Ἀλλά μοι ἀπόκριναι καὶ τοῦτο προσερωτῶντι· ὅταν ἀκούσῃς τοῦ
κυρίου λέγοντος, "Ἐγὼ καὶ ὁ πατὴρ ἕν ἐσμεν," καί, "Ὁ ἑωρακὼς
ἐμὲ, ἑώρακε τὸν πατέρα," τῆς σαρκὸς ταῦτα λέγεις ἢ τῆς θεότητος
ἴδια;   35

33 Jn. 10:30   33–4 Jn. 14:9

ISMDPJCVOR   1 Ἀλλ᾽ αὐτό: Ἀλλὰ J   ἐκείνου S   6 μόνον IS   8 γε τοῦτο S
γε: δὲ J   ποιοῦντας οὕτω V   8–9 παραιτεῖσθαι τοῦτο J   9 εἰ καὶ JC: διὰ cett.
10 ψυχὴ ἔχει V   ἔχουσι: ἐχούσας Vᵖᶜ   13–14 φησι post γραφῇ transp. V   16 παρά:
περὶ VOᵐᶜR   24 Εἰ: Οὐ V   29 δὲ: γε S   30 προαγορεύεις ISV

ΕΡΑΝ. Καὶ πῶς οἶόν τε κατ᾽ οὐσίαν ἐν εἶναι τὴν σάρκα καὶ τὸν πατέρα;

ΟΡΘ. Τοιγαροῦν τῆς θεότητος ταῦτα δηλωτικά.

ΕΡΑΝ. Ἀληθές.

ΟΡΘ. Καὶ τό, "᾽Εν ἀρχῇ ἦν ὁ λόγος, καὶ θεὸς ἦν ὁ λόγος," καὶ τὰ 5 τούτοις ὅμοια;

ΕΡΑΝ. ῾Ωμολόγηται.

ΟΡΘ. ῞Οταν δὲ πάλιν ἡ θεία λέγῃ γραφή, "᾽Ιησοῦς δὲ κεκοπιακὼς ἐκ τῆς ὁδοιπορίας ἐκάθητο οὕτως ἐπὶ τῆς πηγῆς," τίνος ὑποληπτέον τὸν κόπον; τῆς θεότητος ἢ τοῦ σώματος; 10

ΕΡΑΝ. Οὐκ ἀνέχομαι τὰ ἡνωμένα μερίζειν.

ΟΡΘ. Τῇ θείᾳ οὖν, ὡς ἔοικε, φύσει προσαρμόττεις τὸν κόπον;

ΕΡΑΝ. ᾽Εμοὶ οὕτως δοκεῖ. **240**

ΟΡΘ. Ἀλλ᾽ ἄντικρυς ἀντιφθέγγῃ τῷ προφήτῃ βοῶντι· "Οὐ πεινάσει, οὐδὲ κοπιάσει, οὐδὲ ἔστιν ἐξεύρεσις τῆς φρονήσεως αὐτοῦ, 15 διδοὺς τοῖς πεινῶσιν ἰσχύν, καὶ τοῖς μὴ ὀδυνωμένοις λύπην." Καὶ μετ᾽ ὀλίγα· "Οἱ δὲ ὑπομένοντές με ἀλλάξουσιν ἰσχύν, πτεροφυήσουσιν ὡς ἀετός· δραμοῦνται, καὶ οὐ κοπιάσουσι· βαδιοῦνται, καὶ οὐ πεινάσουσι." Πῶς τοίνυν ὁ τὸ ἀνενδεές τε καὶ ἄπονον τοῖς ἄλλοις δωρούμενος, αὐτὸς τοῦ κόπου τὸ πάθος καὶ τῆς πείνης καὶ τοῦ 20 δίψους ὑπέμεινεν;

ΕΡΑΝ. Πολλάκις εἶπον, ὅτι ὡς θεὸς ἀπαθής ἐστι καὶ ἀνενδεής· μετὰ δὲ τὴν σάρκωσιν ἠνέσχετο τῶν παθῶν.

ΟΡΘ. Τῇ θεότητι τὰ πάθη δεχόμενος, ἢ τῇ παθητῇ φύσει παραχωρῶν κατὰ φύσιν ὑπομένειν τὰ πάθη καὶ κηρύττειν τῷ πάσχειν, ὡς 25 οὐ φαντασία τὸ φαινόμενον, ἀλλ᾽ ἀληθῶς ἐκ τῆς ἀνθρωπείας φύσεως εἰλημμένον; Σκοπήσωμεν δὲ οὕτως· ἀπερίγραφον τὴν θείαν φύσιν φαμέν;

ΕΡΑΝ. Οὕτως ἔχει.

ΟΡΘ. ῾Η δὲ ἀπερίγραφος φύσις ὑπ᾽ οὐδενὸς περιγράφεται. 30

ΕΡΑΝ. Οὐ γὰρ οὖν.

ΟΡΘ. Οὐ τοίνυν δεῖται μεταβάσεως· πανταχοῦ γάρ ἐστιν.

ΕΡΑΝ. Ἀληθές.

ΟΡΘ. Τὸ δὲ μεταβάσεως οὐ δεόμενον οὐδὲ βαδίσεως.

---

5 Jn. 1:1 8–9 Jn. 4:6 14–16 Is. 40:28–9 17–19 Is. 40:31

ISMDPJCVOR 5 καὶ ὁ λόγος ἦν πρὸς τὸν θεόν post λόγος add. S 8 ἡ θεία πάλιν J γραφὴ λέγει V 9 ἐκ: ἀπὸ J οὕτως om. J τῇ πηγῇ DVᵖᵒ 18 ἀετοί J 20–1 τῆς δίψης καὶ τῆς πείνης V 29 Οὕτως om. IS Οὕτως ἔχει: Ναιχί V 30 ὑπ᾽ οὐδενὸς περιγράφεται: οὐ περιγράφεται ὑπ᾽ οὐδενός J

ΕΡΑΝ. Φαίνεται.

ΟΡΘ. Τὸ δὲ μὴ βαδίζον οὐ κοπιᾷ.

ΕΡΑΝ. Οὐδαμῶς.

ΟΡΘ. Οὐκ ἄρα κεκοπίακεν ἡ θεία φύσις ἀπερίγραφος οὖσα καὶ μὴ
δεομένη βαδίσεως.   5

ΕΡΑΝ. Ἀλλ' ἡ θεία γραφὴ κεκοπιακέναι τὸν Ἰησοῦν ἱστορεῖ, θεὸς
δὲ ὁ Ἰησοῦς· "Εἷς γὰρ κύριος Ἰησοῦς Χριστός, δι' οὗ τὰ πάντα."

ΟΡΘ. Ἐπειδὴ τοίνυν κεκοπιακέναι αὐτὸν καὶ μὴ κοπιᾶν ἡ θεία
λέγει γραφή (ἀληθῆ δὲ ἀμφότερα, ψευδὲς γὰρ οὐδὲν ἡ θεία λέγει
γραφή), σκοπητέον πῶς μὲν τοῦτο, πῶς δὲ ἐκεῖνο τῷ ἑνὶ προσώπῳ   10
δυνατὸν προσαρμόσαι.

ΕΡΑΝ. Σὺ τοῦτο δεῖξον· σὺ γὰρ τοὺς τῆς διαιρέσεως ἡμῖν εἰσκομί-
ζεις λόγους.

ΟΡΘ. Οἶμαι τοῦτο καὶ βαρβάρῳ ῥᾴδιον διαγνῶναι, ὡς τῆς τῶν
ἀνομοίων φύσεων ὁμολογηθείσης ἑνώσεως δέχεται μὲν τὸ πρόσωπον   15
τοῦ Χριστοῦ καὶ ταῦτα κἀκεῖνα διὰ τὴν ἕνωσιν, ἑκατέρα δέ γε φύσει
τὰ πρόσφορα προσαρμόττεται, τῇ μὲν ἀπεριγράφῳ τὸ ἄπονον, τῇ δὲ
μεταβαινούσῃ καὶ βαδιζούσῃ ὁ κόπος. Ποδῶν γὰρ ἴδιον τὸ βαδίζειν,
καὶ νεύρων τὸ τῷ πλείονι διατείνεσθαι πόνῳ.

ΕΡΑΝ. Ὡμολόγηται ταῦτα σωματικὰ εἶναι παθήματα.   20

ΟΡΘ. Ἀληθὴς ἄρα ἡ πρόρρησις ἐκείνη, ἣν ἐγὼ μὲν ἐποιησάμην,
σὺ δέ γε ἐκωμῴδησας, ὡς ἐθέλησας. Ἰδοὺ γὰρ ἡμῖν ὑπέδειξας, τίνα
μὲν ἀνθρωπότητι, τίνα δὲ προσήκει θεότητι.

ΕΡΑΝ. Ἀλλ' οὐκ εἰς δύο τὸν ἕνα διεῖλον υἱούς.

ΟΡΘ. Οὐδὲ ἡμεῖς τοῦτο δρῶμεν, ὦ φίλος, ἀλλ' εἰς τὸ διάφορον   25
ἀφορῶντες τῶν φύσεων, σκοπούμεν τί μὲν πρέπον θεότητι, τί δὲ
ἁρμόδιον σώματι.

ΕΡΑΝ. Οὐκ ἐδίδαξεν ἡμᾶς οὕτω διαιρεῖν ἡ θεία γραφή· ἀλλὰ τὸν
υἱὸν τοῦ θεοῦ εἴρηκε τεθνάναι. Οὕτω γὰρ ὁ ἀπόστολος ἔφη· "Εἰ γὰρ
ἐχθροὶ ὄντες κατηλλάγημεν τῷ θεῷ διὰ τοῦ θανάτου τοῦ υἱοῦ αὐτοῦ."   30
Καὶ τὸν κύριον εἴρηκεν ἐκ νεκρῶν ἐγηγέρθαι· "'Ο γὰρ θεός, φησί, καὶ
τὸν κύριον ἐξήγειρε."

ΟΡΘ. Ὅταν οὖν ἡ θεία λέγῃ γραφή, "Συνεκόμισαν δὲ τὸν Στέ-
φανον ἄνδρες εὐλαβεῖς, καὶ ἐποίησαν κοπετὸν μέγαν ἐπ' αὐτῷ," καὶ
τὴν ψυχὴν εἴποι ἄν τις μετὰ τοῦ σώματος παραδεδόσθαι ταφῇ;   35

(4 ff. Jn. 4:6) 7 1 Cor. 8:6 29–30 Rom. 5:10 31–2 1 Cor. 6:14 33–4 Acts 8:2

ISMDPJCVOR   8 καὶ post τοίνυν add. J   9–10 ἀληθῆ --- γραφή om. ISV
10 ὁ post ἐκεῖνο add. IS   19 πόνῳ: κόπῳ J   20 σωματικὰ εἶναι ταῦτα J
22 ἐκωμῴδησας: ᾠκοδόμησας ISV   ὡς ἐθέλησας om. ISV

EPAN. Οὐ δῆτα.

ΟΡΘ. Καὶ ὅταν ἀκούσῃς Ἰακὼβ τοῦ πατριάρχου λέγοντος, "Θάψατέ με μετὰ τῶν πατέρων μου," περὶ σώματος ἢ περὶ ψυχῆς ταῦτα εἰρῆσθαι τοπάζεις;

EPAN. Δῆλον ὡς περὶ σώματος. 5

ΟΡΘ. Ἀνάγνωθι δὲ καὶ τὰ ἑξῆς.

EPAN. "'Ἐκεῖ ἔθαψαν Ἀβραὰμ καὶ Σάρραν τὴν γυναῖκα αὐτοῦ·" καί· "'Ἐκεῖ ἔθαψαν Ἰσαὰκ καὶ Ῥεβέκκαν τὴν γυναῖκα αὐτοῦ·" καί· "'Ἐκεῖ ἔθαψαν Λείαν."

ΟΡΘ. Οὐδὲ ἐν τούτοις, οἷς νῦν ἀνέγνως, σώματος ἐμνημόνευσεν ἡ 10 θεία γραφή, ἀλλὰ τῶν ὀνομάτων ἃ τὴν ψυχὴν ὁμοῦ καὶ τὸ σῶμα ἐδήλου. Ἡμεῖς μέντοι διαιροῦμεν ὀρθῶς, καί φαμεν τὰς μὲν ψυχὰς ἀθανάτους εἶναι, μόνα δὲ τῶν πατριαρχῶν τὰ σώματα ἐν τῷ διπλῷ κατατεθῆναι σπηλαίῳ.

EPAN. Ἀληθές. 15

ΟΡΘ. Καὶ ὅταν ἀκούσωμεν τῆς τῶν πράξεων ἱστορίας διηγουμένης, ὡς ὁ Ἡρώδης ἀνεῖλεν Ἰάκωβον τὸν ἀδελφὸν Ἰωάννου μαχαίρᾳ, ἥκιστα καὶ τὴν ψυχὴν νομιοῦμεν τεθνάναι.

EPAN. Πῶς γὰρ οἵ γε τῆς δεσποτικῆς παραινέσεως μεμνημένοι, "Μὴ φοβεῖσθε, λεγούσης, ἀπὸ τῶν ἀποκτεννόντων τὸ σῶμα, τὴν δὲ 20 ψυχὴν μὴ δυναμένων ἀποκτεῖναι;"

ΟΡΘ. Οὔ σοι δοκεῖ δυσσεβὲς εἶναι καὶ σχέτλιον, τῶν μὲν ἀνθρωπίνων ὀνομάτων ἀκούοντας μὴ ἀεὶ ψυχὴν ὁμοῦ καὶ σῶμα νοεῖν, μηδὲ θανάτου πέρι καὶ τάφου τῆς γραφῆς διηγουμένης, συμπεριλαμβάνειν τῇ διανοίᾳ τῷ σώματι τὴν ψυχήν, ἀλλὰ τῷ σώματι μόνῳ ταῦτα 25 προσήκειν νομίζειν, τὴν δὲ τῆς ψυχῆς ἀθανασίαν εἰδέναι, τῇ τοῦ κυρίου διδασκαλίᾳ πιστεύοντας· τοῦ δὲ υἱοῦ τοῦ θεοῦ τὸ πάθος ἀκούοντας, μὴ οὕτω ποιεῖν, ἀλλὰ τοῦ μὲν σώματος, ᾧ προσήκει τὸ πάθος, ἥκιστα μνημονεύειν, τὴν δὲ θείαν φύσιν, τὴν ἀπαθῆ καὶ ἄτρεπτον καὶ ἀθάνατον θνητὴν τῷ λόγῳ καὶ παθητὴν ἀποφαίνειν· καὶ 30 ταῦτα εἰδότας, ὡς εἴπερ οἷά τε παθεῖν ἦν ἡ τοῦ θεοῦ λόγου φύσις, περιττὴ τοῦ σώματος ἡ πρόσληψις ἦν;

244

3 Gen. 49:29   7–9 Gen. 49:31   (17–18 Acts 12:2)   20–1 Mt. 10:28

ISMDPJCVOR   4 τοπάσεις J   5 τοῦ ante σώματος add. S   10 Οὐδὲ: Οὐδὲν
IS: Οὐδ' V   11 μετὰ ante τῶν add. S: διὰ sic add. V   ἃ om. ISV   12 μὲν om.
ISV   16 τῆς τῶν πράξεων ἱστορίας ἀκούσωμεν J   18 καὶ om. S   20 φοβῆσθε D
ἀποκτενόντων IV   22 Εἶτα ante οὔ add. J   24 περὶ θανάτου J   25 ταῦτα om.
ISV   28 μὴ οὕτω: μηδὲ τοῦτο ISV   ᾧ: οὔ ISV   31 παθεῖν: παθητὴ ISV^ac
θεοῦ λόγου: λόγου τοῦ θεοῦ J

ΕΡΑΝ. Παρὰ τῆς θείας γραφῆς μεμαθήκαμεν, ὡς ὁ υἱὸς τοῦ θεοῦ
τὸ πάθος ὑπέμεινεν.

ΟΡΘ. Καὶ μὴν ὁ θεῖος ἀπόστολος ἑρμηνεύει τὸ πάθος, καὶ τὴν
πεπονθυῖαν ἐπιδείκνυσι φύσιν.

ΕΡΑΝ. Δεῖξον τοίνυν ὡς τάχιστα, καὶ λῦσον τὴν ἀμφισβήτησιν. 5

ΟΡΘ. Οὐκ οἶσθα τὸ χωρίον ἐκεῖνο τῆς πρὸς Ἑβραίους γραφείσης
ἐπιστολῆς, ἔνθα φησὶν ὁ θεσπέσιος Παῦλος· "Διὸ οὐκ ἐπαισχύνεται
ἀδελφοὺς αὐτοὺς καλεῖν, λέγων· Ἀπαγγελῶ τὸ ὄνομά σου τοῖς ἀδελ-
φοῖς μου· ἐν μέσῳ ἐκκλησίας ὑμνήσω σε· καὶ πάλιν· Ἰδοὺ ἐγὼ καὶ τὰ
παιδία ἅ μοι ἔδωκεν ὁ θεός." 10

ΕΡΑΝ. Οἶδα ταῦτα, ἀλλ' οὐδέν ἐστιν ἐν τούτοις ὧν ἀποδείξειν
ὑπέσχου.

ΟΡΘ. Ὑποφαίνει μὲν καὶ ταῦτα ὅπερ δείξειν ἐπηγγειλάμην. Τὸ
γὰρ τῆς ἀδελφότητος ὄνομα δηλοῖ συγγένειαν, τὴν δὲ συγγένειαν ἡ
προσληφθεῖσα φύσις εἰργάσατο· ἡ δὲ πρόσληψις ἀναφανδὸν κηρύττει 15
τὸ τῆς θεότητος ἀπαθές. Ἵνα δέ σε τοῦτο διδάξω σαφέστερον, ἀνάγ-
νωθι τὰ ἑξῆς.

ΕΡΑΝ. "Ἐπεὶ οὖν τὰ παιδία κεκοινώνηκε σαρκὸς καὶ αἵματος,
παραπλησίως καὶ αὐτὸς μετέσχηκε τῶν αὐτῶν, ἵνα διὰ τοῦ θανάτου
καταργήσῃ τὸν τὸ κράτος ἔχοντα τοῦ θανάτου, καὶ ἀπαλλάξῃ τού- 20
τους, ὅσοι φόβῳ θανάτου διὰ παντὸς τοῦ ζῆν ἔνοχοι ἦσαν δουλείας."

ΟΡΘ. Οἶμαι ταῦτα σαφηνείας μὴ δεῖσθαι· σαφῶς γὰρ διδάσκει τὸ
τῆς οἰκονομίας μυστήριον.

ΕΡΑΝ. Ὧν ἐπηγγείλω δείξειν ἐν τούτοις οὐδὲν ἑώρακα.

ΟΡΘ. Καὶ μὴν διαρρήδην ἐδίδαξεν ὁ θεῖος ἀπόστολος, ὡς οἰκτείρας 25
τῶν ἀνθρώπων τὴν φύσιν ὁ ποιητής, οὐ μόνον ἁρπαζομένην ὑπὸ τοῦ
θανάτου πικρῶς, ἀλλὰ καὶ παρὰ πᾶσαν τὴν ζωὴν τῷ δέει δεδουλω-
μένην, διὰ σώματος τοῖς σώμασιν ἐπραγματεύσατο τὴν ἀνάστασιν,
καὶ διὰ φύσεως θνητῆς κατέλυσε τοῦ θανάτου τὴν δυναστείαν.
Ἐπειδὴ γὰρ αὐτὸς ἀθάνατον εἶχε τὴν φύσιν, ἐβουλήθη δὲ δικαίως 30
παῦσαι τοῦ θανάτου τὸ κράτος, ἐκ τῶν ὑποκειμένων τῷ θανάτῳ
λαβὼν ἀπαρχήν, καὶ ταύτην ἄμωμον φυλάξας καὶ ἁμαρτίας ἀμύητον,
παρεχώρησε μὲν τῷ θανάτῳ καὶ ταύτην ἁρπάσαι καὶ τὴν ἀπληστίαν
ἐμπλῆσαι· διὰ δὲ τὴν κατὰ ταύτης ἀδικίαν, καὶ τὴν κατὰ τῶν ἄλλων

7–10 Heb. 2:11–13   18–21 Heb. 2:14–15

ISMDPJCVOR   14 τὴν ante συγγένειαν¹ add. J   συγγένειαν² om. J   23 μυστή-
ριον: σωτήριον IᵐS   27–8 τῷ δέει δεδουλωμένην: τῷδε εἶδε δουλωμένην Oᵖᶜ   30 τὴν
om. J   δὲ om. V   33 παραχωρεῖ ISV   34 ἐμπλῆσαι ISMDPVR: ἀνεμπλῆσαι JCO

ἄδικον ἔπαυσε τυραννίδα. Τὴν γὰρ ἀδίκως καταποθεῖσαν ἀπαρχὴν
ἀναστήσας, ἀκολουθῆσαι ταύτῃ παρεσκεύασε τὸ γένος. Ταύτην
τοῖς ἀποστολικοῖς ῥητοῖς παράθες τὴν ἑρμηνείαν, καὶ ὄψει τὴν τῆς
θεότητος ἀπάθειαν.

ΕΡΑΝ. Οὐδὲν ἐν τοῖς ἀναγνωσθεῖσι ῥητοῖς περὶ τῆς θείας ἀπα- 5
θείας δεδήλωται.

ΟΡΘ. Τὸ οὖν φάναι τὸν θεῖον ἀπόστολον, διὰ τοῦτο τοῖς παιδίοις
αὐτὸν κεκοινωνηκέναι σαρκὸς καὶ αἵματος, "ἵνα διὰ τοῦ θανάτου
καταργήσῃ τὸν τὸ κράτος ἔχοντα τοῦ θανάτου," οὐ σαφῶς δηλοῖ τὸ
τῆς θεότητος ἀπαθὲς καὶ τὸ τῆς σαρκὸς παθητόν, καὶ ὡς, παθεῖν τῆς 10
θείας μὴ δυναμένης φύσεως, ἔλαβε τὴν παθεῖν δυναμένην, καὶ διὰ
ταύτης ἔλυσε τοῦ διαβόλου τὸ κράτος;

ΕΡΑΝ. Πῶς διὰ τῆς σαρκὸς καὶ τοῦ διαβόλου τὸ κράτος ἔλυσε καὶ
τοῦ θανάτου τὴν δυναστείαν;

ΟΡΘ. Τίσιν ὅπλοις ἐξ ἀρχῆς χρησάμενος ὁ διάβολος ἐξηνδραπόδισε 15
τῶν ἀνθρώπων τὴν φύσιν;

ΕΡΑΝ. Διὰ τῆς ἁμαρτίας αἰχμάλωτον ἔλαβε τὸν τοῦ παραδείσου
καταστάντα πολίτην.

ΟΡΘ. Τίνα δὲ τῇ τῆς ἐντολῆς παραβάσει ζημίαν ὥρισεν ὁ θεός;

ΕΡΑΝ. Θάνατον. 20

ΟΡΘ. Οὐκοῦν μήτηρ μὲν τοῦ θανάτου ἡ ἁμαρτία, ταύτης δὲ πατὴρ
ὁ διάβολος.

ΕΡΑΝ. Ἀληθές.

ΟΡΘ. Ὑπὸ ταύτης οὖν ἐπολεμεῖτο τῶν ἀνθρώπων ἡ φύσις. Αὕτη
γὰρ δουλουμένη τοὺς πειθομένους καὶ τῷ παμπονήρῳ προσῆγε πατρί, 25
καὶ παρέπεμπε τῷ πικροτάτῳ κυήματι.

ΕΡΑΝ. Φαίνεται.

ΟΡΘ. Εἰκότως ἄρα ὁ ποιητὴς ἑκατέραν δυναστείαν καταλῦσαι
θελήσας τὴν ὑπὸ τούτων πολεμουμένην ἀνέλαβε φύσιν, καὶ πάσης
αὐτὴν ἁμαρτίας διατηρήσας ἀμύητον καὶ τῆς τοῦ διαβόλου τυραννίδος 30
ἐλευθέραν ἀπέφηνε, καὶ τοῦ θανάτου τὸ κράτος διὰ ταύτης κατέλυσεν.
Ἐπειδὴ γὰρ τιμωρία τῶν ἡμαρτηκότων ὁ θάνατος ἦν, τὸ δὲ σῶμα τὸ
κυριακὸν οὐκ ἔχον ἁμαρτίας κηλῖδα ὃ παρὰ τὸν θεῖον νόμον ὁ θάνατος

8–9 Heb. 2:14

ISMDPJCVOR   1 ἄδικον: δικαίαν J: ἔνδικον Vᵐ   2 παρασκευάσει IᵐᶜSV
5–6 δεδήλωται ἀπαθείας J   14 διὰ ante τοῦ add. Iᵐ   20 Τὸν ante θάνατον add. J
21 τοῦ om. S   25 καὶ om. J   26 ἤτοι τοῦ θανάτου ante κυήματι add. S: ἤτοι τῷ
θανάτῳ sic add. P: ἤγουν τῷ θανάτῳ Vᵐ: ἢ τῷ θανάτῳ Oᵐ   31 θανάτου: διαβόλου V
32–3 τὸ¹ --- κυριακὸν: τὸ δὲ κυριακὸν σῶμα S   33 ὃ om. J

ἀδίκως ἐξήρπασεν, ἀνέστησε μὲν πρῶτον τὸ παρανόμως κατασχεθέν, ἔπειτα δὲ καὶ τοῖς ἐνδίκως καθειργμένοις ὑπέσχετο τὴν ἀπαλλαγήν.

ΕΡΑΝ. Καὶ πῶς δίκαιον εἶναί σοι δοκεῖ τὰ δικαίως τῷ θανάτῳ παραδοθέντα σώματα τῷ παρανόμως κατασχεθέντι κοινωνῆσαι τῆς ἀναστάσεως; 5

ΟΡΘ. Σοὶ δὲ πῶς εἶναι δίκαιον φαίνεται, τοῦ Ἀδὰμ παραβεβηκότος τὴν ἐντολήν, ἀκολουθῆσαι τῷ προγόνῳ τὸ γένος;

ΕΡΑΝ. Εἰ καὶ μὴ τῆς παραβάσεως ἐκείνης ἐκοινώνησε τὸ γένος, ἀλλ᾽ οὖν ἑτέρας ἁμαρτάδας ἐξήμαρτε, καὶ τούτου χάριν τοῦ θανάτου μετέλαβεν. 10

ΟΡΘ. Καὶ μὴν οὐχ ἁμαρτωλοὶ μόνον, ἀλλὰ καὶ δίκαιοι καὶ πατριάρχαι καὶ προφῆται καὶ ἀπόστολοι καὶ οἱ ἐν διαφόροις εἴδεσιν ἀρετῆς διαλάμψαντες ὑπὸ τὰς ἄρκυς τοῦ θανάτου γεγένηνται.

ΕΡΑΝ. Πῶς γὰρ οἷόν τε ἀθανάτους διαμεῖναι τοὺς ἐκ θνητῶν πατέρων βλαστήσαντας; Ὁ γὰρ Ἀδὰμ μετὰ τὴν παράβασιν καὶ τὴν 15 θείαν ἀπόφασιν ὑπὸ τὴν τοῦ θανάτου δυναστείαν τελέσας ἔγνω τὴν γυναῖκα, καὶ πατὴρ ἐχρημάτισεν. Θνητὸς τοίνυν γεγονὼς θνητῶν κατέστη πατήρ. Εἰκότως τοίνυν ἅπαντες θνητὴν εἰληφότες φύσιν ἕπονται τῷ προπάτορι.

ΟΡΘ. Ἄριστα ἡμῖν τῆς τοῦ θανάτου κοινωνίας τὴν αἰτίαν ἀπέδειξας. 20 Ταὐτὸ τοίνυν τοῦτο δοτέον καὶ ἐπὶ τῆς ἀναστάσεως. Χρὴ γὰρ πρόσφορον εἶναι τῷ πάθει τὸ φάρμακον. Ὥσπερ γὰρ τοῦ γενάρχου κατακριθέντος ἅπαν συγκατεκρίθη τὸ γένος, οὕτως τοῦ σωτῆρος λύσαντος τὴν ἀράν, ἀπήλαυσεν τῆς ἐλευθερίας ἡ φύσις. Καὶ καθάπερ κατελθόντι τῷ Ἀδὰμ εἰς τὸν ᾅδην ἠκολούθησαν οἱ μετασχόντες τῆς 25 φύσεως, οὕτως ἀναστάντι τῷ δεσπότῃ Χριστῷ κοινωνήσει τῆς ἀναβιώσεως πᾶσα τῶν ἀνθρώπων ἡ φύσις.

ΕΡΑΝ. Ἀποδεικτικῶς οὐκ ἀποφαντικῶς χρὴ λέγειν τῆς ἐκκλησίας τὰ δόγματα. Δεῖξον τοίνυν ταῦτα διδάσκουσαν τὴν θείαν γραφήν.

ΟΡΘ. Ἄκουσον τοῦ ἀποστόλου Ῥωμαίοις γράφοντος καὶ ταῦτα δι᾽ 30 ἐκείνων πάντας ἀνθρώπους διδάσκοντος· "Εἰ γὰρ τῷ τοῦ ἑνὸς παραπτώματι οἱ πολλοὶ ἀπέθανον, πολλῷ μᾶλλον ἡ χάρις τοῦ θεοῦ καὶ ἡ δωρεὰ ἐν χάριτι τῇ τοῦ ἑνὸς ἀνθρώπου Ἰησοῦ Χριστοῦ εἰς τοὺς πολλοὺς ἐπερίσσευσεν, καὶ οὐχ ὡς δι᾽ ἑνὸς ἁμαρτήσαντος τὸ δώρημα.

31–207.5 Rom. 5:15–17

ISMDPJCVOR   1 πρώτως J   7 προγόνῳ: πρωτογόνῳ J   11 μόνοι J   14–19 In toto ΟΡΘ. attrib. S   18 εἰληφότες: εἰληχότες J   19 τῷ προπάτορι ἕπονται S   20–1 Ἄριστα --- ἀπέδειξας ΕΡΑΝ. attrib. S   ἐπέδειξας IV: ὑπέδειξας J   21 καὶ ἐπὶ: κἀπὶ J   22 γενεάρχου Ο   26–7 ἀναβιώσεως: ἀναβάσεως S: ἀναστάσεως PR

Τὸ μὲν γὰρ κρῖμα ἐξ ἑνὸς εἰς κατάκριμα, τὸ δὲ χάρισμα ἐκ πολλῶν παραπτωμάτων εἰς δικαίωμα. Εἰ γὰρ τῷ τοῦ ἑνὸς παραπτώματι ὁ θάνατος ἐβασίλευσε διὰ τοῦ ἑνός, πολλῷ μᾶλλον οἱ τὴν περισσείαν τῆς χάριτος καὶ τῆς δωρεᾶς καὶ τῆς δικαιοσύνης λαμβάνοντες, ἐν ζωῇ βασιλεύσουσι διὰ τοῦ ἑνὸς Ἰησοῦ Χριστοῦ." Καὶ πάλιν· "Ἄρα 5 οὖν, ὡς δι' ἑνὸς παραπτώματος εἰς πάντας ἀνθρώπους εἰς κατάκριμα, οὕτως καὶ δι' ἑνὸς δικαιώματος εἰς πάντας ἀνθρώπους εἰς δικαίωσιν ζωῆς. Ὥσπερ γὰρ διὰ τῆς παρακοῆς τοῦ ἑνὸς ἀνθρώπου ἁμαρτωλοὶ κατεστάθησαν οἱ πολλοί, οὕτως καὶ διὰ τῆς ὑπακοῆς τοῦ ἑνὸς δίκαιοι κατασταθήσονται οἱ πολλοί." Καὶ Κορινθίοις δὲ τὸν περὶ τῆς ἀναστά- 10 σεως προσφέρων λόγον, ἐν κεφαλαίῳ τὸ τῆς οἰκονομίας αὐτοῖς ἀποκαλύπτει μυστήριον, καί φησι· "Νυνὶ δὲ Χριστὸς ἐγήγερται ἐκ νεκρῶν, ἀπαρχὴ τῶν κεκοιμημένων ἐγένετο. Ἐπειδὴ γὰρ δι' ἀνθρώπου ὁ θάνατος, καὶ δι' ἀνθρώπου ἀνάστασις νεκρῶν. Ὥσπερ γὰρ ἐν τῷ Ἀδὰμ πάντες ἀποθνήσκουσιν, οὕτως καὶ ἐν τῷ Χριστῷ πάντες ζωο- 15 ποιηθήσονται." Ἰδού σοι καὶ ἐκ τῶν θείων λογίων τὰς ἀποδείξεις παρήγαγον. Βλέπε τοίνυν τοῖς τοῦ Ἀδὰμ τὰ τοῦ Χριστοῦ παρεξεταζό- μενα, τῇ νόσῳ τὴν θεραπείαν, τῷ ἕλκει τὸ φάρμακον, τῇ ἁμαρτίᾳ τῆς δικαιοσύνης τὸν πλοῦτον, τῇ ἀρᾷ τὴν εὐλογίαν, τῇ κατακρίσει τὴν ἄφεσιν, τῇ παραβάσει τὴν τήρησιν, τῇ τελευτῇ τὴν ζωήν, τῷ ᾅδῃ τὴν 20 βασιλείαν, τῷ Ἀδὰμ τὸν Χριστόν, τῷ ἀνθρώπῳ τὸν ἄνθρωπον. Καίτοι οὐκ ἄνθρωπος μόνον, ἀλλὰ καὶ θεὸς προαιώνιος ὁ δεσπότης **249** Χριστός· ἀλλ' ἐκ τῆς ληφθείσης αὐτὸν ὠνόμασε φύσεως ὁ θεῖος ἀπόστολος, ἐπειδήπερ ταύτῃ τὰ κατὰ τὸν Ἀδὰμ παρεξήτασε. Ταύτης γὰρ ἡ δικαίωσις, ταύτης ἡ πάλη, ταύτης ἡ νίκη, ταύτης τὰ πάθη, 25 ταύτης ὁ θάνατος, ταύτης ἡ ἀνάστασις, ταύτης κοινωνοῦμεν τῆς φύσεως, ταύτῃ συμβασιλεύουσιν οἱ τῆς βασιλείας τὴν πολιτείαν προμελετήσαντες. Ταύτῃ δὲ εἶπον, οὐ τὴν θεότητα χωρίζων, ἀλλὰ τῆς ἀνθρωπότητος τὰ ἴδια λέγων.

ΕΡΑΝ. Πολλοὺς περὶ τούτου διεξελήλυθας λόγους, καὶ γραφικαῖς 30 αὐτοὺς ὠχύρωσας μαρτυρίαις. Εἰ τοίνυν τῆς σαρκὸς ἀληθῶς τὸ πάθος, πῶς ὁ θεῖος ἀπόστολος βοᾷ τὴν θείαν φιλανθρωπίαν ὑμνῶν· "Ὅς γε τοῦ ἰδίου υἱοῦ οὐκ ἐφείσατο, ἀλλ' ὑπὲρ ἡμῶν πάντων παρέδωκεν αὐτόν;" Ποῖον υἱὸν ἔφη παραδεδόσθαι;

5–10 Rom. 5:18–19 12–16 1 Cor. 15:20–2 32–4 Rom. 8:32

ISMDPJCVOR 5 συμβασιλεύσουσι J 6–7 εἰς¹ --- δικαιώματος om. I 10 τὸν om. J 14–15 πάντες ἐν τῷ Ἀδὰμ I 24 ἐπειδὴ V τὰ: τὸ J 26 ταύτης³: ταύτῃ J

ΟΡΘ. Εὐφήμει, ἄνθρωπε· εἷς γὰρ τοῦ θεοῦ υἱός· οὗ δὴ ἕνεκα μονο-
γενὴς προσηγόρευται.

ΕΡΑΝ. Εἰ τοίνυν εἷς ἐστιν υἱὸς τοῦ θεοῦ, αὐτὸν ὁ θεῖος ἀπόστολος
ἴδιον υἱὸν προσηγόρευσεν.

ΟΡΘ. Ἀληθές. 5

ΕΡΑΝ. Αὐτὸν οὖν ἄρα ἔφη παραδεδόσθαι.

ΟΡΘ. Αὐτόν, ἀλλ᾽ οὐκ ἀσώματον, ὡς πολλάκις ὡμολογήσαμεν.

ΕΡΑΝ. Ὡμολογήθη πολλάκις σῶμα αὐτὸν καὶ ψυχὴν εἰληφέναι.

ΟΡΘ. Οὐκοῦν περὶ τῶν τῷ σώματι συμβεβηκότων ὁ ἀπόστολος
εἴρηκεν. 10

ΕΡΑΝ. Ἐναργῶς ἄγαν ὁ θεῖος ἀπόστολος κέκραγεν· ""Ὃς γε τοῦ
ἰδίου υἱοῦ οὐκ ἐφείσατο."

ΟΡΘ. Ὅταν οὖν ἀκούσῃς τοῦ θεοῦ πρὸς τὸν Ἀβραὰμ λέγοντος,
"Ἀνθ᾽ ὧν οὐκ ἐφείσω τοῦ υἱοῦ σου τοῦ ἀγαπητοῦ δι᾽ ἐμέ," ἐσφάχθαι
λέγεις τὸν Ἰσαάκ; 15

ΕΡΑΝ. Οὐ δῆτα.

ΟΡΘ. Καὶ μὴν ὁ θεὸς ἔφη τό, "οὐκ ἐφείσω·" ἀληθὴς δὲ ὁ τῶν
ὅλων θεός.

ΕΡΑΝ. Τῇ προθυμίᾳ τοῦ Ἀβραὰμ τό, "οὐκ ἐφείσω," συνήρμο-
σται· ἐκείνη γὰρ ὥρμησεν ἱερεῦσαι τὸν παῖδα, ἀλλ᾽ ὁ θεὸς διεκώλυσεν. 20

ΟΡΘ. Ὥσπερ τοίνυν ἐν τοῖς κατὰ τὸν Ἀβραὰμ οὐκ ἠνέσχου τοῦ
γράμματος, ἀλλ᾽ ἀναπτύξας τοῦτο τὴν διάνοιαν ἐσαφήνισας, οὕτω
καὶ τῆς ἀποστολικῆς ῥήσεως ἐρεύνησον τὸν σκοπόν. Ὄψει γὰρ οὐ τὴν
θείαν φύσιν ἥκιστα τυχοῦσαν φειδοῦς, ἀλλὰ τὴν σάρκα τὴν προσηλω-
θεῖσαν τῷ ξύλῳ· ῥᾴδιον δὲ κἂν τῷ τύπῳ κατιδεῖν τὴν ἀλήθειαν. 25
Δοκεῖ σοι τύπος εἶναι τοῦ Ἀβραὰμ ἡ θυσία τῆς ὑπὲρ τοῦ κόσμου
προσενεχθείσης ἱερουργίας;

ΕΡΑΝ. Οὐ πάντως· οὐδὲ γὰρ κανόνα ποιοῦμαι δογμάτων τὰ
πανηγυρικῶς ἐν ταῖς ἐκκλησίαις λεγόμενα.

ΟΡΘ. Μάλιστα μὲν ἐχρῆν τοῖς τῆς ἐκκλησίας διδασκάλοις ἀκολου- 30
θεῖν. Ἐπειδὴ δὲ τούτοις ἀντιτείνεις, οὐκ εὖγε ποιῶν, αὐτοῦ γ᾽ οὖν
τοῦ σωτῆρος ἄκουσον πρὸς Ἰουδαίους εἰρηκότος· "Ἀβραὰμ ὁ πατὴρ
ὑμῶν ἠγαλλιάσατο, ἵνα ἴδῃ τὴν ἡμέραν τὴν ἐμήν, καὶ εἶδε, καὶ
ἐχάρη·" καὶ σκόπησον ὡς ἡμέραν ὁ κύριος τὸ πάθος προσαγορεύει.

11–12 Rom. 8:32   14, 17, 19 Gen. 22:16   32–4 Jn. 8:56

ISMDPJCVOR   1 υἱὸς τοῦ θεοῦ J   ἕνεκα: χάριν καὶ S   3 ὁ ante υἱὸς add. IS
8 ἀνειληφέναι J   9 τῷ om. V   20 ἐκώλυσεν J   23 οὐ om. J   24 πρὸς αὐτῆς
προσληφθεῖσαν post τὴν² add. J   26 σοι om. V   28 δογμάτων ποιοῦμαι J   33 καὶ
ἡμέραν post ἡμέραν add. IVᵃᶜ: καὶ ὥραν sic add. J   34 αὐτοῦ post πάθος add. S

ΕΡΑΝ. Ἐδεξάμην τὴν δεσποτικὴν μαρτυρίαν, καὶ πιστεύω τῷ τύπῳ.

ΟΡΘ. Παράθες τοίνυν τῇ ἀληθείᾳ τὸν τύπον, καὶ ὄψει κἂν τῷ τύπῳ τὸ ἀπαθὲς τῆς θεότητος. Πατὴρ γὰρ κἀνταῦθα κἀκεῖ, καὶ υἱὸς ὡσαύτως ἀγαπητὸς κἀνταῦθα κἀκεῖ, καὶ φέρων ἑκάτερος τῆς θυσίας 5 τὴν ὕλην. Ὁ μὲν γὰρ τὰ ξύλα, ὁ δὲ τὸν σταυρὸν ἐπὶ τῶν ὤμων ἐκό- μιζε. Φασὶ δὲ καὶ τὴν τοῦ ὄρους ἀκρωνυχίαν ἱερουργίας ἑκατέρας ἀξιωθῆναι· συμφωνεῖ δὲ καὶ ὁ τῶν ἡμερῶν καὶ τῶν νυκτῶν ἀριθμός, καὶ ἡ μετὰ ταύτας ἀνάστασις. Καὶ γὰρ Ἰσαὰκ τῇ τοῦ πατρὸς προθυ- μίᾳ κατασφαγεὶς ἐξ ἧσπερ ἡμέρας ὁ μεγαλόδωρος τοῦτο προσέταξε 10 γενέσθαι, τῇ τρίτῃ τυπικῶς ἀνεβίω τῇ τοῦ φιλανθρώπου φωνῇ· ὤφθη δὲ κριὸς ἐξηρτημένος φυτοῦ, καὶ τοῦ σταυροῦ τὴν εἰκόνα δεικνύς, ὃς ἀντὶ τοῦ παιδὸς ὑπέμεινε τὴν σφαγήν. Εἰ δὲ τύπος ταῦτα τῆς ἀλη- θείας, ἐν δὲ τῷ τύπῳ σφαγὴν οὐχ ὑπέμεινεν ὁ μονογενής, ἀλλὰ κριὸς ἀντεισήχθη καὶ τῷ βωμῷ προσηνέχθη καὶ τῆς ἱερουργίας πεπλήρωκε τὸ 15 μυστήριον, τί δήποτε κἀνταῦθα μὴ τῇ σαρκὶ τὸ πάθος προσνέμετε, καὶ τῆς θεότητος τὴν ἀπάθειαν κηρύττετε;

ΕΡΑΝ. Καὶ σὺ τὰ περὶ τοῦ τύπου διηγούμενος τὸν Ἰσαὰκ ἔφης ἀναβιῶναι τῇ θείᾳ φωνῇ. Οὐδὲν τοίνυν ἀπεικὸς ποιοῦμεν, τῷ τύπῳ προσαρμόζοντες τὴν ἀλήθειαν, καὶ τὸν θεὸν λόγον πεπονθέναι καὶ 20 ἀναβιῶναι κηρύττοντες.

ΟΡΘ. Πολλάκις ἔφην ὡς οὐχ οἷόν τε τὴν εἰκόνα πάντα ἔχειν, ὅσα τὸ ἀρχέτυπον ἔχει. Τοῦτο δὲ κἀντεῦθεν καταμαθεῖν εὐπετές. Ὁ γὰρ Ἰσαὰκ καὶ ὁ κριὸς κατὰ μὲν τὸ διάφορον τῶν φύσεων τῇ εἰκόνι συμβαίνουσι, κατὰ δὲ τὸ διῃρημένον κεχωρισμένων τῶν ὑποστάσεων 25 οὐκ ἔτι. Θεότητος γὰρ ἡμεῖς καὶ ἀνθρωπότητος τοιαύτην κηρύττομεν ἕνωσιν, ὡς ἐννοεῖν ἓν πρόσωπον ἀδιαίρετον, καὶ τὸν αὐτὸν θεόν τε εἰδέναι καὶ ἄνθρωπον, ὁρώμενον καὶ ἀόρατον, περιγεγραμμένον καὶ ἀπερίγραφον, καὶ τὰ ἄλλα δὲ πάντα, ὅσα τῆς θεότητος καὶ τῆς ἀνθρω- πότητος ὑπάρχει δηλωτικά, τῷ προσώπῳ τῷ ἑνὶ προσαρμόττομεν. 30 Ἐπειδὴ τοίνυν οὐχ οἷόν τε ἦν ἐν τῷ κριῷ προτυπωθῆναι τὴν ἀναβίω- σιν, ἀλόγῳ γε ὄντι καὶ τῆς θείας εἰκόνος ἐστερημένῳ, μερίζονται τοῦ

(3–210.2 Gen. 22:10–13)

ISMDPJCVOR   3 τοίνυν: ἐν νῷ J   4 ὁ ante υἱός add. S   8 συμφωνεῖ JC: συμφωνίας cett. δὲ om. ISV   9 ὁ ante Ἰσαάκ add. J   10 ἡμέρας post προσέταξε transp. J   τοῦτο om. J   10–11 γενέσθαι προσέταξε IS   17 κηρύττετε τὴν ἀπάθειαν S   18 τούτου ante τοῦ add. V   22 ἄπαντα J   25 καὶ ante κεχωρισμένον (sic) add. J   26 καὶ ἀνθρωπότητος ἡμεῖς J   27 ἐν om. J   29–30 ὑπάρχει καὶ τῆς ἀνθρωπότητος S   31 τυπωθῆναι IS   32 γε: τε J

τῆς οἰκονομίας μυστηρίου τὸν τύπον, καὶ ὁ μὲν τοῦ θανάτου, ὁ δὲ τῆς ἀναστάσεως δείκνυσι τὴν εἰκόνα. Ταὐτὸ δὲ τοῦτο κἂν ταῖς μωσαϊκαῖς θυσίαις εὑρίσκομεν. Ἔστι γὰρ ἰδεῖν καὶ ἐν ἐκείναις προδιαγραφέντα τοῦ σωτηρίου πάθους τὸν τύπον.

ΕΡΑΝ. Καὶ ποία θυσία μωσαϊκὴ σκιογραφεῖ τὴν ἀλήθειαν; 5

ΟΡΘ. Πᾶσα μέν, ὡς ἔπος εἰπεῖν, ἡ παλαιὰ τύπος ἐστὶ τῆς καινῆς. Διά τοι τοῦτο καὶ ὁ θεῖος ἀπόστολος διαρρήδην λέγει· "Σκιὰν γὰρ ἔχων ὁ νόμος τῶν μελλόντων ἀγαθῶν·" καὶ πάλιν· "Ταῦτα δὲ πάντα τύποι συνέβαινον ἐκείνοις." Ἐναργέστατα δὲ τοῦ ἀρχετύπου δείκνυσι τὴν εἰκόνα τὸ πρόβατον τὸ ἐν Αἰγύπτῳ τυθέν, καὶ ἡ δάμαλις ἡ πυρρὰ 1 ἡ πόρρω τῆς παρεμβολῆς καιομένη. Ταύτης καὶ ὁ ἀπόστολος ἐν τῇ πρὸς Ἑβραίους ἐπιστολῇ μνημονεύσας ἐπήγαγε· "Διὸ Ἰησοῦς, ἵνα ἁγιάσῃ διὰ τοῦ ἰδίου αἵματος τὸν λαόν, ἔξω τῆς πύλης ἔπαθεν." Ἀλλὰ τούτων μὲν ἐπὶ τοῦ παρόντος οὐδὲν ἐρῶ, ἐκείνης δέ γε τῆς θυσίας μνησθήσομαι, ἣ δύο τράγους ἔχει προσφερομένους, καὶ τὸν 1 μὲν ἕνα θυόμενον, τὸν δὲ ἕτερον ἀφιέμενον. Τῶν γὰρ δύο τοῦ σωτῆρος φύσεων οὗτοι προδιαγράφουσι τὴν εἰκόνα, ὁ μὲν ἀφιέμενος τῆς ἀπαθοῦς θεότητος, ὁ δέ γε σφαττόμενος τῆς παθητῆς ἀνθρωπότητος.

ΕΡΑΝ. Εἶτα οὔ σοι δοκεῖ βλάσφημον τὸ τράγοις τὸν δεσπότην ἀφομοιοῦν; 2

ΟΡΘ. Τί πλέον ἡγῇ φευκτὸν εἶναι καὶ μυσαρόν, ὄφιν ἢ τράγον;

ΕΡΑΝ. Δῆλον ὡς ὄφις ἐστὶ μυσαρός. Λωβᾶται γὰρ τοὺς πελάζοντας, πολλάκις δὲ πημαίνει καὶ τοὺς οὐδὲν ἀδικήσαντας· ὁ δὲ τῶν ἐδωδίμων ἐστὶ καὶ καθαρῶν κατὰ τὸν νόμον.

ΟΡΘ. Οὐκοῦν ἄκουσον τοῦ δεσπότου τῷ ὄφει τῷ χαλκῷ τὸ 2 σωτήριον ἀπεικάζοντος πάθος· "Καθὼς ὕψωσε, φησίν, Μωϋσῆς τὸν ὄφιν ἐν τῇ ἐρήμῳ, οὕτως ὑψωθῆναι δεῖ τὸν υἱὸν τοῦ ἀνθρώπου, ἵνα πᾶς ὁ πιστεύων ἐπ' αὐτῷ μὴ ἀπόληται, ἀλλ' ἔχῃ ζωὴν αἰώνιον." Εἰ δὲ χαλκοῦς ὄφις τὸν τοῦ προσηλωθέντος σώματος ἐπλήρωσε τύπον, τί δεδράκαμεν ἀπεικός, τῷ σωτηρίῳ πάθει παραθέντες τὴν τῶν 3 τράγων θυσίαν;

7–8 Heb. 10:1   8–9 1 Cor. 10:11   (10 Ex. 12:21)   (10–11 Num. 19:2–3)
12–13 Heb. 13:12   (14–16 Lev. 16:15–22)   26–8 Jn. 3:14–15

ISMDPJCVOR   2 τὴν εἰκόνα δείκνυσιν S   5 μὲν post ποία add. J   σκιαγραφεῖ IVᵃᶜ   10 καὶ om. mss.   12 καὶ post Διὸ forte recte add. J   13 πύλης: πόλεως V   16 μόνον post ἕνα add. J   ἀφιέμενον δὲ τὸν ἕτερον S   18 γε om. V   19 δοκεῖ σοι J   22 ὁ ante ὄφις add. DJ   24 ἐστὶ καὶ om. ISV   καθαρὸν I   κατὰ τὸν νόμον καθαρῶν S   26 Καθὼς ––– Μωϋσῆς: Καθώς, γάρ φησιν, ὕψωσε J   28 ἐπ' αὐτῷ ISMPVOR: ἐν αὐτῷ D: εἰς αὐτὸν JC   ἔχει I   30 ὁ ante τῷ add. S

ΕΡΑΝ. "Ότι τὸν κύριον ὁ 'Ιωάννης ἀμνὸν προσηγόρευσεν, καὶ ὁ
'Ησαΐας ὡσαύτως ἀμνὸν καὶ πρόβατον.

ΟΡΘ. Ὁ δέ γε μακάριος Παῦλος ἁμαρτίαν αὐτὸν καὶ κατάραν
καλεῖ. Τοιγάρτοι ὡς μὲν κατάρα τοῦ καταράτου ὄφεως τὸν τύπον
πληροῖ· ὡς δὲ ἁμαρτία τῆς τῶν τράγων θυσίας δείκνυσι τὴν εἰκόνα. 5
Ὑπὲρ γὰρ ἁμαρτίας, κατὰ τὸν νόμον, οὐκ ἀμνός, ἀλλὰ χίμαρος ἐξ
αἰγῶν προσεφέρετο. Διά τοι τοῦτο καὶ ὁ κύριος ἐν τοῖς εὐαγγελίοις
ἀμνοῖς μὲν τοὺς δικαίους ἀπείκασεν, ἐρίφοις δὲ τοὺς ἁμαρτωλούς.
Ἐπειδὴ τοίνυν ἔμελλεν, οὐχ ὑπὲρ δικαίων μόνον, ἀλλὰ καὶ ὑπὲρ
ἁμαρτωλῶν, ὑπομένειν τὸ πάθος, εἰκότως δι' ἀμνῶν καὶ τράγων 10
προδιαγράφει τὴν οἰκείαν ἱερουργίαν.

ΕΡΑΝ. Ἀλλὰ τῶν δύο τράγων ὁ τύπος δύο πρόσωπα παρασκευάζει
νοεῖν.

ΟΡΘ. Οὐχ οἷόν τε ἦν ἐν ἑνὶ τράγῳ ἄμφω κατὰ ταὐτὸν προτυπωθῆ- **256**
ναι, καὶ τὸ παθητὸν τῆς ἀνθρωπότητος καὶ τὸ ἀπαθὲς τῆς θεότητος. 15
Ἀναιρεθεὶς γὰρ οὗτος τὴν ζῶσαν οὐκ ἂν ἔδειξε φύσιν. Τούτου δὴ
χάριν δύο παρελήφθησαν εἰς τὴν τῶν δύο φύσεων δήλωσιν. Ταὐτὸ δὲ
τοῦτο καὶ ἐφ' ἑτέρας θυσίας καταμάθοι τις ἄν.

ΕΡΑΝ. Ποίας;

ΟΡΘ. "Ενθα πτηνὰ δύο τῶν καθαρῶν ὁ νομοθέτης διαγορεύει 20
προσφέρεσθαι, καὶ τὸ μὲν θύεσθαι, θάτερον δὲ εἰς τὸ τοῦ τυθέντος
αἷμα βαφὲν ἀπολύεσθαι. Καὶ γὰρ ἐνταῦθα ὁρῶμεν τὸν τῆς θεότητος
καὶ τῆς ἀνθρωπότητος τύπον, τῆς μὲν θυομένης, τῆς δὲ οἰκειουμένης
τὸ πάθος.

ΕΡΑΝ. Πολλοὺς ἡμῖν προσενήνοχας τύπους. Ἐγὼ δὲ τοὺς αἰνιγ- 25
ματώδεις οὐ προσίεμαι λόγους.

ΟΡΘ. Καὶ μὴν ὁ θεῖος ἀπόστολος καὶ τὰς ἱστορίας τύπους εἶναί
φησι, καὶ τὴν Ἄγαρ τύπον τῆς παλαιᾶς διαθήκης ἐκάλεσε, καὶ τὴν
Σάρραν τῇ ἐπουρανίῳ ἀπείκασεν Ἱερουσαλήμ, καὶ τὸν μὲν Ἰσμαὴλ
τύπον ἔφη τοῦ Ἰσραήλ, τὸν Ἰσαὰκ δὲ τοῦ νέου λαοῦ. Κατηγόρησον 30
οὖν καὶ τῆς μεγάλης τοῦ πνεύματος σάλπιγγος, ὅτι πᾶσιν ἡμῖν τοὺς
αἰνιγματώδεις προσενήνοχε λόγους.

(1 Jn. 1:29–36)   (1–2 Is. 53:7)   (3–4 2 Cor. 5:21, Gal. 3:13)   (6–7 Lev. 16
passim)   (7–8 Mt. 25:32)   (20–2 Lev. 14:50–3)   (27–30 Gal. 4:24 ff.)

ISMDPJCVOR   2 δὲ post 'Ησαΐας add. S   3–4 καλεῖ καὶ κατάραν S   4 τοῦ
ante ὄφεως add. S   5 τὴν εἰκόνα δείκνυσιν S   7 θείοις ante εὐαγγελίοις add. J
10 καὶ ante δι' add. J   διὰ ante τράγων add. J   15 τὸ τῆς θεότητος ἀπαθές S
18 τοῦτο om. V   ἑτέρας: ἑκατέρας VᵃᶜO   20 πτηνά: ὄρνις IV: ὄρνεις S   21 τὸ¹:
τὸν Vᵖᶜ   22 βαφέντα Vᵖᶜ   23 τὸν ante τῆς¹ add. J   25 τύπους: λόγους J
οὕτως post τοὺς add. J   26 λόγους om. J   28–9 τῇ Σάρρᾳ τὴν ἐπουράνιον J
30 δὲ Ἰσαὰκ J

EPAN. Κἂν μυρίους μοι πρὸς τούτοις ἑτέρους προσενέγκῃς λόγους, μερίσαι τὸ πάθος οὐ πείσεις. Ἤκουσα γὰρ καὶ τοῦ ἀγγέλου πρὸς τὰς περὶ Μαριὰμ εἰρηκότος· "Δεῦτε, βλέπετε ὅπου ἔκειτο ὁ κύριος."

ΟΡΘ. Τοῦτο καὶ ἡμεῖς εἰώθαμεν δρᾶν. Τοῖς γὰρ κοινοῖς ὀνόμασι καὶ τὸ μέρος προσαγορεύομεν. Εἰς γὰρ τοὺς τῶν ἱερῶν ἀποστόλων ἢ προφητῶν ἢ μαρτύρων εἰσιόντες σηκοὺς πυνθανόμεθα, τίς ὁ κείμενος ἐν τῇ λάρνακι; Οἱ δὲ τὸ ἀληθὲς εἰδότες ἀποκρινόμενοι λέγουσιν, ἢ τὸν Θωμᾶν τυχὸν τὸν ἀπόστολον, ἢ τὸν βαπτιστὴν Ἰωάννην, ἢ Στέφανον τῶν μαρτύρων τὸν πρόμαχον, ἢ ἕτερόν τινα τῶν ἁγίων ὀνομαστὶ λέγοντες, καίτοι σμικρῶν ἄγαν ἐνίοτε κειμένων λειψάνων. Ἀλλ᾽ οὐδεὶς τῶν κοινῶν τούτων ὀνομάτων ἀκούων, ἃ καὶ τὴν ψυχὴν ὁμοῦ καὶ τὸ σῶμα δηλοῖ, ἐγκαθεῖρχθαι ταῖς θήκαις καὶ τὰς ψυχὰς ὑπολήψεται· ἀλλ᾽ οἶδεν ὡς τὰ σώματα μόνα ταῖς θήκαις ἢ μικρά γε τῶν σωμάτων ἐγκατάκειται μόρια. Ταὐτὸ δὴ τοῦτο καὶ ὁ ἅγιος ἐκεῖνος πεποίηκεν ἄγγελος τῷ τοῦ προσώπου ὀνόματι τὸ σῶμα προσαγορεύσας.

EPAN. Καὶ πόθεν δείξεις, ὡς περὶ τοῦ δεσποτικοῦ σώματος ταῖς γυναιξὶν ὁ ἄγγελος εἴρηκε;

ΟΡΘ. Πρῶτον μὲν αὐτὸς ὁ τάφος ἀπόχρη τὸ ζητούμενον λῦσαι. Οὐδὲ γὰρ ψυχὴ παραδίδοται τάφῳ, ἤπου γε θεότητος ἡ ἀπερίγραφος φύσις· τοῖς γὰρ σώμασιν οἱ τάφοι κατασκευάζονται. Ἔπειτα δὲ καὶ ἡ θεία τοῦτο σαφῶς διδάσκει γραφή. Ὁ γὰρ δὴ θεσπέσιος Ματθαῖος τοῦτον ἱστορεῖ τὸν τρόπον· "Ὀψίας γενομένης, ἦλθεν ἄνθρωπος πλούσιος ἀπὸ Ἀριμαθίας, τοὔνομα Ἰωσήφ, ὃς καὶ αὐτὸς ἐμαθήτευσε τῷ Ἰησοῦ. Οὗτος προσελθὼν τῷ Πιλάτῳ ᾐτήσατο τὸ σῶμα τοῦ Ἰησοῦ. Τότε ὁ Πιλᾶτος ἐκέλευσεν ἀποδοθῆναι τὸ σῶμα. Καὶ λαβὼν τὸ σῶμα ὁ Ἰωσὴφ ἐνετύλιξεν αὐτὸ σινδόνι καθαρᾷ, καὶ ἔθηκεν αὐτὸ ἐν τῷ καινῷ αὐτοῦ μνημείῳ, ὃ ἐλατόμησεν ἐν τῇ πέτρᾳ, καὶ προσκυλίσας λίθον μέγαν τῇ θύρᾳ τοῦ μνημείου ἀπῆλθε." Βλέπε ποσάκις τοῦ σώματος ἐμνημόνευσεν, ἵνα τῶν τὴν θεότητα βλασφημούντων ἐμφράξῃ τὰ στόματα. Τοῦτο καὶ ὁ τρισμακάριος πεποίηκε Μάρκος· ἐρῶ δὲ καὶ ἅπερ οὗτος ἱστόρησεν. "Ὀψίας, γάρ φησι, γενομένης, ἐπεὶ ἦν παρασκευή, ὅ ἐστι προσάββατον, ἐλθὼν Ἰωσὴφ ὁ ἀπὸ Ἀριμαθίας εὐσχήμων βουλευτής, ὃς καὶ αὐτὸς ἦν προσδεχόμενος τὴν βασιλείαν

3 Mt. 28:6   23–9 Mt. 27:57–60   32–213.6 Mk. 15:42–6

ISMDPJCVOR   2 καὶ om. V   3 τὴν ante Μαριὰμ add. I   βλέπετε: ἴδετε forte recte SJ   10 ἐνίοτε: ἐσθ᾽ ὅτε J   λειψάνων κειμένων V   19 ἀπόχρη: ἀρκεῖ J   20 τῷ ante τάφῳ add. J   θεότης IJV   21 σώμασι γὰρ S   22 σαφῶς om. J   24 πλούσιος om. J   28 ἐν ante μνημείῳ add. VO   32–3 παρασκευὴ ἦν S   33 ὁ om. IS

τοῦ θεοῦ, τολμήσας εἰσῆλθε πρὸς Πιλᾶτον, καὶ ᾐτήσατο τὸ σῶμα τοῦ
Ἰησοῦ. Ὁ δὲ Πιλᾶτος ἐθαύμασεν εἰ ἤδη τέθνηκε, καὶ προσκαλεσά-
μενος τὸν κεντυρίωνα ἐπηρώτησεν αὐτὸν εἰ πάλαι ἀπέθανε· καὶ γνοὺς
ἀπὸ τοῦ κεντυρίωνος ἐδωρήσατο τὸ σῶμα τῷ Ἰωσήφ· καὶ ἀγοράσας
σινδόνα καὶ καθελὼν αὐτὸν ἐνείλησεν τῇ σινδόνι, καὶ κατέθηκεν ἐν 5
μνημείῳ," καὶ τὰ ἑξῆς. Θαύμασον τοίνυν τὴν συμφωνίαν ὁρῶν καὶ συμ-
φώνως καὶ συνεχῶς φερόμενον τὸ τοῦ σώματος ὄνομα. Καὶ ὁ πανεύφημος
δὲ Λουκᾶς παραπλησίως ἱστόρηκεν, ὡς τὸ σῶμα ᾔτησεν ὁ Ἰωσήφ,
καὶ λαβὼν τῶν νομιζομένων ἠξίωσεν. Ὁ δὲ θειότατος Ἰωάννης καὶ
ἕτερα προσιστόρησεν. "Ἠρώτησε, γάρ φησι, τὸν Πιλᾶτον Ἰωσὴφ ὁ 10
ἀπὸ Ἀριμαθίας, ὢν μαθητὴς τοῦ Ἰησοῦ, κεκρυμμένος δὲ διὰ τὸν φόβον
τῶν Ἰουδαίων, ἵνα ἄρῃ τὸ σῶμα τοῦ Ἰησοῦ, καὶ ἐπέτρεψεν ὁ Πιλᾶτος.
Ἦλθεν οὖν καὶ ᾖρε τὸ σῶμα τοῦ Ἰησοῦ. Ἦλθε δὲ καὶ Νικόδημος, ὁ
ἐλθὼν πρὸς τὸν Ἰησοῦν νυκτὸς τὸ πρότερον, φέρων μίγμα σμύρνης
καὶ ἀλόης λίτρας ρ΄. Ἔλαβον οὖν τὸ σῶμα τοῦ Ἰησοῦ, καὶ ἐνείλησαν 15
αὐτὸ ὀθονίοις μετὰ τῶν ἀρωμάτων, καθὼς ἔθος ἐστὶν τοῖς Ἰουδαίοις
ἐνταφιάζειν. Ἦν δὲ ἐν τῷ τόπῳ ὅπου ἐσταυρώθη κῆπος, καὶ ἐν τῷ
κήπῳ μνημεῖον καινόν, ἐν ᾧ οὐδέπω οὐδεὶς ἐτέθη. Ἐκεῖ οὖν διὰ τὴν
παρασκευὴν τῶν Ἰουδαίων, ὅτι ἐγγὺς ἦν τὸ μνημεῖον, ἔθηκαν τὸν
Ἰησοῦν." Ὅρα τοίνυν ποσάκις τοῦ σώματος μνημονεύσας, καὶ 20
δείξας ὡς τοῦτο τῷ σταυρῷ προσηλώθη, καὶ τοῦτο ᾔτησε τὸν Πιλᾶ-
τον ὁ Ἰωσήφ, καὶ τοῦτο καθεῖλεν ἀπὸ τοῦ ξύλου, καὶ τοῦτο τοῖς
ὀθονίοις μετὰ τῆς σμύρνης καὶ τῆς ἀλόης ἐνείλησαν, τότε τὸ τοῦ
προσώπου τέθεικεν ὄνομα, καὶ τὸν Ἰησοῦν εἴρηκεν ἐν τῷ μνημείῳ
τεθῆναι. Τούτου δὴ ἕνεκα καὶ ὁ ἄγγελος ἔφη· "Δεῦτε, βλέπετε ὅπου 25
ἔκειτο ὁ κύριος," ἀπὸ τῆς κοινῆς προσηγορίας τὸ σῶμα καλέσας.
Οὕτω γὰρ καὶ ἡμεῖς λέγειν εἰώθαμεν, ἐν τῷδε τῷ τόπῳ ὁ δεῖνα
ἐτάφη, καὶ οὔ φαμεν, τὸ σῶμα τοῦ δεῖνος, ἀλλὰ ὁ δεῖνα. Πᾶς δὲ **260**
σωφρονῶν οἶδεν ὡς περὶ τοῦ σώματος λέγομεν. Οὕτω δὲ λέγειν
σύνηθες τῇ θείᾳ γραφῇ· "Ἀπέθανε, γάρ φησιν, Ἀαρών, καὶ ἔθαψαν 30
αὐτὸν ἐν Ὢρ τῷ ὄρει·" καὶ· "Ἀπέθανε Σαμουήλ, καὶ ἔθαψαν αὐτὸν
ἐν Ἀρμαθέμ," καὶ μυρία τοιαῦτα. Τοῦτο τὸ ἔθος τετήρηκεν ὁ θεῖος

(7–9 Lk. 23:50–3)   10–20 Jn. 19:38–42   25–6 Mt. 28:6   30–1 Num. 20:28
31–2 1 Sam. 25:1

ISMDPJCVOR   3 ἠρώτησεν J   αὐτὸν om. V   5 αὐτόν: αὐτὸ V   ἐν ante τῇ
add. S   τέθεικεν J   8 ἱστόρησεν ISᵃᶜ   ὁ om. J   10 προιστόρησεν SJ   φησι om.
ISV   ὁ ante Ἰωσὴφ add. J   11 Ἰησοῦ: κυρίου IS   14 πρότερον: πρῶτον J
16 ἐστιν ἔθος V   20 Ἰησοῦν: κύριον I   24 τῷ om. V   25 οὖν post δὴ add. J
καὶ om. J   βλέπετε: ἴδετε forte recte J   29 ὡς: ὅτι S   γε post δέ add. J   καὶ τοῖς
παλαιοῖς post λέγειν add. J   30 τῇ θείᾳ γραφῇ om. J   30–1 καὶ ––– ὄρει om. J
32 καὶ ante ὁ add. J

ἀπόστολος τοῦ δεσποτικοῦ μνημονεύσας θανάτου. "Παρέδωκα, γάρ
φησιν, ὑμῖν ἐν πρώτοις, ὃ καὶ παρέλαβον, ὅτι Χριστὸς ἀπέθανεν ὑπὲρ
τῶν ἁμαρτιῶν ἡμῶν κατὰ τὰς γραφάς, καὶ ὅτι ἐτάφη, καὶ ὅτι ἐγή-
γερται τῇ τρίτῃ ἡμέρᾳ κατὰ τὰς γραφάς," καὶ τὰ ἑξῆς.

ΕΡΑΝ. Ἐν οἷς ἀνέγνως ἀρτίως, οὐ σώματος ἐμνημόνευσεν ὁ ἀπό- 5
στολος, ἀλλὰ τοῦ πάντων ἡμῶν σωτῆρος Χριστοῦ. Κατὰ σαυτοῦ
τοίνυν τὴν μαρτυρίαν παρήγαγες, καὶ σαυτὸν τοῖς σοῖς ἔβαλες
βέλεσιν.

ΟΡΘ. Ἐπελήσθης, ὡς ἔοικεν, ὅτι τάχιστα τῶν μακρῶν ἐκείνων
ὧν διεξῆλθον λόγων, δεικνὺς ὅτι πολλάκις τοῖς τῶν προσώπων ὀνό- 10
μασι καὶ τὸ σῶμα προσαγορεύουσι. Ταὐτὸ δὲ τοῦτο καὶ νῦν δέδρακεν
ὁ θεῖος ἀπόστολος, καὶ τοῦτο αὐτόθεν ῥᾴδιον διαγνῶναι. Σκοπήσωμεν
δὲ ὡδί. Τοῦ δὴ χάριν ταῦτα γέγραφε Κορινθίοις ὁ θεσπέσιος οὗτος
ἀνήρ;

ΕΡΑΝ. Τινὲς αὐτοὺς ἐξηπάτησαν, ὡς οὐκ ἔσται σωμάτων ἀνά- 15
στασις. Τοῦτο τοίνυν μαθὼν ὁ τῆς οἰκουμένης διδάσκαλος, τοὺς περὶ
τῆς τῶν σωμάτων ἀναστάσεως αὐτοῖς προσενήνοχε λόγους.

ΟΡΘ. Καὶ τί δήποτε, δεῖξαι βουλόμενος τὴν τῶν σωμάτων ἀνά-
στασιν, τὴν δεσποτικὴν ἀνάστασιν εἰς μέσον παρήγαγεν;

ΕΡΑΝ. Ὡς ἱκανὴν δηλῶσαι τὴν πάντων ἡμῶν ἀνάστασιν. 20

ΟΡΘ. Τί γὰρ ἐοικὸς ἔχει τῷ θανάτῳ τῶν ἄλλων, ἵνα τῇ ἀναστάσει
τεκμηριώσῃ τὴν πάντων ἀνάστασιν;

ΕΡΑΝ. Τούτου χάριν ἐνηνθρώπησεν ὁ μονογενὴς υἱὸς τοῦ θεοῦ,
καὶ πέπονθε, καὶ θανάτου πεῖραν ἔλαβεν, ἵνα καταλύσῃ τὸν θάνατον.
Ἀναστὰς τοιγαροῦν διὰ τῆς οἰκείας ἀναστάσεως κηρύττει τὴν πάντων 25
ἀνθρώπων ἀνάστασιν.

ΟΡΘ. Καὶ τίς ἂν πιστεύσειεν ἀνάστασιν ἀκούων θεοῦ ταύτῃ
παραπλησίως καὶ τὴν πάντων ἀνθρώπων ἀνάστασιν ἔσεσθαι; Οὐκ ἐᾷ
γὰρ πιστεύειν τῷ λόγῳ τῆς ἀναστάσεως τῶν φύσεων τὸ ἀνόμοιον.
Ὁ μὲν γὰρ θεός, οἱ δὲ ἄνθρωποι· πλεῖστον δὲ ὅσον θεοῦ καὶ ἀνθρώ- 30
πων τὸ μέσον· οἱ μὲν γὰρ θνητοὶ καὶ ἐπίκηροι, καὶ χόρτῳ καὶ ἄνθει
ἀπεικασμένοι· ὁ δὲ παντοδύναμος.

ΕΡΑΝ. Ἀλλὰ σῶμα εἶχεν ἐνανθρωπήσας ὁ θεὸς λόγος, καὶ διὰ
τούτου τὴν πρὸς τοὺς ἀνθρώπους ἔδειξεν ὁμοιότητα.

1–4 1 Cor. 15:3–4   (23–4 Heb. 2:9–14)

ISMDPJCVOR   3 ὅτι² om. J   7 τοίνυν om. J   9 ὅτι τάχιστα om. J
15–17 ΟΡΘ. attrib. J   15 ἔστι V   18–19 ΕΡΑΝ. attrib. J   20 ΟΡΘ. attrib. J
21–2 ΕΡΑΝ. attrib. J   22 ἁπάντων S   23–6 ΟΡΘ. attrib. J   27–32 ΕΡΑΝ.
attrib. J   33–4 ΟΡΘ. attrib. J   33 ὁ θεὸς λόγος ἐνανθρωπήσας S   34 καὶ
συγγένειαν post ὁμοιότητα add. J

ΟΡΘ. Τοῦ σώματος οὖν ἄρα ὅλως τό τε πάθος καὶ ὁ θάνατος καὶ
ἡ ἀνάστασις, καὶ τοῦτο δεικνὺς ἑτέρωθεν ὁ θεῖος ἀπόστολος ὑπισχνεῖ-
ται πᾶσι τὴν ἀναβίωσιν, καὶ τοῖς τῇ μὲν τοῦ σωτῆρος ἀναστάσει
πιστεύουσι, τὴν δὲ κοινὴν πάντων ἀνάστασιν μῦθον ὑπολαμβάνουσι, **261**
κέκραγε λέγων· "Εἰ δὲ Χριστὸς κηρύσσεται ὅτι ἐκ νεκρῶν ἐγήγερται, 5
πῶς λέγουσί τινες ἐν ὑμῖν, ὅτι ἀνάστασις νεκρῶν οὐκ ἔστιν; Εἰ δὲ
ἀνάστασις νεκρῶν οὐκ ἔστιν, οὐδὲ Χριστὸς ἐγήγερται· εἰ δὲ Χριστὸς
οὐκ ἐγήγερται, ματαία ἡ πίστις ὑμῶν, ἔτι ἐστὲ ἐν ταῖς ἁμαρτίαις
ὑμῶν." Καὶ ἀπὸ μὲν τοῦ γεγενημένου τὸ ἐσόμενον βεβαιοῖ· ἀπὸ δὲ
τοῦ ἀπιστουμένου ἐκβάλλει τὸ πιστευόμενον. Εἰ γὰρ ἐκεῖνο, φησίν, 10
ὑμῖν ἀδύνατον καταφαίνεται, καὶ τοῦτο δήπου ψευδές. Εἰ δὲ τοῦτό γε
ἀληθὲς καὶ πιστὸν εἶναι δοκεῖ, κἀκεῖνο ὡσαύτως δοκείτω εἶναι
πιστόν. Σώματος γὰρ ἀνάστασις κἀνταῦθα κηρύττεται, καὶ ἀπαρχὴ
τοῦτό γε ἐκείνων προσαγορεύεται. Τοῦτο γὰρ μετὰ τοὺς πάλαι
πολλοὺς συλλογισμοὺς ἀποφαντικῶς εἴρηκεν. "Νυνὶ δὲ Χριστὸς 15
ἐγήγερται ἐκ νεκρῶν, ἀπαρχὴ τῶν κεκοιμημένων ἐγένετο. Ἐπειδὴ
γὰρ δι' ἀνθρώπου ὁ θάνατος, καὶ δι' ἀνθρώπου ἀνάστασις νεκρῶν.
Ὥσπερ γὰρ ἐν τῷ Ἀδὰμ πάντες ἀποθνήσκουσιν, οὕτως καὶ ἐν τῷ
Χριστῷ πάντες ζωοποιηθήσονται." Καὶ οὐ μόνον τὸν περὶ τῆς ἀνα-
στάσεως ἐβεβαίωσε λόγον, ἀλλὰ καὶ τὸ τῆς οἰκονομίας μυστήριον 20
ἀπεκάλυψε. Ταύτῃ τοι καὶ ἄνθρωπον τὸν Χριστὸν προσηγόρευσεν,
ἵνα δείξῃ τὴν θεραπείαν τῇ νόσῳ κατάλληλον.

ΕΡΑΝ. Ἄνθρωπος οὖν μόνον ἐστὶν ὁ Χριστός;

ΟΡΘ. Ἄπαγε· τοὐναντίον γὰρ πολλάκις εἰρήκαμεν, ὡς οὐ μόνον
ἄνθρωπός ἐστιν, ἀλλὰ καὶ θεὸς προαιώνιος. Πέπονθε δὲ ὡς ἄνθρωπος, 25
οὐχ ὡς θεός. Καὶ τοῦτο σαφῶς ἡμᾶς ἐδίδαξεν ὁ θεῖος ἀπόστολος
εἰρηκώς· "'Ἐπειδὴ γὰρ δι' ἀνθρώπου ὁ θάνατος, καὶ δι' ἀνθρώπου
ἀνάστασις νεκρῶν." Καὶ Θεσσαλονικεῦσι δὲ γράφων ἀπὸ τῆς τοῦ
σωτῆρος ἡμῶν ἀναστάσεως βεβαιοῖ τὸν περὶ τῆς κοινῆς ἀναστάσεως
λόγον. "Εἰ γὰρ πιστεύομεν, φησίν, ὅτι Ἰησοῦς ἀπέθανε καὶ ἀνέστη, 30
οὕτως καὶ ὁ θεὸς τοὺς κοιμηθέντας διὰ τοῦ Ἰησοῦ ἄξει σὺν αὐτῷ."

ΕΡΑΝ. Ἔδειξε μὲν ὁ ἀπόστολος τὴν κοινὴν ἀνάστασιν διὰ τῆς

5–9 1 Cor. 15:12–13, 17 (sic)   15–19 1 Cor. 15:20–2   27–8 1 Cor. 15:21   30–1
1 Th. 4:14

ISMDPJCVOR   1 ὅλως τό τε: ὦ λῷστε τὸ J   2 ἑτέρωθεν: ἑτέρωθι S: ἐγερθὲν J
3 μὲν τῇ J   4 καὶ μὴ ἀπιστοῦσι post πιστεύουσι add. J   6 ἐν ὑμῖν τινες J   ὅτι ———
ἔστιν: μὴ εἶναι νεκρῶν S   Εἶτα συλλογίζεται ante Εἰ add. J   14 πάλαι
om. J   16 ἐκ νεκρῶν ἐγήγερται V   19 τῆς om. SJ   22 τὴν θεραπείαν δείξῃ S
28 δὲ om. J   31 οὕτως ὁ θεὸς καὶ JV

δεσποτικῆς ἀναστάσεως. Καὶ δῆλον ὡς σῶμα ἦν κἀνταῦθα τὸ τεθνεός
τε καὶ ἀναστάν. Οὐ γὰρ ἂν ἐπειράθη διὰ τούτου γε δεῖξαι τὴν πάντων
ἀνάστασιν, εἰ μὴ τὴν πρὸς ἐκεῖνα εἶχε κατ' οὐσίαν συγγένειαν. Οὐ
μὴν ἀνέξομαι τῇ ἀνθρωπείᾳ γε φύσει μόνῃ προσάψαι τὸ πάθος· ἀλλ'
ἀκόλουθον εἶναί μοι δοκεῖ τὸ λέγειν τὸν θεὸν λόγον τεθνηκέναι σαρκί. 5

ΟΡΘ. Πολλάκις ἐδείξαμεν, ὡς τὸ φύσει ἀθάνατον κατ' οὐδένα γε
τρόπον ἀποθανεῖν δύναται. Εἰ τοίνυν τέθνηκεν, οὐκ ἄρα ἀθάνατος.
Ἡλίκοι δὲ τῇ βλασφημίᾳ τῶν λόγων οἱ κίνδυνοι;

ΕΡΑΝ. Φύσει μέν ἐστιν ἀθάνατος, ἐνανθρωπήσας δὲ πέπονθεν.

ΟΡΘ. Τοιγαροῦν τροπὴν ὑπέμεινε. Πῶς γὰρ ἄλλως ἀθάνατος ὢν 10
ἐδέξατο θάνατον; Ἀλλὰ μὴν συνωμολογήσαμεν ἄτρεπτον εἶναι τὴν
τῆς τριάδος οὐσίαν· ἥκιστα οὖν ἄρα θανάτου μετέλαχε φύσιν ἔχων
ὑπερτέραν τροπῆς.

ΕΡΑΝ. Ὁ θεῖος εἴρηκε Πέτρος, "Χριστοῦ οὖν παθόντος ὑπὲρ
ἡμῶν σαρκί." 15

ΟΡΘ. Τούτῳ γε καὶ ὁ ἡμέτερος συμφωνεῖ λόγος· ἐκ γὰρ τῆς θείας
γραφῆς μεμαθήκαμεν τὸν τῶν δογμάτων κανόνα.

ΕΡΑΝ. Πῶς τοίνυν οὔ φατε τὸν θεὸν λόγον πεπονθέναι σαρκί;

ΟΡΘ. Ὅτι παρὰ τῇ θείᾳ γραφῇ ταύτην οὐχ εὑρήκαμεν τὴν φωνήν.

ΕΡΑΝ. Καὶ μὴν τοῦ μεγάλου Πέτρου χρῆσιν τοιαύτην ἀρτίως 20
παρήγαγον.

ΟΡΘ. Ἀγνοεῖς, ὡς ἔοικε, τὴν τῶν ὀνομάτων διαφοράν.

ΕΡΑΝ. Ποίων ὀνομάτων; Οὐ δοκεῖ σοι θεὸς εἶναι λόγος ὁ δεσπό-
της Χριστός;

ΟΡΘ. Τὸ Χριστὸς ὄνομα ἐπὶ τοῦ κυρίου καὶ σωτῆρος ἡμῶν τὸν 25
ἐνανθρωπήσαντα θεὸν λόγον δηλοῖ· τὸ Ἐμμανουὴλ τὸν μεθ' ἡμῶν
θεόν, τὸν θεὸν καὶ ἄνθρωπον· τὸ δέ γε θεὸς λόγος οὑτωσὶ λεγόμενον
τὴν ἁπλῆν φύσιν, τὴν προκόσμιον, τὴν ὑπέρχρονον, τὴν ἀσώματον
σημαίνει. Οὗ δὴ χάριν τὸ πανάγιον πνεῦμα τὸ διὰ τῶν ἁγίων ἀπο-
στόλων φθεγξάμενον οὐδαμοῦ πάθος ἢ θάνατον τῇδε τῇ προσηγορίᾳ 30
προσήρμοσεν.

ΕΡΑΝ. Εἰ τῷ Χριστῷ προσάπτει τὸ πάθος, ὁ δὲ θεὸς λόγος ἐναν-
θρωπήσας ὠνομάσθη Χριστός, οὐδὲν ἄτοπον οἶμαι δρᾶν λέγων τὸν
θεὸν λόγον πεπονθέναι σαρκί.

14–15 1 Pet. 4:1 (26–7 Mt. 1:23)

ISMDPJCVOR 1 Καὶ δῆλον: Δηλῶν J τὸ om. J τεθνεώς IV 4 γε τῇ
ἀνθρωπείᾳ φύσει S 6 γε om. J 8 Ἡλίκοι: Ἀλίσκη J οἱ κίνδυνοι om. J 10 δὴ
post γὰρ add. J 21 προσήγαγον J 23 λόγος εἶναι J 26 θεὸν om. V τὸ:
τὸν J 27 γε om. J 28 ὑπερκόσμιον J 33 δρᾶν: δρᾷ ὁ V 33–4 λέγων post
πεπονθέναι transp. I: om. S: post λόγον transp. V

ΟΡΘ. Πάντολμον μὲν οὖν καὶ μάλα θρασὺ τὸ ἐγχείρημα. Ἐξετάσωμεν δὲ ὧδέ πη τὸν λόγον. Τὸν θεὸν λόγον ἐκ τοῦ θεοῦ καὶ πατρὸς εἶναι ἡ θεία λέγει γραφή.

ΕΡΑΝ. Ἀληθῆ λέγεις.

ΟΡΘ. Καὶ μέντοι καὶ τὸ πνεῦμα τὸ ἅγιον ὡσαύτως ἐκ τοῦ θεοῦ 5 εἶναι διδάσκει.

ΕΡΑΝ. Ὡμολόγηται.

ΟΡΘ. Ἀλλὰ τὸν μὲν θεὸν λόγον υἱὸν ὀνομάζει μονογενῆ.

ΕΡΑΝ. Οὕτως ὀνομάζει.

ΟΡΘ. Τὸ δὲ πνεῦμα τὸ ἅγιον υἱὸν οὐδαμοῦ προσηγόρευσεν. 10

ΕΡΑΝ. Οὐ δῆτα.

ΟΡΘ. Καίτοι ἐκ τοῦ θεοῦ καὶ πατρὸς καὶ τοῦτο ἔχει τὴν ὕπαρξιν.

ΕΡΑΝ. Ἀληθές.

ΟΡΘ. Ἐπειδὴ τοίνυν συνομολογοῦμεν ἐκ τοῦ θεοῦ καὶ πατρὸς εἶναι καὶ τὸν υἱὸν καὶ τὸ πνεῦμα, τολμήσαις ἄν ποτε υἱὸν ὀνομάσαι 15 τὸ πανάγιον πνεῦμα;

ΕΡΑΝ. Οὐδαμῶς.

ΟΡΘ. Διατί;

ΕΡΑΝ. Ἐπειδήπερ οὐχ εὑρίσκω τόδε τὸ ὄνομα παρὰ τῇ θείᾳ γραφῇ. 20

ΟΡΘ. Ἀλλὰ γεγεννημένον;

ΕΡΑΝ. Οὐδὲ τοῦτο. **265**

ΟΡΘ. Τοῦ δὴ χάριν;

ΕΡΑΝ. Οὐκ ἐδιδάχθην οὐδὲ τοῦτο παρὰ τῆς θείας γραφῆς.

ΟΡΘ. Τὸ δὲ μὴ γεγεννημένον μήτ' αὖ ἐκτισμένον ποίας ἂν εἰκότως 25 τύχοι προσηγορίας;

ΕΡΑΝ. Ἄκτιστον αὐτὸ καὶ ἀγέννητον ὀνομάζομεν.

ΟΡΘ. Τὸ δὲ πανάγιον πνεῦμα οὔτε ἐκτίσθαι οὔτε μὴν γεγεννῆσθαί φαμεν.

ΕΡΑΝ. Οὐδαμῶς. 30

ΟΡΘ. Καλέσαι οὖν ἀγέννητον θαρσήσαις ἂν τὸ πανάγιον πνεῦμα;

ΕΡΑΝ. Οὐ δῆτα.

ΟΡΘ. Καὶ τί δήποτε μὴ καλεῖς ἀγέννητον τὸ φύσει μὲν ἄκτιστον, μηδαμῶς δὲ γεγεννημένον;

ΕΡΑΝ. Ὅτι τοῦτο οὐ μεμάθηκα παρὰ τῆς θείας γραφῆς, καὶ 35 σφόδρα δειμαίνω λέγειν τὰ παρ' ἐκείνης σεσιγημένα.

ISMDPJCVOR   2 τοῦ ante πατρὸς add. IV   5 καὶ² om. V   10 υἱὸν om. ISV
12 πατρὸς καὶ θεοῦ V   14 θεοῦ καὶ om. I   19 Ἐπειδὴ S   24 Ὅτι ante οὐκ add. S
25 μὴ: μήτε J   28 ἐκτίσθη V   μὴν: αὖ V   33–4 τὸ --- δὲ: μηδαμῶς J
35 τοῦτο: τουτὶ IS

ΟΡΘ. Ταύτην δὴ οὖν ἡμῖν, ὦ ἀγαθέ, τὴν εὐλάβειαν καὶ ἐπὶ τοῦ σωτηρίου διατήρησον πάθους, καὶ ὅσα τῶν θείων ὀνομάτων ἀφῆκεν ἡ γραφὴ τοῦ πάθους ἐλεύθερα, ἄφες καὶ σύ, καὶ μὴ προσάψῃς τούτοις τὸ πάθος.

ΕΡΑΝ. Καὶ τίνα ταῦτά ἐστιν; 5

ΟΡΘ. Οὐδαμοῦ τῇ θεὸς προσηγορίᾳ τὸ πάθος συνέζευξεν.

ΕΡΑΝ. Οὐδὲ ἐγὼ τὸν θεὸν λόγον δίχα σώματος λέγω παθεῖν, ἀλλὰ σαρκὶ πεπονθέναι φημί.

ΟΡΘ. Τρόπον οὖν πάθους οὐκ ἀπάθειαν λέγεις· τοῦτο δέ γε οὐδὲ ψυχῆς πέρι ἀνθρωπείας φαίη τις ἄν. Τίς γὰρ εἴποι ἄν, μὴ κομιδῇ 10 παραπαίων, ὅτι σαρκὶ τέθνηκεν ἡ Παύλου ψυχή; οὐδὲ γὰρ περὶ παμπονήρου τινὸς τοῦτό γε ἂν ῥηθείη ποτέ· ἀθάνατοι γὰρ καὶ τῶν πονηρῶν αἱ ψυχαί. Ἀλλὰ τὸν δεῖνα μὲν τὸν ἀνδροφόνον ἀνῃρῆσθαί φαμεν, τὴν τούτου δέ γε ψυχὴν οὐκ ἄν τις εἴποι κατεσφάχθαι σαρκί. Εἰ δὲ τὰς τῶν ἀνδροφόνων καὶ τυμβωρύχων ψυχὰς ἐλευθέρας εἶναι θανάτου 15 φαμέν, πολλῷ δήπουθεν δικαιότερον ἀθάνατον εἰδέναι τὴν τοῦ σωτῆρος ἡμῶν ψυχήν, ἅτε δὴ καὶ ἁμαρτίας ἥκιστα γεγευμένην. Εἰ γὰρ αἱ τὰ μέγιστα πλημμελήσασαι τοῦ θανάτου τὴν πεῖραν διὰ τὴν φύσιν διέφυγον, πῶς ἂν ἐκείνη, καὶ φύσιν ἀθάνατον ἔχουσα καὶ μηδὲ σμικρᾶς ἁμαρτίας δεξαμένη κηλῖδα, ἐδέξατο ἂν τοῦ θανάτου τὸ ἄγκι- 20 στρον;

ΕΡΑΝ. Μάτην ἡμῖν τοὺς μακροὺς τούτους προσενήνοχας λόγους. Ὁμολογοῦμεν γὰρ ἀθάνατον εἶναι τὴν τοῦ σωτῆρος ψυχήν.

ΟΡΘ. Καὶ ποίας οὐκ ἂν εἴητε ἄξιοι τιμωρίας, τὴν μὲν ψυχήν, ἣ κτιστὴν ἔχει τὴν φύσιν, ἀθάνατον λέγοντες, θνητὴν δὲ τῷ λόγῳ τὴν 25 θείαν οὐσίαν κατασκευάζοντες; Καὶ τὴν μὲν τοῦ σωτῆρος ψυχὴν οὐ λέγοντες γεύσασθαι θανάτου σαρκί, αὐτὸν δὲ τὸν θεὸν λόγον, τὸν τῶν ἁπάντων δημιουργόν, τοῦτον λέγειν τολμῶντες πεπονθέναι τὸ πάθος;

ΕΡΑΝ. Ἀπαθῶς αὐτὸν πεπονθέναι φαμέν.

ΟΡΘ. Καὶ τίς σωφρονῶν τῶν καταγελάστων τούτων ἀνάσχοιτ᾽ ἂν 30 γρίφων; ἀπαθὲς γὰρ πάθος οὐδεὶς ἀκήκοε πώποτε, οὐδὲ ἀθάνατον θάνατον. Τὸ γὰρ ἀπαθὲς οὐ πέπονθε, καὶ τὸ πεπονθὸς οὐκ ἀπαθὲς μείνοι ἄν. Ἡμεῖς δὲ ἀκούομεν τοῦ θείου Παύλου βοῶντος· "Ὁ μόνος ἔχων ἀθανασίαν, φῶς οἰκῶν ἀπρόσιτον."

33-4 1 Tim. 6:16a

ISMDPJCVOR   1 οὖν δή, ὦγαθέ, τὴν εὐλάβειαν ἡμῖν J   9 Τροπὴν J   γε om. J
10 εἴποι ἄν: εἴποιεν S: ἂν εἴποι J   11 γὰρ om. J   12 ῥηθείη ἄν S   16 δήπου V
17 γεγευμένης S   19–20 μικρᾶς S: σμικρὰν J   22 προενήνοχας V   24 ἄξιοι εἴητε S
27 γεγεῦσθαι J   28 τοῦτον: τοῦτο J   30 ἀκούειν post ἂν add. S   31 πώποτε:
ποτε V   34 λέγοντος ante φῶς add. S

ΕΡΑΝ. Τί οὖν φαμεν καὶ τὰς ἀοράτους δυνάμεις καὶ τὰς τῶν ἀνθρώπων ψυχὰς καὶ αὐτούς γε τοὺς δαίμονας ἀθανάτους;

ΟΡΘ. Φαμέν· ἀλλὰ κυρίως ἀθάνατος ὁ θεός· οὐσίᾳ γὰρ ἀθάνατος, οὐ μετουσίᾳ· οὐ γὰρ παρ' ἑτέρου τὴν ἀθανασίαν ἔχει λαβών. Τοῖς δέ γε ἀγγέλοις καὶ τοῖς ἄλλοις, ὧν ἀρτίως ἐμνήσθης, αὐτὸς τὴν ἀθανα- 5 σίαν δεδώρηται. Εἰ τοίνυν ἀθάνατον αὐτὸν ὁ θεσπέσιος ὀνομάζει Παῦλος, καὶ μόνον τὴν ἀθανασίαν ἔχειν φησίν, πῶς αὐτῷ τὸ τοῦ θανάτου προσαρμόζετε πάθος;

ΕΡΑΝ. Μετὰ τὴν σάρκωσιν αὐτὸν γεύσασθαι θανάτου φαμέν.

ΟΡΘ. Ἀλλ' ἄτρεπτον αὐτὸν πολλάκις ὡμολογήσαμεν. Εἰ δὲ ἀθά- 10 νατος πρότερον ὢν ὕστερον διὰ σαρκὸς ὑπέμεινε θάνατον, εἰ τοῦτό τις δέξαιτο, πῶς ἂν πιστεύσειε τῷ Δαβὶδ λέγοντι πρὸς αὐτόν· "Σὺ δὲ ὁ αὐτὸς εἶ, καὶ τὰ ἔτη σου οὐκ ἐκλείψουσι;" κατὰ γὰρ τὸν ὑμέτερον λόγον οὐκ ἔμεινεν. Ὁ αὐτὸς ἀθάνατος γὰρ ὢν διὰ σαρκὸς ὑπέμεινε θάνατον, τροπῆς ἡγησαμένης ὑπέμεινε θάνατον, ἐξέλιπε δὲ αὐτοῦ καὶ 15 ἡ ζωὴ τρεῖς ἡμέρας καὶ ἰσαρίθμους νύκτας, καὶ ποίαν τὸ ταῦτα λέγειν ἀσεβείας ὑπερβολὴν καταλείπει; Οἶμαι γὰρ οὐδὲ τοῖς κατὰ τῆς ἀσεβείας ἀγωνιζομένοις τὸ ταῦτα διὰ τῆς γλώττης προφέρειν ἀκίνδυνον.

ΕΡΑΝ. Παῦσαι δυσσεβείας ἡμᾶς γραφόμενος. Οὐδὲ γὰρ ἡμεῖς 20 τὴν θείαν φύσιν πεπονθέναι φαμέν, ἀλλὰ τὴν ἀνθρωπείαν· τὴν δέ γε θείαν συμπεπονθέναι τῷ σώματι.

ΟΡΘ. Τὸ συμπεπονθέναι πῶς λέγεις; ὡς τῶν ἥλων ἐμπηγνυμένων τῷ σώματι τὴν θείαν φύσιν τῆς ἀλγηδόνος τὴν αἴσθησιν δέξασθαι;

ΕΡΑΝ. Ναιχί. 25

ΟΡΘ. Καὶ νῦν καὶ ἐν τοῖς ἔμπροσθεν ἐξετασμένοις ἐδείξαμεν οὐδὲ τὴν ψυχὴν πάντων μεταλαγχάνουσαν τῶν τοῦ σώματος· ἀλλὰ τὸ σῶμα τὴν ζωτικὴν δύναμιν δεχόμενον διὰ τῆς ψυχῆς τὴν αἴσθησιν ἔχειν τῶν παθημάτων. Εἰ δὲ καὶ συγχωρήσαιμεν τὴν ψυχὴν τῷ σώματι συναλγεῖν, οὐδὲν ἧττον ἀπαθῆ τὴν θείαν φύσιν εὑρήσομεν. 30 Οὐ γὰρ ἀντὶ ψυχῆς συνήφθη τῷ σώματι. Ἢ οὐ συνομολογεῖς αὐτὸν ἀνειληφέναι ψυχήν;

(5–6 1 Tim. 6:16a) 12–13 Ps. 102:27 (LXX 101:28)

ISMDPJCVOR 1 οὖ ante φαμεν add. J 3 ἐστιν post γάρ add. S 5 γε om. V καὶ τοῖς ἄλλοις om. J 6 αὐτὸν ἀθάνατον I 9 τοῦ ante θανάτου add. J 11–15 εἰ --- θάνατον¹ om. ISV 15 ὑπέμεινε θάνατον: τοῦτον τὸν θάνατον ὑπομεμένηκεν S 16 τρεῖς ante ἰσαρίθμους add. S 17 καταλείπει ὑπερβολήν S 21–2 τὴν θείαν δέ γε V 24 τὴν τῆς ἀλγηδόνος αἴσθησιν S 26 νῦν: μὴν SᵃᶜJ καὶ² om. J πρόσθεν J 28 δεχόμενον δύναμιν S 29 καὶ om. S

ΕΡΑΝ. Πολλάκις συνωμολόγησα.

ΟΡΘ. Καὶ τὴν λογικὴν ψυχήν;

ΕΡΑΝ. Πάνυγε.

ΟΡΘ. Εἰ τοίνυν μετὰ τοῦ σώματος ἀνείληφε τὴν ψυχήν, συνεχωρή- 5
σαμεν δὲ συμπάσχειν τῷ σώματι τὴν ψυχήν, ἡ ψυχὴ ἄρα συνέπαθεν,
οὐχ ἡ θεότης τῷ σώματι· συνέπαθε δὲ τὰς ὀδύνας ὡς εἰκὸς δεξαμένη
διὰ τοῦ σώματος. Ἀλλὰ συμπάσχειν μὲν ἴσως τῷ σώματι φαίη τις
ἂν τὴν ψυχήν, συναποθνήσκειν δὲ οὐδαμῶς· ἀθάνατον γὰρ ἔλαχε
φύσιν. Διά τοι τοῦτο καὶ ὁ κύριος ἔφη· "Μὴ φοβεῖσθε ἀπὸ τῶν
ἀποκτεννόντων τὸ σῶμα, τὴν δὲ ψυχὴν μὴ δυναμένων ἀποκτεῖναι." 10
Εἰ τοίνυν οὐδὲ τὴν ψυχὴν τοῦ σωτῆρός φαμεν τῷ σώματι κοινωνῆσαι
θανάτου, πῶς ἄν τις τὴν παρ' ὑμῶν τολμωμένην δέξαιτο βλασφημίαν,
ἢ τὴν θείαν φύσιν μεταλαχεῖν θανάτου λέγειν τολμᾷ; καὶ ταῦτα τοῦ
κυρίου νῦν μὲν τὸ σῶμα προσφερόμενον, νῦν δὲ τὴν ψυχὴν ταραττο-
μένην ἐπιδεικνύντος. 15

ΕΡΑΝ. Καὶ ποῦ τὸ σῶμα προσφερόμενον ὁ κύριος ἔδειξεν; Ἢ
πάλιν ἡμῖν τὴν πολυθρύλλητον ὑμῶν προσοίσετε μαρτυρίαν· "Λύσατε
τὸν ναὸν τοῦτον, καὶ ἐν τρισὶν ἡμέραις ἐγερῶ αὐτόν;" καὶ τὸν εὐ-
αγγελιστὴν ἡμῖν βρενθυόμενοι παρέξετε λέγοντα· "Αὐτὸς δὲ ἔλεγε
περὶ τοῦ ναοῦ τοῦ σώματος αὐτοῦ, καὶ ὅτε ἠγέρθη ἐκ νεκρῶν, ἔγνωσαν 20
οἱ μαθηταὶ αὐτοῦ ὅτι τοῦτο εἶπεν ὁ Ἰησοῦς, καὶ ἐπίστευσαν τῇ γραφῇ
καὶ τῷ λόγῳ, ᾧ εἶπεν ὁ Ἰησοῦς."

ΟΡΘ. Εἰ λίαν οὕτω ταῖς θείαις φωναῖς ἀπεχθάνεσθε, αἳ τὸ μέγα
κηρύττουσι τῆς οἰκονομίας μυστήριον, τί δήποτε μὴ Μαρκίωνι καὶ
Βαλεντίνῳ καὶ Μάνητι παραπλησίως τὰς τοιάσδε φωνὰς ἐξαλείφετε; 25
καὶ γὰρ ἐκεῖνοι ταὐτὸ τοῦτο δεδράκασιν. Εἰ δὲ θρασὺ τοῦτο δοκεῖ καὶ
ἀνόσιον, μὴ κωμῳδεῖτε τοῦ δεσπότου τὰ ῥήματα, ἀλλὰ τοῖς ἀποστό-
λοις ἀκολουθεῖτε πιστεύσασι μετὰ τὴν ἀνάστασιν, ὡς ἡ θεότης
ἀνέστησαν ὃν ἔλυσαν οἱ Ἰουδαῖοι ναόν.

ΕΡΑΝ. Εἰ μαρτυρίαν ἔχεις στερράν, παῦσαι λοιδορούμενος, καὶ 30
πλήρωσον τὴν ὑπόσχεσιν.

ΟΡΘ. Μέμνησαι πάντως τῶν εὐαγγελικῶν λογίων ἐκείνων, ἐν οἷς
τοῦ μάννα καὶ τῆς ἀληθινῆς τροφῆς ὁ κύριος ἐποιήσατο σύγκρισιν.

ΕΡΑΝ. Μέμνημαι.

9–10 Mt. 10:28   17–18 Jn. 2:19   19–22 Jn. 2:21–2

ISMDPJCVOR   4–5 συνεχωρήσαμεν – – – ψυχήν om. I   5 συμπάσχειν – – – ψυχήν:
ταύτην συμπάσχειν τῷ σώματι S   6 δὲ om. V   9 φοβῆσθε J   10 ἀποκτενόντων V
17 ἡμῖν: ὑμῖν S   ὑμῶν om. S   19 βρενθυόμενον IS   22 αὐτοῖς post εἶπεν add. S
Ἰησοῦς: κύριος SᵃᶜV   23 ὑπεχθάνεσθε IᵃᶜS   29 οἵ om. I   30 στερράν: ἑτέραν J

ΟΡΘ. Ἐν ἐκείνῳ τῷ χωρίῳ περὶ τοῦ ἄρτου τῆς ζωῆς πολλοὺς λόγους διεξελθὼν ἐπήγαγε καὶ ταῦτα· "Ὁ δὲ ἄρτος ὃν ἐγὼ δώσω, ἡ σάρξ μού ἐστιν, ἣν ἐγὼ δώσω ὑπὲρ τῆς τοῦ κόσμου ζωῆς." Καὶ ἔστιν ἰδεῖν ἐν τοῖς λόγοις καὶ τὴν τῆς θεότητος φιλοτιμίαν καὶ τὴν δωρεὰν τῆς σαρκός. 5

ΕΡΑΝ. Οὐκ ἀπόχρη μαρτυρία μία τὴν ἀμφισβήτησιν λῦσαι.

ΟΡΘ. Ὁ Αἰθίοψ εὐνοῦχος οὐ πολλὰς ἀνέγνω γραφάς, ἀλλὰ μίαν εὑρὼν προφητικὴν μαρτυρίαν δι' ἐκείνης ἐποδηγήθη πρὸς σωτηρίαν. Ὑμᾶς δὲ οὐχ ἱκανοὶ πεῖσαι πάντες ἀπόστολοι καὶ προφῆται, καὶ οἱ μετ' ἐκείνους τῆς ἀληθείας γενόμενοι κήρυκες. Ἀλλ' ὅμως καὶ ἑτέρας 10 σοι περὶ τοῦ δεσποτικοῦ σώματος μαρτυρίας προσοίσω. Οἶσθα τῆς εὐαγγελικῆς ἱστορίας ἐκεῖνό γε τὸ χωρίον, ἔνθα τὸ πάσχα φαγὼν μετὰ τῶν μαθητῶν ἔδειξε μὲν τοῦ τυπικοῦ προβάτου τὸ τέλος, ἐδίδαξε δὲ τῆς σκιᾶς ἐκείνης ποῖον ὑπάρχει σῶμα.

ΕΡΑΝ. Οἶδα τήνδε τὴν ἱστορίαν. 15

ΟΡΘ. Οὐκοῦν ἀναμνήσθητι, τί μὲν ὁ κύριος λαβὼν ἔκλασε, τί δὲ **272** τὸ ληφθὲν προσαγορεύσας εἴρηκεν.

ΕΡΑΝ. Τῶν ἀμυήτων ἕνεκα μυστικώτερον λέξω. Λαβὼν καὶ κλάσας καὶ τοῖς μαθηταῖς διανείμας ἔφη· "Τοῦτό μού ἐστι τὸ σῶμα τὸ ὑπὲρ ὑμῶν διδόμενον," ἢ "κλώμενον," κατὰ τὸν ἀπόστολον· καὶ 20 πάλιν· "Τοῦτό μού ἐστι τὸ αἷμα τὸ τῆς καινῆς διαθήκης τὸ περὶ πολλῶν ἐκχυνόμενον."

ΟΡΘ. Οὐ τοίνυν θεότητος ἐμνημόνευσε τοῦ πάθους τὸν τύπον ἐπιδεικνύς;

ΕΡΑΝ. Οὐ δῆτα. 25

ΟΡΘ. Ἀλλὰ σώματός γε καὶ αἵματος;

ΕΡΑΝ. Ἀληθές.

ΟΡΘ. Σῶμα ἄρα τῷ σταυρῷ προσηλώθη;

ΕΡΑΝ. Ἔοικεν.

ΟΡΘ. Ἀτὰρ δὴ τόδε προσεξετάσωμεν. Ἡνίκα μετὰ τὴν ἀνάστασιν 30 τῶν θυρῶν κεκλεισμένων πρὸς τοὺς ἁγίους ὁ δεσπότης εἰσελήλυθε μαθητάς, καὶ δείσαντας ἐθεάσατο, τίνι τρόπῳ τὸ δέος ἔλυσε, καὶ πίστιν ἀντὶ τοῦ δέους ἐνέθηκεν;

2–3 Jn. 6:51 (7–8 Acts 8:26 ff.) 19–20 Lk. 22:19 and 1 Cor. 11:24 21–2 Mt. 26:28

ISMDPJCVOR 6 τὴν ––– λῦσαι: λῦσαι ἀμφισβή τῆσαι (sic) V 10 γενόμενοι τῆς ἀληθείας κήρυκες J 10–11 σοι καὶ ἑτέρας V 11 γε post Οἶσθά add. V 12 τὸ χωρίον ἐκεῖνό γε V 20 ὑμῶν: ἡμῶν I δεδόμενον ISVᵃᵒ 23 τῆς ante θεότητος add. J 26 γε: τε J 27–8 om. I 30 Ἀτὰρ: Ἄγε SᵃᵒV καὶ post δὴ add. ISV προσετάσωμεν V 31 ὁ δεσπότης om. J 33 τοῦ om. V

EPAN. Εἶπεν αὐτοῖς· "Βλέπετε τὰς χεῖράς μου καὶ τοὺς πόδας μου, ὅτι αὐτὸς ἐγώ εἰμι· ψηλαφήσατέ με, καὶ ἴδετε, ὅτι πνεῦμα σάρκα καὶ ὀστέα οὐκ ἔχει, καθὼς ἐμὲ θεωρεῖτε ἔχοντα."

ΟΡΘ. Τὸ σῶμα τοίνυν αὐτοῖς ἀπιστοῦσιν ἐπέδειξεν;

EPAN. Δῆλον. 5

ΟΡΘ. Τὸ σῶμα τοιγαροῦν ἐγήγερται;

EPAN. Φαίνεται.

ΟΡΘ. Ὁ δὲ ἀνέστη, τοῦτο δήπου καὶ ἐτεθνήκει;

EPAN. Ἔοικεν.

ΟΡΘ. Ὁ δέ γε ἐτεθνήκει, τοῦτο τῷ σταυρῷ προσηλώθη; 10

EPAN. Ἀνάγκη.

ΟΡΘ. Τὸ σῶμα ἄρα πέπονθε κατὰ τὸν σόν γε λόγον.

EPAN. Τοῦτο φάναι βιάζεται ὁ τῶν λόγων εἱρμός.

ΟΡΘ. Σκοπήσωμεν δὲ καὶ ὡδί. Ἐγὼ δὲ πάλιν ἐρήσομαι, σὺ δὲ φιλαλήθως ἀπόκριναι. 15

EPAN. Ἀποκρινοῦμαι.

ΟΡΘ. Ὁπηνίκα τὸ πανάγιον τοῖς ἀποστόλοις ἐπεφοίτησε πνεῦμα, καὶ τὸ παράδοξον θέαμά τε καὶ ἄκουσμα πολλὰς ἀνθρώπων παρὰ τὸ δωμάτιον ἐκεῖνο μυριάδας συνήθροισε, τίνα τῶν ἀποστόλων ὁ πρῶτος τηνικαῦτα δημηγορῶν περὶ τῆς δεσποτικῆς εἴρηκεν ἀναστάσεως. 20

EPAN. Τὸν θεσπέσιον Δαβὶδ εἰς μέσον παρήγαγεν, ἔφη τε αὐτὸν ὑποσχέσεις παρὰ τοῦ θεοῦ τῶν ὅλων δεξάμενον, ὡς ὁ δεσπότης Χριστὸς ἐκ καρποῦ τῆς ὀσφύος αὐτοῦ βλαστήσει· καὶ ταύταις πεπιστευκότα, προϊδεῖν τε προφητικῶς αὐτοῦ τὴν ἀνάστασιν, καὶ διαρρήδην εἰπεῖν, ὡς οὐκ ἐγκατελείφθη εἰς ἅδου ἡ ψυχὴ αὐτοῦ, οὐδὲ ἡ σὰρξ 25 αὐτοῦ εἶδε διαφθοράν.

ΟΡΘ. Τούτων τοιγαροῦν ἡ ἀνάστασις.

EPAN. Καὶ πῶς ἄν τις τῆς οὐ τεθνηκυίας ψυχῆς ἀνάστασιν εἴποι γε σωφρονῶν;

ΟΡΘ. Οἱ τῆς ἀτρέπτου καὶ ἀπεριγράφου θεότητος καὶ τὸ πάθος καὶ 30 τὸν θάνατον καὶ τὴν ἀνάστασιν εἶναι λέγοντες, πῶς ἡμῖν ἐξαίφνης ἀνεφάνητε σώφρονες, ὡς παραιτεῖσθαι καὶ τῇ ψυχῇ προσάπτειν τὸ τῆς ἀναστάσεως ὄνομα;

1–3 Lk. 24:39   (17–20 Acts 2:1 ff.)   (21–6 Acts 2:22–34)   (24–6 Ps. 16:10 = LXX 15:10)

ISMDPJCVOR   4 ἀπιστοῦσιν αὐτοῖς J   ὑπέδειξεν IS: ἔδειξεν V   8 δήπου om. I
10 γε om. J   12 καὶ ante κατὰ add. J   14 ὡδί: ὧδε J   μοι post δέ add. S
17 τοῖς ἀποστόλοις τὸ πανάγιον S   πνεῦμα τοῖς ἀποστόλοις ἐπεφοίτησε J   ἐφοίτησε I
19 ἤθροισε V   22 τοῦ τῶν ὅλων θεοῦ S   23 κατὰ σάρκα ante βλαστήσει add. J
31 λέγοντες εἶναι V

ΕΡΑΝ. Ὅτι τῷ πεπτωκότι πρόσφορον τὸ τῆς ἀναστάσεως πρόσρημα.

ΟΡΘ. Ἀλλ' οὐ δίχα ψυχῆς τὸ σῶμα τυγχάνει τῆς ἀναστάσεως, νεουργούμενον δὲ τῷ θείῳ βουλήματι, καὶ τῇ ὁμόζυγι συναπτόμενον, ἀπολαμβάνει τὸ ζῆν. Ἢ οὐχ οὕτω τὸν Λάζαρον ὁ δεσπότης ἀνέστη- 5 σεν;

ΕΡΑΝ. Δῆλον ὡς οὐ σῶμα μόνον ἀνίσταται.

ΟΡΘ. Σαφέστερον ταῦτα διδάσκει ὁ θεῖος Ἰεζεκιήλ. Ἐπιδείκνυσι γὰρ ὅπως τε συνελθεῖν τὰ ὀστέα προσέταξεν ὁ θεός, καὶ ὅπως τούτων ἕκαστον τὴν οἰκείαν ἀπέλαβεν ἁρμονίαν, καὶ ἔφυσε νεῦρα καὶ φλέβας 10 καὶ ἀρτηρίας, καὶ τὰς μεταξὺ τούτων ὑπεστρωμένας σάρκας, καὶ τὸ δέρμα τούτων ἁπάντων τὸ κάλυμμα, καὶ τότε τὰς ψυχὰς ἐπανελθεῖν πρὸς τὰ οἰκεῖα παρηγγύησε σώματα.

ΕΡΑΝ. Ἀληθῆ ταῦτα.

ΟΡΘ. Τὸ μέντοι κυριακὸν σῶμα ταύτην οὐχ ὑπέμεινε τὴν διαφθο- 15 ράν, ἀλλ' ἀκήρατον διαμεῖναν ἀπέλαβε τῇ τρίτῃ ἡμέρᾳ τὴν οἰκείαν ψυχήν.

ΕΡΑΝ. Ὡμολόγηται.

ΟΡΘ. Τοιγάρτοι τούτων τὸ πάθος, ὧν καὶ ὁ θάνατος;

ΕΡΑΝ. Πάνυγε. 20

ΟΡΘ. Ὧν δὲ ὁ θάνατος, τούτων ἄρα καὶ ἡ ἀνάστασις;

ΕΡΑΝ. Ἀνάγκη.

ΟΡΘ. Τῆς δέ γε ἀναστάσεως μνημονεύσας ὁ μέγας Πέτρος, καὶ μὴν δὴ καὶ ὁ θεῖος Δαβίδ, τὴν μὲν ψυχὴν ἔφασαν μὴ ἐγκαταλειφθῆναι εἰς ᾅδου, τὸ δὲ σῶμα μὴ ὑπομεῖναι διαφθοράν; 25

ΕΡΑΝ. Οὕτως ἔφασαν.

ΟΡΘ. Οὐκ ἄρα ἡ θεότης ὑπέμεινε θάνατον, ἀλλὰ τὸ σῶμα τῷ χωρισμῷ τῆς ψυχῆς.

ΕΡΑΝ. Τῶν ἀτόπων τούτων λόγων ἐγώ γε οὐκ ἀνέξομαι.

ΟΡΘ. Τοῖς οἰκείοις οὖν διαμάχῃ λόγοις· σοὶ γὰρ οὗτοί γε, οὓς 30 ἀτόπους ὠνόμασας.

ΕΡΑΝ. Συκοφαντεῖς με ὅλως γε· τῶνδε γὰρ τῶν λόγων οὐδεὶς ἐμός.

(5–6 Jn. 11:1–44 passim) (8–13 Ezek. 37:7 ff.) (23–5 Ps. 16:10 = LXX 15:10; Acts 2:22–34)

ISMDPJCVOR 1 τῷ om. J πρόσφορον: προσφέρεται J τὸ om. IS 1–2 πρόσρημα: ὄνομα Vᵐᶜ 8 ταῦτα om. ISV 9 τούτων ἕκαστον post ὅπως¹ add. S τε MDJC: τὸ cett. 10 οἰκείαν: ἰδίαν Vᵐᶜ ἁρμονίαν ἀπέλαβεν S 21–2 om. V 24 μὴν: μὲν SᵃᶜJ δὴ om. V 27–8 τῷ χωρισμῷ: τὸ δοχεῖον J 32 ὅλως γε: ὦ λῷστε forte recte J 32–3 ἐμός οὐδείς S

ΟΡΘ. Ὅταν, τινὸς ἐρωτῶντος ποῖόν ἐστι τὸ ζῷον τὸ λογικὸν ὁμοῦ καὶ θνητόν, ἀποκρίναιτό τις καὶ εἴποι, ἄνθρωπος, τίνα ἂν καλέσαις ἑρμηνέα τοῦ λόγου, τὸν ἐρόμενον ἢ τὸν ἀποκρινόμενον;

ΕΡΑΝ. Τὸν ἀποκρινόμενον.

ΟΡΘ. Εἰκότως ἄρα ἔφην σοὺς εἶναι τούσδε τοὺς λόγους· σὺ γὰρ 5 δήπουθεν ἀποκρινόμενος καὶ τὰ μὲν ἀπαγορεύων, τὰ δὲ συνομολογῶν, ἐβεβαίους τοὺς λόγους.

ΕΡΑΝ. Οὐκοῦν ἀποκρινοῦμαι μὲν οὐδαμῶς, ἐρήσομαι δὲ μόνον· σὺ δὲ ἀποκρίνου μοι.

ΟΡΘ. Ἀποκρινοῦμαι. 10

ΕΡΑΝ. Τί δήποτε πρὸς τὴν ἀποστολικὴν φῂς ῥῆσιν ἐκείνην· "Εἰ γὰρ ἔγνωσαν, οὐκ ἂν τὸν κύριον τῆς δόξης ἐσταύρωσαν;" Ἐνταῦθα γὰρ οὔτε σώματος οὔτε ψυχῆς ἐμνημόνευσεν.

ΟΡΘ. Οὐκοῦν οὐδὲ τὸ σαρκὶ προσθετέον ἐνταῦθα, τοῦτο δὴ τὸ ὑμέτερον τὸ κατὰ τῆς τοῦ λόγου θεότητος ἐξευρεθὲν ὑμῖν μηχάνημα· 15 ἀλλὰ γυμνῇ τῇ τοῦ λόγου θεότητι προσαπτέον τὸ πάθος.

ΕΡΑΝ. Οὐδαμῶς· σαρκὶ γὰρ πέπονθεν· ἡ δὲ ἀσώματος φύσις αὐτὴ καθ' αὑτὴν παθεῖν οὐχ οἷά τε ἦν.

ΟΡΘ. Ἀλλ' οὐδὲν προσήκει τοῖς ἀποστολικοῖς προσθεῖναι ῥητοῖς.

ΕΡΑΝ. Οὐδὲν ἄτοπον τὸν ἀποστολικὸν εἰδότα σκοπὸν τὸ ἐλλεῖπον 20 προσθεῖναι.

ΟΡΘ. Προσθεῖναι μέντοι τοῖς θείοις μανικόν ἐστι καὶ θρασύ· ἀναπτύσσειν δὲ τὰ γεγραμμένα καὶ τὴν κεκρυμμένην ἀποκαλύπτειν διάνοιαν ὅσιόν τε καὶ εὐαγές.

ΕΡΑΝ. Ὀρθῶς ἔφης. 25

ΟΡΘ. Οὐδὲν οὖν ἀπεικὸς οὐδὲ ἀνόσιον δρῴημεν ἂν καὶ ἡμεῖς ἐρευνῶντες τῶν γεγραμμένων τὸν νοῦν.

ΕΡΑΝ. Οὐ δῆτα.

ΟΡΘ. Κοινῇ τοίνυν τὸ δοκοῦν κεκρύφθαι ζητήσωμεν.

ΕΡΑΝ. Πάνυγε. 30

ΟΡΘ. Ἀδελφὸν τοῦ κυρίου τὸν θεῖον Ἰάκωβον ὁ μέγας προσηγόρευσε Παῦλος.

ΕΡΑΝ. Ἀληθές.

11–12 1 Cor. 2:8 (31–2 Gal. 1:19)

ISMDPJCVOR 2 ὁ ante ἄνθρωπος add. J 2–3 καλέσῃς J 9 μοι om. IV μοι ἀποκρίνου S 11 Τί δήποτε: Τί δ' εἴποι τε I φῇς om. I: ἐρεῖς S: ante πρὸς transp. J ἐκείνην ἐρεῖς ῥῆσιν S 15 ὑμέτερον: ἡμέτερον SV 18 αὐτὴν: ἑαυτὴν J παθεῖν om. IS 19 οὐδὲν: οὐδὲ J 20 εἰδότας J 22 μέντοι: μέν τι IV 23 γε post δέ add. J

ΟΡΘ. Πῶς τοίνυν αὐτὸν νοήσομεν ἀδελφόν; πότερον τῇ τῆς θεότητος ἢ τῇ τῆς ἀνθρωπότητος ἀγχιστείᾳ;

ΕΡΑΝ. Τὰς ἡνωμένας φύσεις διελεῖν οὐκ ἀνέξομαι.

ΟΡΘ. Καὶ μὴν πολλάκις διεῖλες ἐν τοῖς ἔμπροσθεν ἐξητασμένοις. Ταὐτὸ δὲ τοῦτο δράσεις καὶ νῦν. Εἰπὲ γάρ μοι, μονογενῆ τὸν θεὸν 5 λόγον λέγεις υἱόν;

ΕΡΑΝ. Οὕτω λέγω.

ΟΡΘ. Ὁ δὲ μονογενὴς τὸν μόνον υἱὸν δηλοῖ;

ΕΡΑΝ. Πάνυγε.

ΟΡΘ. Ἥκιστα δὲ ἀδελφὸν ὁ μονογενὴς ἔχει; 10

ΕΡΑΝ. Οὐδαμῶς ἔχει· οὐ γὰρ ἂν ἀδελφὸν ἔχων κληθείη μονογενής.

ΟΡΘ. Ψευδῶς ἄρα κεκλήκασι τὸν Ἰάκωβον ἀδελφὸν τοῦ κυρίου. Μονογενὴς γὰρ ὁ κύριος, ἥκιστα δὲ ἀδελφὸν ὁ μονογενὴς ἔχει.

ΕΡΑΝ. Ἀλλ' οὐκ ἀσώματος ὁ κύριος, ἵνα μόνα τὰ τῇ θεότητι 15 προσήκοντά φασι τῆς ἀληθείας οἱ κήρυκες.

ΟΡΘ. Πῶς ἂν οὖν δείξαις ἀληθῆ τοῦ ἀποστόλου τὸν λόγον;

ΕΡΑΝ. Λέγων ὅτι κατὰ σάρκα οὗτος τῆς δεσποτικῆς συγγενείας μετεῖχεν.

ΟΡΘ. Ἰδοὺ πάλιν ἡμῖν εἰσήγαγες τὴν παρ' ὑμῶν κατηγορου- 20 **277** μένην διαίρεσιν.

ΕΡΑΝ. Οὐκ ἦν ἑτέρως τὴν συγγένειαν δεῖξαι.

ΟΡΘ. Μὴ τοίνυν κατηγόρει τῶν ἑτέρως τὰ τοιαῦτα διαλύειν μὴ δυναμένων.

ΕΡΑΝ. Εἰς ἕτερα τὸν λόγον ἀπάγεις ἐκκλῖναι θέλων τὸ πρόβλημα. 25

ΟΡΘ. Οὐδαμῶς, ὦ ἀγαθέ· διὰ γὰρ δὴ τῶν ἐξητασμένων κἀκεῖνο λυθήσεται· καὶ σκόπησον οὑτωσί. Τοῦ κυρίου ἀδελφὸν τὸν Ἰάκωβον ἀκούσας, οὐ τῇ θεότητι προσήκειν, ἀλλὰ τῇ σαρκὶ τὴν συγγένειαν εἴρηκας;

ΕΡΑΝ. Οὕτως ἔφην. 30

ΟΡΘ. Κἀνταῦθα τοίνυν τοῦ σταυροῦ τὸ πάθος ἀκούσας, τῇ σαρκὶ τοῦτο προσάρμοσον.

ΕΡΑΝ. Ὁ ἀπόστολος Παῦλος κύριον τῆς δόξης τὸν ἐσταυρωμένον ἐκάλεσεν.

(13, 27–8 Gal. 1:19)   (33–4 1 Cor. 2:8)

ISMDPJCVOR   1 νοήσομεν αὐτὸν J   4 πρόσθεν J   10 ὁ μονογενὴς ἀδελφὸν ἔχει S
16 φασι: φῶσι J   19 μετέσχεν J   23 λύειν J   μὴ: οὐ ISV   26 Οὐδαμῶς: Οὐ
γὰρ δή J   δὴ om. S   33 τῆς om. ISV   34 καλεῖ J

ΟΡΘ. Καὶ ὁ αὐτὸς ἀπόστολος ἀδελφὸν τοῦ Ἰακώβου τὸν κύριον προσηγόρευσεν. Ὁ αὐτὸς δὲ κύριος κἀνταῦθα κἀκεῖ. Εἰ τοίνυν ὀρθῶς ἐκεῖ τὴν συγγένειαν προσήρμοσας τῇ σαρκί, καὶ τὸ πάθος δήπουθεν ταύτῃ προσαρμοστέον. Τῶν γὰρ ἀτοπωτάτων τὴν μὲν συγγένειαν κατὰ διαίρεσιν ἐννοεῖν, τὸ δὲ πάθος ἀδιαιρέτως προσάπτειν. 5

ΕΡΑΝ. Ἐγὼ πείθομαι τῷ ἀποστόλῳ κύριον τῆς δόξης τὸν ἐσταυρωμένον προσαγορεύοντι.

ΟΡΘ. Καὶ ἐγώ γε πείθομαι καὶ πιστεύω κύριον εἶναι δόξης· οὐ γὰρ ἀνθρώπου τινὸς κοινοῦ, ἀλλὰ τοῦ κυρίου τῆς δόξης σῶμα ἦν τὸ τῷ ξύλῳ προσηλωθέν. Χρὴ μέντοι εἰδέναι, ὡς ἡ ἕνωσις κοινὰ ποιεῖ τὰ 10 ὀνόματα. Σκόπησον δὲ οὑτωσί. Τὴν σάρκα τοῦ κυρίου ἐκ τῶν οὐρανῶν κατεληλυθέναι λέγεις;

ΕΡΑΝ. Οὐ δῆτα.

ΟΡΘ. Ἀλλ' ἐν τῇ μήτρᾳ τῆς παρθένου διαπλασθῆναι;

ΕΡΑΝ. Οὕτω φημί. 15

ΟΡΘ. Πῶς οὖν ὁ κύριος λέγει· "'Ἐὰν οὖν ἴδητε τὸν υἱὸν τοῦ ἀνθρώπου ἀναβαίνοντα ὅπου ἦν τὸ πρότερον;" καὶ πάλιν· "Οὐδεὶς ἀναβέβηκεν εἰς τὸν οὐρανόν, εἰ μὴ ὁ ἐκ τοῦ οὐρανοῦ καταβάς, ὁ υἱὸς τοῦ ἀνθρώπου, ὁ ὢν ἐν τῷ οὐρανῷ."

ΕΡΑΝ. Οὐ περὶ τῆς σαρκός, ἀλλὰ περὶ τῆς θεότητος λέγει. 20

ΟΡΘ. Ἀλλ' ἡ θεότης ἐκ τοῦ θεοῦ καὶ πατρός. Πῶς οὖν αὐτὸν υἱὸν ἀνθρώπου καλεῖ;

ΕΡΑΝ. Κοινὰ τοῦ προσώπου γέγονε τὰ τῶν φύσεων ἴδια. Ὁ γὰρ αὐτὸς διὰ τὴν ἕνωσιν, καὶ υἱὸς ἀνθρώπου καὶ υἱὸς θεοῦ, καὶ αἰώνιος καὶ πρόσφατος, καὶ υἱὸς Δαβὶδ καὶ κύριος Δαβίδ, καὶ τ' ἄλλα τὰ 25 τοιάδε ὁμοίως.

ΟΡΘ. Μάλα ὀρθῶς. Εἰδέναι μέντοι κἀκεῖνο χρή, ὡς οὐ σύγχυσιν εἰργάσατο τῶν φύσεων ἡ κοινότης τῶν ὀνομάτων. Διὰ γάρ τοι τοῦτο καὶ διαγνῶναι ζητοῦμεν, πῶς μὲν υἱὸς θεοῦ, πῶς δὲ πάλιν ὁ αὐτὸς υἱὸς ἀνθρώπου, καὶ πῶς ὁ αὐτὸς χθὲς καὶ σήμερον καὶ εἰς τοὺς αἰῶνας· 30 καὶ τῇ εὐσεβεῖ διακρίσει τοῦ λόγου σύμφωνα τἀναντία εὑρίσκομεν.

ΕΡΑΝ. Ὀρθῶς εἴρηκας.

ΟΡΘ. Ὥσπερ τοίνυν καταβεβηκέναι μὲν ἐκ τῶν οὐρανῶν τὴν

(1–2 Gal. 1:19) (6–10 1 Cor. 2:8) 16–17 Jn. 6:62 17–19 Jn. 3:13 (30 Heb. 13:8)

ISMDPJCVOR 1 τοῦ ––– κύριον: τοῦ κυρίου τὸν Ἰακωβον D 2–3 ὀρθῶς ἐκεῖ: ὀρθὸς εἶ, καὶ ISV 3 τῇ σαρκί om. S 5 προσάπτειν: προσαρμόττειν Ι 6 τῆς om. ISV 8 γε om. JV εἶναι om. Ι 9 τὸ om. Ι 17 ἀναβαίνοντα om. ISVᵃᶜ: ἀνερχόμενον J 21 Ἀλλ' ἡ θεότης: Ἀληθῆ τῆς IS 27 μέντοι post Μάλα transp. S 28 τῶν φύσεων εἰργάσατο J 30 καὶ² om. V

θείαν ἔφησθα φύσιν, υἱὸν δέ γε ἀνθρώπου κληθῆναι αὐτὴν διὰ τὴν
ἕνωσιν εἴρηκας, οὕτω προσηλωθῆναι μὲν τῷ ξύλῳ τὴν σάρκα προσήκει
λέγειν, ἀχώριστον δὲ ταύτης εἶναι τὴν θείαν φύσιν ὁμολογεῖν, κἂν τῷ
σταυρῷ, κἂν τῷ τάφῳ, πάθος ἐκεῖθεν οὐ δεχομένην, ἐπειδὴ πάσχειν
οὐ πέφυκεν, οὐδέ γε θνήσκειν, ἀλλ' ἀθάνατον ἔχει καὶ ἀπαθῆ τὴν 5
οὐσίαν. Ταύτῃ τοι καὶ κύριον τῆς δόξης τὸν ἐσταυρωμένον ὠνόμασε,
τὸ τῆς ἀπαθοῦς φύσεως ὄνομα τῇ παθητῇ προσνείμας, ἐπειδήπερ
αὐτῆς ἐχρημάτισε σῶμα. Προσεξετάσωμεν δὲ καὶ τοῦτο. Ὁ θεῖος
εἶπεν ἀπόστολος· "Εἰ γὰρ ἔγνωσαν, οὐκ ἂν τὸν κύριον τῆς δόξης
ἐσταύρωσαν." Ἐσταύρωσαν τοίνυν ἣν ἔγνωσαν φύσιν, οὐχ ἣν πάμπαν 10
ἠγνόησαν. Εἰ δὲ ἔγνωσαν ἣν ἠγνόησαν, οὐκ ἂν ἐσταύρωσαν ἥνπερ
ἔγνωσαν. Ἐπειδὴ δὲ τὴν θείαν ἠγνόησαν, τὴν ἀνθρωπείαν ἐσταύρω-
σαν. Ἢ οὐκ ἀκήκοας αὐτῶν λεγόντων· "Περὶ καλοῦ ἔργου οὐ λιθάζο-
μέν σε, ἀλλὰ περὶ βλασφημίας, ὅτι ἄνθρωπος ὢν ποιεῖς σεαυτὸν θεόν;"
Διὰ δὲ τούτων δηλοῦσιν, ὡς ἣν μὲν ἑώρων ἐπεγίνωσκον φύσιν, τὴν δέ 15
γε ἀόρατον παντάπασιν ἠγνόουν. Εἰ δὲ κἀκείνην ἐπέγνωσαν, οὐκ ἂν
τὸν κύριον τῆς δόξης ἐσταύρωσαν.

ΕΡΑΝ. Ταῦτα μὲν ἀμηγέπη τὸ εἰκὸς ἔχει. Ἡ δὲ τῶν πατέρων τῶν
ἐν Νικαίᾳ συνεληλυθότων διδασκαλία τῆς πίστεως αὐτὸν τὸν μονο-
γενῆ, τὸν ἀληθινὸν θεόν, τὸν ὁμοούσιον τῷ πατρί, παθεῖν καὶ σταυρω- 20
θῆναί φησι.

ΟΡΘ. Τῶν πολλάκις ὁμολογηθέντων ὡς ἔοικεν ἐπιλέλησαι.

ΕΡΑΝ. Ποίων;

ΟΡΘ. Ὅτι μετὰ τὴν ἕνωσιν τῷ ἑνὶ προσώπῳ καὶ τὰ ὑψηλὰ καὶ τὰ
ταπεινὰ προσάπτει ἡ θεία γραφή. Ἴσως δὲ κἀκεῖνο ἠγνόησας, ὡς 25
εἰρηκότες πρότερον οἱ πανεύφημοι πατέρες σαρκωθέντα, ἐνανθρωπή-
σαντα, τότε ἐπήγαγον παθόντα, σταυρωθέντα, καὶ τὴν δεκτικὴν τοῦ
πάθους προδείξαντες φύσιν, οὕτω τὸ πάθος τοῖς λόγοις προσέθεσαν.

ΕΡΑΝ. Οἱ πατέρες τὸν υἱὸν τοῦ θεοῦ, τὸ ἐκ τοῦ φωτὸς φῶς, τὸν ἐκ
τῆς οὐσίας τοῦ πατρός, ἔφασαν παθεῖν τε καὶ σταυρωθῆναι. 30

ΟΡΘ. Πολλάκις ἔφην, ὡς καὶ τὰ θεῖα καὶ τὰ ἀνθρώπεια τὸ ἓν
δέχεται πρόσωπον. Διάτοι τοῦτο καὶ οἱ τρισμακάριοι πατέρες, ὅπως

9–10 1 Cor. 2:8   13–14 Jn. 10:33

ISMDPJCVOR   1 φύσιν ἔφησθα V   αὐτὴν κληθῆναι S   2 μὲν om. J   2–3 λέγειν
προσήκει S   6 τῆς om. ISV   10 Ἐσταύρωσαν² om. IJ   11 γε post δέ add. J
ἣν: ἥνπερ S   ἥνπερ: εἴπερ I   13 ἀκούεις S   14 σεαυτόν: ἑαυτὸν SV   16 κἀκεῖνον V
18 ἀμηγέπη: ἃ μηδέ πη Iᵃᶜ: ἃ μηγέπη Iᵖᶜ   ἀμηγέπη τὸ εἰκός: οὕτως J   18–19 τῶν
ἐν Νικαίᾳ πατέρων S   24 τῷ om. V   26 πανεύφημοι: θεῖοι J   27 τὸ post τότε
add. S   παθόντα ἐπήγαγον S   28 προσέθηκαν S: προσέθησαν V   29 τὸ ἐκ τοῦ:
τὸν ἐκ J   30 τῆς οὐσίας om. D

δεῖ πιστεύειν εἰς τὸν πατέρα διδάξαντες, καὶ εἰς τὸ τοῦ υἱοῦ πρόσωπον
μεταβάντες, οὐκ εἶπον εὐθύς, καὶ εἰς τὸν υἱὸν τοῦ θεοῦ· καίτοι λίαν
ἀκόλουθον ἦν, τὰ περὶ τοῦ θεοῦ καὶ πατρὸς εἰρηκότας, εὐθὺς καὶ τὴν
τοῦ υἱοῦ θεῖναι προσηγορίαν· ἀλλ᾽ ἠβουλήθησαν ὁμοῦ καὶ τὸν τῆς
θεολογίας καὶ τὸν τῆς οἰκονομίας ἡμῖν παραδοῦναι λόγον, ἵνα μὴ ἄλλο 5
μὲν τὸ τῆς θεότητος, ἄλλο δὲ τὸ τῆς ἀνθρωπότητος πρόσωπον νομισθῇ.
Τούτου δὴ χάριν τοῖς περὶ τοῦ πατρὸς εἰρημένοις ἐπήγαγον, ὡς χρὴ
πιστεύειν καὶ εἰς τὸν κύριον ἡμῶν Ἰησοῦν Χριστόν, τὸν υἱὸν τοῦ θεοῦ.
Χριστὸς δὲ μετὰ τὴν ἐνανθρώπησιν ὁ θεὸς λόγος ἐκλήθη. Τοῦτο τοίνυν
τὸ ὄνομα πάντα δέχεται, καὶ ὅσα τῆς θεότητος, καὶ ὅσα τῆς ἀνθρω- 10
πότητος ἴδια. Ἐπιγινώσκομεν δὲ ὅμως, τίνα μὲν ταύτης, τίνα δὲ
ἐκείνης τῆς φύσεως· καὶ τοῦτο καὶ ἐξ αὐτοῦ τοῦ συμβόλου τῆς πίστεως
καταμαθεῖν εὐπετές. Τίνι γάρ, εἰπέ μοι, προσαρμόττεις τό, ἐκ τῆς
οὐσίας τοῦ πατρός; τῇ θεότητι ἢ τῇ ἐκ σπέρματος Δαβὶδ διαπλασ-
θείσῃ φύσει;

ΕΡΑΝ. Δῆλον ὡς τῇ θεότητι.

ΟΡΘ. Τὸ δέ, θεὸν ἀληθινὸν ἐκ θεοῦ ἀληθινοῦ, τίνος ἴδιον εἶναι φής;
τῆς θεότητος ἢ τῆς ἀνθρωπότητος;

ΕΡΑΝ. Τῆς θεότητος.

ΟΡΘ. Οὐκοῦν καὶ τῷ πατρὶ ὁμοούσιος οὐχ ἡ σάρξ, οὐδέ γε ἡ ψυχή· 20
κτισταὶ γὰρ αὖται· ἀλλ᾽ ἡ θεότης, ἡ τὰ πάντα τεκτηναμένη;

ΕΡΑΝ. Ἀληθές.

ΟΡΘ. Οὕτω δὴ οὖν χρὴ πάθος ἀκούοντας καὶ σταυρὸν ἐπιγινώσκειν
τὴν φύσιν τὴν δεξαμένην τὸ πάθος, καὶ μὴ τῇ ἀπαθεῖ προσάπτειν, ἀλλ᾽
ἐκείνῃ, ἣ τούτου γε ἕνεκα προσελήφθη. Ὅτι γὰρ καὶ οἱ ἀξιάγαστοι 25
πατέρες ἀπαθῆ τὴν θείαν ὡμολόγησαν φύσιν, τῇ δὲ σαρκὶ τὸ πάθος
προσήρμοσαν, μαρτυρεῖ τὸ τῆς πίστεως τέλος· ἔχει δὲ οὕτως· "Τοὺς
δὲ λέγοντας, Ἦν ποτε ὅτε οὐκ ἦν, καὶ πρὶν γεννηθῆναι οὐκ ἦν, καὶ
ὅτι ἐξ οὐκ ὄντων ἐγένετο, ἢ ἐξ ἑτέρας τινὸς ὑποστάσεως ἢ οὐσίας
φάσκοντας εἶναι ἢ τρεπτὸν ἢ ἀλλοιωτὸν τὸν υἱὸν τοῦ θεοῦ, τούτους 30
ἀναθεματίζει ἡ ἁγία καθολικὴ καὶ ἀποστολικὴ ἐκκλησία." Ὅρα δὲ
οὖν ὁποίαν ἠπείλησαν τιμωρίαν τοῖς τὸ πάθος τῇ φύσει τῇ θείᾳ
προσάπτουσιν.

ΕΡΑΝ. Περὶ τροπῆς αὐτοῖς ὁ λόγος ἐνταῦθα καὶ ἀλλοιώσεως.

ΟΡΘ. Τὸ δὲ πάθος τί ἕτερόν ἐστι ἢ τροπὴ καὶ ἀλλοίωσις; Εἰ γὰρ
ἀπαθὴς πρὸ τῆς σαρκώσεως ὢν μετὰ τὴν σάρκωσιν ἔπαθε, τροπὴν

ISMDPJCVOR   3 τοῦ om. V   6 νομισθῇ πρόσωπον SJ   13 ἔστιν ante εὐπετές
add. S   16 τῇ om. IS   20 ὁμοούσιον J   25 γὰρ: δὲ J   30 φάσκοντες J   ἢ¹
om. JV   32 τῇ θείᾳ φύσει V

δήπουθεν ὑπομείνας ἔπαθε· καὶ εἰ ἀθάνατος πρὸ τῆς ἐνανθρωπήσεως
ὢν ἐγεύσατο θανάτου, κατὰ τὸν ὑμέτερον λόγον, μετὰ τὴν ἐνανθρώ-
πησιν, ἠλλοιώθη πάντως θνητὸς ἐξ ἀθανάτου γενόμενος. Ἀλλὰ τοὺς
τοιούσδε λόγους καὶ μὴν δὴ καὶ τοὺς τούτων πατέρας τῶν ἱερῶν οἱ
πανεύφημοι πατέρες ἐξελαύνουσι περιβόλων, καὶ ὡς σεσηπότα μέλη 5
τοῦ ὑγιαίνοντος ἀποκόπτουσι σώματος. Οὗ δὴ χάριν σε παρακαλοῦμεν
δεῖσαι τὴν τιμωρίαν, καὶ μισῆσαι τὴν βλασφημίαν. Δείξω δέ σοι καὶ
ἐν ἰδίοις συγγράμμασι ταῦτα τοὺς ἁγίους πατέρας πεφρονηκότας ἃ
διεξέλθωμεν· ὧν ἔνιοι μὲν τῆς θαυμασίας ἐκείνης ὁμηγύρεως ἐκοινώνη-
σαν, τινὲς δὲ μετ' ἐκείνους ἐν ταῖς ἐκκλησίαις διέπρεψαν, τινὲς δὲ 10
πάλαι καὶ πρόπαλαι τὴν οἰκουμένην ἐφώτισαν. Ἀλλ' οὔτε τὸ διάφορον
τῶν καιρῶν, οὔτε τὸ ἑτερόγλωττον τῶν φωνῶν τὴν συμφωνίαν ἐπή-
μανεν, ἀλλ' ἐοίκασι λύρᾳ πολλὰς μὲν ἐχούσῃ καὶ διαφόρους χορδάς,
μίαν δὲ ἠχὴν παναρμόνιον ἀφιείσῃ.

ΕΡΑΝ. Ἐρασμίαν ἐμοὶ καὶ τριπόθητον προσοίσεις ἀκρόασιν· 15 **284**
ἀναμφίλεκτος γὰρ ἡ τοιαύτη διδασκαλία καὶ λίαν ἐστὶν ὀνησιφόρος.

ΟΡΘ. Ἀναπέτασον τοίνυν τὰς ἀκοάς, καὶ τῶν πνευματικῶν κρου-
νῶν ὑποδέχου τὰ νάματα.

Τοῦ ἁγίου Ἰγνατίου ἐπισκόπου Ἀντιοχείας καὶ μάρτυρος.

  Ἐκ τῆς πρὸς Σμυρναίους ἐπιστολῆς. 20
Εὐχαριστίας καὶ προσευχῆς ἀπέχονται, διὰ τὸ μὴ ὁμολογεῖν τὴν
εὐχαριστίαν σάρκα εἶναι τοῦ σωτῆρος ἡμῶν Ἰησοῦ Χριστοῦ, τὴν ὑπὲρ
τῶν ἁμαρτιῶν ἡμῶν παθοῦσαν, ἣν τῇ χρηστότητι ὁ πατὴρ ἤγειρεν.

Εἰρηναίου ἐπισκόπου Λουγδούνου.

  Ἐκ τοῦ τρίτου λόγου τῶν εἰς τὰς αἱρέσεις. 25
Φανερὸν οὖν ὅτι Παῦλος ἄλλον Χριστὸν οὐκ οἶδεν, ἀλλ' ἢ τοῦτον τὸν
ἐκ παρθένου γεννηθέντα καὶ παθόντα καὶ ταφέντα καὶ ἀναστάντα, ὃν
καὶ ἄνθρωπον λέγει. Εἰπὼν γάρ, "Εἰ δὲ Χριστὸς κηρύσσεται ὅτι ἐκ
νεκρῶν ἐγήγερται," ἐπιφέρει τὴν αἰτίαν ἀποδιδοὺς τῆς σαρκώσεως

28–9 1 Cor. 15:12

αὐτοῦ· "Ἐπειδὴ γὰρ δι' ἀνθρώπου ὁ θάνατος, καὶ δι' ἀνθρώπου ἀνάστασις νεκρῶν." Καὶ πανταχοῦ ἐπὶ τοῦ πάθους τοῦ κυρίου ἡμῶν καὶ τῆς ἀνθρωπότητος αὐτοῦ καὶ τῆς νεκρώσεως, τῷ τοῦ Χριστοῦ κέχρηται ὀνόματι, ὡς ἐπὶ τοῦ, "Μὴ τῷ βρώματί σου ἐκεῖνον ἀπόλλυε, ὑπὲρ οὗ Χριστὸς ἀπέθανε." Καὶ πάλιν· "Νυνὶ δὲ ἐν Χριστῷ ὑμεῖς οἵ ποτε 5 ὄντες μακρὰν ἐγενήθητε ἐγγὺς τῷ αἵματι τοῦ Χριστοῦ." Καὶ πάλιν· "Χριστὸς ἡμᾶς ἐξηγόρασεν ἐκ τῆς κατάρας τοῦ νόμου, γενόμενος ὑπὲρ ἡμῶν κατάρα· γέγραπται γάρ· Ἐπικατάρατος πᾶς ὁ κρεμάμενος ἐπὶ ξύλου."

3   Τοῦ αὐτοῦ ἐκ τοῦ αὐτοῦ λόγου.   10

Ὥσπερ γὰρ ἦν ἄνθρωπος ἵνα πειρασθῇ, οὕτω καὶ λόγος ἵνα δοξασθῇ· ἡσυχάζοντος μὲν τοῦ λόγου ἐν τῷ πειράζεσθαι καὶ σταυροῦσθαι καὶ ἀποθνήσκειν· συγγινομένου δὲ τῷ ἀνθρώπῳ ἐν τῷ νικᾶν καὶ ὑπομένειν καὶ χρηστεύεσθαι καὶ ἀνίστασθαι καὶ ἀναλαμβάνεσθαι.

4   Τοῦ αὐτοῦ ἐκ τοῦ ε΄ λόγου τῆς αὐτῆς πραγματείας.   1

Τῷ ἰδίῳ οὖν αἵματι λυτρωσαμένου ἡμᾶς τοῦ κυρίου, καὶ δόντος τὴν ψυχὴν αὐτοῦ ὑπὲρ τῶν ἡμετέρων ψυχῶν καὶ τὴν σάρκα τὴν ἑαυτοῦ ἀντὶ τῶν ἡμετέρων σαρκῶν.

Τοῦ ἁγίου Ἱππολύτου ἐπισκόπου καὶ μάρτυρος.

5   Ἐκ τῆς πρὸς βασιλίδα τινὰ ἐπιστολῆς.   2

Ἀπαρχὴν οὖν τοῦτον λέγει τῶν κεκοιμημένων, ἅτε πρωτότοκον τῶν νεκρῶν. Ὃς ἀναστὰς καὶ βουλόμενος ἐπιδεικνύαι ὅτι τοῦτο ἦν τὸ ἐγηγερμένον, ὅπερ ἦν καὶ ἀποθνῆσκον, διστα ζόντων τῶν μαθητῶν, προσκαλεσάμενος τὸν Θωμᾶν ἔφη· "Δεῦρο, ψηλάφησον καὶ ἴδε, ὅτι πνεῦμα ὀστοῦν καὶ σάρκα οὐκ ἔχει, ὡς ὑμεῖς με θεωρεῖτε ἔχοντα."   2

6   Τοῦ αὐτοῦ ἐκ τῆς αὐτῆς ἐπιστολῆς.

Ἀπαρχὴν τοῦτον εἰπὼν ἐπεμαρτύρησε τῷ ὑφ' ἡμῶν εἰρημένῳ, ὡς ἐκ τοῦ αὐτοῦ φυράματος σάρκα λαβὼν ὁ σωτήρ, ἤγειρε ταύτην, ἀπαρχὴν ποιούμενος τῆς τῶν δικαίων σαρκός, ἵν' οἱ πάντες ἐπ' ἐλπίδι τοῦ ἐγηγερμένου προσδόκιμον τὴν ἀνάστασιν ἕξομεν πιστεύοντες εἰς 3 αὐτόν.

1–2 1 Cor. 15:21   4–5 Rom. 14:15   5–6 Eph. 2:13   7–9 Gal. 3:13   (21 1 Cor. 15:20)   (21–2 Col. 1:18)   24–5 Lk. 24:39   (27 ff. 1 Cor. 15:20)

ISMPJCVOR   1 ὁ om. J   καὶ om. SV   2 ἐκ ante νεκρῶν add. V   5 οἵ ποτε ὑμεῖς V   6 τῷ om. J   πάλιν om. J   11 οὕτω --- δοξασθῇ om. J   13 συγγινομένῳ SᵃᶜV   τοῦ ἀνθρώπου I   14 καὶ ἀνίστασθαι om. S   17 αὐτοῦ om. V   ὑπὲρ --- ψυχῶν: ἀντὶ τῆς ἡμετέρας ψυχῆς J   19 ἐπισκόπου καὶ μάρτυρος om. J   22 ἐνδεικνύαι ISV   23 ἐγειρόμενον J   25 ἐμὲ J   30–1 πιστεύοντες εἰς αὐτόν: οἱ πιστεύσαντες IV: οἱ πιστεύοντες S

7   Τοῦ αὐτοῦ ἐκ τοῦ λόγου τοῦ εἰς τοὺς δύο λῃστάς.

Ἀμφότερα παρέσχε τὸ τοῦ κυρίου σῶμα τῷ κόσμῳ, αἷμα τὸ ἱερὸν καὶ
ὕδωρ τὸ ἅγιον.

8   Τοῦ αὐτοῦ ἐκ τοῦ αὐτοῦ λόγου.

Καὶ νεκρόν τε ὂν τὸ σῶμα κατὰ τὸν ἀνθρώπινον τρόπον μεγάλην ἔχει 5
ζωῆς ἐν αὐτῷ δύναμιν. Ἃ γὰρ οὐ προχεῖται τῶν νεκρῶν σωμάτων,
ταῦτα ἐξ αὐτοῦ προεχέθη, αἷμά τε καὶ ὕδωρ, ἵν' εἰδείημεν, ἡλίκον ἡ
κατασκηνώσασα δύναμις ἐν τῷ σώματι πρὸς ζωὴν δύναται, ὡς μήτε
αὐτὸ τοῖς ἄλλοις ὅμοιον φαίνεσθαι νεκροῖς, ἡμῖν δὲ τὰ ζωῆς αἴτια
προχεῖν δύνασθαι.   10

9   Τοῦ αὐτοῦ ἐκ τοῦ αὐτοῦ λόγου.

Οὐ συντρίβεται δὲ ὀστοῦν τοῦ ἁγίου προβάτου, δεικνύντος τοῦ τύπου
μὴ καθικνούμενον τῆς δυνάμεως τὸ πάθος· σώματος γὰρ ὀστέα δύνα-
μις.

Τοῦ ἁγίου Εὐσταθίου ἐπισκόπου Ἀντιοχείας καὶ ὁμολογητοῦ.   15

10   Ἐκ τοῦ περὶ ψυχῆς λόγου.

Δι' ὀλίγων δὲ ἔστιν ἐλέγξαι τὴν ἀσεβῆ συκοφαντίαν αὐτῶν· μάλιστα
μὲν γάρ, εἰ μὴ τῆς τῶν ἀνθρώπων ἕνεκεν σωτηρίας εἰς τὴν τοῦ θανάτου
σφαγὴν τὸ ἴδιον ἑκουσίως ἐξεδίδου σῶμα. Πρῶτον μὲν πολλὴν αὐτῷ
περιάπτουσιν ἀδυναμίαν, ὅτι μὴ οἷός τε ἐγένετο τὴν τῶν πολεμίων 20
ὁρμὴν ἐπισχεῖν.

11   Τοῦ αὐτοῦ ἐκ τοῦ αὐτοῦ λόγου.

Διατί δὲ περὶ πολλοῦ ποιοῦνται δεικνύναι τὸν Χριστὸν ἄψυχον ἀνειλη-
φέναι σῶμα, γεώδεις πλάττοντες ἀπάτας; Ἵν' εἰ δυνηθεῖεν ὑποφθεῖραί
τινας, ταῦθ' οὕτως ἔχειν ὁρίζεσθαι, τηνικαῦτα τὰς τῶν παθῶν 25
ἀλλοιώσεις τῷ θείῳ περιάψαντες πνεύματι ῥᾳδίως ἀναπείσωσιν
αὐτούς, ὡς οὐκ ἔστι τὸ τρεπτὸν ἐκ τῆς ἀτρέπτου φύσεως γεννηθέν.

12   Τοῦ αὐτοῦ ἐκ τοῦ λόγου τοῦ εἰς τό, "Κύριος ἔκτισέ με ἀρχὴν
    ὁδῶν αὐτοῦ."

Ὁ ἄνθρωπος γὰρ ὁ ἀποθανὼν τριήμερος μὲν ἀνίσταται, τῇ δὲ Μαρίᾳ 30
καρτερίᾳ μὲν ψυχῆς ἅπτεσθαι προθυμουμένῃ τῶν ἁγίων μελῶν

(6–7 Jn. 19:34)   (12 Ps. 34:20 = LXX 33:21)   28–9 Prov. 8:22

ISMPJCVOR   1 ἐκ --- λῃστάς: ἐκ τοῦ εἰς τοὺς δύο λῃστὰς λόγου S   2 τό²:
τε S^{ac}J   3 τὸ om. ISJ   5 τε om. J   ἀνθρώπειον S   6 αὐτῷ: ἑαυτῷ J   7 προεχύθη J
9 νεκρόν V   καὶ ante ἡμῖν add. J   11 Τοῦ αὐτοῦ om. J   15 Τοῦ ἁγίου om. S
ἐπισκόπου om. J   19 ἑκουσίως om. S^{ac}J   24 γεώδεις: γραώδεις J   26 πνεύματι:
λόγῳ J   28 τοῦ³ om. V   εἰς τό om. IS   28–9 ἀρχὴν ὁδῶν αὐτοῦ om. S   29 αὐτοῦ
om. I   30 ὃ² om. S^{ac}J   Μαριὰμ IV   31 καρτερίαν O   μὲν om. S

ἀνθυπενέγκας ἐκφωνεῖ· "Μή μου ἅπτου, οὔπω γὰρ ἀναβέβηκα πρὸς τὸν
πατέρα μου· πορεύου δὲ πρὸς τοὺς ἀδελφούς μου, καὶ εἰπὲ αὐτοῖς·
Ἀναβαίνω πρὸς τὸν πατέρα μου καὶ πατέρα ὑμῶν, καὶ θεόν μου καὶ
θεὸν ὑμῶν." Τὸ δ', "Οὔπω ἀναβέβηκα πρὸς τὸν πατέρα μου," οὐχ ὁ
λόγος ἔφασκε καὶ θεὸς ὁ οὐρανόθεν ὁρμώμενος, καὶ ἐν τοῖς κόλποις 5
διαιτώμενος τοῦ πατρός, οὐδ' ἡ πάντα τὰ γενητὰ περιέχουσα σοφία·
ἀλλ' αὐτὸς ὁ ἐκ παντοδαπῶν ἡρμολογημένος μελῶν ἄνθρωπος τοῦτο
ἐπέφηνεν, ὁ ἐκ τῶν νεκρῶν ἐγερθεὶς καὶ οὐδέπω μὲν πρὸς τὸν πατέρα
μετὰ τὸν θάνατον ἀνελθών, ταμιευόμενος δὲ αὐτῷ τῆς προόδου τὴν
ἀπαρχήν. 10

13　　Τοῦ αὐτοῦ ἐκ τοῦ αὐτοῦ λόγου.

Κύριον δὲ τῆς δόξης αὐτὸν τὸν ἄνθρωπον τὸν σταυρωθέντα σαφῶς
ὀνομάζει γράφων, ἐπειδὴ καὶ κύριον καὶ Χριστὸν ἀνέδειξεν αὐτόν,
καθάπερ οἱ ἀπόστολοι τῷ αἰσθητῷ Ἰσραὴλ ὁμοφρόνως διαλεγόμενοί
φασιν· "Ἀσφαλῶς οὖν γινωσκέτω πᾶς οἶκος Ἰσραὴλ ὅτι καὶ κύριον 15
αὐτὸν καὶ Χριστὸν ὁ θεὸς ἐποίησε, τοῦτον τὸν Ἰησοῦν, ὃν ὑμεῖς
ἐσταυρώσατε." Τὸν παθόντα τοιγαροῦν Ἰησοῦν κύριον ἐποίησε, καὶ
οὐ τὴν σοφίαν οὐδὲ τὸν λόγον τὸν ἀνέκαθεν ἔχοντα τῆς δεσποτείας τὸ
κράτος, ἀλλὰ τὸν μετέωρον τῷ σταυρῷ προσεκπετάσαντα τὰς χεῖρας.

14　　Τοῦ αὐτοῦ ἐκ τοῦ αὐτοῦ λόγου. 20

Εἰ γὰρ ἀσώματός ἐστιν οὔτε ἁφῇ χειρῶν ὑποπίπτει, οὔτ' αἰσθητοῖς
ὄμμασι περιλαμβάνεται, οὐ τρῶσιν ὑπομένει, οὐχ ἥλοις προσηλοῦται,
οὐ θανάτῳ κοινωνεῖ, οὐ κρύπτεται γῇ, οὐ τάφῳ κατακλείεται, οὐκ ἐκ
μνημάτων ἀνίσταται.

15　　Τοῦ αὐτοῦ ἐκ τοῦ αὐτοῦ λόγου. 25

"Οὐδεὶς αἴρει τὴν ψυχήν μου ἀπ' ἐμοῦ· ἐξουσίαν ἔχω θεῖναι τὴν
ψυχήν μου, καὶ ἐξουσίαν ἔχω πάλιν λαβεῖν αὐτήν." Εἰ δὲ ἑκατέρων
τὴν ἐξουσίαν εἶχεν οἷα θεός, συνεχώρει μὲν αὐτοῖς λύειν ἀβούλως τὸν
νεὼν ἐγχειροῦσιν, ἐπιφανέστερον δὲ ἀνιστῶν ἐνεούργει. Ἐξ ἀναν-
τιρρήτων δὲ δέδεικται ψήφων, ὅτι αὐτὸς δι' ἑαυτοῦ τὸν ἴδιον ἀνεστή- 30
σατο νεουργήσας οἶκον. Ἀναθετέον δὲ καὶ τῷ θειοτάτῳ πατρὶ τὰς τοῦ
υἱοῦ μεγαλουργίας. Οὔτε γὰρ ὁ υἱὸς ἄνευ τοῦ πατρὸς δημιουργεῖ κατὰ

1–4 Jn. 20:17　(12 1 Cor. 2:8)　15–17 Acts 2:36　26–7 Jn. 10:18

ISMPJCVOR　　　5 ὁ ante θεὸς add. I　ὁρμώμενος: ἐρχόμενος ISᵖᶜ　　6 τοῦ
πατρὸς διαιτώμενος J　τὰ ante πάντα add. I　γενητὰ: νοητὰ ISᵖᶜ　　7 μελῶν
εἱρμολογημένος J　　8 ἐνέφηνεν J　　14 ὁμοφρόνως om. J　　15 καὶ om. ISV
16 πεποίηκεν S　Ἰησοῦν: υἱὸν I　　17 καὶ om. J　　18 οὐδὲ: οὐ J　　19 ἀλλὰ ———
χεῖρας: ἀλλὰ τὸν ἐν τῷ σταυρῷ μετεώρους τὰς χεῖρας προσεκπετάσαντα J　　23 γῇ
om. J　κατακέκλεισται J　　26 μου om. V　　30 δὲ om. ISV　　31 θειοτάτῳ om. J
32 ὁ om. V: de I non liquet

τὰς ἀρραγεῖς τῶν ἱερῶν γραμμάτων ἀποφάσεις. Τούτου γὰρ δὴ χάριν τότε μὲν ὁ θειότατος γεννήτωρ τὸν Χριστὸν ἐκ νεκρῶν ἐγηγερκέναι γράφεται, τότε δὲ ὁ υἱὸς τὸν ἴδιον ἀναστήσειν ὑπισχνεῖται ναόν. Εἰ οὖν ἐκ τῶν προεξητασμένων ἀπαθὲς δέδεικται τὸ θεῖον τοῦ Χριστοῦ πνεῦμα, περιττῶς τοῖς ἀποστολικοῖς ἐπισκήπτουσιν ὅροις οἱ 5 ἐναγεῖς. Εἰ γὰρ ὁ Παῦλος ἔφρασε τὸν κύριον τῆς δόξης ἐσταυρῶσθαι, σαφῶς εἰς τὸν ἄνθρωπον ἀφορῶν, οὐ παρὰ τοῦτο δεήσει πάθος τῷ θείῳ προσάπτειν. Τί οὖν τοῦτο συνάπτουσι πλέκοντες, ἐξ ἀσθενείας ἐσταυρῶσθαι λέγοντες τὸν Χριστόν;

6   Τοῦ αὐτοῦ ἐκ τοῦ αὐτοῦ λόγου.   10

Εἰ δὲ δὴ καὶ ἀσθενείας εἶδος περιάπτειν αὐτῷ προσῆκον ἦν, τῷ ἀνθρώπῳ ταῦτα προσαρτᾶν ἀκόλουθον εἶναι φαίη τις ἄν, οὔτι γε δὴ τῷ πληρώματι τῆς θεότητος, ἢ τῷ ἀξιώματι τῆς ἀνωτάτω σοφίας, ἢ τῷ ἐπὶ πάντων κατὰ τὸν Παῦλον γραφομένῳ θεῷ.

7   Τοῦ αὐτοῦ ἐκ τοῦ αὐτοῦ λόγου.   15

Οὗτος μὲν δὴ τῆς ἀσθενείας ὁ τρόπος, δι᾽ ὃν εἰς θάνατον γράφεται κατὰ τὸν Παῦλον ἀφῖχθαι. Ζῇ γὰρ ἐκ δυνάμεως θεοῦ τῷ θείῳ πνεύματι δηλονότι συνδιαιτώμενος ὁ ἄνθρωπος, ἐπειδὴ καὶ δύναμις ὑψίστου ὁ ἐν αὐτῷ πολιτευόμενος κατὰ τοὺς φθάσαντας ὅρους ἀποδέδεικται.   20

8   Τοῦ αὐτοῦ ἐκ τοῦ αὐτοῦ λόγου.

Εἰ δὲ τῆς παρθενικῆς ἐπιβατεύσας μήτρας οὐκ ἐμείωσε τὴν ἐξουσίαν, **289** οὐδὲ τῷ ξύλῳ τοῦ σταυροῦ προσπαγέντος τοῦ σώματος, χραίνεται τὸ πνεῦμα. Τὸ μὲν γὰρ σῶμα μετάρσιον ἐσταυροῦτο, τὸ δὲ θεῖον τῆς σοφίας πνεῦμα καὶ τοῦ σώματος εἴσω διῃτᾶτο, καὶ τοῖς οὐρανίοις 25 ἐπεβάτευε, καὶ πᾶσαν περιεῖχε τὴν γῆν, καὶ τῶν ἀβύσσων ἐκράτει, καὶ τὰς ἑκάστων ψυχὰς ἀνιχνεύων διέκρινε, καὶ πάντα ὁμοῦ συνήθως οἷα θεὸς ἔπραττεν. Οὐ γὰρ εἴσω τῶν σωματικῶν ὄγκων ἡ ἀνωτάτω σοφία καθειργμένη περιέχεται, καθάπερ αἱ τῶν ὑγρῶν καὶ ξηρῶν ὗλαι τῶν μὲν ἀγγείων εἴσω κατακλείονται, περιέχονται δὲ μᾶλλον ἢ 30 περιέχουσι τὰς θήκας. Ἀλλὰ θεία τις οὖσα καὶ ἀνέκφραστος δύναμις τά τε ἐνδοτάτω καὶ ἐξωτάτω τοῦ νεὼ περιλαμβάνουσα κραταιοῖ, κἀντεῦθεν ἐπέκεινα διήκουσα, πάντας ὁμοῦ τοὺς ὄγκους κρατεῖ περιέχουσα.

(6 1 Cor. 2:8)

ISMJCVOR   1 ἀποφάσεις γραμμάτων S   γὰρ om. J   2 τότε: ποτὲ J   θειότατος γεννήτωρ: πατὴρ J   3 τότε: ποτὲ J   ὑπισχνεῖται ἀναστήσειν S   8 θείῳ: θεῷ J   τοῦτο συνάπτουσι: τούτῳ προσάπτουσι J   14 τὸν om. S   θεῷ om. J   18 δηλονότι om. J 19 πολιτευόμενος: πιστευόμενος V   θεὸς post πολιτευόμενος add. J   22 μήτρας ἐπιβατεύσας S   23 χραίνεται: ἐχθραίνετο J   27 ἑκάστου S   32 νεὼ: ναοῦ J περιλαβοῦσα J

19 Τοῦ αὐτοῦ ἐκ τοῦ αὐτοῦ λόγου.

Εἰ δ' ὁ ἥλιος, σῶμα ὢν ὁρατὸν καὶ αἰσθήσει καταληπτόν, τοσαύτας καὶ τοιαύτας πανταχοῦ γῆς ὑπομένων αἰκίας οὐ μεταβάλλει τὴν τάξιν, οὐδὲ αἰσθάνεται μικρᾶς ἢ μεγάλης πληγῆς, τὴν ἀσώματον σοφίαν οἰόμεθα χραίνεσθαι καὶ μεταλλάττειν τὴν φύσιν, εἰ ὁ ναὸς αὐτῆς 5 σταυρῷ προσηλοῦται, ἢ λύσιν ὑπομένει, ἢ τρῶσιν ὑφίσταται, ἢ διαφθορὰν δέχεται; Ἀλλὰ πάσχει μὲν ὁ νεώς, ἡ δὲ ἀκηλίδωτος οὐσία παντάπασιν ἄχραντος τὴν ἀξίαν καθέστηκεν.

20 Τοῦ αὐτοῦ ἐκ τοῦ λόγου τοῦ εἰς τὰς ἐπιγραφὰς τῶν ἀναβαθμῶν.

Δόξαν δὲ ἐπίκτητον ὁ πατὴρ οὐκ ἐπιδέχεται, τέλειος, ἄπειρος, ἀπερι- 1 νόητος ὤν, ἀπροσδεὴς κάλλους καὶ παντοίας ἀρετῆς. Ἀλλ' οὐδὲ ὁ λόγος αὐτοῦ, θεὸς ὢν ὁ γεννηθεὶς ἐξ αὐτοῦ, δι' οὗ γεγόνασιν ἄγγελοι καὶ οὐρανοὶ καὶ γῆς ἄπειρα μεγέθη καὶ πᾶσαι συλλήβδην τῶν γενητῶν ὕλαι τε καὶ συστάσεις· ἀλλ' ὁ ἄνθρωπος τοῦ Χριστοῦ, ἐκ τῶν νεκρῶν ἐγειρόμενος, ὑψοῦται καὶ δοξάζεται, τῶν ἐναντίων αἰσχύνην ἄντικρυς 1 ἀραμένων.

21 Τοῦ αὐτοῦ ἐκ τοῦ αὐτοῦ λόγου.

Οἱ δὲ φθόνῳ τὸ μῖσος ἀράμενοι κατ' αὐτοῦ καὶ πεφραγμένοι πολεμίᾳ παρατάξει σκορπίζονται, τοῦ λόγου τε καὶ θεοῦ τὸν ἑαυτοῦ ναὸν ἀξιοπρεπῶς ἀναστήσαντος. 2

22 Τοῦ αὐτοῦ ἐκ τῆς ἑρμηνείας τοῦ ϙβ' ψαλμοῦ.

Πέρας γοῦν ὁ προφήτης Ἡσαΐας αὐτὰ μὲν τὰ τῶν παθῶν αὐτοῦ διεξιὼν ἴχνη πρὸς τοῖς ἄλλοις ἐπιφέρει καὶ τοῦτο μεγαλοφωνοτέρᾳ βοῇ τό· "Καὶ εἴδομεν αὐτόν, καὶ οὐκ εἶχεν εἶδος οὔτε κάλλος· ἀλλὰ τὸ εἶδος αὐτοῦ ἄτιμον καὶ ἐκλεῖπον παρὰ τοὺς υἱοὺς τῶν ἀνθρώπων." 2 Εἶτα διαρρήδην ἐκφαίνων, ὡς εἰς τὸν ἄνθρωπον, ἀλλ' οὐκ εἰς τὸ θεῖον ἀνήρτηται τὰ τῆς εὐπρεπείας εἴδη τε καὶ πάθη, παραυτίκα πάλιν ἐπάγει προσθείς· "Ἄνθρωπος ἐν πληγῇ ὤν, καὶ εἰδὼς φέρειν μαλακίαν."

23 Τοῦ αὐτοῦ ἐκ τῆς αὐτῆς ἑρμηνείας. 3

Αὐτὸς ἄρ' οὗτός ἐστιν, ὁ μετὰ τὰς ὕβρεις ἀειδής, ἄμορφος ὁραθείς, εἶτα πάλιν ἐκ μεταβολῆς εὐπρέπειαν ἐνδυσάμενος. Οὐδὲ γὰρ ὁ κατοικῶν

24-5 Is. 53:2–3a   28–9 Is. 53:3b

ISMDJCVOR   1 233.22–7 Εἰ ––– ἀνιχνεύω (sic) post λόγου iterum scrib. C   2 ὢν: ὂν I   4 αἰσθεται IV   8 παντάπασαν O   9 τοῦ³ om. V   10 τελείως J   10–11 ὢν ἀπερινόητος J   11 ἀρετῆς: ἐπηρείας V: εὐπρεπείας Cavallera et Spanneut.   13 γεννητῶν SᵃᶜJVᵃᶜ   14 τῶν om. V   18 ἀδικῶς ante ἀράμενοι add. J   19 τοῦ ante θεοῦ add. S   24 οὔτε ante εἶδος add. V   27 ἀνήρτηκε J   εὐπρεπείας: ἀπρεπείας Schulze (Migne) sequens Cotelerium (cf. PG 83.289, n. 96)   28 φέρειν: φορεῖν J   29 μαλακίαν: μάλα κακίαν VO

ἐν αὐτῷ θεὸς ἀμνοῦ δίκην εἰς θάνατον ἤγετο, καὶ προβάτου τρόπον
ἀπεσφάττετο, φυσικῶς ἀόρατος ὤν.

Τοῦ ἁγίου Ἀθανασίου ἐπισκόπου Ἀλεξανδρείας καὶ ὁμολογητοῦ. **292**

24   Ἐκ τῆς πρὸς Ἐπίκτητον ἐπιστολῆς.

Τίς τοσοῦτον ἠσέβησεν ὡς εἰπεῖν ἅμα καὶ φρονεῖν, ὅτι ἡ θεότης αὐτὴ 5
ἡ ὁμοούσιος τῷ πατρὶ περιετμήθη, καὶ ἀτελὴς ἐκ τελείου γέγονε, καὶ
τὸ ἐν ξύλῳ καθηλωμένον οὐκ ἦν τὸ σῶμα, ἀλλ᾽ αὐτὴ ἡ δημιουργὸς
οὐσία τῆς σοφίας;

25   Τοῦ αὐτοῦ ἐκ τῆς αὐτῆς ἐπιστολῆς.

Ἃ γὰρ τὸ ἀνθρώπινον ἔπασχε τοῦ λόγου, ταῦτα συνομολόγως εἰς 10
ἑαυτὸν ἀνέφερεν, ἵνα ἡμεῖς τῆς τοῦ λόγου θεότητος μετασχεῖν δυνη
θῶμεν. Καὶ ἦν παράδοξον, ὅτι αὐτὸς ἦν ὁ πάσχων καὶ μὴ πάσχων.
Πάσχων μέν, ὅτι τὸ ἴδιον αὐτοῦ ἔπασχε σῶμα, καὶ ἐν αὐτῷ τῷ
πάσχοντι ἦν· μὴ πάσχων δέ, ὅτι τῇ φύσει θεὸς ὢν ὁ λόγος ἀπαθής
ἐστι. Καὶ αὐτὸς μὲν ὁ ἀσώματος ἦν ἐν τῷ παθητῷ σώματι, τὸ δὲ 15
σῶμα εἶχεν ἐν ἑαυτῷ τὸν ἀπαθῆ λόγον, ἀφανίζοντα τὰς ἀσθενείας
αὐτοῦ τοῦ σώματος.

26   Τοῦ αὐτοῦ ἐκ τῆς αὐτῆς ἐπιστολῆς.

Θεὸς γὰρ καὶ κύριος τῆς δόξης ὢν ἦν ἐν τῷ ἀδόξως καθηλουμένῳ σώ
ματι· τὸ δὲ σῶμα ἔπασχε μὲν νυττόμενον ἐν τῷ ξύλῳ, καὶ ἔρρεεν ἀπὸ 20
τῆς τούτου πλευρᾶς αἷμα καὶ ὕδωρ, ναὸς δὲ τοῦ λόγου τυγχάνον,
πεπληρωμένον ἦν τῆς θεότητος. Διὰ τοῦτο γοῦν ὁ μὲν ἥλιος ὁρῶν τὸν
δημιουργὸν αὐτοῦ ἐν τῷ ὑβριζομένῳ σώματι ἀνεχόμενον τὰς ἀκτῖνας
συνέστειλε, καὶ ἐσκότασε τὴν γῆν· αὐτὸ δὲ τὸ σῶμα φύσιν ἔχον θνητὴν
ὑπὲρ τὴν αὐτοῦ φύσιν ἀνέστη διὰ τὸν ἐν αὐτῷ λόγον, καὶ πέπαυται μὲν 25
τῆς κατὰ φύσιν φθορᾶς, ἐνδυσάμενον δὲ τὸν ὑπὲρ ἄνθρωπον λόγον
γέγονεν ἄφθαρτον.

27   Τοῦ αὐτοῦ ἐκ τοῦ περὶ πίστεως λόγου τοῦ μείζονος.

Τὸ ἐγειρόμενον ἐκ νεκρῶν ἄνθρωπος ἦν ἢ θεός; Ἑρμηνεύει Πέτρος ὁ

(1–2 Is. 53:7)   (22–4 Mt. 27:45 and parallels)

ISMDPJCVOR   3 ἁγίου: μεγάλου S   ἐπισκόπου — — — ὁμολογητοῦ om. SJ   7 κα
θηλωθὲν J   8 τῆς σοφίας οὐσία S   9 ἐπιστολῆς: πραγματείας ISV   10 ἀνθρώπειον
ἔπαθε J   συνομολόγως: συνὼν ὁ λόγος J   18 ἐκ τοῦ αὐτοῦ λόγου J   21 τούτου
om. ISV   23 ἀνεχόμενον σώματι S   27 ἄφθαρτον γέγονεν S   28 λόγου τοῦ
μείζονος: μείζονος λόγου S

ἀπόστολος ἡμῶν μᾶλλον γινώσκων, καὶ λέγει· "Καθελόντες αὐτὸν
ἀπὸ τοῦ ξύλου, ἔθηκαν αὐτὸν εἰς μνημεῖον, ὁ δὲ θεὸς ἤγειρεν αὐτὸν ἐκ
νεκρῶν." Τὸ γοῦν ἀπὸ τοῦ ξύλου καθαιρεθὲν σῶμα νεκρὸν τοῦ Ἰησοῦ,
τὸ καὶ εἰς μνημεῖον τεθὲν ἐνταφιασθὲν δὲ ὑπὸ Ἰωσὴφ τοῦ ἀπὸ Ἀριμα-
θείας, αὐτὸ ἤγειρεν ὁ λόγος λέγων· "Λύσατε τὸν ναὸν τοῦτον, καὶ ἐν 5
τρισὶν ἡμέραις ἐγερῶ αὐτόν." Ὁ καὶ πάντας τοὺς νεκροὺς ζωοποιῶν
καὶ τὸν ἐκ Μαρίας ἄνθρωπον Χριστὸν Ἰησοῦν ἐζωοποίησεν, ὃν
ἀνείληφεν. Εἰ γὰρ ἐπὶ σταυροῦ ὢν τὰ προδιαλυθέντα νεκρὰ τῶν
ἁγίων ἤγειρε σώματα, πολλῷ μᾶλλον ἐγεῖραι δύναται ὃ ἐφόρεσε σῶμα
ὁ ἀεὶ ζῶν θεὸς λόγος, ὥς φησιν ὁ Παῦλος· "Ζῶν γὰρ ὁ λόγος τοῦ θεοῦ 10
καὶ ἐνεργής."

28   Τοῦ αὐτοῦ ἐκ τοῦ αὐτοῦ λόγου.

Ἡ γοῦν ζωὴ οὐκ ἀποθνήσκει, τοὺς δὲ νεκροὺς ζωοποιεῖ. Ὡς γὰρ τὸ
φῶς οὐ βλάπτεται ἐν σκοτεινῷ τόπῳ, οὐδὲ ἡ ζωή τι παθεῖν δύναται
ἐπισκεψαμένη τὴν θνητὴν φύσιν. Ἄτρεπτος γὰρ καὶ ἀναλλοίωτος ἡ 15
τοῦ λόγου θεότης, ὥς φησιν ἐν προφητείᾳ ὁ κύριος περὶ ἑαυτοῦ·
"῎Ιδετέ με, ὅτι ἐγώ εἰμι καὶ οὐκ ἠλλοίωμαι."

29   Τοῦ αὐτοῦ ἐκ τοῦ αὐτοῦ λόγου.

Ζῶν ἀποθανεῖν οὐ δύναται, μᾶλλον δὲ τοὺς νεκροὺς ζωοποιεῖ. Ἔστι
τοίνυν καὶ πηγὴ ζωῆς τῇ ἐκ πατρὸς θεότητι, ἄνθρωπος δὲ ὁ ἀποθανών, 20
μᾶλλον δὲ καὶ ἐγερθεὶς ἐκ νεκρῶν, ὃς καὶ ἐντυγχάνει ὑπὲρ ἡμῶν, ὁ ἐκ
παρθένου Μαρίας, ὃν ἡ τοῦ λόγου θεότης δι᾽ ἡμᾶς ἀνείληφεν.

30   Τοῦ αὐτοῦ ἐκ τοῦ αὐτοῦ λόγου.

Ἐγένετο Λάζαρον ἀσθενήσαντα ἀποθανεῖν· ὁ δὲ κυριακὸς ἄνθρωπος
οὐκ ἀσθενήσας οὐδὲ ἄκων ἀπέθανεν· ἀλλ᾽ ἀφ᾽ ἑαυτοῦ ἦλθεν ἐπὶ τὴν 25
τοῦ θανάτου οἰκονομίαν, στερεοποιούμενος ὑπὸ τοῦ ἐν αὐτῷ οἰκή-
σαντος θεοῦ λόγου, τοῦ εἰπόντος· "Οὐδεὶς αἴρει τὴν ψυχήν μου ἀπ᾽
ἐμοῦ· ἀπ᾽ ἐμαυτοῦ αὐτὴν τίθημι, ἐξουσίαν ἔχω θεῖναι αὐτήν, καὶ
πάλιν ἐξουσίαν ἔχω λαβεῖν αὐτήν." Ἡ θεότης οὖν ἐστι τοῦ υἱοῦ, ἡ
τιθεῖσα καὶ λαμβάνουσα τὴν ψυχὴν οὗ ἐφόρεσεν ἀνθρώπου. Πλήρη 30

27 3 (Τὸ)–11 Gelasius 12
28 ll. 13 (Ὡς)–17 Gelasius 13; ll. 13 (Ὡς)–15 (φύσιν), 16 (ὡς)–17 Gelasius 50

1–3 Acts 13:29–30   (3–5 Mt. 27:57–60 and parallels)   5–6 Jn. 2:19   10–11 Heb.
4:12   17 Mal. 3:6   (24 Jn. 11:1–44)   27–9 Jn. 10:18

ISMDJCVOR   8 προδιαλυθέντα: προδήλως λυθέντα J   10 ὥς --- λόγος om. J
13 ζωοποιεῖ δὲ τοὺς νεκρούς S   14 τι: τὸ IᵐᶜV   16 ὁ κύριος ἐν προφητείᾳ J
ἑαυτοῦ: αὐτοῦ S   17 ῎Ιδετέ με bis scrib. J   19 Ζῶν: Ζωὴ J   οὐ om. J   21 καὶ
--- νεκρῶν: ἐκ νεκρῶν ἐγερθεὶς V   ὁ: ὃν J   22 ὃν om. J   25 ἦλθεν: ἦκεν J
28 γὰρ ante ἔχω add. S   29 οὖν: γοῦν J

γὰρ ἀνείληφε τὸν ἄνθρωπον, ἵνα καὶ πλήρη αὐτὸν καὶ σὺν αὐτῷ τοὺς νεκροὺς ζωοποιήσῃ.

31 Τοῦ αὐτοῦ ἐκ τοῦ πρὸς Ἀρειανοὺς λόγου.

Ὅταν οὖν λέγῃ ὁ μακάριος Παῦλος, "'Ο πατὴρ ἤγειρε τὸν υἱὸν αὐτοῦ ἐκ νεκρῶν," Ἰωάννης ἡμῖν διηγεῖται ὅτι ἔλεγεν ὁ Ἰησοῦς, 5 "Λύσατε τὸν ναὸν τοῦτον, καὶ ἐν τρισὶν ἡμέραις ἐγερῶ αὐτόν. Ἔλεγε δέ, φησί, περὶ τοῦ ἰδίου σώματος." Δῆλον οὖν ἐστι τοῖς προσέχουσιν, ὅτι τοῦ σώματος ἐγειρομένου ὁ υἱὸς λέγεται παρὰ τῷ Παύλῳ ἐγηγέρθαι ἐκ νεκρῶν. Τὰ γὰρ τοῦ σώματος αὐτοῦ εἰς αὐτοῦ πρόσωπον λέγεται. Οὕτως οὖν καὶ ὅτε λέγει, "Ζωὴν ἔδωκεν ὁ πατὴρ τῷ υἱῷ," 10 τῇ σαρκὶ δεδομένην τὴν ζωὴν νοητέον. Εἰ γὰρ αὐτός ἐστιν ἡ ζωή, πῶς ἡ ζωὴ ζωὴν λαμβάνει;

32 Τοῦ αὐτοῦ ἐκ τοῦ περὶ ἐνανθρωπήσεως λόγου.

Συνιδὼν γὰρ ὁ λόγος, ὅτι ἄλλως οὐκ ἂν λυθείη τῶν ἀνθρώπων ἡ φθορά, εἰ μὴ διὰ τοῦ πάντως ἀποθανεῖν, οὐχ οἷόν τε δὲ ἦν τὸν λόγον ἀποθα- 15 νεῖν, ἀθάνατον ὄντα καὶ τοῦ πατρὸς υἱόν, τούτου ἕνεκα τὸ δυνάμενον ἀποθανεῖν ἑαυτῷ λαμβάνει σῶμα, ἵνα τοῦτο τοῦ ἐπὶ πάντας λόγου μεταλαβόν, ἀντὶ πάντων ἱκανὸν γένηται τῷ θανάτῳ, καὶ διὰ τὸν ἐνοικήσαντα λόγον ἄφθαρτον διαμείνῃ, καὶ λοιπὸν ἀπὸ πάντων ἡ φθορὰ παύσηται τῇ τῆς ἀναστάσεως χάριτι. Ὅθεν ὡς ἱερεῖον καὶ 20 θῦμα παντὸς ἐλεύθερον σπίλου, ὃ αὐτὸς ἑαυτῷ ἔλαβε σῶμα προσαγαγὼν εἰς θάνατον, ἀπὸ πάντων εὐθὺς τῶν ὁμοίων ἠφάνιζε τὸν θάνατον τῇ προσφορᾷ τῇ καταλλήλῳ. Ὑπὲρ πάντας γὰρ ὢν ὁ λόγος τοῦ θεοῦ εἰκότως τὸν ἑαυτοῦ ναὸν καὶ τὸ σωματικὸν ὄργανον προσάγων ἀντίψυχον ὑπὲρ πάντων ἐπλήρου τὸ ὀφειλόμενον τῷ θανάτῳ· καὶ οὕτως 25 συνὼν διὰ τοῦ ὁμοίου τοῖς πᾶσιν ὁ ἄφθαρτος τοῦ θεοῦ υἱός, εἰκότως τοὺς πάντας ἐνέδυσεν ἀφθαρσίαν ἐν τῇ περὶ τῆς ἀναστάσεως ἐπαγγελίᾳ. Καὶ αὕτη γὰρ ἡ ἐν τῷ θανάτῳ φθορὰ κατὰ τῶν ἀνθρώπων οὐκέτι χώραν ἔχει διὰ τὸν ἐνοικήσαντα λόγον ἐν τούτοις διὰ τοῦ ἑνὸς σώματος. 30

33 Τοῦ αὐτοῦ ἐκ τοῦ αὐτοῦ λόγου.

Τούτου ἕνεκα μετὰ τὰς θειοτάτας αὐτοῦ ἐκ τῶν ἔργων ἀποδείξεις ἤδη καὶ ὑπὲρ πάντων θυσίαν ἀνέφερεν, ἀντὶ πάντων τὸν αὐτοῦ ναὸν εἰς

296

4–5 Gal. 1:1 (cf. Acts 13:30)   6–7 Jn. 2:19, 21   10 Jn. 5:26

ISMJCVOR   5 ὁ om. IS   9 πρόσωπον αὐτοῦ J   17 ἀντὶ πάντων post ἀποθανεῖν add. S   σῶμα λαμβάνει ἑαυτῷ J   πάντας: παντὸς J   21 ὃ: τὸ IS: om. J   ὁ καὶ ante προσαγαγὼν add. J   22 εὐθὺς om. J   22–3 τῇ¹ --- καταλλήλῳ ante ἀπὸ transp. V   24 καὶ om. J   προσαγαγὼν SᵃᵉJ   26 ὁ om. I: ὡς S   27 ἀφθαρσίᾳ V   29 οὐκ ante ἔχει add. J   33 θυσίας J

θάνατον παραδιδούς, ἵνα τοὺς πάντας ἀνυπευθύνους καὶ ἐλευθέρους
τῆς ἀρχαίας παραβάσεως ποιήσῃ, δείξῃ δὲ ἑαυτὸν καὶ θανάτου κρείτ-
τονα, ἀπαρχὴν τῆς τῶν ὅλων ἀναστάσεως τὸ ἴδιον σῶμα ἄφθαρτον
ἐπιδεικνύμενος. Τὸ μὲν γὰρ σῶμα, ὡς καὶ αὐτὸ κοινὴν ἔχον τὴν
οὐσίαν, σῶμα γὰρ ἦν ἀνθρώπινον, εἰ καὶ καινοτέρῳ θαύματι συνέστη 5
ἐκ παρθένου μόνης, ὅμως θνητὸν ὄν, κατ' ἀκολουθίαν τῶν ὁμοίων
ἀπέθνησκε, τῇ δὲ τοῦ λόγου εἰς αὐτὸ ἐπιβάσει οὐκέτι κατὰ τὴν ἰδίαν
φύσιν ἐφθείρετο, ἀλλὰ διὰ τὸν ἐνοικήσαντα τοῦ θεοῦ λόγον ἐκτὸς
ἐγίνετο φθορᾶς.

34   Τοῦ αὐτοῦ ἐκ τοῦ αὐτοῦ λόγου.   10
Ὅθεν, ὡς προεῖπον, ὁ λόγος, ἐπεὶ οὐχ οἷόν τε ἦν αὐτὸν ἀποθανεῖν,
ἀθάνατος γὰρ ἦν, ἔλαβεν ἑαυτῷ σῶμα τὸ δυνάμενον ἀποθανεῖν, ἵνα
ὡς ἴδιον ἀντὶ πάντων αὐτὸ προσενέγκῃ· καὶ ὡς αὐτὸς ὑπὲρ πάντων
πάσχων διὰ τὴν πρὸς αὐτὸ τὸ σῶμα ἐπίβασιν, καταργήσῃ τὸν τὸ
κράτος ἔχοντα τοῦ θανάτου.   15

35   Τοῦ αὐτοῦ ἐκ τοῦ αὐτοῦ λόγου.
Πάσχον μὲν γὰρ τὸ σῶμα κατὰ τὴν τῶν σωμάτων φύσιν ἀπέθνησκεν·
εἶχε δὲ τῆς ἀφθαρσίας τὴν πίστιν ἐκ τοῦ ἐνοικήσαντος αὐτῷ λόγου.
Οὐ γὰρ ἀποθνήσκοντος τοῦ σώματος ἐνεκροῦτο καὶ ὁ λόγος, ἀλλ' ἦν
μὲν αὐτὸς ἀπαθὴς καὶ ἄφθαρτος καὶ ἀθάνατος, οἷα δὴ θεοῦ λόγος 20
ὑπάρχων, συνὼν δὲ μᾶλλον τῷ σώματι, διεκώλυεν ἀπ' αὐτοῦ τὴν κατὰ
φύσιν τῶν σωμάτων φθοράν, ᾗ φησι καὶ τὸ πνεῦμα πρὸς αὐτόν· "Οὐ
δώσεις τὸν ὅσιόν σου ἰδεῖν διαφθοράν."

Τοῦ ἁγίου Δαμάσου ἐπισκόπου Ῥώμης.

36   Ἀπὸ ἐκθέσεως.   25
Εἴ τις εἴποι, ὅτι ἐν τῷ πάθει τοῦ σταυροῦ πόνον ὑπέμεινεν ὁ υἱὸς τοῦ
θεοῦ καὶ θεός, καὶ οὐχὶ ἡ σὰρξ μετὰ τῆς ψυχῆς, ἣν ἐνεδύσατο ἡ τοῦ
δούλου μορφή, ἣν ἑαυτῷ ἔλαβε, καθὼς εἴρηκεν ἡ γραφή· ἀνάθεμα
ἔστω.

36 Gelasius 56

(13–15 Heb. 2:14)   22–3 Ps. 16:10 (LXX 15:10)

ISMJCVOR   1 παραδούς J   ἀνευθύνους V   1–2 ποιήσῃ post ἀνυπευθύνους transp. S
4 κοινόν S   5 θαύματι: σώματι J   8 ἐφθείρετο φύσιν S   13 ἀντὶ om. J   αὐτὸ
πάντων J   ὑπὲρ: περὶ ISVᵃᶜ   17 τῶν om. J   19 καὶ om. J   24 Τοῦ ἁγίου om. S
26 ὅτι om. ISV   27 καὶ¹ om. ISVᵃᶜ   28 δούλου: λόγου J   καὶ post καθὼς add.
SᵖᶜJ   περὶ αὐτοῦ post γραφὴ add. J

Τοῦ ἁγίου Ἀμβροσίου ἐπισκόπου Μεδιολάνου.

7   Ἐκ τοῦ περὶ τῆς καθόλου πίστεως.

Εἰσὶ δέ τινες, οἳ εἰς τοσοῦτον ἀσεβείας προῆλθον, ὡς νομίζειν ὅτι ἡ
θεότης τοῦ κυρίου περιετμήθη, καὶ ἀτελὴς ἐκ τελείου γεγένηται, καὶ
ὅτι ἐν τῷ ξύλῳ οὐχ ἡ σὰρξ ἦν, ἀλλ᾽ ἐκείνη ἡ θεία οὐσία, ἡ τῶν πάντων 5
δημιουργός.

8   Τοῦ αὐτοῦ ἐκ τοῦ αὐτοῦ λόγου.

Ἡ σὰρξ ἔπαθεν, ἡ θεότης θανάτου ἐλευθέρα ἐστί· παθεῖν τὸ σῶμα
νόμῳ φύσεως ἀνθρωπίνης παρεχώρησε. Πῶς γὰρ θνήσκειν θεὸς
δύναται, τῆς ψυχῆς μὴ δυναμένης θανεῖν; "Μὴ φοβεῖσθε, γάρ φησιν, 10
ἀπὸ τῶν ἀποκτεννόντων τὸ σῶμα, τὴν δὲ ψυχὴν μὴ δυναμένων ἀπο-
κτεῖναι." Εἰ τοίνυν ἡ ψυχὴ ἀποκτανθῆναι οὐ δύναται, πῶς ἡ θεότης
θανάτῳ ὑποπεσεῖν δύναται;

Τοῦ ἁγίου Βασιλείου ἐπισκόπου Καισαρείας.

9   Ὁ παντὶ γνώριμον, τῷ μικρὸν ἐπιστήσαντι τῆς ἀποστολικῆς λέξεως 15
τὸ βούλημα, ὅτι οὐχὶ θεολογίας ἡμῖν παραδίδωσι τρόπον, ἀλλὰ τοὺς
τῆς οἰκονομίας λόγους παραδηλοῖ. "Κύριον γὰρ αὐτὸν καὶ Χριστὸν ὁ
θεὸς ἐποίησε, τοῦτον τὸν Ἰησοῦν, ὃν ὑμεῖς ἐσταυρώσατε," τῇ δεικτικῇ
φωνῇ πρὸς τὸ ἀνθρώπειον αὐτοῦ καὶ ὁρώμενον πᾶσι προδήλως ἀπε-
ρειδόμενος.   20

Τοῦ ἁγίου Γρηγορίου ἐπισκόπου Ναζιανζοῦ.

10   Ἐκ τῆς πρὸς Νεκτάριον τὸν Κωνσταντινουπόλεως ἐπίσκοπον
ἐπιστολῆς.

Τὸ δὲ πάντων χαλεπώτατον ἐν ταῖς ἐκκλησιαστικαῖς συμφοραῖς ἡ
τῶν Ἀπολιναριστῶν ἐστι παρρησία, οὓς οὐκ οἶδ᾽ ὅπως παρεῖδέ σου ἡ 25

---

37 Gelasius 55   39 Gelasius 21

10–12 Mt. 10:28   17–18 Acts 2:36

ISMDJCVOR 1 ἐπισκόπου om. J   Μεδιολάνων J   2 λόγου post πίστεως add. J
3–4 ἡ τοῦ κυρίου θεότης S   4 γεγένητο J   5 τῶν om. S^{ac}J   9 ἀνθρωπίνης om. J
θεὸς θνήσκειν J   10 μὴ¹: οὐ S φοβηθῆτε J   11 ἀποκτενόντων V   14 ἐπισκόπου
om. J   Καππαδοκείας post Καισαρείας add. J   15 Ὁ om. S καὶ post τῷ add. J
σμικρὸν J ἐπιστήσαντι: ἐπιστῆναι θελήσαντι S   16 τῷ βουλήματι J   17 αὐτὸν
om. J   17–18 ἐποίησεν ὁ θεός S   19 ἀνθρώπινον V   21 ἐπισκόπου om. J ἐπισκόπου
Ναζιανζοῦ: τοῦ θεολόγου IS   22 τὸν μακάριον ante Νεκτάριον add. V τὸν om. SJ
τὸν ––– ἐπίσκοπον om. I ἐπίσκοπον om. J

ὁσιότης, πορισαμένους ἑαυτοῖς τὴν τοῦ συνάγειν ὁμοτίμως ἡμῖν
ἐξουσίαν.

41   Καὶ μετ᾽ ὀλίγα.

Καὶ οὔπω τοῦτο δεινόν· ἀλλὰ τὸ πάντων χαλεπώτατον, ὅτι αὐτὸν τὸν
μονογενῆ θεόν, τὸν κριτὴν τῶν ὄντων, τὸν ἀρχηγὸν τῆς ζωῆς, τὸν 5
καθαιρέτην τοῦ θανάτου, θνητὸν εἶναι κατασκευάζει, καὶ τῇ ἰδίᾳ αὐτοῦ
θεότητι τὸ πάθος δέξασθαι, καὶ ἐν τῇ τριημέρῳ ἐκείνῃ νεκρώσει τοῦ
σώματος καὶ τὴν θεότητα συναπονεκρωθῆναι τῷ σώματι, καὶ οὕτως
παρὰ τοῦ πατρὸς πάλιν ἀπὸ τοῦ θανάτου διαναστῆναι.

42   Τοῦ αὐτοῦ ἐκ τῆς πρὸς Κληδόνιον προτέρας ἐκθέσεως.   1

Εἰ μὲν ἄψυχος ὁ ἄνθρωπος, τοῦτο καὶ Ἀρειανοὶ λέγουσιν, ἵνα ἐπὶ τὴν
θεότητα τὸ πάθος ἐνέγκωσιν, ὡς τοῦ κινοῦντος τὸ σῶμα τούτου καὶ
πάσχοντος.

43   Τοῦ αὐτοῦ ἐκ τοῦ περὶ υἱοῦ λόγου.

Ἐλείπετο περὶ τοῦ ἐντετάλθαι καὶ τετηρηκέναι τὰς ἐντολάς, καὶ τὰ 1
ἀρεστὰ αὐτῷ πάντα πεποιηκέναι, διαλαβεῖν ἡμᾶς· ἔτι δὲ τελειώσεως,
καὶ ὑψώσεως, καὶ τοῦ μαθεῖν ἐξ ὧν ἔπαθε τὴν ὑπακοήν, ἀρχιερωσύνης
τε καὶ προσφορᾶς, καὶ παραδόσεως, καὶ δεήσεως τῆς πρὸς τὸν δυνά-
μενον σώζειν ἐκ θανάτου, καὶ ἀγωνίας καὶ θρόμβου, καὶ προσευχῆς,
καὶ εἴ τι ἄλλο τοιοῦτο, εἴγε μὴ πᾶσι πρόδηλον ἦν, ὅτι περὶ τὸ πάσχον 2
τὰ τοιαῦτα τῶν ὀνομάτων οὐ τὴν ἄτρεπτον φύσιν καὶ τοῦ πάσχειν
ὑψηλοτέραν.

44   Τοῦ αὐτοῦ ἐκ τοῦ εἰς τὸ Πάσχα λόγου.

"Τίς οὗτος ὁ παραγινόμενος ἐξ Ἐδώμ," καὶ τῶν γηΐνων, ἢ πῶς
ἐρυθρὰ τὰ ἱμάτια τοῦ ἀναίμου καὶ ἀσωμάτου, ὡς ληνοβάτου, καὶ 2
πλήρη ληνὸν πατήσαντος; Προβαλοῦ τὸ ὡραῖον τῆς στολῆς, τοῦ
πεπονθότος σώματος τῷ πάθει καλλωπισθέντος καὶ τῇ θεότητι
λαμπρυνθέντος, ἧς οὐδὲν ἐρασμιώτερον οὐδὲ ὡραιότερον.

Τοῦ ἁγίου Γρηγορίου ἐπισκόπου Νύσσης.

41 Gelasius 53

───────

24 Is. 63:1

───────

ISMDJCVOR   1 συνάγεσθαι J   1–2 ἡμῖν ἐξουσίαν: παρρησίαν J   7 ἐν om. S
10 ἐκθέσεως: ἐπιστολῆς I   12 τοῦτο S   14 δευτέρου ante λόγου add. J   16 πάντα:
πάντοτε J   ἔτι: ὅτι S   19 αὐτὸν post σώζειν add. J   20 τοιοῦτον J   εἰ μή γε J
22 αἰνίττεται post ὑψηλοτέραν add. SV   23–8 Τοῦ ––– ὡραιότερον post ἀναστάσεως
(241.5) transp. S (lect. var. hic cit.)   23 Τοῦ ––– λόγου: Τοῦ Θεολόγου ἐκ τοῦ εἰς
Πάσχα S   25 αὐτοῦ ante τὰ add. S   27–8 καὶ ––– λαμπρυνθέντος om. SV
29 Τοῦ ––– Νύσσης: Τοῦ Νύσης I

5   Ἐκ τοῦ κατηχητικοῦ λόγου.

Καὶ τοῦτό ἐστι τὸ φύσει μὲν τῆς τοῦ θεοῦ περὶ τὸν θάνατον οἰκονομίας
καὶ τῆς ἐκ νεκρῶν ἀναστάσεως, τὸ διαλυθῆναι μὲν τῷ θανάτῳ τοῦ
σώματος τὴν ψυχὴν κατὰ τὴν ἀναγκαίαν τῆς φύσεως ἀκολουθίαν μὴ
κωλῦσαι, εἰς ἄλληλα δὲ πάλιν ἐπαναγαγεῖν διὰ τῆς ἀναστάσεως. 5

6   Τοῦ αὐτοῦ ἐκ τοῦ αὐτοῦ λόγου.

Ἐπειδὴ γὰρ οὐκ ἄλλοθεν, ἀλλ' ἐκ τοῦ ἡμετέρου φυράματος, ὁ θεο-
δόχος ἄνθρωπος ἦν, ὁ διὰ τῆς ἀναστάσεως συνεπαρθεὶς τῇ θεότητι·
ὥσπερ ἐπὶ τοῦ καθ' ἡμᾶς σώματος ἡ τοῦ ἑνὸς τῶν αἰσθητηρίων
ἐνέργεια πρὸς πᾶσαν τὴν συναίσθησιν ἄγει τὸν ἡνωμένον τῷ μέρει, 10
οὕτως καθάπερ ἑνός τινος ὄντος ζῴου πάσης τῆς φύσεως, ἡ ἐκ τοῦ
μέρους ἀνάστασις ἐπὶ τὸ πᾶν διεξέρχεται, τὸ συνεχές τε καὶ ἡνω-
μένον τῆς φύσεως, ἐκ τοῦ μέρους ἐπὶ τὸ ὅλον συνδιδόμενον. Τί οὖν
ἔξω τοῦ εἰκότος μυστηρίου μανθάνομεν, εἰ κύπτει πρὸς τὸν πεπτωκότα
ὁ ἑστώς, ἐπὶ τῷ ἀναστῆσαι τὸν κείμενον; 15

7   Τοῦ αὐτοῦ ἐκ τοῦ αὐτοῦ λόγου.

Ἀκόλουθον ἂν εἴη καὶ ἐν τῷ μέρει τούτῳ, μὴ τὸ μὲν βλέπειν, παρορᾶν
δὲ τὸ ἕτερον, ἀλλ' ἐν μὲν τῷ θανάτῳ καθορᾶν τὸ ἀνθρώπινον, ἐν δὲ τῷ
ἀνθρώπῳ πολυπραγμονεῖν τὸ θειότερον.

8   Τοῦ αὐτοῦ ἐκ τῆς κατὰ Εὐνομίου πραγματείας. 20

Οὔτε ζωοποιεῖ τὸν Λάζαρον ἡ ἀνθρωπίνη φύσις, οὔτε δακρύει τὸν
κείμενον ἡ ἀπαθὴς ἐξουσία· ἀλλ' ἴδιον τοῦ μὲν ἀνθρώπου τὸ δάκρυον,
τῆς δὲ ζωῆς τὰ τῆς ὄντως ζωῆς. Οὐ τρέφει τὰς χιλιάδας ἡ ἀνθρωπίνη **301**
πτωχεία, οὐ τρέχει ἐπὶ τὴν συκῆν ἡ παντοδύναμος ἐξουσία. Τίς ὁ
κοπιῶν ἐκ τῆς ὁδοιπορίας, καὶ τίς ὁ ἀπόνως ὅλον τὸν κόσμον ὑποστή- 25
σας τῷ λόγῳ; Τί τὸ τῆς δόξης ἀπαύγασμα; Τί τὸ τοῖς ἥλοις κατα-
πειρόμενον; Ποία μορφὴ ἐπὶ τοῦ πάθους ῥαπίζεται, καὶ ποία ἐξ
ἀϊδίου δοξάζεται; Φανερὰ γὰρ ταῦτα, κἂν μηδεὶς ἑρμηνεύῃ τῷ λόγῳ.

9   Τοῦ αὐτοῦ ἐκ τῆς αὐτῆς πραγματείας.

Αἰτιᾶται τοὺς τὸ πάθος τῇ ἀνθρωπίνῃ φύσει ἀνατιθέντας. Βούλεται 30
γὰρ πάντως αὐτὴν τῷ πάθει ὑπάγειν τὴν θεότητα. Διπλῆς γὰρ οὔσης
καὶ ἀμφιβόλου τῆς ὑπολήψεως, εἴτε τὸ θεῖον, εἴτε τὸ ἀνθρώπινον ἐν

48 ll. 21 (Οὔτε)–28 (δοξάζεται) Gelasius 24   *49* Gelasius 52

(21–2 ff. Jn. 11:1–44)

ISMDJCVOR 4–5 μὴ κωλῦσαι om. I 5 δὲ εἰς ἄλληλα πάλιν S 6 Τοῦ ––– λόγου:
Τοῦ Νύσσης ἐκ τοῦ κατηχητικοῦ λόγου S 8 τῇ om. J 9 γὰρ post ὥσπερ add. IS
10 τὸν: τὸ forte recte J 11 τινὸς ἑνός I ὄντος om. J ἡ om. J 13 συνεκδιδόμενον J
15 τῷ: τὸ V 19 ἀνθρώπῳ R: σκοπῷ cett. 28 μηδεὶς: μή τις J αὐτοῦ post
λόγῳ add. J 31 ὑπαγαγεῖν J 32 ἀνθρώπειον J

πάθει γέγονεν, ἡ τοῦ ἑνὸς κατηγορία κατασκευὴ πάντως τοῦ λειπο-
μένου γίνεται. Εἰ τοίνυν αἰτιῶνται τοὺς τὸ πάθος περὶ τὸν ἄνθρωπον
βλέποντας, ἐπαινοῦσι πάντως τοὺς ἐμπαθῆ λέγοντας τοῦ υἱοῦ τὴν
θεότητα. Τὸ δὲ διὰ τούτων κατασκευαζόμενον συνηγορία τῆς τοῦ
δόγματος αὐτῶν ἀτοπίας γίγνεται. Εἰ γὰρ πάσχει μὲν κατὰ τὸν 5
λόγον αὐτῶν τοῦ υἱοῦ ἡ θεότης, ἡ δὲ τοῦ πατρὸς ἐν ἀπαθείᾳ πάσῃ
φυλάττεται, ἡ ἀπαθὴς ἄρα φύσις πρὸς τὴν παραδεχομένην τὸ πάθος
ἀλλοτρίως ἔχει.

Τοῦ ἁγίου Ἀμφιλοχίου ἐπισκόπου Ἰκονίου.

50 Ἐκ τοῦ λόγου τοῦ εἰς τό, "Ἀμὴν ἀμὴν λέγω ὑμῖν, ὁ τὸν λόγον 10
μου ἀκούων καὶ πιστεύων τῷ πέμψαντί με ἔχει ζωὴν αἰώνιον."
Τίνος οὖν τὰ πάθη; Τῆς σαρκός. Οὐκοῦν εἰ δίδως σαρκὶ τὰ πάθη, δὸς
αὐτῇ καὶ τοὺς ταπεινοὺς λόγους, καὶ ᾧ τὰ θαύματα ἐπιγράφεις, τοὺς
ἀνηγμένους ἀνάθες λόγους. Ὁ γὰρ θαυματουργῶν θεὸς εἰκότως
ὑψηλὰ λαλεῖ καὶ τῶν ἔργων ἐπάξια· ὁ δὲ πάσχων ἄνθρωπος καλῶς τὰ 15
ταπεινὰ φθέγγεται, καὶ τῶν παθῶν κατάλληλα.

51 Τοῦ αὐτοῦ ἐκ τοῦ λόγου τοῦ εἰς τό, "Ὁ πατήρ μου μείζων μού
ἐστιν."
Ὅταν δὲ τὰ παθήματα τῇ σαρκὶ καὶ τὰ θαύματα τῷ θεῷ δῷς, ἀνάγκη
καὶ μὴ θέλων δίδως, τοὺς μὲν ταπεινοὺς λόγους τῷ ἐκ Μαρίας ἀνθρώ- 20
πῳ, τοὺς δὲ ἀνηγμένους καὶ θεοπρεπεῖς τῷ ἐν ἀρχῇ ὄντι λόγῳ. Διὰ
τοῦτο γὰρ πῆ μὲν ἀνηγμένους, πῆ δὲ ταπεινοὺς φθέγγομαι λόγους, ἵνα
διὰ μὲν τῶν ὑψηλῶν τοῦ ἐνοικοῦντος λόγου δείξω τὴν εὐγένειαν, διὰ δὲ
τῶν ταπεινῶν τῆς ταπεινῆς σαρκὸς γνωρίσω τὴν ἀσθένειαν. Ὅθεν πῆ
μὲν ἑαυτὸν ἴσον λέγω τοῦ πατρός, πῆ δὲ μείζονα τὸν πατέρα, οὐ 25
μαχόμενος ἑαυτῷ, ἀλλὰ δεικνὺς ὡς θεός εἰμι καὶ ἄνθρωπος· θεὸς μὲν
ἐκ τῶν ὑψηλῶν, ἄνθρωπος δὲ ἐκ τῶν ταπεινῶν. Εἰ δὲ θέλετε γνῶναι
πῶς ὁ πατήρ μου μείζων μού ἐστιν, ἐκ τῆς σαρκὸς εἶπον, καὶ οὐκ ἐκ
προσώπου τῆς θεότητος.

50 Gelasius 26   51 = 107.9–20 (q.v.) = Gelasius 27 (100.21–8); l. 19 (Ὅταν-δῷς)
= 107.9–10 = Chalcedon 6 (114.29)

10–11 Jn. 5:24   17–18, (28) Jn. 14:28

ISMDPJCVOR   3 ἐμπαθῆ: ἐν πάθει VO   7 τὸ om. J   10 εἰς --- ὑμῖν om. S
Ἀμὴν¹ --- ὑμῖν om. J   τῶν λόγων S   11 καὶ --- με om. S   12 σαρκὶ: αὐτῇ S
13 αὐτῇ: ταύτη S   15 τὰ om. O   17 εἰς τό om. S   27 ἐκ τῶν ταπεινῶν δὲ ἄνθρωπος S
28 μου om. ISᵃᶜ   μού om. S

Τοῦ αὐτοῦ ἐκ τοῦ λόγου τοῦ εἰς τό, "Εἰ δυνατόν, παρελθέτω ἀπ' **304**
ἐμοῦ τὸ ποτήριον τοῦτο."
Μὴ τὰ πάθη οὖν τῆς σαρκὸς τῷ ἀπαθεῖ προσρίψῃς λόγῳ. Θεὸς γάρ
εἰμι καὶ ἄνθρωπος, αἱρετικέ· θεὸς ὡς ἐγγυᾶται τὰ θαύματα, ἄνθρωπος
ὡς μαρτυρεῖ τὰ παθήματα. Ἐπεὶ οὖν θεός εἰμι καὶ ἄνθρωπος, εἰπὲ τίς 5
ὁ παθών· εἰ ὁ θεὸς ἔπαθεν, εἶπας τὸ βλάσφημον· εἰ δὲ ἡ σὰρξ ἔπαθε,
τί μὴ τὸ πάθος προσάπτεις ᾧ τὴν δειλίαν ἐπάγεις; Ἄλλου γὰρ πά-
σχοντος ἄλλος οὐ δειλιᾷ, καὶ ἀνθρώπου σταυρουμένου θεὸς οὐ ταράτ-
τεται.

Τοῦ αὐτοῦ ἐκ τοῦ κατὰ Ἀρειανῶν λόγου. 10
Καὶ ἵνα μὴ μακρὸν ἀποτείνω τὸν λόγον, συντόμως ἐρωτῶ σε, αἱρετικέ·
ὁ ἐκ τοῦ θεοῦ πρὸ τῶν αἰώνων γεννηθεὶς ἔπαθεν, ἢ ὁ ἐκ τοῦ Δαβὶδ ἐν
ὑστέροις καιροῖς τεχθεὶς Ἰησοῦς; Εἰ μὲν οὖν ἡ θεότης ἔπαθεν, εἶπας
τὸ βλάσφημον· εἰ δὲ ὁ ἄνθρωπος, ὡς ἔχει ἡ ἀλήθεια, τίνος οὖν ἕνεκεν
μὴ προσάπτεις τῷ ἀνθρώπῳ τὸ πάθος; 15

Τοῦ αὐτοῦ ἐκ τοῦ περὶ υἱοῦ λόγου.
Εἰπὼν γὰρ ὁ Πέτρος ὅτι "Καὶ κύριον καὶ Χριστὸν αὐτὸν ἐποίησεν ὁ
θεός," ἐπήγαγε, "Τοῦτον τὸν Ἰησοῦν, ὃν ὑμεῖς ἐσταυρώσατε, τοῦτον
ὁ θεὸς ἤγειρεν ἐκ νεκρῶν." Ἐνεκρώθη δὲ οὐχ ἡ θεότης, ἀλλ' ὁ ἄνθρω-
πος, καὶ ὁ ἐγείρας αὐτόν ἐστιν ὁ λόγος, ἡ δύναμις τοῦ θεοῦ, ὁ εἰπὼν ἐν 20
τῷ εὐαγγελίῳ· "Λύσατε τὸν ναὸν τοῦτον, καὶ ἐν τρισὶν ἡμέραις ἐγερῶ
αὐτόν." Ὥστε ἐὰν λέγηται· "Καὶ κύριον αὐτὸν καὶ Χριστὸν ἐποίησεν ὁ
θεὸς τὸν νεκρωθέντα, καὶ ἐκ νεκρῶν ἀναστάντα," τὴν σάρκα λέγει, καὶ
οὐ τὴν θεότητα τοῦ υἱοῦ.

Τοῦ αὐτοῦ ἐκ τοῦ λόγου τοῦ εἰς τό, "Οὐ δύναται ὁ υἱὸς ποιεῖν ἀφ' 25
ἑαυτοῦ οὐδέν."
Οὐδὲ γὰρ εἶχε φύσιν ὑπὸ φθορᾶς κατέχεσθαι τὴν ζωήν, διόπερ οὐχ
ἡ θεότης εἰς πάθος κατεσπάσθη· πῶς γάρ; Ἀλλ' ἡ ἀνθρωπότης
εἰς ἀφθαρσίαν ἀνεκαινίσθη. "Δεῖ γάρ, φησί, τὸ θνητὸν τοῦτο
ἐνδύσασθαι ἀθανασίαν, καὶ τὸ φθαρτὸν τοῦτο ἐνδύσασθαι ἀφθαρσίαν." 30

---

52 Gelasius 28 *53* Gelasius 57 *54* Gelasius 58

1-2 Mt. 26:39   17-19, 22-3 Acts 2:36   21-2 Jn. 2:19   25-6 Jn. 5:19
29-30 1 Cor. 15:53

ISMDJCVOR   1 λόγου --- τό om. Sᵃᶜ   τοῦ³ om. O   Πάτερ ante εἰ add. J
1-2 τὸ ποτήριον τοῦτο ἀπ' ἐμοῦ ISJ   5 μαρτύρεται J   7 ἐπάγεις· ἐπιρρίπτεις J
11 τὸν om. ISJ   14 οὖν om. S   15 προσάπτης J   17 ἐποίησεν αὐτὸν I   20 ἡ
ante τοῦ add. IJ   22 λέγετε J   23 καὶ² om. S   25 εἰς τό om. S   29 ἐνεκαινίσθη IᵃᶜS
29-30 φησί post ἀθανασίαν transp. I   30 καὶ --- ἀφθαρσίαν om. J

Ὁρᾷς τὴν ἀκρίβειαν; Τὸ θνητὸν τοῦτο ἔδειξε δεικτικῶς, ἵνα μὴ ἄλλης νομίσῃς σαρκὸς ἀνάστασιν.

Τοῦ ἁγίου Φλαβιανοῦ ἐπισκόπου Ἀντιοχείας.

56   Ἐπὶ τῇ κυριακῇ τοῦ Πάσχα.

Διὰ τοῦτο καὶ ὁ σταυρὸς ἡμῖν μετὰ παρρησίας κηρύττεται, καὶ θάνατος παρ' ἡμῶν ὁ δεσποτικὸς ὡμολόγηται, οὐδὲν τῆς θεότητος πασχούσης (ἀπαθὲς γὰρ τὸ θεῖον), ἀλλὰ τοῦ σώματος τὴν οἰκονομίαν πληροῦντος.

57   Τοῦ αὐτοῦ εἰς Ἰούδαν τὸν προδότην.

Ὥστε ὅταν ἀκούσῃς τὸν δεσπότην προδιδόμενον, μὴ καταγάγῃς εἰς εὐτέλειαν τὸ θεϊκὸν ἀξίωμα, μηδὲ τὰ σωματικὰ πάθη τῇ θείᾳ δυνάμει προσάψῃς. Ἀπαθὲς γὰρ τὸ θεῖον καὶ ἀναλλοίωτον. Εἰ γὰρ καὶ δούλου μορφὴν ὑπῆλθε διὰ φιλανθρωπίαν, ἀλλ' οὐκ ἐτράπη τὴν φύσιν· ἀλλ' ὢν ὅπερ ἦν, συνεχώρησε τὸ θεῖον σῶμα θανάτου πεῖραν λαβεῖν.

Θεοφίλου ἐπισκόπου Ἀλεξανδρείας.

58   Ἐξ ἑορταστικοῦ τόμου.

Τῶν γὰρ ἀλόγων ζῴων οὐκ αἴρονται καὶ τίθενται πάλιν αἱ ψυχαί, ἀλλὰ μετὰ τῶν σωμάτων συνδιαφθείρονται, καὶ εἰς χοῦν ἀναλύουσιν. Ὁ δὲ σωτήρ, ἄρας αὐτοῦ παρὰ τὸν καιρὸν τοῦ σταυροῦ τὴν ψυχὴν ἀπὸ τοῦ οἰκείου σώματος, πάλιν αὐτὴν εἰς αὐτὸ τέθεικεν ἀναστήσας ἐκ νεκρῶν. Τοῦτο δὴ πιστούμενος ἡμᾶς, προὔλεγε διὰ τοῦ Ψαλμῳδοῦ βοῶν· "Οὐκ ἐγκαταλείψεις τὴν ψυχήν μου εἰς ᾅδην, οὐδὲ δώσεις τὸν ὅσιόν σου ἰδεῖν διαφθοράν."

Τοῦ μακαρίου Γελασίου ἐπισκόπου Καισαρείας τῆς Παλαιστίνης.

59   Ἐκ τοῦ εἰς τὰ Ἐπιφάνια λόγου.

Ἐδέθη, ἐτρώθη, ἐσταυρώθη, ἐψηλαφήθη, μώλωπας ἐφόρεσεν, οὐλὴν

(12–13 Phil. 2:7)   23–4 Ps. 16:10 (LXX 15:10)

ISMDJCVOR   2 σαρκὸς νομίσῃς S   4 Ἐπὶ om. J   Ἐκ τοῦ εἰς τὴν κυριακήν S   5 ὁ om. ISV   6 ὁ δεσποτικὸς παρ' ἡμῶν V   πασχούσης: παρασχούσης V   9 ἐκ τοῦ ante εἰς add. S   τὸν προδότην Ἰούδαν S   11 τῇ δυνάμει τῇ θείᾳ J   11–12 προσάψῃς δυνάμει S   16 Τοῦ μακαρίου ante Θεοφίλου add. J ἐπισκόπου om. SJ   17 Ἐξ: Ἐκ τοῦ S   18 ζῴων om. V   21–2 εἰς —— νεκρῶν: ἐκ νεκρῶν ἀναστήσας ἐν αὐτῷ τέθεικεν S^ac: ἐκ νεκρῶν ἀναστήσας εἰς αὐτὸ τέθεικεν S^pc   22 ἡμῶν J   23 ᾅδου IS   25 μακαρίου: ἁγίου I   ἐπισκόπου om. J 27 ἐσταυρώθη, ἐτρώθη J

σπάθης ἐδέξατο. Πάντα ταῦτα τὸ ἐκ Μαρίας τεχθὲν ὑπέμεινε σῶμα.
Τὸ δὲ πρὸ αἰώνων ἐκ πατρὸς γεννηθὲν οὐδεὶς ἠδύνατο βλάψαι. Οὐ
γὰρ εἶχε τοιαύτην φύσιν ὁ λόγος. Πῶς γάρ τις κατέχει θεότητα; πῶς
τιτρώσκει; πῶς αἱμάσσει τὴν ἀσώματον φύσιν; πῶς δεσμοῖς ταφῆς
περιβάλλει; Αἰδοῦ τοίνυν ἃ μὴ δύνασαι βλάψαι, καὶ τίμησον θεότητα, 5
τῷ τῆς ἀνάγκης συνεχόμενος λόγῳ.

Τοῦ ἁγίου Ἰωάννου ἐπισκόπου Κωνσταντινουπόλεως.

Ἀπὸ τοῦ λόγου τοῦ εἰς τό, "'Ο πατήρ μου ἕως ἄρτι ἐργάζεται,
κἀγὼ ἐργάζομαι."

"Τί σημεῖον δεικνύεις ἡμῖν, ὅτι ταῦτα ποιεῖς;" Τί οὖν αὐτός; 10
"Λύσατε τὸν ναὸν τοῦτον, φησί, καὶ ἐγὼ ἐν τρισὶν ἡμέραις ἐγερῶ
αὐτόν," περὶ τοῦ σώματος τοῦ ἑαυτοῦ λέγων· ἀλλ' ἐκεῖνοι αὐτὸ οὐ
συνεῖδον.

Καὶ μετ' ὀλίγα.

Πῶς οὐ παρέδραμεν αὐτὸ ὁ εὐαγγελιστής, ἀλλ' ἐπήγαγε τὴν διόρθω- 15
σιν λέγων· "'Εκεῖνος δὲ ἔλεγε περὶ τοῦ ναοῦ τοῦ σώματος αὐτοῦ;"
Οὐδὲ γὰρ εἶπε, λύσατε τὸ σῶμα τοῦτο, ἀλλὰ "Τὸν ναόν," ἵνα δείξῃ
τὸν θεὸν τὸν ἐνοικοῦντα. Λύσατε τὸν ναὸν τοῦτον πολλῷ βελτίονα τοῦ
Ἰουδαϊκοῦ. Ὁ μὲν γὰρ εἶχε τὸν νόμον, ὁ δὲ τὸν νομοθέτην· ὁ μὲν τὸ
γράμμα τὸ ἀποκτέννον, ὁ δὲ τὸ πνεῦμα τὸ ζωοποιοῦν. 20

Τοῦ αὐτοῦ ἀπὸ τοῦ λόγου, ὅτι τὰ ταπεινῶς εἰρημένα καὶ γεγενη-
μένα, οὐ δι' ἀσθένειαν δυνάμεως, ἀλλὰ δι' οἰκονομίας διαφόρους.

Πῶς οὖν ἐνταῦθά φησιν, "Εἰ δυνατόν;" Τῆς ἀνθρωπίνης φύσεως τὴν
ἀσθένειαν ἡμῖν ἐνδείκνυται, οὐχ αἱρουμένης ἁπλῶς ἀπορραγῆναι τῆς
παρούσης ζωῆς, ἀλλ' ἀναδυομένης καὶ ὀκνούσης διὰ τὴν ἐξ ἀρχῆς 25
ἐντεθεῖσαν αὐτῇ φιλίαν παρὰ τοῦ θεοῦ πρὸς τὸν παρόντα βίον. Εἰ γὰρ
τοσαῦτα καὶ τηλικαῦτα εἰπόντος αὐτοῦ, ἐτόλμησαν εἰπεῖν τινες ὅτι
σάρκα οὐκ ἔλαβεν, εἰ μηδὲν τούτων εἴρητο, τί οὐκ ἂν εἶπον;

8–9 Jn. 5:17   10 Jn. 2:18   11–12 Jn. 2:19   (12–13 Jn. 2:21)   16 Jn. 2:21
17 Jn. 2:19   23 Mt. 26:39

ISMDPJCVOR   1 Ταῦτα πάντα IS   3 τοιαύτην om. ISV   4–5 περιβάλλει ταφῆς S
5 Αἰδοῦ: Δὸς ISV   7 Τοῦ ――― Κωνστ.: Τοῦ Χρυσοστόμου S   ἐπισκόπου om. J
ἐπισκόπου Κωνστ.: τοῦ Χρυσοστόμου I   8 Ἀπὸ ――― τοῦ² om. J   Ἀπὸ ――― τό: Ἐκ
τοῦ S   τοῦ² om. I   12 σώματος ――― λέγων: ἑαυτοῦ λέγων σώματος S   ἑαυτοῦ:
ἰδίου J   15 αὐτὸν J   18 τὸν² om. ISV   τοῦτον: τόν J   18–19 ἐνοικοῦντα ―――
Ἰουδαϊκοῦ: εἰς ναὸν ἐνοικοῦντα πολλῷ τοῦ Ἰουδαϊκοῦ βελτίονα S   20 ἀποκτιννύον V
τὸ ζωοποιοῦν πνεῦμα S   21 ἀπὸ: ἐκ S   τοῦ post λόγου add. S   21–2 παρὰ τοῦ Χριστοῦ
post γεγενημένα add. J   22 καὶ ἐγένοντο καὶ ἐρρέθησαν post διαφόρους add. J
23 παρελθέτω τὸ ποτήριον τοῦτο ἀπ' ἐμοῦ post δυνατόν add. J   23–4 ἐνδείκνυται
ἡμῖν τὴν ἀσθένειαν S   27 καί: μὲν VO   τινες εἰπεῖν V

63   Τοῦ αὐτοῦ ἐκ τοῦ αὐτοῦ λόγου.

"Ορα πῶς καὶ τὴν προτέραν ἡλικίαν αὐτοῦ προανεφώνησαν. Ἐρώτη-
σον τοίνυν τὸν αἱρετικόν, θεὸς δειλιᾷ καὶ ἀναδύεται καὶ ὀκνεῖ καὶ
λυπεῖται; Κἂν εἴπῃ ὅτι ναί, ἀπόστηθι λοιπόν, καὶ στῆσον αὐτὸν κάτω
μετὰ τοῦ διαβόλου, μᾶλλον δὲ κἀκείνου κατώτερον· οὐδὲ γὰρ ἐκεῖνος
τολμήσει τοῦτο εἰπεῖν. Ἂν δὲ εἴπῃ ὅτι οὐδὲν τούτων ἄξιον θεοῦ,
εἰπέ· Οὐκοῦν οὐδὲ εὔχεται θεός. Χωρὶς γὰρ τούτων καὶ ἕτερον ἄτοπον
ἔσται, ἂν τοῦ θεοῦ τὰ ῥήματα ᾖ. Οὔτε γὰρ ἀγωνίαν μόνον ἐμφαίνει τὰ
ῥήματα, ἀλλὰ καὶ δύο θελήματα, ἓν μὲν υἱοῦ, ἓν δὲ πατρός, ἐναντία
ἀλλήλοις. Τὸ γὰρ εἰπεῖν, "Οὐχ ὡς ἐγὼ θέλω, ἀλλ' ὡς σύ," τοῦτό
ἐστιν ἐμφαίνοντος.

64   Τοῦ αὐτοῦ ἐκ τοῦ αὐτοῦ λόγου.

Ἂν γὰρ ἐπὶ τῆς θεότητος εἰρημένον ᾖ τοῦτο, ἐναντιολογία τις γίνεται,
καὶ πολλὰ ἄτοπα ἐκ τούτου τίκτεται. Ἐὰν δὲ ἐπὶ τῆς σαρκός, ἔχει
λόγον τὰ εἰρημένα, καὶ οὐδὲν ἂν γένοιτο ἔγκλημα. Οὐ γὰρ τὸ μὴ
θέλειν ἀποθανεῖν τὴν σάρκα, κατάγνωσις· φύσεως γάρ ἐστι τοῦτο·
αὐτὸς δὲ τὰ τῆς φύσεως ἅπαντα χωρὶς ἁμαρτίας ἐπιδείκνυται καὶ
μετὰ πολλῆς τῆς περιουσίας, ὥστε τὰ τῶν αἱρετικῶν ἐμφράξαι στό-
ματα. "Οταν οὖν λέγῃ· "Εἰ δυνατόν, παρελθέτω ἀπ' ἐμοῦ τὸ ποτήριον
τοῦτο," καί· "Οὐχ ὡς ἐγὼ θέλω, ἀλλ' ὡς σύ," οὐδὲν ἕτερον δείκνυσιν,
ἀλλ' ὅτι σάρκα ἀληθῶς περιβέβληται φοβουμένην θάνατον. Τὸ γὰρ
φοβεῖσθαι θάνατον καὶ ἀναδύεσθαι καὶ ἀγωνιᾶν ἐκείνης ἐστί. Νῦν
μὲν οὖν αὐτὴν ἐρήμην καὶ γυμνὴν ἀφίησι τῆς οἰκείας ἐνεργείας, ἵνα
αὐτῆς δείξας τὴν ἀσθένειαν, πιστώσηται αὐτῆς καὶ τὴν φύσιν. Νῦν δὲ
αὐτὴν ἀποκρύπτει, ἵνα μάθῃς ὅτι οὐ ψιλὸς ἄνθρωπος ἦν.

Σευηριανοῦ ἐπισκόπου Γαβάλων.

65   Ἐκ τοῦ εἰς τὰς σφραγίδας λόγου.

Ἰουδαῖοι μάχονται τῷ φαινομένῳ ἀγνοοῦντες τὸ μὴ φαινόμενον, καὶ
σταυροῦσι μὲν τὴν σάρκα, οὐκ ἀναιροῦσι δὲ τὴν θεότητα. Εἰ γὰρ τῷ
γράμματι, ὅ ἐστιν ἔνδυμα λόγου, ὁ ἐμὸς λόγος οὐ συναφανίζεται, ὁ
θεὸς λόγος, ἡ πηγὴ τῆς ζωῆς, τῇ σαρκὶ συναπέθνησκε; Τὸ πάθος περὶ
τὸ σῶμα, ἡ δὲ ἀπάθεια περὶ τὴν ἀξίαν.

10, 19–20 Mt. 26:39

ISMDJCVOR   2 αὐτοῦ ἡλικίαν J   4 εἴπῃ ὅτι: εἴποι σοι S   5 κἀκείνου: καὶ
ἐκείνου J   6 ποτε post εἰπεῖν add. J   Ἂν: Ἐὰν S   ὅτι om. J   9–10 ἀλλήλοις
ἐναντία J   12–25 In toto om. J   20 θέλω om. V   θέλεις post σὺ add. V
25 ἵνα μάθῃς om. V   ἦν ὁ ἄνθρωπος S   26 Σεβηριανοῦ V   ἐπισκόπου Γαβάλων
om. S   27 τὴν σφραγίδα J   28 δὲ post Ἰουδαῖοι add. J   τῶν φαινομένων V
30 οὐ συναφανίζεται λόγος S   30–1 οὐ ––– λόγος om. I

ΟΡΘ. Ἰδού σοι καὶ τοὺς τὰ ἑῷα καὶ τοὺς τὰ ἑσπέρια, καὶ μέντοι καὶ τοὺς τὰ νότια καὶ βόρεια τῆς οἰκουμένης γεωργήσαντας τμήματα, τῆς καινῆς ὑμῶν αἱρέσεως κατηγοροῦντας ἐδείξαμεν, καὶ τῆς θείας φύσεως ἀναφανδὸν τὴν ἀπάθειαν κηρύττοντας, καὶ γλῶτταν ἑκατέραν, τὴν Ἑλλάδα φημὶ καὶ τὴν Ῥωμαίαν, σύμφωνον περὶ τῶν θείων 5 ὁμολογίαν κηρύξασαν.

ΕΡΑΝ. Θαυμάζω κἀγὼ τὴν τῶν ἀνδρῶν συμφωνίαν· πολλὴν μέντοι διαίρεσιν ἐν τοῖς λόγοις ἐθεασάμην.

ΟΡΘ. Μὴ νεμεσήσῃς, ὦ φίλος. Ἡ σφόδρα γὰρ πρὸς τοὺς ἀντιπάλους **309** διαμάχη τῆς ἀμετρίας αἰτία. Ταὐτὸ δὲ τοῦτο καὶ τοῖς φυτοκόμοις 10 φίλον ποιεῖν. Ὅταν γὰρ ἴδωσι κεκλιμένον φυτόν, οὐ μόνον πρὸς τὸν ὀρθὸν ἀνιστῶσι κανόνα, ἀλλὰ καὶ πέρα τοῦ εὐθέος εἰς τὸ ἕτερον ἀνακλίνουσι μέρος, ἵν᾽ ἡ πλέον εἰς τοὐναντίον ἐπίκλισις τὴν εὐθεῖαν πραγματεύσηται στάσιν. Ἵνα μέντοι γνῷς, ὡς οἱ τὴν πολύμορφον ταύτην αἵρεσιν κρατῦναι φιλονεικοῦντες τῇ τῶν βλασφημιῶν ὑπερ- 15 βολῇ καὶ τοὺς παλαιοὺς αἱρεσιάρχας ἀποκρύπτειν σπουδάζουσιν, ἄκουσον πάλιν τῶν Ἀπολιναρίου συγγραμμάτων, τῆς θείας φύσεως τὸ ἀπαθὲς κηρυττόντων καὶ τοῦ σώματος εἶναι τὸ πάθος ὁμολογούντων.

Ἀπολιναρίου

66   Ἐκ τοῦ κατὰ κεφάλαιον βιβλίου.   20
Τὸν λυθέντα ναόν, τουτέστι, τὸ σῶμα τοῦ ἀνιστῶντος αὐτὸν εἶπεν ὁ Ἰωάννης. Πάντως δὲ τὸ σῶμα ἕν ἐστι πρὸς αὐτόν, καὶ οὐκ ἄλλος τις παρ᾽ αὐτοῖς. Εἰ δὲ ἓν πρὸς τὸν κύριον γέγονε τὸ σῶμα τοῦ κυρίου, τὰ ἴδια τοῦ σώματος ἴδια αὐτοῦ κατέστη διὰ τὸ σῶμα.

67   Καὶ πάλιν.   25
Τοῦτο γὰρ τὸ ἀληθές, ὅτι ἡ πρὸς τὸ σῶμα συνάφεια οὐ κατὰ περι- γραφὴν τοῦ λόγου, ὥστε μηδὲν ἔχειν πλέον τῆς σωματώσεως. Διὸ καὶ ἐν τῷ θανάτῳ μένει ἀθανασία περὶ τὸν αὐτόν. Εἰ γὰρ ὑπὲρ τὴν σύν- θεσίν ἐστι ταύτην, καὶ ὑπὲρ τὴν διάλυσιν. Διάλυσις δὲ ὁ θάνατος. Οὔτε γὰρ τῇ συνθέσει περιελήφθη· ἢ γὰρ ἂν ὁ κόσμος κεκένωτο· οὔτε 30 ἐν τῇ διαλύσει τὸ ἐκ τῆς διαλύσεως ἐνδεὲς εἶχεν, ὥσπερ ἡ ψυχή.

(21–2 Jn. 2:19)

ISMDPJCVOR   3 καινῆς: κενῆς S^pc V   5 τὴν² om. J   σύμφωνα J   6 ὁμολογιῶν J   7 γε post Θαυμάζω add. J   9 νεμέσῃς S   ὦ φίλος om. ISV   σφόδρα: σοφίη I: σοφὴ S^ac: σοφία S^pc: om. J   10 φυτηκόμοις V   11 γάρ: μέν J   12 πέρα τοῦ: περὶ αὐτοῦ IS: om. J   εὐθέως ISJ   ὡς post εὐθέος add. IS^pc   13 ἵν᾽ ἡ πλέον: εἰ μὴ πλεῖον I: εἰ μὴ πλείονι S: ἵνα τῇ ἐπὶ πλεῖον V   ἐπικλίσει ISV   τὴν εὐθεῖαν om. I   18–250.3 (σώματος — — — μου) In toto om. I (una pag. deest).   19–20 In toto om. J   21 ἀνιστάντος S^ac: ἀναστάντος S^pc: ἀνισταμένου J   22–4 (ἕν — — — σῶμα): ἀναστῆναι J   26 τό¹ om. J   27 πλέον ἔχειν J   28 τὸν om. V   28–31 Εἰ — — — ψυχή om. J

68 Καὶ αὖθις.

Ὥσπερ ἐκ τῶν μνημάτων τοὺς νεκροὺς προϊέναι φησὶν ὁ σωτήρ, καίτοι τῶν ψυχῶν ἐκεῖθεν οὐ προϊουσῶν, οὕτω καὶ ἑαυτὸν ἀναστήσεσθαί φησιν ἐκ νεκρῶν, καίτοι τοῦ σώματος ὄντος τοῦ ἀνισταμένου.

69 Καὶ ἐν ἑτέρῳ δὲ παραπλησίῳ συγγράμματι ταῦτα γέγραφεν. 5
Ἀνθρώπου τὸ ἀναστῆναι ἐκ νεκρῶν, θεοῦ δὲ τὸ ἀναστῆσαι. Ἑκάτερα δὲ Χριστός· θεὸς ἄρα καὶ ἄνθρωπος ὁ αὐτός. Εἰ μόνον ἄνθρωπος ἦν ὁ Χριστός, οὐκ ἂν ἐζωοποίει νεκρούς· καὶ εἰ μόνον θεός, οὐκ ἂν ἰδίᾳ παρὰ τὸν πατέρα ἐζωοποίει τινὰς τῶν νεκρῶν. Ἑκάτερα δὲ Χριστός· θεὸς ἄρα καὶ ἄνθρωπος ὁ αὐτός. Εἰ μόνον ἄνθρωπος ὁ Χριστός, οὐκ 10 ἂν ἔσωζε κόσμον· καὶ εἰ μόνον θεός, οὐκ ἂν διὰ πάθους ἔσωζεν. Ἑκάτερα δὲ Χριστός· καὶ θεὸς ἄρα ἐστὶ καὶ ἄνθρωπος. Εἰ μόνον ἄνθρωπος ὁ Χριστός ἢ μόνον θεός, οὐκ ἂν ἦν μέσος θεοῦ καὶ ἀνθρώπων.

70 Καὶ μετ' ὀλίγα. 15
Σὰρξ δὲ ζωῆς ὄργανον ἁρμοζόμενον τοῖς πάθεσι πρὸς τὰς θείας βουλάς· καὶ οὔτε λόγοι σαρκὸς ἴδιοι οὔτε πράξεις· καὶ τοῖς πάθεσιν ὑποβαλλομένη κατὰ τὸ σαρκὶ προσῆκον ἰσχύει κατὰ τῶν παθῶν διὰ τὸ θεοῦ εἶναι σάρξ.

71 Καὶ μετ' ὀλίγα πάλιν. 20
Υἱὸς ἐπεδήμησε κόσμῳ σάρκα ἐκ τῆς παρθένου λαβών, ἣν ἐπλήρωσεν ἁγίου πνεύματος εἰς τὸν πάντων ἡμῶν ἁγιασμόν. Θανάτῳ δὲ τὴν σάρκα παραδούς, τὸν θάνατον ἔλυσε διὰ τῆς ἀναστάσεως εἰς τὴν πάντων ἡμῶν ἀνάστασιν.

72 Ἐν δὲ τῷ περὶ πίστεως λογιδίῳ ταῦτά φησι. 25
Καὶ τῶν περὶ σάρκα παθῶν γινομένων, τὴν ἀπάθειαν ἡ δύναμις εἶχε τὴν ἑαυτῆς. Ἀσεβεῖ οὖν ὁ τὸ πάθος ἀνάγων εἰς τὴν δύναμιν.

73 Καὶ ἐν τῷ περὶ σαρκώσεως λογιδίῳ ταῦτα γέγραφε πάλιν.
Ἐνταῦθα οὖν τὸν αὐτὸν δηλῶν, ἄνθρωπον μὲν ἐκ νεκρῶν ἐγερθέντα, ὡς θεὸν δὲ τῆς ἁπάσης βασιλεύοντα κτίσεως. 30

ΟΡΘ. Εἶδες τέως ἕνα τῶν τῆς κενῆς αἱρέσεως διδασκάλων ἄντικρυς τὴν τῆς θεότητος ἀπάθειαν κηρύττοντα, καὶ ναὸν καλοῦντα τὸ σῶμα, καὶ τὸν θεὸν λόγον ἀναστῆσαι τοῦτο λίαν ἰσχυριζόμενον.

ΕΡΑΝ. Ἀκήκοά τε καὶ τεθαύμακα, καὶ λίαν αἰσχύνομαι, ὅτι καὶ

SMDPJCVOR   3 καὶ om. O   7 ὅ¹ --- ἄνθρωπος: Εἰ μὴ S: om. V
11 κόσμον ἔσωζε V   12 καὶ¹ om. J   ἐστὶ om. J   13 ἢ: εἰ SV   μέσον J
ἀνθρώπων καὶ θεοῦ SV   16 οὐ post δὲ add. SV   δὲ: οὐ O   17 καὶ τοῖς:
τοῖς δὲ J   18 τό²: τοῦ MC   19 σάρξ εἶναι θεοῦ S   20–24 Καὶ ---
ἀνάστασιν post δύναμιν (27) transp. P   22–3 δὲ τὴν σάρκα: δὴ τὸν θάνατον V
23 διέλυσε J   29 τὸν --- μὲν: ἑαυτὸν δηλοῖ, ὡς μὲν ἄνθρωπον J   30 δὲ θεὸν J
31 κενῆς: καινῆς J   32–3 τὸ σῶμα καλοῦντα S   34 τε om. J

τῆς τοῦδε τοῦ ἀνδρὸς καινοτομίας ὤφθη φευκτότερα τὰ ἡμέτερα.

ΟΡΘ. Ἐγὼ δέ σοι καὶ ἐξ ἑτέρας ἀγέλης αἱρετικῆς παρέξομαι μάρτυρα, διαρρήδην τῆς τοῦ μονογενοῦς θεότητος τὴν ἀπάθειαν κηρύττοντα.

ΕΡΑΝ. Τίνα τοῦτον λέγεις;

ΟΡΘ. Εὐσέβιον ἴσως ἀκήκοας τὸν Φοίνικα, τὸν Ἐμέσης τῆς πρὸς τῷ Λιβάνῳ πόλεως ἀρχιερέα γενόμενον.

ΕΡΑΝ. Ἐνέτυχον ἐνίοις τούτου συγγράμμασι, καὶ εὗρόν γε τοῖς Ἀρείου συμφερόμενον δόγμασιν.

ΟΡΘ. Ἐκείνης τῆς συμμορίας οὗτος ἐτύγχανεν ὤν· ἀλλ' ὅμως καὶ μείζονα τοῦ μονογενοῦς δεικνύναι τὸν πατέρα πειρώμενος, ἀπαθῆ κηρύττει τὴν τοῦ σμικρυνομένου θεότητα, καὶ μακροὺς δὲ ἀγῶνας ὑπὲρ ταύτης καὶ μάλα γε θαυμαστοὺς ἀνεδέξατο.

ΕΡΑΝ. Ποθοῦντί μοι λίαν καὶ τούτους προσοίσεις τοὺς λόγους.

ΟΡΘ. Τοιγαροῦν μακροτέραν παραθήσομαι μαρτυρίαν, ἵνα σου τὸν πόθον ἐμπλήσω. Ἄκουε τοίνυν τοῦ ἀνδρὸς βοῶντος, καὶ πρὸς ἡμᾶς αὐτὸν ἡγοῦ κεχρῆσθαι τοῖς λόγοις.

Εὐσεβίου Ἐμεσηνοῦ.

Τίνος γὰρ ἕνεκεν φοβεῖται τὸν θάνατον; Μή τι πάθῃ ἀπὸ τοῦ θανάτου; Τί γὰρ ἦν αὐτῷ θάνατος; Οὐχὶ τὸ ἀναχωρῆσαι τὴν δύναμιν ἀπὸ τῆς σαρκός; Μὴ γὰρ ἧλον ἐδέξατο ἡ δύναμις, ἵνα φοβηθῇ. Εἰ γὰρ ἡ ψυχὴ ἡμῶν οὐ πάσχει τὰ τοῦ σώματος τούτῳ συνοῦσα, ἀλλὰ τυφλοῦται ὀφθαλμὸς καὶ ἡ διάνοια ἔρρωται, καὶ κόπτεται ποῦς καὶ οὐ χωλεύει λογισμός· καὶ ἡ φύσις τοῦτο μαρτυρεῖ, καὶ ὁ κύριος ἐπισφραγίζει ὁ λέγων· "Μὴ φοβεῖσθε τοὺς δυναμένους ἀποκτεῖναι τὸ σῶμα, τὴν δὲ ψυχὴν μὴ δυναμένους ἀποκτεῖναι." Εἰ τὴν ψυχὴν οὐ δύνανται, οὐχ ᾗ οὐ βούλονται οἱ ποιοῦντες, ἀλλ' ᾗ οὐ δύνανται, κἂν θελήσωσι, παθεῖν τὰ τοῦ σώματος τοῦ συνεζευγμένου· ὁ κτίσας τὴν ψυχὴν καὶ πλάσας τὸ σῶμα, οὗτος πάσχει τὰ τοῦ σώματος, εἰ καὶ τὰ μάλιστα ἀναδέχεται τὰ τοῦ σώματος εἰς ἑαυτὸν παθήματα; Ἀλλ' ἔπαθε Χριστὸς ὑπὲρ ἡμῶν, καὶ οὐ ψευδόμεθα. Ἔδωκε γάρ, εἴ τι ἔδωκεν· "Ὁ γὰρ ἄρτος ὃν ἐγὼ δώσω, ἡ σάρξ μού ἐστιν," ἣν ἔδωκεν

25–6 Mt. 10:28 (30–1 1 Pet. 2:21) 32 Jn. 6:51

SMDPJCVOR 6 ἀκούεις SV 11 δεικνύναι τοῦ μονογενοῦς J 12 σμικρυνομένου: σμικροῦ J 16 ἐκπλήσω V ἡμᾶς: ὑμᾶς J 18 In toto om. J Ἐμισηνοῦ S 19 γὰρ om. SV 22 τοῦ om. J τούτῳ om. V συνοῦσα τούτῳ J 23 καὶ² om. J 23–4 καὶ ὁ λογισμὸς οὐ χωλεύει J 24 καὶ¹ om. J τοῦτο om. SV 25 ὁ om. SᵃᶜJ φοβῆσθε SᵖᶜVᵖᶜ 27 οὐχ ᾗ: οὐχὶ SJ ᾗ² om. SJ 30 τὰ ante παθήματα transp. V τὰ ante παθήματα add. S 31–2 Ἔδωκε — — ἔδωκεν¹ om. SV 32 ἣν om. J

ὑπὲρ ἡμῶν. Ἐκρατήθη τὸ κρατούμενον, ἐσταυρώθη τὸ σταυρούμενον. Ὁ δὲ ἔχων ἐξουσίαν καὶ ἐνοικῆσαι καὶ ἀναχωρῆσαι τόδε λέγει· "Πάτερ, εἰς χεῖράς σου παρατίθημι τὸ πνεῦμά μου," οὐκ εἰς χεῖρας βιαζομένων τὴν ἔξοδον. Οὐκ εἰμὶ φιλόνεικος, ἀλλὰ καὶ φιλονεικίας ἀπέχομαι. Μετὰ πραότητος δὲ περὶ τῶν ἀμφιβαλλομένων βούλομαι πυθέσθαι ὡς ἀδελφῶν. Οὐκ ἀληθεύων λέγω, ὅτι ἡ δύναμις οὐκ ἠδύνατο δέξασθαι τῆς σαρκὸς τὰ παθήματα; Ἐγὼ οὖν σιωπῶ· ὁ βουλόμενος λεγέτω τί ἔπαθεν ἡ δύναμις. Ἐξέλιπεν; ὅρα τὸν κίνδυνον. Ἀπεσβέσθη; ὅρα τὴν βλασφημίαν. Οὐκ ἔτι ἦν; τοῦτο γάρ ἐστι δυνάμεως θάνατος. Εἰπὲ τί δύναται κρατῆσαι ὅτι ἔπαθε, καὶ οὐ φιλονεικῶ. Εἰ δὲ οὐκ ἔχεις εἰπεῖν, τί μοι ἀγανακτεῖς ὅτι οὐ λέγω, ὃ οὐκ ἔχεις; Οὐκ ἐδέξατο ἧλον. Πῆξον εἰς ψυχήν, καὶ δέχομαι εἰς δύναμιν. Ἀλλὰ συνέπαθεν. Ἑρμήνευσόν μοι τὸ συνέπαθε· τί ἐστι τὸ συνέπαθεν; οἷον εἰς τὴν σάρκα ἧλος, εἰς δὲ τὴν δύναμιν ὁ πόνος. Τοῦτο εἴπωμεν συνέπαθεν. Ἤλγησεν ἡ δύναμις ἡ μὴ τυπτομένη. Πάντως γὰρ τὸ ἄλγημα ἀκολουθεῖ τῷ παθήματι. Εἰ δὲ καὶ σῶμα πολλάκις ἐρρωμένης τῆς διανοίας καταφρονεῖ τῶν ἀλγημάτων διὰ τὴν ἰσχὺν τοῦ ἐνθυμήματος, ἐνταῦθα ἑρμηνευέτω τις ἀφιλονείκως, εἴ τι ἔπαθεν, εἴ τι συνέπαθεν. Τί οὖν; Οὐκ ἀπέθανεν ὁ Χριστὸς ὑπὲρ ἡμῶν; Πῶς ἀπέθανε; "Πάτερ, εἰς χεῖράς σου παρατίθημι τὸ πνεῦμά μου." Ἀνεχώρησε τὸ πνεῦμα, ἔμεινε τὸ σῶμα, ἄπνουν ἔμεινε τὸ σῶμα. Οὐκ ἀπέθανεν οὖν; Ἀπέθανεν ὑπὲρ ἡμῶν. Ὡς γέγραπται· οὐχ ὡς πλάττω, ἀλλ' ὡς ἀκούω· ἀπέθανεν ὑπὲρ ἡμῶν. Ὁ ποιμὴν προσήνεγκε τὸ πρόβατον, ὁ ἱερεὺς προσήνεγκε τὸ θῦμα· "Ἔδωκεν ἑαυτὸν ὑπὲρ ἡμῶν·" καί· "Ὃς τοῦ ἰδίου υἱοῦ οὐκ ἐφείσατο, ἀλλ' ὑπὲρ πάντων ἡμῶν ἔδωκεν αὐτοῦ τὸν υἱόν." Οὐκ ἀθετῶ τὰ ῥητά, ζητῶ δὲ τῶν ῥητῶν τὴν διάνοιαν. Λέγει ὁ κύριος, ὅτι "Ὁ ἄρτος τοῦ θεοῦ κατῆλθεν ἐκ τοῦ οὐρανοῦ." Καὶ ἑρμηνεύων, εἰ καὶ οὐ δύναμαι σαφέστερον εἰπεῖν διὰ τὰ μυστήρια, τοσοῦτον δὲ λέγει, ὅτι "Ἡ σάρξ μού ἐστιν." Ἡ σὰρξ τοῦ υἱοῦ ἀπ' οὐρανῶν κατῆλθεν; Οὐ κατῆλθεν ἀπ' οὐρανοῦ. Πῶς οὖν λέγει, "Ὁ

3, 20 Lk. 23:46   (23 1 Pet. 2.21)   24 Tit. 2:14   25–6 Rom. 8:32   27, 30–251.1
Jn. 6:33   29 Jn. 6:55

ISMDPJCVOR   1 ἐσταυρώθη τὸ σταυρούμενον om. J   2 τούτῳ post ἐνοικῆσαι add. J   τόδε om. J   3 παραθήσομαι SV   4–5 ἀπέχομαι φιλονεικίας ISV   5 Καὶ ante μετὰ add. J   δὲ om. J   6 Οὐκ ἀληθεύων λέγω: Λέγων J   7 οὐ ante σιωπῶ add. Spc   8 τί: τίς S   9 Ἀπέσβη V   12 δέχομαι: δέξομαι V   14 ὁ ante ἧλος add. J   15 τὸ ante συνέπαθεν add. V   18–19 εἴ τι (bis): ἢ τί V   19 ὁ om. S   ὁ Χριστὸς om. J   21 ἄπνουν ——— σῶμα: πνεῦμα ἔμεινε τὸ σῶμα IS: om. J   22 οὖν ante ὑπὲρ add. IS   22–3 Ὡς ——— ἡμῶν om. ISV   24 προσήνεγκε: προσήγαγε J   ὑπὲρ ἡμῶν ἑαυτὸν V   25 καί om. J   ἡμῶν πάντων V   26 αὐτοῦ: αὐτὸν J   ῥητά: ῥήματα IS   τὴν τῶν ῥητῶν διάνοιαν S   27 ἐκ: ἀπὸ J   29 τοσοῦτον δὲ: τοῦτο J   οὖν post σὰρξ² add. J   30 οὐρανῶν: οὐρανοῦ J

ἄρτος τοῦ θεοῦ" ζῇ, καὶ καταβέβηκεν ἐκ τῶν οὐρανῶν, καὶ ἑρμη-
νεύει· Ἐπειδὴ ἡ δύναμις ἀναλαβοῦσα ἀπ᾿ οὐρανῶν κατῆλθεν, ὃ ἔχει
ἡ δύναμις, ἀναλογίζεται τῇ σαρκί. Οὐκοῦν ἀντίστρεψον, ἃ πάσχει ἡ
σάρξ, ἀναλογίζεται τῇ δυνάμει. Πῶς ἔπαθε Χριστὸς ὑπὲρ ἡμῶν;
Ἐνεπτύσθη, ἐτυπτήθη ἐπὶ κόρρης, περιέθηκαν στέφανον περὶ μέτω- 5
πον, ὠρύχθησαν αὐτοῦ χεῖρες καὶ πόδες. Ταῦτα πάντα παθήματα
περὶ σῶμα ἀναφέρεται δὲ ἐπὶ τὸν ἐνοικοῦντα. Ῥῖψον λίθον εἰς εἰκόνα
βασιλέως, τί τὸ λεγόμενον; βασιλέα ὕβρισας. Περίσχισον ἱμάτιον
βασιλέως, τί τὸ λεγόμενον; βασιλεῖ ἐπανέστης. Σταύρωσον σῶμα
Χριστοῦ, τί τὸ λεγόμενον; Χριστὸς ἀπέθανεν ὑπὲρ ἡμῶν. Τίς δὲ 10
χρεία ἐμοῦ καὶ σοῦ; προσέλθωμεν τοῖς εὐαγγελισταῖς. Πῶς παρελά-
βετε παρὰ κυρίου, πῶς ἀπέθανεν ὁ κύριος; Ἀναγινώσκουσιν, ὅτι
"Πάτερ, εἰς τὰς χεῖράς σου παρατίθημι τὸ πνεῦμά μου." Τὸ πνεῦμα
ἄνω, καὶ τὸ σῶμα ἐπὶ σταυροῦ ὑπὲρ ἡμῶν. Προσήνεγκε γὰρ τὸ πρό- **316**
βατον. Ὅσα εἰς τὸ σῶμα αὐτῷ λογίζεται. . . . 15

75 Τοῦ αὐτοῦ ἐκ τοῦ αὐτοῦ λόγου.

Τὴν ἡμετέραν φύσιν ἦλθε σῶσαι, οὐ τὴν ἑαυτοῦ ἀπολέσαι. Ἐὰν
θελήσω εἰπεῖν ὅτι κάμηλος πέταται, εὐθὺς ξενίζεσθε, ὅτι οὐχ ἁρμόττει
τῇ φύσει· καὶ καλῶς ποιεῖτε. Ἐὰν θελήσω εἰπεῖν ὅτι ἄνθρωποι
θάλατταν οἰκοῦσιν, οὐκ ἀνέχεσθε, καλῶς γε ποιοῦντες· οὐ γὰρ 20
δέχεται ἡ φύσις. Ὥσπερ οὖν ἐὰν εἴπω ξένα περὶ τούτων τῶν φύσεων,
ξενίζεσθε, οὕτως ἐὰν εἴπω ὅτι ἐκείνη ἡ δύναμις, ἡ πρὸ αἰώνων, ἡ
ἀσώματος τὴν φύσιν, ἡ ἀπαθὴς τὴν ἀξίαν, ἡ οὖσα πρὸς τὸν πατέρα, ἡ
παρὰ τῷ πατρί, ἡ ἐκ δεξιῶν, ἡ ἐν δόξῃ, ἐὰν εἴπω ὅτι ἐκείνη ἡ φύσις
ἡ ἀσώματος πάσχει, οὐχὶ τὰ ὦτα ὑμῶν κρατεῖτε; Ἐὰν μὴ κρατήσητε 25
ὑμῶν τὰ ὦτα, ταῦτα ἀκούοντες, κρατήσω μου τὴν καρδίαν. Ἆρα
ἀγγέλῳ δυνάμεθά τι ποιῆσαι, οἷον ξίφει κροῦσαι, ἢ ὅλως σχίσαι; Τί
λέγω ἀγγέλῳ; ψυχῇ δυνάμεθα; Οὐ δέχεται ἧλον ψυχή, οὐ τέμνεται
ψυχή, οὐ καίεται. Κἂν εἴπῃς μοι· Διατί; λέγω σοι· Οὕτως γὰρ ἐκ-
τίσθη. Τὰ ἔργα αὐτοῦ ἀπαθῆ καὶ αὐτὸς ἐμπαθής; Οὐκ ἀθετῶ τὴν οἰκο- 30
νομίαν, ἀσπάζομαι δὲ τὰς κακουργίας. Ἀπέθανε Χριστὸς ὑπὲρ ἡμῶν,

---

13 Lk. 23:46

ISMDPJCVOR   1–2 ἑρμηνεύων ISV   2 ἡ post δύναμις add. J   ἀναλαβοῦσα ἡ
δύναμις V   οὐρανοῦ J   4 Χριστός om. J   5 κόρης VO^acR   περιέθετο J
7 τὸ ante σῶμα add. J   12 ὅτι om. J   14 τοῦ ante σταυροῦ add. IS   ἔπαθεν ante
ὑπέρ add. J   κάτω post ἡμῶν add. S   15 αὐτοῦ J   18 ὅτι ante ξενίζεσθε add. V
19 καλῶς ποιεῖτε: πῶς τοῦτο γενήσεται J   οἱ ante ἄνθρωποι add. S   21–2 ξένα
— — εἴπω om. J   22 εἴπω om. IS   ἡ δύναμις ἐκείνη I   24 ἡ φύσις ἐκείνη I
25 κρατεῖτε: κρατήσετε J   26 ἐγώ ante κρατήσω add. J   27 σχίσαι: τεμεῖν J
28 δυνάμεθα ψυχῇ J   ἡ ante ψυχή add. IS   29 ἡ ante ψυχή add. V   Κἂν: Καὶ ἐὰν J
ἐγώ ante λέγω add. J   γάρ om. J   31 ἀσπάζομαι: ἀσφαλίζομαι J

καὶ ἐσταυρώθη. Οὕτως γέγραπται, οὕτως ἐδέχετο ἡ φύσις, οὔτε τὰ
ῥήματα ἀπαλείφω, οὔτε φύσιν βλασφημῶ. Ἀλλ' οὐκ ἀληθῆ ταῦτα.
Λεγέσθω τ' ἀληθέστερα, εὐεργετήσων, οὐ χαλεπαίνων. Ὁ διδάσκων
οὐκ ἐχθρός, ἐὰν μὴ ἀγνώμων ᾖ ὁ διδασκόμενος. Ἔχεις τι καλὸν
εἰπεῖν, ἤνοικται τὰ ὦτα μετὰ χάριτος. Φιλονεικεῖ τις σχολάζων 5
ἀκολουθεῖν φιλονεικίᾳ. Ἴσχυσαν οἱ Ἰουδαῖοι τὸν υἱὸν τοῦ θεοῦ
σταυρῶσαι, αὐτὴν τὴν δύναμιν νεκρῶσαι; Δύναται ζῶν ἀποθανεῖν; Ὁ
θάνατος τῆς τοιαύτης δυνάμεως ἔκλειψις αὐτῆς ἐστι. Τὸ σῶμα ἡμῶν,
ὅταν ἀποθάνωμεν, μένει. Ἐὰν ἐκείνην τὴν δύναμιν νεκρώσωμεν, εἰς
ἀνυπαρξίαν αὐτὴν καταφέρομεν. Οὐκ οἶδα εἰ οὐκ ἠδυνήθητε ἀκοῦσαι. 10
Τὸ σῶμα ἐὰν ἀποθάνῃ, ἡ ψυχὴ χωρίζεται καὶ μένει. Ἐὰν δὲ ψυχὴ
ἀποθάνῃ, ἐπειδὴ ἀσώματός ἐστιν, ὅλως οὐκ ἔστιν. Ψυχὴ ἀποθνή-
σκουσα ὅλως οὐκ ἔστιν· εἰς ἀνυπαρξίαν γάρ ἐστι τῶν ἀθανάτων ὁ
θάνατος. Νόησον τὸ ἕτερον· οὐ γὰρ τολμῶ οὐδὲ εἰπεῖν. Ταῦτα λέγομεν
ὡς νοοῦμεν. Οὐ νομοθετοῦμεν δέ, εἴ τις φιλονεικεῖ. Ἓν δὲ οἶδα, ὅτι 15
ἕκαστος, ἀφ' ὧν φρονεῖ, ἀπὸ τούτων ἔχει ἀπολαῦσαι· καὶ ἀπέρχεται
ἕκαστος πρὸς τὸν θεόν, καὶ προβάλλεται ὃ εἶπε περὶ αὐτοῦ καὶ
ἐφρόνησε. Μὴ γὰρ νομίζετε, ὅτι βίβλους ἀναγινώσκει ὁ θεός, ἢ
μνήμαις ὀχλεῖται, Τί εἶπες, καὶ τί ἤκουσας; Φανερὰ πάντα. Κάθηται ὁ
κριτής. Φέρεται Παῦλος ὁ ἐνταῦθα· ἄνθρωπόν με εἶπες, οὐκ ἔχεις ζωὴν 20
μετ' ἐμοῦ· ἐπειδὴ οὐκ ἔγνως με, οὐ γινώσκω σε. Προσέρχεται ἄλλος·
εἶπες μὲ ἓν τῶν ὄντων· οὐκ ἔγνως μου τὴν ἀξίαν, οὐ γινώσκω σε.
Προσέρχεται ἄλλος· εἶπες ὅτι οὐκ ἀνέλαβον σῶμα· ἠθέτησάς μου τὴν
χάριν, οὐ μεταλήψῃ μου τῆς ἀθανασίας. Προσῆλθεν ἄλλος· εἶπες ὅτι
οὐκ ἐγεννήθην ἐκ παρθένου, ἵνα σώσω τὸ σῶμα τῆς παρθένου· οὐ 25
σωθήσῃ. Ἕκαστος ἀποφέρεται τὰ φρονήματα τὰ περὶ τῆς πίστεως.

ΟΡΘ. Εἶδες καὶ τὴν ἄλλην τῶν ὑμετέρων διδασκάλων συμμορίαν,
παρ' ἧς τὸ τὴν θεότητα τοῦ μονογενοῦς πεπονθέναι μαθεῖν ἐνομίσθητε,
τήνδε τὴν βλασφημίαν βδελυττομένην, καὶ τῆς θεότητος τὴν ἀπά-
θειαν κηρύττουσαν, καὶ τῶν ταύτῃ τὸ πάθος προσαρμόττειν τολμών- 30
των τὴν φάλαγγα καταλύουσαν.

ISMDPJCVOR   3 εὐεργέτησον J   χαλεπαίνω J   4 ἀγνώμων ᾖ: ἀγνωμονῇ J
5 σχολάζων: οὐ σχολάζω J   6 ἀκολουθεῖ V   οἱ om. IV   7 Καὶ ante δύναται add. J
15 δέ² om. J   16 ἀπολαῦσαι: ἀπολαβεῖν J   καὶ ἀπέρχεται: ἀπελεύσεται γὰρ J
17 προσβαλεῖται J   18 Μὴ γὰρ: Καὶ μὴ J   19–20 Τί — — ἐνταῦθα: ἀλλὰ φανερὰ
πάντα παρ' ἐκείνῳ, καὶ εἴ τι εἶπεν ἕκαστος καὶ εἴ τι ἤκουσε· καθηται γὰρ ὁ κριτὴς
φοβερός· προσέρχεταί τις τῶν ἀνθρώπων· λέγει πρὸς αὐτὸν ὁ κριτής J   19 εἶπας S
τί ἤκουσε V   γὰρ ante πάντα add. IS   22 φησί post εἶπες add. J   τῶν ὄντων ἕν J
23 φησί post εἶπες add. J   ἀνέλαβες S   24 εἶπες: εἶπεν VᵃᶜO   φησί post εἶπες
add. J   25 ἐγεννήθην I: ἐγεννήθης SV   σῶμα: σπέρμα J   26 κατὰ ante τὰ¹ add. J
τὰ² om. O   τῆς om. SJV   28 τὸ τὴν: τὸν τῇ S   μαθεῖν ἐνομίσθητε: στηρίζεσθαι
ἐνομίζετε J   29 τὴν βλασφημίαν ὑμῶν τήνδε J

ΕΡΑΝ. Εἶδον, καὶ τοὺς ἀγῶνας ἐθαύμασα, καὶ ἄγαμαί γε τῶν ἐνθυμημάτων καὶ νοημάτων τὸν ἄνδρα.

ΟΡΘ. Οὐκοῦν, ὦ ἀγαθέ, ζήλωσον τὰς μελίττας, καὶ τῷ νῷ περιπετόμενος τούς τε λειμῶνας τοὺς τῆς θείας γραφῆς, καὶ τῶν πανευφήμων πατέρων τὰ ἄνθη τὰ ἀξιέραστα ἐρανισάμενος, ὕφηνον ἡμῖν ἐν 5 σαυτῷ τὰ κηρία τῆς πίστεως. Εἰ δέ που καὶ πόαν εὕροις οὐκ ἐδώδιμον οὔτε γλυκεῖαν, ὁποῖος οὗτος Ἀπολινάριος καὶ Εὐσέβιος, ἔχουσαν δέ τι πρόσφορον εἰς μελιττουργίαν, οὐδὲν ἀπεικὸς τὸ μὲν χρειῶδες λαβεῖν, καταλιπεῖν δὲ τὸ βλαβερόν. Καὶ γὰρ αἱ μέλιτται δηλητηρίοις πολλάκις ἐφιζάνουσαι θάμνοις, ὅσον μὲν ὀλέθριον καταλείπουσι, τὸ δὲ οἰκεῖον 10 συλλέγουσι. Ταῦτά σοι, ὦ φιλότης, κατὰ τὸν φιλαδελφίας εἰσηγούμεθα νόμον. Σὺ δὲ εὖ μὲν ποιήσεις δεξάμενος τὴν παραίνεσιν. Εἰ δὲ ἀπειθήσεις, ἡμεῖς τὸν ἀποστολικὸν ἐκεῖνον ἐροῦμεν λόγον· "Καθαροὶ ἡμεῖς." Διεστειλάμεθα γὰρ κατὰ τὸν προφήτην, ὡς προσετάχθημεν.

13 Acts 20:26

ISMDPJCVOR   1 γε om. IS   3–4 περιποτώμενος JV   4 τοὺς² om. JV   5 ἐρανισάμενος om. ISV   7 οὔτε: οὐδὲ J   9 καὶ post γὰρ add. J   11 τῆς ante φιλαδελφίας add. S   12 μὲν om. J   12–13 ἀπειθήσαις ISV

ΟΤΙ ΑΤΡΕΠΤΟΣ Ο ΘΕΟΣ ΛΟΓΟΣ

α΄. Μίαν τοῦ πατρὸς καὶ τοῦ υἱοῦ καὶ τοῦ ἁγίου πνεύματος οὐσίαν ὡμολογήσαμεν, καὶ ταύτην ἄτρεπτον εἶναι συμφώνως εἰρήκαμεν. Εἰ τοίνυν μία τῆς τριάδος οὐσία, ἄτρεπτος δὲ αὕτη, ἄτρεπτος ἄρα ὁ μονογενὴς υἱός, ἐν τῆς τριάδος πρόσωπον ὤν. Εἰ δὲ ἄτρεπτος, οὐ 5 τραπεὶς δήπου γέγονε σάρξ, ἀλλὰ σάρκα λαβὼν εἴρηται γεγονέναι σάρξ.

β΄. Ἄλλως. Εἰ τὴν εἰς σάρκα τροπὴν ὑπομείνας ὁ θεὸς λόγος ἐγένετο σάρξ, οὐκ ἄρα ἄτρεπτος. Τὸ γὰρ ἀλλοιούμενον οὐκ ἄν τις ἄτρεπτον σωφρονῶν γε καλέσοι. Εἰ δέ γε οὐκ ἄτρεπτος, οὐδὲ ὁμο- 10 ούσιος ἄρα τοῦ γεγεννηκότος ἐστί. Πῶς γὰρ οἷόν τε τῆς ἁπλῆς οὐσίας τὸ μὲν εἶναι τρεπτόν, τὸ δὲ ἄτρεπτον; Εἰ δὲ τοῦτο δοίημεν, τῇ Ἀρείου καὶ Εὐνομίου πάντως περιπεσούμεθα βλασφημίᾳ. Ἑτεροού- σιον γὰρ ἐκεῖνοί γέ φασι τὸν υἱόν.

γ΄. Ἄλλως. Εἰ τοῦ πατρὸς ὁ υἱὸς ὁμοούσιος, ἐγένετο δὲ σὰρξ ὁ υἱὸς 15 τὴν εἰς σάρκα μεταβολὴν ὑπομείνας, τρεπτὴ ἄρα καὶ οὐκ ἄτρεπτος ἡ οὐσία. Εἰ δὲ ταύτην τις τολμήσοι τὴν βλασφημίαν, αὐξήσει πάντως αὐτὴν τῇ κατὰ τοῦ πατρὸς βλασφημίᾳ. Τρεπτὸν γὰρ δήπουθεν καὶ αὐτὸν ὀνομάσει τῆς αὐτῆς γε οὐσίας μετέχοντα.

δ΄. Ἄλλως. Σάρκα τὸν θεὸν λόγον καὶ μέντοι καὶ ψυχὴν εἰληφέναι 20 φασὶν αἱ θεῖαι γραφαί· ὁ δὲ θειότατος εὐαγγελιστὴς εἶπεν· "Ὁ λόγος σὰρξ ἐγένετο." Ἀνάγκη τοίνυν δυοῖν θάτερον δρᾶσαι, ἢ τὴν εἰς σάρκα τοῦ λόγου δεχομένους τροπήν, ὡς ψευδῆ παιδεύουσαν ἀποστραφῆναι πᾶσαν τὴν θείαν γραφήν, παλαιάν τε καὶ νέαν, ἢ τῇ θείᾳ πειθομένους γραφῇ, τῆς μὲν σαρκὸς ὁμολογῆσαι τὴν πρόσληψιν, ἐξελάσαι δὲ τῶν 25 λογισμῶν τὴν τροπήν, εὐσεβῶς τὸ εὐαγγελικὸν νοοῦντας ῥητόν· τοῦτο δὲ ἄρα ποιητέον, ἐπειδὴ καὶ ἄτρεπτον ὁμολογοῦμεν τοῦ θεοῦ λόγου τὴν φύσιν, καὶ τῆς ἀναλήψεως τῆς σαρκὸς μυρίας ἔχομεν μαρτυρίας.

ε΄. Ἄλλως. Τὸ σκηνοῦν ἕτερόν ἐστι παρὰ τὸ σκηνούμενον· τὴν δὲ 30 σάρκα σκηνὴν ὁ εὐαγγελιστὴς προσηγόρευσεν, ἐν δὲ ταύτῃ σκηνῶσαι

(254.2–257.8 passim: Jn. 1:14)   21–2 Jn. 1:14a

ISMPJCVOR   6 γέγονε: ἐγένετο S   γεγονέναι: γέγονε IS   9 Τὸ: Πᾶν J   10 Εἰ
――― ἄτρεπτος: Εἰ δὲ τρεπτός ISV   15 ὁμοούσιος ὁ υἱός S   18 βλασφημία:
δυσσεβείᾳ J   20 λόγον om. J   22–3 ἢ ante ὡς transp. J   26 νοοῦντες S   29 τὰς
ante μαρτυρίας add. J

τὸν θεὸν ἔφησε λόγον· "'Ο γὰρ λόγος, φησί, σὰρξ ἐγένετο, καὶ ἐσκή-
νωσεν ἐν ἡμῖν." Εἰ δὲ τραπεὶς ἐγένετο σάρξ, οὐκ ἐσκήνωσεν ἐν σαρκί.
Ἀλλὰ μὴν ἐσκηνωκέναι αὐτὸν ἐν σαρκὶ μεμαθήκαμεν. Ὁ γὰρ αὐτὸς
εὐαγγελιστὴς καὶ ἐν ἑτέρῳ γε χωρίῳ τὸ σῶμα αὐτοῦ ναὸν προση-
γόρευσε. Πιστευτέον ἄρα τῷ εὐαγγελιστῇ τὸ ῥητὸν ἀναπτύξαντι, καὶ 5
τὸ δοκοῦν τισιν ἀμφίβολον ἑρμηνεύσαντι.

ϛʹ. Ἄλλως. Εἰ γράψας ὁ εὐαγγελιστής, "'Ο λόγος σὰρξ ἐγένετο,"
μηδὲν ἐπήγαγε λῦσαι τὴν ἀμφιβολίαν δυνάμενον, ἴσως ἔσχεν ἄν τινα
πρόφασιν εὔλογον ἡ περὶ τοῦ ῥητοῦ διαμάχη, τὸ συνεσκιασμένον τοῦ
γράμματος. Ἐπειδὴ δὲ συνῆψεν εὐθὺς τό, "'Εσκήνωσεν ἐν ἡμῖν," 10
μάτην ἄρα οἱ ζυγομαχοῦντες ἐρεσχελοῦσι. Τοῦ γὰρ προγεγραμμένου
τὸ ἑπόμενον ἑρμηνεία.

ζʹ. Ἄλλως. Τοῦ θεοῦ λόγου τὸ ἄτρεπτον ἀναφανδὸν ἐκήρυξεν ὁ
πάνσοφος εὐαγγελιστής. Εἰπὼν γάρ, "'Ο λόγος σὰρξ ἐγένετο, καὶ
ἐσκήνωσεν ἐν ἡμῖν," εὐθὺς ἐπήγαγε, "Καὶ ἐθεασάμεθα τὴν δόξαν 15
αὐτοῦ, δόξαν ὡς μονογενοῦς παρὰ πατρός, πλήρης χάριτος καὶ
ἀληθείας." Εἰ δὲ τὴν εἰς σάρκα κατά γε τοὺς ἀνοήτους ὑπομεμενήκει
μεταβολήν, οὐκ ἂν ἔμεινεν ὅπερ ἦν. Εἰ δὲ σαρκὶ κεκαλυμμένος τῆς
πατρῴας εὐγενείας τὰς ἀκτῖνας ἠφίει, ἄτρεπτον μὲν δήπουθεν ἔχει   321
τὴν φύσιν, λάμπει δὲ καὶ ἐν σώματι, καὶ τὰς τῆς ἀοράτου φύσεως 20
ἐκπέμπει μαρμαρυγάς. Ἐκεῖνο γάρ τοι τὸ φῶς οὐδὲν ἀμαυρῶσαι
δύναται· "Τὸ γὰρ φῶς ἐν τῇ σκοτίᾳ φαίνει, καὶ ἡ σκοτία αὐτὸ οὐ
κατέλαβεν," ὥς φησιν ὁ θειότατος Ἰωάννης.

ηʹ. Ἄλλως. Τοῦ μονογενοῦς τὴν δόξαν ὁ πανεύφημος εὐαγγελιστὴς
ἑρμηνεῦσαι βουληθείς, εἶτα τὸ ἐγχείρημα πληρῶσαι μὴ δυνηθείς, ἐκ 25
τῆς πρὸς τὸν πατέρα κοινωνίας ἐπιδείκνυσι ταύτην. Ἐξ ἐκείνης γάρ,
φησίν, ὑπάρχει τῆς φύσεως· ὅμοιον ποιῶν ὥσπερ ἂν εἴ τις τὸν Ἰωσὴφ
παρὰ τὴν ἀξίαν δουλεύοντα θεώμενός τισιν ἀγνοοῦσιν αὐτοῦ τοῦ
γένους τὴν περιφάνειαν, εἴποι τὸν Ἰακὼβ εἶναι τούτου πατέρα, πρό-
γονον δὲ τὸν Ἀβραάμ. Οὕτω γὰρ δὴ καὶ οὗτος ἔφη, ὅτι καὶ σκηνώσας 30
ἐν ἡμῖν οὐκ ἤμβλυνε τὴν τῆς φύσεως δόξαν. "'Εθεασάμεθα γὰρ
τὴν δόξαν αὐτοῦ, δόξαν ὡς μονογενοῦς παρὰ πατρός." Εἰ δὲ καὶ

1–2 Jn. 1:14ab   (3–5 Jn. 2: 19)   7 Jn. 1:14a   10 Jn. 1:14b   14–15 Jn. 1:14ab
15–17 Jn. 1:14cd   22–3 Jn. 1:5   (27–30 Gen. 41:39 ff.)   31–2 Jn. 1:14c

---

ISMPJCVOR   5 Πειστέον J   8 ἔχειν J   ἂν ἔσχε V   9 ἐδόκει post εὔλογον
add. J   τοῦ ῥητοῦ: τούτου IS   18 καὶ post δὲ add. SV   19 δήπουθεν om. V
22 ἐκεῖνο post φῶς add. J   23 ὥς: ἥ J   24 πανεύφημος om. J   24–5 βουληθεὶς
εὐαγγελιστὴς ἑρμηνεῦσαι V   25 πληρῶσαι: κληρῶσαι V   28 θεωμένοις ISV   καὶ
post τισὶν add. ISV

σεσαρκωμένος δῆλος ἦν ὅστις ἦν, μεμένηκεν ἄρα ὅπερ ἦν, καὶ τὴν
εἰς σάρκα τροπὴν οὐχ ὑπέμεινεν.

θ΄. Ἄλλως. Οὐ σάρκα μόνην, ἀλλὰ καὶ ψυχὴν ἀνειληφέναι τὸν θεὸν
λόγον ὡμολογήσαμεν. Τί δήποτε τοίνυν ὁ θεῖος εὐαγγελιστὴς τὴν μὲν
ψυχὴν ἐνταῦθα παρέλιπε, μόνης δὲ σαρκὸς ἐμνημόνευσεν; Ἢ δῆλον 5
ὅτι τὴν ὁρωμένην ἐπέδειξε φύσιν, τὴν δὲ φυσικῶς αὐτῇ συνεζευγμένην
δι᾽ αὐτῆς παρεδήλωσε; Τῇ γάρ τοι μνήμῃ τῆς σαρκὸς καὶ ἡ τῆς ψυχῆς
δήπουθεν συνεισέρχεται. Ὅταν γὰρ ἀκούσωμεν τοῦ προφήτου λέγον-
τος, "Εὐλογείτω πᾶσα σὰρξ τὸ ὄνομα τὸ ἅγιον αὐτοῦ," οὐκ ἀψύχοις
σαρξὶ παρακελεύεσθαι τὸν προφήτην νομίζομεν, ἀλλ᾽ ἀπὸ μέρους τὸ 10
πᾶν εἰς ὑμνῳδίαν καλεῖσθαι πιστεύομεν.

ι΄. Ἄλλως. Τό, "Ὁ λόγος σὰρξ ἐγένετο," οὐ τροπῆς, ἀλλὰ τῆς
ἀφάτου φιλανθρωπίας ὑπάρχει δηλωτικόν. Εἰπὼν γὰρ ὁ πανεύφημος
εὐαγγελιστής, "Ἐν ἀρχῇ ἦν ὁ λόγος, καὶ ὁ λόγος ἦν πρὸς τὸν θεόν,
καὶ θεὸς ἦν ὁ λόγος," καὶ δείξας αὐτὸν τῶν ὁρωμένων καὶ ἀοράτων 15
δημιουργόν, καὶ ζωὴν ὀνομάσας καὶ ἀληθινὸν φῶς, καὶ ἕτερα ἄττα
παραπλήσια τεθεικώς, καὶ θεολογήσας ὅσον καὶ νοῦς ἀνθρώπινος
χωρεῖν οἷός τε ἦν, καὶ γλῶττα τοῖς τούτου κρούμασιν ὑπουργεῖν
ἱκανή, ἐπήγαγε· "Καὶ ὁ λόγος σὰρξ ἐγένετο," ὥσπερ ἐκπληττόμενος
καὶ θαυμάζων τῆς φιλανθρωπίας τὴν ἀπληστίαν. Οὕτω ὢν ἀεί, καὶ 20
θεὸς ὤν, καὶ πρὸς τὸν θεὸν ὢν ἀεί, καὶ τὰ πάντα πεποιηκώς, καὶ ζωῆς
αἰωνίου καὶ ἀληθινοῦ φωτὸς ὑπάρχων πηγή, τῆς τῶν ἀνθρώπων
ἕνεκα σωτηρίας τὴν τῆς σαρκὸς ἑαυτῷ σκηνὴν περιέθηκεν. Ἐνο-
μίσθη δὲ τοῦτο μόνον εἶναι ὅπερ ἐφαίνετο. Τούτου δὴ χάριν οὐδὲ
ψυχῆς ἐμνημόνευσεν, ἀλλὰ μόνης σαρκὸς τῆς ἐπικήρου τε καὶ θνητῆς· 25
τὴν δὲ ψυχὴν ὡς ἀθάνατον παραλέλοιπεν, ἵνα δείξῃ τὴν τῆς ἀγαθότη-
τος ἀμετρίαν.

ια΄. Ἄλλως. Σπέρμα Ἀβραὰμ ὁ θεῖος ἀπόστολος τὸν δεσπότην
ὀνομάζει Χριστόν. Εἰ δὲ τοῦτο ἀληθές, ἀληθὲς δέ, οὐκ ἄρα εἰς σάρκα
ὁ θεὸς λόγος ἐτράπη, ἀλλὰ σπέρματος Ἀβραὰμ ἐπελάβετο κατὰ τὴν 30
αὐτοῦ τοῦ ἀποστόλου διδασκαλίαν.

---

9 Ps. 145:21 (LXX 144:21)   12 Jn. 1:14a   14–15 Jn. 1:1   (15–16 Jn. 1:3–4)
19 Jn. 1:14a   (20–2 Jn. 1:1–9)   (28–31 Heb. 2:16)

ISMPJCVOR   1 ὅπερ: ὥσπερ ISV   5 τῆς ante σαρκὸς add. S   12 Τό om. J
13 ἀφάτου: αὐτοῦ V   φιλανθρωπίας: φύσεως J   15 ἀοράτων καὶ ὁρωμένων S
17 παραπλησίως J   ἀνθρώπινος: ἀνθρώπου I   18 χωρῆσαι J   19 Καὶ om. S
20 τὴν ἀπληστίαν: τὸ ἄφατον J   Οὕτω: Οὗτος Sᵃᶜ   Οὕτω ὢν ἀεί: Ὁ ἀεὶ ὢν J
21 καὶ¹ ––– ἀεί om. ISV   22 πηγή: ποιητής J   καὶ ante τῆς add. S   24 εἶναι
om. J

ιβ'. Ἄλλως. Ὤμοσεν ὁ θεὸς τῷ Δαβίδ, ἐκ καρποῦ τῆς ὀσφύος
αὐτοῦ τὸ κατὰ σάρκα ἀναστήσειν τὸν Χριστόν, ὡς καὶ ὁ προφήτης
εἴρηκε, καὶ ὁ μέγας ἡρμήνευσε Πέτρος. Εἰ δὲ ὁ θεὸς λόγος εἰς σάρκα
τραπεὶς ὠνομάσθη Χριστός, οὐδαμοῦ τῶν ὅρκων εὑρήσομεν τὴν
ἀλήθειαν. Ἀλλὰ μὴν ἀψευδῆ, μᾶλλον δὲ αὐτοαλήθειαν εἶναι τὸν θεὸν 5
ἐδιδάχθημεν. Οὐκοῦν οὐ τὴν εἰς σάρκα μεταβολὴν ὁ θεὸς λόγος
ὑπέμεινεν, ἀλλὰ τὴν ἐκ σπέρματος Δαβὶδ κατὰ τὴν ἐπαγγελίαν
ἔλαβεν ἀπαρχήν.

ΟΤΙ ΑΣΥΓΧΥΤΟΣ Η ΕΝΩΣΙΣ

α'. Οἱ μίαν φύσιν θεότητός τε καὶ ἀνθρωπότητος μετὰ τὴν ἕνωσιν 10
γεγενῆσθαι πιστεύοντες ἀναιροῦσι τῷδε τῷ λόγῳ τὰς τῶν φύσεων
ἰδιότητας· ἡ δὲ τούτων ἀναίρεσις ἑκατέρας φύσεως ἄρνησις. Οὐ γὰρ ἐᾷ
νοεῖν τῶν ἑνωθέντων ἡ σύγχυσις, οὔτε σάρκα τὴν σάρκα, οὔτε θεὸν
τὸν θεόν. Εἰ δὲ καὶ μετὰ τὴν ἕνωσιν εὐκρινὲς τὸ τῶν ἑνωθέντων διά-
φορον, οὐκ ἄρα σύγχυσις γέγονεν, ἀλλ' ἀσύγχυτος ἕνωσις. Εἰ δὲ 15
τοῦτο συνομολόγηται, οὐ μία ἄρα φύσις ὁ δεσπότης Χριστός, ἀλλ'
εἷς υἱός, φύσιν ἑκατέραν ἐπιδεικνὺς ἀκραιφνῆ.

β'. Ἄλλως. Τὴν ἕνωσιν καὶ ἡμεῖς φαμεν, καὶ αὐτοὶ δὲ συνομο-
λογοῦσιν ἐν τῇ συλλήψει γενέσθαι. Εἰ τοίνυν κεκέρακε τὰς φύσεις ἡ
ἕνωσις καὶ συνέχεε, πῶς ἡ σὰρξ μετὰ τὸν τόκον οὐδὲν ἔχουσα καινὸν 20
ἑωρᾶτο, ἀλλὰ καὶ τὸν ἀνθρώπινον ἐδείκνυ χαρακτῆρα, καὶ τοῦ βρέ-
φους τὰ μέτρα διέσῳζε, καὶ τῶν σπαργάνων ἠνείχετο, καὶ τὴν
μητρῴαν εἷλκε θηλήν; Εἰ δὲ κατὰ φαντασίαν ταῦτά γε καὶ δόκησιν
τετέλεσται, κατὰ φαντασίαν ἄρα καὶ δόκησιν καὶ ἡμεῖς τῆς σωτηρίας
ἀπολελαύκαμεν· εἰ δὲ καὶ αὐτοί γε οὗτοι τὴν φαντασίαν καὶ δόκησιν, 25
ὥς φασιν, οὐ προσίενται, ἀληθῶς ἄρα σῶμα ἦν τὸ ὁρώμενον. Εἰ δὲ
τοῦτο συνομολόγηται, οὐκ ἄρα συνέχεε τὰς φύσεις ἡ ἕνωσις, ἀλλ'
ἑκατέρα μεμένηκεν ἀκραιφνής.

γ'. Ἄλλως. Οἱ τὴν ποικίλην ταύτην συντεθεικότες καὶ πολύμορφον
αἵρεσιν, ποτὲ μὲν σάρκα γεγενῆσθαι τὸν θεὸν λόγον φασί, ποτὲ δὲ τὴν 30
σάρκα λέγουσι τὴν εἰς θεότητος φύσιν δεδέχθαι μεταβολήν. Ἑκάτερος
δὲ λόγος ἕωλός τε καὶ μάταιος καὶ ψεύδους ἀνάμεστος. Εἰ μὲν γὰρ ὁ

(1–3 Ps. 132:11 = LXX 131:11; Acts 2:30)

ISMPJCVOR   2 αὐτὸς ante ὁ add. J   4 τῶνδε ante τῶν add. J   5 αὐτοαλήθειαν:
αὐτὸν ἀλήθειαν IS^ac   7 ἐκ --- τὴν om. J   10 φύσιν post ἀνθρωπότητος transp. J
11 πιστεύσαντες J   12 ἄρνησις φύσεως S   12–13 Οὐ --- ἑνωθέντων: Ὧν J
14 οἶδεν post θεόν add. J   15 ἡ ante ἕνωσις add. IV   20 καινόν: κενόν S^acV
23 γε om. S   24–5 καὶ² --- δόκησιν om. ISV   27 τὰς φύσεις συνέχεε S   32 ὡς
ante ἕωλός add. IS

θεὸς λόγος κατὰ τὸν αὐτῶν γε λόγον ἐγένετο σάρξ, τί δήποτε αὐτὸν
θεὸν ὀνομάζουσι, καὶ τοῦτό γε μόνον, ἄνθρωπον δὲ προσονομάζειν οὐ
θέλουσιν, ἀλλὰ καὶ ἡμῶν μετὰ τοῦ θεὸν ὁμολογεῖν καὶ ἄνθρωπον
εἶναι λεγόντων σφόδρα κατηγοροῦσιν; Εἰ δέ γε ἡ σὰρξ εἰς θεότητος
μετεβλήθη φύσιν, τοῦ δὴ χάριν μεταλαμβάνουσι τῶν ἀντιτύπων τοῦ 5
σώματος; περιττὸς γὰρ ὁ τύπος τῆς ἀληθείας ἀνῃρημένης.

δ'. Ἄλλως. Ἀσώματος σωματικῶς οὐ περιτέμνεται φύσις. Τὸ δὲ
σωματικῶς πρόσκειται διὰ τὴν πνευματικὴν τῆς καρδίας περιτομήν.
Σώματος οὖν δήπουθεν ἡ περιτομή. Περιετμήθη δὲ Χριστός· σῶμα
ἄρα εἶχεν ὁ δεσπότης Χριστός. Εἰ δὲ τοῦτο συνωμολόγηται, καὶ ὁ 10
τῆς συγχύσεως ἄρα διελήλεκται λόγος.

ε'. Ἄλλως. Πεινῆσαι μέντοι καὶ διψῆσαι τὸν σωτῆρα Χριστὸν
μεμαθήκαμεν, καὶ ἀληθῶς γε ταῦτα καὶ οὐ δοκήσει γεγενῆσθαι
πιστεύομεν. Ταῦτα δὲ οὐκ ἀσωμάτου φύσεως, ἀλλὰ σώματος ἴδια.
Σῶμα ἄρα εἶχεν ὁ δεσπότης Χριστός, δεξάμενον πρὸ τῆς ἀναστάσεως 15
τῆς φύσεως τὰ παθήματα. Μαρτυρεῖ δὲ τούτοις καὶ ὁ θεῖος ἀπόστολος·
"Οὐ γὰρ ἔχομεν, φησίν, ἀρχιερέα μὴ δυνάμενον συμπαθῆσαι ταῖς
ἀσθενείαις ἡμῶν, πεπειραμένον δέ κατὰ πάντα καθ' ὁμοιότητα,
χωρὶς ἁμαρτίας." Ἡ ἁμαρτία γὰρ οὐ τῆς φύσεως, ἀλλὰ τῆς κακῆς
προαιρέσεως. 20

ϛ'. Ἄλλως. Περὶ τῆς θείας φύσεως ὁ προφήτης ἔφη Δαβίδ· "Οὐ μὴ
νυστάξει, οὐδὲ ὑπνώσει ὁ φυλάττων τὸν Ἰσραήλ." Ἡ δὲ τῶν εὐ-
αγγελίων ἱστορία καθεύδοντα δείκνυσιν ἐν τῷ πλοίῳ τὸν δεσπότην
Χριστόν. Ἐναντίον δὲ τῷ μὴ ὑπνοῦν τὸ καθεύδειν· ἐναντία δήπου
τοῖς εὐαγγελικοῖς τὰ προφητικά, εἴπερ ἄρα, κατὰ τὸν ἐκείνων λόγον, 25
μόνον θεὸς ὁ δεσπότης Χριστός. Ἀλλὰ μὴν οὐκ ἐναντία· ἑνὸς γὰρ
πνεύματος ταῦτα κἀκεῖνα τὰ νάματα. Σῶμα ἄρα εἶχεν ὁ δεσπότης
Χριστός, τοῖς ἄλλοις σώμασι συγγενές, τοῦ ὕπνου τὴν χρείαν δεξά-
μενον, καὶ ὁ τῆς συγχύσεως λόγος ἀποδέδεικται μῦθος.

ζ'. Ἄλλως. Ὁ προφήτης Ἡσαΐας περὶ τῆς θείας εἴρηκε φύσεως· 30
"Οὐ πεινάσει, οὐδὲ κοπιάσει," καὶ τὰ ἑξῆς· καὶ ὁ εὐαγγελιστὴς δέ

(9 Lk. 2:21)   17–19 Heb. 4:15   21–2 Ps. 121:4 (LXX 120:4)   (22–4 Mt. 8:23
and parallels)   31 Is. 40:28

ISMJCVOR   1 γε om. J   2 δὲ: δὴ IᵐS: γὰρ δὴ J   4 γε om. V   6 ἀνῃρημένης
τῆς ἀληθείας V   7 σωματικῶς om. J   Τὸ: Τῷ J   9 δήπουθεν VOᵃᶜ δὲ: τε S
μετὰ τὴν ἕνωσιν ὁ δεσπότης ante Χριστός add. ISV   9–10 σῶμα --- Χριστός om.
ISV   12 καὶ ante μέντοι add. J   14 γε post ἀσωμάτου add. S   15 δεξάμενος I
ἀναστάσεως: ἐνανθρωπήσεως J   16 Παῦλος post θεῖος add. J   19 γὰρ ἁμαρτία J
22 νυστάξῃ . . . ὑπνώσῃ ISᵖᶜV   οὐδὲ: οὐδ' οὐ μὴ IS: οὐδὲ μὴ V   24 τῷ: τὸ IJ   τὸ:
τῷ IJ   25 ἐκείνου IS   27 πνεύματος om. S   ἄρα om. V

φησιν· "'Ιησοῦς δὲ κεκοπιακὼς ἐκ τῆς ὁδοιπορίας ἐκαθέζετο οὕτως ἐπὶ τῇ πηγῇ." ἐναντίον δὲ τὸ οὐ κοπιάσει τῷ κοπιάσαι· τοιγαροῦν ἐναντία ἡ προφητεία τῇ τῶν εὐαγγελίων ἱστορίᾳ. Ἀλλὰ μὴν οὐκ ἐναντία· ἑνὸς γὰρ ταῦτα κἀκεῖνα θεοῦ. Οὐκοῦν τῆς μὲν ἀπεριγράφου φύσεως τὸ μὴ κοπιᾶν· τὰ γὰρ πάντα πληροῖ· τοῦ δὲ περιγεγραμμένου 5 σώματος τὸ μεταβαίνειν ἴδιον. Τὸ δέ γε μεταβαῖνον βαδίζειν ἀναγκαζόμενον τὸν ἐκ τῆς ὁδοιπορίας ὑφίσταται κόπον. Σῶμα ἄρα ἦν τὸ βαδίσαν καὶ κοπιάσαν. Οὐ γὰρ συνέχεε τὰς φύσεις ἡ ἕνωσις.

η΄. Ἄλλως. Ὁ δεσπότης Χριστὸς ἔφη καθειργμένῳ τῷ θεσπεσίῳ Παύλῳ· "Μὴ φοβοῦ, Παῦλε," καὶ τὰ ἑξῆς. Ὁ δὲ τούτου τὸ δέος 10 ἐξελάσας οὕτως ἔδεισε τὸ πάθος, ὡς ὁ μακάριος ἔφη Λουκᾶς, ὡς καὶ ἱδρῶτος αἱματώδεις θρόμβους ἐκ παντὸς ἐκκρῖναι τοῦ σώματος, καὶ τούτοις περιρρᾶναι τὴν γῆν τὴν ὑποκειμένην τῷ σώματι, καὶ ὑπ' ἀγγελικῆς ἐπικουρίας ἀναρρωσθῆναι. Ἐναντία δὲ καὶ ταῦτα. Πῶς γὰρ οὐκ ἐναντίον τὸ δεῖσαι τοῦ τὸ δέος ἐξελάσαι; Ἀλλὰ μὴν οὐκ 15 **328** ἐναντία. Ὁ γὰρ αὐτὸς καὶ θεὸς φύσει καὶ ἄνθρωπος· καὶ ὡς μὲν θεὸς παραθαρρύνει τοὺς δεομένους τοῦ θάρσους· ὡς δὲ ἄνθρωπος δέχεται δι' ἀγγέλου τὸ θάρσος. Καίτοι τῆς θεότητος καὶ τοῦ πνεύματος συμπαρόντος ὡς χρίσματος· ἀλλ' οὔτε ἡ συνημμένη θεότης οὔτε τὸ πανάγιον πνεῦμα τότε σῶμα ὑπήρεισαν, καὶ ἐπέρρωσαν τὴν ψυχήν, 20 ἀλλ' ἀγγέλῳ τήνδε τὴν ὑπουργίαν ἐπέτρεψαν, ἵνα καὶ τῆς ψυχῆς καὶ τοῦ σώματος ἐπιδείξωσι τὴν ἀσθένειαν, καὶ διὰ τῆς ἀσθενείας δειχθῶσι τῶν ἀσθενούντων αἱ φύσεις. Ταῦτα δὲ ἐγένετο δηλονότι τῆς θείας φύσεως συγχωρούσης, ὥστε τῶν ὕστερον ἐσομένων τοὺς μὲν πιστεύοντας τῇ προσλήψει τῆς ψυχῆς καὶ τοῦ σώματος βεβαιωθῆναι 25 ταῖς ἀποδείξεσι, τοὺς δὲ ἀντιλέγοντας ταῖς ἐναργέσι μαρτυρίαις διελεγχθῆναι. Εἰ τοίνυν συνῆπται τῇ συλλήψει ἡ ἕνωσις, ἡ δέ γε ἕνωσις κατὰ τὸν ἐκείνων λόγον φύσιν μίαν ἄμφω τὰς φύσεις εἰργάσατο, πῶς ἂν διέμεινεν ἀκέραια τὰ τῶν φύσεων ἴδια, καὶ ἠγωνίασε μὲν ἡ ψυχή, ἴδρωσε δὲ τὸ σῶμα, ὡς καὶ θρόμβους αἱματώδεις ἐκ τῆς τοῦ 30 δέους ὑπερβολῆς ἐκκρῖναι; Εἰ δὲ τὸ μὲν σώματος, τὸ δὲ ψυχῆς ἴδιον, οὐκ ἄρα μία φύσις σαρκὸς καὶ θεότητος ἐκ τῆς ἑνώσεως γέγονεν,

---

1–2 Jn. 4:6   10 Acts 27:24   (11–14, 20–2 Lk. 22:43–4)

ISMJCVOR   2 τὸ: τῷ S   τῷ: τὸ S   3–4 Ἀλλὰ --- ἐναντία om. J   6 ἴδιον --- μεταβαῖνον: ἡ J   7 ὑφίστασθαι J   κόπον: πόνον V^{mc} 9 ἔφη Χριστὸς S   θεσπεσίῳ: θείῳ V   11 ὡς¹: καθὼς S   13 τὴν¹ om. J   τὴν ὑποκειμένην γῆν J   τῷ σώματι om. J   14 ἐπιρρωσθῆναι J   15 τοῦ: τῷ J ἐλάσαι J   17 ἄνθρωπος δὲ S   20 ἐπέρρωσαν καὶ ὑπήρεισαν J^{ac} καὶ ἐπέρρωσαν om. IS: ἢ V   23–7 Ταῦτα --- διελεγχθῆναι om. J   24 συγχωρούσης φύσεως S   27–8 γε post ἐκείνων transp. J: om. V   28 ἄμφω om. J   30 ὡς καὶ: ὥστε καὶ S: om. J   31 ἐκκρῖναι om. J   32 φύσις μία S

ἀλλ᾽ εἷς πέφηνεν υἱός, ἐν ἑαυτῷ δεικνὺς τά τε θεῖα τά τε ἀνθρώπεια.

θ΄. Ἄλλως. Εἰ δὲ μετὰ τὴν ἀνάστασιν φαῖεν τὴν εἰς θεότητα μετα
βολὴν δεδέχθαι τὸ σῶμα, οὕτως ἀπαντῆσαι προσήκει. Καὶ μὴν μετὰ
τὴν ἀνάστασιν περιγεγραμμένον ὤφθη, καὶ χεῖρας ἔχον καὶ πόδας,
καὶ τὰ ἄλλα τοῦ σώματος μόρια· καὶ ἁπτὸν ἦν καὶ ὁρατόν, καὶ 5
διατρήσεις ἔχον καὶ ὠτειλάς, ἅσπερ εἶχε πρὸ τῆς ἀναστάσεως.
Δυοῖν τοίνυν θάτερον λέγειν ἀνάγκη, ἢ καὶ τῇ θείᾳ φύσει ταῦτα περιτι
θέναι τὰ μόρια, εἴπερ εἰς θεότητος φύσιν τὸ σῶμα μεταβληθὲν ταῦτα
εἶχε τὰ μόρια, ἢ ὁμολογεῖν ἐπὶ τῶν ὅρων τῆς φύσεως μεμενηκέναι τὸ
σῶμα. Ἀλλὰ μὴν ἡ θεία φύσις ἁπλῆ καὶ ἀσύνθετος, τὸ δὲ σῶμα σύν 10
θετον καὶ εἰς πολλὰ διῃρημένον μόρια· οὐκοῦν οὐκ εἰς θεότητος
μετεβλήθη φύσιν, ἀλλὰ καὶ μετὰ τὴν ἀνάστασιν ἀθάνατον μέν ἐστι
καὶ ἄφθαρτον, καὶ θείας δόξης μεστόν, σῶμα δὲ ὅμως τὴν οἰκείαν
ἔχον περιγραφήν.

ι΄. Ἄλλως. Ἀπιστοῦσι τοῖς ἀποστόλοις ὁ κύριος μετὰ τὴν ἀνά 15
στασιν ὑπέδειξε τὰς χεῖρας καὶ τοὺς πόδας, καὶ τῶν ἥλων τοὺς
τύπους. Εἶτα διδάσκων ὡς οὐ φαντασία τίς ἐστι τὸ ὁρώμενον ἐπή
γαγεν, ὅτι "Πνεῦμα σάρκα καὶ ὀστέα οὐκ ἔχει, καθὼς ἐμὲ θεωρεῖτε
ἔχοντα." Οὐ μετεβλήθη οὖν εἰς πνεῦμα τὸ σῶμα· σὰρξ γὰρ ἦν καὶ
ὀστέα, καὶ χεῖρες καὶ πόδες. Τοιγαροῦν καὶ μετὰ τὴν ἀνάστασιν σῶμα 20
τὸ σῶμα μεμένηκεν.

ια΄. Ἄλλως. Ἡ θεία φύσις ἀόρατος· ἑωρακέναι δὲ τὸν κύριον ὁ
τρισμακάριος εἴρηκε Στέφανος. Σῶμα ἄρα καὶ μετὰ τὴν ἀνάληψίν
ἐστι τοῦ κυρίου τὸ σῶμα. Τοῦτο γὰρ ὁ νικηφόρος ἐθεάσατο Στέφανος,
ἐπειδήπερ ἡ θεία φύσις ἀθέατος. 25

ιβ΄. Ἄλλως. Εἰ πᾶσα τῶν ἀνθρώπων ἡ φύσις ὄψεται τὸν υἱὸν τοῦ
ἀνθρώπου ἐρχόμενον ἐπὶ τῶν νεφελῶν τοῦ οὐρανοῦ, κατὰ τὴν αὐτοῦ
τοῦ κυρίου φωνήν· τῷ Μωϋσῇ δὲ πάλιν εἶπεν αὐτός· "Οὐδεὶς ὄψεται
τὸ πρόσωπόν μου καὶ ζήσεται·" ἀληθῆ δὲ ἀμφότερα, μετὰ τοῦ σώμα
τος ἄρα ἥξει, μεθ᾽ οὗπερ εἰς τοὺς οὐρανοὺς ἀνελήλυθεν. Ἐκεῖνο γὰρ 30
ὁρατόν· τοῦτο δὲ καὶ οἱ ἄγγελοι τοῖς ἀποστόλοις εἰρήκασιν· "Οὗτος
ὁ Ἰησοῦς ὁ ἀναληφθεὶς ἀφ᾽ ὑμῶν εἰς τὸν οὐρανόν, οὕτως ἐλεύσεται,
ὃν τρόπον ἐθεάσασθε αὐτὸν πορευόμενον εἰς τὸν οὐρανόν." Εἰ δὲ

18–19 Lk. 24:39 (22–5 Acts 7:56) (26–8 Mt. 26:64) 28–9 Ex. 33:20
31–3 Acts 1:11

ISMJCVOR 1 τά τε²: καὶ τὰ J ἀνθρώπινα V 2 θεότητος IS 3 οὕτως:
ὡσαύτως J 6 ἅσπερ: ᾶς J προεῖχε J 10 μὴν: μὲν S 11–12 οὐκοῦν εἰς θεότητος
οὐ μετεβλήθη φύσιν J 12 καὶ om. J 18 τό ante ὅτι add. J 19 πνεῦμα: θεότητος
φύσιν J 20 καὶ³ om. S 27 ἐρχόμενον: ἐποχούμενον J 29 μου τὸ πρόσωπον J
30 τοὺς om. S ἀνελήλυθεν: ἀνελήφθη J 32 εἰς τὸν οὐρανόν om. J πάλιν
post ἐλεύσεται add. V

τοῦτο ἀληθές, ὥσπερ οὖν ἀληθές, οὐκ ἄρα μία φύσις σαρκὸς καὶ θεότητος· ἀσύγχυτος γὰρ ἡ ἔνωσις.

ΟΤΙ ΑΠΑΘΗΣ Η ΤΟΥ ΣΩΤΗΡΟΣ ΘΕΟΤΗΣ

α΄. Ὁμοούσιον τοῦ θεοῦ καὶ πατρὸς τὸν υἱὸν παρά τε τῆς θείας γραφῆς, παρά τε τῶν ἁγίων πατέρων τῶν ἐν Νικαίᾳ συναγερθέντων 5 ὁμολογεῖν ἐδιδάχθημεν· τοῦ δὲ πατρὸς τὴν ἀπάθειαν καὶ ἡ φύσις διδάσκει, καὶ ἡ θεία γε κηρύττει γραφή. Ἀπαθῆ οὖν ἄρα καὶ τὸν υἱὸν προσομολογήσομεν. Τὸ γὰρ ταὐτὸν τῆς οὐσίας τοῦτον ἐκπαιδεύει τὸν ὅρον. Ὅταν τοίνυν τοῦ δεσπότου Χριστοῦ τὸν σταυρὸν καὶ τὸν θάνατον τῆς θείας γραφῆς κηρυττούσης ἀκούσωμεν, τῆς σαρκὸς εἶναι 10 φῶμεν τὸ πάθος. Κατ᾽ οὐδένα γὰρ ἡ φύσει γε ἀπαθὴς θεότης παθεῖν δύναται τρόπον.

β΄. Ἄλλως. "Πάντα ὅσα ἔχει ὁ πατήρ, ἐμά ἐστιν," ὁ δεσπότης ἔφη Χριστός· ἐν δὲ δήπου πάντων ἡ ἀπάθεια. Εἰ τοίνυν ἀπαθής ἐστιν ὡς θεός, ὡς ἄνθρωπος ἄρα πέπονθεν· ἡ θεία γὰρ πάθος οὐ προσίεται 15 φύσις.

γ΄. Ἄλλως. Ὁ κύριος ἔφη· "Ὁ δὲ ἄρτος ὃν ἐγὼ δώσω, ἡ σάρξ μού ἐστιν, ἣν ἐγὼ δώσω ὑπὲρ τῆς τοῦ κόσμου ζωῆς." Καὶ πάλιν· "Ἐγώ εἰμι ὁ ποιμὴν ὁ καλός, καὶ γινώσκω τὰ ἐμά, καὶ γινώσκομαι ὑπὸ τῶν ἐμῶν, καὶ τὴν ψυχήν μου τίθημι ὑπὲρ τῶν προβάτων." Σῶμα οὖν 20 ἄρα καὶ ψυχὴν δέδωκεν ὁ ποιμὴν ὁ καλὸς ὑπὲρ τῶν σῶμα καὶ ψυχὴν ἐχόντων προβάτων.

δ΄. Ἄλλως. Ἐκ σώματος καὶ ψυχῆς σύγκειται τῶν ἀνθρώπων ἡ φύσις. Ἐξήμαρτε δὲ αὕτη, καὶ θυσίας ἔχρῃζε ἐλευθέρας μώμου παντός. Σῶμα τοίνυν καὶ ψυχὴν λαβὼν ὁ δημιουργός, καὶ τῶν τῆς 25 ἁμαρτίας κηλίδων φυλάξας ἀνέπαφα, ὑπὲρ μὲν τῶν σωμάτων τὸ σῶμα δέδωκεν, ὑπὲρ δὲ τῶν ψυχῶν τὴν ψυχήν. Εἰ δὲ ταῦτα ἀληθῆ, ἀληθῆ δέ (αὐτῆς γάρ εἰσι τῆς ἀληθείας οἱ λόγοι), ληροῦσιν ἅμα καὶ βλασφημοῦσιν οἱ τῇ θείᾳ φύσει τὸ πάθος προσάπτοντες.

ε΄. Ἄλλως. Πρωτότοκον ἐκ τῶν νεκρῶν τὸν δεσπότην Χριστὸν ὁ 30 μακάριος προσηγόρευσε Παῦλος· ὁ δὲ πρωτότοκος τὴν αὐτὴν ἔχει

13 Jn. 16:15   17–18 Jn. 6:51   18–20 Jn. 10:14–15   (30–1 Col. 1:18)

SMJCVOR   1 καὶ post οὖν add. J   7 καὶ² om. J   11–12 ἡ ——— τρόπον: τρόπον τῇ φύσει ᾗ γε ἀπαθὴς παθεῖν θεότης δύναται J   13 ἐστιν: εἰσιν V   14 πάντων: τῶν ἁπάντων J   15–16 φύσις πάθος οὐ προσίεται J   21 ψυχὴν καὶ σῶμα V   24–5 παντὸς μώμου ἐλευθέρας V   26 ἀνέπαφον S   27 καὶ ante τὴν add. O   28 καὶ ante γάρ add. OR   ἅμα: ἄρα J   30 τῶν om. V

δήπου φύσιν ἐκείνοις ὧν καλεῖται πρωτότοκος. Ὡς ἄνθρωπος οὖν
ἄρα πρωτότοκος ἐκ νεκρῶν. Πρῶτος γὰρ τὰς ὠδῖνας ἔλυσε τοῦ
θανάτου, καὶ πᾶσιν ἔδωκε τῆς ἀναβιώσεως τὴν γλυκεῖαν ἐλπίδα. Ἧι
δὲ ἀνέστη, ταύτῃ καὶ πέπονθεν. Ὡς ἄνθρωπος ἄρα πέπονθεν, ὡς δὲ
θεὸς θαυμαστὸς μεμένηκεν ἀπαθής.   5

ϛ΄. Ἄλλως. Ἀπαρχὴν τῶν κεκοιμημένων τὸν σωτῆρα Χριστὸν
ὠνόμασεν ὁ θεῖος ἀπόστολος· ἡ δὲ ἀπαρχὴ τὴν πρὸς τὸ ὅλον ἔχει
συγγένειαν, οὗπέρ ἐστιν ἀπαρχή. Οὐ τοίνυν ᾗ θεός ἐστιν, ἀπαρχὴ
προσηγόρευται. Ποία γὰρ συγγένεια θεότητός τε καὶ ἀνθρωπότητος;
Ἡ μὲν γὰρ ἀθάνατος φύσις, ἡ δὲ θνητή. Τοιαύτη δὲ τῶν κεκοιμημένων   10
ἡ φύσις, ὧν ἀπαρχὴ προσηγορεύθη Χριστός. Ταύτης ἄρα τῆς φύσεως
καὶ ὁ θάνατος καὶ ἡ ἀνάστασις. Ταύτης γὰρ δὴ τὴν ἀνάστασιν
ἐχέγγυον ἔχομεν τῆς κοινῆς ἀναστάσεως.

ζ΄. Ἄλλως. Διστάζοντας τοὺς ἀποστόλους πεῖσαι βουλόμενος ὁ
δεσπότης Χριστός, ὡς ἀνέστη καταλύσας τὸν θάνατον, τὰ τοῦ σώμα-   15
τος αὐτοῖς ἔδειξε μόρια, πλευρὰν καὶ χεῖρας καὶ πόδας, καὶ τὰ ἐν
τούτοις φυλαχθέντα τοῦ πάθους τεκμήρια. Τοῦτο οὖν ἄρα ἀνέστη·
τοῦτο γὰρ δήπου καὶ τοῖς ἀπιστοῦσιν ἐδείχθη. Ὃ δὲ ἀνέστη, τοῦτο δὴ
καὶ ἐτάφη· ὃ δέ γε ἐτάφη, τοῦτο καὶ ἐτεθνήκει· ὃ δὲ ἐτεθνήκει, τοῦτο
δήπου καὶ τῷ σταυρῷ προσηλώθη. Ἀπαθὴς ἄρα ἡ θεία φύσις διέμεινε   20
καὶ συνημμένη τῷ σώματι.

η΄. Ἄλλως. Οἱ ζωοποιὸν τοῦ κυρίου τὴν σάρκα προσαγορεύοντες
τὴν ζωὴν αὐτὴν θνητὴν τῷ λόγῳ κατασκευάζουσιν. Ἔδει δὲ αὐτοὺς
συνιδεῖν, ὡς διὰ τὴν ἡνωμένην αὐτῇ ζωὴν καὶ αὐτὴ ζωοποιός. Εἰ δέ
γε κατὰ τὸν αὐτῶν λόγον ἡ ζωὴ θνητή, πῶς ἂν ἡ σὰρξ ἡ φύσει θνητή, 25
διὰ δὲ τὴν ζωὴν γινομένη ζωοποιός, μεῖναι ἂν οὖσα ζωοποιός;

θ΄. Ἄλλως. Ὁ θεὸς λόγος φύσει ἀθάνατος, ἡ δὲ σὰρξ φύσει θνητή.
Γέγονε δὲ καὶ αὐτὴ μετὰ τὸ πάθος τῇ πρὸς τὸν λόγον μετουσίᾳ ἀθά-
νατος. Πῶς οὖν οὐ σχέτλιον, τὸν τῆς τοιαύτης ἀθανασίας δοτῆρα
λέγειν μετειληχέναι θανάτου;   30

(6–11 1 Cor. 15:20)   (14–17 Lk. 24:39)

SMJCVOR   1 δήπουθεν V   οὖν: ἦν J   2 τῶν ante νεκρῶν add. S   3 Ἧι: Εἰ S
4 Ὡς --- πέπονθεν om. J   4–5 θεὸς δὲ J   5 θαυμαστὸς om. J   7 ὁ θεῖος
ὠνόμασεν ἀπόστολος S   8 Οὐ --- ἐστιν: Οὕτω νῦν ἡ θεῷ ἀπαρχή J   ᾗ: εἰ S
12 Ταύτης: Ταύτην S   γὰρ δὴ: οὖν J   14 βουληθεὶς J   16 ὑπέδειξε J   18 γὰρ
δήπου om. J   19 γε om. SJ   23 καὶ post λόγῳ add. Sᵖᶜ   25 ζωώσῃ post θνητὴ²
add. J   26 μεῖναι --- ζωοποιός: ἀνθρώπους ζωοποιεῖ J   28 μετὰ --- μετουσίᾳ:
διὰ τὸν θεὸν λόγον J   θεὸν ante λόγον add. S   29 τὴν μὲν ταύτης ἀθανασίαν
ὁμολογεῖν post σχέτλιον add. J   τῆς τοιαύτης: δὲ τῆς J   τὸν --- δοτῆρα: τὴν ταύτης
τῆς ἀθανασίας δώτειραν S   30 μετειληχέναι λέγειν S   μετειληφέναι J

ι΄. Ἄλλως. Οἱ σαρκὶ πεπονθέναι τὸν θεὸν λόγον ἰσχυριζόμενοι
ἐρωτάσθωσαν τοῦ ῥητοῦ τὴν διάνοιαν· καὶ εἰ μὲν φάναι τολμήσαιεν,
ὡς τοῦ σώματος προσηλωμένου τὴν ὀδύνην ἡ θεία φύσις ὑπέμεινε,
μανθανέτωσαν ὡς οὐ ψυχῆς χρείαν ἡ θεία φύσις ἐπλήρου. Καὶ ψυχὴν
γὰρ ὁ θεὸς λόγος μετὰ τοῦ σώματος ἀνειλήφει. Εἰ δὲ τόνδε τὸν λόγον 5
ὡς βλάσφημον ἀποστρέφοιντο, φήσαιεν δὲ φύσει πεπονθέναι τὴν
σάρκα, τὸν δέ γε θεὸν λόγον ᾠκειῶσθαι τὸ πάθος ὡς ἰδίας σαρκός, μὴ
γριφώδεις καὶ ζοφώδεις προσφερέτωσαν λόγους, ἀλλὰ σαφῶς τοῦ
κακεμφάτου ῥητοῦ λεγέτωσαν τὴν διάνοιαν. Τῆσδε γὰρ τῆς ἑρμηνείας
συμψήφους ἕξουσι τοὺς ἕπεσθαι τῇ θείᾳ γραφῇ προαιρουμένους. 10

ια΄. Ἄλλως. Ὁ θεῖος Πέτρος ἐν τῇ καθολικῇ τὸν Χριστὸν ἔφη
πεπονθέναι σαρκί. Ὁ δὲ τὸν Χριστὸν ἀκούων οὐκ ἀσώματον νοεῖ τὸν **333**
θεὸν λόγον, ἀλλὰ σεσαρκωμένον. Τοῦ Χριστοῦ τοίνυν τοὔνομα φύσιν
ἑκατέραν δηλοῖ· τὸ δὲ σαρκὶ σὺν τῷ πάθει προστιθέμενον, οὐχ ἑκατέ-
ραν, ἀλλὰ θατέραν πεπονθυῖαν σημαίνει. Ὁ γὰρ ἀκούων σαρκὶ τὸν 15
Χριστὸν πεπονθέναι, ἀπαθῆ πάλιν νοεῖ αὐτὸν ὡς θεόν, μόνῃ δὲ τῇ
σαρκὶ προσνέμει τὸ πάθος. Ὥσπερ γὰρ ἀκούοντες αὐτοῦ πάλιν
λέγοντος, ὅτι ὤμοσεν ὁ θεὸς τῷ Δαβίδ, ἐκ καρποῦ τῆς ὀσφύος αὐτοῦ
τὸ κατὰ σάρκα τὸν Χριστὸν ἀναστήσειν, οὐ τὸν θεὸν λόγον ἐκ σπέρ-
ματος Δαβὶδ ἀρχὴν εἰληφέναι φαμέν, ἀλλὰ τὴν σάρκα τὴν ὁμογενῆ 20
τῷ Δαβίδ, ἣν ὁ θεὸς λόγος ἀνέλαβεν, οὕτω χρὴ τὸν ἀκούοντα σαρκὶ
τὸν Χριστὸν πεπονθέναι, τῆς μὲν σαρκὸς εἰδέναι τὸ πάθος, τῆς δέ γε
θεότητος τὴν ἀπάθειαν ὁμολογεῖν.

ιβ΄. Ἄλλως. Σταυρούμενος ὁ δεσπότης εἶπε Χριστός· "Πάτερ, εἰς
χεῖράς σου παρατίθημι τὸ πνεῦμά μου." Τοῦτο δὲ τὸ πνεῦμα οἱ μὲν 25
Ἀρείου καὶ Εὐνομίου τὴν θεότητα τοῦ μονογενοῦς εἶναί φασιν· ἄψυχον
γὰρ ἀνειλῆφθαι τὸ σῶμα νομίζουσιν. Οἱ δὲ τῆς ἀληθείας κήρυκες τὴν
ψυχὴν οὕτω κληθῆναί φασιν, ἐκ τῶν ἀκολούθων ῥητῶν τοῦτο νενοη-
κότες. Εὐθὺς γὰρ ἐπήγαγεν ὁ πάνσοφος εὐαγγελιστής· "Καὶ τοῦτο
εἰπὼν ἐξέπνευσε." Ταῦτα μὲν οὖν ὁ Λουκᾶς οὕτως ἱστόρησε· καὶ ὁ 30
μακάριος δὲ Μάρκος τὸ ἐξέπνευσεν ὁμοίως ἔθηκεν· ὁ δέ γε θειότατος
Ματθαῖος, ὅτι "Ἀφῆκε τὸ πνεῦμα." ὁ δὲ θεσπέσιος Ἰωάννης, ὅτι

(11–12 1 Pet. 4:1)   (17 ff. Acts 2:30)   24–5, 29–30 Lk. 23:46   (31 Mk. 15:37)
32 Mt. 27:50

SMJCVOR   3 ἡ om. S   4 ψυχῆς ——— ἡ: χρεία ψυχῆς εἰ ἡ J   ἐπλήρου:
ὑπέμεινε J   Καὶ μὴν ante καὶ add. J   5 γὰρ om. J   6 ἀποστρέφονται J   7 γε om. V
οἰκειῶσθαι SV   14–15 ἑκατέραν: ἑτέραν V   16 νοεῖ πάλιν V   αὐτὸν: τοῦτον J
τῇ om. J   19–20 ἐκ ——— εἰληφέναι om. J   21 ἀνείληφεν V   23 ὁμολογεῖν τὴν
ἀπάθειαν S   25 παρατίθεμαι S   28 ῥητῶν om. S   29 Ἐπήγαγε γὰρ εὐθὺς J
30 καὶ om. S

"Παρέδωκε τὸ πνεῦμα." Πάντα μέντοι κατὰ τὸ ἀνθρώπινον εἰρή-
κασιν ἔθος. Καὶ γὰρ τὸ ἐξέπνευσεν καὶ τὸ ἀφῆκε καὶ τὸ παρέδωκε τὸ
πνεῦμα ἐπὶ τῶν τελευτώντων λέγειν εἰώθαμεν. Τοιγάρτοι τούτων
οὐδὲν ἔμφασιν ἔχει θεότητος, ἀλλὰ τῆς ψυχῆς ὑπάρχει δηλωτικά. Εἰ
δὲ καὶ τὴν ἀρειανικὴν τοῦ ῥητοῦ δέξαιτό τις διάνοιαν, οὐδὲν ἧττον 5
καὶ οὕτω δείξει τῆς θείας φύσεως τὸ ἀθάνατον. Τῷ πατρὶ γὰρ παρέ-
θετο ταύτην, οὐ τῷ θανάτῳ ταύτην παρέπεμψεν. Εἰ τοίνυν καὶ οἱ τῆς
ψυχῆς ἀρνούμενοι τὴν ἀνάληψιν καὶ κτίσμα τὸν θεὸν λόγον εἶναι
λέγοντες καὶ ἀντὶ ψυχῆς αὐτὸν ἐν τῷ σώματι γεγενῆσθαι δογματί-
ζοντες, οὐ θανάτῳ αὐτὸν παραδοθῆναι, ἀλλὰ τῷ πατρὶ παρατεθῆναί 10
φασι, ποίας τύχοιεν συγγνώμης οἱ μίαν μὲν τῆς τριάδος οὐσίαν
ὁμολογοῦντες, καὶ τὴν μὲν ψυχὴν ἐπὶ τῆς οἰκείας ἀθανασίας ἐῶντες,
τὸν δέ γε τῷ πατρὶ ὁμοούσιον θεὸν λόγον γεύσασθαι θανάτου λέγειν
ἀνέδην τολμῶντες;

ιγ΄. Ἄλλως. Εἰ ὁ Χριστὸς καὶ θεὸς καὶ ἄνθρωπος, ὡς καὶ ἡ θεία 15
διδάσκει γραφή, καὶ οἱ πανεύφημοι πατέρες κηρύττοντες διετέλεσαν,
ὡς ἄνθρωπος ἄρα πέπονθεν, ὡς δὲ θεὸς διέμεινεν ἀπαθής.

ιδ΄. Ἄλλως. Εἰ ὁμολογοῦσι τῆς σαρκὸς τὴν ἀνάληψιν, καὶ παθητὴν
εἶναί φασιν πρὸ τῆς ἀναστάσεως, τῆς δὲ θεότητος τὴν φύσιν κηρύτ-
τουσιν ἀπαθῆ, τί δήποτε τὴν παθητὴν φύσιν ἐῶντες, τῇ ἀπαθεῖ τὸ 20
πάθος προσάπτουσιν;

ιε΄. Ἄλλως. Εἰ τὸ χειρόγραφον ἡμῶν ὁ σωτὴρ καὶ κύριος προσή-
λωσε τῷ σταυρῷ, κατὰ τὸν θεῖον ἀπόστολον, τὸ σῶμα ἄρα προσήλω-
σεν. Ἐν γὰρ τῷ σώματι πᾶς ἄνθρωπος, οἷόν τινα γράμματα, πήγνυσι
τὰς τῶν ἁμαρτημάτων κηλῖδας. Τούτου δὴ χάριν ὑπὲρ τῶν ἡμαρτη- 25
κότων τὸ πάσης ἁμαρτίας ἐλεύθερον παρέδωκε σῶμα.

ις΄. Ἄλλως. Ὅταν τὸ σῶμα ἢ τὴν σάρκα ἢ τὴν ἀνθρωπότητα
πεπονθέναι λέγωμεν, τὴν θείαν οὐ χωρίζομεν φύσιν. Ὥσπερ γὰρ
ἥνωτο πεινώσῃ καὶ διψώσῃ καὶ κοπιώσῃ, καὶ μέντοι καὶ καθευδούσῃ,
καὶ ἀγωνιώσῃ τὸ πάθος, οὐδὲν μὲν τούτων ὑφισταμένη, συγχωροῦσα 30
δὲ ταύτῃ δέχεσθαι τὰ τῆς φύσεως πάθη, οὕτω συνῆπτο καὶ σταυρου-
μένῃ, καὶ συνεχώρει τελεσιουργηθῆναι τὸ πάθος, ἵνα λύσῃ τῷ πάθει

---

1 Jn. 19:30 (2–3 Mk. 15:37, Lk. 23:46, Jn. 19:30, Mt. 27:50)
(22–3 Col. 2:14)

SMJCVOR   7 παρέπεμψεν: παρέδωκεν V^mc   8 λόγον om. J   10 ἀλλὰ ---
παρατεθῆναί om. SV   11 ἂν post ποίας add. J   τὴν ante τῆς add. S   17 γε post
δέ add. J   19 γε post δέ add. J   19–20 κηρύττοντες J   20 ἀπαθῆ om. S   25–6 ἁμαρ-
τησάντων J   26 σωμάτων ante τὸ add. SJ   παραδέδωκε J   29 ἥνωτο: παρῆν J
30 πρός ante τὸ add. J   31 τὰ τῆς φύσεως δέχεσθαι J   32 καὶ συνεχώρει: ταύτῃ J
δὲ post συνεχώρει add. S

τὸν θάνατον, ὀδύνην μὲν ἐκ τοῦ πάθους οὐ δεχομένη, τὸ δὲ πάθος
οἰκειωσαμένη, ὡς ναοῦ γε ἰδίου, καὶ σαρκὸς ἡνωμένης, δι' ἣν καὶ
μέλη Χριστοῦ χρηματίζουσιν οἱ πιστεύσαντες, καὶ τῶν πεπιστευκό-
των αὐτὸς ὠνόμασται κεφαλή.

SMJCVOR   4 ὠνόμαστο J   Τέλος τῆς τοῦ μακαρίου Θεοδωρίτου βίβλου ἧς ἡ ἐπιγραφὴ
'Ερανιστὴς ἢ Πολύμορφος in fine add. V

Ἄτρεπτος, ἀσύγχυτος, ἀπαθὴς μένει
Ὁ συνάναρχος τοῦ θεοῦ πατρὸς λόγος,
Κἂν σάρκα λάβοι τῶν χρόνων ἐπ' ἐσχάτων·
Ὥσπερ Θεοδώριτος ἐνταῦθα γράφει
Λαβὼν θεοδώρητον ἐξ ὕψους χάριν.
Ὡς τριστόμῳ γοῦν ἠκονημένῳ ξίφει,
Οἱ δυσσεβοῦντες, τοῖς τρισὶ τούτοις λόγοις
Βάλλοισθε, καὶ σφάζοισθε, καὶ πίπτοιτέ μοι,
Ὅσοι τροπήν, σύγχυσιν, ἀλλὰ καὶ πάθος,
Κακῶς προσάπτειν οὐ πτοεῖσθε τῷ λόγῳ,
Καὶ σπαρτίον δέ, Σολομὼν ὥς που γράφει,
Ἀρραγὲς ὡς ἔντριτον ἡμῖν ἀσχόνης
Ἡ τριὰς ἔστω τῶν σοφῶν τούτων λόγων.

VOR   11 ὥς που: ὥσπερ R   12 ἡμῖν: ὑμῖν VR

Index of Names

In all parts of the index, unless otherwise noted, references in parentheses are to direct scriptural quotations; italicized references are to the patristic citations. This index includes all proper names and adjectives derived from them. Christological names and titles, and words relating to the Trinity and the divine persons will be found in the Index of Christological Terms.

Ἰκόνιον *107.5*; *170.16*; *242.9*
Ἱλάριος *178.1*
Ἰνδός 64.31
Ἰουδαϊκός 121.3–4; *245.19*
Ἰουδαῖοι, οἱ 63.10; 69.18, 23; 71.5, 29; 72.9, 15; 82.16, 32, 34; 83.8; 84.30;
     85.27; 90.15, 19; *101.12*; 120.31; 121.18; 128.17, 19; 129.22; 130.6–7; 132.7;
     141.22; *156.26*; *160.19*; 208.32; 213.(12), (16), (19); 220.29; *246.28*; *252.6*
Ἰούδας (son of Jacob) 70.32; 71.(1), 19, (21), (26), (27); 72.4; 77.2, 3, (4);
     80.(3); 88.29; 198.(23)
Ἰούδας (Iscariot) *156.24*; *244.9*
Ἱππόλυτος 95.19; *99.1*; *155.3*; *230.19*
Ἰσαάκ 70.17; 88.(14), 15; 125.11; 198.(12), 14; 199.19, 20; 200.3; 203.(8);
     208.15; 209.9, 18, 24; 211.30
Ἰσμαήλ 211.29
Ἰσραήλ 69.(22); 71.(28); 72.(21); 87.(29); 115.3; *154.(9)*; *156.16*; 211.30;
     232.14, (*15*); 258.(22)
Ἰσραηλίτης 121.(4)
Ἰωάννης (the Baptist) *95.29*; *106.25*; 211.1; 212.8
Ἰωάννης (the Evangelist) 91.6, 24; *93.24*; *97.27*; *102.19*; 134.21; 135.3; *175.17*;
     180.18; 197.22; 203.17; 213.9; *237.5*; *247.22*; 255.23; 263.32
    ὁ εὐαγγελιστής (=Ἰωάννης) 66.27; 68.18–19; 74.16; 88.23; 89.17, 32; 90.2, 3;
     91.3; 220.18–19; *245.15*; 254.21, 31; 255.4, 5, 7, 14, 24; 256.4, 14; 258.31
Ἰωάννης (Chrysostom) 93.29; *107.28*; *173.1*; *245.7*
Ἰώβ 194.31
Ἰωσήφ (son of Jacob) 255.27
Ἰωσήφ (father of Jesus) 80.20, 22; *97.11*
Ἰωσήφ (of Arimathaea) 212.(24), (27), (33); 213.(4), 8, (10), 22; *236.4*

Καθολική (referring to the epistles of John and Peter) 91.6; 263.11
Καϊαφάς *156.24*
Καισαρεία (of Cappadocia) *103.19*; *166.1*; *239.14*
Καισάρεια (of Palestine) *244.25*
Καισαρεῖς (of Palestine) 93.21
Καπερναούμ 137.23
Κέρδων 61.25; 117.25
Κληδόνιος 92.1; *104.9*; *166.24*; *167.6*; *240.10*
Κορίνθιοι 128.13; 207.10; 214.13
Κυριακή, ἡ *244.4*
Κύριλλος (of Alexandria) *182.7*
Κύριλλος (of Jerusalem) *177.10*
Κωνσταντινούπολις *107.28*; *173.1*; *181.25*; *239.22*; *245.7*

Λάζαρος 98.2; 147.18, 20; *157.5*; 223.5; *236.24*; *241.21*
Λεία 203.(9)
Λευϊτική 123.2–3
Λίβανος 249.7
Λούγδουνον *96.30*; *153.21*; *229.24*
Λουκᾶς *103.18*; 135.8; 147.11; *158.26*; *176.28*; 213.8; 259.11; 263.30
    ὁ εὐαγγελιστής (=Λουκᾶς) 263.29

Μαμβρή 74.(30)
Μάνης 81.1; 82.14; 117.26; 119.34; 142.2; 220.25
Μανιχαϊκός 61.13
Μανιχαῖοι 66.22; 128.26; 143.22; *167.10*

Index of Christological Terms

This index has been compiled on the principle that its contents reflect not only Theodoret's personal Christology, but also the place of his thought in the developing Church teaching on Christ. Thus some words appear only in the patristic citations, but have been included precisely because Theodoret did not employ them.

ἀμετάβλητος 150.30; *186.2*

ἀμήτωρ 123.(11), (33); 124.1, (13); 125.16, 21, 22; 126.22

ἀμιγής 138.4; *184.26*

ἄμικτος 140.4

ἄμορφος *234.31*

ἀμύητος 62.15; 77.17; 151.33; 204.32; 205.30; 221.18

ἄμωμος *108.18*; *176.12*; 204.32

ἀναβιόω 209.11, 19, 21

ἀναβίωσις *100.17*; 206.26–7; 209.31–2; 215.3; 262.3

ἀναβιώσκω 147.26

ἀναίρεσις 86.14; 120.22, 25 bis; 257.12

ἀναιρέω 86.(11); *105.11*; *109.3*; 121.25; 130.22; 143.19; *182.11*; 203.17; 211.16; 218.13; *246.29*; 257.11; 258.6

ἀναίτιος 126.15

ἀνακεφαλαιόω *97.13*, *17*; *98.6*; *155.1*

ἀνάκρασις *163.9*; *185.2*

ἀναλαμβάνω

    Christological usage *73.(25)*; 80.30; 85.3; 91.3, *29*; *92.8*, *26*; *93.2 bis*; *94.16*; *99.25*; *106.15*; *108.19*; 110.32; 111.5; 112.18; 113.15–16, 17, 20, 27; 118.1; 119.27, 31; 120.14; 128.6; 137.7; 141.4, 9, 19; 142.5–6, 9, 19; 143.28; 145.11; *159.5*; *161.24*; *162.15*; *163.8*, *17*; *166.14*; *171.7*; *174.1*; *177.15*; 189.7; 197.30–1; 205.29; 219.32; 220.4; *230.14*; *231.23–4*; *236.8*, *22*; *237.1*; *251.2*; *252.23*; 256.3; 263.5, 21, 27

    Non-Christological usage 86.33; *107.25*; 129.(12); 133.20; 260.(32)

ἀνάληψις

    Christological usage *94.22*, *29*; 119.26; 133.27; 143.1; *154.4*; 254.28; 264.8, 18

    Christ's Ascent to Heaven 128.18; 131.26; 135.1; 149.19; 150.16, 20; 152.12; *174.29*; *176.1*; 184.1; 260.23

ἀναλλοίωτος 66.10–11; 67.8; 89.21; *110.15*; 145.10; *162.8*, *32*; 189.6; 196.23, 28; *236.15*; *244.12*

ἀναπίμπλημι 151.26

ἄναρχος 125.3; *161.21*

ἀνάχυσις *183.3*, *20*

ἀνελλιπής 121.22

ἀνενδεής *162.32*; 201.19, 22

ἀνέπαφος *94.16*; 261.26

ἀνέφικτος 143.27; 195.32; 197.16

ἀνήρ 79.32; 91.16; 92.3; 94.30; 95.7, 23; *96.17*; *103.28*, *29*, *(30 bis)*; 109.7, 13; 110.27; 121.(4), (5), (11); 125.(29); 128.12, 18; 149.(25); 150.17; *160.(26)*; 202.(34); 214.14; 247.7; 249.1, 16; 253.2

ἀνθρώπειος

    With φύσις 84.8; 86.7; 90.11; 114.19; 115.30; 124.2, 4, 17; 128.6; 133.12; 140.2; *177.8*; *181.14*; 189.4; 197.30; 201.26; 216.4; 219.21; 227.12

    With ψυχή 138.31; 190.12; 197.33; 218.10

    τὸ (τὰ) ἀνθρώπειον (-α) 86.12; 139.18; 227.31; *239.19*; 260.1

    Other usage *92.25*; *104.3*

ἀνθρώπινος

    With φύσις *164.8–9*; *166.3*; *169.25*; *175.30*; *180.21*; *239.9*; *241.21*, *30*; *245.23*

    τὸ (τὰ) ἀνθρώπινον (-α) *108.33*; 122.29; 137.17; 138.29; *169.6*, *18*; *170.3*, *5*; *235.10*; *241.18*, *32*

ἀνώλεθρος 84.8; 125.3; 197.10

ἀόρατος 68.10; 72.25, (26), 27, 28, 33; 73 (2), 6, 26, 27; 74.19; 76.17; 79.31; *101.16*; 126.(13); 136.16; 138.18; 150.14; *154.24*; *167.4, 15*; *181.21, 23*; *185.25, 26*; 195.26; 197.16; 209.28; 219.1; 227.16; *235.2*; 255.20; 256.15; 260.22

ἀόριστος 69.13; 194.28

ἀπάθεια 62.29; *184.15*; 187.27; 197.18; 200.17; 205.4, 5–6; 209.17; 218.9; *242.6*; *246.32*; 247.4; 248.*26*, 32; 249.3; 252.29–30; 261.6, 14; 263.23

ἀπαθής 96.23; 148.15, 16; 149.15; *162.20, 21, 32*; *182.2–3*; 189.6, 31 bis; 190.2, 3; 200.16, 19; 201.22; 203.29; 204.16; 205.10; 209.4; 210.17–18; 211.15; 218.29, 31, 32 bis; 219.30; 227.5, 7; 228.24, 26, 36; *233.4*; *235.14, 16*; *238.20*; *241.22*; *242.7*; *243.3*; *244.7, 12*; 247.18; 249.11; *251.23, 30*; 261.7, 11, 14; 262.5, 20; 263.16; 264.17, 20 bis

ἀπαλλαγή 138.15; 206.2

ἀπαλλάττω 149.11; 204.(20)

ἀπαρχή 89.3, 11, 13; *155.15*; *161.8*; *162.9, 12*; *173.10, 13*; *174.10*; *176.10*; 204.32; 205.1; 207.(13); 215.13, (16); *230.21, 27, 28*; *232.10*; *238.3*; 257.8; 262.6, 7, 8 bis, 11

ἀπάτωρ 123.(11), (33); 124.1, (13), 24; 125.16, 21, 22; 126.22

ἀπεικάζω 99.27; 123.3; 210.26; 211.8, 29; 214.32

ἄπειρος 68.8; *101.4*; 139.31; 144.3; *169.11*; 196.12, 18; 197.8; *234.10, 13*

ἀπερίγραφος 66.1; 76.1; 143.28; 149.28, 31; 150.1; 189.6; 197.17; 201.27, 30; 202.4, 17; 209.29; 212.20; 222.30; 259.4

ἀπερινόητος 76.2; *101.4*; *234.10–11*

ἀπληστία 204.33; 256.20

ἁπλοῦς *110.4*; 114.22; 133.18; 138.18; 143.27; *179.3*; 216.28; 254.11; 260.10

ἁπλῶς 64.30; 88.13; *108.32*; *173.20, 21*; 199.20; *245.24*

ἄπνους 191.13; *250.21*

ἀποδεικτικῶς 206.28

ἀποκαλέω 62.1; 114.14–15; 120.8, 11, 28

ἀποκαλύπτω 73.28; 115.(17); *154.5–6*; *187.3*; 207.12; 215.21; 224.23

ἀποκάλυψις 75.12, 21

ἀπολαμβάνω 63.23; *98.12*; *176.23*; 223.5, 10, 16

ἀπολαύω 74.5; 86.28; 95.18; 109.14–15; *173.15*; 206.24; *252.16*; 257.25

ἀπονέμω 93.10; 139.10, 20

ἄπονος 201.19; 202.17; *241.25*

ἀποσυμβαίνω 149.5–6, 8

ἀποτελέω 132.22–3

ἀποφαίνω 93.14; *105.21*; *110.10*; 137.29; 194.28; 203.30; 205.31

ἀποφαντικῶς 206.28; 215.15

ἀπόφασις 75.27; 206.16; *233.1*

ἁπτός 152.16; 260.5

ἅπτω 63.29; *153.17*; *231.31*; *232.(1)*

ἁρμονία *100.33*; 223.10

ἁρμόττω 68.4; 85.16; 123.16, 18, 20; 124.1; 125.6; 127.29; 136.20; 137.1, 12–13; 139.5; 142.17; 145.34; *187.8*; 189.30; *248.16*; *251.18*

ἄρρητος 124.30; 134.9; *175.25*

ἄρτος 78.8, 15, 31; 79.(15); 152.29; *177.23*; 221.1, (2); *249.(32)*; *250.(27)*; *251.(1)*; 261.(17)

ἀρχέτυπον 122.19, 23; 124.17; 125.8, 25; 126.1, 5, 18; 127.22; 151.19; 152.18; 200.25; 209.23; 210.9

ἄσαρκος 66.20
ἀσθένεια 105.17, 19, 23; 107.15; 108.26; 131.13; 141.2; 147.(32); 149.2; 173.24;
    179.6; 181.5; 196.19; 197.20; 233.8, 11, 16; 235.16; 242.24; 245.22, 24;
    246.24; 258.(18); 259.22 bis
ἀσθενέω 105.20; 108.3; 148.25; 236.24, 25; 259.23
ἀσθενής 105.24, (25); 196.33
ἀσύγχυτος 62.26; 139.27; 145.9; 163.10; 182.14, 23–4; 183.16, 25; 184.2, 7;
    257.15; 261.2
ἀσύνθετος 143.27; 185.26; 260.10
ασύστατος 83.1
ἀσώματος 65.32; 74.4; 79.21; 80.29; 153.(16); 158.8; 166.21; 184.16; 189.29;
    197.29; 208.7; 216.28; 224.17; 225.15; 232.21; 234.4; 235.15; 240.25;
    245.4; 251.23, 25; 252.12; 258.7, 14; 263.12
ἀτελής 71.29; 131.16; 142.10; 235.6; 239.4
ἄτομον 64.13, 15, 31
ἄτρεπτος 62.25; 66.5, 7, 8, 10, 11, 13, 15; 67.8; 81.3; 110.31; 111.4; 112.10;
    114.18; 137.3; 162.8, 32; 175.20; 189.3; 196.22; 203.30; 216.11; 219.10;
    222.30; 231.27; 236.15; 240.21; 254.3, 4 bis, 5, 9, 10 bis, 12, 16, 27;
    255.13, 19
αὐθαίρετος 194.20
αὐτοαλήθεια 257.5
ἀφανίζω 144.3; 235.16; 237.22
ἀφανισμός 145.11, 13; 175.24
ἀφαρμόττω 123.18
ἄφατος 162.19; 256.13
ἄφεσις 207.20
ἀφθαρσία 148.(21), 24; 150.33; 153.27; 237.27; 238.18; 243.29, (30)
ἄφθαρτος 72.(26); 73.(2); 126.5; 147.28; 148.15, 16, 19; 149.14; 235.27;
    237.19, 26; 238.3, 20; 260.13
ἀφομοιόω 123.(12–13); 124.(15), 19; 126.21; 210.20
ἀφοράω 100.23; 202.26; 233.7
ἄφραστος 134.10; 161.26; 175.25
ἄφωνος 191.13
ἀφώτιστος 144.15
ἀχώρητος 104.21
ἀχώριστος 186.28; 227.3
ἀψευδής 71.13; 81.21, 27; 83.20, 21, 25; 257.5
ἄψυχος 69.26; 119.3; 122.24; 143.35; 163.7; 231.23; 240.11; 256.9; 263.26

βασιλεία 82.20; 83.16, 19, 23, 24; 84.10, 30, 33; 89.9; 101.17; 155.26; 164.14;
    207.21, 27; 212.(34)
βασιλεύς 75.17, 18 bis; 97.3, 8; 99.13, 14; 106.20, (22); 122.20; 123.(7), (8), (10),
    (11 bis); 157.(13); 163.24; 176.25–6; 187.7; 251.8 bis, 9 bis
βασιλεύω 84.2–3; 91.32; 93.31; 106.(22); 207.(3), (5); 248.30
βασιλικός 122.20, 29; 173.5; 174.9, 22; 187.7
βελτιόω 159.29
βίος 62.14; 83.5; 99.30; 105.26; 108.23; 126.27; 131.28; 147.16; 155.7; 174.16;
    192.20, 26, 27; 245.26
βιόω 83.5
βλαστέω 70.26; 72.4, 15; 86.3, 32; 87.4, 11, 20; 135.22; 136.1; 154.(8); 206.15;
    222.23
βουλή 84.25; 85.(29); 248.17
βούλημα 223.4; 239.16

εἶς—(*cont.*)

OTHER USAGE 68.(29); 70.(24); 74.(10); 86.26, 27 bis; 95.4; *96.18, 21*;
98.8, 10; *110.4 bis, 6 bis*; 112.29; 113.11, 14; 116.25; 118.14; 122.(1 bis);
123.29; 127.(15 bis); 135.(6); 137.29; 142.7; 143.32; *155.13*; *163.(19)*, 27;
164.16, 17; *168.15*, (*21 bis*); *172.2 bis, 3, 5, 6 bis, 9, 11, 12, 15, 16*; *175.23*;
178.13, 14; *179.13*; *183.12*; *186.7*; 200.(33); 201.1; 206.(31), (33), (34);
207.(1), (2), (3), (6), (7), (8), (9); 210.16; 211.14; 221.6, 7; 229.14;
237.29; *241.9, 11*; *242.1*; *246.9 bis*; *247.22, 23*; 248.31; *252.15, 22*; 258.26;
259.4; 261.14

ἐκλαμβάνω *94.26*

ἔκπτωσις *107.8*; *170.19*

ἐλαττόω 140.17; 186.1

ἐλλείπω 119.12, 19, 28; 129.16; 132.5; 138.8–9, 11–12; 224.20

ἔμβρυον 145.22

ἐμπαθής *242.3*; 251.30

ἔμψυχος 118.1

ἐναλλαγή 68.4; 78.26, 29; 189.16

ἐναλλάττω 78.21; 144.35; 145.1

ἐνανθρωπέω 114.2, 14, 16, 19; 133.12; 137.8; 140.32–3; *182.16*; *183.26–7*;
189.3, 25, 30; 214.23, 33; 216.9, 26, 32–3; 227.26–7

ἐνανθρώπησις 76.5; 95.13; *104.20*; 114.5, 12; 119.23–4, 29; 128.4; 133.4, 11, 12,
133 (*cont.*) 15; 141.21, 30–1; 150.1; *155.13*; *164.22*; *168.24*; *177.16, 20*;
182.22; *183.11, 12*; 228.9; 229.1, 2–3; *237.13*

ἐνδύω *103.10*; 148.(21 bis); *159.13*; 195.(3); *234.32*; *235.26*; *237.27*; *238.27*;
243.(30 bis)

ἐννοέω *94.11*; *173.17*; *179.18*; *182.22*; 209.27; 226.5

ἐνοικέω *93.19, 27*; *107.14*; *237.19, 29*; *238.8, 18*; *242.23*; *245.18*; 250.2; 251.7

ἑνότης *180.14*; *182.9, 28*; *185.7*

ἑνόω 134.28; 141.5; *161.15*; *162.4, 7, 10, 12, 18*; 170.14; 178.14; *182.1, 16*;
183.2; *184.11*; *186.2*; 190.7; 201.11; 225.3; *241.10, 12–13*; 257.13, 14;
262.24; 264.29; 265.2

ἔνσαρκος *99.24*; *154.4*; *156.11*

ἐντυπόω 113.27

ἕνωσις 62.27; *104.15*; *110.7*; 116.11; 122.10; 132.22, 24, 33; 133.2 bis, 5, 9, 12,
133 (*cont.*) 14, 15, 22, 27, 29, 31, 34; 134.1, 2, 2–3, 3, 9, 11, 12, 18, 30, 31,
134 (*cont.*) 33 bis, 34; 135.15, 23; 138.1, 3; 139.21, 28, 32; 142.21;
143.15, 16, 18; 144.36; 145.19; 146.6, 8; 153.6; *154.19*; *161.26*; *162.17, 27*;
169.17; 170.15; *175.23, 25*; *181.28*; *182.11, 13, 14, 20, 23*; 184.1, 3, 7;
185.4, 28; *186.8*; 189.5; 190.21; 200.2, 5, 18, 28; 202.15, 16; 209.27;
226.10, 24; 227.2, 24; 257.10, 14, 15, 18, 20, 27; 259.8, 27, 28, 32; 261.2

ἐξίστημι 152.14; 197.10

ἐπαλλάττω *168.11*

ἐπιλαμβάνω 69.(4), (5), 6, 31; 70.(3), 7; 71.(12–13), 15; 73.(16), (16–17);
79.33; 256.30

ἐπιμίγνυμι *184.27, 28*

ἐπισκέπτομαι 156.2; *236.15*

ἐπιτρέπω 63.17; 76.18; *166.6*; 213.(12); 259.21

ἐπιφαίνω 74.2; *157.25*; 197.29–30; *232.8*

ἐπιφάνεια 74.6; 93.22–3

ἐπιφοίτησις 131.27; 135.2; *177.3*

ἐρανίζομαι 61.18–19, 23; 253.5

ἔρημος 67.4; 210.(27); *246.23*

ἑτεροούσιος 140.17; *171.3*; *184.20, 21*; 254.13–14

εὐθής 86.13
ἐφάπτω *185.5*

ζάω   74.(21); 75.(8); 76.7, (22); *100.9*; *108.11*; 113.(4); 147.16; *156.3*; *166.20*;
      175.15; 189.25; 204.(21); 211.16; 223.5; *233.17*; *236.10.(10)*, *19*; *251.1*;
      252.7; 260.(29)
ζωή   79.(17); 84.9, 10, 33; *96.22*; *98.10*; *105.18*; 113.(3); 114.(9); 123.(12), (34);
      124.(14); 125.2; 126.23, 29, 30; 152.30; *155.2*; *168.17*; *178.3*; *187.9*, *12*;
      191.18; 192.28; 195.(4); 197.(25); 204.27; 207.(5), (8), 20; 210.(28);
      219.16; 221.1, (3); *231.6*, *8*, *9*; *236.13*, *14*, *20*; *237.(10)*, *11 bis*, *12 bis*;
      240.5; *241.23 bis*; *242.(11)*; *243.27*; *245.25*; *246.31*; *248.16*; *252.20*;
      256.16, 21; 261.(18); 262.23, 24, 25, 26
ζῷον 64.16, 22; 114.22, 29, 32; 116.13; 138.23; 139.4; *184.19*; 192.12; 224.1;
      241.11; *244.18*
ζωοποιέω 128.(16); *159.31 bis*; *160.3*; *175.15*; *185.28 bis*, *29*; 207.(15–16);
      215.(19); *236.6*, *7*, *13*, *19*; *237.2*; *241.21*; *245.20*; *248.8*, *9*
ζωοποιός 152.31; 262.22, 24, 26 bis
ζωτικός 112.24, 28; 138.7, 11; 219.28

ἡλικία *100.15*; 142.(16), 17; 145.33; *160.15*; *173.29*; *246.2*
ἥλιος 84.(16); 93.3; 109.11; 151.2, 6, (8); *167.10*, *22*; *234.2*; *235.22*
ἧλος *100.19*; 148.3, 9; *157.27*; *162.28*; *171.15*, *18*; *173.27*; 219.23; *232.22*;
      241.26; *249.21*; *250.12*, *14*; *251.28*; 260.16

θάπτω 203.(3), (7), (8), (9); 213.28, (30), (31); 214.(3); *229.27*; 262.19 bis
θαῦμα 73.27; *107.10*; 134.34–135.1; *238.5*; *242.13*, *19*; *243.4*
θαυμάζω 92.25; 93.11, 28; 153.8; *176.11*; 213.(2), 6; 247.7; 248.34; 253.1;
      256.20
θαυμάσιος 71.12; 93.21; 109.21; 125.6; 229.9
θαυμαστός *100.2*; 249.13; 262.5
θαυματουργέω *242.14*
θαυματουργία 89.25; 90.25; *100.16–17*; *101.16*
θεοδόχος 105.29; *241.7–8*
θεοειδής *166.22*
θεολογέω *161.2*; 256.17
θεολογία 228.5; *239.16*
θεολογικός 140.19, 20–1; 143.4
θεοποιέω *159.14*
θεοποίησις *159.18*
θεοπρεπής *107.12*; 127.1; *169.18*; *242.21*
θεός 61.24; 62.27; 64.1; 65.19; 66.21; 67.12; 68.3; 70.9, 18; 72.2, 3, 4, 15, 17, 24;
      74.7, 20, 24, 27; 75.4, 7, 9, 21; 80.1; 81.8, 19, 26, 28; 82.9, 13; 83.15, 20,
      83 (*cont.*) 21, 22, 26; 84.1, 3, 4, 15; 85.2, 5, 18; 86.30, 31; 87.5; 88.21, 28, 31;
      89.5; 90.7, 9 bis, 11, 30 bis; 91.2, 15; *93.17*, *27*; *95.28*; *96.8*, *9*, *13*, *14*, *22*, *23*;
      97.2, *7*, *12*, *13*, *15*; *98.17*, *24*; *99.18*; *100.4*; *101.4*, *9*, *20*, *21 bis*; *104.17*, *21*;
      105.9, *16*, *19*; *106.20*; *107.7*, *8*, *9 bis*, *10*, *17 bis*; *108.8*, *11*, *12*, *16*;
      110.18, *20*, *21*; 113.34; 114.6, 13, 14; 115.26; 116.4, 15; 120.7; 121.21;
      122.6 bis, 7, 13, 14, 15, 17; 123.29; 125.27, 28 bis, 32; 126.7; 127.3, 13, 20,
      127 (*cont.*) 25, 26, 29, 32; 128.29; 129.24; 130.7, 9, 19; 133.13; 134.24 bis;
      136.1, 21; 137.13; 139.14; 141.22, 27; 143.23; 150.3; 151.15; 152.27;
      153.1, 23, 25, 26, 27, 29, 30; 154.16, 17 bis, 24; *155.8*, 27; *156.19*; *157.19*;
      159.3; *160.11*; *161.1*, *13*, *14*, *16*, *17*; *162.15*; *163.18*, *28*; *164.5*, *6*, *14*, *18*, *19*;
      166.13, *14*, *16*, *23*, *25*; *167.26*; *168.6*, *7 bis*, *10*, *15*, *24*; *169.2*; *170.4*, *9*, *12*,
      170 (*cont.*) *18*, *19*, *20*, *28*; *171.27*; *172.24*, *25*, *27*, *28 bis*, *29*; *173.20*;

θεός—*(cont.)*

174.14, 15, 17, 21; *175.10*; *176.4*; *177.21, 23, 25, 26*; *178.4, 5, 13, 16, 17,
178 (cont.) 18, 19, 22, 24, 27, 28*; *179.2, 10 bis, 11, 15 bis, 16, 17 bis, 18,
179 (cont.) 21 bis, 22 bis, 29*; *180.2, 3, 4, 9, 13, 19, 20, 26 bis*; *181.1, 7, 11*;
182.10, 25 bis, 29; *183.6, 12, 15*; *184.11, 13, 21*; *185.3, 13 bis, 14, 22, 28*;
186.2, 20, 23, 24; *187.3, 9, 12*; 189.26, 27, 28; 190.26; 194.25, 27; *195.8, 9,
195 (cont.) 10, 18, 21*; *196.16, 22, 30*; *197.9, 14, 17, 19*; *198.2, 6*; 199.32;
201.22; 202.6; 205.19; 207.22; 208.13, 17, 18, 20; 209.27; 214.27, 30 bis;
215.25, 26; 216.27 bis; 217.2, 5, 12, 14; 218.6; 219.3; 222.22; 223.9;
226.21; 227.20; 228.3, 17 bis; *232.28*; *233.14, 17, 28*; *234.12*; *235.1, 14,
235 (cont.) 19, 29*; *238.27*; *239.9*; *240.5*; *241.2*; *242.14, 19, 26 bis*;
243.3, 4, 5, 6, 8, 12, 20; *245.18, 26*; *246.3, 6, 7, 8*; *248.6, 7, 8, 10, 11, 12,
248 (cont.) 13 bis, 19, 30*; *252.17, 18*; 256.21 bis; 257.1, 5, 13, 14; 258.2, 3,
258 (cont.) 26; 259.4, 16 bis; 261.4, 15; 262.5, 8; 263.16, 18; 264.15, 17

IN SCRIPTURAL QUOTATIONS 65.1; 72.13, 19, 26; 73.2, 23; 74.15, 16, 30;
75.27; 76.24; 82.25; 84.27; 85.28, 30; 87.15, 29; 88.3; 89.28, 29; 90.5,
90 (cont.) 6, 17 bis; 91.7, 9; *98.14*; *106.18, 19*; 113.2; 114.8 bis; 115.6, 28;
121.5, 9; 122.1 bis, 15; 123.7; 125.30; 126.12; 127.15 bis; 128.21;
129.12, 31, 32, 33; 134.22 bis; 135.4 bis, 5; 140.24, 27; 142.15, 16;
149.24; 150.13; *154.3*; *160.26, 28*; *168.14, 21 bis*; *169.24*; *170.2, 10*;
172.13; *173.8, 9*; 196.32; 197.22, 24; 201.5; 202.30, 31; 204.10; 206.32;
213.1; 215.31; 227.14; *232.3, 4, 16*; *236.2*; *239.18*; *243.18, 19, 23*; 250.27;
251.1; 256.14, 15

WITH λόγος 61.28; 65.26; 66.23–4; 67.10; 68.2; 69.29; 70.6; 71.15; 73.18;
80.29–30; 88.27; *92.26*; *98.17, 18–19*; *99.9, 18, 20*; *100.28*; *101.1*; *108.22*;
110.31; 111.4; 112.10, 18; 113.16, 20; 114.1, 6, 14, 18; 119.26; 120.14;
128.5; 129.(33); 132.26; 134.25, 27, 29; 136.3, 23, 24; *137.3, 6*; 141.9, 19;
142.19; *154.20*; *161.1*; *162.7, 10, 22*; *163.4, 6–7*; *165.4*; *172.20*; *175.11, 24*;
179.12; *180.24*; *181.28*; *182.15*; *183.3*; *184.21*; *186.15*; 189.3; 192.32;
197.29; 203.31; 209.20; 214.33; 216.5, 18, 23, 26, 27, 32, 34; 217.2, 8;
218.7, 27; 225.5–6; 228.9; *232.5*; *234.19*; *236.10, (10), 27*; *237.23*;
238.8, 20; *246.31*; 248.33; 254.8, 20, 27–8; 255.1, 13; 256.3–4, 30;
257.3, 6, 30; 258.1; 262.27; 263.1, 5, 7, 13, 19, 21; 264.8, 13

WITH υἱός *see* υἱός

θεότης 62.1, 3, 26, 28, 29; 68.11; 73.33; 76.18; 79.9, 14; 86.15; 88.8, 9, 11, 20;
89.24; *95.28*; *101.23*; *102.9, 13, 15, 30*; *103.8, 12, 23*; *105.22*; *107.20*;
110.15; 117.15, 18, 31, 32; 119.18; 120.1; 121.21–2; 122.4, 10; 130.27;
132.7, 14, 18, 34; 135.14; 139.11, 25, 26, 29, 30; 140.1; 141.1, 5;
142.17, 23; 143.3, 20; 145.14, 31, 34; 146.10; 149.19; 151.25; *155.7;
159.17, 26–7, 28, 31*; *160.23, 30*; *161.11, 22, 25, 29*; *162.21, 31*; *163.15,
163 (cont.) 25*; *164.6, 16, 25, 29*; *165.10, 13, 28*; *166.10*; *167.7–8, 14, 26*;
169.11, 15; *171.25, 26*; *172.4*; *177.3, 8*; *181.21*; *182.2, 24*; *184.1, 12, 27,
184 (cont.) 28–9, 32*; *185.8, 16, 19*; *186.29*; 189.29; 199.34; 200.16, 18, 27,
200 (cont.) 34; 201.3, 10, 24; 202.23, 26; 204.16; 205.4, 10; 207.28;
209.4, 17, 26, 29; 210.18; 211.15, 22; 212.20, 30; 220.6, 28; 221.4, 23;
222.30; 223.27; 224.15, 16; 225.1–2, 15, 28; 226.20, 21; 228.6, 10, 14, 16,
228 (cont.) 18, 19, 21; *233.13*; *235.5, 11, 22*; *236.16, 20, 22, 29*; *239.4, 8, 12*;
240.7, 8, 12, 27; *241.8, 31*; *242.4, 6, 29*; *243.13, 19, 24, 28*; *244.6*;
245.3, 5; *246.13, 29*; 248.32; 249.3, 12; 252.28, 29; 257.10, 31; 258.4;
259.18, 19, 32; 260.2, 8, 11; 261.1, 11; 262.9; 263.23, 26; 264.4, 19

θεότητες *172.9*
θεοτόκος *182.15*
θεοφάνια *167.23*; *177.5*

κύριος
  FOR GOD, BUT NON-CHRISTOLOGICAL USAGE   65.20; 75.3
  IN SCRIPTURAL QUOTATIONS   67.5; 71.21; 74.31; 80.3; 81.22; 87.7; *99.2*;
    100.30; 102.28; 106.22, 29; 107.1; 114.4; 130.13, 14 bis, 15, 24; 131.4;
    140.24; 141.29; 150.22; *157.28; 158.15, 27, 28; 160.11; 162.2; 168.14;
    177.6; 186.18 bis*; 202.7, 32; 212.3; 213.26; 224.12; 227.9; *231.28; 232.15;
    239.17; 243.17, 22*
  CHRISTOLOGICAL USAGE   74.10, 14, 17; 76.14, 29; 77.19; 79.13, 20; 84.31;
    *92.7; 95.27; 96.2, 6, 23; 98.27, 28; 99.7, 28, 30; 100.3; 101.28, 31;
    102.6, 10; 103.2; 104.2; 106.5*; 111.3; 113.4; 114.6, 13; 120.31; 121.12;
    123.5; 124.20; 128.25; 129.18, 19; 130.6, 18, 19, 23, 25, 26, 28; 132.5;
    135.13; 137.22; 139.15; 141.11; 145.29; 146.23, 24; 147.1, 9, 13, 16, 22;
    148.1, 5; 149.29; 152.30; 153.1; *156.7; 157.12; 161.5, 6, 20, 27; 163.10;
    164.4, 7, 10, 22, 29; 166.7, 15; 170.6, 7, 13, 23, 26; 171.5, 12; 175.10; 176.29;
    178.11; 179.12; 180.8; 182.13, 19; 183.14; 184.28; 186.11*; 187.27;
    189.20, 22; 192.22; 198.2; 199.4; 200.21, 33; 202.31; 203.27; 208.34;
    211.1, 7; 216.25; 220.9, 14, 16, 33; 221.16; 224.31; 225.13, 14, 15, 27, 33;
    226.1, 2, 6, 8, 9, 11, 16, 25; 227.6, 17; 228.8; *230.2, 16; 231.2; 232.12, 13
    232 (cont.) 17; 233.6; 235.19; 236.16; 239.4; 247.23 bis; 249.24; 250.27;
    251.12 bis*; 260.15, 22, 24, 28; 261.17; 262.22; 264.22
κυρίως   *101.8; 168.7, 8, 9 bis, 10*; 219.3

λαγχάνω   220.8
λαμβάνω   61.28; 66.18, 25; 68.16, 18; 79.13; 80.8; 88.26, 27; 89.20; 90.10, 29;
    91.1; *92.24; 94.7, 27; 95.14; 97.12, 15, 18, 23, 24 bis, 25; 98.20; 100.32;
    101.22; 102.1; 109.2*; 112.10; 114.19, 20 bis; 118.1; 120.27; 122.8; 123.22;
    124.1–2, 2; 126.32; 133.13 bis, 34; 134.4 bis; 135.31; 137.4, 12; 140.2;
    145.11, 13; 146.32 bis; 147.2; *154.31; 159.20, 27; 161.1, 6–7, 8,
    162.6, 9, 10; 165.17; 168.17; 171.9; 172.2, 26; 173.10; 175.28; 180.9;
    182.17; 185.16*; 189.4, 30; 190.4; 191.4; 197.33; 198.4; 201.27; 204.32;
    205.11, 17; 206.18; 207.23; 208.8; 213.9; 214.24; 219.4; 221.16, 17, 18;
    230.28; 236.30; 237.12, 17, 21; 238.12, 28; 244.15; 245.28; 248.21; 253.8;
    254.6, 20; 257.8; 261.25; 263.20
  IN SCRIPTURAL QUOTATIONS   80.6; 89.29; 90.3; *106.19*; 113.1; 141.12, 13;
    153.15; 161.10; 172.21; 207.4; 212.26; 213.15; *232.27; 236.29*
λῆψις   133.33; 134.1
λογικός   64.17; 69.14, 16, 19, 24; *100.10*; 112.23, 28; 113.16, 19; 114.28;
    118.2; 119.31; 120.14; 138.18, 23, 28; 142.8, 9, 18 bis; *161.24; 174.8;
    184.20; 185.21*; 199.32, 33; 220.2; 224.1
λόγος
N.B.   THE NON-CHRISTOLOGICAL USAGES OF λόγος HAVE NOT BEEN INDEXED
  IN SCRIPTURAL QUOTATIONS   66.15, 28; 67.16; 68.19; 70.2; 88.23; 89.18;
    90.1, 13; 91.11, *24; 92.5, 21, 25; 93.16, 25; 94.4, 21, 28; 102.9, 10, 22;
    109.22; 110.7*; 114.7 bis, 8; 134.22 bis, 23; 135.4 ter; 201.5 bis; *254.21;
    255.1, 7, 14*; 256.12, 14 bis, 15, 19
  CHRISTOLOGICAL USAGE   73.15; 79.23; *92.23; 94.1, 26; 98.19, 20, 24; 99.29;
    100.32; 101.9, 15; 102.3, 16, 22, 30 bis; 103.5, 12; 105.15, 21; 106.6, 10, 12;
    107.12, 14; 110.5*; 136.21; 137.7; *155.12; 156.1; 159.2, 13, 16, 28, 29, 30,
    159 (cont.) 31; 160.2, 5; 163.16, 17, 18; 164.1, 19; 165.5, 15, 20, 22;
    167.16, 17; 168.6, 8; 172.28; 178.10, 19, 20; 179.12; 181.8, 24; 182.25;
    183.7, 23, 25; 186.8; 187.15*; 224.15, 16; *230.11, 12; 232.18; 234.12*;

λόγος—(*cont.*)

235.10, 11, 14, 16, 21, 25, 26; 236.5, 16, 22; 237.14, 15, 17, 19, 29; 238.7, 11, 18, 19; 242.21, 23; 243.3, 20; 245.3; 247.27; 254.23; 262.28

WITH θεός see θεός

λύσις 62.9; 73.11; 79.26; 101.11; 111.8; 118.13; 199.5; 234.6

λύω 70.30; 73.31; 79.30; 101.(12); 104.25; 112.4; 118.18; 129.(33); 135.20, 25; 139.20; 156.5; 162.(14), 15, 16; 176.3; 190.11, 21; 199.24; 200.5; 204.5; 205.12, 13; 206.24; 212.19; 220.(17), 29; 221.6, 32; 225.27; 232.28; 236.(5); 237.(6), 14; 243.(21); 245.(11), 17, 18; 247.21; 248.23; 255.8; 262.2; 264.32

μεθίημι 183.8

μειόω 180.27; 233.22

μείωσις 181.4

μένω 67.17; 68.12, 14; 78.(13); 84.(16); 89.21; 94.6, 16; 110.15; 114.16; 123.(13); 124.(15); 134.12; 137.14; 138.3; 143.18–19, 20; 144.27; 146.11, 146 (*cont.*) 13; 148.12, 23; 150.25; 152.14; 154.23; 166.23; 171.27 *bis*; 177.8–9; 182.2; 183.13; 185.7, 26 *bis*, 27; 186.3; 189.5–6; 190.22; 197.(6); 198.7; 200.19; 218.33; 219.14; 250.21 *bis*; 252.9, 11; 255.18; 256.1; 257.28; 260.9, 21; 262.5, 26

μερίζω 123.(9); 135.12; 137.26; 140.9; 147.1; 201.11; 209.32; 212.2

μερίς 86.29; 193.22; 194.29

μέρος 117.21; 119.2, 35; 174.8; 176.14; 181.11; 212.5; 241.10, 12, 13, 17; 247.13; 256.10

μεσιτεία 181.27

μεσιτεύω 84.25; 122.6; 161.16; 178.13

μεσίτης 122.(1), 4, 6, 9, 11, 30 *bis*; 127.(15), 18, 20; 153.27; 161.14; 168.(21); 178.12; 180.13

μεταβαίνω 82.16; 85.21; 202.18; 228.2; 259.6 *bis*

μεταβάλλω 67.2, 31; 68.5; 79.1; 80.12; 93.17, 25; 94.15; 102.31; 148.13, 17, 148 (*cont.*) 19, 23; 149.19; 150.24–5, 27, 28; 151.25; 152.11, 12; 165.21 *bis*; 171.26; 184.16–17; 185.3; 186.1, 5; 191.4, 10; 234.3; 258.5; 260.8, 12, 19

μετάβασις 201.32, 34

μεταβολή 72.10; 78.30; 84.11; 87.6; 94.23; 110.10–11; 145.14, 18; 146.10, 13, 20; 151.29; 185.4; 186.8; 234.32; 254.16; 255.18; 257.6, 31; 260.2–3

μεταδίδωμι 151.4; 165.17; 173.4; 191.3

μετάθεσις 86.15

μετακίνησις 110.17

μεταλαγχάνω 68.8; 78.28; 187.31; 191.27; 192.14, 18; 193.3; 194.15; 216.12; 219.27; 220.13; 262.30

μεταλαμβάνω 89.14; 147.6 *bis*, 10, 23; 148.7; 152.6; 191.18; 206.10; 237.18; 252.24; 258.5

μετάληψις 190.27

μεταλλάττω 234.5

μεταμείβω 93.1

μεταπίπτω 94.5; 184.15

μεταποιέω 92.7; 103.4–5; 105.7

μεταποίησις 165.12; 170.8

μετάπτωσις 94.21

μετάστασις 169.27; 183.21

μετασχηματίζω 150.(22–3); 158.(16), 18

μετατροπή 94.25

μεταχώρησις 169.29

πάσχω—(*cont.*)

216.9, (14), 18, 34; 218.7, 8, 28, 29, 32 bis; 219.21; 222.12; 224.17, 18; 227.4, 20, 27, 30; 228.36; 229.1, *23*, *27*; *232.17*; *234. 7*; *235.10*, *12 bis*, 235 (*cont.*) *13 bis*, *14 bis*, *20*; *236.14*; *238.14*, *17*; *239.8 bis*; *240.13*, *17*, *20*, *240* (*cont.*) *21*, *27*; *242.5*, *15*; *243.6 ter*, *7–8*, *12*, *13*; *244.6*; *249.19*, *22*, *28*, *29*, *249* (*cont.*) *31*; *250.8*, *10*, *18*; *251.3*, *4*, *25*; 252.28; 261.11, 15; 262.4 bis; 263.1, 6, 12, 15, 16, 22; *264.17*, *28*

πατήρ

ABOUT GOD: 64.1; 65.14, 19, 25 bis, 27, 30, 32; 66.12; 74.(12), (14), (15), (18), 74 (*cont.*) (23); 75.(32); 84.4; 89.(22); 90.(5), 7; *98.24*; *99.13*; *101.2*, (*27*); *102.2*; *107.(6)*, *16 bis*, *19*; 121.(2); 122.7; 123.29; 124.20, 28, 31; 125.4; 126.12, 14, 15; 129.(29); 130.(1), (3), (5 bis); 134.26; 140.12, (14), 18; *153.20*; *154.6*; *156.26*, *29*; *158.4*; *159.15*, *19*; *161.15*, *21*, *25*, *29*; *162.11*; *163.7*, *18*, (*19*), *20*, *22*; *164.28*; *165.4*, *5*; *168.7*, *10*, (*14*), *15*; *170.(17)*; *172.2*, *3*, *5*, *6*, (*8*), *8*, *11*, *16*; *176.7*, *10*, *11*; *178.(8)*, (*10*); *183.7*; *185.(16)*, *18*; *187.(1)*; 189.27; 196.2, 6, 8; 200.(33), (34); 201.2; 209.4; 217.2, 12, 14; 226.21; 227.20, 30; 228.1, 3, 7, 14, 20; 229.23; *232.(2)*, (*3 bis*), (*4*), *6*, *8*, *232* (*cont.*) *31*, *32*; *234.10*; *235.6*; *236.20*; *237.(4)*, (*10*), *16*; *240.9*; *242.6*, (*17*), *25 bis*, *28*; *245.2*, (*8*); *246.9*; *248.9*; 249.11; *250.(3)*, (*20*); *251.(13)*, *23*, *24*; 254.2, 15, 18; 255.(16), 26, (32); 261.4, 6, (13); 263.(24); 264.6, 10, 13

CHURCH FATHERS *see* Index of Names s.v. πατέρες

OTHER USAGE 70.32; 72.(12); 87.3; 97.10; 125.11 bis, 14; 136.2; 193.25; 203.(3); 205.21, 25; 206.15, 17, 18; 208.(32); 209.9; 255.29

περιάπτω 231.20, 26; *233.11*

περιβάλλω 89.23; *108.2*, *30*; *158.11*; *174.13*; *245.5*

περιβολή 76.30; 77.(11), 14, (32); 79.5; *102.13*; 110.10, 12; 229.5

περιγραφή 145.15–16; 149.17; 152.20; *169.10*, *19*; *247.26–7*; 260.14

περιγράφω 77.3; 126.2; 149.28, 30, 33; 201.30; 209.28; 259.5; 260.4

περιλαμβάνω *169.11*; *232.22*; *233.32*; *247.30*

περιουσία 197.11; *246.18*

περιπίπτω 140.6; *172.16*; 254.13

περιτίθημι 90.8, 11; *251.5*; 256.23; 260.7–8

πίπτω 78.(13); *97.18*; 223.1; *241.14*

πλάσις *97.16 bis*; *154.32*

πλάσμα *98.6*; *154.20*

πλάσσω 65.(2); *97.13*; *98.9*; *99.19*; *107.24 bis*; 113.(2); 141.(30); 145.25; 195.(2); *231.24*; *249.29*; *250.22*

πλάστης *97.12*

πλήρης 89.(22); *236.30*; *237.1*; *240.26*; 255.(16)

πληροφορέω 95.27

πληροφορία 76.(24–5)

πληρόω 67.4; 70.27; 82.9; *95.29*; *97.3*; 119.17; 122.14; 129.21; 132.17; 144.14; 147.4; 150.25–6; *160.(10)*; *171.20*; *181.12 bis*; 209.15; 210.29; 211.5; 220.31; *235.22*; *237.25*; *244.7–8*; *248.21*; 255.25; 259.5; 263.4

πλήρωμα *98.25*; *102.1*; *233.13*

πνεῦμα

OF THE HOLY SPIRIT 64.2; 65.14, 19, 27, 28 bis; 66.1, 2, 12; 68.25, (28), (29), 68 (*cont.*) (31); 69.1; 73.5, (24); 76.(9); 80.13, (16), 21, 23; 85.32; 86.(1), (2), 4; 95.11; *96.14*; *98.23*; *99.9*; *101.5*; *103.25*; *105.30*; *106.(29)*; *107.(1)*, *3 bis*; *108.11*; 130.(13); 131.26; 132.30; 135.2; 136.17; *157.18*; *161.(4)*, *8*; *164.28*; *177.16*; 196.8; 198.31; 211.31; 216.29; 217.5, 10, 15, πνεῦμα—*(cont.)*

217 *(cont.)* 16, 28, 31; 222.17; *231.26*; *233.17–18*; *238.22*; *248.22*; 254.2; 258.27; 259.18, 20

Of God or Christ (other than the Holy Spirit) 65.30, 32; 85.(28), 85 *(cont.)* (29 bis), (30); 86.10; 91.(7); *110.22*; 115.(6); 142.(14); *154.23, 24*; *158.8, 9*; *161.15*; *167.25*; *169.*(24); *178.5*; *181.23*; *187.16*; *233.5, 24, 25*

Other usage 91.4–5, (8); *105.*(24); 132.(16); 146.23, (28); 148.(11); *155.*(19); *156.27*; *162.*(25); *165.28*; *173.*(28); *195.*(5); *222.*(2); *230.*(25); *250.*(3), (20), 21; *251.*(13) 13; 260.(18), 19; 263.(25), 25, (32); 264.(1), 3

πνευματικός 68.22; 80.24; 95.5; *96.21*; *104.2*; 115.12, 13 bis; 147.(33); *153.20*; *156.2*; *171.2, 13*; 229.17; 258.8

πνευματόφορος 150.16

ποιότης 129.16; *143.32*; 144.24; *179.24*; *184.23*

πρᾶγμα 84.(26); 86.23; 120.15; *133.23*; 134.1; 137.1–2; 140.30, 31, 33; *175.14*; *178.5*; 196.(32)

προαίρεσις 69.12–13; 258.20

προαιρέω 263.10

προαιώνιος 72.8; 88.21; *106.11*; *170.6*; 207.22; 215.25

προδείκνυμι 227.28

προδιαγράφω 210.3, 17; 211.11

προκάλυμμα 76.7–8

προσάπτω 62.4; 66.15; 216.4, 32; 218.3; 222.32; 224.16; 226.5; 227.25; 228.24, 33; *233.8*; *243.7, 15*; *244.12*; 261.29; 264.21

προσαρμόττω 62.31; 83.1, 4–5; 85.31; 124.9; 125.10; 135.8, 16, 26, 29–30; 138.29; 139.13; *179.20*; 190.3; 201.12; 202.11, 17; 209.20, 30; 216.31; 219.8; 225.32; 226.3, 4; 228.13, 27; 252.30

πρόσειμι (εἰμί) 197.17

προσηγορία 64.30; 67.20; 68.4, 8, 12; 77.21; 78.32–79.1; 79.10; 95.20; 121.31; 152.25–6; *169.4*; 213.26; 216.30; 217.26; 218.6; 228.4

προσήκω 63.13; 84.11; 85.19, 20; 89.7; 93.3; *103.28*; 114.19; 117.22; 118.8, 25, 118 *(cont.)* 33; 120.6; 125.2, 9; 127.3; 134.3–4, 27; 135.21, 27; 138.28, 32; 139.9, 17–18; 194.21, 29; 199.35; 202.23; 203.26, 28; 224.19; 225.16, 28; 227.2; *233.11*; *248.18*; 260.3

προσλαμβάνω *105.2 bis*; *109.27 bis*; *110.20*, 25; 133.7; 138.8, 12; 143.29; *160.2*; *165.23, 24*; *167.10, 26*; *168.23*; *180.25*; *181.28*; *185.27*; 190.1; 204.15; 228.25

πρόσλημμα *167.8*

πρόσληψις 133.9; *164.6*; *167.24*; *183.9*; 203.32; 204.15; 254.25; 259.25

προσνέμω 135.28; 209.16; 227.7; 263.17

προσόμοιος 138.14

προστίθημι 62.30; 72.11; 78.6; 79.2; 84.4; *97.1*; *98.*(1–2); *105.22*; 119.12, 16, 24; 125.17; 129.16, 17; 130.22; 132.6; 142.8; *169.4–5*; *185.21, 22*; 197.4; 224.14, 19, 21, 22; 227.28; *234.28*; 258.8; 263.14

πρόσφορος 77.31; 116.26, 27; 118.15, 27–8; 119.9–10, 12; 135.29; 139.10; 192.9; 194.26; 202.17; 206.22; 223.1; 253.8

πρόσωπον 62.17; 63.27; 65.(2), 13, 15; 74.(12), (20), (23); 75.(8), (32); 99.(6–7); *107.20*; 113.(3); 135.12; 139.12, 17; 147.1; *163.11*; *180.14*; *186.28*; 199.22; 202.10, 15; 209.27, 30; 211.12; 212.15; 213.24; 214.10; 226.23; 227.24, 32; 228.1, 6; *237.9*; *242.29*; 254.5; 260.(29)

προτυπόω *155.21*; 209.31; 211.14–15

προϋπάρχω 132.26, 34; 134.1

πρωτότοκος 84.3; 93.8; *99.18, 19 bis, 20*; *155.15*; *156.1*; *159.6*; *172.19*; *230.21*; 261.30, 31; 262.1, 2

σῶμα—(*cont.*)

    159.30; *169.14*; *174.11*; *184.19, 25* bis, *26, 31*; *185.7*; *186.3*; 190.14, 31, 32;
    191.5, 6, 7, 10, 11, 17, 18, 27, 28, 34; 192.1, 5, 9, 11, 20, (23), (24); *193.8*;
    198.14, 15, 19; 199.6, 7, 12, 19, 24, 31; 200.5, 6, 7, 8, 10; 202.35;
    203.3, 5, 10, 11, 13, (20), 23, 25 bis; 204.28; 206.4; 212.12, 13, 14, 21;
    213.28, 29; 214.11, 15, 17, 18; 215.13; 219.27, 28, 30; 220.(10);
    223.3, 7, 13; 229.6; *231.6, 13*; *234.2*; *236.9*; *238.17, 22*; *239.(11)*; *244.19*;
    249.22, (26), 28, 29; *250.16*; *252.8, 11, 25*; 258.28; 261.21, 23, 26; 264.24

σωματικός *100.33*; *102.7*; *105.11*; *106.26, 27*; *141.26*; *157.21*; *158.9*; *177.2*;
    198.25; 202.20; *233.28*; *237.24*; *244.11*; 258.7, 8

σωματοποιέω *158.9*

σωμάτωσις *110.1*; *247.27*

σωτήρ 62.29; 71.3, 7, 9; 74.6; 77.6, 23, 27; 78.21; 82.9; 84.11; 85.3; 86.16;
    87.(30); 91.5; *99.3*; *103.10*; 116.17; 120.17, 28, 31; 125.8; 127.18, 23;
    128.10; 129.22; 131.26; 132.20; 135.26; 136.12; 139.13; 142.26; 147.24;
    150.(22); *155.22*; *157.12*; *158.(15)*; *159.24*; *167.3*; *172.29*; *185.22*; *187.9*;
    200.8; 206.23; 208.32; 210.16; 214.6; 215.3, 29; 216.25; 218.16–17, 23, 26;
    220.11; *229.22*; *230.28*; *244.20*; *248.2*; 258.12; 262.6; 264.22

σωτηρία, ἡ 69.32; 71.16; 90.12; *98.12*; *102.2*; *105.1* bis; 118.2–3; 120.22, 25;
    131.19–20; 142.10; *153.25*; *154.16*; *159.18*; *160.4*; *168.23*; *171.8*; *177.1, 20*;
    178.12; 189.21; 200.20; 221.8; *231.18*; 256.23; 257.24

σωτήριον, τό 115.(27)

σωτήριος (adj.) 120.21; 121.7; 127.6; *183.30*; 189.10; 200.24; 210.4, 26, 30;
    218.2

σωφρονέω 213.29; 218.30; 222.29; 254.10

σώφρων 70.5; 222.32

ταπεινός 86.(9); *106.20*; *107.11, 13, 15* bis, *18*; *108.25, 28, 32*; *158.18*; *164.1*;
    170.2, 3, 8; *173.23*; *187.5*; 227.25; *242.13, 16, 20, 22, 24* bis, *27*; *245.21*

ταπεινόω 89.(30–1); *187.5*

ταπείνωσις 150.(23); *158.(16)*

τεκμήριον 196.19; 262.17

τεκμηριόω 214.22

τεκταίνω 126.3; 228.21

τέλειος 69.23; *96.3, 11*; *105.12*; 113.20, 22; 121.22; 122.1; 131.15, 24 bis;
    161.23, 26; *163.3, 17*; *173.29*; *183.9*; 189.4; 197.30; *234.10*; *235.6*; *239.4*

τελειότης *105.26*

τελείωσις *240.16*

τελεσιουργέω 264.32

τελέω *157.5*; 206.16; 257.24

τέλος 123.(12), (34); 124.2, (14); 125.3; 126.23, 29, 31, 32; 131.28; 150.10;
    221.13; 228.27

τετράς *98.30*; *103.8*; *159.24*

τηρέω 83.16, 24; 90.(18); 93.32; *97.17*; *183.25*; 213.32; *240.15*

τήρησις 207.20

τίκτω 72.2; *99.13*; *100.24*; *104.7*; *106.27–8*; 114.(4); 145.23; *158.22*; *165.26*;
    174.1; *178.16, 22*; *179.25, 28*; *184.13*; *243.13*; *245.1*; *246.14*

τιμαλφής 139.31–2

τόκος 146.7; *179.14, 30*; *183.30*; 257.20

τρεῖς 62.24, 30; *101.(13)*; 112.27; 116.23, 24; 117.9; 142.20, 26, 31; 143.11 bis;
    155.21; *162.(14)*; 219.16; 220.(18); *236.(6)*; *237.(6)*; *243.(21)*; *245.(11)*

τρεπτός 66.8; 67.6; 197.18; *228.30*; *231.27*; 254.12, 16, 18

Index of Biblical References

References in parentheses are allusions to a text, not direct quotations.